［宋］朱熹　撰
朱傑人　嚴佐之　劉永翔　主編

新訂朱子全書

附外編

31

上海古籍出版社

本册書目

〔宋〕謝良佐　撰　〔宋〕曾恬　胡安國　輯録
〔宋〕朱熹　删定　嚴文儒　校點

上蔡語録

校點説明

上蔡語録三卷，宋謝良佐語録，謝氏弟子所記，朱熹删定。

謝良佐，字顯道，壽春上蔡（今河南上蔡）人。二程（程顥、程頤）弟子，與游酢、吕大臨、楊時並稱「程門四先生」。登進士第。建中靖國初，官京師，忤旨去，監西京竹木場。坐口語系詔獄，廢爲民。良佐記問該瞻，學有所長，得到程頤贊許。著作有論語説行於世。

上蔡語録傳者甚鮮，朱熹稱初得友人吴任寫本一篇，後得吴中版本一篇，皆温陵曾恬所記。最後得胡安國家寫本二篇。朱熹將四篇相參校，考其真僞，辨其重複，删其訛誤，定爲三卷。

上蔡語録朱熹删定之宋刻本今已不可得見。今存世最早的刊本是明正德八年汪正刻本（藏浙江圖書館），其後有明正德九年許翔鳳刻遞修本（藏北京國家圖書館），明刻本（藏上海辭書出版社）等。清人翻刻甚多，收録叢書者大致有諸儒鳴道（宋端平中閩川黄壯猷修補刊本）、朱子遺書（清康熙中禦兒吕氏寶誥堂刊本）、西京清麓叢書正編・朱子遺書重刻合編（清光緒十二年刊本）、正誼堂全書（清光緒中刊本）、四庫全書本等。民國間亦屢見翻刻重印，如復性書院校勘刊印本較佳。

此次校點，以明刻本（藏上海辭書出版社）爲底本，校以明正德九年刻遞修本（藏國家圖書館。簡稱明遞修本。）清正誼堂全書本及四庫全書文淵閣本。

門人汪家華、笪桂如、郁輝諸君不辭辛勞，核校版本，在此謹表謝忱。

二〇〇九年十月　嚴文儒

目録

卷上

問：學佛者欲免輪迴，超三界，於意云何？曰：是有利心，私而已矣。輪回之説，信然否？曰：此心有止，凡人慮事，心先困，故言「有止」。而太虚，決知其無。盡必爲輪回，推之於始，何所付受，其終何時閒斷也。且天下人物，各有數矣。

孔子曰：「天之將喪斯文也，後死者不得與於斯文也。天之未喪斯文也，匡人其如予何？」於「天之將喪斯文」下便言「後死者不得與於斯文」，則是文之興喪在孔子，與天爲一矣。蓋聖人德盛，與天爲一。出此等語，自不覺耳。孟子地位未能到此，故曰「天未欲平治天下也。如欲平治天下，當今之世，舍我其誰」？聽天所命，未能合一。明道云。

問：孟子言「盡其心者知其性」，如何是盡其心？曰：昔有人問明道先生，何如斯可謂之恕心？先生曰：「充擴得去則爲恕心。」如何是充擴得去底氣象？曰：天地變化草木蕃。充擴不去時如何？曰：天地閉，賢人隱，察此可以見盡不盡矣。

敢問何謂「浩然之氣」？孟子曰：「難言也。」明道先生云：「只他道箇難言也，便知這漢肚裏有爾許大事。若是不理會得底，便撑拄胡説將去。「氣雖難言，卻須教他識箇體段始得。故曰『其爲氣也，至大至剛，以直養而無害，則塞乎天地之間』。『配義與道』者，將道義明出此事。

人有智愚之品不同，何也？曰：無氣稟異耳，聖人不忿疾於頑者，憫其所遇氣質偏駁，不足疾也。然則可變歟？曰：其性本一，何不可變之有！性，本體也。目視耳聽，手舉足運，見於作用者，心也。自孟子没，天下學者向外馳求，不識自家寶藏。被他佛氏窺見一斑半點，遂將擎拳豎腳底事把持在手，敢自尊大，輕視中國學士大夫，而世人莫敢與之争，又從而信向歸依之。使聖學有傳，豈至此乎？

心者何也？仁是已。仁者何也？活者爲仁，死者爲不仁。今人身體麻痹不知痛癢，謂之不仁。桃杏之核可種而生者，謂之桃仁、杏仁，言有生之意。推此，仁可見矣。學佛者知此，謂之見性，遂以爲了，故終歸妄誕。聖門學者見此消息，必加功焉。故曰：「回雖不敏，請事斯語矣。」「雍雖不敏，請事斯語矣。」仁，操則存，舍則亡。故曾子曰：「動容貌」、「正顔色」、「出辭氣」。出辭氣者，從此廣大心中流出也。以私意發言，豈「出辭氣」之謂乎？夫人一日間顔色容貌試自點檢，何嘗正，何嘗動，怠慢而已。若夫大而化之，合於自然，則正、動、出不足言矣。

仁者，天之理，非杜撰也。故「哭死而哀，非爲生也；經德不回，非干禄也；言語必信〔一〕，非正行也」，天理當然而已矣。當然而爲之，是爲天之所爲也。聖門學者大要以克己爲本。克己復禮，無私心焉，則天矣。孟子曰：「仁，人心也。盡其心者，知其性也。知其性，則知天矣。」

人之氣稟不同，顔子似弱，孟子似强。顔子「具體而微」。所謂具體者，合下來有恁地氣象，但未彰著耳。微，如易「知微知彰」、「微顯闡幽」之「微」。孟子强勇，以身任道，後車數十乘，從者數百人，所至王侯分庭抗禮，壁立萬仞，誰敢正覷著？非孟子恁地手腳，也撑拄此事不去。雖然，猶有大底氣象，未能消磨得盡，不然藐大人等語言不説出來，所以見他未至聖人地位。

孔子曰：「事君盡禮，人以爲諂。」當時諸國君相怎生當得聖人恁地禮數，是他只管行禮，又不與你計較長短。與上大夫言，便誾誾如也；與下大夫言，便侃侃如也；冕者、瞽者，見之便作，過之便趨〔二〕。蓋其德全盛，自然到此，不是勉強得出來氣象，與孟子渾別。孟子「説大人則藐之，勿視其巍巍然」，猶自參較彼我，未有合一底氣象。

顔子學得親切。如孟子「仰之彌高，鑽之彌堅」，無限量也，以見聖人之道大，「瞻之在前」即不及，「忽焉在後」又蹉卻，以見聖人之道中。觀此一段，即知顔子看得來親切。「博我以文」，便知識廣；「約我以禮」，歸宿處也。

横渠教人以禮爲先，大要欲得正容謹節。其意謂世人汗漫無守，便當以禮爲地，教他就上面做工夫。然其門人下稍頭溺於刑名度數之閒，行得來困，無所見處，如喫木札相似，更没滋味，遂生厭倦，故其學無傳之者。明道先生則不然，先使學者有知識，却從敬入。予問：横渠教人以禮爲先，與明道使學者從敬入，何故不同？謝曰：既有知識，窮得物理，却從敬上涵養出來，自然是别。正容謹節，外面威儀，非禮之本。

横渠嘗言：「吾十五年學箇恭而安不成。」明道曰：「可知是學不成，有多少病在。」謝子曰：凡恭謹必勉强不安，安肆必放縱不恭。恭如「勿忘」，安如「勿助長」，正當「勿忘」、「勿助長」之閒，須子細體認取。

所謂有知識，須是窮物理。只如黄金天下至寶，先須辨認得他體性始得。不然被人將鍮石來唤作黄金，辨認不過，便生疑惑，便執不定。故經曰：「物格然後知至，知至然後意誠。」所謂格物窮理，須是識得天理始得。所謂天理者，自然底道理，無毫髮杜撰。今人乍見孺子將入於井，皆有怵惕惻隱之心。方乍見時，其心怵惕，所謂天理也。要譽於鄉黨朋友，内交於孺子父母兄弟，惡其聲而然，即人欲耳。天理與人欲相對，有一分人欲，即滅却一分天理。存一分天理，即勝得一分人欲。人欲纔肆，天理滅矣。任私用意，杜撰做事，所謂人欲肆矣。故莊子曰：「去智與故，循天之理。」若在聖人分上，即説循字，不著「勿忘」，又「勿助長」，正當恁地時自家看取，天理見矣。所謂天者，理而已。只如視聽動作，一切是天。天命有德，便五服五章；天討有罪，便五刑五用。渾不是杜撰做作來。學者直須明天理爲是，自然底道理，移易不得。不然，諸子百家，便人人自生出一般見解，欺誑衆生。識得天理，然後能爲天之所爲。聖門學者爲天之所爲，故敢以天自處。佛氏卻不敢恁地做大。明道嘗曰：「吾學雖有所受，『天理』二字卻是自家拈出來。」

伊川才料大，使了大事，指顧而集，不動聲色，何以驗之？曰：只議論中便可見。陝西曾有議欲罷鑄銅錢者，以謂官中費一貫，鑄得一貫，爲無利。伊川曰：「此便是公家之利。利多費省，私鑄者衆；費多利薄，盜鑄者息。盜鑄者息，權歸公上，非利而何？」又曾有議解鹽抄，欲高其價者，增六千爲八千。伊川曰：「若增抄價，賣數須減〔三〕。鹽出既衆，低價易之，人人食鹽，鹽不停積，歲入必敷。」已而增抄價，歲額果虧減之，而歲入溢。温公初起時欲用伊川，伊川曰：「帶累人去裏。使韓、富在時，吾猶可以成事。」後來温公欲變法，伊川使人語之曰：「切未可動著，即三五年不能定疊去。」未幾變之，果紛紛不能定。

王荆公平生養得氣完，爲他不好做官職，作宰相只喫魚羹飯，得受用底不受用，緣省便去就自在。嘗上殿進一劄子擬除人，神宗不允，對曰：「阿除不得。」又進一劄子擬人，神宗亦不允，又曰：「阿也除不得。」下殿出來便乞去，更留不住，平生不屈也奇特。

問：温公所學如何？謝曰：曾作中庸解，不曉處闕之。或語明道，曰：「闕甚處？」曰：「如『強哉矯之類』。」明道笑曰：「由自得裏，將謂從『天命之謂性』處便闕卻。」吕微仲何如？謝子曰：他不合尚有貴賤相態在，不是。明道嘗曰：「宰相，吕微仲須做，只是這漢俗。」吕晉伯甚好，但處事太煩碎。如召賓客食，亦須臨時改換食次。吾嘗語之曰：「每日早晚衙纔覆，便令放者，只爲定故也。」凡事皆有恁地簡易不易底道理，看得分明，何勞之有？易曰：「易簡而天下之理得。」晉伯甚好學，初理會仁字不透。吾因曰：「世人説仁只管著愛上，怎生見得仁？只如力行近乎仁。」力行闕愛甚事？何故卻近乎仁？推此類具言之。晉伯因悟曰：「公説仁字，正與尊宿門説禪一般。」晉伯兄弟中皆有見處。一人作詩詠曾點事，曰：「函丈從容問且酬，展才無不至諸侯。可憐曾點惟鳴瑟，獨對春風詠不休。」一人有詩曰：「學如元愷方成癖，文到相如反類俳。獨立孔門無一伎，只傳顔子得心齋。」

邵堯夫直是豪才，嘗有詩云：「當年志氣欲横秋，今日看來甚可羞。事到強爲終屑屑，道非心得竟悠悠。鼎中龍虎忘看守，碁上山河廢講求。」又有詩云：「斟有淺深存爕理，飲無多少繫經綸。卷舒萬古興亡手，出入千重雲水身。」此人在風塵時節，便是偏霸手段，學者須是天人合一始得。邵堯夫有詩云：「萬物之中有一身，一身中有一乾坤。能知造化備於我，肯把天人別立根。天向一中分體用，人於心上起經綸。天人安有兩般義，道不虛行只在人。」問：此詩如何？曰：説得大體亦是，但不免有病，不合説「一中分體用」。又問曰：此句何故有病？謝子因曰：昔富彦國問邵堯夫云「一從甚處起」？邵曰：「公道從甚處起？」富曰：「一起於震。」邵曰：「一起於乾。」問：兩説如何？謝曰：兩説都得。震謂發生，乾探本也。若會得天理，更説甚一二。

問：堯夫所學如何？謝曰：與聖門卻不同。問：何故卻不同？曰：他也只要見物理，到逼真處不下工夫，便差卻。何故卻不著工夫？曰：爲他見得天地進退萬物消息之理，便敢做大。於聖門下學上達底事，更不施工。堯夫精易之數，事物之成敗始終，人之禍福修短，算得來無毫髮差錯。如措此屋，便知起於何時，至某年月日而壞，無不如其言。然二程不貴其術。堯夫嘆不過，一日問伊川曰：「今歲雷從甚處起？」伊川曰：「起處起。」如堯夫必用推算，某更無許多事。」邵即默然。邵精於數，知得天地萬物進退消長之理，便將此事來把在掌握中，直敢做大，以天自處。如富彦國身都將相，嚴重有威，衆人不敢仰視，他將做小兒樣看，直是不管你也，可謂豪傑之士。「仰」下原本有「覩」字，今從言行録。

學者須是胸懷擺脱得開，始得有見。明道先生在鄠縣作簿時，有詩云：「雲淡風輕近午天，傍花隨柳過前川。旁人不識予心樂，將謂偷閒學少年。」看他胸懷，直是好與曾點底事一般。先生又有詩云：「閒來無事不從容，睡覺東窗日已紅。萬物静觀皆自得，四時佳興與人同。道通天地有形外，思入風雲變態中。富貴不淫貧賤樂，男兒到此是豪雄。」問：周恭叔恁地放開如何？謝曰：他不是擺脱得開，只爲立不住，便放却忒早在裏。明道門擺脱得開，爲他所過者化。問：見箇甚道理便能所過者化？謝曰：呂晉伯下得一轉語好，道所存者神，便能所過者化；所過者化，便能所存者神。横渠云：「性性爲能存神，物物爲能過化。」甚親切。

古詩即今之歌曲，今人唱曲往往能使人感動，至學詩却無感動，興發處只爲泥卻章句故也。明道先生善言詩，他又渾不曾章解句釋，但優游玩味，吟哦上下，便使人有得處。「瞻彼日月，悠悠我思。道之云遠，曷云能來？」思之切矣。終曰：「百爾君子，不知德行。不忮不求，何用不臧。」歸於正也。詩云：「鳶飛戾天，魚躍於淵。」猶韓愈謂「魚川泳而鳥雲飛」，上下自然，各得其所也。詩人之意，言如此氣象，周王作人似之。子思之意，言上下察也，猶孟子所謂「必有事焉而勿正，察見天理不用私意」也。故結上文云：「君子語大，天下莫能載；語小，天下莫能破。」今人學詩，將章句横在肚裏，怎生得脱。一此下有「廼云」字。莫道章句，便將堯舜横在肚裏也一此下有「即」字。不得。

問：爲政如何？謝子曰：吾爲縣立信以示之。始時事煩，吾信既立，今則簡矣。凡事皆與之議而處其方，只如理債，則先約之息不得過本，不及本則計日月償之。又爲之期，期而不還，治其罪。息過本，則不理。凡胥吏稟吾約束者，申爲之約而言不再期，既至而事未集，治其罪不復縱。凡此皆所以示吾信。余又問：處事何以得其要？謝曰：試舉一端，只如繳引勾到人，便令於引上作三項開説，某人是陳狀，某人是被論，某人是證見，即時便見得事。因問：當不用更看元詞？謝子遂言曰：吾每就事著工夫學，只如喜怒逐日消磨，須要去得盡。余問：吾丈應是銷去多時。曰：「不遷怒」須是顔子始做得，假使高聲一句便是罪過。又曰：任意喜怒，都是人欲，須察見天理，涵養始得。余又問：變化風俗如何？謝曰：此事須是他聖人便有恁地手段。此方風俗至薄惡，欲變易之，吾則未能。子貢稱孔子曰：「夫子之得邦家者，所謂立之斯立，道之斯行，綏之斯來，動之斯和。」須還這老子始得，爲他與天合一，變化在手，便做得恁地事。余又問：孟子云如欲平治天下，「當今之世，舍我其誰」，使孟子得志如何？曰：是他須從法度上做起。變化風俗底事，恐也未了得在。如二南、麟趾、騶虞之應，須是他文王始得。

孟子曰：「養心莫善於寡欲。」此一句如何？謝子曰：吾皆亦曾問伊川先生，曰：「此一句淺近，不如『理義之悦我心，猶芻豢之悦我口』，最親切有滋味。然須是體察得理義之悦我心，真箇猶芻豢始得。」明道先生曰：「『操則存，舍則亡，出入無時』，非聖人之言也，心安得有出入乎?」

問:從上諸聖皆有相傳處,至如老子問如何?謝子曰:他見得錯了。余問:錯在甚處?曰:只如「失道而後德,失德而後仁,失仁而後義,失義而後禮」,是甚説話!自然不可易底,便喚做道;體在我身上,便喚做德;有知覺,識痛癢,便喚做仁;運用處皆是當,便喚做義。大都只是一事,那裏有許多分別。

問:莊周如何?謝曰:吾曾問莊周與佛如何?伊川曰:「莊周安得比他佛。佛説直有高妙處,莊周氣象大,故淺近。如人睡初覺時,乍見上下東西,指天説地,怎消得恁地,只是家常茶飯,誇逞箇甚底。」謝曰:吾曾歷舉佛説與吾儒同處問伊川先生,曰:「恁地同處雖多,只是本領不是,一齊差卻。」余問:本領何故不是?謝曰:爲他不窮天理,只將拈匙把筯日用底,便承當做大小大事,任意縱横,將來作用,便是差處,便是私處。余問:作用何故是私?曰:把來作用做弄,便是做兩般看。當了是將此事横在肚裏,一如子路、冉子相似,便被他曾點將冷眼看,他只管獨對春風吟詠,肚裏渾没些能解,豈不快活?余又問:堯、舜、湯、武做底事業,豈不是作用?謝子曰:他做底事業,只是與天理合一,幾曾做作,横在肚裏?他見做出許多掀天動地蓋世底功業,如太空中一點雲相似,他把做甚麼?如子路願乘肥馬,衣輕裘,與朋友共,敝之無憾,亦是有要做好事底心。顏子早是參彼己,孔子便不然。老者合當養底便安之，少者不能立底便懷之。君君、臣臣、父父、子子，自然合做底道理，便是天之所爲，更不作用。

余問：佛説直下便是，動念即乖，如何？謝子曰：此是乍見孺子已前底事。乍見孺子底，吾儒喚做心，他便喚做前塵妄想，當了是見得大高。吾儒要就上面體認做工夫，他卻一切埽除，卻那裏得地位進步。佛家説大乘頓教，一聞便悟。將乍見孺子底心一切埽除，須是他顔、雍已上底資質始得。顔子欲要請事斯語，今資質萬倍不如他，卻便要一切埽除，怎生得？且如乍見孺子底心生出來，便有是自然底天理，怎生埽除得去？佛大槩自是爲私心，學佛者欲脱離生死，豈不是私？只如要度一切衆生，亦是爲自己發此心願，且看那一箇不拈香禮佛。儒者直是放得下，無許多事。

謝子曰：術者處事之名，人涉世欲善處事，必先更歷天下之事。事既更歷不盡，必須觀古人準則，只讀左傳亦可以見矣。如隱公欲爲依老之計，或勸之即真，公以誠告之，其人不自安，反見殺，隱公失之不早決斷耳。推此類可以見其餘。

謝子與伊川别一年，往見之，伊川曰：「相别又一年，做得甚工夫？」謝曰：「也只是去箇『矜』字。」曰：「何故？」曰：「子細檢點得來，病痛盡在這裏。若按伏得這箇罪過，方有向進處。」伊川點頭，因語在坐同志者，曰：「此人爲學，切問近思者也。」余問：「『矜』字罪過何故恁地大？謝子曰：今人做事，只管要誇耀別人耳目，渾不關自家受用事。有底人「食前方丈」，便向人前喫，只蔬食菜羹，卻去房裏喫，爲甚恁地？

游子問謝子曰：公於外物，一切放得下否？謝子謂胡子曰：可謂切問矣。胡子曰：何以答之？謝子曰：實向他道，就上面做工夫來。胡子曰：如何做工夫？謝子曰：凡事須有根。屋柱無根，折卻便倒。樹木有根，雖翦枝條，相次又發。如人要富貴，要他做甚？必須有用處尋討要用處，病根將來斬斷便没事。

問：色欲想已去多時〔四〕。曰：伊川則不絶，某則斷此二十來年矣。所以斷者，當初有爲之心多，欲有爲則當強盛方勝任得，故斷之。又用導引吐納之術，非爲長生如道家也，亦以助養吾浩然之氣耳。氣強則勝事。然色欲自別當作兩般理會。登徒子不好色，而有淫行。色出於心，去不得。淫出於氣。又問：於勢利如何？曰：打透此關十餘年矣。當初大故做工夫，揀難捨底棄卻。後來漸漸輕，至今日於器物之類置之，只爲合要用，卻並無健羨底心。

余問死生之説。謝子曰：人死時，氣盡也。曰：有鬼神否？謝子曰：余當時亦曾問明道先生，明道曰：「待向你道無來，你怎生信得？及待向你道有來，你但去尋討看。」謝氏曰：此便是答底語。又曰：横渠説得來別。這箇便是天地間妙用，須是將來做箇題目入思議始得，講說不濟事。曰：沉魂滯魄，影響底事如何？曰：須是自家看得破始得。張亢郡君化去，嘗來附語，亢所知事皆能言之。亢一日方與道士圍碁，又自外來。亢欲接之，道士封一碁子，令將去問之。張不知數，便道不得。乃曰：「許多時共你做夫婦，今日卻信一道士胡說。我今後更不來。」又如紫姑神，不識字底把著寫不得，不信底把著寫不得，推此可以見矣。曰：先王祭享鬼神則甚？只是他意思別，三日齋，五日戒，求諸陰陽四方上下。蓋是要集自家精神，所以格「有廟」，必於萃與渙言之。如武王伐商，所過名山大川致禱，山川何知？武王禱之者以此。雖然如是，以爲有亦不可，以爲無亦不可，這裏有妙理於若有若無之閒，須斷置得去始得。曰：如此卻是鶻突也。謝子曰：不是鶻突。自家要有便有，自家要無便無始得。鬼神在虛空中辟塞滿，觸目皆是，爲他是天地閒妙用，祖考精神便是自家精神。

知命雖淺近，也要信得，及將來做田地，就上面下工夫。余初及第時，歲前夢入内庭，不見神宗，而太子涕泣。及釋褐時，神宗晏駕，哲廟嗣位。如此事直不把來草草看卻。萬事真實有命，人力計較不得。吾平生未嘗干人，在書局亦不謁執政。或勸之，吾對曰：「他安能陶鑄我，我自有命〔五〕。」若信不及，風吹草動便生恐懼憂喜，枉做卻閑工夫，枉用卻閑心力。信得命及便養得氣，不折挫。

謝子曰：道須是「下學而上達」始得，不見古人就灑埽應對上做起。曰：灑埽應對上學，卻似太瑣屑，不展拓。曰：凡事不必須要高遠，且從小處看。只如將一金與人，與將天下與人，雖大小不同，其實一也。我若有輕物底心，將天下與人如一金與人相似；我若有吝底心，將一金與人如天下與人相似。又若行千尺臺邊，心便恐懼；行平地上，心卻安穩。我若去得恐懼底心，雖履千仞之險，亦只與行平地上一般。只如灑埽，不著此心，怎灑埽得？應對不著此心，怎應對得？故曾子欲「動容貌」、「正顏色」、「出辭氣」。爲此古人須要就灑埽應對上養取誠意出來。

問：求仁如何下工夫？謝曰：如顏子視聽言動上做亦得，如曾子顏色、容貌、辭氣上做亦得。出辭氣者，猶佛所謂從此心中流出。今人唱一喏，不從心中出，便是不識痛癢。古人曰：「心不在焉，視而不見，聽而不聞，食而不知其味。」不見、不聞、不知味，便是不仁。死漢不識痛癢了。又如仲弓「出門如見大賓，使民如承大祭」，但存得如見大賓、如承大祭底心在，便是識痛癢。

子路百世之師，揀難割捨底，要不做便不做，故孟子將來與舜禹作一處舉揚。

橫渠以禮教人，明道以忠信爲先。

近道莫如靜。「齋戒以神明其德」，天下之至靜也。心之窮物有盡，而天者無静〔六〕，如之何包之？此理，有言下悟者，有數年而悟者，有終身不悟者。

或問：呂與叔問常患思慮紛擾，程夫子答以心主於敬，則自然不紛擾。何謂敬？謝子曰：事至應之，不與之往，非敬乎！萬變而此常存，奚紛擾之有？夫子曰「事思敬」，正謂此耳。

「觀盥而不薦」，潔其誠矣，何必薦也。此所以爲神道設教。孔子不欲觀禘，「自既灌而往者」，此也。

食正欲飽，居正欲安，無求飽求安之心，可也。「敏於事」，則如天運而不息；「慎於言」，則正辭氣而出之也。「就有道而正焉」，非忘我者不能。

顔子擴充其學，孟子能爲其大。孟子之才甚高，顔子之學粹美。

血氣之屬有陰陽牝牡之性，而釋氏絶之，何異也。釋氏所謂性，乃吾儒所謂天。釋氏以性爲日，以念爲雲，去念見性，猶披雲見日。釋氏之所去，正吾儒之當事者。吾儒以名利關爲難透，釋氏以聲色關爲難透。釋氏不窮理，以去念爲宗。釋氏指性於天，故蠢動含靈，與我同性。明道有言：以吾儒觀釋氏，終於無異，然而不同。

謝子曰：吾嘗習忘以養生，明道曰：「施之養生則可，於道有害。」習忘可以養生者，以其不留情也。學道則異於是。夫「必有事焉而勿正」，何謂乎？且出入起居寧無事者，正心以待之，則先事而迎，忘則涉乎去念，助則近於留情，故聖人之心如鑑。孟子所以異於釋氏，心也。

子開有大臣氣象，不以言色假人。

動而不已，其神乎？滯而有迹，其鬼乎？往來不息，神也；摧仆歸根，鬼也。致生之，故其鬼神；致死之，故其鬼不神。何也？人以爲神則神，以爲不神則不神矣。知死而致生之不智，知死而致死之不仁，聖人所以神明之也。

禮者，攝心之規矩。循理而天，則動作語默，無非天也。内外如一，則視聽言動，無非我矣。

德可以易言邪？「動容周旋中禮」，聖人之事也，止曰「盛德之至」；具天下之至善，止曰有德；爲天下之大惡，止曰失德。故禮樂皆得，謂之有德。鬼神之爲德，盛矣乎！

養氣延年，則人勝天矣。曰：不外乎一氣耳。

易之蒙九二曰：「包蒙吉，納婦吉，子克家。」蔽蒙不通者包之，順從者納之而不拒，子克家之道也。舜不藏怒宿怨，包蒙也；以愛兄之道來，誠信而喜之，納婦也。

凡事只是積其誠意，自然動得。

苗履見伊川，語及一武帥。苗曰：「此人舊日宣力至多，今官高而自愛，不肯向前。」伊川曰：「何自待之輕乎？位愈高，則當愈思所以報國者。飢則爲用，飽則颺去，是以鷹犬自期也。」

申顔自謂不可一日無侯無可。或問其故，曰：「無可能攻人之過。一日不見，則吾不得聞吾過矣。」

謝子曰：人不可與不勝己者處，鈍滯了人。

或問：劉子進乎？曰：未見他有進處。所以不進者何？只爲未有根。因指庭前酴醿曰：此花只爲有根，故一年長盛如一年，何以見他未有進處？不道全不進，只他守得定，不變卻，亦早是好手。如康仲之徒，皆忘卻了。

事父母有輕重否？曰：無輕重。曰：父母所見不同，從父而母不悦，順母而父不悦，則如之何？曰：凡人子之所欲，固有父母制之不得者矣。苟欲兩順之，獨無方便乎？若不以親之心爲心，非孝也。予曰：親之心或有逆於義理，則亦以親之心爲心乎？曰：未論到此，但只盡自家愛親之心苟盡矣。或得罪於鄉黨州閭，則歸之無可奈何耳〔七〕。所以從兄者，爲愛親也。故從此推去，至於兼愛萬物。

問：太虚無盡，心有止，安得合一？曰：心有止，只爲用他，若不用則何止。吾丈莫已不用否？曰：未到此地。除是聖人便不用。當初曾發此口，被伊川一句壞了二十年。曾往見伊川，伊川曰：「近日事如何？」某對曰：「天下何思何慮？」伊川曰：「是則是，有此理。賢卻發得太早在。」問：當初發此語時如何？曰：見得這箇事經時無他念，接物亦應副得去。問：如此卻何故被一句轉卻？曰：當了終須有不透處。當初若不得他一句救拔，便入禪家去矣。伊川直是會鍛鍊得人，説了又卻道恰好著工夫也。問：聞此語後如何？曰：至此未敢道到何思何慮地位。始初進時速，後來遲，十數年過卻如夢。問：何故遲？曰：如挽弓，到滿時便難開。然此二十年聞見知識卻煞長。明道曰：「賢看某如此，某煞用工夫。」見理後須放開，不放開只是守，開又近於放倒。故有禮以節之，守幾於不自在，故有樂以樂之，樂即是放開也。

國史不特作詩序，凡詩皆經其手刪定。

明道初見謝，語人曰：「此秀才展拓得開，將來可望。」

校勘記

〔一〕言語必信　「語」原作「行」，據正誼堂全書本、孟子盡心下改。

〔二〕冕者瞽者見之便作過之便趨　正誼堂全書本作「過位則勃如升堂則屏氣」。

〔三〕賣數須減　「須」原作「雖」，據四庫全書文淵閣本、正誼堂全書本改。

〔四〕問色欲想已去多時　「問」字原脱，據四庫全書文淵閣本、正誼堂全書本補。

〔五〕我自有命　「我」字原脱，據明遞修本、正誼堂全書本補。

〔六〕而天者無静　「静」，正誼堂全書本作「盡」。

〔七〕則歸之無可奈何耳　「耳」原作「且」，據明遞修本、正誼堂全書本改。

卷中

仁是四肢不仁之仁，不仁是不識痛癢，仁是識痛癢。

曾氏本此下云：儒之仁，佛之覺。

「不知禮，無以立。」使人人皆能有立，天下有治而無亂。

曾本此下云：不知禮，無以爲君子，非謂君子也，謂學爲君子者也。

人須識其真心。見孺子將入井時，是真心也。非思而得也，非勉而中也。予嘗學射，到一把處難去，半把處尤難去，則恁地放了底多。昔有人學射，摸得鏃與把齊，然後放〔一〕。學者纔有些所得便住，人多易住。唯顔子善學，故孔子有「見其進」，「未見其止」之歎。須是百尺竿頭，更進始得。

曾本云：予嘗學射，到一把去聲。處難去，半把尤難去，到一把放了底多，半把放了者尤多，少有鏃齊放者。人有學射，摸得鏃與把齊，然後放。因舉伯淳語曰：「射法具而不滿者，無志者也。」學者纔少有所得便住，人多易住。伯淳常有語：學者如登山，平處孰不闊步，到峻處便住。佛家有小歇場、大歇場，到孟子處更一住便是好歇。唯顏子善學，故孔子有「見其進」，「未見其止」之歎。須是百尺竿頭，更須進步始得。學者日每進語相契〔一〕，伯淳必曰「更須勉力」。

問：子思曰「小人之中庸」，小人何故有中庸？曰：「小人之中庸」者，小人自以爲中庸。小人以他安常習故處爲中庸，故「無忌憚」也。「君子而時中」，無往而不中也。中無定體，須是權以取中。執中無權，猶執一也。今人以變詐爲權，便不壞了權字。

曾本云：問：「君子中庸，小人反中庸」，又曰「君子之中庸，小人之中庸」，不知小人何故有中庸？或曰「小人之反中庸」，是否？曰：不須著「反」字。「小人之中庸」者，小人自以爲中庸。小人以能安常習故處爲中庸，故無忌憚也。「君子而時中」，無往而非中也。中無定體。因指所執扇曰：以長短言之則彼爲中，以輕重言之則此爲中，須權輕重以取中。吳本云〔二〕：因指所執扇曰以扇頭爲中，則扇柄非中也，須是以輕重之中爲中。如此又卻是權，執中無權，猶執一也。今人以變詐爲權，便不壞了權字。

學者且須是窮理。物物皆有理，窮理則能知天之所爲，知天之所爲，則與天爲一。與天爲一，無往而非理也。窮理則是尋箇是處。有我不能窮理，人誰識真我？何者爲我，理便是我。窮理之至，自然「不勉而中，不思而得，從容中道」。曰：理必物物而窮之乎？曰：必窮其大者。理一而已，一處理窮，觸處皆通。恕其窮理之本歟？

曾本云：學者先須窮理。因摇扇曰：此亦理，物物皆有理，自然之理也，天也。窮理則能知天之所爲，知天之所爲則與天爲一，與天爲一，無往而非理也。窮理只是尋箇是處。有我不能窮理，人誰識真我？何者爲我，理便是我。格物窮理也。格物必至於知至，不知至，是猶識金，安知其非鍮石也。故必知至，然後能意誠。窮之至，自然「不思而得，不勉而中，從容中道」。問：理須物物窮否？曰：理一而已，一處理通，觸處皆通。物雖細者，亦有理也。

今之學，須是如飢之須食，寒之須衣始得。若只欲彼善於此，則不得。一作「不可」。

釋與吾儒有非同非不同處，蓋理之精微處，纔有私意，便支離了。曾本云：釋氏之與吾儒，須認取精微處，有非同非不同處，須認得理之精微處。纔有私意，便支離了。

問：敬、慎有異否？曰：「執輕如不克」，「執虚如執盈」，慎之至也。敬則慎在其中矣。敬則外物不能易。學者須去卻不合做底事，則於敬有功。敬換不得，方其敬也，甚物事換得？因指所坐亭子曰：這箇亭子須只唤做白岡院亭子，卻著甚底换得？曰：學者未能便窮理，莫須先省事否？曰：非事上做不得工夫也，須就事上做工夫。如或人説動中有静，静中有動，有此理。然静而動者多，動而静者少，故多著静不妨。人須是卓立中塗，不得執一邊。

曾本云：問：敬與慎同異？曰：「執輕如不克」，「執虚如執盈，入虚如有人」，慎之至也。敬則慎在其中矣。敬則外物不能易。「坐如尸，立如齋」，「出門如見大賓，使民如承大祭」，非禮勿言、動、視、聽，須是如顔子「事斯語」。吴本有「始得」字。鄭氏云「坐如尸」，坐時習，「立如齋」，立時習，是不可須臾離也。曰：固是昔日作課簿，以記日用言動視聽是禮與非禮者。昔日學時，只垂足坐，不敢盤足。因説伯淳終日坐如泥塑人，然接人則渾是一團和氣。所謂望之儼然，即之也温。又云：昔日用工處甚多，但不敢説與諸公，恐諸公以謂須得如此。此下「須去不合做底事，至多著静不妨」，與胡氏本同。昔伯淳先生教予，予只管看他言語。伯淳曰：「與賢説話，卻似扶醉漢。救得一邊，倒了一邊，只怕人執著一邊。」

或問：或曰我初學問事必不當，人必笑，然我未有所得，須直情言之。若掩藏畏人笑，徒自欺耳，此言何如？曰：是也。謂同坐諸子曰：亦須切記此語。

昔在二先生門下，伯淳最愛中立，正叔最愛定夫。觀二人氣象亦相似。

「默而識之」，與書紳者異矣。

天，理也，人亦理也。循理則與天爲一，與天爲一，我非我也，理也。理非理也，天也。唯文王有純德，故曰「在帝左右」。帝謂文王。帝是天之作用處。或曰：意、必、固，我有一焉，則與天地不相似矣。曰：然理上怎安得箇字？易曰：「與天地相似，故不違。」相似猶自是語。

問：敬之貌如何？曰：於「儼若思」時，可以見敬之貌。問曰：學爲敬，不免有矜持，如何？曰：矜持過當，卻不是尋常作事，用心過當便有失，要在「勿忘勿助長」之閒耳。曰：初學莫未能和樂否？曰：雖不能便和樂，亦須以和樂養之。

曾本云：問：「執輕如不克」是慎之貌也，如何是敬之貌？每遇事著心是否？曰：於「儼若思」時，可以見敬之貌。問：始學爲敬，不免有矜持否？尋常矜持甚覺勞，是否？曰：太矜持卻不是。如尋常做事，用心過當卻有失，在「勿忘勿助」閒耳。強有力者，亦須做得徹然。人亦須量力，太強其心，卻成狂妄念起也，且放去。又問：佛氏有不怕念起。只怕覺遲之說。曰：豈免念起，須識得念起時。又問：「中心斯須不和不樂，則鄙詐之心入之矣，外貌斯須不莊不敬，則慢易之心入之矣。」初學能至此否？曰：雖未能便至和樂，亦須以和樂養之，此交相養之道也。又問：靜時悠悠思多，如何去得？曰：能敬，則悠悠思住不得，自去。

問：言動非禮即可以止，視聽如何得合禮？曰：四者皆不可易，易即多非禮。故「仁者先難而後獲」。所謂難者，以我視，以我聽，以我言，以我動也。又曰：聖人以慎言語爲善學，君子之言，聽之也厲。須存這箇氣味在胸中，朝夕玩味方可。

曾本云：問：顏子「請事斯語」，非禮則勿視、聽、言、動，若言動非禮則止甚分明，視聽如何得合禮？曰：視、聽、言、動皆不可易，易則非禮，故「仁者先難而後獲」。所謂難者，以我視，以我聽，以我言，以我動也。「仰面貪看鳥，回頭錯應人」。視聽，不以我也，胥失之矣。又曰：聖人以慎言語爲善學，君子之言，聽之也厲。須存這箇氣味在胸中，朝夕玩味，不須轉説與人。不説與人吴本有「不」字。是吝，輕説與人，人未必信，況吴本無此上五字。使人生鄙悖之心，卻是自家不是，須留在胸中。且看尋常有些自得事在胸中，别纔説了。又别只看不言不語底人，做得出惡來也毒。

問儒佛之辨，曰：吾儒「下學而上達」，窮理之至，自然見道，與天爲一。故孔子曰：「知我者，其天乎？」以天爲我也。佛氏不從理來，故不自信，必待人證明然後信。

曾本云：問：佛氏見得何故不肯就理？曰：既見了，自是不肯就理。因舉正叔視伯淳墳，侍行，問儒佛之辨。正叔指墳圍曰：「吾儒從裏面做，豈有不見？佛氏只從墙外見了，卻不肯入來做，不可謂佛氏無見處。」吾儒「下學而上達」，窮理之至，自然見道，與天爲一。故孔子曰：「知我者，其天乎？」以天爲我也。故自理去，則見得牢，亦自信得及。佛氏不從理來，故不自信，必待人證明然後信。

問忠恕之别，曰：猶形影也。無忠，做恕不出來。恕，如心而已。恕，天道也。

曾本云：問忠恕，曰：猶形影也。無忠，做恕不出來。「己所不欲，勿施於人」。施諸己而不願，亦勿施諸人，説得自分明。恕，如心而已。恕，天道也。伯淳曰：「『天地變化草木蕃』，是天地之恕。『天地閉，賢人隱』，是天地之不恕。」朱問：天地何故亦有不恕？曰：天無意，天因人者也。

若不因人，何故人能與天爲一。故有意、必、固、我，則與天地不相似。

能窮理，理窮吴本無此上二字。則便盡性，性盡便知命。因指屋柱曰：此木可以爲柱者，理也。其曲直者，性也。所以爲曲直者，命。理、性、命，一而已。

門人有初見請教者，先生曰：人須先立志，志立則有根本。譬如樹木，須先有箇根本，然後培養能成合抱之木。若無根本，又培養箇甚。此學不可將以爲善，後學爲人，自是當爲人道。人道不教人做，卻教誰做？

曾本云：二人初見請教，先生曰：人須先立志，志立則有根本。因指小樹，子須是先生根本，然後栽培。又曰：須是「有諸己」，有諸己之謂信。指小樹，有箇根本在，始培養灌溉，既成就爲合抱之木。若無根本，又培養箇甚麽？又曰：此學不可將以爲善，後學爲人。此下與胡氏本皆同。

問：視、聽、言、動合理而與禮不相合，如何？曰：言、動猶可以禮，視、聽有甚禮文？以斯視、以斯聽，自然合理。合理便合禮文，循理便是復禮。

曾本云：問：合視、聽、言、動處，視、聽、言、動只是理，何故得合禮？曰：怎生外面討得禮文來合？循理便是復禮。言動猶可以有禮文，視聽有甚禮文？以斯視，以斯聽，自然合理。合這箇「理」字便合禮文。禮、理之不可易者也，只是一箇「敬」字。

問：言有物而行有常，如何是有物？曰：妄則無物，物則是箇實。存誠則有物。曰：

敬是存誠之道否？曰：是也。須是體便見得。

曾本云：問：言有物而行有常，如何是有物？曰：妄則無物，是不誠也。不誠無物。誠者，物之終始。終始者，有常之謂也。物則是箇實，存誠則有物。問：敬是存誠之道否？曰：須是體便見得。

學須是熟講。

曾本云：學不講，用盡工夫，只是舊時人。學之不講，是吾憂也。仁亦在夫熟之而已。

這箇人與這箇仁相合爲一，便是道。道立，則仁與人之名亡矣。

問：孟子云「知天」、「事天」，如何別？曰：今人莫不知有君，能事其君者少。存心養性便是事天處。曰：心、性何別？曰：心是發用處，性是自然。

曾本云：石問：孟子所謂「盡其心者知其性，知其性則知天。存其心，養其性，所以事天。」知天、事天，如何？曰：事天又別。問：知天莫便能事天否？曰：不然。且如今人莫不知有君父，能事君父者少。存心養性，便是事天處。朱曰：事天工夫最難周。曰：事則是不違。又問：心與性是如何？曰：心是發用處，性是自然。

學須先從理上學，盡人之理，斯盡天之理，學斯達矣。「下學而上達」，其意如此。故曰：「知我者，其天乎？」人心與天地一般，只爲私心一本作「意」。自小了。任理因物，而已無與焉，天而已，豈止與天地一般，只便是天地。

李泌不娶妻食肉，見他已甚，必不能久，亦自無此理。如今只是學箇依本分。

今人有明知此事義理有不可，尚吝惜不肯捨去，只是不勇，與月攘一雞何異？天下之達德三：智、仁、勇，如斯而已。

有所偏，且克將去，尚恐不恰好，不須慮恐過甚。

曾本此下註云：矯揉就中之謂也。

問：一日静坐，見一切事平等，皆在我和氣中，此是仁否？曰：此只是静中工夫，只是心虚氣平也。須於應事時有此氣象方好。

義重於生則舍生取義，生重於義則當舍義取生。最要臨時權輕重以取中。

佛之論性，如儒之論心。佛之論心，如儒之論意。循天之理便是性，不可容些私意。纔有意，便不能與天爲一。

曾本此下云：便非天性。

聞見之知，非真知也。知水火自然不蹈，真知故也。真知自然，行之不難；真知而行，未免有意，意有盡時。

孟子論性善，論之至也。性非不可爲不善，但非性之至。如水之就下，搏擊之非不可上，但非水之性。性雖可以爲不善，然善者依舊在。「觀過斯知仁」。既是過，那得仁，然仁亦自在。

學者先學文，鮮有能至道。至如博觀泛覽，亦自爲害。故明道先生教予嘗曰：「賢讀書，慎勿尋行數墨。」

曾本云：論楚州徐仲車所論煞得中體，卻謂人不可不作文，猶且演義禮作詩賦，多是尋人意不到處，遶天十八遭，走幾時。曾教在宅中學者先學文，鮮有能至道。又云：至如博觀泛覽，亦自爲害。因舉伯淳語云：「賢讀書，慎勿尋行數墨。」黎云：古禪老有遮眼之說。蓋有所得，以經遮眼可也。無所得，所謂牛皮也，須穿透。

或以誠爲專意，先生曰：誠是實理，不是專一。

曾本云：誠是實理，不是專一。尋常人謂至誠，至是謂專一。如「惡惡臭」「好好色」，不是安排來。

「鳶飛戾天，魚躍于淵」，無些私意。「上下察」以明道體無所不在，非指鳶魚而言也。若指鳶魚爲言，則上面更有天，下面更有地在。知「勿忘勿助長」則知此，知此則知夫子與點之意。

曾本此下云：季路、冉求言志之事，非大才吴本作「賢」。做不得。然常懷此意在胸中，在曾點看著正可笑爾。學者不可著一事在胸中，纔著些事便不得其正。且道曾點有甚事，列子御風事近之。然易做，只是無心近於忘。

敬是常惺惺法，心齋是事事放下，其理不同。

或以知言、養氣爲一道事。先生曰：知言是智，養氣是仁。浩然之氣須於心得其正時識取。

曾本云：問：養氣只「是集義所生」，亦須壯其氣，盛氣以作事否？曰：亦須壯著氣。如今人有氣索時，安能充其體？況塞天地。明道云「何謂浩然之氣，曰難言也」，是孟子有此氣。其下旁説大綱。問：知言、養氣，或謂辭氣是一道事？曰：知言是智，養氣是仁。又問：「行有不慊於心」，或謂多「不」字。曰：慊是厭足之意，看不厭足時，人氣如何？又曰：要識浩然之氣，於心得其正識取。又曰：志與氣交相養，故下面論心，然亦須外面養他。問：與元道相似否？曰：是氣與神合，只是能「配義與道」。又問：如今有盛氣人作事不是，卻無忌憚，此係是吴本，卻有不是事出於記義。能不慊否？曰：如此安能浩然？浩然是無虧欠時。

或曰：矜夸爲害最大。先生曰：舜傳位與禹，是大小大事只稱他「不矜」「不伐」。若無矜伐，更有甚事。人有己便有夸心。立己與物，幾時到得與天爲一處。須是克己，纔覺時便克將去，從偏勝處克。克己之私，則見理矣。曰：獨處時未必有此心，多是見人後如此。曰：子路衣敝緼袍，與衣狐貉者立而不耻。許大子路，孔子卻只稱其如此，只爲他心下無事。此等事打疊過，不怕此心因事出來，正好著工夫。不見可欲，卻無下工夫處。曰：有人未必有所得，卻能守本分，何也？曰：亦有之。人之病不一，此是賢病，人卻別有病處。

曾本云：問：某有一病，且如作一簡，便須安排言語寫教如法，要人傳玩。飯一客，便要器皿飲饌如法，教人感激。推此每事皆然。先生曰：此夸心欲以勝人，皆私也。作簡請客如法，是合做底，只下面一句便是病根。此病根因甚有？只爲不合有己。得人道好，於我何加？因説孟子就「宮室之美、妻妾之奉、所識窮乏者得我與」，皆是有物欲心。如今老郎家亦恐不免。又云：有人愛騎好馬，道長人精神。又思古人有自爲衣服制度者，推此多少般不可勝數。此所謂玩悦小兒家具。吴本有「曰然底」。因舉孟之反事。予曰：今人亦有能此，又須要人知其不伐。先生笑曰：直如此巧。此四字，吴本有「如是底」。又曰：舜傳位與禹，是大小大事只稱他「不矜」「不伐」。若無矜伐，更有甚事。夸勝爲矜，有其善爲伐，矜伐煞害事。又問：更有一病，稱好則溢美，稱不好則溢惡，此猶是好惡使然。且如今日泥濘，只是五寸，須説一尺。有利害猶且得無利害，須要如此，此病在甚處？曰：欲以意氣加人，亦是夸心。有人做作，説話張筋努脈，皆爲有己。立己與物，幾時到得與天爲一處。須是克己，纔覺時便克將去，從偏勝處克。克者，勝之之謂也。又問：獨處無事時，未必有此心，纔遇事逢人，此心便出，不能忘我。至末事，如見人著好衣，便愛著好衣，未必是自家本意，多是爲人。曰：子路衣敝緼袍，許大子路，卻只以此稱他，只爲心下無此等事，打疊得過。又云：亦須就事上做工夫，不怕此心因事出來，正好處置，與心自爲賞罰。不見可欲，卻無下工夫處。又問：有一般人未必有所得，卻能守本分，不要夸勝人。曰：亦有之。然人之病不一，此賢異病，人卻別有病處。

或曰：無學之人，好惡直做得十分。儒者纔有道理，去不得處便住。先生曰：真儒不到得窒礙不能變通，乃腐儒爾。此漢高所以慢罵者也。

曾本云：問：堯夫論霍光、周勃做得許大事，只爲無學問。無學問人做事，好惡直到十分。意謂儒者纔有道理，去不得處便住，更前面有甚大事也不管，不肯枉尺直尋，是否？先生曰：此亦一說。真儒不到得窒礙處不能通變，乃腐儒爾。此高祖所慢罵者。因舉張良立太子，卻致「四皓」，所謂「納約自牖」，從人君明處納也。

問學詩之法，曰：詩須諷咏以得之，發乎情性，止乎禮義，便是法。

曾本云：問學詩以何爲先？云：先識取六義體面。又問：莫須於小序中求否？云：小序亦不盡，更有詩中以下句證上句。不可泥訓詁，須諷咏以得之，發乎情性，止乎禮義，便是法。

誠是無虧欠，忠是實有之理，忠近於誠。

問：聞見比昔日全別，唯是見義未能決烈，便爲未能得別如舊。謝子曰：使賢當初見二先生革一革便別，須是有道理。革之不革，其舊安能從新？不見異人，當讀異書。

投壺非著意，非不著意，莫知其所以然而中，此神之所爲也。但教每事如此。

謝子見河南夫子，辭而歸。尹子送焉，問曰：何以教我？謝子曰：吾徒朝夕從先生，見行則學，聞言則識。譬如有人服烏頭者，方其服也，顔色悦懌，一本作「澤」。筋力強盛。一旦烏頭力去，將如之何？尹子反以告夫子，夫子曰：可謂益友矣。

明道見謝子記問甚博，曰：「賢卻記得許多，可謂玩物喪志。」謝子被他折難，身汗面赤，先生曰：「只此便是惻隱之心。」惻然有隱之心。

爲學必以聖人爲之，則志在天下，必以宰相事業自期。降此寧足道乎！

元城曰：「誠意積於中者既厚，則感動於外者亦深。」故伯淳所在臨政，上下自然響應。

四十萬人死於長平，皆命乎？曰可知皆是命，只被人眼孔小。

校勘記

〔一〕摸得鏃與把齊然後放　「摸」原作「模」，據正誼堂全書本改。

〔二〕學者日每進語相契　「學」字原脱，據四庫全書文淵閣本、正誼堂全書本補。

〔三〕吴本云　「吴」原作「吾」，據四庫全書文淵閣本、正誼堂全書本改。

卷下

心本一，支離而去者，乃意爾。

看文字，須是一看過領得，方是理通。

克己須是從性偏難克去處克將去，克己之私，則心虚見理矣。

問：思可去否？曰：思如何去？「思曰睿」，「睿作聖」，思豈可去！陳問：遇事出言，每思而發，是否？曰：雖不中，不遠矣。

釋氏所以不如吾儒，無「義以方外」一節。義以方外，便是窮理。釋氏卻以理爲障礙。然不可謂釋氏無見處，但見了不肯就理。諸公不須尋見處，但且敬與窮理。「敬以直内，義以方外」，然後成德，故曰「德不孤」。

昔從明道、伊川學者多有語録，唯某不曾録。常存著他這意思，寫在册子上，失了他這意思。因言二劉各録得數册。又云：一段事纔録得〔一〕，轉了一字，便壞了一段意思。昔録五經語作一册，伯淳見曰：「玩物喪志。」

伯淳謂正叔曰：「異日能尊師道，是二哥。若接引後學，隨人才而成就之，則不敢讓。」

懷錮蔽自欺之心，長虛驕自大之氣，皆好名之故。

伯淳常談詩，並不下一字訓詁，有時只轉卻一兩字，點平聲。掇地念過，便教人省悟。

又曰：「古人所以貴親炙之也。」

邢七云：「一日三點撿。」伯淳曰：「可哀也哉！其餘時勾當甚事？蓋倣三省之說錯了，可見不曾用工。」又多逐人面上說一般話，伯淳責之，邢曰：「無可說。」伯淳曰：「無可說，便不得不說。」

張橫渠著正蒙時，處處置硯筆，得意即書。伯淳云：「子厚卻如此不熟。」

堯夫易數甚精。自來推長曆者至久必差，惟堯夫不然，指一二近事，當面可驗。明道云：「待要傳與某兄弟，某兄弟那得工夫。要學須是二十年工夫。」或云邢七好學，明道云：「邢七二十年裏頭待做多少事，豈肯學這底。」或云邢七要學，堯夫不肯，曰：「徒長奸雄。」謝云：「恨某生不早，卻辦得弟子之禮。」明道笑云：「賢卻没放過底事。」堯夫初學於李挺之，師禮甚嚴，雖在一野店，飯必襴，坐必拜。欲學堯夫，必亦如此。伯淳聞說甚熟，一日因監試無事，以其說推算之，皆合。出謂堯夫曰：「堯夫之數只是加一倍法，以此知太玄都不濟事。」堯夫驚撫其背，曰：「大哥，你怎恁地聰明。」伊川謂堯夫知易數爲知天，知易理爲知天，曰〔二〕：「須還知理爲知天。」因說今年雷起甚處？伊川云：「堯夫怎知某便知。」又問甚處起？伊川云：「起處起。」堯夫愕然。他日伊川問明道曰：「加倍之數如何？」曰：「卻忘之矣。」因歎其心無偏繫如此。

「聽其言也厲」，須是有力。某尋常纔覺心不在時，語便無力。

敬只是與事爲一，未論得是不是。問：此有存主，不逐彼去，是敬之理否？曰：先有存主，然後視、聽、言、動卻汗漫了。且只認取與事爲一時便是敬，其他說各是一理。「從容中道，聖人也」。方做一事，忘了其他亦不免。顏子聞一知十。人之才，猶自「請事斯語」。

問：多愛記事，如明日有件事，今日一日記著，晚些有件事，只今不肯放下，至如事過，又須追思，知其非而無法以處之。又每遇事多急躁，常自訟之，云：「事之未來，不須預憂；事之方至，不須忙迫；事之過去，不須追悔。終之以一毫不立，唯覺而已。」然終未得如願。先生云：須是這箇道理處之。某舊有疑疾一件，要如此，又要如彼。後行一氣，法名五元化氣，素問有其說，而無其法。初傳時，云行之能於事無凝滯。某行一遍，兩月便覺其效。問：云所病，心疾也，而此法何以能平之？答云：氣能動其心，和其氣，所以和其心也。喜怒哀樂失其節，皆是病。

端立問：暢論敬云：「正其衣冠，端坐儼然，自有一般氣象。」某嘗以其說行之，果如其說。此是敬否？曰：不如執事上尋，便更分明。事思敬，「居處恭，執事敬」，若只是静坐時有之，卻只是「坐如尸」也。

舉明道云：「忠恕」兩字，要除一箇不得。

敏是得理之速，明理而行，不期而速，非是手忙腳亂。

「與其得罪於州閭鄉黨，寧孰諫」，是父母之過，未至此不可諫也。予曰：煞有人爲孝弟按本子做，不能以義處，卻致父母兄弟不睦者甚多，極好笑。先生然之。

明道云：「病卧於牀，委之庸醫，比於不慈不孝。事親者亦不可不知醫。」

「一日克己復禮，天下歸仁焉」，只就性上看。

「必有事焉而弗正心」，是持敬否？是矜持過當否？曰：近之。答季向書云：「每聞進學甚力，深慰此懷。兹承恩喻，尤見好悦，豈不欲傾盡所知，顧未識所疑安在，難以毫楮而泛論也。然秦、漢以來，學雖不明，而爲善者不絶於天下。足下若能志於大者遠者，不爲目前移奪。雖是非小有失中，大體固已立矣。不失此心可也。」

或問：天下多少事，如何見得是處？曰：窮理便見得。事不勝窮，理則一也。

答胡康侯小簡云：「承進學之意浸灌，深所望於左右，儒異於禪，正在下學。如顔子工夫，真百世軌範，舍此應無入路，無住宅。三二十年不覺，便虚過了，可戒，幸毋忽。朱君聞進學可喜，向亦嘗講仁、敬之説，當不忘之。游於河南之門者甚多，不知從事於斯，則見功不遠，行之方可信此語也。」

又答簡云：「蓋如語録，只少卻三兩字，便血脉不貫，其語不活。如春秋之説正如此，幸亮之。春秋大約如法家斷例也，折以中道耳。承諭進學加功處，甚善甚善。若欲少立得住，做自家物，須著如此。邇來學者何足道，能言真如鸚鵡也。富貴利達，今人少見出脱得者，所以全看不得，難以好事期待。他非是小事，切須勉之。透得名利關，便是小歇處。然須藉窮理工夫，至此方可望有入聖域之理，不然休説。」

總老嘗問一官員〔三〕云：「『默而識之』，是識箇甚？『無入而不自得』，是得箇甚？」

校勘記

〔一〕又云一段事纔録得　「事」原作「字」，據明遞修本、四庫全書文淵閣本、正誼堂全書本改。

〔二〕曰　「曰」，二程外書卷十二作「堯夫云」。

〔三〕總老嘗問一官員　「老」原作「考」，據明遞修本、四庫全書文淵閣本、正誼堂全書本改。

附録

一、序跋

謝上蔡語録後序

〔宋〕朱熹

右上蔡先生語録三篇。先生姓謝氏，名良佐，字顯道，學於程夫子昆弟之門。篤志力行，於從遊諸公間所見最爲超越。有論語説行於世，而此書傳者蓋鮮焉。熹初得友人括蒼吴任寫本一篇，題曰上蔡先生語録。後得吴中板本一篇，題曰逍遥先生語録，陳留江續之作序，云得之先生兄孫少卿伋及天隱之子希元者。二家之書，皆温陵曾恬天隱所記，最後得胡文定公家寫本二篇於公從子籍溪先生，題曰謝子雅言。凡書四篇，以相參校。胡氏上篇五十五章，記文定公問答，皆他書所無有，而提綱挈領，指示學者，用力處亦卓然，非他書所及。下篇四十七章，與板本、吴氏本略同，然時有小異，蓋損益曾氏所記，而精約過之。輒因其舊，定著爲二篇，且著曾氏本語及吴氏之異同者於其下，以備參考。獨板本所增多猶百餘章，然或失本指，雜他書，其尤者五十餘章。至詆程氏以助佛學，直以「或者」目程氏，而以「予曰」自起，其辭皆荒浪無根，非先生所宜言，亦不類答問記述之體。意近世學佛者私竊爲之，以亢其術。偶出於曾氏雜記異聞之書，而傳者弗深考，遂附之於先生，傳之久遠，疑誤後學。使先生爲得罪於程夫子，而曾氏爲得罪於先生者，則必是書之爲也。故竊不自知其固陋，輒放而絶之，雖或被之以僭妄之罪，而不敢辭也。其餘所謂失本指、雜他書甚者，亦頗刊去，而得先生遺語三十餘章，别爲一篇，然記録不精，僅存仿佛，非復前篇比矣。凡所定著書三篇，已校定，可繕寫，因論其所以然之意，附見其後，以俟知言有道君子考而擇焉。紹興二十九年三月庚午新安朱熹謹書。

（晦庵先生朱文公文集卷七十五）

謝上蔡語録後記

〔宋〕朱熹

熹頃年校定上蔡先生語録三篇，未及脱藁，而或者傳去，遂鋟木於贛上，愚意每遺恨焉。比因閑暇，復爲定著此本，然亦未敢自以爲可傳也。因念往時削去版本五十餘章，特以理推知其決非先生語，初未嘗有所左驗，亦不知其果出於何人也。後籍溪胡先生入都，於其學者吕祖謙得江民表辨道録一篇，讀之則盡向所削去五十餘章者，首尾次序，無一字之差，然後知其爲江公所著，而非謝氏之語益以明白。夫江公行誼風節固當世所推高，而陳忠肅公又嘗稱其論明道先生有足目相應之語，蓋亦略知吾道之可尊矣。而其爲言若此，豈差之毫釐，則夫千里之繆有所必至而不能已者耶！因書以自警，且示讀者使毋疑。舊傳謝先生與胡文定公手柬，今并掇其精要之語，附三篇之後云。乾道戊子四月壬寅熹謹記。

（晦庵先生朱文公文集卷七十七）

上蔡語録跋

〔宋〕胡憲

憲大觀初年在長沙侍文定公左右，每聽說上蔡先生之學問，以爲其言善啟發人。其後在荆門學舍從朱二丈子發遊甚欵。子發所得話言及書疏必以相示，云先生監西竹木場，曰自太學往見之，坐定，子發進曰：「震願見先生久矣，今日之來無以發問，不知先生何以見教？」先生曰：「好與賢說一部論語。」子發愕然，意日刻如此，何由欵其講說。已而具飲酒五行，只說他話。及茶罷，掀髯曰：「聽說論語。」首舉「子見齊衰者、冕衣裳者與瞽者，見之雖少必作，過之必趨」。又舉「師冕見，及階，子曰階也，及席，子曰席也。皆坐。子告之曰某在斯某在斯」。「子張問曰：『與師言之道與？』子曰：『然。固相師之道也。』」夫聖人之道無顯無微，無內無外，由灑埽應對進退以至於天道，本末一貫，一部論語只恁地看。其後有書答子發云：「竊承求志有味道腴，是嗜信後當益佳勝。康侯謂公博洽，少輩未知公既宅心道學之後，處之當何如。昔見明道先生讀前漢書，未嘗蹉過一字，至見他人有記問者，則曰玩物喪志。此可以窺其意旨也。」憲因讀朱元晦所定著上蔡先生語録三卷，得以詳觀，其是正。精審去取不苟，可傳信於久遠。竊歎其志尚如此，而自惟疇昔所聞，將恐零落，輒書以附於卷之末焉。紹興二十九年四月十八日籍溪胡憲跋。

（録自上海辭書出版社藏明刻本上蔡語録）

二、歷代著録

遂初堂書目　儒家類

〔宋〕尤袤

上蔡語録

郡齋讀書志附志　卷下　語録類

〔宋〕趙希弁

上蔡先生語録三卷

右門人記録謝先生良佐字顯道之語也。

續通志卷一百六十藝文略儒家儒術

上蔡語録三卷〔宋〕曾恬、胡安國編。

續文獻通考卷一七三子儒家上

朱子删定曾恬胡安國所編上蔡語録三卷

朱子見史類。恬字天隱，温陵人。安國見經類等。謹案，是書乃恬與安國所録謝良佐語而朱子删定之者也。良佐字顯道，上蔡人。登進士第。建中靖國初官京師，召對忤旨，出監西京竹木場。復坐事，廢爲民。事蹟見宋史道學傳。

四庫全書(文淵閣本)子部儒家類

上蔡語録提要

臣等謹案上蔡語録三卷，宋曾恬、胡安國所録謝良佐語，朱子又爲删定者也。良佐字顯道，上蔡人。登進士第。建中靖國初官京師，召對忤旨，出監西京竹木場，復坐事廢爲民。事蹟具宋史道學傳。恬字天隱，温陵人。安國有春秋傳，已著録。是書成于紹興二十九年，朱子年三十歲，監潭州南岳廟時，生平論著，此爲最早。據朱子後序稱，初得括蒼吴任寫本二篇，皆曾天隱所記，最後得胡文定公寫本二篇，凡書四篇，以相參校。胡氏上篇五十五章，記文定公問答；下篇四十九章，與版本、吴氏本畧同，然時有小異。輒因其舊，定著爲二篇。獨板本所增多猶百餘章，或失本旨雜他書。其尤者五十餘章，至詆程氏以助佛學，輒放而絶之。其餘亦頗刊去，而得先生遺語三十餘章，别爲一篇，凡所定著書三篇云云。是朱子於此書芟薙特嚴。後乾道戊子，重爲編次，益以良佐與安國手簡數條，定爲今本。又作後記，稱胡憲於吕祖謙家得江民表辨道録，見所删五十餘章，首尾次序無一字之差，然後知果爲江氏所著，非謝氏之書，則去取亦爲精審。觀語録稱某二十年前得上蔡語録，觀之初，用朱筆畫出合處；及再觀，則不同，乃用粉筆；三觀，則又用墨筆。數過之後，全與原看時不同，則精思熟讀，研究至深，非漫然而定也。良佐之學，以切問近思爲要，其言論閎肆，足以啟發後進。惟才高意廣，不無過中之弊。故語録云：看道理不可不仔細。程門高弟如謝上蔡、游定夫、楊龜山，下稍皆入禪學去。又云上蔡觀復齋記中説道理，皆是禪底意思。又云程子諸門人，上蔡有上蔡之病，龜山有龜山之病，和靖有和靖之病，也是合下見得不周偏差了。其論皆頗以良佐近禪爲譏。然爲良佐作祠記，則又云以生意論仁，以實理論誠，以常惺惺論敬，以求是論窮理，其命意皆精當。而直指窮理居敬爲入德之門，尤得明道教人之綱領，乃深相推重。蓋良佐之學，醇疵相半，朱子於語録舉其疵，於祠記舉其醇，似矛盾而非矛盾也。合而觀之，良佐之短長可見矣。乾隆四十六年十月恭校上。

總纂官臣紀昀臣陸錫熊臣孫士毅

總校官臣陸費墀

四庫全書簡明目録子部儒家類

上蔡語録

上蔡語録三卷，宋曾恬、胡安國所録謝良佐語，朱子又爲删定之。良佐受業於程子，而學乃雜禪，故朱子芟薙頗嚴。然爲良佐作祠記，稱其以生意論仁，以實理論誠，以嘗惺惺論敬，以求是論窮理，命意皆精當。又稱其以窮理居敬爲入德之門，得明道教人綱領。蓋其學純疵參半，故朱子尚有取於此書云。

三、謝良佐資料

上蔡先生祠堂記

〔宋〕葉適

謝良佐，字顯道，受業二程，與游酢定夫、楊時中立，皆爲高弟，號上蔡先生。學者宗其傳，謂顏、冉復見也。不幸遭黨人禁錮，未解而卒。諸子避虜迸逸，一死楚，一死閩，獨克念者，落台州，紹興六年，給事中朱震子發奏官之，尋亦死。克念有子偕，偕三子，無衣食，替人承符，引養老母。嘉定五年，太守黃㽦子耕修郡志，訪求故家得之，請見，抗賓主禮，給冠帶錢米，買田宅，祠顯道於學，在二程後。

郡人驚異曰：「自黃太守來，他日邦賦之没於羣姦者一收斂，公使之消於妄費者悉減節，遂能以其餘興小學，作欞星門，增大學生食，服有珩縪，器有罍篚。又設漕火，立養濟，葬叢骸。政通化達，生死潤賴，此吾等所知也，惟上蔡事不可解。」甚或嗤笑曰：「奚不切若是哉！」

夫意有遠近，知有難易。詩曰：「烝我髦士」，近也；又曰：「續古之人」，遠也。興小學，近而易知也；祠上蔡，遠而難解乎！道非人不行，不行而天地之理不章，古今大患也。

先王比聯閭附而教其人，不敢薄也。然其致道而成材者，幾絶都曠國不一遇焉，故尊之貴之，珍之重之。哀其死也，尸祝以神之，禄位以延之，更世千百猶未也，蓋公之也。若使人奮其私智，家操乎異説，各不相統，而以己之氣血所勝者爲善，則道德壞而義理滅矣。解子耕之舉者，宜曰：「獨上蔡事尤長，非不切也。」

昔正考父饘粥於鼎，循牆而走，其後孔子生，而孟僖子命其子學禮焉。謝氏之困於庸奴久矣，子耕既洗沐之，列於士大夫，安知無達人出，復佐二程之道！斯可以占天意矣。然則余之不切不愈甚乎！

（水心文集卷十）

德安府應城縣上蔡謝先生祠記

〔宋〕朱熹

應城縣學上蔡謝公先生之祠，今縣令建安劉炳之所爲也。先生名良佐，字顯道，學於河南程夫子兄弟之門。初，頗以該洽自多，講貫之間，旁引傳記，至或終篇成誦。夫子笑曰：「子可謂玩物喪志矣。」先生聞之，爽然自失，面熱汗下，若無所容，乃盡棄其所學而學焉。然其爲人，英果明決，强力不倦，克己復禮，日有程課，夫子蓋嘗許其有切問近思之功。所著論語説，及門人所記遺語，皆行於世。如以生意論仁，以實理論誠，以常惺論敬，以求是論窮理，其命理皆精當，而直指窮理居敬爲入德之門，則於夫子教人之法，又最爲得其綱領。建中靖國中，詔對不合，得官書局。後復轉徙州縣，沈淪卑冗，以没其身。而處之浩然，未嘗少挫。中間嘗宰是邑，南陽胡文定公以典學使者行部，過之，不敢問以職事。顧因紹介，請以弟子禮見。入門，見吏卒植立庭中，如土木偶人，肅然起敬，遂禀學焉。其同時及門之士，亦皆稱其言論閎肆，善啓發人。今讀其書，尚可想見也。

然先生之没，游公定夫先生實識其墓，而喪亂之餘，兩家文字皆不可見。應城寇暴尤劇，莽爲丘墟，其條教設施，固無復有傳者。劉君之來，訪其遺跡，僅得題詠留刻數十字而已。爲之慨然永歎，以爲先生之遺烈，不建於此邦，後之君子，不得不任其責。於是既新其學，乃即講堂之東偏，設位而祠焉。千里致書，求文以記。熹自少時妄意爲學，即賴先生之言，以發其趣。而平生所聞先生行事，又皆高邁卓絶，使人興起。衰病零落，凛然常懼其一旦泯滅而無傳也。劉君之請，乃適有會於予心者，於是不辭而記之如此，以示其學者云。

紹熙辛亥冬十月丙子朔旦新安朱熹記。

（晦庵先生朱文公文集卷八十）

大清一統志卷一百六十八　汝寧府

上蔡先生祠在上蔡縣南門外，宋儒謝良佐居址存焉。元時即其地建上蔡書院。明正統五年復建祠以祀。

四、傳記

謝良佐傳　〔元〕脱脱

謝良佐，字顯道，壽春上蔡人。與游酢、吕大臨、楊時在程門，號「四先生」。登進士第。建中靖國初，官京師，召對，忤旨去，監西京竹木場。坐口語繫詔獄，廢爲民。良佐記問該贍，對人稱引前史，至不差一字。事有未徹，則顙有泚。與程頤别一年，復來見，問其所進，曰：「但去得一『矜』字爾。」頤喜，謂朱光庭曰：「是子力學，切問而近思者也。」所著論語説行於世。

（宋史卷四百二十八道學二）

宋謝良佐

〔清〕朱軾

謝良佐字顯道，壽春上蔡人。始務記問爲該博，及見明道，舉史書不遺一字。明道警之曰：「可謂玩物喪志。」良佐聞語，汗浹背，面發赤。明道乃曰：「即此是惻隱之心。」一日復謂之曰：「君輩相從秖學顥言語，故心口不相應，盍行諸請問焉？」曰：「且静坐。」良佐質雖少魯，然志學極篤，事有未徹，其顙有泚，憤悱如此。既成進士，又事伊川。嘗别一年，復至，伊川問所進，曰：「但去得一矜字爾。」伊川喜。適朱光庭來謁，伊川指謂光庭曰：「此人爲切問近思之學。」及歸，尹焞送之，問曰：「何以教我？」良佐曰：「吾徒朝夕從先生，見行則學，聞言則識。譬人有服烏頭者，方其服也，顔色悦澤，筋力强盛，一旦烏頭力去，將如之何？」焞歸以告伊川，伊川曰：「可謂良友矣。」良佐之學，强力不倦，舊苦多懼，即習於危階，日作課簿，記其言、動、視、聽得禮與非禮者，以自程督，與游酢、吕大臨、楊時同在程門，號「四先生」，而良佐所見最爲超越。初授秦州教授，其帥吕大忠每枉車騎過之，良佐爲講論語，大忠必正襟肅容，曰：「聖人言行在焉，吾不敢不肅。」遷應城令，立信以示之。始至事煩，信既立，其事頓簡。是時胡安國以典學使者過之，不敢問以職事，顧因介紹以弟子禮見。入門見吏士植立庭中如木偶人，肅然起敬，遂稟學焉。建中間，除書局官，不謁執政。或勸之，對曰：「彼安能陶鑄，我自有命在。」初，良佐未及第時，夢入内庭，不見上，惟太子涕泣。及釋褐，神宗晏駕，哲宗嗣立。每舉以告學者曰：「萬事有命，非人力所計較。必能信命，方能養氣，不復挫折。」故良佐平生未嘗干人。其後召對忤旨，出監西京竹木塲。坐口語繫詔獄，廢爲民。在西京時，朱震自太學往謁，坐定，震請益。良佐曰：「當爲君講一部論語。」震私念日晷幾何，何由得具講説。酒五行，良佐掀髯曰：「聽講論語。」乃舉「子見齊衰」及「師冕見」二章曰：「聖人之道無微顯，無内外，由灑掃應對進退而上達天德，本末一以貫之。一部論語皆以此意求。」及褫職歸，謂學者曰：「學既透得名利關，尚當窮理，方可望入聖域。否則萬難見道。吾蚤親有道，復爲克己之學。遂於世味若存若亡，比經憂患仕意益薄矣。」良佐爲人高邁卓絶，言論宏肆，善開發人。所著有論語説及門人所記語録。其以生意論仁，以實理論誠，以常惺惺論敬，以求是論窮理。命意皆極精當，至直指窮理居敬爲入德之門，則尤得明道教人綱領。其語録，則朱子少時爲學，實賴是編以發其趣，故嘗手爲釐訂云。論曰：良佐之没，游酢實誌其墓。當朱子時，其文蚤已失之，故事蹟不具。夫矜者氣盈，陽盈則愆，陰盈則伏，雖天地猶病之，而況於人乎？是故矜財賄者爲市道，矜禄位者爲鄙夫，矜功名者爲伯術，矜學識者爲華儒。至若顔子之視有若無，唐虞之浮雲太虛，則何矜之？與有伊川以良佐爲近思，而明道謂其足任展拓者以此。

（史傳三編卷五名儒傳五）

〔宋〕朱松　撰　附〔宋〕朱槔　撰
〔宋〕朱熹　編　朱傑人　校點

韋齋集　附玉瀾集

校點説明

韋齋集十二卷，宋朱松（一〇九七—一一四三）撰。松字喬年，號韋齋，婺源（今江西婺源）人。政和八年（一一一八）進士，除秘書省正字、校書郎、著作郎。累官度支員外郎，兼史館校勘，歷司勳、吏部郎。秦檜決策議和，松與同列上章，極言不可。檜怒，風御史論松懷異自賢，出知饒州，未上，卒。時紹興十三年（一一四三），四十七歲。

朱松是朱熹的父親，朱松去世時，朱熹只有十四歲。朱松病重時將家事託付給劉子羽，並命朱熹師事武夷三先生：「籍溪胡原仲（憲）、白水劉致中（勉）、屏山劉彦沖（子翬），此三人者，吾友也，其學皆有淵源，吾所敬畏。吾即死，汝往父事之，而惟其言之聽，則吾死不恨矣。」（朱子屏山先生劉公墓表）父親的臨終安排，爲朱熹身心與學業的成長鋪平了道路，也爲他日後事業的發展奠定了基礎。

朱松是一位飽學之士，又是一個堅定的愛國者。在朱子七十年的生命歷程中，十四年雖然只是非常短的瞬間，但是朱松對他的啓蒙教育，依然留下了深深的印記。朱子的童年、少年時代是在國土淪喪、戰禍頻仍中度過的。朱松慷慨的愛國情懷和反對和議的堅定立場使幼年的朱熹已感到了一種不容推脱的歷史責任感。紹興九年（一一三九），趙構定都臨安，元旦，布詔天下，與金議和。朱松聞言，對朱熹感慨歎息久之。晚年朱子在追憶這一段往事時説：「嘗記年十歲時，先君慨然顧語熹曰：『太祖受命，至今百八十年矣！』歎息久之。銘佩先訓，於今甲子又復一周，而衰病零落，終無以少塞臣子之責。」（朱子蒙恩許遂休致陳昭遠丈以詩見賀已和答之復賦一首附記）紹興十年（一一四〇），劉錡以五千精兵大破十萬金兵。朱松聞訊鼓舞，爲朱熹誦讀後漢書光武紀，講解劉秀何以能以三千精兵破王尋包圍昆陽之四十二萬大軍，並爲朱熹大書蘇軾昆陽賦，「爲説古今成敗興亡大致，慨然久之。」（朱子跋韋齋書昆陽賦）正是父輩執著的愛國情懷，浸染了朱熹年幼的心靈，使他從小就立下了以身許國的大志。

據文獻記載，朱熹五歲開始上學，讀的第一本經書是孝經。朱熹穎悟早慧，閱讀一過即了其大意，書八字於其上：「若不如此，便不成人。」嘗指日問松：「日何所附？」朱松曰：「附於天。」又問：「天何所附？」朱松奇之。又有在沙洲上畫八卦的傳説。總之，朱熹幼年就顯露出不凡的秉賦。朱松因勢而利導之，教以四書等儒家經典。據朱子延平先生李公（侗）行狀：「熹先君子吏部府君亦從羅公（從彦）問學，與先生爲同門友，雅敬重焉。」

「踰官中第，更折節讀書，慕爲賈誼、陸贄之學。久之，又從龜山楊氏門人問道授業，踐修愈篤。」（朱子與陳君舉）其皇考吏部府君遷墓記又云：「承事公（朱森）卒……而遊宦往來閩中，始從龜山楊氏門人爲大學、中庸之學。」可見，朱松所受的教育與其學問的價值指向是以二程爲代表的理學。他的這一學術淵源與其與二程弟子們的親密交往，對朱熹的學術思想的成型與成熟所起的作用是不言而喻的。由此，我們就可以對朱熹在沉湎於佛學既久卻在一見李侗後即翻然悔悟而逃佛歸儒的事實有了一個合乎邏輯的解釋。

韋齋集，宋史、直齋書録解題均有著録。宋史藝文志曰：「朱松韋齋集十二卷，又小集一卷。」直齋書録解題卷十八「別集類下」曰：「韋齋小集十二卷，吏部員外郎新安朱松喬年撰。侍講文公之父也。文公嘗言，韋齋先生自爲兒童時，出語已驚人，及去場屋，始致意爲詩文。其詩初亦不事雕飾，而天然秀發，格律閒暇，超然有出塵寰之趣。」卷二十「詩集類下」曰：「韋齋小集一卷，朱松喬年撰。」朱子自撰其父行狀，有關於韋齋集成書的説明：「所爲文有韋齋集十二卷，行於世，外集十卷藏於家。始時吏部侍郎徐公度欲爲之序，略言少日多見前輩，而自得從公及張定夫遊，使得爲文之法。會病革，不及脱稿。而今序則直秘閣傅公自得之文也。」（皇考吏部朱公行狀）傅自得韋齋集序則曰：「淳熙七年（一一八○）四月「一旦走介二千里書抵予曰：『熹先人遺文，江西遂將刊行，而未有序引冠篇首。

先友盡矣，不孤之惠，誠有望於門下，敢以爲請。』」可見，韋齋集確爲朱松死後由朱熹編集而成，爲十二卷，時在淳熙七年。

據劉性的序我們可以知道，韋齋集早在元代就已經「四方罕見」。後由朱子的遠孫朱勳獻給婺源太守干文傳，干得知劉性四處求購欲刊印之，又將書轉贈劉性。至元三年（一二六六）五月，劉性刻韋齋集於旌德學宫。這就是元刻本。此本現藏臺北「中研院」史語所傅斯年圖書館善本書庫，六册，卷首有宋淳熙七年傅自得序、元至元三年劉性序，卷末有宋淳熙辛丑（一一八一）尤袤跋、民國癸亥（一九二三）鄧邦述題記。遺憾的是海峽睽違，大陸學人不得而見。

明弘治癸亥（一五〇三）年，又有鄺璠刻本。據其題識稱，所據刊本乃出於新安（即婺源）。四部叢刊續編本即據此本影印。其題解曰：「新安朱松喬年撰。朱子嘗刻於江西，有淳熙七年河陽傅自得序。至元中，吴郡干文傳守婺源，得其本，與旌德令劉性重刻之。此從劉本再刻者。」

清康熙庚寅（一七一〇）朱子二十世孫朱昌辰據鄺璠本重刻。雍正戊申（一七二八），朱子十七世孫朱玉又據宋本重刻。

按，朱玉刻本，是一個經過重新編排的本子，除正文外，卷首尚有以下内容：

傳自得序

劉性序

朱玉序

朱韋齋先生像

宋史本傳

韋齋記（羅從彦撰）

韋齋銘（曹偉撰）、記後（石憝撰）、後跋（朱子撰）

韋齋公年譜

陳傅良行詞

元順帝追謚朱獻靖公誥敕

行狀（朱子撰）

宋史館吏部贈通議大夫朱公松墓碑（周必大撰）

朱韋齋先生祠

環溪精舍記

卷十二後附朱子與外父祝公書並附注。

本次整理，以四部叢刊續編本爲底本，以朱昌辰刻本、朱玉刻本爲對校本，以文瀾閣四庫全書本參校。

爲保持朱子原刊之面貌，整理者將朱玉刻本附加的内容全部作爲附録放在全書之末。朱松季弟朱槔的玉瀾集亦據原刊予以保留。

朱傑人

總目

韋齋集序

傅自得

文章之工拙繫乎人，時命之通塞存乎天。天人之適相合也爲甚難。是以古今負文章之名者，未必得貴仕；而都公卿之位者，又未必以文章顯也。故吏部員外郎韋齋先生朱公，建炎紹興間詩聲滿天下，一時名公鉅卿交口稱薦，詞人墨客傳寫諷誦如不及。予少時學詩，嘗以作詩之要扣公，公不以輩晚遇我，而許從游。間宿于閩部憲臺從事官舍之東軒，夜對榻語，蟬聯不休，比晨起，則積雨初霽，西風凄然，公因爲予舉簡齋「開門知有雨，老樹半身濕」，及韋蘇州「諸生時列坐，共愛風滿林」之句，且言：「古之詩人貴衝口直致，蓋與彭澤『把菊東籬下，悠然見南山』同一關棙。三人者出處窮達雖不同，誦此詩則可見其人之蕭散清遠，此殆太史公所謂難與俗人言者。」予時心開神會，自是始知爲詩之趣。別去未幾，而公下世。予既爲詩以哭公，因求其遺編，伏而讀之，愛其詩高遠而幽潔，其文温婉而典裁，至表疏書奏，又皆中於理而切事情。廼喟然嘆曰：公之於詩文可謂至矣，今世能言之士非不多也，然淺則及俚，華則少實，是無他，徒從事於末，而不知其本之過也。

公幼小喜讀書綴文，冠而擢第，未嘗一日捨筆硯。年二十七八聞河南二程先生之遺論，皆先賢未發之奥，始捐舊習，朝夕從事於其間。既久而所得益深，故發於詩文，自然臻此，非有意於求其工也。使其得通顯於朝廷，施諸潤色而見於事業，必有大過絶人者。不幸位不媲德，雖兩入東觀，三爲尚書郎，卒不得以其所長發紓，又不得年而没，天人之難合也如此，可不太息也哉！

雖然，人定亦能勝天，故公之嗣子，今南康太守熹能紹公之訓，早踐世科而益篤志于伊洛之學，安貧守道深山窮谷之中者三十餘年。明天子用寵嘉之，即其家拜二千石。君懇辭，不獲命，强起視郡事。逾年而政成訟簡。一旦走介二千里書抵予曰：「熹先人遺文，江西遂將刊行，而未有序引冠篇首。先友盡矣，不孤之惠，誠有望於門下，敢以爲請。」予覽書悚然，追思東軒之集，恍如隔世，而緒言歷歷猶在。公墓之木既拱，而予蒼顔白髮摧然，其亦老矣。愴歲月之不留，懔餘年其無幾，爲之感慨不寐者通夕，而病憊廢書，筆力衰退，文不逮意。獨念自少至老，遊南康父子間爲最久，相知爲最深，得其父子之賢爲悉，故不敢以不能爲辭。若夫公之詩文，自足以行後而傳遠，豈待區區之鄙言。顧予蚤歲承誨，迨老無所成，迺得挂名集端以託不朽，其愧且幸爲何如哉！　公名松，字喬年，韋齋蓋自號云。

淳熙七年夏四月既望〔一〕，河陽傅自得序。

校勘記

〔一〕淳熙七年夏四月既望　「七年」下，朱玉刻本有「庚子」二字。

序

劉性

韋齋集十二卷，宋吏部員外郎新安朱公喬年之詩文也。河内傅安道爲之序云，公嗣子南康太守刻諸江西。性，江西人也，而未始見之，蓋其版本亡矣。旌德新學告成之明年，性遣校官袁祥求書新安。時吴郡干文傳守婺源，廬陵曹汝舟爲之賓佐，性因寓書婺源曰：「朱文公之書在天下，所謂家傳而人誦之矣，獨韋齋集四方罕見。婺源，文公故里也，必有藏此書者，其爲我購求之。」汝舟以書來報曰：「干侯之治婺源也，文公故宅與其先墓之爲豪右所奪者，侯皆取而歸諸朱氏矣，仍俾遠孫之居建安曰勳者來掌祠事〔一〕，勳以韋齋集爲侯獻之〔二〕。侯聞子之求書也，亟以相授，子其有以廣侯之意乎？」性受書嘆曰：侯以州政最江東，至於脩復朱子祠宇墳墓，則非能吏之所能爲者，而爲之者惟侯能也，而又不鄙我，旌德之人士幸惠兹文，性不佞，敢不承命！乃爲繕寫，刻之學宫。

竊惟孔孟之道至程子而復明，至朱子而大明。夫人有一行之善，一藝之美，未有不本於父兄師友者，而況於道有以參天地之運，學有以紹前聖之統者乎？程太中能知周子，故二程之學繼孟氏；韋齋能友延平，故朱子之學繼程氏。則韋齋之書，學者可不學乎！竊窺韋齋篤志於伊洛之學，其視游楊羅李孰敢議其先後？若文詞字畫，又於荆公蘇黄皆取法焉，豈不以學之大有既推原探本而極其端矣。至於曲藝小伎亦莫不各有理而盡其心焉。不專一門而惟是之從也。文公集羣儒之大成，紹周程之正統，而於熙寧、元祐諸公之是非得失，則未嘗有所偏主焉，豈亦本於家學而然歟？記曰：「三王之祭川也，先河而後海，或源也或委也。」此之謂矣。故書于篇目之末，以就正於婺源云。侯字壽道，延祐初進士高第，累歷州縣，所至有風績。汝舟字德川，以諸生推擇爲吏，與性同郡相好也。至元三年丁丑五月五日，後學廬陵劉性謹書。

校勘記

〔一〕仍俾遠孫之居建安曰勲者　「建安」，朱玉刻本作「建陽」。

〔二〕勲以韋齋集爲侯獻之　「之」字原脱，據朱玉刻本補。

韋齋集目録

玉瀾集……二七七

校勘記

〔一〕絶句　原作「律詩」，據朱玉刻本、朱昌辰刻本改。檢卷五標題正作「絶句」。

〔二〕奏議　「奏議」下朱玉刻本有「劄子」二字，檢卷七標題作「奏議」，然卷中内容有「劄子」。

〔三〕題跋　朱玉刻本作「跋」，又文淵閣四庫全書本「題跋」下空格後有「文」字。

韋齋集卷之一

新安朱松喬年撰〔一〕

古詩〔二〕

睢陽謁雙廟

幽陵胡羯殘中原，列城束手天子奔。天留巨孽毒梁宋，賊壘環堞如雲屯。凶波滔天不可遏，塞以束薪何足論。力憑孤墉阻其怒，不爾薦食無黎元。堂堂許張勇且仁，指揮羸卒氣愈振。上書行在論賊勢，想見憤色吞妖氛。人間貧賤容力避，只有一死由來均。二公就此得處所，至今日月名争新。遺祠突兀岸清洛，英氣凛冽横穹旻。尚聞餘蔭福兹土，天假威柄酬忠勤。布衣尚懸千古淚，肉食宜鑒當年因。焚香再拜三歎息，九原可作從斯人。

謁普照塔

孤塔驁霄漢，晴影金碧眩。重來得寓目，歸枕尾殘汴。緬懷何姓人，哀禱傾淮甸。是身如皎月，有水着處現。彈指遍大千，何止數鄉縣。惟應因緣地〔三〕，聊爾共流轉。顛危悔靳馬，善涉悟覓扇。君看悔與悟，只在一轉眄。至人獨何心，示此禍福變。當知夙緣定，莫作邪道見。哀哉衆生愚，積惡稔天譴。云何一朝急，賴此香火薦。我來適燈夕，寶蠟明邃殿。還揩客塵眼，重睹浮壇面。朝來塔上鈴，告我風色便〔四〕。平淮一回首，岸草失葱蒨。

曉過吴縣

舟行有嚴程，越國常曉發。雙櫓兀殘夢，起坐窺落月。人家岸野水，霧雨籠邃闥。遥憐瑣窗人，攲枕聽咿軋。

陪餘杭張無隅先生飲

先生結屋在人境，門巷蕭蕭作冰冷，紛紛入眼不入意，坐客千言不相領。叩關聞我倒屣迎，重解舊榻塵埃生，向來妙處久不吐，一挽天漢崑崙傾。共説别來經世事，我言所向皆兒戲，胸中塊磊不用澆，便有清愁説無地。士林師範六十翁，先生合在伯仲中，願言終賜指歸處，爲公敬作曾南豐。

於潛道中

山行厭犖确，理策扶攲危。緑野三兩家，一息知可期。冉冉晴林端，炊煙裊晴暉。其民豐且樂，恐是太古遺。那知都邑間，百索困鞭笞。繁華今何有，半作道旁羸。

度芙蓉嶺

幽泉端爲誰，放溜雜琴筑。山深春未老，泛泛浪蘂馥。娟娟菖蒲花，可玩不可觸。靈根盤翠崖，老作蛇蚓蹙。褰裳踏下流，濯此塵土足。何當餌香節，净洗心眼肉。餘功到方書，萬卷不再讀。晚歲窮名山，靈苗縱穿斸。菖蒲服之通神，令人聰明健記。

信州禪月臺上

玉峯點寥廓，霄漢疑可梯。玉水環城陰，灔灔方拍隄。層臺擅二美，吾策一時携。何當蠟吾屐，更欲照以犀。塵勞不相赦，竟類窮途迷。我生麋鹿爾，不羡駕輅驪。向來丘壑懷，語發人所詆。長安黑頭公，玉勒朝金閨。山林出戲言，廣已無端倪。誰收遮日手，歸把耕雨犂。紛紛塵土中，等是舞甕鷄。頗聞山水間，幽子飯藿藜。行當踐此語，絶境同攀躋。

送深師住妙香寺元住雲溪

道人捨幽居，誰管溪上雲。此身自雲耳，遑暇南北分。頗聞妙香山，天花雨繽紛。宴坐丈室間，歷亂舊衲紋。山前路悠悠，山後水汶汶。應觀川途客，念我奔走勤。豈無香火緣，他年往相群。飽食跛鐺飯，稀摘幽澗芹。當令桃花臺，白社掩前薰。

坐睡

坐久睡屢兀，手失未了書。清風脱然至，心醒得我娱。起看孤隙光，了不移錙銖〔五〕。云何短夢中，萬境生須臾。嗟彼市朝子，百巧營其軀。安知非夢役，過眼滅無餘。至人有達觀，那與世賢愚。不須無言子，同上崑崙墟。

遊山光寺

寺藏兩山腹，路轉百步陰。登高試病脚，掬冷清煩襟。敗壁龕石刻，歲月不可尋。唯應查公石，俛仰閱古今。屋古困枝柱，摧頹力難任。何當咄嗟辦，嗣彼鍾梵音。興衰豈關吾，得酒且滿斟。歸路有溪月，攬之醒吾心。

送建州徐生

人羈天地間，誰非一浮萍。泛然偶相值，便有離合情。君家武夷下，歸路塵眼明。我生愛山者，夢寐秀色横。秋風送客去，把手更心傾。亦逢山中人，爲我寄此聲。

贈覺師

覺師儒門秀，脱屣世故早。那知軒冕味，夙悟心已槁。唯餘章句習，心境時相惱。如人生於齊，而即楚鄉老。雖遭楚人咻，微音或清好。固無益生死，亦未妨至道。家山亦何有，骯髒衣間寶。叢林選佛場，一擲想盆倒。云何戀故居，俛仰待華皓。他年空手歸，子語吾爲老。幸分曹溪水，萬刼付一澡。

休寧村落間有奇石如彈子渦所出者宜養石菖蒲程德藻許以餽我以詩督之

君家緑溪上，岸曲溪成渦。渦間石無數，水礱相蕩磨。誰嘗掬而戲，一一印指螺。我欲往取之，擁此菖蒲窠。石罌注新汲，幽姿發清哦。夫子許餉我，往督書已多。願言速寄與，起此泉石痾。

效淵明

人生本無事，況我麋鹿姿。一墮世網中，永與林壑辭。此行獨何事，豈不爲寒饑？弱歲慕古人，頗覺世好卑。那知齒髪邁，終然此心違。春風到山澤，魚鳥亦知時。吾行何日休，流目瞻長岐。且用陶翁言，一觴聊可揮。

酬馮退翁見示之什

我家大江左，江水日夜東。遥瞻發源處，廼在西南窮。相望邈異境，正北一水通。故令我與子，迹遠心自同。我生寡所諧，強顔紅塵中。倦飛矯歸翮，饑吟咽寒蛩。獨欣得吾子，萬慮一笑空。時時出秀句，醒我如風松。當知山澤臞，不鄙犀角豐。彈冠實伊始，此生各飛蓬。卜隣固未必，即事聊從容。

戲答胡汝能

我生苦中狹，與世枘鑿乖。平生素心人，耿耿不滿懷。汝能伯始後，遊世如嬰孩。相逢握手語，便作塤篪諧。時時笑謂我，如子患未涯。執古以規今，求合誠難哉。涉世幸未遠，子車尚可回。我介足怨忌，君通絶嫌猜。不見山巨源，雍容居鼎台。不見嵇中散，絶交自可哀〔六〕。賢愚心自了，短韻共一咍。

謁吴公路許借論衡復留一日戲作

幽獨不自得，駕言欸齋廬。殷勤主人情，投轄恐回車。轄亦不須投，此去將焉如。唯憂酒錢盡，使我詩腸枯。會合曾幾何，可復自作疎。更當留一夕，帳中探異書。

新秋

幽人無與娱，耳冷百不聞。新米熟未知，但覺市酒醇。滄洲散秋色，山水逾清新。一醉不忍獨，念我存故人。

道中得雨

我行野田間〔七〕，吁嗟連數村。千山收宿雨，豁作黄梅渾。漸看風葉底，一洗龜坼痕。餘功被行客，稍壓旱塵昏。

道中

驕陽久自殺，一雨蕩䵷坼。田夫夢亦好，龢隴已幽咽。朝來喜相語，一飽心已決。翻翻風葉亂，嫋嫋露芒白。去年禾欲秀，積潦滿秋澤。今年豈堪旱，束手就溝壑。我生拙謀口，藜藿甘如蜜。向來真過計，憂民豈吾職。赤子天可憐，嗟人獨何力。何須事兒戲，合沓來賀客。稍欣新稻熟，社酒行可覓。當同扶路翁，醉歸舞南陌。

陳伯辨為張氏求醉賓軒詩

前年谿上秋風時，主人酒熟烹黄雞。歸來醉倒睡便着，父老唤起牛羊蹊。此生一醉寧易得，未辨身爲貴人客。征西將軍爾何人？那用尊前驚墮幘。揭來閩越再經秋，聞道軒名涎已流。懸知得酒推不去，此客有轄何須投。今我正爲奔走役，空想題詩滿高壁。若逢落魄姓回人，爲問何時定相覓。

書窗對月

天公自厭雨，一夕開寒晴。霜風浄曠野，洪落有餘聲。饑鴉得林静，霽月縈窗生。熨開睡眼色，一洗空花橫。故人千里餘，壺濁誰與傾。遥知勸影盃，共此通夕情。今冬有奇事，三見非玉英。明年谿上路，誰餉雨中耕。

宿野人家

夢裏滄波摇一葉，覺來正受肩輿兀。人家一宿晚可投，新席槁梧香更滑。霜前穲稏收百畝，稚子新能牧鵞鴨。我生本是箇中人，挾策久矣猶能說。

度石棟嶺

我行欲安適，束馬踰山樊。谷深不可瞬，危磴爭猱猿。坡坨兩山間，寂歷三家村。茅簷青裙婦，蓬髮薪烟昏。敲冷那可飲，分我一掬温。郎樵晚未歸，客至不與言。不奉沙頭巵，肯投柳下門。作詩配國風，行者式其藩。

用退之韻賦新霽

春泥窘幽步，苔上屐痕少。新晴一褰衣，緑葉藏啼鳥。方塘瀰宿漲，古鏡窺清曉。華顛忽自笑，綵羽墮鷩鷮。瞻言雲中耕，縹緲穹脊繞。歸把東臯犂，此念何日了。

送金確然歸弋陽〔八〕

昔我雲溪居，送子雲溪濆。重來問何時，笑指谿上雲。一别四周星，坐此世故紛。衰顏兩非昔，華髪粲可耘。我纏風樹悲，終日無一欣。子乃水菽憂，尚此奔走勤。對牀語未終，慼知便離分。霜風吹客袂，别意如絲棼。子歸葛陂上，去路接鄉枌。歸夢尚隨子，何當歎離群。

至節日建州會詹士元

嗟予身百憂，佳節過倥偬。客愁隨綫增，歸思與灰動。當年從子日，未覺百慮重。高堂遶牀呼，一擲有餘勇。那知客天涯，相對寒骨聳。歲月曾幾何，鬢絲今種種。忍饑山藥煮，附煖地爐擁。深藏斷還往，衰病脱拜拱。興言望鄉關，雲物方鬱滃。空餘相屬意，盃酒久不捧。

用前韻答翁子静

客心既岑寂，節物亦倥偬。幽籬菊初暗，深塢梅已動。古人傲尺璧，顧謂寸陰重。欲從夫子遊，掣肘愧不勇。松高節磊砢，鶴老格清聳。當知山澤臞，誰羨將相種。一官戲人間，叢書以自擁。微言聞緒餘，三歎手輒拱。青天本寥廓，不受雲霧滃。願言瞻清明，茗盌不辭捧。

微雨

端居身百憂，況乃貧病俱。天公頗相哀，雨我蔬藥區。曉晴新青匀，日薄生意蘇。衛生固未必，一飽行可圖。故園天一涯，茅荊誰爲鋤。峥嶸歲云晚，此念當何如。

寄題叔父池亭

一壑久藏勝，數椽忽開亭。方塘蔭瓦影，净見魴鯉行。主人有嘉招，轉柁失高城。不知幾搖兀，杙舟上峥嶸。尊酒酌芳淥，園蔬煮柔青。翩翩射鴨弓，一笑氄綵翎。那知海陬姪，斗粟忘歸耕。餘生信萍梗，歸夢識林坰。漲水有回波，故鄉豈無情。一醉會有日，因之濯塵纓。

贈謝彦翔建安人。九歲，異人與藥，至今不食。建安有梅子真升仙處〔九〕。

我本世味薄，寸田足自營。年來荆棘盡，稍有棃棗萌。但恐骨相凡，未敢希長生。陳留達人後，未亂犀角盈。舊遊記三山，幽夢徹九清。爾來三十年，但覺膏粱腥。幽尋飯緑髓，默卧誦黄庭。顧我塵土中，深慰夙心傾。仙人吴門卒，解后煩寄聲。相期朝金闕，鶴馭何時征。

考亭陳國器以家釀餉吾友人卓民表民表以飲予香味色皆清絶不可名狀因為製名曰武夷仙露仍賦一首

二年飲水閩中村，忽見玉醴傾鑾尊。涓涓醍醐灌熱惱，耿耿沆瀣明朝暾。旱塵久漲城市暗，渴夢欲挽江湖吞。何人遠致雙鯉信，知我來扣羅雀門。不須邀月已清絶，尚恐熨齒當微温。要從華池汲真液，豈獨玄鬢薅愁根。微芒已識投轄客，嫵媚似返當壚魂。奇功誰續伯倫頌，妙意要與淵明論。胸中我自有涇渭，筆下君已傾崑崙。詩成寄與約他日，飲君與我空瓶盆。

久旱新歲乃雨

高田土可篭，下田不受犂。遺蝗憂插啄，況乃麥未齊。赤子天自憐，溝壑忍見擠。雨逐新歲來，停雲忽淒淒。莫辭三日霖，爲作一尺泥。汪汪既没膝，灔灔仍拍隄。漸看簑笠出，笑語喧畛畦。我欲與寓目，父老同攀躋。此身群萬生，擾擾舞甕雞。曾亦無幾求，脱粟配羹藜。永言故隴耕，老眼路凄迷。好收斂版手，鋤耰歸自携。

春日與卓民表陳國器步出北郊

灼灼桃吐華，濯濯柳垂縷。芳菲挽人出，春力乃如許。嗟予閉門客，佳節過不數。不因可人呼，那得幽步舉。客如山陰勝，詩作斜川語。誰言一尊酒，妙處合千古。歸來讀殘書，耿耿霜月苦。空餘流落心，三歎非吾土。

蔬飯

蕨拳嬰兒手，筍解籜龍蜕。薦羞杞菊開，采斸烟雨外。嗟予飯藜藿，咽塞舟泝瀨。朝來二美兼，一飽良已泰。充腸我誠足，染指客應嘅。平生食肉相，蕭瑟何足賴。王郎催牛炙，韓老憶鯨鱠。俠氣信雄夸，戲語亦狡獪。我師魯顔子，陋巷翳蓬艾。執瓢不可從，一取清泉酹。

戲贈吴知伯

條侯得劇孟，吴楚坐可馘。我知無能爲，失此一敵國。偉哉奇男子，俠氣横八極。書生復何者，骯髒老筆墨。刺口論安危，事往竟何益。匹夫嘯空野，驚塵一方塞。區區空有意，浩蕩洗鋒鏑。何如吴王孫，語輒面浮赤。交游得朱亥，負販鄙膠鬲。腰間鐵絲箭，上鏃紫塞翮。笑指蛇豕區，滅此而後食。諸公未備知，欲薦恨無力。明日我過君，烹牛呼社客。當書游俠傳，令子姓名白。

送僧

空中世界紛河沙，不知底處爲天涯！乾坤百億在指掌，觸處與子同一家。云何猶作去來想，千里一跌毫釐差。坐令契闊費星紀，嶺雲欲寄山川遐。撥眉相對此何日，丈室浄掃餘天花。詩豪辨舌久投閣，萬竅寂歷風無譁。爲君遊戲出三昧，妙處那復相聱牙。往將妙響應空谷，一任飛錫凌蒼霞。

招民表

清眠有味日方永，褦襶妨人推不省。疾草尺書招故人，一水未濟豈非命。此身何啻千金直，天下未可兩臂等。垂堂之戒其敢忘，晚識風波失前猛。天憐我輩少如意，曉起屋梁飛倒景。側身鳥行溪上路，遥知倚笻唤烟艇。信眉相對真夢寐，豈不惜此一笑傾。莫談世事令舌強，快讀新詩頻首肯。與君好惡真磁鐵，失足塵途若爲騁。北窗風月夜吞吐，持此邀君共幽屏。净洗多生内熱塵，更有僧廬千尺井。

秋懷十首

一

秋風來幾日，我髪白已多。千林了未覺，奈此一葉何。宴坐閲流光，一眄寄庭柯。寒蟲獨何者，唧唧夜自歌。

二

塵埃地上臣，天闕無力補。夜叉呵九關，嘗膽真自苦。寄㦛東南風，儻得蜚廉許。尚當求妙斵，君氏無乃魯。

三

莳蘭西窗下，蕭艾病其根。白露墮秋夕，美惡兩不存。寂寂芳畹空，離離幽佩昏。物各信所遭，此意誰與論。

四

月林疎愈明，露草净可拭。飛飛螢遞照，軋軋蟲自織。移燈檢書讀，千載如經夕。微言契夙心，妙解失陳迹。文章事雕琢，回視真兒劇。世無楊子雲，此理誰見直。

五

宴坐自觀我，中深抱天機。從知月勝火，胥失兔與蹄。大虛同一如，浮雲渺何依。悠然淵明心，千載與我期。

六

林皋一葉脱，静士最先知。自我抱兹獨，悠然星氣馳。乾坤一逆旅，鼎鼎竟何爲。枯榮俯仰中，兒輩浪自悲。青雲渺難必，白髮不可辭。得飽良已泰，雨畦瓜芋肥。

七

了翁卧淮楚，德望臨一世。憂時九廻腸，醫國三折臂。四海一滔滔，揚湯不止沸。斯人倘可起，姚宋何足繼。

八

反身聖可作，自恕惡易盈。昨非往莫諫，今是來足程。幽人歲晚粟，樹者夷跖并。慨然釋七歎，諒知負平生。

九

甘菊卧風雨，枯荷暗池塘。達人聽榮悴，志士費感傷。亭亭岩桂花，已作宫槐黄。諒無青霞客，誰與媚孤芳。

十

江海有一士，補衮抱經緯。帝衣日月明，袖手久不試。九關隔雲雨，誰肯借一臂。絃急而調卑，此歎同萬世。

和謝綽中觀瀾亭

方塘灔宿漲，曲澗來飛湍。光涵鬱藍天，澒洞碧玉寬。小亭塵土外，瓦影浮朱欄。霜渚寫秋色，烟林養漁竿。佳人秋霞衣，皎皎明月冠。欲濯且無塵，隱几得妙觀。海若昡河伯，等在蝸角端。那知坳堂上，盃水生濤瀾。雲間謝公子，五字冰雪寒。展讀勝圖畫，經行記林巒。九垓未暇遊，據殼諒匪安。一到定何日，眷焉抱長歎。

寄題陳國器容膝齋

淵明乃畸人，遊戲於塵寰。南窗歸徙倚，宇宙容膝間。豈不念斗米，折腰諒匪安。是非無今昨，飛倦會須還。國器青雲姿，逸志追孔鸞。曲肱數椽底，尚友千載前。規模琴書室，料理松菊緣。心遊萬物表，了覺函丈寬。念君方適越，昔至誰云然。要知丘壑志，本出軒裳先。瑣闥麗宸居，追飛不云艱。回車莫待遠，泉石聞此言。

約金確然不至

門前北風裂我襦，知君未能出僧廬。忍看烟雨凍梅膚，南枝北枝香欲無。可無一杯相煖熱，道人酒熟不用沽。區區濡沫浪辛苦，安得共似江湖魚。

確然雪中見過〔一〇〕

雨斷雪將墮，天低雲可攀。誰穿東郭履，來欸山陰關。故人金公子，身窶心甚閑。道機久純熟，世味飽險艱。一杯不可緩，輭此雙脚頑。未忘膜外境，忽湧胸中山。白眼概六合，誰云書生孱。萬類宅天壤，細觀真市闤。攫金掩醉眼，倚門眩朱顔。哀哉兒女態，今古可笑訕。坐令一世豪，偃蹇棲茅菅。先生談天舌，久桂屋壁間。置之且默坐，觀我無所還。紛紛造物機，顛倒轉愚姦。於我何所歉，莫歎簞瓢慳。

校勘記

〔一〕新安朱松喬年撰　「撰」，朱玉刻本作「著」，朱昌辰刻本缺。

〔二〕古詩　朱玉刻本「古詩」下有「五十九首」四字。

〔三〕因緣地　「因」原作「應」，據朱玉刻本改。

〔四〕風色便　「便」，朱玉刻本作「變」。

〔五〕了不移錙銖　「移」，朱玉刻本作「遺」。

〔六〕絶交自可哀　「自」，朱玉刻本作「良」。

〔七〕我行野田間　「野田」，朱玉刻本作「田野」。

〔八〕送金確然歸弋陽　「弋陽」下朱玉刻本有雙行小注「金生廉節士通方外學爲承事公定宅者」十六字。

〔九〕建安人九歲異人與藥至今不食建安有梅子真升仙處　凡二十二字原作大字混入詩題中，朱玉刻本作雙行小字，今據改。

〔一〇〕確然雪中見過　「確」上朱玉刻本有「金」字。

韋齋集卷之二

新安朱松喬年

古詩

書僧房

陸續流泉自成句，來擁紅爐聽山雨。道人更有深深處，詰曲如珠蟻絲度。几研無塵寒欲霧，雕盤篆破孤螢吐。味如嚼蠟那禁咀，茶甘未回君莫去。

題蘆鴈屏

征鴻坐何事，天遣南北飛。蕭然如旅人，無情自相依。孤葦吹欲折，秋風不勝威。冥冥一孤鶱，空費弋者機。寒聲落烟渚，相應不我違。嗟我識此情，手納空歎欷。安知丹青師，落筆迺庶幾。畫形孰不工，畫意識者稀。他時因吾句，購此千金揮。

題臨賦軒

蒼山圍岑寂，下有一水奔。閉户卧風雨，束蒿翳籬藩。寥哉祇樹人，心遠忘世喧。此身自蘧廬，長物餘此軒。鳥語幽夢斷，香横經帙翻。未成借路行，自要窺潺湲。遠師淵明意，不愧靈徹魂。月度了無迹，風行偶成痕。心境兩清妙，尺喙何由呑。賦詩安所取，碧雲未足論。何當拂朱絲，窈眇絃吾言。

答保安江師送米

不見道人久，天涯歲云除。朝來食指動，忽接送米書。念師折脚鐺，五合未省餘。雖無覆餗禍，尚有乞食逋。云何憐孤客，日受飢火驅。未曾貸監河，矧肯索胡奴。誰言斗升意，矯矯超萬夫。嗟予事筆耕，輕棄南畝鋤。圂煩方外客，此計良已疎。何時事粗了，歸葺五畝居。生涯寄緯竹，豈即非良圖。不爲泉壤蚓，願學江湖魚。

陳德瑞饋新茶

空山冥冥雲霧窗，春風好夢欹殘缸。朝來果得故人信，微凸而么犀銙雙。貴人争買百瓔珞，此心兒女久已降。坐觀市井起攘袂，念之使我心紛厖。領君此意九鼎重，雖有筆力安能扛。何時來施三昧手，慰我渴夢思長江。

次韻希旦喜雨

驕陽挾酷暑，何啻虎而翼。高田土可籭，況迺耕與殖。風伯真可訟，雲合吹復拆。那知下土民，糟粕配橡實。古佛棲巖隈，旱沴豈吾責。應緣賢令尹，閔雨丐法力。積陰暝山谷，流潤淒几格。朝來賀客散，置酒浣愁疾。古詩成雲外，險句動潛蟄。旋看蓑笠出，競喜溝澮溢。讙言令與佛，念我一何悉。嗟我困蒿藜，最覺民可恤。何當問牛喘，免使訴魚失。九關虎豹守，懷此欲安適。誰哉此心同，吾飽將何日。

古風二首寄汪明道

紫蘭初茁芽，深壑終自秀。骯髒蕭艾中，不采則誰咎。兒曹逐紛華，壯士保窮陋。應知此調同，萬世無先後。

又

俗士白人眼，從誰明此心。不欲故人見，訶我車徹深。蕭然江上廬，客卧詩書林。得句不相寄，誰賞氣駸駸。

建安道中

吾生意行初不謀，泛泛何啻波中鷗。携家來作閩海夢，三年客食天南陬。我先人廬在何許，大江之左道阻脩。奉新家有手足愛，隻身歸掃先梧楸。旋當來此營斗粟，南北顛倒無時休。此心轉與世事左，自作磨蝗將誰尤。安知不滿達者笑，窮達一戲如觀優。咄哉吾語亦已墮，且與造物同浮遊。

書事呈元聲如愚起華三兄

隱吏朱墨暇，飽眠北窗風。時呼方外客，逃暑尊酒中。寂寞杜拾遺，四壁口不供。坐取盤飧疑，哀哉豈天窮。何如平生友，磁鐵間不容。每懷千里駕，今作五斗逢。吏行散凫鷺，楸局收鸞龍。共話十年舊，事往如飛蓬。浮榮真一戲，何者爲窮通。應須河漢語，浄洗芬蕚胸。僕夫適在門，客醉尊亦空。更爲後日約，及此芙蕖紅。

寄題起莘家義軒

貞觀盛德後，餘慶未渠央。舊聞閩海家，欲縱燕山芳。教子嗣先訓，開軒翼中堂。地偏市朝遠，几浄書簡香。先生陳太丘，飣餖百憂忘。弟子真羯胡，不聞觸屏僵。一變豪俠窟，遂成鄒魯鄉。下車里門外，他年看諸郎。坐上紆素髮，詵詵立冠裳。我詩自可紘，請以侑壺觴。

梅花

山深春未動，沙淺水欲冰。玉梅於此時，靚粧畧無朋。露蘂欲的皪，月枝挂鬅鬙。儼如江漢女，可愛不可陵。他年江南路，曉粧犯嚴凝。尋香烟雨中，横斜插茆簦。却數今幾日，癡如秋後蠅。北嶺枝欲空，誰與扶一登。聊分窺水影，依我照字燈。坐使惜花夢，臨風脚騰騰。昔如夢中蝶，今學桑下僧。了知菩提長，念起吾何曾。

十一月十九日與仲猷大年綍中美中飲於南臺

空山欲雪雲冥冥，玉梅半開吾眼青。此身垂欲走塵土，聊復舉酒看峥嶸。折腰向人不知耻，故園可鋤在千里。金昆石友一開眉，珍重道人相料理。楚江東岸先人廬，竹君安否久無書。歸歟何時應白首，我食吾言如此酒。

春社齋禁連雨不止賦呈夢得

歲豐農猶飢，歲惡何可説。哀哉半菽氓，罪歲同一舌。年時旱塵漲，臘盡不見雪。青皇忽雨我，萬頃麥苗活。令尹民父母，溝壑思手挈。祈年祓齋居，有酒不忍設。那知桃李徑，狼籍香泥滑。芳意一如此，坐恐及鶗鴂。郊原佇開晴，出勞南畝饁。秋成已在眼，一醉宇宙豁。更呼湔裙人，勸此側帽客。和公斜川詩，磨石鑱歲月。

次韻夢得見示長篇

雉馴不因媒，鳩暖自呼婦。詩成桃李陰，知是霹靂手。簿書我亦厭，丘壑渠自有。却憐支離疏，飽食得薪槱。俗夫嘗世味，甘苦半㰻嘔。知公超然處，心跡兩無垢。愁陰老芳物，蟲鳥故相誘。浪蕊費收拾，柔條可結揉。豈無我輩人，一醉開笑口。那知市門底，客倦枕兩肘。眼高可人稀，命蹇亨運偶。平生願執鞭，見謂予小友。細觀愷悌心，宜在帝左右。却來塵埃中，寂寞對五柳。觳音藏鵠羽，正待荆雞剖。學政容窺譜，問字當載酒。虚名翻誤夢，恐坐箕與斗。言詩終不稱，永愧賦瓊玖。

久雨短句呈夢得

身閑書有味，吏傲俗不親。小窗據物表，掃盡心眼塵。令尹垂珠玉，敲門喚行春。作意向芳物，吾車曾未巾。愁陰入病骨，鳩婦聲亦嗔。冥冥三日雨，桃李迹已陳。空餘深枝間，一一青子新。穠芳殿春晚，猶堪慰佳辰。酴醾曉妝靚，芍藥醉臉勻。日萼簪婀娜，風卮倒粼粼。言當呼短舞，抵掌回雙顰。年來得相從，稍覺安沈淪。豈不掛俗事，察公極清真。眼中醉鄉路，風味良獨醇。流光不容玩，尺璧何足珍。漓俗益可厭，願言勤問津。

牡丹酴醾各一首呈周宰

珍叢壓朝露，無人羞欲欹。春風醉香骨，綽約不自持。誰憐曲肱人，一笑遺穠姿。不言意可了，君醉當勿疑。

妝淡洗逾靚，肌香薰不成。皎然月露姿，一笑午景晴。聊移夢蝶牀，相對户不扃。誰令風雨暴，睡起春縱横。

次韻夢得淺紅芍藥長句

十日愁陰病不出，卧看春歸無計惜。詩翁遣送淮海春，衰眼熨開雲霧拆。胭脂注臉匀未遍，肉紅借酒生真色。了知造物着意深，傾倒春工不餘力。年來不顧溱洧女，載酒非公復安適。且將妙句寫餘妍，欲立佳名付精識。一春頗困歌酒汙，回首紛華三太息。願言乞與洗心方，歸對爐香誦周易。

宿禪寂院

夢中一葉摇江湖，困睡不覺身藍輿。眼明佛屋麗丹碧，瓦鴟鶤鳳凌空虚。疲民日者困苛索，半作頳尾相濡魚。鵜鶘數罟兩不置，肯念竭澤明年無。道人誰與辨此事，斤琢千指開渠渠。頗疑如幻三昧力，上方手攬歸吾廬。了知舌本法輪轉，咄嗟檀施争奔輸。不辭割愛一念善，誰謂歲惡窮民愚。書生袖手對溝壑，力不能援心煩紆。事無大小成者少，談説治亂何區區。調卑絃急誠齟齬，鑿圓枘方尤闊疎。古今罪歲同一口，撫掌一笑皆愚儒。

詩約范直夫遊萬葉寺觀瀑泉

萬侯隱下吏，夙尚本丘園。身投攫金市，叢書以自藩。炯然如孤月，不受黃流渾。要知句律工，競病何足論。我生群未俗，涇渭非一源。同心無楚越，傾蓋如弟昆。人生各有役，不暇捧一尊。風蒲掛南浦，念欲東南奔。對牀定何夕，青燈照晤言。懸知知詩處，千尺銀河翻。

次韻夢得見示之什

居楚求齊音，美惡不同土。喧豗俗物華，群復有佳處。時從玉璧人，商畧窮萬古。詩如粟牛戲，誤得摩頂許。望道渺逾遠，久生真暫寓。忍持尺璧陰，空作秋蟲語。微言儻傾倒，河漢濯肺腑。向來説詩口，自此行可杜。

送甌寧魏生赴武舉生後與金虜戰，有功，戰没於邯。

建安少年請纓客，横槊賦詩兩無敵。辭家去作入彀英，氣拂天狼夜無迹。廟堂尺箠鞭羌胡，智名勇功付壯夫。引弓没羽世自有，敢聞上策當何如。

陳仲仁止止堂

以我有限景，逐彼無涯知。失足踐畏途，投身試危機。舟車日奔覆，定無丘與夷。萬古踐此轍，嗟我與誰歸。仲仁古静者，懷璧照褐衣。名途嘗一戲，回首羞前非。心如得坎水，不受狂風吹。功名憂不免，當復定所之。請觀本無作，今復止者誰。築堂市門側，著書園不窺。蓬藋深一丈，圖書周四圍。時有好事人，載酒問所疑。攫金奮敏手，倚市誇妍姿。回光時自照，何者非吾師。

送志宏西上

九州眼一概，餘子真瑣瑣。嶽立培塿中，喜此高岋峨。如公我輩人，取友亦到我。揮毫賦垂天，風雨卷蓬顆。相期八表遊，未覺夙心左。解龜醉江閣，酒面山月墮。起瞻帝鄉雲，感歎不成坐。何須飛霞佩，自辦凌風舸。瀛州渺溟渤，萬里一掀簸。緘詩寄天涯，秉燭對新火。那知市門仙，斗禄事么麽。空餘腸九廻，上疏何日果。

有懷舍弟逢年時歸婺源以詩督之

木落天未霜，君歸定何時？相思如鶩鵲，中宵未安枝。夢中見阿連，鏘然詠新詩。寤驚衰葉翻，謂是步屧移。攬衣下中庭，風露浩淼瀰。遥知客衣薄，歸來一何遲。平生短檠燈，相對忽解頤。萬古一舒卷，佳處良在兹。是中及物心，上與稷契期。援古以自例，自笑無乃癡。夜叉叱九闕，側足不敢窺。坐令一寸心，日抱二柄疑。遲君商畧此，蛩得兒輩嗤。況乃緑髪親，倚門鬢欲絲。狶膏非鳳喙，車轄無可脂。再拜壽百分，斑衣舞參差。秋芳未云歇，采采黄金蕤。萬鍾不足樂，古人豈吾欺。

九月十七日夜度蔡道嶺宿弥勒院

月出度松嶺，露香非羽衣。肅肅夜氣清，蒼蒼烟徑微。川光浴秋容，蘿影挂夕輝。冰輪碾空闊，飛轍無因依。擬掬星渚波，恐觸天孫機。偓佺何時見，沆瀣聊獨揮。未應青霞志，即與素願違。稍休塵外軫，憇此巖下扉。清吟寫萬籟，妙想絶百非。不須河漢言，盡解紛華圍。飛仙亦戲劇，玄學乃庶幾。鰲山切丹極，歲晚行將歸。

遊鄭圃

城郭不去眼，而得林壑娱。低回撫壯心，欲吐無與俱。鏗然一枝筇，細磴争樵漁。挽衣徑與飲，不省誰爲吾。

女貧苦難妍

女貧苦難妍，士貧苦難高。了知論此者，不識一世豪。此身百斛鼎，流俗欲手操。寧當捨其中，局促計所遭。頗疑有若人〔二〕，骯髒棲蓬蒿。考槃一丘壑，光景不可韜。斯人不我忘，空復踰垣逃。軒裳亦云華，唾去如腥臊。哀哉夸毗子，擾擾冠猿猱。恬無濟世心，閔默死滔滔。竭來事斗禄，俛仰身桔槔。一官戲人間，幾何非饕餮。誰言眷此幘，擲去輕秋毫。區區欲驕士，一哭嗟兒曹。

谿南梅花

巉巉石逕鳴枯筇，意行詰曲無西東。心知幽壑梅已動，一枝寄我曾未蒙。暗香横路忽驚顧，冰蕊的皪蠻烟中。有如佳人久去眼，邂逅相得情何窮。蔬畦壓霜翠羽亂，已覺雪片棲手茸。嗟吾宰此來已晚，攀條嚼蕊聊從容。玉仙遊戲下塵世，絶艷一洗朱鉛空。不知閬苑在何許，叱回風馭無怱怱。溪寒沙浄迷俯仰，坐待山月來朦朧。豈無尊酒相煖熱，錦裘起舞如驚鴻。仇池老仙羽化久，妙曲三疊餘仙風。歸時醉倒不知一作成。和，明日來此誰能同。

再和求首座

道人昔曳羌廬笻，五老負雪溢江東。犯寒貪覓玉梅句，雖有衲被何曾蒙。歸來苦雨熟梅子，卷械深卧蠻烟中。詩傳絶境忽入手，置我鄉國情何窮。十年不踏江上路，漠漠海氣昏貂茸。異鄉歲晚慰流落，一笑賴此冰雪容。嶠南絶唱誰敢和，騎鯨人去塵寰空。崑墟下視堪笑閔，雕琢肝腎愁怱怱。那知幽子雲雨上，風斤玉斧修朣朧。讀詩令我一回首，杳若目送孤飛鴻。何時晤語折鐺側，坐聽萬籟號天風。拈花特地兩顔鮮，他時與子真參同。

奉酬令德寄示長句

閑官屋舍如幽棲，寒苦餘業償鹽虀。忽聞鵲聲作破竹，尺書入手誰所賫。交游勝絶似公少，矯矯鸞孔依蒿藜。青冥側足在咫尺，誰使狡獪捐其梯。秋風溪上共樽酒，擺落羈束忘畛畦。紅裳起舞意未足，缺月銜嶺星河低。只今跌宕走塵土，清夢往復無山谿。新詩驚怪爛盈幅，筆力拗怒蟠虹霓。遥知槃礴小窗底，得喪已著一理齊。此生同困造物戲，未覺與世誰雲泥。雖無絶唱追白雪，賴有妙契如靈犀。一笑從公豈無日，挽袖相屬空玻璃。不須俗物敗真賞，但覓佳處同攀躋。

答林康民見和梅花詩

寒崦人家碧谿尾，一樹江梅卧清泚。仙姿不受凡眼汙，風歛天香瘴烟裹。向來休沐偶無事，誰從我遊二三子。彎碕曲逕一携手，凍雀驚飛亂英委。班荆勸客小延佇，酌酒賦詩相料理。多情入骨憐風味，依倚横斜嚼冰蕊。至今清夢掛殘月，强作短歌傳素齒。韻高常恨句難稱，賴有君詩清且美。天涯歲晚感鄉物，歸歟何時路千里。枕樓一笛雪漫空，回首江皐淚如洗。

上丁餘膰置酒招綽中德粲德懋逢年

我生無幾求，畢願老葭菼。誰令事斗禄，飯糲羹不糁。書生亦可憐，微物有先感。朝來食指動，膰肉豐咀啖。恭惟魯司寇，道大長坎壈。空餘祠千載，不救陳蔡慘。永言百世師，願學吾豈敢。當飢不忘歌，既飽復何憾。安能如王孫，長物貯頤頷。急呼講肆人，一醉捨鉛槧。相携桃李徑，歷亂蹴紅毯。言强三尺喙，氣溢一身膽。平生超然處，獨嗜逾昌歜。詩成持似君，莫遣兒輩覽。

用綽中韻送正臣正臣欲歸隱而無資故廣其意以告識者云爾

華裾錦領烏紗幘，氣蓋當年五陵俠。胸中磈磊不可平，拂衣歸來抱長鋏。軒然奇傲楸枰間，長恨坐隱非雲山。相逢笑我眷微粟，我歸未可君何難。世人錢作牛吼音，誰能立談壽千金。空令擁鼻誦招隱，知君心在仙峯陰。故山自欲無歸期，作詩但擬淵明詞。却愁他日林下信，千里寄我唯當歸。

秋懷六首

一

庭柯一葉失，風挾凉氣歸。湛湛陂水青，芙蕖脱紅衣。非無岑寂士，句法妙玄暉。獨懷履霜戒，德人貴知微。

二

真儒六經學，文字聊解紛。長孺棄諸侯，漢庭相公孫。兒口乳未乾，妄作黑白分。誰能領斯會，事往風中雲。

三

導江自岷山，源淺觴可濫。下集大小川，千丈水府暗。策策井桐源，同同窗月淡。後生抱奇志，黃墨勤點勘。

四

市朝富危機，匹夫死憑何。何如狎鷗子，烟雨同一波。行藏各有趣，不在相詆訶。我師陋巷人，千古冠四科。

五

穿堵超玉繩，影倒夜窗寂。火雲一洗空，月露清欲滴。幽人負痌瘝，起坐三歎息。歸同對牀第，晤語永佳夕。

六

揜窗耿不寐，道人亦無悰。故山新稻香，粥魚響枯桐。夢中信了了，推枕聞西風。少遲穲金壯，歸轡與子同。

逢年與德粲同之温陵謁大智禪師求醫作四小詩送之〔二〕

丈室擗槐夏，與君同卧痾。平生莫逆人，裹飯誰見過。跰躃起鑑井，萬古寂不波。觀心要知是，造物如吾何。

又

六年別故山，松竹故無恙。此身已天涯，飄走復何向。清源老醫師，砭僂出投杖。勿辭一往勤，挹彼上池漲。

又

石梁跨蠔山，永與方壺久。憑君持一盃，往酹濟川手。遥知相携處，溟渤浸箕斗。作詩問大鈞，猶有斯人否。

又

山河我四大，物我同一體。誰爲苦疾癢，搔按不容擬。多生抱此念，耿耿未云已。那知知魚樂，更有濠梁子。

與陳彦時會華嚴道人偶書

屋頭烟雲屯，屋下波濤喧。團欒坐已久，起扣丹霞門。客至苦舌強，目擊翻無言。元龍湖海士，懷哉夙契敦。清坐鼎足峙，妙語流潺湲。君遊華嚴海，貝葉手自翻。此心於身世，鳥度空無痕。笑我流浪中，久披業識吞。讀書談古今，綺語生禍根。望道渺未見，況乃躐其藩。職卑困掣肘，見溺不得援。未知造物心，頗復哀黎元。近窺顔稷意，未敢遽拚闢。躬耕亦細事，會要五畝園。釋羈牛在牧，駑鼓馬伏轅。居然見優劣，不比魚熊蹯。持問跏趺人，一笑霜眉掀。相携妙峯頂，暝色窺遠村。解衣署輩行，班坐搴芳蓀。欲歸意未已，幽徑相與捫。蒼崖出玉醴，不受瘴毒溫。願言同酌此，我語庶不諼。

書耕樵院壁

側身西來度千山，列仙仙去空孱顔。斗升自役應笑我，何苦語曲嬉塵寰。歸耕無田仕難合，疑此二柄首鼠間。摩挲崖石三歎息，我心安得如汝頑。

次志宏韻督成壽置酒

歸耕食吾言，回首愧江水。方争楊子席，誰置穆生醴。鄧侯傾蓋舊，小寢蓺桃李。走書納嗂我，涎迸齧唇齒。朝來獨何事，怒色劇染指。雖微射鴻遊，顧有捩手鬼。平生談天口，得酒便鋒起。年來病不觴，但要謳貼耳。真成畫蛇足，足就酒空矣。樊川吐怨句，想見紫雲美。何時咄嗟辦，一醉吾亦擬。噂沓聽群兒，口實争笑鄙。

内弟程十四復亨歸省用綽中韻作二章送之〔三〕

舅家今三世，筆耕未逢秋。後生抱奇志，肯爲螿蠻留。先廬江遶城，歸路柳暗洲。勉哉倘有立，離闊何足憂。

又

讀書學經綸，及壯吾已晚。譬如抱宿舂，求適萬里遠。留君商畧比，歸袖不可挽。流光莫控摶，力學副深懇。

校勘記

〔一〕頗疑有若人　「若」，朱玉刻本作「苦」。

〔二〕謁大智禪師求醫作四小詩送之　「求」字原脱，據朱玉刻本補。

〔三〕用綽中韻作二章送之　「韻」字原脱，據朱玉刻本、四庫本補。

韋齋集卷之三

新安朱松喬年

古詩

三月十日遊報國院小軒頗幽勝為名曰雙清仍書此詩

千峯收宿雨，坐見空翠滴。携筇出城隅，試此腰脚力。竹陰穿窈窕，僧户扣岑寂。小軒清樾底，磐礴聊自適。闃然見幽禽，百囀深拔隙。即此與晤歌，絶勝眼前客。幽懷層冰結，贔屭不可釋。忽如散春風，回首無處覓。天遊失六鑿，真觀了千息。乾坤鼎鼎中，指馬坐可一。不知雙清老，何者爲心迹。持問跏趺人，首肯復面壁。山烟明欲合，歸舸兀深碧。此心除溪月，冋冋誰復識。

次韻謝綽中遊報國寺詩

掩關味詩書，青簡亦已槁。相携出東城，及此風日好。僧簷覆谿渌，共取一尊倒。眷此松桂陰，不接車馬道。慇懃玩流光，齒髮行且老。諸公奠九鼎，帝室欣再造。優遊容我輩，放浪事幽討。念君東山姿，文字富天藻。風期在經綸，彈冠苦不早。寧知如子雲，白首太玄草。

丁未春懷舍弟時在京師

狂虜送死河南北，王事遥憐弟行役。胡命須臾魚在鼎，官軍低回鷙將擊。渴聞天語十行札，尤覺家書萬金直。何時同秉江上犂，萬里農桑吾願畢。

五言雜興七首

一

側席憂宗周，負痾頭岑岑。又傳衢梁盜，弄兵保山林。渴聞平虜詔，蟄户跋雷音。欲舞恨袖短，諸君獨何心。

二

黄香卧講肆，日蕪五畝園。兒誦聲九雛，未厭咽耳喧。古來避世士，或隱車馬門。云何北窗底，默默對幽諼。

三

聖門出嵩岱，領署千兵岑。久矣暖姝子，蠹魚槁書林。曾參一唯後，曠古沈此音。願君同鑽仰，滿我初地心。

四

丹白春事了，灌木忽暗園。卷書護岑寂，幽鳥時一喧。起携無事酒，往扣常關門。豈無素心人，之子不可諼。

五

讀書評世故，自許了無猜。忽然撫機會，往往鑿柄乖。時難既可歎，道大未易涯。歸來卧看屋，吾意亦悠哉。

六

湛湛天宇清，宛宛穹脊白。投深得僧窗，千嶂倚蒼壁。開卷與晤言，炷香伴岑寂。獨將萬里心，收斂入尋尺。

七

身輕客已去，睡美體新浴。南風吹好句，歷歷韻松竹。雖云天耳聽，擬以幽夢續。不辭舉似人，恨汝心眼肉。

遊西峯院留别友人

兀兀掩關坐，后土冐泥塗。繁陰忽披猖，懷哉歎離居。眷我二三子，共此一日娱。欣然忘華陋，意行非始圖。圍竹粉黏帶，弄泉雲逺裾。共睹羊山棋〔一〕，不釣温水魚。野色一以暝，歸舟相與拏。豈無軟脚酒，新熟不用沽。急景棄尺璧，中原睠丘罅。丈夫患不免，低回竟何如。安能逐兒輩，飛翔争腐餘。但憂着鞭子，滯留嘲賈胡。

飲梅花下贈客

憶挽梅花與君别，終年夢掛南臺月。天涯谿上一尊酒，依舊風巵舞香雪。高情絶艷兩無言，玉笛冰灘自幽咽。却憐造物太多事，更要和鼎調人舌。浮生蹤跡風花裏，鼠壤珠宫孰優劣。且當醉倒此花前，猶勝相思寄愁絶。

次韻和吴駿卿

學道日已媮，干時心同嬾。同懷能幾人，俛仰風雨散。晚得吴王孫，抱櫜戢高翰。由來清廟質，不賦白石爛。笑我塵土中，坐受微粟絆。新詩中音會，天律度絃管。未能載酒問，但作焚硯歎。況聞翻貝葉，一悟了真幻。文章廼兒劇，安用黑白判。何時商略此，得酒不待勸。

求道人自尤溪來三山出示同徐侯遊龍門洞長篇因次其韻濟之時以檄走諸隘

阿游陸沈久，亦復太癡絶。未成安一枝，況乃辨三穴。唯餘愛山意，如水必東折。首鼠今幾年，顧影愧瓊玦。那知龍門客，塵底抱關闑。虚簷日偃仰，蒼壁對横嵲。杜藤危蹬響，濯足細泉潔。束薪取奇觀，滴乳當嘉設。摩挲石蜿蜒，信矣耆舊説。欻疑卷風雨，凛若踐冰雪。遠追神清遊，復作武陵別。能詩有老休，聯句媿前哲。相逢快吟哦，亹亹霏鋸屑。三山今入手，瀛海僅可啜。崎嶇走林谷，王事煩此傑。擬結汗漫期，更待攙搶滅。

吴駿卿寄示和黄元廣詩多及古人為己之學輒復次韻資一大笑兼簡元廣

四物覓安心，駕言無停驅。忽然休歇去，本自一物無。那於前後際，而有新故吾。知津恨未達，敢以偷自愚。

又

君居泥自蔽，鄰客旅兩足。詩成各超然，不復念瓶粟。應憐市門客，俯仰對流俗。出言不嫵媚，人瞋大於屋。

又

我生非瓠瓜，於世豈無情。望道渺未見，諒知負平生。將求挃挃穫，奈何鹵莽耕。饑壤聽造物，吾願乃秋成。

次韻鄧天啓遊南國

秋犬吠夷門，誰能拊其背。懷安壯士羞，竊食替操耒。無由一當虜，鬱鬱嚼齒碎。故人何自來，適與芳時對。笑我塵土中，勃窣守闤闠。城南出携手，遠取韓孟配。心期汗漫遊，目極泬寥内。舞雩追點也，峴首畧湛輩。豫愁君興闌，復遣我心憒。歸來疑夢斷，清境皎不昧。哦君斜川詩，汲井沃枯肺。願言薦清廟，勿賦風雨晦。

徐侯以詩送山藥次韻

山中白玉延，貴壓梁宋價。筠藍出輪囷，了不煩造化。因傳競病句，中的若神射。頗念坐穩人，鞍馬久不跨。谿橋梅欲動，玉雪短枝亞。何當仝嚼蕊，一醉山月下。

次韻酬求道人

聽君話匡廬，風月妙無價。鑪峯忽在前，俛仰疑幻化。新詩未出袖，光怪炯如射。懸知得力處，島可不足跨。家山爲誰留？鐺粥香穲亞。我亦懷秋江，波清鴻鴈下。

求道人示詩粲然有江湖間道人風味蓋嘗得句法於東溪可令以其韻作詩送之時將如瑞峯期朝夕還吉祥云

癩可溢江濱，覓句負光價。君爲東溪客，伏鵲資妙化。想見箭鋒機，相拄不停射。伽陀入三昧，湯史欲凌跨。韋齋語清夜，挂月松偃亞。他年約相逢，禪榻愼勿下。

贈永和西堂道人宣和癸卯十有二月中休日

蒼山抱岑寂，丈室掩虛白。道人塵機斷，宇宙一西壁。是心如焦穀，浩刼永枯寂。一句從誰聞，投老承此力。相逢不相問，未省誰主客。咄去真俗人，胡爲來役役。

彦時過永和見和拙句輒復次韻以發一笑

老諗不下牀，胸次紛黑白。弥明亦强項，得句軿負壁。相逢復何事，一笑萬慮寂。新詩追舊韻，俯仰見筆力。何時折鐺傍，鼎坐無主客。區區竟何補，斗粟真自役。

甲辰七月二日宿永和寺用舊詩韻

湛湛天宇清，宛宛穹脊白。投深得僧窗，千嶂倚蒼壁。開卷與晤言，炷香伴岑寂。了無魔嬈夢，皎皎知道力。鳴珂緑槐影，想見下朝客。笑我守吴門，心形等相役。

寄陳蹈元

我生少所可，靡靡世一律。如君素心人，指不三四屈。久與宵人遊，歸卧常自失。效尤起媮心，阿意增美疾。低回强酬酢，高論形敢出。緬懷參同子，蚤入伊洛室。聞道既先我，論詩又奇崛。縱横談天口，卓犖扛鼎筆。勝我何足云，論交敢自必。桓公肯見規，寡過行有日。書來約過從，一笑彼蕭瑟。新凉宜燈火，永夜勘書帙。豈無一尊酒，少促軟語膝。更呼小叢歌，未怕官長詰。跂予占騎氣，千嶺秋回鬱。着鞭及清境，灧灧月華溢。

次韻張漕茶山喜雨

天公積憤何曾雪，遑恤茶工貪攬擷。無聊桃李困遲暗，白薦紅飛亂□擷〔二〕。誰疏天漢下穹窿，苦厭風霾昏嵽嵲。行臺使者掃雲手，釃酒叢祠拜靈蕝。歸來一雨動三日，溝壑遺民起垂絕。豈唯槍旗各呈露，更喜筍蕨爭芽茁。明朝擊鼓萬指集，雲蹬携籯穿曲折。紅塵一騎天容開，顧渚蒙山坐銷歇。帝觴嘗罷思苦口，公如子牟心魏闕。金鑾諫舌夜生塵，回首山中記同啜。

沙谿口望梨山

衆山如連環，平野忽呀口〔三〕。孤峯插深雲，氣壓萬培塿。區區何足傑，落落終自負。我行清谿曲，鶴立倚筇久。拂衣竟何時，塵土坐自垢。長梯弄玉井，奇字窺岣嶁。心知不能去，照水顏甲厚。永懷山中人，獨立誰與友。神交解此意，長嘯震林阜。

寄仁王求首座

片帆西借東風力，回首三山春一色。何人孤嘯月中聞，知是無塵岩上客。風山武夷之宗支，千岩萬壑帝所規。天憐傲吏賜我履，恨不與子相諧嬉。問法年來定成市，藤蔓遥知罥衣袂。手攀荔子約同嘗，絶勝林間啄殘柿。

汪彦允見和約遊東山作荔枝次韻

天工傾倒不餘力，唯有荔枝香味色。君家桃李要争妍，腸斷鬢絲禪榻客。書生甕葅天所支，煮茗誇妓非良規。腹飢眼寒君不忍，著詩唤作東山嬉。冰盤絳實光照市，歸來香滿巫陽袂。明日人傳玉蕊仙，絶勝空賦青龍柿。

止戈堂

高堂巖巖面勢尊，洞見萬井開重門。元戎務簡玉帳静，緩帶酌客娱朝昏。憶初餓隸起篁竹，一嘯千里來黥髡。將軍攬鏡媚巾幗，何異搏虎驅狐豚。只今休父八州牧，身佩重寄憂元元。驚塵錯莫羽書密，雖有美酒誰同樽。沈機且復長轡御，瀝懇何啻血面論。樓船一夕飛度海，漢家上將來天閽。狂童束手赴烈火，琱戈不污妖血痕。坐譙飲至凱歌入，舩粟往哺遺民存。五兵包裹高閣東，止戈新榜真成言。便當頻與方外吏，從倚風月星河翻。幾年牡籥飛不守，河濟逆氣腥乾坤。知公快挽天河手，坐視黠虜方遊魂。權輿閩越聊小試，寧復久此淹遐藩。農桑萬里望公等，願見四海無營屯。

侏儒

侏儒飽官粟，適市行勃窣。但知隨衆笑，了不見優拙。暮歸遭客問，閔默羞齰舌。心知續凫悲，慎莫亢造物。

中秋賞月

去年中秋雨，野蘆淒薄寒。驚塵暗一方，客枕那得安。起呼對牀第，攬衣步蹣跚。握手仰太息，宇宙何時寬。今年中秋月，並海窺濤瀾。坐看鬱藍天，忽湧白玉盤。眷言雙峯客，倚閭念衣單。亦復取樽酒，承顔有餘歡。天涯等牢落，世路方艱難。且遵秉燭語，毋爲泣河歎。停盃玩飛轍，河漢静不湍。癡兒亦不眠，苦覓蛙兔看。洲出暗潮落，鬢衰香霧溥。佳句付惠連，何時解歸鞍。

記草木雜詩七首

月桂花

窗前小桂叢，著花無曠月。月行晦朔周，一再開復歇。初如醉肌紅，忽作絳裙色。誰人相料理，耿耿自開落。有如貧家女，信美乏風格。春風木芍藥，穠艷傾一國。芳根維無恙，歲晚但枯椊。

萱草

水菽怡慈顔，萬鍾亦土苴。時從班衣兒，蓺萱北堂下。穠華夫豈少，愛此入風雅。紛敷翠羽叢，絳英爛如赭。諸孫遶銀鹿，采摘動盈把。誰言壺中春，在此眉壽斝。

紫竹

新移紫玉幹，羅列才十餘。枝葉一何病〔四〕，意色慘不舒。旱久土膏燥，抱甕愁僕夫。雖無樵蘇厄，苦欠雨露濡。我來侶魚蝦，滄溟在階除。月窗瀉水墨，天風韻虛徐。誰言居無友，此君良不疎。三年爲主人，犫孫定紛如。他時報安否，誰寄青泥書。

茱菊

海上作重九，菊揉青蕊香。近墟買茱萸，枯顆出藥囊。兒曹記土風，歎歎事祈禳。老夫未免俗，聊爾答風光。災祥理不僭，此柄孰主張。謁言眩末俗，吾欲案長房。

吉貝

炎海霜雪少，畏寒直過憂。駝褐阻關河，吉貝亦可裘。投種望着花，期以三春秋。茸茸毳毛净，一一野繭抽。南北走百價，白氎光欲流。似聞邊烽急，緣江列貔貅。裁襦襯鐵衣，愛此温且柔。天乎未厭亂，利厚人益媮。誰知海濱客，獨歎無人詶。

芭蕉

地鹵不敏樹，珍植何由暢。斸根移芭蕉，美蔭跂可望。芳心日卷書，翠葉忽張王。偏工鳴秋雨，疎密眇難狀。霜風一以厲，狼籍坐惆悵。誰言繿縷中，秋子得佳餉。緗囊貯瑞露，厚味天所貺。懷哉腊毒言，節口畏生瘴。

菖蒲

東山在眉宇，未到心鬱紆。流泉撞哀玉，清洌生菖蒲。聞有嬋娟子，棄家來結廬。窈窕雲霧窗，參差冰玉膚。絶粒餅香節，仙姿清且腴。邇來隱身去，冷落愁臞儒。靈方無由乞，石斗移根鬚。相看意已消，何必見子都。

海上

落日弄雲海，閬風欲手攀。秀色不可解，西山如連環。緬懷避世人，結屋棲孱顔。睎世一蝸角，笑憫觸與蠻。我生笑癡仙，遂恬升斗慳。尚餘詩書債，俾此朱墨閑。纓冠出救鬭，安得長閉關。仙人形識此，安自憑愚頑。

送祝仲容歸新安

歷亂百憂心，漂零一涯天。讀禮不盈尺，眼萎坐自憐。君來訪安否？春風柳吹綿。篝燈語平生，惝恍夜不眠。那知歲月度，但怪冰雪堅。感君懷親意，使我淚貫泉。高堂急榮養，躬耕恨無田。筆端日五色，氣壓諸生前。聖門要鑽仰，至味研簡編。經綸出緒餘，文字忘蹄筌。他年閒擊竹，妙契琴無絃。此時一瓣香，竟爲何人然。江湖多北風，懷哉歸袖翩。刮目看奮飛，此道更着鞭。

次韻彦繼用前輩韻三首

餽歲

歲晚追土風，獨甕誰與佐？人心感流光，臺餽屏奇貨。雞豚取牢栅，門户隨小大。去鄉二十年，憶此但愁卧。兒癡元未識，但索梨飣坐。何時鴟識村，莫作驢轉磨。不須志四方，教子求寡過。歸哉及強健，老去煩劑和。

别歲

舊歲已趣駕，爲我不少遲。凡心畏增年，而歲豈容追。丈夫有蠖屈，牢落天南涯。收功英妙年，豪傑彼一時。寧當如秦越，坐視瘠與肥。鄰翁意誠厚，酌酒寬愁悲。慇懃何時忘，祝我致好辭。撫世非吾事，諸公正扶衰。

守歲

庭燎夜未央，旌旗煥龍蛇。九門一放鎖，萬馬誰能遮。亂離憶舊事，安眠夢無何。目眩燈燭光，坐厭兒女譁。念此亦土風，雖癡不容撾。更爲盧白戲，紛争起横斜。故歲不足計，新歲莫蹉跎〔五〕。努力誦書史，從人笑翁誇。

奉同胡德輝八月十四日夜玩月次韻

我夢故山月，蘿影垂秋光。誰言九衢曉，莽莽吹塵黄。群公直道山，晤語清夜央。飛轍轉空闊，積暑蘇蒼凉。哦詩中天律，流光惜堂堂。雞肥社酒熟，吾亦懷吾鄉。

又

亭亭月初高，河漢坐可搴。病餘久制酒，灝氣兩争先。振衣萬里風，歸袖何時翩。懷哉故山友，共此今夕圓。離離雲飛鴻，何意影沈川。觀心要知是〔六〕，出處直悠然。

巖桂花

開門驚積葉，秋氣日以厲。獨芳摇落中，粲粲巖下桂。幽芳不自憐，怊悵紛滿地。未忍蹋殘英，何以娱晚歲。

中秋夜雨

秋雲定何心，忍翳今夕月？尚嫌微點綴，況迺都漫滅。他日任氛霾，數日望清澈。倦投衲子窗，竹雨聽騷屑。對牀不成夢，有酒那能設。螢飛矜意氣，蟲語轉幽咽。心知層陰表，皎皎玉輪潔。何當凌倒景，徙倚玩飛轍。

夜坐

棲遲客異縣，名氏藏丹丘。希世非夙尚，素餐愧前修。日耗大倉陳，一飽寬百憂。眷焉撫平生，信亦無幾求。蒙籠小牕底，圖史漫不收。篝燈揩病眼，昏花亂蚍蜉。愚儒未忘世，撫事非所謀。不如遂捐書，卒歲以優游。懷膠睨崑墟，濁浪排高秋。知難有明訓，吾其老鋤耰。

秋懷二首

鏗然一葉脱，中夜歎以驚。及兹遂摇落，風露莽難平。晼晚愁自滋，淹留謇何營。騰騰任天運，庶幾得吾生。

又

中郎章句儒，失身徇邦仇。一歎不自知，邂逅死孤囚。凛凛南昌仙，斗食身百憂。渺然元始後，滅跡不可求。

圍棊

投老一寸心，獨立無攀緣。兀兀不自聊，愔愔誰與宣。時有素心人，一枰奉周旋。得雋非至數，三捷亦偶然。危思寄方罫，積威下虚弦。驕矜不須臾，奔北已可憐。志士珍短景，顧謂璧可捐。聖門未及藩，遠道要着鞭。緬想運甓翁，操具投長川。自强聖所臧，懷哉撫韋編。

談命

岑寂契心賞，棲遲幸身閑。却掃味道腴，未厭藜藿慳。久絶子公書，羞訪季主關。肯爲空際塵，起此胸中山。曆翁推始生，邂逅盃酒間。自今半運中，且作尺蠖跧。蕭蕭兩鬢髮，已白不復斑。功名日以疎，落落難強顔。譬如坐穩人，正苦步作艱。夸毗付餘子，彼哉謝追攀。

吴江曲

吴江女兒白如玉，花底紗窗傍谿渌。玉簫春暖貼朱脣，故作陽春斷腸曲。扁舟掠水去如飛，不見嫣然一笑時。回首江城只孤塔，向來一念復因誰。

梨

一霜木葉紛紛妥，園夫獻梨紅頰橢。亦知胸次本清涼，且欲與君充飣坐。

校勘記

〔一〕共睹羊山棋　「棋」，原作「祺」，據朱玉刻本、朱昌辰刻本、四庫本改。

〔二〕白蔫紅飛亂□擷　「亂」字下朱玉刻本、朱昌辰刻本、四庫本有小字注曰：「原本漏一字」，無「擷」字。疑「擷」字爲衍文。

〔三〕平野忽呀口　「呀」，朱玉刻本作「砑」。

〔四〕枝葉一何病　「一」，朱玉刻本作「亦」。

〔五〕蹉跎　朱玉刻本作「咨嗟」。

〔六〕知是　朱玉刻本作「知足」。

韋齋集卷之四

新安朱松喬年

律詩[一]

解汲舟

上國經年客，春流一棹波，已醒離帳酒，猶記客亭歌。水枕殘歸夢，霜衾擁獨哦，蓬窗橫落月，作意傍人多。

淮南道中微雪

密密雲陰合，斜斜雪態妍。似欺春力淺，故傍客愁邊。宿鳥投村暝，寒梅抱蕊鮮。無人命尊酒，清絶裊茶烟。

送沈昌時赴寧海令兼敘别二首

俯仰塵埃二十年，天涯初此試鳴絃。正緣五斗羞陶令，莫歎三江阻鄭虔。饞吏誅求何日饜，羸民凋瘵豈容鞭。故人便使來當路，終恐勞公自挽船。

午潮平處落歸帆，已覺離情兩不堪。轉手便成千日别，悲歌聊倚一盃酣。波翻别墅聞車水，青遍柔桑趂浴蚕。歸路春深風日美，伴誰操筆賦幽探。

西湖泛舟

望湖樓下照衰顔，羞見塵埃兩鬢斑。風艇縱看山轉側，烟堤儘逐水回還。唤人歸去城鐘急，觸處相親嶺月彎。不用新詩摹絶境，定知長到夢魂間。

和舜明晚雨

一雨平軀坼，層臺轉小凉。吟羞東野窘，醉想謫仙狂。濕翠生苔徑，餘清襲芰裳。王郎不相顧，掃地静焚香〔二〕。

贈言命張生

俛仰塵埃的自羞，稍看寒餓復誰憂。小兒造物巧相戲，窮鬼逐人殊未休。我所不知煩子算，世如無取更何求。服箱挹酒真么麽，那用區區問斗牛。

東陽社日泛舟觀競渡

誰喚思家客，來爲蕩槳嬉。鬢華羞照水，雨意解催詩。疊鼓飛文鷁，香鬟出短籬。醉歸真夢覺，猶憶湔裙時。

熊積道桂軒

覓種老蟾窟，培根芹水傍。書燈移素影，詩筆帶餘香。家計傳韋業，孫枝繼郄芳。山川供秀潤，蘭玉競輝光。那把攀雲手，空持種樹方。嗟無月脇句，惡語汙君梁。

宿延慶寺

浮雲過眼旋銷忘〔三〕，惟有谿山意味長。身健不嫌穿犖确，塵空那復戲滄浪。林鍾喚客烟藏寺，風葉鳴秋竹蔭廊。一似雲谿醉眠處，只應軟語欠支郎。

贈僧

知有叢林特地過，幅巾迎笑出巖阿。杖藜同覓牛羊路，濯足來分鷗鷺波。豈不倦遊貪斗粟，坐令歸思動漁蓑。他年會有相逢日，稍食吾言聽子呵。

三峯長老送紙被

笑我布衾故，分君楮幅温。尚嫌肱當枕，端稱薕爲門。敗篋薪錢盡，幽窗雪意昏。寤驚雙脚暖，猶恐錦鯨存。

盆中梅花

兀兀天涯客，依依雪谷花。莫辭遮病眼，相伴送年華。勸我三盃釂，熏心一念邪。幽香戀吟筆，半墮墨池窪。

月下

幽獨不自得，出門誰適從〔四〕。滔滔我不即，踽踽世寧容。吾道固應爾，何人此意同。唯餘穿户月，照我一尊空。

留别卓民表

末俗紛紛事不情，天涯懷抱向誰傾？漂流空度三秋日，邂逅來逢四海兄。剪燭西窗驚睡夢，對牀夜雨話平生。滔滔世路方同鶩，何日相期問耦耕？

寒食

粥冷春餳凍，泥開臘酒斟。故鄉空淚滿，華髮正愁侵。山暝雨還住，烟孤村更深。誰知江海客，浩蕩濟時心。

延福寺觀酴醾

幽棲一壑無來轍，睡起忽驚春已深。踏青不趁溱洧女〔五〕，曳杖來尋簷蔔林。長條挽處雲籠袖，幽佩歸時月滿襟。武谿回首醉眠地，香力一熏愁到今。武谿，昔寓學之地，有酴醿極盛。

寄吴及之

世事今人舌本強，滔滔何處是吾鄉？未成微服隱吴市，且可携笻訪草堂。欲買雞豚投近社，少陪風月坐胡牀。共將絶唱追韓孟，一飲還須釂百觴。

答卓民表送茶

攬雲飛雪一番新，誰念幽人尚食陳。髣髴三生玉川子，破除千餅建谿春。唤回窈窈清都夢，洗盡蓬蓬渴肺塵。便欲乘風度芹水，却悲狡獪得君嗔。

和人遊仙峯庵三首

千巖萬壑翠縈回，一洗衰翁病眼開。落日多情留别嶺，秋空無地着浮埃。雲閑出岫初無意，松老參天豈願材。我是散仙君記取，更鞭鸞鳳少徘徊。

誰麾俗駕挽今回，珍重山翁小徑開。去覓雲峯攀碧落，下看沙刼壞飛埃。掬寒露井銷塵想，擷翠筠籃富藥材。彷彿三生曾到此，樓鐘重聽一徘徊。

脚底千峯翠浪奔，雲端掛此一豪身。山河了了窮千界，物我紛紛共一塵。浪趑下方追日步，恨非本色住庵人。他年八極浮遊遍，來讀新詩迹未陳。

寄金確然

金子卧空谷，何人賦白駒？僧斟三味酒，客薦一囊書。歸夢寒應短，詩腸飢自呼。强穿東郭履，來煮雪畦蔬。

次韻菊坡

露浥秋英濕曉陰，小坡新斸佇幽尋。似欺蘭畹方披羽，聊對風卮旋屑金。采采遶籬吟欲就，垂垂壓帽醉難任。使君致主唐虞了，三徑無忘此日心。

蘆檻

手斸修蘆着檻栽，使君公退幾徘徊。想當風雨翻叢急，疑卷江湖入座來。未辨松窗眠綠浦，且將屐齒印蒼苔。種成桃李人間滿，應念孤根首屢回。

春晚五言寄夢得

美景足可惜，殘春尤不堪。晚英餘燕蹴，熟顆墜鸎含。歲月蓬雙鬢，生涯粟一甔。唯思對公瑾，把酒話江南。

再答諸公

芳節坐畹晚，客懷無一堪。柳眠猶自困，花笑爲誰含。風揭拾遺屋，塵生執戟甔。聯詩賴諸友，妙句壓城南。

董邦則求茶軒詩次韻

一軒新築敞柴荆，北苑塵飛客思清。更買樵青娱晚景，便應盧老是前生。千門北闕夢不到，一卷玉杯心自明。冷看田侯堂上客，醉中談笑起相烹。

送仲猷北歸二首

一丘胸次有餘師，空此淹留歲月遲。黄墨工夫憐我倦，簞瓢風味要君知。新詩落筆驚翻水，俗學回頭笑畫脂。伊洛參同得力句，還家欲舉定從誰。

欲尋當日故山盟，身世今如海一萍。歸路上心真了了，愁根入鬢已星星。挽衣共醑東西酒，折柳送行長短亭。念我知君回首處，萱叢菖葉一時青。

寄吴致一

相逢一笑兩忘懷，夢遶親庭首重回。世事難磨三尺喙，離愁都付一分盃。秋生林薄歲時晚，水落江湖鴻鴈來。賸作新詩頻寄我，天涯時對兩眉開。

四月十五日上元道中

亂山身逐簡書來，梅子黄時雨未開。一葦横斜風葉度，千灘贔屭雪城催。危機種種那容避，俗駕駸駸底未回。聊復浮遊隨造物，故園回首思悠哉。

送黄彦武西上

門揜蓬蒿氣浩然，西風筆勢更翩翩。未忘大學齏鹽味，時説定林文字禪。蘆筆風光傾上國〔六〕，槐花心緒記當年。里門歸日車應下，置酒遲君沈水邊。

林文挽詩

沈谿耆舊半丘墟，猶有期頤隱市區。未展武侯牀下拜，已傳顔子夢中呼。門人會築三年室，弔客誰留一束芻。歸卧九原應不恨，何蕃聲譽滿京都。

有懷黄元聲時聞在建上詩中所記建上舊遊也

積雨山城久卧痾，起看横港漲晴波。空餘九尺鬚眉好，奈此一樽風月何。懷抱故人長在念，經行佳境想重過。東谿回首醉眠處，爲問紅蕖何許多。

書室述懷奉寄民表兄是日得民表書

丈室無塵棐几横，吏休鳧鶩散無聲。舞風竹影僛僛轉，縈夢鑪香嫋嫋清。已笑榮枯盧白戲，不須物我觸蠻争。故人剪燭西窗約，知復何時話此生。

答人留别之什

家在大江東復東，去君一舍碧流通。那知臨水登山處，同寄飛蓬斷梗中。愁絶盃中千里月，夢縈江上一帆風。只今且作須臾意，更典雲裘醉小叢。

七月四日宿丹谿道中

日出露芒重，凉生風葉翻。秋秔已照眼，社酒欲香村。牛下草萊濕，人歸園屋昏。箇中吾不淺，擾擾與誰論。

求道人自尤溪來還冷齋有詩次其韻

五年沈水照衰顔，谿上今誰獨往還？身插亂峯隨一錫，夢回蕭寺遶千間。西風潮落挐音急，斜日尊空醉袖班。更覺難追詩力健，大弨久廢若爲彎。

送劉道醇歸烏石

一廛避地本依劉，聞得更書始欲愁。舊德鐫碑在人口，歸裝載石壓溪舟。寄書莫忘清泥信，把酒誰同黄菊秋。新閣詩增風月價，自應神物護銀鈎。

胸中一壑故超然，耿耿羞爭倚市妍。萬事一尊陶令酒，群兒滿世祖生鞭。欲投烏石農桑社，尚有靈山香火緣。持節重來慰父老，蹊頭相送各携錢。

題白鹿庵壁

鹿門龐老携客隱，耳冷十年難與俱。螻蟻夢中求曩事，芭蕉林裏見今吾。遊絲弄影分陰轉，喬木摩空萬壑趨〔七〕。香妙心清無一事，不知何處是華胥。滔滔一世强留連，頭上從渠歲月遷。老子養生寧解事，小兒有口慣談天。醉來莫負持螯手，老矣終尋種玉田。若怪微吟漏消息，九江誰識市門仙。

與求道人同之福唐

縛屋雙峯雲一塢，拋來伴我事幽尋。風花蹤跡趣雖各，香火因緣情自深。浮峽未興圓澤歎，乘桴還有仲由心。三山他日記耆舊，鑿齒彌天無古今。

次韻李堯端見嘲食蕨

真人官府未夤緣，且向龍山作散仙。春入曉痕催采蕨，雨翻泥隴憶歸田。蔬腸我若枵蟬腹，詩格君如擊鶻拳。筯下萬錢謀更鄙，諸公飽死太官羶。

次韻堯端試茶

龍文新夸薦緗羅，園吏分嘗苦未多。自瀹雲腴斟露井，坐知雪粒采陽坡。撑腸君要澆黄卷，愛酒渠方捲白波。我亦箇中殊不淺，斷無蹤跡到無何。

送友生

剥啄門前久未嗔，定知我輩不羈人。午窗唤起夢魂好，一語便知風味真。身嬰世網坐營口，心識醉鄉慵問津。忽先秋燕背人去，四角何由生客輪。

贈范直夫

將軍競病詩成處，南浦春歸蘭玉叢。漸減心情身老大，久乖談笑路西東。鄉關落日蒼茫外，樽酒寒花寂歷中。且與寓公同放曠，浩歌相屬倚秋風。

招友生

雨收天氣欲清明，猶有餘寒在粥餳。馬隊客勤貪晝永，鱣堂人病想身輕。讀書有味薤鹽好，對境無情夢寐清。欲話此懷須我輩，一來蠟屐伴春行。

辛亥中秋不見月

今夕九秋半，心期負隔年。勞生灰刼裏，微雨客遊邊。旅泊正無酒，陰雲遑怨天。何時草堂月，相對籍糟眠。

次韻羅源謝成章作不烹鳴雞詩

彼美司晨族，膠膠職効鳴。爲憐君子操，寧乏小人羹。恩重棲時穩，心危失旦驚。未甘烏轉夜，聊學鴈全生。結客觀酣鬬，要君事割烹。那知競辰子，力學務時成。

次徐謝韻還江公詩卷

大條祠官閑日月，絶知聖處着功深。榮枯舉世争盧白，枉直何人較尺尋。身比香山差得計，詩看正始有遺音。應容下客遊東閣，要話朱游夙昔心。

次韻汪彦允見寄

北苑乖期恨昔年，異鄉牢落夢江天。約遊汗漫傳新句，許出嬋娟有舊緣。種種鬢絲何計换，摇摇心旆不勝懸。歸耕要伴君難老，相與笞鸞作散仙。

與吴昌國同遊靈水院二首

算舟吏散了無事，與客意行初不謀。飽看雲濤舞空闊，欣逢泉石媚深幽。西漢未試補天手，上界那知鞭鳳遊。剪燭他年憶真賞，莫嗟身世尚沉浮。

來往風流記兩翁，天涯今作九秋蓬。坐驚秀色懸眉宇，便覺仙峯入手中。傲世真成漆園吏，輸君不負北牕風。書生浪發新亭歎，自笑尊前氣吐虹。

贈吴昌國二首

居越與誰語？得君寬我愁。頗驚三日别，更爲一樽留。食藿有餘味，泣河非所謀。相看撫身世，容與愧蒼鷗。

又

憶我少年日，遊君大父閒。諸孫嗟契闊，雙鬢各斕斑。未覺歸愚晚，俱嘗適俗艱。絶知歸思急，更覓玉梅攀。

孔生示二詩答一篇

歲晚尊前一笑譁，憐君孤憤老天涯。諸豪雖識臨邛客，陋族難當闕里家。會有孟光求共隱，不應牧犢但長嗟。青衫華髮春風裏，擇壻猶堪駐寶車。

寄江少明

龍卷風雲一髮蟠，不妨聊作侍祠官。高情未許群兒覺，萬事何須正眼看。問道從公春信近，談天容我酒盃寬。乘桴亦有平生意，回首紛紛行路難。

次韻劉仲高懷外舅家梅花

柯山月下嬋娟影，前度劉郎餘故情。詩成回首戀三宿，我亦惜花癡半生。鴈沉寒水菩提長，蟲蝕真詮章句清。西湖懸絶得鸞喙，可但能專五字城。

送景思奉祠之温州

司祀名郎下紫宸，王師載主尚時廵。丕承配極威靈在，對越垂休命秩新。幽夢想多春草句，清江爲洗涅衣塵。行觀前席來宣室，可但從容問鬼神。

次韻鄭德與歸舟中感懷

兩牛鳴地隔寒流，病起相望客鬢秋。聞道喚船歸別浦，坐懷聯策倚滄洲。騷人空復驚摇落，胡賈何須歎滯留。會擁蒙衝入河渭，看君黄色上眉頭。

李似表取告歸晉陵

酌酒摻歸袂，繁陰殊未收。心知非遠別，自不柰離愁。蓬渚勸懷槧，雲臺歸借籌。遄來閶闔路，萬馬避前騶。

致政宣教魏公挽詩二首

已自應無憾，人猶歎不遭。簪纓門已大，湖海氣方豪。舊國牛磯外，新阡馬鬣高。流芳傳教子，步武接夔皐。

又

交蓋歲云晚，向人懷自傾。争棋消永晝，酌茗話平生。轉手便陳迹，撫書增故情。無由從執紼，空想葬簫聲。

劉氏挽詩

餘慶鍾蘭秀，初占合鳳飛。那知風不止，遽作露先晞。鬻髢筵方徹，齊眉事已非。魂車春陌上，空背夕陽歸。

次剗彦仲傅茂先韻〔八〕

强蹋府塵從傅子，立談江閣識剗郎〔九〕。一尊此地見眉宇，十載相思成鬢霜。秋燈煜煜照情話，夜浪翻翻吹客床。投名徑入農圃社，老矣不夢天門翔。

建安道中

犖确復犖确，秋山殊未晴。流年半羈旅，此地幾經行。雪嶺今傭照，茅簷欲謾營。大鈞渾莫問，流坎任餘生。

送蘭廷彦之衡州

墻東新徑去年開，二老扶笻便往來。數面何曾三日別，離懷都寄十分杯。客亭繫馬梅争落，官舍裁書鴈欲回。秉執樞機有知己，未須卜築向蒿萊。

商羊

異鳥來齊國，仍依殿陛翔。從容詢魯相，物色是商羊。欲雨追童語，懷山驗水祥。民寧因備豫，政美謝祈禳。止異爰居久，鳴無垤鸛長。願言蘇旱虐，主上似宣王。

次張演翁林元惠韻

朱門小駐使君車，二老風流入畫圖。但有觥籌供笑語，從教歲月上髯鬚。詩成華燭留殘蠟，客醉高歌叩缺壺。更起争棊誇得雋，不應局蹙守邊隅。

公相起犂鋤

帝室尊公相，潭潭大府居。從容調鼎鉉，奮發自犂鋤。弼亮恢賢業，班聯冠廣除。艱難同耦日，慷慨輟耕初。厚幣來莘野，幽人出冀墟。渴賢才仄席，何計老田廬。

校勘記

〔一〕律詩　朱玉刻本「律詩」下有「七十四首」四字。

〔二〕掃地静焚香　「静」，朱玉刻本作「浄」。

〔三〕浮雲　原作「浮榮」，據朱玉刻本、朱昌辰刻本、四庫本改。

〔四〕出門誰適從　「適」，朱昌辰刻本、四庫本作「識」。

〔五〕不趍　朱昌辰刻本、四庫本作「不愁」。

〔六〕蘆箠　「箠」字原脱，據朱玉刻本、朱昌辰刻本、四庫本補。

〔七〕喬木　「木」原作「水」，據朱玉刻本、朱昌辰刻本、四庫本改。

〔八〕次釗彦仲　「釗」，四庫本作「劉」。

〔九〕釗郎　四庫本作「劉郎」。

韋齋集卷之五

新安朱松喬年

絶句

太康道中二首

得春榆柳遍平郊，猶見藏鵶影未交。動地風來一披拂，青黄淺淺抹林稍。

一色春匀萬樹紅，坐愁吹作雪漫空。誰知榆莢楊花意，只擬春殘卷地風。

燈夕時在泗上五首

燈花作意照歸人，短棹扁舟寂寞濱。帝力如春蘇萬物，遥知太一不威神。

雲窗月檻仰乘輿，俯看香車出繡襦。九陌人人歌帝力，不須微服過康衢。

鸞駕翩翩馭晚風，積蘇宫闕夜濛濛。明朝遺覔鐵如意，應在凉州酒肆中。

我欲安心未有方，至人遺跡已茫茫。自非窣堵波中老，誰直先生一瓣香。

我觀世界只兒嬉，一戲相從更莫辭。綺語未忘餘習在，明朝與和紫姑詩。

松江三首

塵緣挽我去漁磯，回首滄洲此願違。偶寄一舟江上去，只無箬笠與蓑衣。

表裏江湖眼界新，解誇奇觀屬詩人。要須一酹三江水，净洗多生舌本塵。

晴江渺渺跨江干，春漲平湖萬頃寒。欲挽銀潢供硯滴，坐如震澤在毫端。

翠碧

長橋畫柱照清淪，俯見游鯈不可緡。山影半溪叢篠密，誰知翠碧解藏身。

賦王伯温家酴醾

翩翩風馭駕花神，更遣酴醾殿晚春。壓架穠香千尺雪，喚回中酒惜花人。

王彦行送櫻桃

香英狼籍了無餘，償我殘春一斛珠。猶帶微酸餉佳客，爲嫌啼鳥啄紅膚〔一〕。

芍藥二首

紅顔素臉出春殘，裊裊傳傳態自完。聞道楊州冠天下，何年跨鶴往吟看。

舞困春風睡思深，東君更與纏腰金。頳簷醉尉花應笑，那有當年幕客心。事見續筆談。

月巖去上饒十里山有側穴腹背皆洞如月〔二〕

鑿透巉巖不記春，山腰千古掛冰輪。誰知擘破三峯手，聊出嬋娟戲路人。

蟬

陰陰葉底午蟬嘶，滿腹春風寄一枝。下有行人正愁絶，不知幽咽自緣飢。

寄湛師

一月分身入萬池，道人何處不相隨。卧聽絶壑傳風籟，歷歷新詩世不知。

答汪明道見示畫雪梅詩

詩人未見雪梅畫，只識前村横水枝。百巧摹香摹不出，此詩風味畧相宜。

夾路天寧謁僧不遇

支公去不鎖禪扉，熟境應留夢裏歸。我却寄眠公榻上，此心渾似片雲飛。

野步

悲歌厭聽久無襦，倦客翻嫌出有車。杖策岸巾山下路，百錢聊欲飲樵夫。

報恩寺

道人足跡掃塵寰，坐看笻枝上蘚斑。豢得籦龍千尺就，却教行水遶空山。

鉛山僧齋假山

擘開華嶽三峯秀，疊就層峯數石寒。等是世間兒戲事，道人莫作兩般看。

石門寺四首

橘刺藤稍罥客衣，直緣微禄得奔馳。懸知投老歸田味，只似登山困睡時。

行穿蒼麓瞰平岡，踏破青鞋到上方。城市紛紛足機穽，却從山路得康莊。

林棲相喚出幽谷，我亦欲起天未明。枕中決決響山溜，一似荒城長短更。

真功那復歎蒸沙，静笑飢腸日夜譁。老褐不須供茗粥，朝餐吾已辦丹霞。

竹齋

誰云山僧貧，而有千椽玉。幽眠豈無處，愛此晴窗緑。

將宿松溪羅漢舟小不果渡迺宿資壽二首

霜餘野水尚能深，隔見僧簷出短林。一葦欲航心未穩，故穿危徑取墻陰。

敗絮如蓑不可連，書燈相對聳吟肩。明朝定有茅簷日，借我烏犍曝背眠。

將還政和

歸去來兮歲欲窮，此身天地一賓鴻。明朝等是天涯客，家在大江東復東。

以研墨送盧師予

明窗子石灩松腴，萬卷盧郎正要渠。何似黄梅碓下客，夜翻半偈倩人書。

燈夕在試院用去年韻

隔墻歌吹聒悲凉，信馬狂心墮渺茫。報答風光吾老矣，小窗讀易静焚香。

春晚二首

梅子生仁柳絮催，春風塵跡只蒼苔。繁華一夢年年事，長是初鸎爲唤回。
客路歸來芳節闌，杖藜隨處小盤桓。危紅數點藏深緑，須作春風爛熳看。

南谿道中

千峯踏遍一笻隨，草軟沙平步却宜。細徑忽攀飛鳥外，故知腰脚未應衰。

送周時用自别業還永嘉

陌上花殘客未歸，故鄉自合去遲遲。紅香洲渚收歸槳，却勝池塘草緑時。

午憩龍山上方

稅鞅雲扉屧響廊，困眠拾得小窗凉。逢人莫説夢魂好，厭見客塵吹上方。

觀張上達家惠崇蘆鴈圖二首

先生衰眼失孤鴻，久着瓮天塵霧中。誰卷秋空開四壁，丹青三昧道人崇。

道人一錫攀飛鳥，頗悉南來北去情。畫出江南遵渚態，尚餘風味𠰏群聲。

示謝彦翔

滿川秀色野陰疎，知有儒仙隔水廬。借我玉函河上語，只看尺許定何如。後身梅福與誰論，正有幽人夙契敦。更欲上書陳世事，却來微服守吴門。

示金確然

牢落天涯身百憂，故人千里肯相投。知君強記當年事，莫説家山恐淚流。

遊妙峯庵二首

朝暖南岡一杖藜，忽投深壑得禪栖。共言伐翳通樵徑，後日重來路恐迷。
手開茅棘養疎慵，不着塵中車馬蹤。只許幽人來别嶺，卧聽石磴響枯筇。

招謝居安

暗中摸索故難忘，客舍相逢話最長。更有異書分我讀，只無名酒與君觴。

梅花

霜谿咽絶照冰姿，誰見無人弄影時。香逐曉風穿暗户，夢隨落月掛寒枝。

社日遊南臺

作社無人唤拾遺，不妨步屧趂兒嬉。一壺春色千峯頂，回首他年憶此時。

雨二絶句

摵摵初鳴竹，涓涓稍滴簷。忽然幽夢斷，更覺曉寒添。

又

纖纖花入麥，漫漫雨黄梅。泥徑無人度，風簾爲燕開。

招卓民表來白雲寺

剥啄渾無去客嗔，丁寧招唤只懷人。南風殿角凉如水，來洗眼前朱墨塵。

宿石龍寺二絶句

風傳萬籟有喧寂，月入千波無淺深。應信此身非我有，揔問誰伴夜蟲吟。

觸處爲家底是歸？浮生南北未忘機。道人身似南枝鵲，更盡秋宵一再飛。

惠勺送粟既歸其直作兩偈

山僧分粟配蒿藜，百億須彌一鉢携。但得十方羅漢飽，不辭身作老金雞。

惠休老去謾論詩，圓澤西遊未有期。但解留連元亮酒，不須料理玉川飢。

寄人

西山相對卧寒齋，耿耿思君不滿懷。比似持雲來寄我，何如君自作雲來。

書護國上方

久知喧寂兩空華，分别應緣一念邪。爲問脱靴吟芍藥，何如煮茗對梅花。

元聲許茶絶句督之

鳳山一震卷春回，想見香芽幾焙開。未辦倩君持券買，故應須我着詩催。

謝人寄茶

寄我新詩錦繡端，解包更得鳳山團。分無心賞陪顛陸，只有家風似懶殘。

與匀道人蔬飯作兩絶句

道人一計了平生，肯笑寒儒不糝羹。若識先生晚食肉，萬錢何處着羶腥。

牛羊觸藩笋成竹，鵝鶩成群飽倒藤。一飯羅摩未爲孽，要知我是在家僧。

匀道人之玉山戲作兩小詩送之

小雨斂塵芒屩輕，玉峯一點笠邊明。向來目盡鳥飛處，一錫今隨隻影行。

道眼無塵萬景隨，滄江秋色入新詩。歸時人問江南好，只道君行到自知。

宿鷲湖寺和同行匀道人

人間狡兔開三窟，天上夜叉守九關。欲伴衲僧林下住，會須石似此心頑。

題廓見亭

危欄縹緲跨鴻濛，城郭溪山一覽空。何處更容君着眼，大千渾在六窗中。

梅花

春歸幽谷轉微和，已覺粘枝玉蕊多。天女浄香焚月下，相逢依約到無何。

書釗家園壁

梅花夢向笛中殘，子着深枝一一酸。腸斷來遲雙燕子，暗香消歇粉泥乾。

心空無地着塵沙，對鏡何曾一念差。戲取大千歸丈室，未妨衣裓亂天花。

南浦五小詩迎勞二弟

鱗生雨後東西倦，雪落竹間南北枝。將母方勤弟行役，春風應滿錦囊詩。

苟禄勞生不爲身，强顔來此算征人。莫將朝市輕分別，等是低回一鬨塵。

堂前春日媚珍盤，稚子相群舞袖斑。斗酒壽親逢一笑，不知身在市門間。

青山北界大江東，了了鄉關在眼中。歸得一廛吾願足，此生初不問窮通。

健碧倚天無數峯，眼前渾似故人逢。問來識面知何處，應在頤齋詩卷中。

和幾叟秋日南浦十絶句簡子莊寄幾叟

心親千里不辭遥，咫尺衡門接市橋。萬卷舌端真歷歷，一丘胸次更囂囂。

平生學道着功深，世事縈人負此心。賴有關西門下士，洛川流派得重尋。

屹屹龜山障末流，藩墻一望渺無由。胸中萬里平生事，肯蹋尋常只麽休。

西翁相對語更闌〔三〕，想見風生席石間。詩就南枝三轉鵲，樽前秋月半啣山。

殘書勸展水沉燒，那有堂前學子嘲。卧讀蕭陳秋夕句，不知烟暝鳥争巢。

凛凛臞仙千載人，當年許卜一枝鄰。天高鬼惡堂堂去，誰識渠儂不壞身。

不見陳公歲又除，七峯深處食無魚。終煩指似龜山路，會使人疑得異書。
一筇楚尾見春風，遥想詩成顧眄中。心逐孤雲天外去，恍疑身在大江東。
沙界豪端久自知，筆鋒一戲更何疑。江南春色花千里，幻入幽人半幅詩。
風雨交交耿夜燈，天涯兄弟對牀聽。莫嫌詩作江南語，一夢家山眼亦青。

答子莊見和

老去温柔失舊鄉，北牕一枕午風長。夢回未覺羲皇下，句好全勝殿閣凉。

答國鎮見迓之什

平津欄檻倚高秋，一掬寒波醉眼流。莫話風流雲散事，九河翻淚若爲收。
淵明把菊對清秋，醉裏詩豪萬象流。畫出多情愁絶處，七峯明滅斷雲收。

次韻答夢得送荆公墨刻

相馬評書世未知，要從風骨識權奇。半山妙墨翻風雨，尚有典刑今復誰。

與許簿同遊南山二首

步携婉娩上巉巖，北望雲山紫翠攙。了了大江東岸路，欲攀風馭脱羈銜。

秋空如水莫留塵，脚底千峯翠浪奔。未暇與君遊八表，且當索酒賦鵾鵬。

遊報國院用壁間韻示同遊二首

招提一葉弄新晴，却信朝簷鵲有靈。猶有幽花堪繫纜，爲言輕手惜飄零。

老僧弥勒久同龕，應笑遊人世味甘。小數何曾工九九，深禪聊欲問三三。

谿橋納凉晚歸小景

誰共谿邊沆瀣杯，驚魚不睡棹歌來。風生蘋末無多子，更待冰輪作伴回。

水精念珠頌

百八幺珠水玉寒，客囊無復一錢看。只應袖裏靈山在〔四〕，無數如來轉指端。

卧疾初起示逢年兼简綽中德粲五首

觀身已作水溶溶，投瓦云何覺病攻。造物小兒真一戲，未妨居士却談空。

病餘都作鶴聯拳，誰識臞儒是列仙。如我角犀將底用？藜羹相對却超然。三君皆卧疾數日，羸甚。

清風白雨灑炎荒，林下聽時恰對牀。一洗微痾何足道，請觀何處不清凉。

蚤歲功名不自量，近從顔禹識行藏。萬錢本是憂時餌，除却簞瓢莫謾嘗。

一溪風月浩無邊，病起吟觴總未便。欲作二豪知未辦，恐君愛我沐猴襌。

以月團爲十二郎生日之壽戲爲數小詩

鳳山團餅月朣朦，老桂横枝出舊叢。小友他年春入手，始知蟾窟本來空。

夢覺牀頭無復酒，語終甑底但餘麋。已堪北海呼爲友，猶恐西真唤作兒。

騄騄驚子筆生風，開卷猶須一尺窮。年長那知蟲鼠等，眼明已見角犀豐。

生朝樂事記當年，湯餅何須半臂錢。吾算自知樽有酒，汝翁莫歎坐無氊。

校勘記

〔一〕喙紅膚　「喙」，朱玉刻本、四庫本作「啄」。

〔二〕此段原爲大字正文，經考系注文混入，據改。

〔三〕西翁　按，「西」疑當爲「兩」之訛。

〔四〕只應袖裏靈山在　「在」字原脱，據朱昌辰刻本、四庫本補。朱玉刻本作「頌」。

韋齋集卷之六

新安朱松喬年

絶句

宿靈感院二首

現身猶有宰官緣，且作吴門忍辱仙。欲以詩書爲佛事，利生一念幾生前。

浄掃雲房借客眠，折鐺煮粥勸加飡。道人更有超然處，柿落霜林擘鳥殘。

遊南峯贈長老

欲問春歸只意行，亂紅吹盡緑冥冥。道人那管芳菲過，沙刼成灰睡未醒。

小偈呈元聲求博山鑪

鑪峯落日紫烟孤，江上扁舟失夢餘。乞我博山修浄供，要知觸處是匡廬。

徐彦猷寄示詩數章皆隱約世外語詩律深妙豈勝歎仰輒次韻和呈彦猷素富學未壯而棄場屋故詩中極道江湖放浪之樂以動蕩其心志而卒反之以古人出處之義當有隱君子弄舟烟雨之外倚其聲而歌之亦可以一笑也

幽人世路無轍迹，抱此耿耿將安歸。機心一寸焦穀稿，丹頰不爲千鍾肥。

頗憐胸次抱經緯，半縷不上山龍衣。誰知烟雨暗青笠，得意雲水春霏微。

詩逼長江世已稀，滄州未覺此心違。平生却笑陶彭澤，今昔紛紛強是非。

江湖魏闕已一視，孰與蓑笠無危機。遥知避世客相對，落日一談能解圍。

談笑百篇無俗韻，榮枯半世掩衡扉。古人禄隱或金馬，那用故山甘蕨薇。

送求道人永福謁同參二首

枯木巖頭鴻鴈行，十年離别話偏長。歸時裹裹日溪橋，應作雪峯簷蔔香。

拄藤峯頂一長嘯，贈子西行風半帆。想見月生潮上處，新詩歷歷在千巖。

一笑相從欠我曹，日疲浮禮只徒勞。紛紛閲世真難記，莫是先生眼太高。

懷劉園作

一與劉園别，春風到海隅。墻陰草争緑，留得屐痕無。

和求道人

海角西風撼客牀，熟衣已試九秋凉。同根兄弟久南北，他日燈前話更長。聞大年歸。

衲子詩工骨轉寒，折鐺全勝斗升慳。恐君愛我長沙舞，且復閑中袖手看。

風波舉世正同舟，聊戲乘桴從我由。閉户有時非得已，馮河無補却堪羞。

徐侯寄示古風為别作三絶句往資一笑

胸中戈甲一敵國，筆下篇章萬户侯。龍門隱吏絶人處，百事隨緣莫莫休。

求田莫問湖海士，得志付與閭閻兒。黄花滿把一尊酒，欲話此意非君誰。

久憶瓊縻薦一盃，玉延猶費著詩催。筠籃不送今年供，應待毗耶遣化來。

某與徐侯有卜居村落之約每誦杜子美白沙翠竹江村路相送柴門月色新之句必相勸亟歸同饗此樂侯今已遷居浮流僕亦尋屋一區冀必得之庶幾遂踐舊約之言乎因作二詩以廣子美之意庚戌六月廿八日〔一〕

午鳩呼夢覺徐徐，細讀牀頭種樹書。自教兒童事農圃，更尋何處欲歸愚。

莫嘆天涯流落身，只今同是耦耕人。江村無物相迎送，一味柴門月色新。

次韻團練君侯新居二詩

江村結屋老垂垂，詩乞榿栽手自移。他日南樓看鴟集，莫忘烟雨狎鷗時。

一錢未辦買雲山，突兀何時屋萬間。歲晚投簪來卜築，柴門分占碧孱顔。

題蛟彎小庵二絶

浮塵不到客眉開，乞食幽人晚未回。相對西山全體現，逢人莫道只空來。

鑿破蒼崖俯碧流，石碕竹筏艤行舟。已邀明月來同宿，下數層瀾寸寸秋。

次雪峯二小詩韻

麗日疎烟破小春，雙峯秀色一番新。要銜天上金雞粟，莫問人間白眼人。

同參卷裓卧雲根，倒屣相迎月下門。大耳識君遊戲處，不應覓酒向前村。

宣和乙巳題野人陳氏之館

長安調鼎黑頭公，一旦覆餗腰領紅。飰稻羹蔬三萬日，争如且作多田翁。

書永和寺壁

胸中一壑本超然，投跡塵埃只可憐。斗粟累人腰自折，不緣身在督郵前。

來解征衣日未斜，小軒泉竹兩清華。道人法力真無礙，解遣龍孫吐浪花。

示僧

清溪浄寫碧巑岏，雨後相携石路乾。認取此山嵎絶影，他年何處鉢中看。

九日送僧歸龍山

九日相携積翠中，勝遊兼有道林同。
枯顱一任君披拂，寄語龍山落帽風。

牛尾貍二首

壓糟玉面天涯見，豩雪庖霜照眼明。
投筯羞顔如甲厚，南山白額正横行。

物生甚美世所忌，吹息雪中成禍胎。
湯帆卯盃頻下筯，江南歸夢打圍來。

牡丹花二首

餘芳卷地還春去，誰送洛花供眼青。
沉香亭北真一夢，今見宗支亦典刑。

鶴林閬苑兩蕭瑟，付與大千沙刼灰。
尺五城南花濺淚，詩成看鏡覺摧頽。

種竹報恩院示僧二首

兩翁來往亦風流，還擁紅爐説舊遊。
夜半南枝三轉鵲，相看更覺此生浮。

遶屋風篁夢寐清，住山活計幾時成。
雲根試手聊親斸，安否他年數寄聲。

洗兒二首

行年已合識頭顱，舊學屠龍意轉疎。有子添丁助征戍，肯令辛苦更冠儒。

舉子三朝壽一壺，百年歌好笑掀鬚。厭兵已識天公意，不忍回頭更指渠。

五言小詩三首

一雨緣南浦，波明柳蔭門。遥知湔裾處，爲我一攀翻。

又

散策橋南路，春容最好時。夢回花滿眼，猶恐是辛夷。

又

牛歸坡草煖，船繫岸花零。白墮尊同卧，黄昏月照醒。

梅花三首

怕見繁枝不忍攀，風巵緑浪雪斕斑。多情一醉年年事，須及疎英的皪間。
江梅凌厲千花上，一笑春風我有詩。白鶴老仙三疊曲，何人得法是横枝。
孤山居士玉梅句，醉客強呼桃杏詩。刻畫無鹽凂西子，法當試我古藤枝。

芍藥二首

露壓珍叢粉自匀，日欹蔫萼態殊真。未成跨鶴腰金去，先醉揚州十里春。
已分春光冉冉過，奇葩好在奈愁何。誰令玉頰紅成點，如意痕深琥珀多。

春日二首

一雷驚起籜龍兒，皵皵滿山人未知。急唤蒼頭斸烟雨，明朝吹作碧參差。
夢和殘月兩朦朧，鐃舌幽禽苦唤儂。若説五更春睡好，絶勝騎馬火城中。

夏夜夢中作

萬頃銀河太極舟，卧吹横笛漾中流。瓊樓玉宇生寒骨，不信人間有喘牛。

雜小詩八首

身將雙影背閩山，伴我江南去又還。欲寄道人簷下宿，此身都未以雲閑。

俗學回頭笑畫脂，我今羞悔子何疑。恐輸靈運先成佛，莫學湯休苦覓詩。

松風十里客襟凉，路入江南選佛場。欲問道人三世事，樓鐘重聽未應忘。

江南風物畧知津，便覺詩成筆有神。不向九江看五老，故應猶未是詩人。

紛紛毹氍久相忘，只憶僧齋晝夢長。珍重道人留客語，君家無此北窗凉。

門外山光萬里濃，且將寥落共清風。箇中自有濠梁意，不用磨刀斫眼紅。

道人鋤斧得從誰，無復當年隻影隨。笑我不求千户郡，坐知成佛更難期。

避世山中秖樹亭，緑陰遶舍忽青青。抛書自笑爬沙手，要挽天河洗甲兵。

立春日雷

陌上冬乾泣老農，天留甘雨付春工。阿香急試雷霆手，莫放人間有卧龍。

次韻江謝送花倡酬三首

幽樹團團謝傅家，凌寒方澤共驚嗟。要知折寄殷勤意，𩿨鳩那能病物華。

娟娟花竹浄名家，閲世夸毗浪怨嗟。願挈衆生辭熱惱，知君久學妙蓮華。

秉桴何計去浮家，學舞空餘短袖嗟。自笑繽紛蘭佩老，欲將心迹問重華。

寄吴大卿二首

謝公擁鼻憂不免，笑閔乞燔東郭顔。問訊袖中醫國手，不應長與一筇閑。

江村小築興不淺，奈有靈山香火緣。經世心知焦穀穎，歸耕猶恐度公前〔二〕。

吴山道中三首

滿拂春光一番雨，鬧花如海麥摇波。静觀物化知如幻，奈此撩人風物何。

春工試手雨初晴，遥見莓莓曲埭青。間道東陂新漲好，來將衰髮照星星。
仙人不奈笑憑愚，來讀萬籤東老書。勸作南牕傍脩竹，時來借榻卧虚除。

三峯康道人墨梅三首

一枝春曉破霜烟，影寫清陂最可憐。衲被犯寒歸吮墨，也知無地着朱鉛。
冰盤青子渴争嘗，怪有横枝着意芳。等是豪端幻三昧，更煩覓句爲摹香。
緗囊墨本入宣和，林下霜晨手自呵。不學霜臺要全樹，動人春色一枝多。
康畫嘗投進，又爲朱勔畫全樹帳，極精。

溪上

攀緣雲水試青鞋，待得輕陰漠漠開。興在海山孤絶處，溪邊更復幾回來。
辛亥歲，避寇寓長溪龜靈寺。壬子春，聞建寇未平，將携家之福州，度雞嶼洋，寓桐江，因有此句。

送輝雲際二首

三日雨行來欵關，篝燈相語雪霾山。低回俗裏未能免，只有對君非強顔。

認取芝峯鉢中影，要君歸去首重回。相思手折寄千里，想有南枝迎臘開。

九日

點點吴霜入鬢毛，長安落葉又秋高。世間俯仰終難強，歸與兒曹且漱醪。

夜坐

九秋風露浩難平，伍子祠南鶴唳清。坐聽兒曹談往事，世間更覺總忘情。

蓼花

長年心事只悠悠，衰鬢難禁歲月流〔三〕。紅蓼垂垂烟雨裏，不應摇落始知秋。

桃花

核裏黄泥灑石崖，今年繁蕋便争開。遊人要識春多處，但覓紅雲逐水來。

漁父用兒甥韻

緑蓑青篛一身輕，卧看行雲舟自横。米賤魚肥美無度，不知東海正掀鯨。

送山老住三峯寺

未辦同穿犖确行，西風揮手最關情。只應㪍崒喧卑裏，認得峯頭嘯月聲。
鉢中忽見三峯影，便覺市塵塵涴人。寄語階前石池水，老夫衰髪已盈巾。

戲代作送住郎

同攀梅蘤便分携，回鴈峯前試綵衣。學就浯溪崖上字，鴈回莫遣信音稀。

寄范伯達

名籍丹丘號散人，何時香火共朝真。只應經世平生意，未合歸愚便問津。

試筆

老來詩思如焦穀，自愧霜毫來故鄉。乞與楊家棗心樣，要將掣管試諸郎。

篁竹筍

梅雨冥冥稻已齊，連雲篁竹暗蠻谿。短萌解籜登雕俎，錯落黄金騕褭蹄。

冬日桃李華

北風日日卷塵沙，桃李凌寒強自葩。莫作春光流轉想，要知枯枿是狂華。

題范才元湘江喚舟圖用李居仁韻

天涯投老鬢驚秋，夢想長江碧玉流。忽對畫圖指病眼，失聲便欲喚歸舟。

題趙守中江行初雪圖

江闊雲垂滿袖風，急須下馬一尊同。正應無奈催詩雪，句在渠儂擁鼻中〔四〕。

校勘記

〔一〕廿八日　「日」字下朱玉刻本有雙行小字注：「浮流今之延平永安縣。」

〔二〕度公前　「公」，朱玉刻本作「君」。

〔三〕衰鬢　「鬢」，朱玉刻本作「病」。

〔四〕按朱玉刻本卷六終了有「詩餘」一首，據詞意，當爲朱玉補入，今録如下：

詩餘

醉宿鄭氏館閣調寄蝶戀花。按鄭氏館閣即誕育文公之所，此詞原集未載，見南溪志。

清曉方塘開一鏡，落絮飛花肯向春風定。點破翠奩人未醒，餘寒猶倚芭蕉勁。擬託行雲醫酒病，簾捲閑愁空占紅香逕。青鳥呼君君莫聽，日邊幽夢從來正。

韋齋集卷之七

新安朱松喬年

奏議〔一〕

上皇帝疏一首〔二〕

臣愚不肖，蒙恩備數館閣。退無職事可以効區區思慮之勞，進不得預於外廷論議之末。退循尸素，俯仰跼蹐。竊聞神宗皇帝嘗語直史館蘇軾：「凡在館閣，皆當爲國家深思天下所以安危治亂之故。」竊惟熙寧之初，朝廷清明，海内無事，而神祖憂勤戒懼，深詔承學之臣，垂精延訪，總攬群策，孜孜如此。伏況陛下踐艱難之運，讐敵僭竊之患，日至於邊鄙，臣於此時待罪中秘書，不自薄陋，效其涓埃，亦臣所以事陛下，惓惓之義不能自已，幸陛下裁赦。

日者，邊臣失律，偏裨刼其士卒以畔，此誠邊鄙之大釁，讐敵僭竊之人日夜禱祠以求而不可得者。弓勁馬肥，必且帥我蟊賊以來，蕩摇我邊疆，理勢之必然，不待智者而後知也。

爲國計者，方當上下相與罄竭思慮，厚集兵力，彌縫其闕，庶幾可以遏其奔衝，傲極覬覺，制虜之命。今乃竊聞執事之臣私憂過計，懼扈從之單寡，盡攝盱眙、合肥之戍，聚之國都。夫宗廟至重，今行在空虛，誰何之衛？有所不備，誠執事者所宜深憂而亟圖之。臣輒論撤戍之不可者三，而卒効其愚以獻，惟陛下裁擇其中：

自古國於東南者，必西據襄沔，東倚淮泗，以爲扞蔽。吴、魏之際，孫權屢悉其國兵，身自將之，以攻魏之新城。後世或以謂權雖國於東南，未嘗一日忘求逞於中原。臣有以知其不然者。曹操於此時擁百萬之衆，挾天子而令諸侯，權豈不知操之未可與争鋒，而吞噬之意哆然而不少衰者，蓋我有淮、肥之障，然後東南可以安居而無事。是以陳氏南唐之末世，淮壖盡失而後國隨之。昔人必争之地，今皆幸爲我有，若繕城隍，聚禾粟，選將總兵以戍之，雖敵人悉其腥羶自送以來，亦不能取。而無故捐之以資寇，他日雖欲復取，其可得乎？此不可之一也。兩軍相持，尺寸之地必争，故曰畫地而守之，先退者敗。劉、項相抗於成臯，漢兵時有顛沛，然高祖終不肯左次而少却，蓋我爲敵所乘，將求措足之地而不可得。故官渡之役，袁紹之支軍既覆，狼狽北走，是以曹公能不數年而取其國。今兩城之戍既撤以南，雖曰量留士馬，然兵力輕微，不足以捍敵。若虜帥長驅以來，量分偏師，綴之城下，馬馳卒奔，不信宿而至江北。衆心一摇，雖有甲士十萬，尚安所施？建康無城守之備，四方勤王之師未至，必不坐而受圍，未知車駕將安所税？此不可之二也。淮南累年以來設置官吏，使之翦除荆棘，建立官府，以招徠安集流冗之民。今流民歸業與四方之來自占而受田者，在所有之，亦唯恃有王師屯營之衛，是以肯盡力穡事而獲享其土利，養生送死之餘，亦足以供有司之賦役。此上下相資，公私同利，古今不易之道也。今聞朝廷斂兵自守，將無所恃以爲安，若非撤屋、屠牛，捐棄生業，南走以求生，則少壯相率渡淮而北。陛下之有司他日雖欲喻以恩意，使復其舊，其誰肯信之？蜀先主曰：「濟大事必以人爲本，今人歸吾，吾何忍棄去？」今斂兵自衛，捐地不守，與棄民何異？臣實爲陛下重惜此舉。此不可之三也。此三不可者，願陛下少留聖思，明詔大臣早思所以區處之宜，天下幸甚！

臣謂肥泗之疆不可撤備者，非謂京師不必宿衛也。盱眙、合肥各屯以精甲三萬，亦可以固吾圉矣。吴錫見守廬州，又益以楊沂中之衆，合肥兵力亦不輕矣。今既召張俊扈蹕，但料擇精壯三萬，選將使守盱眙，其餘使俊悉將以來建康，外則邊鄙無釁，關健牢密，內則宿衛精强，聲望隆赫。今冬正使虜僞相挺，必可以無事。何則？我有二戍之重，使犬羊之衆傾國送死以來，其敢輕越吾重兵以深入爲寇乎？若其冒昧衝突，前有長江之阻，二戍之兵更出抄其饟，伺便擊之，可使疋馬不得返。若不敢輕進，頓兵堅城之下，野無所掠，餉道艱阻，久將墊隘不能自拔。吾有精甲在內，而又外據長江之險，觀敵釁而徼其利，謀國之策可以萬全。詩曰：「雖有絲麻，無棄菅蒯。雖有姬姜，無棄焦萃。」惟陛下留神裁幸，昧死再拜！

論時事劄子

一

臣聞人主以一身託於四方之上，而百辟卿士爲之奔走率職而無敢後者，豈非恃君臣之大義，有以防範固結於其間。莊子曰：「天下有大戒二」、「臣之事君，義也」、「無所逃於天地之間」。如人食息呼吸於元氣之中，一息之不屬，理必至於斃。苟無以防範固結於其間，則爲人上者不能一日保其天下國家，斯民之生死，社稷之安危，實於是乎！在古先哲王，既以建德敦化，尊尚名節，以勵風俗，明人倫，必先求魁磊骨鯁、沈正不回之士置之朝廷。平居無事，正色立朝，則姦萌逆節銷伏於冥冥之中；一朝有緩急，則奮不顧身以抗大難，亦足以禦危辱陵暴之侮。是以神器尊嚴，基祚強固，由此道也。仰惟陛下憂勞側席，率勵衆志以圖中興，其事未易以悉數。若夫士溺於俗學，而君臣之大義不明於天下，學士大夫缺於忘身徇國之節，豈非今日之患甚急而至大者歟？東漢自建武、永平之治，崇獎德義，知所後先，一時風俗以名節相高，雖以曹操之姦雄，窺覦漢室，終身有所畏忌而不敢肆。然則忘身徇國之士，又曷可少哉！區區管見，竊謂陛下宜深考建武、永平所以善俗獎士之方，明示好惡於百辟卿士中，博求魁磊骨鯁有沈正不回之操者，布之内外。非獨以收尊主庇民之功，亦足以風示四方，興起廉隅，東漢之盛，何以加此！取進止。

二

臣聞人主操慶賞刑威之柄，以御天下之智力，如運諸掌，蓋所以處之者，必切中於理，然後有以深服其心，是以無爲而不成善乎。裴度之言曰：「今淮西盪定，河北底寧，承宗斂手削地，宣武興疾討賊，豈朝廷之力能制其命哉？直以處置得宜，能服其心耳。」儻使人懷耿耿不滿之意，以非上之所建立，則雖事之至易而無難者，亦何由而成？仰惟陛下總攬群策，圖濟艱難，于兹八年，謂宜求所以深服天下者，莫若垂精延訪，盡臣下之謀。夫大昕之朝，裁決萬機，侍立逡巡之間，雖有嘉謀至計，未必皆能罄竭以自効於上。唐制：天子閒見大臣，輒開延英，坐論從容，數移晷刻。仁宗皇帝慶曆中召大臣於天章閣，賜坐給札，使條具其所欲施行者，是以人人得竭其所懷，而反復議論之間，足以周知情實，曲中事機，以至識慮之淺深，亦足以察知其才智之所極。是以天下之事，小大畢舉，而便文自營，竅言無實者，不得容於其間。百弊悉除，天下久安，由此故也。竊謂今日宜修舉延英慶曆故事，時以閒燕博延群臣，必皆削去瑣細無補、闊疎難行之言，而求所以安危治亂之故，卓然可施指麾者，皆將屏息退聽，徯志趨事之不暇，而無敢旅拒。天下之事，將無足爲者。取進止。

於實用者，總攬參訂，次第施行。政令之出，上不厭服，莫敢腹非而竊議，雖強大驁桀不可

三

臣聞天下之治亂非有常也。方海内無事，上恬下熙，而人主無惻怛求治之意，則必因循苟簡而溺入於亂。傾側擾攘之日，君臣相與側身焦思，率勵衆志，勤勞庶慎，天下亦未嘗不治。臣竊觀陛下以聰明睿智大有爲之資，踐艱難之運，累年於此，汰斥冗瑣而興其俊良，與圖恢復戡定之勲，以大庇元元於無窮，宜其功化宣昭，讐敵斂衽。顧内則不能無以生民窮困爲憂，外則不能無虞於僭竊。意者陛下殆當抗聖志於高明，而汲汲講求宗廟社稷所以經遠持久之計，使海内乂安，而車攻復古之詩作不足以爲難也。臣嘗謂自昔中興之君，漢光武可以爲法，而晉元帝、唐肅宗可以爲戒。元帝東渡，以羇旅爲國，日不暇給，而賞刑失中，強臣跋扈，晉室終以不振。肅宗雖復兩都，急於罷兵，不遑遠慮，終唐之世，不能取河北。蓋皆志趣卑近，苟且儌幸一時之功，趣過目前而不及於經遠持久之謀，是以功烈止於如此。光武既清大憝，四方僭亂以次削平，方講藝論道於戎馬之間，選建德誼之士，序之群臣之右，非特紀綱維持，足以垂裕來世，風俗之美，庶幾三代之盛。臣不勝區區，願効涓埃之誠。竊謂陛下聖志先定，而垂精詢訪以輔睿聖日躋之學，申明紀律以張皇國威，敦奬節

義以厚美風俗。以民心爲基本，則務安静而勿摇；以忠良爲腹心，則使竭節而勿貳。臣有以知讐敵僭竊之不足以爲憂，而保宗廟社稷無疆之休，以追配漢建武中興之盛，將必由此。臣忘其疎賤冒進狂瞽，惟陛下裁赦而擇其中。取進止。

四

臣聞善謀天下者，必先立天下之大勢。大勢既定，雖疆埸之虞一日百變而不足以爲憂。苟惟不然，雖庶政毛舉，萬目畢張，而無補於得失之數。漢有南北軍及期門、羽林諸校之兵，悉聚京師，而騎士材官散處郡國，緩急出羽檄以召之，所以處天下輕重之勢，其審如此。竊觀今日王師之在行在者，東憑淮泗，中控襄沔，西保隴蜀，屯列要害，聲援相及。陛下六飛憑江，指授諸將，天威所加，士氣百倍，天下形勢之所在既畧定矣。臣聞周廬缺屯衛之師，則扈從單寡，非所以嚴宗廟；帥府乏士馬之饒，則聲勢微弱，不足以衛王室。竊謂陛下宜少垂聖思，明詔大臣倣西漢之微意，按顯德之故事，蒐柬四方材力健武之士，以補宿衛之缺，爪牙設張而宗廟尊嚴，亦足以潛銷四方之變。遴選智畧威望之臣以帥諸路，使之蒐閲文武，汰簡將士，進可以扞蔽京師，敵王所愾；退可以生制匹夫，號譁之亂。然則宗社之安，雖太山而四維之不足以爲喻。惟陛下留神，赦其狂瞽。取進止。

五

臣竊惟陛下纂御，于兹累年，側身修行如周宣王，推誠御物如漢光武。斯民脱塗炭鋒鏑之患，日夜企竦以望休息。四方賢材馳騖而起，孰不願効尺寸之長，以助陛下大有爲於今日者。雖朝廷規爲之志未始少衰，然事無大小，每病於不立，而不能悉如聖志之所欲。陛下欲攘夷狄，則逆胡驁桀，盗據都邑，而未有撤警之安；欲銷盗賊，則江嶺之寇鈔暴累歲，而未有殄滅之期；欲足國用，則餽餫日滋，入不支出，而未有善後之策；欲寬民力，則耕桑之民終歲勤動，而未有蓋藏之積。陛下憂勤恭儉無一日之懈，而中興之烈未有卓然可見者，臣雖孤賤，常不勝憂憤而深惟其故。自昔王者承積弊之末流，兼受歷世之猥，紀綱廢壞，上下猜阻，宜若傀然不可以終日。一旦赫然奮發剛斷，輔以賢智，收已失之權綱，歸之王室。威令既振，四方萬里之遠，將奔走承序之不暇，尚何病事之不立乎？唐憲宗承德、順秕政之餘，方鎮狃於姑息，小不得志，輒相與合從以逆京師，提兵四出，侵敗王畧。既用杜黄裳、裴度之謀，誅齊、蔡，翦夏、蜀，四方之諸侯斂手聽命，無敢旅拒者。周世宗以美偉絶人之資，灼知累世亂亡之所繇，將帥偃蹇，士卒驕暴，翻覆之變，起於談笑。既料簡士卒之罷惰者汰斥之，選其精勇以補宿衛。戰於上黨，斬奔北之將，而易以用命者。并淮南，下三關，王師所向，無不如志。仰惟陛下欲伸威夷狄，以大庇元元於無窮，則莫若以威令之必振爲先務。誠能並進忠賢，總攬權綱，懲陵夷委靡之禍，革姑息苟且之政，深詔大臣，凡朝廷所以立經陳紀，品制云爲，必務爲經遠持久之計，期於安國家，利社稷，合天下之正義，而毋卹匹夫徇私之怨。則雖驁桀之虜，將斂衽而退聽。然後天下之事，惟陛下之所欲爲。周宣、漢光之烈，臣待罪史氏，執筆以俟。取進止。

六

臣聞將以謀人之國，而求有所逞於讐敵。自古有天下國家處於離合之際，其謀議之得失，今可覆視者，非一人也。爲待時之説者，病其玩日愒歲而至於婾；喜進取之謀者，病其行險妄動而及於敗。二者不能相通，而常處其一偏，是以成功不可見而偏受其弊。臣嘗爲之説曰：莫若自治以觀釁。苟吾所以自治者未至也，敵雖有可乘之釁，而我不可以動。我能自治矣，敵無釁而妄動，幸而勝，則疲民以逞而根本揺；不幸而敗，則僨軍於外而社稷危。可不慎哉！詩云：「迨天之未陰雨，徹彼桑土，綢繆牖户。今此下民，或敢侮予！」孔子曰：「能治其國家，誰敢侮之？」孟子曰：「及國家閒暇，明其政刑，雖大國必畏之矣。」惟能日夜厲精，率勵衆志，是以未嘗不待時也，而不至於婾。范蠡曰：「強索者不祥。夫吴，君王之吴也。王若蚤圖之，其事又將未可知也。」又曰：「從時者，猶救火追亡人也，蹶而趨之，唯恐弗及。」惟其審知彼己，必順天道，是以未嘗必進取也，而不及於敗。詩人、范蠡之言，通爲一而無所廢。謀人之國而其逞於讐敵，其有不得志者乎？臣仰惟國家艱難以來，虜僞相挺，邊不得徹警。往年江上之捷，日者僞劉之廢，中原之釁可謂大矣。而吾終未肯求有所逞，豈非以行險妄動爲不可以不戒，而於吾所以自治其國家者，將益求其至歟？今日之勢，雖未至於危機交急，亦可謂迫矣。謂宜斷自聖志，思聖人愛日之義，憂勞庶政無須臾之怠，凡事之故常非天下所以安危者，悉歸之有司。輔相大臣相與一心，戮力經營思慮，明禮義、正綱紀、除弊政、振偷俗，撫循凋弊之民，淬礪士大夫而責之以職業，凡皆以求吾所以自治者。然後謹察四方之變，投隙而起，安受其燼，以致天地之殛，雖有智者，亦不知爲敵謀矣。以陛下聖學之高明，固已灼知古今興衰得失之數，臣不勝惓惓，効其涓埃，惟陛下裁赦。取進止。

七

臣竊惟陛下踐艱難之運，自始初政清明以至于今，憂勤恭儉，日慎一日，而兵革未息，亭障多警。欲信威四夷，則戎律未舉；欲寬邺民力，則兵食方急；欲澄省冗官，則軍賞猥多。是以陛下雖有大有爲之志，而至於發政造事，以爲天下經遠持久之計者，皆未遑暇間者。天啓戎心，畫地數千里悉歸於我，雖異時之變未可以預知，意者天其以禮悔禍，使陛下間於憂虞，而大有爲之志將有所伸，此萬世一時也。然天下之事每以難立爲患，若嚮一夫獨見之言而畧衆口異同之論，則政令之發，其效未睹，而人皆能出其私智以非上所建立。是以上下未及饗其利而害先見，雖欲持之以堅忍不變之心，其勢有所不能。竊謂謀始大鋭而憚於博盡異同之見，事之難立無足怪者。方漢盛時，有大征伐，必下公卿、將軍、中二千石、博士、議郎雜議，人人得效其見聞，以研究是非利害之極致，然後天子稱制以決之。是以上無愆令，事無遺策，衆志厭服，而功暴當世。謂宜自今陛下將欲發政造事，既與大臣謀謨於上，又使卿士大夫罄竭思慮，畢陳於下，然後總攬群策而裁處其中。將舉天下之事，惟陛下之所欲爲，庶幾立經遠持久之計，以幸天下。取進止。

八

臣竊聞多事以來，獻言于朝，以學校爲請者不一。然吴中非定都之所，又有調度不足之患，天下孰不知陛下未始忘此，顧有所未遑爾。臣不勝過計私憂，聞之孟子曰：「學則三代共之，皆所以明人倫也。」人倫明於上，小民親於下。自頃國家多故，士大夫處於成敗之間，大抵皆有自恕苟生之心，而闕於伏節死難之義。風節陵夷，俗化衰替，則國從之。是以斯民尊君親上之意亦有所不至〔三〕，而其爲亂也輕。人倫之不明，爲禍蓋亦博矣。然則設爲庠序，育天下之材，而摩厲之以德義，崇奬其志行之有耻者，以明示好惡，使父子君臣之倫大明於天下，亦今日之所不宜後也〔四〕。取進止。

九

唐設武舉而得郭子儀，周世宗詔藩鎮擇取材武之士，悉送京師，縱有負犯，不問所從來，遂以兵强天下。竊惟陛下方總攬群策，率勵衆志，以濟艱難，而虜僞相挺，師兵在行，謂宜開設武舉，蒐拔將材，須洞曉韜鈐而可責實用，長於綏御而士卒樂從，出入行陳而志氣不懾者，隨材賦任，必有可觀。又明詔州郡諸軍，百姓中有武健驍捷者悉送行在，所汰簡練習以補禁衛之缺。四方之奇材武力悉聚京師，則本彊末弱，可以消匹夫山林之變，侍衛雄盛則爪牙備設，國威自振。惟陛下留神裁幸。

參堂劄子

某竊聞周顯德中，唐人使劉仁贍守壽春，以世宗之英武，窮兵力於城下，僅乃克之。夫以周師之强，畏壽春之議，其後莫敢越淮而南窺者，誠地有所必争也。世宗既克壽春，惡其地險，非中原之利，徙州於下蔡。今國家駐蹕東南，觀釁俟時以圖恢復。區區管見，仁贍所守實爲要地，謂宜增濬城隍，戍以重兵，擇將使守之。倘壽春卓然有可恃之備，則自淮以南，務農積粟，蒐閲武備，以爲北伐之根本，恢復之功，指日可冀，豈特限逆虜之深入而已哉！

上宰相論淮西事

竊聞合肥之兵擁脅主帥，棄城郭而野次。以勢料之，當出三策：先遣間人通耗僞豫，挾其妻子席卷北去，一也；敵人猜阻，入北不受，徘徊山澤，以待招撫，二也；曠日持久，芻糧乏絶，横流四出，掠奪四鄙，或突據城邑以争一旦之命，三也。竊觀自古南北之時，擁城提兵叛入于敵國者不可勝數，惟能以長計制其後，故雖邊鄙震動，而不能爲根本之患。以某觀之，使其席卷而北，僭竊之寇能收其桀黠以來，蕩摇我邊疆。當簡拔將帥，厚集兵力以待之而已。將卒老幼無慮數萬，雖徒手張拳猶可慮，而況執鋭而被堅乎？若入北不受，當有悔過而自新者，宜遣近臣之忠信長厚通達大體者，往諭恩指，示以寬大。雖有長惡不悛，不能自反者，亦當較計利害，以來歸命。其尤可憂者，或四出鈔暴，突據城邑，將外連姦鄰以間吾釁，則其爲患也，持久而未艾。然諸將之名位相軋，無所稟命，士卒之心反仄未安，逆順相半。謂宜密諭諸帥，厚其禮命，以開其向化；多設反間，以潰其腹心；屯據要害，以制其侵軼；堅營清野，以絶其資餉。然則雖復陸梁，旬月之間，其勢終亦安能有所至？不勝惓惓，獻其千慮之一，惟廟堂圖之。

上趙丞相劄

某紹興四年備數館閣，僕射相公初預大政。聞諸道路，相公論當世之士可以與於斯文者，間及無聞之名氏。仁人君子，方其道德，佐人主大有爲。竊自隱度，未有可以補助下風者，艱難甫爾，亦懼未暇器人於文字之間，是以躊躇躑躅，終不敢有獻於左右。兹蒙推擇，待罪東觀，効其編摩，以奉令承教於史氏之末，特蒙借之詞色，許悉其不腆之文以備觀省。方今四海之士，抱尺寸之長，孰不願爲當世之材以自著見其名氏者？顧某何人，得此於門下？可謂榮幸！某自兒童，知喜文藝，年及冠，去場屋，未嘗一日而捨筆研也。流落僻左，中原賢士大夫之所不至，徒景慕古人而無師友之益，落筆纚纚自喜，心知去道益遠，未始以爲是也。行年二十七八，聞河南二程先生之餘論，皆聖賢未發之奥，始捐舊習，袚除其心，以從事於致知誠意之學。雖未能窺其藩籬，然自是所爲文，視十年之前，無十之三四。甲寅之秋，身罹大難，荼毒流離，自分必死，而又盡室飢寒之憂，朝不謀夕，事之可以分其思慮者，未易以一言盡也，於是視十年之前，無十之一二。蓋今箱篋之間，偶免於覆瓿者，皆少作可愧無用之詞。去夏蒙朝廷收召，寄家建州之浦城，乏賃僕之費，僅能襆被以來，書史不能携一字，而況少作可愧無用之詞乎！相公稍寬旬月之譴，已走僕喻妻孥使掇拾草藁以來，當繕寫以塵燕几。儻矜其陷溺於蹇淺篆刻之日久，悔而學道，未有聞也，而收教之相公樂育人才之意，孚於天下豪傑之士，將有聞風而興起者矣。

代人劄子

臣聞自昔阻長江之險而國於東南者，皆非得已也。東漢之衰，曹操既以安輯兗豫，日出其兵以征伐四方，孫氏捨江介之岩阻，將安所據依以争利於中原也？故曹操之兵號爲無敵於天下，蓋嘗身悉其武鋭，方洋淮泗之上，阻濡須而不得進。然吴人未始一日而自安，蹈瑕履舋，以争利於新城、合肥之間者，殆無寧歲。彼其一時君臣相與謀其國，可謂審矣。蓋淮泗者，江左之屏蔽也。吾方國於東南，而外無屏蔽之足恃，顧欲畫江以待敵，此陳唐之所以不能國也。晉建元以來，大抵祖吴氏之餘謀，其間得失之數、所以安危存亡者，亦可以鑒矣。陛下撫中興之運，于兹累年，六飛憑江，指授將士，方且安集江淮，以張恢復之勢。臣於此時，誤被選擇，奉使淮右。竊惟今日立國之大計，必有成算，非疎賤所能知。然兩淮累年賊馬蹂躪之餘，城邑單外而保障未立，田萊荒蕪而流冗未還，公私力屈而儲峙空虚。冀得仰憑威靈，少假歲月，使臣得竭其區區，以奉承朝廷之命令，庶幾於江淮屏蔽之固，有補萬分之一。取進止。

校勘記

〔一〕奏議　「奏議」下，朱玉刻本有「劄子」二字。

〔二〕上皇帝疏一首　「上」下，朱玉刻本有「高宗」二字。

〔三〕不至　朱玉刻本作「未至」。

〔四〕亦今日之所不宜後也　「後」下，朱玉刻本有「者」字。

韋齋集卷之八

新安朱松喬年

策　策問

試館職策一道

對「天下有常勢，非人之所能爲也」。

自古恢復大業之君，雖其憑藉積累之基有厚有薄，祖宗德澤之在民者有淺有深，然皆徒手掃地，無尺寸可挾之資，而卒能有所立。惟能因天下之勢，審擇至計而固執之，以求合夫當世之變，而皆不足以爲難也。是以姦人矯誣，竊弄神器，國命移奪，大統中微，而不足以爲難。干戈之釁，起於骨肉，裔夷投隙，蕩遥中夏，而不足以爲難。五大在邊，尾大中乾，强藩阻兵，提戈内指，而不足以爲難。此漢、晉、有唐中興之君，所以趣時合變，而各有所立。考其行事而質确其成功，雖未易與創業之君同條而語，亦各因其一時之勢如此，而不可誣也。昔之君子蓋嘗有以少康爲賢於漢高帝，而評創業中興之難者矣。世徒見夫草昧之初，四方之姦豪圜視而起，必有挾智勇絶人之資者，與之驅馳角逐於矢石干戈之間，崎嶇百戰，次第削平，而後定于一，則曰：此創業之難也。承奕世之弊，先王之澤微矣，猝然有非常之變，發於智慮之所不及，乃欲徐起而振其弊，疏剔荒穢，支柱傾摇，以求趨於安全順治之地，則曰：此中興之難也。蓋嘗論之，謀國有得失，而成功無難易。方經營纂集之初，其勢如洪河巨川，横流於中原，突蕩衝擊，分裂四出，自常人觀之，雖欲拱手終日以求遏其勢之萬一而不可得。智者因其勢而利道之，積之於其所當止，投之於其所欲趨，孰不靡然以聽吾之所爲者，曾何難易之足云哉？

方新莽之盜漢也，漢之遺臣屈首屏息以聽命之不暇，一時英豪不勝其憤，投袂而起，舉恢復之師者，曾未及有爲而奔走折北，一敗塗地。光武與南陽故人，因下江之衆，屠尋邑百萬之師於昆陽之下，遂夷大憝，不失舊物，而漢中興。方群胡之亂華也，劉元海起晉陽，石勒起上黨，苻、姚、慕容次第争奮。元帝東渡，總其雋乂以爲耳目、股肱、心膂。内則王導、周顗立經陳紀，以安輯邦家；外則賀循、顧榮喻德宣譽，以鎮服同異，卒以襟憑江、漢，垂裕來世，而晉中興。天寶幽陵之變，河南、北淪没，二京不守。肅宗起靈武，以羽檄召勤王之師。李光弼、郭子儀以朔方之兵徇三河，以收趙、魏，張廵、許遠合豪傑之力嬰睢陽，以蔽江、淮，卒以芟夷安、史，汛掃九廟，而唐中興。是三君者，雖功烈之崇卑不同，其本末始終可考如此，是宜明問以謂所遇之時、所因之勢有所不同，不可以一概論也。

迹夫生民以來，天下之變備矣，積功累仁，享國長久莫如周，而宣王號中興，本末終始見於詩之二雅。然核左氏之語，則南國有敗績之師；驗范曄之論，則克戎淹歷歲之久。蓋雖未能純於文武之序，而豈後世遭變之君所能及哉！誦雲漢之詩，其辭憂迫勤懇，則有以見其側身修行，惻然有應天感民之實，百姓所以愛戴歸往而不忍忘也。誦南征北伐之詩，其詞切直而奮厲，則有以見其將卒協心，卒乘輯睦，此蠻荊、玁狁所以莫敢不震動疊息，而華夏乂安也。誦「侯誰在矣，張仲孝友」之章，則有以見在人主之左右者，咸懷忠良以善王心，而無沮撓事機，妨功害能之行也。誦「吉甫作頌，穆如清風」之章，則有以見謀謨帷幄之臣，莫不相與協和精白以圖事功，而無權利相軋，冒疾讒慝之行也。以至民不安其居，大夫爲之還定安集，劬勞于野而不怨，則見於詩之鴻鴈。君臣相與愛日待旦，以樂事勸功，而無玩歲愒日之意，則見於詩之庭燎。此其所以承厲王之烈，而文、武之業未墜於地，赫然中興，播於詠歌。其所以致之之道，焯乎其不可誣，蓋如此也。若夫擇其善而懲其違，察其始以要其終，蓋有不純於文、武之序者，後之君子，將酌古以施今，不可以不論也。是以不知以佚道使民，而使爪牙之士不得養其父母，而有轉予于恤之歎，有如祈父之所刺；不知建德以保民，病其離散，料于太原，有如仲山甫之所譏。以至怠于千畝之籍，不知務農以敦本，而撓敗及之。然則淹日持久而功烈不終，無怪乎如左氏、范曄之所記。

歷觀古者中興之君臣，將以大有爲也，必相與憂勤惕厲，戮力一心，撫事機之會，日計其進，而歲計其成。將欲圖是功也，則必有是事，事立矣，而功隨之。未有泰然無事，而聽其自爲者也。譬如築室，自始基以至於成。譬如稼穡，自始耕以至於穫。理之必至，不愆于素。築室而草創，則必有震風凌雨之憂；耕稼而鹵莽，則必有凶年飢歲之患。如周宣王，其合於先王之道也，足以致中興。其不純於文、武之序也，亦足以致克戎之不易。後之承前緒而當危亂之後者，可以不鑒哉！

恭惟國家祖功宗德，涵育區夏僅二百年，方將系隆復振於夷狄侵陵之餘，收遺民於鋒鏑煨燼之中，與之竭力以圖恢復。明問乃謂欲因今之勢而圖回之，何劇何易，孰後孰先，搜拔賢能之方，設施政事之統，必有卓至之論，悉之究之，以備采擇。嘗謂自古天下國家興亡有至計，而國勢之強弱，兵力之盛衰，土地之開蹙，不與焉。一曰順民心，二曰任賢才，三曰正綱紀。非以國勢、兵力、土地之三者爲無與於興亡之數，蓋非興亡之所繫故也。衛之孱微，而季子知其後亡；楚之敗亡，而逢滑知其必復。則國勢之強弱，非所論也。吴克齊師，而子胥有天禄亟至之憂；越棲會稽，而范蠡決定傾與人之計：則兵力盛衰，非所論也。天寶之功，拓地至廣，而無救潼關之敗；奉天之守，無地寄足，而終摧長安之寇：則土地之開釁，非所論也。然則天下國家興亡之至計，蓋有在矣。

孟子曰，三代之得天下，得其民也。得其民者，得其心也。大哉，斯民之心乎！自古興王所籍以爲立國之基本，而無敢輕犯焉者也。是故思祖宗之所以得其心者，而纂述其志；鑒往事之所以失其心者，而毋踐其轍。以至發政揆事，制令出法，必皆求合於所謂至愚而神者，是以可以使之蹈白刃、赴湯火，而不可與爲亂，夫誰與之敵？所謂順民心者，此也。

天下未嘗無賢才也，失所以任之之道，則漢唐之季，舉天下之賢才而錮廢翦棄之，王室亦衰；得所以任之之道，則百里之國，而強鄰暴國莫敢肆不義於其君。是以兼聽博采而務其並進，委任責實而要其成功，然後舉天下之事，唯吾之所欲爲，無不如意。所謂任賢才者，此也。

自天子至於庶人，等級相承以建邦家，蓋有綱紀以維持聯屬於其間，是以長久而不亂。若夫風憲之威振，而朝廷清明；邪枉之門塞，而朋黨銷伏。嚴刺舉之責，使姦凶者不得以病民；申紀律之威，使驕惰者不得以冗食。夫何患天下之不治，寇讐之不滅哉！所謂正綱紀者，此也。

歷考前世興復之君，謀國膺變之方，雖不可毛舉，其要不出於此三者。是以我有卓然可恃之備，然後察其四方之變，徐起而應之，扶衰而錯之盛，補壞而復於全，其必由此矣。傳曰「君子愛日」，語有之：時難得而易失。惟上之人實圖之。謹對。

策問八首

一

天下未嘗無非常之變也，然有國有家者或因變以成功，豈非在其君臣相得之際哉！小白遭無知之變，而管仲相齊以霸諸侯；勾踐脱會稽之難，而范蠡佐越以滅吴；昭王承之，噲之亂，而樂毅佐燕以報齊。是皆傾擾困蹙之餘，自他人觀之，疑若儳然不可以終日，而三君子之爲其君謀也，僅若寓物鄰家而明日取之，無不如志。觀其謀國應變之方，雖不可以毛舉，然莫不有一定之計，君臣相與固守而力行之。蓋夷吾之霸齊，是制國寓軍之法而已〔一〕；蠡之圖吴，是驕敵以待變而已；毅之報齊，是求諸侯之援而已。夫謀其國與謀人之國，苟無屹然不變之計，而依違俛仰以僥倖於倉卒之間，亦見其疎也。

國家承平垂二百年，比緣姦人擅朝，腐夫弄兵，馴致戎夷内侮之禍，寔有宋臣子萬世必報之讐。恭惟聖天子憂勞側席，日延外廷之議，其深謀至慮不得而知也。敢問諸君亦有一定之計，當固守力行而不變，如古人之爲其君謀者乎？夫考古以施今，非謂其已陳之迹意其圖，回内外本末緩急之序，當有可言者，有司願與聞焉。

二

天下有大戒二，無所逃於天地之間：父子主恩，君臣主義。如人呼吸食息於元氣之中，不可以須臾離也。自古志士仁人非苟自輕其生，以立區區之私義而已，蓋深畏夫君臣之義廢，則爲人上者不能一日保其天下國家。斯人之禍可勝言邪！靖康之變，殉利賣國，交臂以事賊者，非失職不逞之流，皆朝坐燕與謀帷幄而柄廟堂者也。今君臣方相與經營以圖中興之業，其概未易以一言盡，乃若學士大夫闕於伏節死難之義，豈非今日之患甚急而至大者歟！敢問何施而可以救此？唐至德復兩京，群臣汙僞者，三司條罪，差爲六等。重者誅死，識者不以爲過。而或謂長賊姦、堅逆節，以爲用法太深之咎。是非之説安在？請試言之。

三

李晟之軍于渭橋也，韓滉鎮浙西，漕米萬斛往餽之，晟師實賴以成大功。當是時，天子在興元兩河之間，逆藩悍將往往與賊相首尾，舟行所經數千里，莫敢睥睨，僅若從枕席上過而無翕合之失。其規畫調護之方，豈無有可考者邪！

屬者，陝西五路之兵，數以捷告，復遣上相之〔二〕，重開幕府，以經畧淮肥，天其或者祚宋以中興之業，行當撫定三河，克復舊都，王師百萬必仰東南之饋，如潩之規爲有可考者，亦子大夫所宜素講也。

四

古者兵出而在行，則有前茅慮無之警；整而就列，則有隅落鉤連之固；止而在壘，則有候遮扞衛之嚴。要以使敵人莫能得吾間，然後三軍不可敗而將軍安。故兵法曰：三軍以戒爲固，以怠爲敗。今夫自漢以來，號知兵、後世祖述其説以爲不可及者，莫若韓信、曹操。信方堅壁修武，漢王脱成皋之圍，自稱使者，晨馳入信壁而奪之軍。既滅楚陔下，則又襲奪其軍於定陶。操方圍鄴，袁尚使李孚入鄴城，出入歷重圍而操之軍中不知也。蓋嘗疑其方連百萬之衆，謂宜候望精明，樞機周密，無可乘之隙，而乃使人歷其几席之側而莫之寤，此與棘門、霸上之軍何以異？有如肘腋之間，姦人伏刃竊發，則將何以待之？不知後世猶以爲深於兵法者，其故何也？無乃雖有是事而不害爲知兵歟？諸君宜極論其所以然者。

五

自古君子必爲執御之學，而國馬之富，足以爲騑服之備。是以戰未有不用車者，固有易之以徒而徼勝一時者矣，而非其正也。後世遂易之以騎。其以騎易車者，亦有知其所始者乎？左氏雖喜言陳法，其載一時卒乘偏兩之制備矣，而未始及騎。然太公告武王十勝九敗之詳，其説在六韜之戰騎。武王之時，有其法而絶不見於春秋之世，此又何説哉？或曰六韜非周書也，戰國知兵之士祖其餘論而推廣之，設爲問對，以極兵家之變。今觀其書，知睯横出，雜以奇詭，有諰諰然憂天下之諸侯合而軋己之意。聖人之用心，其必不然矣。然遂斷然以爲戰國之書，則又何以質之？故因以推原騎戰之始，與夫絶不見用於春秋之世及六韜之可疑者，而訪之二三子。

六

古之君子所以大過人者，方日不暇給，必爲經遠持久之計，是以雖目前之功不可見，而常享歲計之効。漢光武講議論道於投戈息馬之間，晉中宗建武之元，披荆棘以立朝廷，亟立太學，使貴遊之冑隸業焉。菁菁者莪之序曰：「君子能長育人材，則天下喜樂之矣。」孟子曰：「學則三代共之，所以明人倫也。」方時多事，四方賢智固已馳騖而四起，然後來之英，未有陶冶成就之方以爲異日之儲，將何以善後？君臣之大倫不明於天下，士大夫不以苟生爲耻，而闕於伏節死難之義，則有大物者，誰與共保其天下國家？然則育人材以廣多士之儲，明人倫以起義烈之風，學校其可緩邪！國家駐蹕東南以圖興復，而於崇立庠序獨未遑暇，今欲建官定員，延四海之孝秀，而摩厲之以德義，其亦可乎？或曰方戎夏交捽，邊不得撤警，箕斂以供軍，猶懼不贍，而何暇及此？是以願與諸君評之。

七

書曰：「后非民罔使，民非后罔事。」夫君民之相求，非相爲賜也。斯民釋其厭惡而求其所依歸，審固其心力，以聽上之政令而不敢辭者〔三〕，以上之人能爲之去其穢而爲之主也。王者亦恃斯民歸我之心，以爲立國之基。是以社稷久長而國家安，此三代之所同也。戰國之世，棄德音而不務，衛鞅之佐秦，顧獨美田廬，而久復除，以傾三晉之民，刼之以勢，狃之以利，要以使之非耕戰則無以要利於其上，生齒日衆而國富強，故能四世有勝，以一天下。雖非王者之盛節，蓋未有不以民爲本者。上方志恢中原，而天邑有盜據之虜，日稔其惡。凡今自拔左袵之中，携持而來歸者，皆祖宗積世涵育之遺黎裔冑也。吾所以勞來安集之，豈徒鎮撫其惓惓之意而已？攘夷狄而復境土，將必基於此。今欲搜其雋良，黜其嵬瑣，收恤其鰥寡介特之無告者，使之安其居，樂其業，而無羈旅流落之歎，此亦學者之所宜素講也。敢問何施而可以臻此？

八

戰國之世，齊愍以技擊彊，魏惠以武卒奮，秦昭以鋭士勝。荀卿曰：「此皆干賞蹈利之兵」，「未有安制矜節之理也。」雖秦之鋭士，不足以當威文之節制。嗟夫，有國家者，雖未能去兵，而無古人節制之法，糜爛其民，以爭社稷一旦之命，是豈仁人之用心也哉！諸葛亮以區區新造之蜀，歲出其師以窺魏之關中，軍出之日，天下震動，而國人不憂。論者以謂雖威文節制之師無以過。夫以魏兵之強，未能加秦之鋭士，而亮終不能少騁以得其志，此又何説哉？唐既一天下，異時控弦之雄，憑陵邊疆、患苦中國者，偏師深入，亟斂手而就禽。兵威之所加，鞭笞百蠻，莫不如意。中世盜起幽陵，兩河横潰，蓋有屹然提孤軍以當乘勢猋疾之鋒，無敢犯躐其師徒者。比斂兵而據險，賊雖垂涎以睨京師，逡巡而不敢進。一時之將，蓋庶幾有得於古人節制之意。皆有遺法，著在方册。諸君其推明荀氏立言之指，攷此數公部分教勒之法，有合於古人，而條析其勝負得失之所以然者，爲有司索言之。

校勘記

〔一〕寓軍之法而已　「軍」，朱玉刻本作「兵」。

〔二〕復遣上相之　「相」，朱玉刻本作「將」。

〔三〕以聽上之政令　「聽」下有空格，朱玉刻本作「在」。

韋齋集卷之九

新安朱松喬年

書

代人上郡守書

竊以明天子閔仁遠民，思有以鎮綏之，輟閤下於臺端之重，付以一州。視事未幾，塗炭之遺民，人人自以爲將被惠澤；困於貪暴之吏、抱抑屈而不得申者，人人自以爲有所赴愬；州縣之吏，潔操行、抱才諝者，皆奮迅澡祓，人人自以爲將受知於下執事。

某於此時，實備下吏，竊嘗自念士之仕於州縣者，雖其志不足以及遠，然上之則欲扶持柔良，折伏姦暴，獄訟必毋失其平，施舍必毋失其中，稱朝廷所以委使之意以求知於上。下之猶欲整簿書，急期會，期於無過，以免訶譴詰責之辱。又不及是而愈下，則刑戮斥逐加之而不以爲過。今政和，建之下邑也，剽盜之後，民無蓋藏，且闢公門，訟訴之牒不能十數，常賦之輸，比他邑或不能十五。無豪宗大姓陵轢細民，以廢亂政化。地斗入東南，與温、福爲境，又非孔道共億厨傳之費。以某之庸疎處于此，竊自隱度，以爲奉令承教，或可以無過聽於下風。今者廼聞閤下有意督過之，深恐進見之際迫於威嚴，區區之意造次不能以自達，輒以尺書控愬於下執事。

某少失先人，與老母相倚爲命，今行年逾七十矣。今夏暑方甚，府中遣使持檄敦迫赴官，冒大暑扶侍上道，到官未幾，得寒暑之疾，妨於飲食，寢興須人，至今未平也。方得疾之初，山邑無醫藥，回皇怵迫，莫知所以爲計。適聞大旆入境，念當具圖籍抱符鑰，跪起屬吏之末，庶幾咨禀條教，聽受約束，仰稱閤下具宣明天子德澤之意。欲前不能，進退維谷者累日。夫親疾之所以亂其方寸者如此，則獄訟施舍，簿書期會之間，容有精力之所不周，照察之所不及，雖加之以刑戮斥逐，其孰以爲不宜？乃若某之情，則猶有可言者。韓延壽爲東郡太守，嘗出，臨上車，騎吏有後至，敕功曹議其罰。門卒建言曰：「今旦明府命駕，未出，騎吏父至府門，不敢入。吏趨出省父而見罰，得毋虧大化乎？」閤下方崇奬名教，以整頓人物，必將有處於此。以閤下望實之重，督責之精明如此，而某平昔之志，亦粗欲求知於世，不至自棄於没没無聞之地。而蕞爾之邑，非有難集而不可爲者，儻假之以旬月之期，以閤下之靈，老者飲食起居漸復於舊，敢不勵精畢力，僵仆無所避！若猶吏治弛廢，過惡暴列，將投袚自刻，以聽命于有司。閤下雖加以虧除寬免之惠，亦不敢承也。

答莊德粲秀才書

某頓首：昨屈車馬甚寵，顧區區未能欵扣所聞。辱惠書，禮盛志謙，雖不敢當，然近世大學之道蕪廢，士無貴賤，徇世相師，千百一範，莫知孰使陶之者，不自量其愚不肖，竊有憐之之意。

頃來尤溪甫兩月，雖獲遍拜邑中之士而未詳也。索居深念，惟小人之歸是憂。乃有識明志高，傑然自拔於流俗如吾友者，其爲欣幸，未易具道。夫仕而志學，如農夫快一朝之飽而釋終身之耕，殍於溝中，可立而俟。然則仕而志學猶飽而念耕，亦不足道也。

抑聞之先生長者：禮記多魯諸儒之雜説，獨中庸出於孔氏家學。大學一篇，乃入道之門。其道以爲，欲明明德於天下者，在致知、格物，以正心、誠意而已。其説與今世士大夫之學大不相近。蓋此學之廢久矣，自周衰，楊墨雖得罪於聖人，然乃學仁義而失之者。至申韓儀秦之説勝，而士始決裂聖人之藩墻，以阿流俗之所好，至漢文、景之盛未衰也。以至于今，蓋嘗有以斯文爲己任者起而倡之。然世方嬰於俗學，以自強屹乎其不可攻也。某方急於禄養，未能往究其所學，是以或聞吾友之言，凜然敬歎，若居夷而聞雅，雖未詳其節奏之工，然卓然於吳歈楚謡之中而不可亂也。

書曰：「知之非艱，行之爲艱。」夫問塗而之盲，則知亦豈易哉！以吾友之明，苟以德爲車，而志氣御之，則朝發軔乎仁義之塗，而夕將入大學之門，以躪中庸之庭也。如某之駑，憂且追後乘而莫及，其何以相吾子？在勉之而已！若舍此而問塗，則今之學士大夫皆知津矣。未即欵晤，自愛之望。

上唐漕書

某嘗不自揆，以所學乎古者，妄論天下之勢。以謂一介之士，斂然自修於環堵之中，其勢力輕重不足較於世也明甚，至其風聲氣俗，則有天下盛衰理亂之所繫者。蓋嘗竊怪先王之時，其士君子皆敦厚朴實，温然而自重，富貴利禄若不足以介其意。而後之君子髣髴其餘風者，何其少也！其一時號爲名卿才大夫者，名雖滿於天下，而道不足以善當世之俗；勢雖臨於一時，而德不足以悚來世之風。上下相持以入於弊，而風聲氣俗不可復振，無足怪者。三代而上，其詳不可盡知。然詩書所傳，猶可想見。士之退處於陋巷者，時君世主招以弓車，聘以幣帛，有非其物者欲見且不得，而況可屈乎？故上之求其下也不敢輕，非獨一日之勢有加乎士者不敢輕，蓋雖天子不敢輕也。故士之自待也不敢不重。詭遇而貪得者，出不容於朝，歸不齒於鄉。故下之望乎上者，不敢以己之所不至者僥幸於一時，而皆止於至足之分。蓋在上者尊德樂義之誠不如是，其至不足與有爲；而士之自立於世者，不如是，不可責以有爲也。後世不然，上之則有科舉誘之於前，使之決道義之藩，以阿世俗之所好；下之則有薦舉推之於後，使之園廉恥之隅，以徇私意之所欲。其間固不能無卓然自信，異於孟子所謂凡民者，然積習日久，百世一範，而猶責其有爲於世，其亦疎哉！嗟夫，此豈獨士之罪也。

嘗讀成湯禱桑林之詞，有曰士失職者。知士固有職，必求所以充之。蓋其從事於六藝之文，而歷觀古今治亂興亡之變，隱之吾心而不遠，質之聖人而不戾，達之當世而不悖。此士所學乎先王之道者也。是道也，得之心，得之身，發之言，推而被之天下，無二焉。士惟有得於是也，抗顔不讓，自任以天下之重，而君子不以爲誇；待之不以其禮，則翩然去之，而君子不以爲傲；與天子周旋，以圖回四海，而君子不以爲泰；抱關擊柝，寸禄是營，而君子不以爲汙。士之職如是其重，而不知學先王之道以充之，命曰：失職之民。故愚以謂士之風聲氣俗有與天下之勢相關者，在於士之自重與否。而其失職而可罪者，又將推之而責之在位之君子。恭惟執事以絶人之賢方進爲於聖世天子付使者印，使來閩中。以言乎民，則入城生齒之衆，執事兒子撫而龍蛇驅者以億計；以言乎吏，則領挈衡稱，輕重升黜在於一言者以百計；以言乎權，則天子所寄以耳目，而事無巨細，人無賢不肖，皆得以言於上，則亦在位之君子也。以某觀之，不知其他閩中之吏苟賤爲甚，自蹈汙衊，少所愧恥，上官一不得意，則呵叱慢罵，辟易不敢仰視。雖其間有修絜才諝之吏，得免於此者蓋寡，則亦無恠乎士之不知所以自重也。

恭惟執事執古之道而行今之世，固與夫今之所謂君子者異。故以某之愚且賤而敢進其狷狂之説，以謂風俗之美惡，係於有位之君子，而使夫士之自重者得少挺其志，不至於失職而可罪，則執事其任之。

某，江南草茅一介爾。既冠，與有名於吏部，來閩中，今七年矣。不肖之名字蓋未嘗掛當路之齒，豈敢妄自比於士之自重者？蓋自度其疎頑無所用於世，雖有好古之志，而於先王之道未有聞也。挾不足之資以求之於人，實懼獲罪而不敢。比來尉尤溪，爲邑僻左，雖辱在庇臨，莫緣奔走於下風，望顔色而受約束，心以事荒，舊業蕪廢，是以滋不敢有意於當路之君子。然竊嘗講聞執事之美，有嘉祐、慶曆間公卿之餘風，其責僚吏必以公，事未嘗以其私；忘部使者之尊，以禮知名之士，此其可以情告而理扣也。故敢推廣其所聞於古者風俗之所關，而以其責歸之執事。若某者，其亦失職而可罪之士也。顧何足以與於此？蓋嘗聞其説云爾。其或市骨求駿、式蛙求勇之意，願自隗始。將見風俗之變，人人知自好以求附於餘光，而勢足以加士者不得僕隸視其下，其稱於天下之勢蓋不小矣。則執事之建立，所以善天下而誎後世者，爲如何邪！

謹復料理十數年來古律詩若干篇，繕寫以爲獻。此古人以爲賢於博奕而已者，若夫不自揆而論治道、言世事者，欲求教而未敢也。夫以下邑之尉卑且賤，世所不數，平日未嘗爲起居之問，一旦以書冒言上下相待之勢而不以爲嫌，蓋方以古君子之所建立有望於執事，而不以流俗之屑者自疑，是亦古之道也。禮僭言高，愧慄惟命。

上趙漕書

某少賤貧，進不能操十百之金貿易取貲，以長雄一鄉；退不能求百畝之田於長山大谷之中，躬耕以爲養。反顧其家，四壁蕭然，溝壑之憂近在朝夕，途窮勢迫，計無所出，乃始挾書操筆，學爲世俗所謂舉子場屋之文者。其言決裂繁碎、支離曼衍而不宿於道，無用而可笑，不待詳説可知也。

既冠，試禮部，始得脱去。當是時，年少豪鋭之氣，方俯一世而眇萬物，向非有禮義法律羈束於其後先，必且追隨一時之俠，揮金使酒，馳騁而嘯呼以自快其意而後已。惟其不得騁，故斂其使氣以玩世者，而一寓於詩。蓋嘗以爲學詩者，必探賾六經以浚其源，歷觀古今以益其波，玩物化之無極以窮其變，窺古今之步趨以律其度，雖知其然而病未能也。

竊嘗歎夫自詩人以來莫盛於唐，讀其詩者皆粲然可喜，而考其平生，鮮有軌於大道而厭足人意者。其甚者，曾與閭閻兒童之見無以異。此風也，至唐之季年而尤劇，使人鄙厭其文，惟恐持去之不速。夫詩自二南以降三百餘篇，先儒以爲二南周公所述，用之鄉人邦國，以風動一世，其餘出於一時公卿大夫與夫閭巷匹夫匹婦之所作，其辭抑揚反復，蹈厲頓挫，極道其憂思佚樂之致，而卒歸之於正。聖人以是爲先王之餘澤，猶可見其髣髴，足以聳動天下後世，故刪而存之，至今列於六經，焯乎如日月。春秋之世，列國君臣相與宴享朝聘，以修先君之好，往往賦古人詩以自見其意。觀時稱情必當其物，不然有君賦之而臣不拜，其謹且嚴如此。而晉、鄭垂隴之會，鄭之諸卿皆賦詩以屬趙孟，而叔向因以知其存亡興衰之先後，其言之驗，若合符然。蓋心者禍福之機也，心取是詩而口賦之，雖吉凶未見於前，而神者先受之矣。至漢，蘇、李渾然天成，去古未遠。魏、晉以降，迨及江左，雖已不復古人制作之本意，然清新富麗亦各名家，而皆蕭然有拔俗之韻，至今讀之，使人有世表意。唐李、杜出，而古今詩人皆廢。自是而後，賤儒小生膏吻鼓舌，決章裂句，青黃相配，組繡錯出，窮年没齒求以名家，惴惴然恐天下之有軋已以取名者。至其甚者，恃才以犯上，罵坐以貽譴，擯斥顛沛，足跡相及，此何爲者邪！

嘗聞之夫子曰：「詩三百，一言以蔽之，曰思無邪。」嗟夫，聖人之意，其可思而知也。

夫王者，正心誠意於一堂之上，而四海之遠以教則化，以綏則來，以討則服，與夫僖公牧于魯野，而其馬皆有可用之姿，蓋本一道。而詩三百之意，聖人取一言以盡之，乃在於此。後之學者不深惟古人述作之旨，而欲以區區者自名曰詩，誠可憫笑！某也何足以議此，徒以少日嗜好之篤，學之而不至也。深惟學將求媲於古人，不本是求而唯末之齊，亦見其勞而無功矣。

恭惟執事高文奥學，標準一世，其主盟吾道，推轂後進，蓋有先世之遺風。方持使者節，控引一路，微勞末技日效於前，以希奬拔，而某以菽水之意，竊禄僻邑，未嘗得拜伏於下風。得於傳聞，不肖名氏似嘗掛齒牙之餘論，得無有稱道少日率爾之作，以欺執事者乎？篆刻可悔，方竊自毒，雖知唐詩人之區區者爲可笑，而求以庶幾夫聖人之意，此非執事，將安所質之？竊觀執事大筆餘波，溢爲章句，句法峻潔，而思致有餘，此正如韓愈，雖以爲餘事，而瑰奇高妙固已超軼一時矣。非深得夫聖人所取於詩之意，與夫古今述作之大旨，其孰能至此？某願聞一二焉，故輒料理十數年所學爲古律詩五七言若干篇，繕寫塵獻，譬諸博奕，或可以奉公退之一笑。昔宋廣平之沈下僚也，蘇味道爲綉衣直指使者，一日見廣平梅花賦，驟稱於朝，始爲聞人。且廣平宏毅開濟之姿，雖其未達，宜已表世而傑出，豈其屑屑於一賦以求知於人？而味道於此亦復捨其大而稱其細，豈非藴諸中者，必逢時而遭，變而後見，強聒而自鬻者，君子之所賤，而文字之美可一見而決以爲階乎？廣平則某豈敢議，然執事望臨一時，四方之士希一言以軒輊於世，則其區區自獻而有望於門下者，亦士之常分，而君子之所恕也。文凡論僭，今之君子或有所不容，若夫古人上下相求之義，非執事誰望邪？賤職自縻，未由面請頤誨，惴慄俟命。

上李丞相書

某聞今世游談論説之士，未嘗不以人材不足爲患。某獨以謂今世之所患者，非乏材也，君臣之大義不明于天下，而學士大夫闕於徇國死難之節，豈非今日之患甚急而至大者歟！蓋父子主恩，君臣主義，是謂天下之大戒，無所逃於天地之間，譬如有生之類，食息呼吸於元氣之中，一息之不屬，理必至於死。先王設爲禮樂、政刑，所以維持膠固者甚備，而夫子、孟軻之徒，道既不行於天下，退而與其徒講説論著，丁寧深切至矣。遺澤餘風被於末世，時有一節之士，力爲奇詭絶特之行，鼎鑊在前，刀鋸在後，攝衣而從之，乃不啻若牀笫之安〔一〕。亂臣賊子斂手變色，莫敢肆不義於其君，豈特苟輕其生，以立區區之私義而已哉！蓋深畏夫君臣之義廢，則爲人上者不能一日保其天下國家，生民之禍豈復有烈於此者乎？夫惟今日之勢，將御天下之智力以除寇讎而安國家，必務明君臣之義以厲天下，使天下響應景從，奮不顧死以徇王室，則必有大臣焉以唱之。建安之初，曹公奉天子都許[二]，披荆棘而立朝廷，海内之士争出所長以叶成謀主，豈復有漢室也哉？於斯時也，諸葛孔明摧藏畎畒之間，視士之輻輳於魏者，不啻若臭腐腥羶之在前，方掩鼻疾趨而過之，惟恐其浼己而見汙焉。一朝得豫州，決策立談，兼取暗弱，倡大義於天下，祀漢配天而大敵震動。廣明之亂，僖宗入蜀，大盗據宫闕，生民糜爛，四海蕩覆，藩鎮勤王之師愕怡相顧，皆意唐室不復振，逡巡而左次者相望也。王鐸爲諸道都統，檄書所至，霆擊風馳，壯士增氣。王處存、李克用之徒決死力戰，惟恐居後，遂夷大盗，克復京師。今夫生民以來，尊君戴上之心與生俱生，未有知其所以然者，不幸淪於久衰之俗，刼於積威之餘，既久而其氣索然以憊，則雖有可用之材布滿於天下，而不能有所濟。有一人焉，命世之傑者，鼓動而風厲之，則天下之中材皆可以立事。故孔明、王鐸皆當王室之衰而各能有所成就。世徒見其功烈之盛，謀謨之偉，而莫知大本之所在，在於倡君臣之義，以立士大夫徇國死難之節而已。

有宋之盛，萬里一姓，垂二百年。一時人材，尺寸短長皆得自効，而賢知妄庸雜處於其間，皆可以安坐談笑而取富貴，其於士大夫可謂無負矣。頃者京師之變，虜人輕去巢穴，犯吾國都，其勢至逆也。四方按兵相視，莫肯攘袂争先以決一旦之命。而塗地之餘，徇死貪生、交臂以事寇讐者，非失職不逞之徒，皆朝坐燕與、謀帷幄而柄廟堂者也。大義不明而風節淪喪，自開闢以來，亦有甚於此者歟！　則夫明君臣之義以厲天下，必有命世之傑焉以倡之，非僕射吾誰望邪！

恭惟僕射相公始爲史官，方朝廷以言爲諱，指陳闕失，姦諛震動，遂得罪以去。又歸而爲侍從，當宗廟社稷危疑阢杌之際，不動聲氣，親決大策，既已庶幾於再造王室矣。至靖康、建炎之初，群邪並進，争爲誤國之計以售其姦，獨僕射所建白皆天下國家所以安危之大計，至今焯然在人耳目。非徒其言不用，又放竄而瀕於死。且身雖流落而益尊；食祠官之禄，優游江海，而望益重。身去朝廷，無殺生賞罰之柄，而天下之善類有戮力王室之志者，皆以爲歸。自非深明先王所以維持膠固天下之道，與夫子、孟軻之所丁寧深切者，其孰能至於斯歟？某江南匹夫爾，跌宕塵埃，少所合於世，今也樂道僕射之德業風義，以風曉當世，矻矻而不知止，以求齒於賓客之末，抑將考質舊聞，而求策其所未至。若夫慨今援古，飾説獻諛，以希一日之睠，豈獨某所不爲，亦豈僕射所望於天下之士也哉！

上胡察院書

某江東書生也，素無他技能，又去爲州縣之吏，益碌碌不見齒於流俗。獨嘗究觀載籍以來，天下國家興亡治亂之變，與夫一時君子所以應時合變先後本末之序甚備。思得考質是非，以上下其議論。而山海崎嶇之間，王公貴人之所不至，太守部刺史去朝廷、遠尊嚴，亢絶氣息，茀然不復可近。又家素貧，俯仰水菽之養，朝不謀夕，勢不得一日釋去以從先生長者遊。然考之詳，則其自信也篤，自信篤，則其合於世也益難。此其所以婆娑山林，甘忍窮寂，雖久而不敢悔也。

今者乃聞天子仁閔塗炭之遺民，而使察院撫諭一方。色仁氣温，不間微賤，專爲朝廷訪求得失，蒐拔人材，以稱廟堂急治之意。雖使事有指，而區區過計之憂，竊願有獻於執事。

某聞古之爲天下國家者，雖其積累之厚薄有逆有順，有短有長，而其意指規模，未嘗不爲子孫萬世之計。蓋未有俯仰依違，苟度旦夕，曾不爲終歲之備而可以爲國者。衛文公之封於楚丘，勾踐之脱於會稽，蕩覆之餘，君臣徒手，掃地赤立，惟其大計已定，故上下相與，堅忍卑辱，痛自抑損而不敢少變焉。是以皆能有所成就而垂裕後世。苟惟不然，譬如千金之家，不知堅據田園廬室之便以滋其材力，而强讐暴客並起而乘之，則又捨而之他，是雖有陶朱、猗頓之財，亦終以窮困而莫知所税。今君臣相與經營中興之業，其概未可以一二數也，然獨不知今日之意，但欲襟憑江、漢，控引荆、吴，以保東南而已乎？抑當克復神州，汛掃陵闕，據中原而撫三河也？某聞之，不取關中，中原不可復也。不取荆、淮，東南不可保也。夫三秦之固，勢擅天下，自古得之以興者不可悉數，而唐最近，請言唐事。天寶之末，安禄山舉幽陵之師以踐河南。唐既亡矣，肅宗治兵朔方，指麾諸將，席卷兩京，遂定三河。朱泚之逆，唐又亡矣，德宗駐兵漢中，引荆、吴之征賦，卒滅泚而復京師。廣明之亂，唐又亡矣，僖宗西幸成都，方鎮倡義之師歃血争先，而大盜竟平。夫惟漢中之勝，背負巴、蜀，左控關、隴，西連氐、羌，兵勁用饒，形利勢便，進可以據上流之阻，退可以待四方之變，故唐更三亡，不失舊物。竊聞今張宣撫陝西之師數以捷告，若以六師之重通道荆、襄，循漢沔以赴興元，結連拓跋，控引五路，因宣撫之師東嚮以收中原，一年而定關、陝〔三〕，二年而復大梁，不四五年而天下定矣。正使逆虜之餘息猶可以陸梁，彼憂吾之議其後也，其能深入爲東南之患乎？

若夫出於下策，而但欲保有東南，此雖聖君賢相之所不爲，而亦不可以無説。夫長江之阻，西距西陵，東至京口，僅二千里。聚兵而守，則可撓之地多，而其隙易乘。緣津而列兵，則力有所不足，故孫權之保建業，東攻新城，西攻襄、漢，以抗曹公。而永嘉之後，下及梁、陳，用武之盛者，至以江、漢之舟艫西入河、渭。蓋東攻新城、西攻襄漢者，所以保建業，而必争中原者，亦僅足以守東南而已。今不進次建康，治兵訓武，北争荆、淮，收遺民於煨燼鋒鏑之餘，與之戮力，以圖興復，而但蹙處一方，費日月於道塗，退既無所據，進又不能有尺寸之利，未知漂漂者竟何如邪？雖然以元子、劉裕之威，北震關、洛，而不能有所立，唐更覆亡至於再三，而宗社不隕，天下之形勢亦可以觀矣。執事將以使事歸報兩相國，或訪所聞，則願以告焉。

上李參政書

某聞古之君子，將售其所長以求合於時者，造作言詞以要當世。其説曰：王公大人，必借譽於貧賤之士，以成其名。貧賤之士，必借勢於王公大人，以發其身。眉陽蘇子，立論以矯之曰，此韓子之夸詞也。漢高不喜儒，不害爲明主。衛、霍未嘗薦士，不害爲名公卿。今吾自以爲王公大人不可以一日而無吾也，彼將退而考其實，則亦無乃未至於斯歟。嗟夫，世之君子各建一偏之言，後學風靡而不復考評至當之歸，貴賤之勢日以乖睽固拒，而不復合天下國家之治，終有愧於古者，有由也夫！

某嘗爲之説曰：士無所求於王公大人。士而有求於王公大人者，天下之賤丈夫，而非吾所謂士。王公大人雖無所待於天下之士，而其勢乃當汲汲以求天下之士。夫士方隱約於鄉黨，身修於家，而國人化之。上稽先王，下論歷世，卷之足以善一身，舒之足以善天下，世雖不吾以，而環堵簞瓢之適，雖南面王，樂何以加之？子思孟軻之徒，至使君擁篲操幣，因執事以求見而不可得，何至僕邀以借區區之勢爲哉？下至衰世，士不復講明道義之要，而惟勢利之徇，乃無以異於賈儈之交手爲市，隱之以三代之法，是謂失職之民，而何足謂之士？至於先達之君子，自外爲一郡；等而上之，至於爲天子之宰，位愈隆則責愈重，責愈重則求助益廣，蓋挾一夫之智力以御無窮之變，而求善其後，雖聖智不能。是以物色詢訪，唯恐一士之不吾與，網羅披剔，置之胸中，而天下之事無足辦者。秦穆公曰：「如有一介臣，斷斷兮，無他技。其心休休然，其如有容。人之有技，若已有之。人之彦聖，其心好之，不啻如自其口出。寔能容之，以能保我子孫黎民，亦職有利哉！」孔子删書，以爲法於後世，而不遺區區之秦，良以是哉！夫以士之無求，而必責先達之君子以有求於士，其説疑若相悖而不相爲用。然是説之行也，使天下有樂道忘勢之士，然後能助其上以有爲；上有好善尊德之誠心，然後能御天下之智力以立事，天下國家其庶幾乎！

某江南鄙夫也，家無伏臘之給，而有俯仰之養。食初命之禄十有五年，而無尺寸之進。流俗馳騖之士，相與比而姍笑之。誠自度其疵賤之資無所用於世，未嘗敢有意於當世之君子。屏居讀書，於聖賢之事業，粗見首尾，雖未敢自謂有所樂乎此，蓋亦庶幾於不苟然者。竊聞頃者當路之君子，厭薄士類以事之紛，多進大猾，有叔孫先生之遺風。其急功利、尚拳勇，又與王、楊、蘇、史無以異。聽於下風，不勝區區畎畝之憂。恭惟參政大資，當四海文物之富，以德業之盛，躐天下之俊乂，周旋兩禁，多士風靡，艱難之初，進陪國論，勳在鼎彝，文在典册，才高天下而禮益恭，望臨一世而志益謙，負至足之勢而無矜伐廣大之色。海内之士，景仰歸依，奔走誦説，惟恐居後。豈非以能容彦聖有技之士，使子孫黎民有保焉者望於明公乎？今方食侍祠之禄，逍遥泉山之下，雖碌碌一介，亦躬與之爲禮。而某適有冗賤之役，寄食於海上，獲與諸生摳衣賓客之末，儻收而教之，使得游道德之場，以增益其所未至，亦云幸矣。意者，明公大忠壯烈，當復進爲於世，豈能忘情於天下之士？顧愚不肖，何足以與於此？抑聞之孟子曰：「孔子不得中行而與之，思得狂狷之士。狂者進取，狷者有所不爲也。」夫狂狷，聖人之所不廢，明公亦有意乎？干冒皇恐。某頓首再拜。

上謝參政書

某少而苦貧，束髮入鄉校，從鄉先生游，學爲世俗所謂科舉之文者，藐然兒童爾。又方汲汲進取，校得失於豪釐間。然獨喜誦古人文章，每竊取其書玩之，矻矻而不知厭。鄉先生呵而楚之，不爲改也。於是時，固已厭薄其學，以爲無所用於世，而無足盡心也。既冠，試禮部，始得謝去場屋。中更憂患，端居無事，復取六經、諸史與夫近世宗公大儒之文，反覆研覈，盡廢人事，夜以繼日者餘十年。其於古今文章，關鍵之闔開，淵源之渟滀，波瀾之變態，固已得其一二矣。間嘗自念士之於學，要以求爲聖人而後止，推所以善其身者以治天下國家。此豈口耳筆墨之蹊徑所能至哉！考之以先王之法，觀之以大道之序，則前日之悦可耳目，如金石絲竹、黼黻青黄者，無乃未足以進於此歟！

昔者竊聞之，學未有無師者也。學而無師，雖不無一至之得，責之以遠道則泥，質之以大方則惑，用以趣時合變則膠戾而無所合。是妄意臆決之説，雖復憊精疲思，而道日遠矣。然生晚地寒，無東西南北之資，聞先生長者之風，而不及瞻望下風者固多。孟子曰：「誦其詩，讀其書，不知其人可乎？是以論其世也。是尚友也。」嗚呼，此非獨友説，亦師説也。竊聞往者三川之間，程氏兄弟推本子思、孟軻，以中庸爲宗；而司馬文正公考正經史，深於治道，皆卓然有功於聖人之門。蓋嘗誦讀其詩書，考質於師友，而聞其畧矣。夫達天德之精純，而知聖人之所以聖；誠意正心於奥突之間，而天下國家所由治；推明堯、舜、三代之盛，修己以安百姓，篤恭而天下平者，始於夫婦，而其極也，察乎天地；此程氏之學也。尊德教，賤功利，獎名節，端委廟堂，則忠信恭儉足以刑。主德於四方，而朝廷尊；燕處于家，則孝友廉讓，足以化其國人；其酌古以準今，則治亂存亡之効，如食粟之必飽，食堇之必斃；此司馬氏之學也。程之門人，其高第稱謝氏，不及見也。新鄭晁公嘗受學於司馬之門，往以事遊鄭，拜晁公于溱、洧之上。時方冥惷，不能有所質問，而今皆逝矣。

古語有之曰：「想望丹青，不如式瞻儀刑；諷誦詩書，不若親承風旨。」恭惟參政大資，伊、傅王佐之學，宗本六經，網羅百氏，陶毓精粹，以善其身，發揮德業，以善天下，固以質之聖賢而無愧矣。視學於程氏者，實爲近屬，而晁外舅也。周旋二公之間，其師友淵源，妄意臆決之説，豈能窺測其萬一哉！日者，自天子之丞弼，奉身而退，優游江海之上，言皆六藝之英，而動有禮義之節，所謂承風旨而瞻儀刑者，此正後學所當汲汲以爲依歸，而不可後也。而某方迫於禄養，有享摧之役於海上，雖不獲躬笈篲、奉几杖，以朝夕承謦欬於左右，輒因謁者摳衣賓客之後，因道平日區區竊有意於古人之學，與夫宗慕依歸之意，以贄于下執事。參政或收而教之方，且求其放心，條理舊學，以丐薰沐於函丈者，將繼此以進。不然，其將與趨走之賤士跪起降升，旅進旅退，以希一顧之寵。此亦士之貧賤者之常分，而無可憾者。

伊尹曰：「予天民之先覺者也，予將以此道覺此民也，非予覺之，而誰也？」古之君子，於後學如此。其汲汲也，豈獨誘掖成就一時之材，蓋其祇畏天命，不遑寧居如此。明公其得辭乎！干冒皇恐。某頓首再拜。

上趙樞密書

會有言事者論臣僚投獻文字干進。不果投。

某未聞有一日掃灑之勞於門下，然聽於下風，閤下論天下之士可以與於斯文者，無聞之名氏必在數中，以此久欲鹵摭平昔骩骳之文，因介紹以贄見于下執事。復念自勝冠以來，妄嘗有意於古人爲己之學，回視少作之可愧者，雖無揚雄篆刻之工，而有其悔，誠不願以此自見於當世，而況君相憂勞於廟堂之上，方總攬群策，率勵衆志，以圖恢復，尤不當器人於篇什語言之間。是以區區所欲効於執事之前者，又無因見焉。

日者，天子擢閤下本兵柄，又以四路之地東抵河、華，西包巴、蜀，外連隴、阪，南盡荊、漢，延袤數千里，使閤下以一節護諸將，節度其進退，自太守部刺史，有所黜陟，遂行不請，權任憂責，可謂重矣。或謂閤下負四海之望，當在廟堂，調護根本。某獨以爲不然。頃者，宥密之臣，襲其家學，進誤國之計，謂秦、蜀、襄、沔之得失不足爲吾輕重，是以漠然寘於度外以至今。賴宗廟社稷發寤聖心，絀其説不用。夫虜人保三秦而分兵亟肆以疲我，其意未嘗一日而不在東南。使不幸而秦、蜀之郊有蟻漏可乘之隙，則東南將無錯足之地，尚何中原之可議也哉？使閤下敉寧反側，綏輯畔换，拊循士大夫，東向以揚祖宗之盛德遺烈，則中興之功猶可以歲月冀。此某所以雖有受知門下之幸，方以天下之勢爲憂，而不敢致私怨於遠其所依歸也。區區管見，懷不能已，敢不以告于下執事？

夫身去朝廷而任事于外，外有垂涎側目之虞，危機交急，間不容息。内則率勵士大夫各率其職，以奔命于邊鄙，是以其勢不可以不專，其權不可以不重。權重而勢專者，人主之所甚惡，而間言易入。人惟無所欲也，人皆求得其所欲，而勢有所不獲，則失職者衆而讒慝宏多。積衆口之讒以投易入之間，此天下之危機，仁人志士之所深患也。君子於此，必求同心一德之助，使在人主之側啓迪聰明，以善其心，而無妨功害能之意，是以功成而國家可保。詩曰：「侯誰在矣，張仲孝友。」吉甫征伐四方，而在王所者如張仲，以調護於其中。夫是以能展四體以徇國而無後患。裴度以太原之師討鎮人，元稹之徒沮梗於其中，是以巨猾逋誅，終不能有所立。方鋒鏑交於原野，而以事機之會有望於朝廷。在人主之左右者，小有不合於其心，則顰笑俯仰顧眄唯阿之間，亦足以敗吾事，固不在於堅持力争，然後足以快其私也。爲閤下計，凡今廷臣有如張仲可爲同心一德之助者，顯言於上而厚結其意，必求有利於國家而無忌乎吾之成功，然後吾無内顧之憂，而得以悉意於疆埸之事。今日之慮，孰急於此？其次，莫若宏德義、殖忠信，以折窮詐極凶之虜。

世常患儒者之言迂緩而不切於事，至觀羊祜、陸抗，處傾側擾攘之勢而雍容拱揖，乃有三代王佐之餘風，然後知先王所以得志於天下者，必可行於後世而無難。古之君子，處敵國相傾之間，覆人之軍不足以爲武，夷人之城不足以爲强，唯能秉天下之大義，以優柔浸漬乎斯民之心〔四〕，使其欲釋我而不可，夫誰與吾敵？降及後世，以苟爲道，凡可以譎敵而得志者，雖屠百萬之衆而獲須臾之安，亦泰然安爲之〔五〕。秦以區區虎狼之强，號爲無敵於天下，纔息未定，而子孫爲戮，由此故也。是以後之君子，於羊、陸之事竊有取焉。虜人自覆京師，横行中原，飲馬於江海之澨，猶徜徉四方，歉然有所不滿之意。雖拓跋、耶律之暴，不極於此矣〔六〕。善觀天下之勢者，必因吾之所短，以求出於敵人之所不能。爲今日計，謂宜按羊、陸之規，務宏綏御之畧，毋必屑屑於功首俘獲之間〔七〕，要使淪陷之民知吾所以從事於兵革者，凡以欲拔吾於塗炭，而非以爲利，使其咆哮吞噬之勢不得逞而索然以憊，將不折而自亡。是謂日計之不足，歲計之有餘，有不可忽也！

抑又聞之，矯枉者必過於直。君子之於道，求中焉而已矣。苟有意於矯，是亦未免乎私也。往者西帥之失，正坐自詭大功之必成，是以自今觀之，不能無夸大之過。今若懲既往之失，過自貶損，恐精彩銷伏而士氣不振。君子之向慕於是人也，唯恐其無成功，是以不勝過計之憂。閤下幸留聽，或有取一二焉。某頓首再拜。

校勘記

〔一〕乃不啻若牀笫之安　「乃」原作「之」，據四庫本改。

〔二〕曹公奉天子都許　「曹」原作「冑」，據四庫本改。

〔三〕關陜　「關」原作「闕」，據四庫本改。

〔四〕以優柔浸漬乎斯民之心　「柔」朱玉刻本作「游」。

〔五〕亦泰然安爲之　朱昌辰刻本、四庫本無「安」字。

〔六〕不極於此矣　「極」，朱昌辰刻本、四庫本作「及」。

〔七〕毋必屑屑於功首俘獲之間　朱昌辰刻本、四庫本無「必」字。

韋齋集卷之十

新安朱松喬年

序記題跋

録曾祖父作詩後序

唐人陶雅爲歙州，初克婺川。天祐中，吾祖以雅之命主婺川輸賦，總卒三千人戍之，邑屋賴以安，因家焉。是爲婺川吴郡朱氏之始祖。邑有朱氏沛國郡。蓋初來於歙之黄墩，今歙民有朱氏秋祭或用魚鱉者，皆族也。家婺源者，貲産甚富，有三子，事南唐，補丞旨常侍之號，其後多有散居他郡者。家父劍溪府君即其曾孫也。即劍溪府君，諱甫，字全美者，曾祖之父也。繼其居第二百年不徙。今普濟寺前。府君有從兄，陵，貫之〔一〕。少孤力學，有時名，咸平中以鄉薦試南宫不利，還家，隱於卜肆，不求聞達。天聖中老死。無嗣，府君爲治後事。今未知其墓。劍溪府君少倜儻，事繼母甚謹。嘗從兄學詩，知其大要。大中祥符甲寅歲，宫贊杜公爲婺源，使居吏籍二十年。明於法律，而鄉里無怨言。景祐甲戌，辭吏事，歸治生業，雖煩劇中，賦詩自如也。嘗自集其詩，得三百餘篇，諸族中往往有之，但不甚全耳。自爲一序，効王元之爲潘閬詩序體。其詩立意教化而不苟作，識者以爲自成一家。享年七十有六。三男，二女。松行曾祖蘆村府君，其季子也。惜其無以自發於世，因序其後以貽子孫，有起家者，爲光揚之。嘉祐五年庚午，仲春既望。男從手從辰。序。此蘆村府君所作序也。丁酉政和八月十二日重録。

送程復亨序

廣平程某復亨謂予外兄，從予遊於閩者二年，予語以安逸憂患，知之詳矣。將歸省其母及其祖母，其可以無言？司徒文子問於子思曰：「親喪三年未葬，則何服？」子思曰：「三年而未葬，則服不除也。」故告之一曰：「葬吾舅而後加吉服。」

夫子失魯司寇，將之荆，先之以子夏，申之以冉有曰：「喪不欲其速貧。」古之君子以失位於諸侯曰喪，喪不欲其速貧，若是其急也。故告之二曰：「葺爾居以寧爾親。」

蓬生麻中，不扶自直；植之榛莽，則與之靡然。故告之三曰：「非爾父之類者勿親也。」

江出岷山，自荆之楚，汪洋千里而至于海者，大川三百，小川三千以爲之助也。故告之四曰：「廣學問以資見聞。」傳曰：「宴安鴆毒，不可懷也。」君子非獨惡懷安之敗名，惡其敗性也〔二〕。故告之五曰：「勿懷安。」禮曰：「男子生則以桑弧蓬矢射天地四方，示志也。」夫不肖之軀，豈其浮沈鄉里而名不稱！故告之六曰：「無忘四方之志。」

夫齊之善味者，淄、澠之合能辨之。淄、澠之合，均是水也。子歸矣，他日執經而來問予，能入於常流而不變其味乎？尚能爲君辨之。宣和辛丑八月某日，韋齋朱某序。

送日者蘇君序

小雅之詩「天之生我，我辰安在」，説者謂所值歲時、月日、星辰六物之吉凶。然則推步人生時之所值，以占其貴賤壽夭，自周以來有之矣。後世卜筮、訾相、地理之學多著於世，而六物之語時或見於簡册，自賈誼、王充皆有禄命之語，詳其旨，殆與説詩者之意合。吕才雖著論痛詆其誣，可以救一時湛溺之弊，而天人之精微，才不及也。然以其學焯然名世者蓋鮮。至唐，殿中侍御史李虚中始以造詣精奥之思，盡發其祕，其説見於韓退之之墓誌，曰：「以人之始生年月日所直日辰支干，斟酌其人壽夭貴賤，百不失一二。」今之諱世邀利之徒，皆祖述其書，而未聞有窺其關節機牙者。蓋其爲技，兼五行星曆家之學，既以日時推其分至、氣節之淺深，以步日月五星之所次，又以其五行之生死、王相、清濁、愛惡，參稽錯徵，銖稱寸較，以處其所賦之賢否厚薄。是以其言汪洋虛無，而不可執持。間有不合，則曰：「是時豈植表下漏之所定乎？」此所以視諸家之技，尤難見其工也。近世士大夫束書不學，而汲汲趣合於世，唯恐不及，故此技多售，而其言亦往往而合。吾常悼其然而不能救，太息而已。

福唐蘇生以技來見，因以所識十餘人之歲時評之，蓋十得八九。吾意挾他術也，而窮其說，則皆有理，與吾所聞於古者不甚相遠也。豈偶然邪？不然韓退之所稱何以過？然吾方將營百畝之田，躬耕於深山長谷之中，共爲子職，以求其志，視一世富貴，何啻浮雲之過目，而生迺謂我且進爲於世。吾既歎其有學而多中，念斯言之將不驗也，故識以遺之。生名㵐，病目，視不踰尺，以故不能馳騁其技於四方云。靖康丁未四月望日，新安朱某序。

富沙驛記

紹興十年，今右朝請大夫郭侯璋來守建安，不爲苛嗷之政，郡以無事。則曰：「建爲州，南控兩越，北走江、浙，士大夫取道于我者日至，而無所於館，則問舍於逆旅。昔晉平公爲諸侯盟主，銅鞮之宫數里，而隸人之垣以贏諸侯，君子譏之。今吾於居處、遊觀不敢有增，而館舍無所，其若四方之賓何？」如是營表故行牙廢址子城西南，而屬役於其屬葉顒、趙伯㴻。以九月甲子經始，訖役於十一年三月丁巳。土木之工以日計者，凡六千二百，而民莫之知也。庭户嚴顯，堂室靚深，昏明寒燠，皆適人意。又東南列四舍於門外，食息之所頒，不問館人，畢有無闕。則雖車馬奔湊而猥至者，皆免與市人役夫肩隨踵躡於囂塵塗潦之間。附驛之南，列屋三十楹，積其僦，以憊木朽墍剥〔三〕，墉缺而甓毁，丹漆黝堊之憒闒圮落者，以時繕之。余方食崇道之禄，來客於建。郭侯曰：「願有紀也。」三代之有司，治其廬舍，委積以待賓客者備矣。蓋秉禮立制，而受之官師，細大具舉，而豐省有度，此所以爲先王之法，非後世所能及也。去古浸遠，士之甘嗜進趣者，贏詘之不知而困弊，所恃以稱賓客之爲故又不及是。則或視事之荒堙廢墜于前者不肯一舉手，媮得避嫌之便以誘後人。均之二者，其處心之私一。然則爲今之吏，能舉事以便人，非役志以干譽而求益也。而民不以爲病，則既難矣。於先王之法，又庶幾不失其遺意，雖欲不書其可乎？新安朱某記。

建安縣敕書樓記

建炎初，詔州縣官寺趣無乏事，他不急之役悉禁，毋得以勤民。建安縣廨自火于戊申之盜，仍寓於民居，湫隘單露，於令所以賦政百里者甚不足以稱。中又更盜賊廢亂，至煩王師，群盜始次第伏誅。是以凡五六年猶不克以詔書從事，而復於其舊。紹興四年，今左朝請大夫長樂石君廉來爲令，汙萊浸闢，閭里昭蘇，始營表縣治故址。度材致用，百役皆興，未幾而堂廡庫獄與凡令所以聽訟宴客者，不侈於舊而皆備。獨門未及作，而石君受代以去。

後三年，今令左承事郎括蒼葉君蒔至，曰：「閈閎卑痺而風氣虧疏，前令所不暇，非以吾諉也。吾又趣過目前，而曰待後之人，竊不共事，不已甚乎！且異時遵用建隆詔書，即門爲重屋，取凡制敕，庋而藏之其上。今無所於藏，而置之他所，甚非有司尊嚴象魏、謹守章程之意。」乃作新門，而因建所謂敕書樓者。十年正月某甲子始作，訖於三月之某甲子。以工數之〔四〕，蓋三千而贏。嚴正高明，父老來觀，莫不豫然動色而相謂：「縣有大役，乃無一吏持符囂讙吾里中者。蓋令隱吾民脫命九死之餘，日入於困窶而將無以生也，恕思而勤撫之。斯役也，猶不吾及，況於奉己厭私之爲乎！」於是相率來請文以爲記。

夫置吏以爲民也。吏遍於天下，而柔良介特之民不獲其所者尚多，則材者少也，吏材矣。私志未泯而惻怛之誠不至，則頤指嚬笑之間，有能乘之以齮齕吾赤子者，而況於官有大役乎？君子之觀政也，得其素孚於民者，而於舉事焉驗之，則庶幾矣。然則茲樓之役，其亦足以觀夫！

尊勝院佛殿記

始予客政和，往來建安，必舍於城東所謂尊勝禪院者。厦屋百楹，清邃纓濁，常灑然忘其漂泊之勞。去之十年而再至，則盗火之餘，草出垣端，庭穢屋庫而不可入。其徒出没於蓬藋荆棘之間，皆慘慘無人色。是時主者非其人，土物之出入不可知，恬瘠其衆而自封也。已而執事者案見其罪，斥去，而以今浄悟大師祖源易之。源數主聞寺，輙棄去，廬於南山之巔，澹然蓋將老焉。

歲在庚申，予罷官行朝，寓居建溪之上，而源來見，曰："吾將首爲殿以居佛，度費錢三百萬，當勸吾州之人有志於善者，使之樂捐所餘以助我。是役也成，君必爲我記之。"予曰："記易事耳。建土瘠而人生理薄，又數經盗，自朝廷常閔閔焉赤子視之，非常賦也，不忍有所斂，將安所取三百萬以佐子乎？雖然，子必勉之。子能勸子之人施錢以爲殿，而我不能施文以爲記乎？"源曰："建人自變亂以來，行伍田廬之姦媮快一時，福不盈眥，族夷鬼飢，不見蹤跡。吾儕方在水火鋒鏑之間，不自意全，今乃復得甘食美衣、虞樂仁聖之澤，非宿植善本，則何以至此？皆將率德蹈義以道迎善祥，鄙争吝嗇之俗視昔者則既瘳矣，庶幾可以廣吾師勸道群生之意，而幸有所立。此吾所自詭而不刻也。」明年，既成，土木之工若干，偉麗工巧，不損其舊。蓋州之善士某人爲之倡；而佛菩薩像之費，則助教吴公與獨任之。

嗟乎，人之可與爲善，雖蕩析困苦，萬折而不變，此天賦之秉彝，未有知其所由始者也。仁人君子不絶於當世，其勢可以鼓舞一世，而納之於善，宜不足爲難。然所謂移風易俗，使天下回心而向道者，或曠世而未之見，此又何説歟？予既樂道建人之易與爲善，因附之以所疑，以風曉在位者，又嘉源之不忩其志也。爲之記其年月，豈獨以少壯所遊而不忍忘也哉！

清軒記

余少時未更憂患，視天下之物聱然不以屑意，而尤少所合。建陽劉文伯獨繾綣從余遊，唯恐後已。而余以貧，隨牒四方，僕遬衆人之後，厄窮卑辱，無所不嘗。亦聞文伯以鄉舉試禮部，時時書來相勞苦，意不少衰。余既稔於世故，寓居建水之上，蓋將老焉。見文伯試於鄉有司場屋條對之文，條鬯精密，無中年衰憊之氣。既又無所合以歸。書來曰：「比即居之東，闢屋若干楹，花藥在列，蓺竹以爲陰，榜曰『清軒』。間於疾疢，取書史誦於其間，客至瀹茗論文，悠然不知日之夕也。子爲我記之。」余方汩當世之垢汙，恨無饘粥之田可以歸耕，庶幾趺蕩萬物之表。文伯之歲事雖靳靳僅足，顧方汲汲求決得失於匹夫之手，而不能無介然於胸次，此殆於余所謂厄窮卑辱者，未之嘗爾。文伯有田廬以爲歸，異時倦游而反，方徜徉此軒，誦壁間之記曰：「有是哉！」可以油然而一笑也。新安朱某記。

跋山谷食時五觀

右魯直食時五觀語，予受而行之，猶有愧於藜藿，而況於王食乎？今録以示諸弟，而贊之以三語，曰：知恥可以養德，知分可以養福，知節可以養氣。孔子曰：「我欲仁，斯仁至矣。」豈欺我哉！宣和壬寅五月二十八日，建州龍居院上方書。

戒殺子文

政和七年秋，予方寓學雲溪之上，聞溪上王氏婦死，一日夜而復蘇。亟往問之，具言所見，云死之日，方入室，有二吏候於户間，趣之行沙莽中，不知日之早晚也。忽至一城，通衢列肆如大都市，凡其祖先與其親戚之死者皆驚怪，相問勞。吏引至官府西廊吏舍，舍中簿書盈屋。一吏按簿問婦：「汝非歙州婺源縣俞氏女乎？」曰：「然。」具問其祖父名與鄉里，皆非也。舍中吏愕然相顧曰：「是郡縣姓氏之同者。」呵二吏復往。須臾，一婦身血淋漓，四五嬰兒攀緣牽挽而至，兒狀甚忿切。吏審以州縣姓名祖諱皆是。指語王氏婦曰：「此婦凡殺五子，冥司以其子訴寃甚，不待算盡，呼之，吏誤呼汝。歸語汝鄉里親戚，慎毋殺嬰兒，人間容以幸免，此不汝赦也。」二吏復送婦及河，推墮水中，乃蘇。尋問於所見追婦家，死以其日矣。

余聞之曰：冥漠之事，不可得而知也。吾鄉之人，多止育兩子，過是不問男女，生輒投水盆中殺之。父母容有不忍者，兄弟懼其分己貲，輒亦從旁取殺之。冥追之悮，果然乎？則不可知。不然，其亦託以竦寤斯人也耶！嗟夫，人倫之愛，孰如父母之於子者？始生之嬰，未及咿嚶而忍置於死，父母兄弟幾何不相率而相殘。先王之時，未成人而死者，以殤禮葬之。未成爲人而無辜以死，猶云可傷，況夫出腹而殺之！無辜而可傷，豈不甚哉！

自予來閩中，聞閩人不喜多子，以殺爲常，未嘗不惻然也。無故殺子孫，官有法甚明，顧牽於習俗之昏，則雖有法而不能勝。夫法有所不能勝，則亦何事於吾言？然吾聞吴道子畫酆都之變，都人不敢屠宰者累月。夫人固不可以法勝，而可以理動者。庖宰且可罷，況其天性之愛乎？是未可以厚誣斯人，而懸斷其必不可告也。故取王氏婦所見次第之，雖然予文之不工，豈能使人讀之聳然，如見道子之畫哉！其亦區區之意，有所不能已也。他日將有語其子孫者曰：「活汝者，新安人朱喬年也。」或由此也夫！

校勘記

〔一〕陵貫之　朱玉刻本作「名陵字貫之」。

〔二〕惡其敗性也　「性」原作「姓」，據朱玉刻本、四庫本改。

〔三〕以㯄木朽塹剥　「㯄」，四庫本作「備」。

〔四〕以工數之　「工」，原作「二」，據朱昌辰刻本、四庫本改。

韋齋集卷之十一

新安朱松喬年

表　疏　啓

代謝獎諭表

仰申華祝，實間謠頌之言；方恐堯辭，亟拜都俞之詔。俯從人欲，曲荷天慈。中謝。切以爲天下君，既擁三靈之祐；使聖人壽，實繫四海之心。矧冒寄於承宣，久叨承於扈從，敢期日月之照，不遺臣子之誠。伏遇皇帝陛下，克享天心，永作民主，接昌期於千歲。已幸親逢，讀細札之十行，更勤寵賁。臣無任〔一〕。

代賀冬表

化日初長，方謹羲和之日〔二〕；潛陽來復，灼知天地之心。恭惟皇帝陛下，蓄德粹剛，撫時嘉謐。靈承天紀，孚祐含生；茂對時行，道迎叶氣。肆鴻儀之亞歲，斂諸福以錫民。臣久荷寵光，誤叨眷寄。佩竹符於江海，遥効嵩呼；瞻黼坐於雲天，亦同星拱。

又

潛陽獨復，至日舒長。推神筴以驗時，降年有永；得天正而紀曆，卜世其昌。恭惟皇帝陛下，道邁古初，仁均普率。于帝其訓，方斂福以錫民；與時皆行，自履長而納祐。明庭星拱，誕舉鴻儀；列辟嵩呼，茂膺殊祉。臣久膺郡寄，阻奉朝紳。宣化海隅，幸同於率舞；傳觴玉座，但想於登歌。

代賀道君皇帝表

斷自宸心，進陟元后，神器有託成功；不居雖天，實啓其衷，唯聖不失其正。華夷慶抃，今古罕聞。恭惟道君陛下，運撫昌期，心凝至道。躬後天之曆數，以不冒于下民。得率土之歡心，方永承於景命。遽傳元聖，退適希夷。下陋周唐，初非盛德之舉；遠追堯舜，不以大物自私。一德享天，蕃釐有繼；重明在御，垂祐無疆。臣方守郡符，阻陪庭列。褰裳高蹈，神馳汾水之游；向日微誠，願効華封之祝。

代賀天申節表

謳歌歸啓，本曆數之在躬；壽考祝堯，信天人之合契。祥開載夙，慶浹含生。中賀。恭惟皇帝陛下，德紹文謨，功承武烈。穰穰大福，既膺億萬之年；翼翼小心，自銷九六之會。行宅中而居正，永躋壽以宜民。臣方荷朝恩，外將使指。逖瞻天仗，方馳魏闕之心；下酌民言，願獻周詩之祝。

代進銀狀

膺圖霄極，集鴻祐於三靈；受計殊庭，効多儀於萬國。前件物祥標瑞牒，品列貢書。瞻遡堯天，虔效奉觴之祝；阻陪禹會，心馳執玉之朝。

又

柔祇出寶，彰一人有慶之符；方物充庭，罄萬國多儀之享。稽貢書之列品，亞上幣以稱珍。川委嘉祥，申祝乾坤之壽；天臨正宁，莫陪玉帛之朝。

代謝賜對衣金帶表

臣頃自布韋，浸塵紳組。凝嚴列侍，曾微華國之稱；艱棘周旋，蔑効捐軀之志。驟從外服，擢置貳卿。分符亟畀於江藩，隸職愈親於宸極。重忝便蕃之錫，曷酬衣被之私。此蓋伏遇皇帝陛下，圖回中興，總攬黎獻，不忝身章之寵，式昭閫寄之隆。恩宦重於解衣，未知報稱；悸雖深於垂帶，曷副憂勤。

齊官出笥，躬膺三服之珎；漢詔錫金，腰適萬釘之麗〔三〕。寵光曲逮，衰朽增榮。伏念

代進哲宗皇帝實録表

若稽先王，昭示來世。追述功德，蓋賴聖神之繼承；蒐輯見聞，具存文武之方册。垂光無極，奕世所同。恭惟哲宗皇帝臨朝尊嚴，初政淵默。内承太母，已形孝治之風；外倚宗臣，遂啓升平之運。延登衆正，賓服四夷。屬邦誣力，肆於紛更；故國事遂，歸於紹述。追攷一時之異議，皆非當日之本心。仰惟皇帝陛下，撫時多艱，躬德甚盛。始初踐祚，已明崇慶擁右之功；推本承祧，又述先朝孝友之志。廼因間燕，時御遺編。念疑信之異傳，典刑未泯；察詆誣之無據，邪正自分。博延諸儒，探纂前

記。臣方尸宰事，夙被德音。初乏整齊舊事之能，仰倍褒廣前烈之意。至於芟夷猥釀，補綴闕遺，雖叨典領之榮名，寔藉編摩於多士。龍興御曆，欣正論之顯行；麟趾卒篇，懼前修之難繼。

天寧節功德疏

九清垂祐，爰開兆聖之辰；一德承休，永撫出寧之運。人神胥賴，夷夏交欣，矧冒寄於承宣，敢虔伸於頌祝。當渚虹之慶節，遵蓝簡之真科。仰祈不宰之尊，必致無疆之壽。伏願皇帝陛下，永作民主，克享天心，睿德日新，福禄川至。推仁溥率，躋壽域以康寧；儲思穆清，配道樞而長久。

又

月旅辰移，節復臨於盈數；天旋日轉，民久跂於清塵。輙緣愛戴之誠，虔致禱祈之懇。仰惟大覺，洞鑒微衷。伏願宗祐垂休，龍天薦祉。旄頭隕地，坐知胡運之窮；緑耳籋雲，即見皇輿之復。益崇睿筭，永燕宸思。

又

跡環天下，雖夙慕於真遊；恩浹人心，自難忘於善祝。驟及言名之日，具輸徯后之誠。仰冀覺慈，必從衆欲。伏願上天眷顧，諸佛護持。平國成功，歸饗九州之養；華封效祝，永膺萬壽之期。興運有開，遺民胥賴。

天申節功德疏

執衡司序，寔開申命之祥；膺録御圖，自享後天之曆。敢資善祝，仰叩覺慈。少伸螻蟻之誠，曷報乾坤之施。伏願皇帝陛下，無疆介壽，有截歸仁。大輅天旋，行執望賢之轡；靈旗星煥，亟班涿鹿之師。丕冒神州，同躋壽域。

謝福州祈雨疏

常暘爲災，南畝告病。民瀕溝壑，諒軫佛慈。政戾陰陽，寔繇吏責。僧伽大士法身常住，願力無邊，降升人天，運用悲智。伏願洞昭精悃，深憫疲羸。並告山川之靈，大敷雷雨之施。一蘇焦槁，式副歸依。

代請水白馬鱔溪廟疏

靈區峙勝，大庇一方。神物效祥，普滋萬彙。睠兹南畝，適告亢陽。用竭蠲誠，具嚴法供。恭叩九淵之邃，就分一勺之清。仰蘄顧依，即告霑足。訖成豐歲，永賴神休。

謝林郎中啓

學政師門，方幸解顔之進；剡章天陛，忽披薦墨之光。盛德曷酬，溢言難稱。仰衡知獎，但積愧懷。伏念某衆謂迂愚，自知凡陋，徒以弱歲，知慕古人。才不逮而志強，空仰聖門之高遠；親方強而養闕，苟脱名場之險巇。忍爲小人而折腰，蓋規斗粟以糊口。既素志之不立，媿先民其已疎。顧流俗孰能知其心，惟聖賢必有處於此。頃陪下邑之屬，獲事大夫之賢。羽翼未成，將仰勤於伏鵠；鏌鋣自獻，輒敢效於躍金。雖禄薄以不充，幸職卑而易稱。奉承懈緩，已宜遣訶。送逆差池，又叨庇護。俯憐衰拙，何敢望於君子之門；曲恃仁明，有以安其不肖之分。兹爲幸會，更被薦論。黼黻華章，聳觀衆目；蒯菅陋質，假重一言。愧溢心涯，恩超望表。兹蓋伏遇某官，德業久大，材猷偉明，望臨一時，學貫千載。久隆眷注，方此踐揚。念報恩之孰先，急援能之爲務。趦趄自棄，曾微根柢之先容；特達深知，蓋出權衡之公舉。惟致身之文學，懼不克堪；若飾吏之廉勤，或能自勉。某敢不益進其學，求稱所蒙。苟不辱於門闌，願永煩於陶冶。私門修謝，愧免俗而未能；直道方興，知復古之有漸。過此以往，未知所裁。

賀中書胡舍人啓

伏審光奉制恩，典司書命，伏惟慶慰。伏以元聖御歷，中興撫期。方秉武節之嚴，芟夷亂略；允資文德之助，叶濟艱難。惟太微裁成於化元〔四〕，而内史贊襄於基命。道王德意，咨訓誥之丁寧；宣國威靈，法雷風之鼓動。素推鴻筆，果簡清衷。恭惟某官，邦家典刑，人物冠冕。謀三斷國，素蘊蓄於經綸；騰實蜚聲，久周旋於敭歷。凛霜臺之風采，靡聞背闕以諠譁；竦玉斧之威稜，孰敢按兵而顧望。亟自三長之選，進班六押之崇。入侍凝嚴，具輸忠讜。搴英華於淳古，救骫骳於斯文。衆正既興，並增廊廟之重；丕平可冀，頓釋畎畝之憂。豈徒畢協於師言，即見進陪於國論。某久於宗慕，特荷獎憐。試吏馳驅，厭魚鹽之瑣碎；受知感激，覺肝膽之輪囷。默自揣於衰蹤，期永煩於元造。未由趍拜，徒切傾瞻。

賀福州張參政啓

伏審肅奉制恩，出臨侯屏。奉丹書而造膝，方渴於嘉猷；擁玉節以偃藩，暫煩於舊德。凡依庇幬，居切懽忺。恭惟某官學富經綸，望隆諧弼。凝嚴列侍，素高華國之文；顆棘周旋，益勵匪躬之操。方聖神之踐運，蹶俊乂以奮庸。席儁望以九遷，人無異論；奏膚公於兩社，帝所仰成。惟長樂之名藩，占全閩之奥壤。笑談樽俎，從容雖異於平時；襟帶山川，鎮撫允資於重望。惟國勢之安危繫輔相，而廟謀之本根在朝廷。諒膺枚卜之求〔五〕，即有追封之召。某尚貪升斗，久辱沉塗。識太白於天津，敢論疇昔；見茂宏於江左，幸託微生。自憐冗瑣之蹤，阻拜熒煌之座。邈瞻旌棨，方聯少吏之下陳；仰累陶鎔，願借大鈞之餘力。歸依之悃，敷述奚周。

賀程待制知温州啓

伏審甫趨召節，亟拜綸恩。延對西清，雖渴嘉猷之告；偃藩東道，重違榮養之求。諒惟物望之僉諧，豈獨私悰之欣屬。恭惟某官材高國棟，望重耆英。踐履純明，凛奉身之一節；風猷强濟，歷盡瘁之百爲。越從寄注之嚴，出總委輸之寄。被恩言於三錫，素簡清衷；席晙望以九遷，待周華貫。丐便親輿之養，就分帥閫之符。俘狂寇之鱷鯢，出遺民於塗炭。果膺號召，益見惟明。陟降殊庭，副仄席輟飡之歎；藩宣外服，有擊鮮戲綵之歡。度少愒於名邦，即進櫻於密務。某門闌下列，鄉黨晚生。鑿枘不謀，了無心於經世；斗升自役，方苟禄以逮親。誤蒙收録之恩，因有攀緣之意。陰虬自躍，儻密會於風雲；朽木難彫，或蒸成於芝菌。永言欣懌，莫罄敷宣。

謝謝參政啓

温言曲薦，逮筦庫之下陳；窳質何堪，被鈞陶之餘力。靖惟淺陋，曷稱褒揚。伏念某早守孤經，亟鏖末仕。一行作吏，久困於抱關；三釜逮親，愈勞於負米。晼晚坐嗟於急景，低回益愧於初心。友黨譏訶，何異土牛之留戀；天涯流落，真成木偶之漂浮。念方力學於古人，深耻自同於流俗。蹈立身之矩矱，非以干時；問行道之權輿，付之造物。勉從吏役，來算商緡。義命所存，敢懷不屑之意；會計雖當，實有易汙之憂。仰藉庇存，稍寬督過。而冀少稽於歲月，求歸即於田園。絶希晙乂之游，自審奇屯之分。何期誤舉，驟激濡衷。而況抱槧石渠，羽儀上國；横經文席，領袖諸儒。永惟盛德之所加，終懼溢言之難副。此蓋伏遇某官，斯民先覺，吾道主盟，綜九學之淵源，作三朝之心膂。入陪國論，濟川瀆而得舟航；出布藩條，釃江河而灌尋尺。搜揚群彦，翊賛中興；俯睠衰遲，特垂獎引。某敢不追尋舊學，勉企前修。登李膺之門，既塵品目；游薛公之閣，妄意攀緣。儻坯冶之無遺，或桑榆之可冀。過此以往，未知所裁。

賀謝參政除萬壽侍讀啓

伏審介圭入覲，前席延登。西學貪賢，方渴謀猷之告；殊庭庀職，聿彰体貌之隆。明命誕敷，輿情胥慶。伏以事師古而有獲，傅説稽首以復王；義勝欲而必昌，太公奉書而端冕。惟君正而國定，蓋源澈則流清。仰陪資訪之勤，允屬典刑之充。緝熙聖學，纂前哲之永圖；眷倚宗臣，修本朝之故事。恭惟某官，學臻聖奥，望冠耆英。經國高文，遠追大訓；亮天賢業，簡在淵衷。道德被於布韋，既廣成均之化；精忠貫於金石，又高社稷之功。亟協師虞，進聞大政。謀王斷國，士多誦於格言；尊主庇民，世已蒙於高澤。方當陽之備重，遽請外以均勞。詔甫趨於暑行，恩復延於晝接。西清入侍，聳觀列辟之儀刑；東閤薦開，行正台階之符采。某久於宗慕，特荷眷知。聞道師門，常預解顔之進；飛章天陛，誤沾薦墨之餘。竊自附於下風，期永依於元造。閔卑棲於莞庫，已藉褒揚；拔滯迹於泥塗，尚緊簡記。依歸之素，敷述奚周。

上綦翰林啓

卑棲冗屑，絶跂崇高。久掃迹於英躔，粗安愚守；竊馳心於德宇，貪附下風。雖稽履舃之瞻，尤結藩墻之想。恭惟論思密勿，陪侍穆清，躬令德以考祥，固靈襟而擁福。伏惟某官，當世師表，斯文典刑。忠精自結於主知，風采聳聞於輿誦。豫扶衰之大義，奮經世之遠猷。陞四禁之華典〔六〕，册造於大訓；陟貳卿之峻德，名冠於中臺。力祈勞逸之均，暫佩藩宣之寄。蕭生補外，甫慰遠民；陸贄居中，久懸睿想。亟膺號召，入副詳延〔七〕。忘前席之勤，日親帷幄；被解衣之寵，望絶臣鄰。惟文章關世道之盛衰，而詔令宣朝廷之德意。反醇醲於慶曆，益知皇運之隆；體深切於正元，彌識人心之固。側聽吉辰之獻，遂符獨對之言。式厭具瞻，豈唯孤願。伏念某陟道殊淺，賦材疎卑。强顔升斗之營，悵流光其將晚；冥心尺寸之進，信適俗而已疎。顧方縻冗役之勞，何敢援同年之契。寅緣過聽，簡記衰蹤。仰惟鑒裁名教之宗，方以長育人材爲樂。曾未遑於擁篲，輒妄意於攀鱗。拳曲無庸，將前求於檃括；悍堅不棄，冀仰累於坯鎔。永惟宗慕之深，尤劇歸依之素。願言珍嗇，前對寵光。

謝館職啓

拜嘉明命，叨給扎於禁林；試可中宸，縣策名於藏室。脱冥煩之冗役，厠清切之英游。祇荷甄收，良深震愧。竊以上聖御曆，中興撫期。方秉武節之嚴，芟夷僭亂；允資文德之助，叶濟艱難。纂逸典以宣猷，闢英躔而儲止。庶幾封殖，以俟選掄。惟先王大訓之所藏，縻歷世彌文之咸在。圖書襞積，黄墨紛綸。本原四目之神靈，聿稽於詁訓；儲正六書之變革，精覈於聲形。冀因點勘之勤，益廣見聞之富。向非多識天禄之奇字，深探酉陽之秘文，搜薙葉於名山，釘金根於往牒，則何以刊收四庫，綜産九流？如某者，名實不揚，人門俱下，抱孤經而干澤，堅脱名場；遵三尺以在公，亟縻吏役。皇皇從食，冉冉趨塵，僅成旋劾以不堪，雖復傭耕而何憾？值潢池之方熾，伏錀里以深藏。被檄行臺，算商瀨海。爲親而喜，忘冗瑣之卑棲；援上何階，固崇高之絶跂。已分甘於遠屏，誤垂簡於旁招。貝齒長飢，空羡公車之粟；塵蹤易隔，阻趨宣室之庭。姑自信於奇屯，方日須於罷遣。將改轅於下澤，遂掃軌於修門。俄被恩言，俾程薄技，追煖姝之舊學，取笑大方；緝骪骳之蕪辭，深慚少作。寧酬發策，甫就著篇。大手旁觀，駭群公之堵立；皇明俯燭，備清燕之衡程。仰惟聖學之高明，内省寡聞而隕越。敢期睿獎，加錫俞音？追飛群玉之峯，獲肩於衆彦；討譯曲奎於畫，博攷於前言。望不素然，恩誠有自。此蓋伏遇某官材高經濟，望重弼諧。推至公之心，整領人物；收群策之助，圖回事功。施及妄庸，濫塵揀拔。咸池在御，不遺曹、鄶之詩；華衮所褒，遂署春秋之責。某敢不益堅難進之節，盡讀先見之書，潛心聖門，尚友先哲。辨魯魚之謬，何足報於生成？澤霧豹之文，尚少勤於長育。過此以往，未知所裁。

代魏侍御謝提刑啓

承流千里，方竊於誤恩；託庇二天，更塵於華薦。辱言已重，引分非宜。伏念某受材迂踈，遭世休顯，玷華塗之下列，昔何補於涓埃。得支郡之左符，今已愆於膂力。民有豐登之樂，心無撫字之勞。苟幸庇存，敢蘄褒薦。温言曲被，實踰黼黻之華；陋質何堪，但增菅蒯之重。此蓋伏遇某官，立中道以待物，慕上臣以事君，方榮路之峻躋，眷衰蹤而俯録。顧竭其智力，雖無以儒飾吏之材；然老於詩書，粗有學道愛人之志。稍寬訶詰，加惠初終，儻無愧於成言，其敢忘於厚德？過此以往，未知所裁。

代陳參政回李丞相謝轉官啓

伏審上流作屏，方賴於折衝；當宁念功，亟聞於遷秩。牢辭屢却，成命莫回，未遑慶牘之修，先拜温言之寵。恭惟某官，德業久大，謀謨忠嘉，方初政之清明，首陪興運；既遠民之安集，允藉壯猷。已紓西顧之憂，彌重仰成之體。餘威所憺，式訛姦宄之心；序爵更崇，益注聖神之意。而乃久持謙柄，愈厲高風，豈惟務式於一時，固已紹隆於前哲。某方嬰重責，竊企下風。股肱惟人，大懼天工之曠；京師蒙福，尚沾河潤之餘。感佩之悰，敷宣罔況。

謝宫觀啓

食而聽事，久勤覆露之私；嘖有煩言，重荷陶鎔之賜。得郡自試，蒙恩不貲。乃猶瀝懇而有言〔八〕，亟獲奉祠而自屏〔九〕。捫心知幸，御施不忘。伏念某卷曲之材，分甘捐棄；亨嘉之會，理絶覬覦。志氣凋零，但恬然於義命；神明憒耗，既蕭颯於顛毛。偶給扎於玉堂，遽飛纓於蓬渚。叨塵郎選，託備史官，自抵譴訶，卒煩調護。矜其趨走之舊，假以息偃之安。鬻澼絖之多，方蒙裂地；褰其支離之臂，獨勉受功。然方當宁焦思而憂勞，衆賢致身以馳騖。積縻廩稍，苟宜馳驅，既永負於食功，復何殊於罔利？亟縮畏事，覺精鋭之坐銷；懷安敗名，顧豢養而自歎。素飡之刺，流汗以慙。此蓋伏遇某官，功高宗臣，德媲元哲。謀合天意，方宣厭難之威；身爲國基，實佩扶衰之寄。整領人物，叶圖事功，將躋四海於丕平，猶軫一夫之不獲。有如庸器，亦託下風。將絶企於修門，未知報稱；尚激昂於末路，不至惰媮。

問候張丞相啓

去違門墻，積有歲月。託身埏埴，分苦窳之無庸；遠跡泥塗，固高明之絶跂。欲布瞻依之悃，懼干溷瀆之誅。方竊伏於海濱，敢徹聲於從史？恭惟釐辭論道，均逸撫封，翕受至和，具膺多祉。伏以某官，道契天則，身爲國基。當軸處中，則多士豫附，而功日起；假鉞居外，則大敵震動，而人不憂。方廟算之少勞，尚天誅之未決。即承畫接，無憚暑行，下副具瞻，仰寬焦思。某久深宗慕，昔荷甄收。誤蒙方底之書，俾趨交戟之陛。甫正中都之秩，薦陪藏室之游。而憒眊寡聞，樸愚自信，思金躍之戒，每佁儗而厚顔；亡穎出之奇，但摧藏而卒歲。莫知報効，自抵譴訶，職是負薪之憂，猶曠没階之禮。曆日其吉，趨風匪遥，班作礪之篇，行見進揚於休命；賦衮裳之什，尚無使至於他人。

謝人書啓

海市征商，偶繼西溪之躅；士車税鞅，幸瞻東魯之風。更辱高文，以爲先贄。褒同華衮，既假寵於衰蹤；報乏南金，徒深銘於厚意。

謝人詩啓

久厭斗升，欲乘桴而浮海；幸瞻冠履，殆忘肉以聞韶。更塵黼黻之文，坐增菅蒯之重。念雜佩相酬之未暇，徒有報章；雖賦詩見屬之過宜，敢忘拜賜。

定婚啓爲甥丘肖。

竊伏閭閻，久心傾於德義；幸同土壤，敢自附於婚姻。伏承某人，婉娩多儀，柔嘉有則。某兄孫某，藐是弱質，粗知義方。惟節春秋，莫恢相其饋祀；肆求伉儷，使撫有其室家。兹拜成言，賜之内主，既襲祥於吉卜，用委幣於高閎。軒冕照人，雖大族非吾偶也；蘋藻有奉，抑先君實寵嘉之。

校勘記

〔一〕臣無任　朱玉刻本「任」下有「云云」二字。

〔二〕羲和之日　「日」，朱玉刻本作「照」。

〔三〕萬釘之麗　「釘」，朱玉刻本作「金」。

〔四〕惟太微裁成於化元　「成」字原脱，空一格，據朱玉刻本、四庫本補。

〔五〕諒膺枚卜之求　「枚」，原作「放」，據朱玉刻本、四庫本改。

〔六〕四禁　「禁」，朱玉刻本作「座」。

〔七〕詳延　「詳」，朱玉刻本作「祥」。

〔八〕瀝懇　「瀝」，朱玉刻本作「歷」。

〔九〕奉詞　「詞」，朱玉刻本作「祠」。

韋齋集卷之十二

新安朱松喬年

行狀　墓誌銘　祭文

先君行狀

公諱森，字良材，姓朱氏，世家歙州之黄墩。七世祖天祐中以陶雅之命總卒三千戍婺源，邑屋賴以安，因家焉。曾祖甫〔一〕、祖振、父絢，皆不仕。公少務學科舉，既廢，不復事進取。既冠而孤。他日歲時子姓爲壽，舉先訓戒飭諸子〔二〕，諄諄以忠孝和友爲本。且曰：「吾家業儒，積德五世，後當有顯者。當勉勵謹飭，以無墜先世之業。」已而嗚咽流涕，以奉養日短爲終身之憂。胸中冲澹，視世之榮利泊然，若不足以干其心者，家人生産未嘗掛齒。子松遊鄉校，時時少得失，無所欣戚。家既素單，久而益急，或勸事生業，曰：「外物浮雲爾，無庸有爲也。使子賢，雖不榮，於我足。不然，適重爲後日驕縱之資爾。」獨見松從賢師友遊，則喜見言色。其篤於道義，而鄙外浮榮，蓋天資云。晚讀内典，深解義諦，時時爲歌詩，恍然有超世之志。與人交，無賢否，皆得其懽心；然胸中白黑了然，人莫能名其爲通與介也。以年月日卒於建州政和之官舍，享年若干。娶程氏。三男：松舉進士，迪功郎，初尉政和也；次樫；次棹。二女，未適人。將以某年月日寓葬于政和護國院之側。謹狀。

楊遵道墓誌銘

公姓楊氏，諱迪，字遵道，南劍州將樂人，今徽猷閣待制、提點西京嵩山崇福宫某之長子也。曾祖某，不仕。祖某，累贈朝議大夫。公爲髫兒已能力學，指物即賦，凛然如成人。既冠，益貫穿古今。孝友和易，中外無間言。平居無喜愠色，至急人之困而樂；其爲善，則矯然敢爲，必極其意而後已。與人辨論，綱振條析，發微詣極，冰解的破，聞者斂聳。退而察其私言，若不能出諸口，故無賢不肖愛敬之，蓋度不身踐，不苟言也。里有貨訟不決者連年，公一言而兩家爲之平。其誠信於人如此。崇寧三年侍徽猷官荆南，歸展先塋，八月甲子次于邵武之傳舍，以疾卒。年若干。

初，熙寧中，河南二程先生紹絶學於孟氏不傳之餘，四方學者顧俗學而自悼，遊其門者惟恐後，獨徽猷與二三公號入室。公方遊大學，聲出等夷，一旦棄不顧，抱經遊于伊川之門，以邈然少年周旋群公之間，同門之士咸斂手以推先。伊川少然可，雅器許公。公於易、春秋尤爲精詣，嘗曰：「人之不可無學，猶飢渴之於飲食。苟不知其方，則常患乎異端之溺人。人孰不知此，而卒蹈之者，習俗昏之也。」又嘗謂世論莊周怪誕，喜訕聖人，此正自淺陋，何足以議周也！大要周於聖人之道略見圭角，遽欲廣己造大而不能自持，至分遊方之內外以爲二。豈知夫聖人精義入神者，乃所以致用；利用安身者，乃所以崇德乎？凡著其所得及商略古今，爲文數百篇，今有十一二藏于家。二程先生既没，天下師尊其道者，推楊氏，謂徽猷公龜山先生，不敢名。而公負超詣絶人之資，充世其學，雖世之望公也則亦然。乃不幸而蚤世，豈非命也耶！

公没，孤尚幼，後若干年始克葬公于某州某縣某鄉某山之原。娶葉氏，朝議大夫致仕祖武之女。配公無遺德，以喪母致疾，先公三年卒。子男三人：雲舉進士，二早夭。雲與予相好，學業志操能世其家者。以舅氏，撫州司馬曹氏儋年之狀來請銘〔三〕。予不及識公，自來閩中，多從龜山門下士游，間論近世學者，至公，皆曰：「吾不及也。」謹爲之銘。

銘曰：斯文盛衰，天實命之。有嗜其徑，異端乘之。道堙不治，以與聖違。有志於得，俗學惛之。以見自私，乖戾莫施。孰爲毅然，莫乘莫惛。天蓋祐之，使與斯文。屹屹龜山，淵源伊洛，如星之斗，以表後學。公爲之子，妙質夙成。目濡心渟，食息訓經，不躐不陵，師訓是程。軌道以趨，不畔墨繩。行滿鄉黨，世孰知之。遺文蔚然，不可瑕疵。胡不百年，以究其業？賫志莫陳，方壯而折，天其或者，尚相公子。我銘幽竁，以告來世。

承務郎致仕卓公墓誌銘

去建陽而南十里，泉竹深静，岸谿而廬者，有宋隱君子、承務郎致仕卓公之所築也。公既孤，置家事不問，奉母夫人居焉。養葬盡禮，不跡城邑者三十年。某視公季子特立爲同年兄，幸獲升堂拜公，退而語世之士大夫以謂，古之常德君子俯仰不怍者，如公，蓋望其表而知之。宣和五年夏六月過門，則公以四月乙未捐館舍矣。入哭公柩而退慰其孤。且稱遺命將以九月十日襄厝于洞源之塋，屬予銘之。予視諸孤，薾然不勝哀，不忍以荒拙辭。

謹按，卓氏本福唐。今爲建州建陽人者，自公七世祖徙也。曾祖某、祖某、考某，皆不仕。公諱某，自元舉少力學，無不通，已而語人曰：「吾冢子，其可以膢臘不共爲親憂？」去治俯仰之養。友誨二弟，經紀其孤，無可憾。皇考屬疾，有異僧過門，察公憂甚，授丹篆符。詰朝，失僧所在。自是尊信内典。晚益精詣，訓釋其書，發明爲多。既丁皇考憂，不御葷酒。終制，燕居寢食有常，蕭然一室，晏如也。心平氣和，未嘗面短人，然無賢不肖尊畏之，鄉黨至無訟云。季子學問浸有聞，時時小得失若弗聞者。至試，不利禮部，始手書古人詩開勉之。平生折券不勝計。繼室魏氏之亡，公方主家事，窶不能斂，猶有誣其自私者。未幾誣者嘔血疾首，陪死于庭。識者異之。嘗有巨商告公，有家難，將亟歸。從者偶語，有見圖意。以精金一篋寄公去，不索劑約。踰年復來，出篋示之，封識宛然。先是營壽藏，一日遣人芟闢其道。頃之，得疾。謝醫祝，書四句偈示諸子，超然非世間語也。時季子以迪功郎爲越之山陰丞，飭書別之，已乃坐逝。蓋公所建立非易以死生動，而況於義利之際？然猶不及於疑且謗，真爲善之難哉！生平忠信勤約，務要以身先子孫，故諸子暨孫皆兢兢佩先訓，端飭自立，而其季遂以學行卓然爲聞人。其奉身信道有無愧古人者，非特見公訓子之方，厚施而必報，深蓄而徐發，其在茲耶？

公享年若干，重和改元，霈然以年及格而子藉吏部得今官。初娶張氏，男五人，其四曰某、某、某。女二人，長適王亮，次適王舜。孫皆舉進士。孫男女合十人。公猶子宣教郎、知南康縣雄實狀公行。某視公，丈人行也。顧文字之不能工，何以震耀潛德，而燕賢子之心？謹誌而銘之曰：

以媮自愚，世顧曰智。我求有常，久不克值。有隱卓公，抱一陸沉。德義爲佩，而闕其音。居然環堵，鄉鄗是効。不貴以驕，曰公師保。夜旦死生，泊無戚欣。相彼儻來，何直浮雲。匪躬之羸，肆惠于後。以學發身，公實有子。洞源之樊，公柩所宅。有來承休，質此幽刻。

謁廟文

涖官云始，蠲日告虔。柢栊靈祠，恭陳薄薦。仰蘄聰直，昭鑒潔誠。冀我寵綏，汔無災害。

代福州禱雨諸祠文

七閩之農，鑿山隄海以爲田。雨暘之節，小失其常，則有旱沴之憂。今兹春夏以來，陽亢而雨慳，高者源泉涸枯而不可耕，下者又爲海鹵之所浸蝕。溝壑在前，民今其懍懍，敢佈腹心于我明神。惟神秩于明庭，廟食兹土。斯民歲時奔走，饋祀世世，而無敢怠者，凡以神能佐佑陰陽，易凶爲豐，以免於饑饉流殍之故也。惟神奮張威靈，誕布甘澤，以答斯民之望，吏亦預受其賜。

又

春秋書「不雨」，傳曰：「書不雨，閔雨也。」嗟乎，爲今之吏，雖未能無愧於民，以干陰陽之沴，而豈敢忘閔雨之意哉！屬者，雨濇暘驕，種不入土，三農告病，懼不免於溝壑，是用齋祓，精虔引慫，瀝懇控告於我有神。惟神孚佑一方，克享饋祀，尚哀斯民搏手之急，密會山川之靈，誕敷雷雨之澤，庶幾今秋猶得中熟。民既得以餘力，奉公上之征賦，長民之吏，受職之神，皆無愧於斯人者。歲時潔醴豐牲以承，事神世世，其有斁乎！

代謁先聖祝文

某聞先王所以治天下國家之道，無不在於學。而生民以來，未有如夫子者。某肅將使指，惣計閩部服官之初〔四〕，齋祓進見於學，悉延諸生，與之瞻望，跪起于素王之庭，豈獨昭示斯民，興其蒙被道德之澤之意？抑今干戈甫息，公私困竭，蓋將詢事選言，求庶幾於君民兩足之訓？仰止墻仞，其敢不虔。

代謁諸廟文

惟神受職明庭，實司民命，孚祐此土，以無災害。兹總委輸，奉將使指，涖司云始，敢薦微誠。

告贈官文

某罪逆不天，未及伸區區烏烏之養〔五〕，而奄罹酷罰。大息未報，永懷身之憂。一念及此，心肺摧裂。恭承餘訓，備官于朝。乃紹興七年，歲在丁巳，天子有事于明堂，祇見天地，以祖宗配，發號赦天下，追榮百執事，有列位于外朝之親。而某方備數館閣，於是贈先考承事郎、先妣太孺人，今既三年矣。方繫官于兹，若朝夕未以曠敗即罪而得去朝廷，當躬持封冢詔書及命服以告于壠下。南望楸梓，長號雨泣，謹因禋之政和以告。

焚黄文

紹興七年，天子有事于明堂，天地報況，祉福盈衍，遂推恩大夫士之有列位于朝者，而及其親，非獨廣孝治之風，亦所以慰人子欲報罔極之意。某於是時雖未有朝位，而備數館閣，有司案故事，以考、妣承事郎、孺人之命告于第。某不肖，不足以荷先訓，蒙被封冢之寵，而久官行朝，又不即奔告以無失時，迺淹留至于今。慙懼感咽，不知所言。恭惟神靈不昧，尚膺天子，丕顯休命。

祭丘君文

猗嗟丘公，市隱之倫，紛攫金而争先，炯懷璧以自珍。超獨懷於德義，外不亂其光塵。樂怡怡兮自適，坦蕩蕩兮無垠。䟽承家之子弟，服義方以資身。吾來閩歲八周，悵識公其何因？惟先君之仲女，婦子舍而通姻。方言還而在道，筐覲幣而未陳。忽奉訃以來告，奄捐俗而返真。嗟乎，天之不淑，胡獨折此善人？念此往哭其何，及爲喪七而廢湌。傾聞公之晚歲，頗玩志於竺文，了一世之泡幻，盱生死如夕晨。曾其躬之不羸，天以燕其後昆。方世胄之有奕，矧先德之未泯。嗟惟公復何憾，悼生者之號冤，馳斯文以侑奠，庶冥漠之或聞。

代鄭德與祭龜山先生文

道喪千載，聖遠言堙。矧曰國家，莫善其身。三川之郊，篤生至人。公甫筮仕，摳衣其門。聖有遺訓，俗學所霾，手摩層雲，日星昭回。六十餘年，學者有師，斯文所寄，天亦耆之。靖康初元，天子側席，擢從史氏，來長諫列。國勢危安，廷議中式，有懷必獻，曰此予責。帝在淮海〔六〕，始初清明，日御詩書，渴見老成。白髮蒼顏，歸侍邇英，如周武王，丹書是承。得謝言旋，田里燕息，有言有行，四海是式。謂當期頤，難老永錫，執餽乞言，福我王國。云何一卧，遽告易簀。邦人涕洟，朝野大息。嗟哉冥頑，多難所嬰，避影趨風，久愧未能。越自世父，執經師庭，德義之契，施及晚生。惟先君子，謀謨密勿，天嗇之年，勳著王室。公畀銘章，黼黻金石，幽竁是藏，以詔無極。盛德之賜，曷酬萬一，祖祭有期，來從執紼。帝懷元老，天不慭遺，奠觴一哀，豈獨吾私。

祭鄭龍巖文

我尉尤溪，少未聞道，不安厥官，趺宕物表。維賢宰君，不我瑕疵，美疾潛去，砭之藥之。比稍有聞，追悔何及！見容則多，賢哉師德！九仙之别，俯仰六年，公官龍巖，手書見存。知我倦游，日困羈窶，督以赴銓，舊家來寓。來官公卿，日訪代期，阻闊十舍，跂予望之。重九之書，粲然累紙，既再涉旬，與訃俱至。嗚呼哀哉！公與人交，通介之間，外同光塵，涇渭了然，達於民政，心爲衡石。清畏人知，不求赫赫。勝日婆娑，萬事一尊。考評書詩，有流有源。展矣古人，宜壽宜貴。豈期微痾，一卧遂蜕。位高疾顛，基薄崇墉，播惡遺臭，形渥而凶。公齋令名，全歸墉下，位雖不充，不充無憾。欒欒諸孤，甫以喪歸。身有吏責，往弔不時。德義之隆，追懷永慨。孰知予悲，寄此一酹〔七〕。

校勘記

〔一〕曾祖甫「祖」下，朱玉刻本有一「惟」字。

〔二〕舉先訓戒飭諸子　「舉」字上，朱昌辰刻本有「母」字，四庫本「舉」字作「母」。按，據文意，當以朱昌辰刻本爲是。

〔三〕撫州司馬曹氏　「氏」原作「事」，據朱昌辰刻本、四庫本改。

〔四〕計閔部服官之初　「閔」，四庫本作「閩」。

〔五〕烏烏之養　「烏烏」，四庫本作「烏鳥」。

〔六〕原本衍「王」字，據文淵閣四庫全書本、朱玉刻本删。

〔七〕按朱玉刻本卷十二終附與外父祝公書，録如左：

與外父祝公書此書原集未載，見家乘，今附入。

松奉孃父幸安。小五孃九月十五日午時免娠，生男子，幸皆安樂。自去年十一月初在泉州權職官，聞有虜騎自江西入邵武者，遂棄所攝，携家上政和，寓龍寺。五月初聞龔儀叛兵燒處州入龍泉，買舟倉皇携家下南劍，入尤溪，而松自以單車下福唐見程帥。在福唐聞賊兵破松溪隘，騕騕東下，已入建州，攻南劍甚急，又匆匆自間道還尤溪。六月十四日蚤到縣，而賊兵已在十數里外矣。幸二舍弟已搬家深遁，是日即刻與縣官同走至家間所遁處。賊在延平爲官軍所破，倉皇自山路欲遁下漳泉，至此非其本心也，過縣更不駐，不甚害人，亦不縱火。家中上下幸皆無恙，而隨行及流寓舍中衣服文字之類，皆無所損失，比他人爲尤幸也。七月間方還縣，而甌寧土寇范汝爲又出没建劍之間，其衆數千，官軍遇之輒潰。諸司不免請官招安，以還狀受犒設，將散其衆。無何，大兵自會稽來，必欲進討。昨日方報，大兵冒昧入賊巢，喪失數千人，賊勢又震。大路自今夏以來，未嘗有一枕之安。此懷如何！得程壽隆近書云，鄉里頗擾擾，不詳言其故。度切近江淛，其可憂當不啻此。唯聚糧深遁，勿以一毫珍幣自隨，乃爲上策。此中雖城居，但日夕爲遁入深山之計，生意草草，凡事苟且，不知百年未滿之間，如此者更幾時而後定耶。來書謂松懶於從仕，非也。中世士大夫以官如農夫之於田，其敢惰耶？但未能赴行在間，閩中所有，不過權局，遠不過三五月，道里有遠近、便不便，携家即厚費，獨行又非便，是以且此跧藏，意亦欲俟來春無事，一走會稽，見當奉報。晉道帥福，辟得一員屬官，須京朝官，大年又未參部，一切差遣皆疑，是以皆參差也。裘四久此，頗忠戇可任。繼忤逢年，當擾攘中，遂不告而去，情理不復可耐。今此復來，察其意色，不復可制蓄。每日來就食，而夜宿客舍。然地遠，難得人力來往，彼此資以通耗，且羈縻不絶，猶冀尚可鞭策爾。方賊至，六月間在村中，裘四亦在彼，數使人呼之不至，却妄云松在福唐未還，又云賊破福州，皆妄言也。婺源先廬所在，夢寐未嘗忘也。來書相勸以歸，俟國家克復中州，南北大定，歸未晚也。

文公全集内跋吏部府君與祝公書即此篇也。可見當時家無藏稾，至文公六十四歲方得見之。跋云：「内弟祝康國出示先君子與外大父書，熹之不肖，於是始生，故書中及之。今六十有四年，捧玩手澤，涕血交零，敬書其後而歸之。紹熙癸丑十二月七日孤朝散郎、秘閣修撰、主管南京鴻慶宮熹謹書。」

玉瀾集

新安朱槔逢年撰

次韻梅花

陰陰雪意雲垂地，曳策微行傍清泚。眼明橫路出江梅，烟暝沙寒迷表裏。當年一夢山月明，依約瑶臺見仙子。俗緣掣肘意未了，弄出飛瓊亂紛委。摩娑銅狄豈須話，滄海揚塵固其理。花神縱步來閬苑，羞怕唐昌偷玉蕋。回風自作粧半面，泣露真成愁齲齒。相看一笑豈易得，分與天香更清美。那知脱屣塵寰去，頃刻蓬萊三萬里。黄昏誰伴醉鄉歸，天色無情淡如洗。

次韻寄求道人

天工憒憒春無力，桃李顰心少顏色。夢中矯首望三山，我是東南未歸客。岩壑交游人姓支，相思江月半成規。遥知草木代説法，豈是畫餅隨兒嬉。此身分不過朝市，何日相泛拂衣袂。豈容陶令載白蓮，會作鄭虔書落柹。

二詩寄德粲并簡内觀諸友

春風本自掣肘去，那更病留過一旬。滿眼山川雖不改，連天桃李已成塵。銀河誰與洗兵馬，寶唾安能泣鬼神。悵望故人分雪此，飛雲落日在綸巾。

九淵亭上二三子，見説年來事事新。隔水不容招手唤，曲窗已有畫眉人。酴醿香好急携酒，鶗鴂聲繁催送春。笑我江南未歸客，飄然天地一閑身。

寄人

一牛鳴地兩禪林，霧雨初晴翠靄深。熟路緣溪穿窈窕，疎鐘唤客出嵚嶔。未求黄卷成功處，且辦青山避世心。悵望不來還獨返，秋風聊作暮雲吟。

十月上休日示求道人

老禪獨卧千岩表，枯木寒雲伴此身。只倚藜根作詩本，肯分秋色與騷人。心源落落故難合，筆勢翩翩想絶倫。記取濠梁斷金語，三山好處要傳真。

因蹈元看竹了軒因用去年方字韻作此

淇澳、渭川那復夢，而今天遣出南方。要觀大節須霜雪，莫説此君無肺腸。照水形容殊不惡，臨風言語一何長。山僧豈識留連意，千里故人逢異鄉。

和德粹三絶

平生樂事在三餘，不管梧陰過玉除。絶尾忽參虆緯句，風塵今日正愁予。

心賞南樓一味凉，波光山影上藜牀。莫言体國非吾事，好夢不能千里長。

未坐他年百尺樓，浮雲身上且悠悠。眼高四海騎鯨客，不見長安亦解愁。

三山次潘静之升書記韻

客路那知歲月長，掀眉一笑苾蒭房。且傾徐邈聖賢酒，不問陳登上下牀。雲影翻空迷海嶠，秋聲隨夢到江鄉〔一〕。明朝各聽船窗雨，猶憶枯棊戰四郎。

邈書寄出與李知哲唱和詩次韻

邂逅招提頓客輈，十年塵土且休休。三人月下從渠便，二老風流到我不。南北只今無好語，山川如許更悲秋。故應賸作鏘金句，莫羨群兒萬户侯。

老兵種菊以詩謝之

蔬畦雨徑策勳時，徙種鄰墻菊兩枝。九日無人過朱放，十分舉酒酌王尼。花裁栗玉秋風健，香近龍涎曉夢知。負口不應還負眼，長鑱煩爾鎮相隨。

鄭德予同遊桃花山次韻

江村卜築路斜斜，模寫癯仙四壁家。聞道讀書忘肉味，不緣避世宿桃花。青山自作千年調，白眼空驚一望賒。欲買雞豚投近社，烟蓑雨笠寄生涯。

春紅萬樹抱山斜，落落真源自一家。雲起坐中疑有雨，酒行杯面恐飛花。塵緣未斷心雖勝，他日重來約尚賒。睪倩淵明記遺事，武陵今不在天涯。

九日與客語慨然有廬山之興

九日黄花笑白頭，分將牢落付林丘。半川暝色聊償夢，别領秋聲旋寄愁。江國經年成浪語，匡廬入手是真休。未能免俗須登陟，睨視元龍百尺樓。

草堂諸陳同遊崧山精舍晃仲携琴先歸用壁間韻

來伴秋風十日閑，筆端久已識波瀾。煩君一醉雙風月，乞與兒曹白眼看。破塵妙語慰畸人，鶴緣深衣雨墊巾。獨自抱琴山下去，石橋月色爲誰新？

三山次鄭德予韻

日脚微明雨脚疎，誰將雲夢賦相如？西南山好君知不？一見全勝讀異書。何日歸舟片葉輕，白鷗相伴艣微鳴。只應潮打蓬窗處，已作離騷一半清。

次韻梅花兩絶句

一月尤溪烟雨濃，玉梅渾作玉人逢。江南他日摘香處，莫忘雲間雙髻峯。

清淺彎環遶故墻，一身將影理殘妝。西施俗處無人見，冷落吴宫溪水香。

徐彦猷以仇池詩句為韻作詩十四章見示答之

徐侯筆下波濤寬，新詩示我清且閑。誰能辛苦學飯顆，格轍已到元和間。春寒十日不出户，坐想江柳分烟鬟〔一〕。東坡老仙有奇句，析韻琢句光斕斑〔二〕。疾雷一洗牛蟻鬧，羯鼓罯驚桃李頑。周郎知音亦已久，仲車着語誰當删。大招六鈞古稱重，汝自力弱無由彎。胡爲坎坎事嗤點，今古可笑兒童孱。鄉關春物入意匠，水光花氣相回環。莫嫌衆口亂如沸，當見三耳生其顔。嗟吾和詩雖已晚，識君妙意存高山。告君詩妙須飲酒，社甕一醉寧當慳。彦猷戒酒，常云：「人言吾詩好，即飲酒。」

寓居南軒

雲氣披猖月意孤，冬青倒影上庭隅。燈横老薺蛾方去，書掩新芸蠹已無。一世盡知關魯酒，十年不擬歎齊竽。支頤坐覺疎星没，獨扣龍頭瀉酪奴。

答戲昭文梅花

臘到方留此日寒，雨多未覺過雲殘。共驚臺柳葱葱去，獨抱園花細細看。洗面不勞千點雪，薰衣剩破一分檀。詩人窮苦誰料理，只倚東風酒量寬。

乙丑臘月十七日立春

自數今年臘，天饒半月春。酒船欺白首，桃壓笑青脣。避地疎同隊，一作黨。逢人試問津。傷心穿豹虎，未肯盡奔秦。南山收宿雨，鱗甲一番新。

延平道中

一溪春漲午晴初，日透波光緑浸裾。却憶孤山山下路，石橋清澈看叉魚。雲間三十六峯高，北望思歸夢亦勞。來客雙峯莫相笑，少低吾眼爲兒曹。

舟次黿湖阻水因由董山

山雨疎疎心又驚，起瞻天色斗微明。他年一枕江關夢，知憶蓬窗此夜聲。

一川黄濁寫崐崘，苦恨南溪不盡吞。三老亦知行意速，時時插竹記沙痕。
拂拂朝霞到客舟，苦疑雨意在鳴鳩。好峯天半元相識，且作僧牀挾策遊。
夢好山晴曉不知，船邊今日見鬚眉。向來快寫崐崘地，元有薰風緑盡時。

向年舟自三山上延平和人韻兩絶

春江一月困楊舲，醉夢無人與唤醒。欲識故交金石處，相逢詩裏眼猶青。
春風一夢收桃李，雙燕不知愁絶時。卧向蓬窗飽聽雨，無人識此是新詩。

元英折惠柚花

白玉繁花五葉芳，春風吹盡洞庭霜。河西道眼分明處，識破此中知見香。

乙丑除夜寓永興寄五二姪一首〔四〕

殘臘避新正，疾馳不可鞚。梅花相行色，更以風雨送。傷哉緑林豪，支派出章貢。薦食今幾年，金帛既充棟。王旅走山澤，魄散失飢凍。空聞米粟廉，不救干戈痛。冥冥紙錢底，千室羅盎甕。祀先不暇嘗，一夜驚入夢。書生口擊賊，自愧脱嘲弄。經營華陽馬，想像丹穴鳳。融融聲教中，焉得餘此衆。由基執弧矢，鼷鼠何足中。浮烟起南舍，春事行倥傯。桃寒強破蕋，鳥静獨成哢。詩情寫物色〔五〕，心匠與折衷。章草簡阿戎，溪頭試微諷。

僕自以四月十四日自延平歸所寓之南軒積雨陰濕體中不佳二十五日夜夢至一處流水被道色清絶若有欄檻而無屋宇有筆硯皆浸水中予驚問何地旁有應者曰此玉瀾堂也夢中欲取水中筆硯作詩詩未成而覺意緒蕭爽殆不類人世雞已一再鳴矣因賦此

蘧蘧飛夢過雲鄉，物色清輝眼界長。閶闔未招金馬士，蓬萊先立玉瀾堂。千尋濯足衣裘冷，六字哦詩筆硯香。當與瑶池作同社，紅巾青鳥兩相忘。

贈周功崇

閩嶺浮沈二十年，歸心日夜夢江天。謾題甲乙煩君看，若説功名只自憐。造物小兒知薄相，箇中老子已忘筌。一筇聞作東南去，豈欲求人左海邊。

悼鄭彦繼書墓亭

蒼梧翠栢泣西風，尺冢巍然宿草中。寶劍何心求季子，隻雞今日過橋公。麟經有味人誰識，鶴陣論功氣自雄。欲拂蒼厓寫奇節，陳琳檄手語言工。

竹醉日懷故山

一室真容膝，一作「不彌畝」。何人客子猷？土浮迎竹醉，雲净對山羞。無地青歸幌，他年翠繞樓。且從鄰寺去，烟雨一作「雨外」。看沙鷗。

繁暑

繁暑不可度，病餘少見招。投鄰借軒卧，信手得書饒。壽我藥雙笈，驚人詩一瓢。醒心憑雪鷺〔六〕，只恐日薰銷。

大食瓶

窳質謝天巧，風輪出鬼謀。入窑奔閼伯，隨舶震陽侯。獨烏藏身穩〔七〕，雙虹繞腹流。可充王會賦，漆簡寫成周。

春寒

人道春寒早繫舟，楚山一夜雨瀏瀏。此生削跡江邊路，嫩緑紛紅只自愁。

夏夜極凉

素簡久辭夜，清風先戒秋。稻深群蛤吠，草暗一螢流。舌在殊無計，心空尚有求。按圖尋分野，楚尾見吾州。

六月二十日二十一日立秋。

天涯明月見秋風，錯莫誰驚碧樹空。豈意楚山招隱處，盡歸蜀客廣騷中。釣魚聊爾針方直，乞米茫然帖自工。獨卧南軒聽南澗，蠻花猶作杜鵑紅。

尤溪縣之南李花千樹無一雜木春時嘗飲其中酒家小軒可愛不知何故不曾作詩追賦二首明年修故事當書之壁間〔八〕

橋外茅茨好，相過問酒錢。李花今若此，白髮自茫然。落日雲千步，春風雪一川。明朝記來處，石澗響濺濺。

又

見説小軒久，無人喚我來。直如春力快，故遣客懷開。玉立花千樹，霞翻酒一盃。江陵二月尾，襟韻信難陪。

春間小詩書趙園壁追録之

柳態隨時秀，花容近酒輕。緑牕京洛語，蓋抹早鶯聲。

又

小語不知夕，幽香無盡時。影寒人欲醉，明月照酴醿。

又

自得春風信，開懷待此花。餘寒固艱棘，今夕雪斜斜。

又

夜月閩杯淺，春風楚製輕。故鄉空費夢，來此聽谿聲。

夜坐池上用簡齋韻

落日解衣無一事，移牀臨水已三回。斗沉北嶺魚方樂，月過秋河鴈不來。疎翠庭前供答話〔九〕，淺紅木末勸持盃。明明獨對蒼華影〔一〇〕，莫上睢陽萬死臺。

平津

西風扶病上江樓，老眼凄迷一色秋。帆影夏雲追斷鴈，角聲吹月舞潛蚪。栽培白業初無路，點檢青山始欲愁。左海此中纔咫尺，何年烟雨解扁舟。

九日與數客登善福院之絶頂晚飲茗飲閣予以病先歸賦十二韻

風日迫佳節，一川秋意昏。臨高分石磴，却立數煙村。楚製隨雲物，蠻花照酒痕。龍山嗟未久，藍水想空存。鴻鴈頻收唳，茱萸幾斷魂。拍肩尋熟路，登閣換餘樽。鍾梵規繩闊，親朋笑語温。加籩携海嶠，聞笛憶鄉園。夢記南柯守，兵看左角奔。詩凡羞晉宋，髮短任乾坤。汝輩禪心起，今生道眼渾。不知東嶂外，灧灧湧金盆。

秋日

鳴鶗初歇樹猶陰，黄菊紅榴色轉深。管領秋風有今日，留仙群稱辟寒金。簸弄天風髮彩凉，西河一笑問吴剛。借君玉斧煩輕手，留取箇中秋影香。山静溪回樹緑晴，鷺群點點雪分明〔一二〕。影沉寒水初無意，只是魚兒獨自驚。

葵道人之三山

君家雙峯下，祝髪事香火。豈無遠遊志，困此萬山裹。坐閲腰包中，未接話已墮。翩然問知津，九仙入風柁。冥冥荔枝浦，華屋紛砐硪。邂逅儻逢渠，周旋寧作我。閉門造車語，雖陋佛所可。他年笑相視，此計無乃左。

次嶺上壁間韻

雲卧雙峯柢對亭，黄塵縈拂玉梅驚。春風一棹歸來早，誰作窗間擁鼻聲。

春風

一舉造物手，萬生和氣中。酒邊排雪意，詩裏要春風。了了誰孤起，滔滔我即空。試詢三世事，猶有讀書功。

折山道中六言寄湧翠道人

折山有路可上，他日雲藏萬家。用處何曾觸石，一禪指頂天涯。雲暖網横危磴，日沉舟泊平沙。欸乃一聲歸去，炊烟遥起蘆花。牛卧黄茅岡底，鷺歸紅葉村邊。可是太平無象，溪橋醉舞華顛。玉梅無意相惱，嗾人烟雨疎疎。擬寫箇中妙處，語煩不到西湖。草枯蟲躍驚響，溪静魚行閃光。只麽時時管帶，可須細細商量。既有女名靈照，何妨自作維摩。要見諸天辦供，問他風月山河。

寄龔十三

支頤獨楫北窗風，怪事泛今咄咄空。簡策不知春色晚，山川渾落戰塵中。花飄茵席三生浄，草入池塘一句工。想見楚龔懷我處，扁舟遨蕩夕陽紅。

穀雨

大點紛林際，虚簷寫夢中。明朝知穀雨，無策禁花風。石渚妝機巧，烟蓑建事功。越禽牢閉口，吾道寄天公。

磻叟書云牡丹酴醾已盡胡不歸

客次驚衰白，歸期先牡丹。空枝兼病力，啼鳥問愁端。平日長相憶，東風忍不看。冰容亦零落，唯是有春寒。

姚大本以李義山詩韻作詩題息軒繼作

隱几心疑水，携盂影照山。六窗開畔岸，一榻埽中間。栢子方饒舌，花枝忽解顔。定餘牛自牧，夢起蝶相關。闤闠初無路，蓬萊別有班。藏舟知夜失，面壁竟西還。老矣從他笑，公平伴我閑。体坤詩更好，分寸許躋攀。

書報國壁向年寓學於此嘗見虹下飲溪中復聞子規

昔與春風來此時，携書齪齪伴兒嬉。山晴欄楯投蜺霓，身病林巒號子規。短髮蕭蕭吹易盡〔一二〕，長江滾滾去何之。欲追舊事無言説，更作三生石上期。

蓋竹與陳和仲昆季

玉樹成群不可攀，謾將牢落待蒼山。五年分手河梁外，一夕連牀風雨間。梅蕋凌寒春欲動，酒杯無力病相關。朱、陳自古同鄉社，更約青雲作往還。

寄夢肇

滄海横流無處安，只今且作夢中看。豈須遊戲兩蝸角，收此微茫一彈丸。老境懷人山宛轉，春風着物鬢摧殘。窮愁似與詩增氣，嚼雪敲冰字字寒。

辛酉五月望簡陳和仲

秀出雪峯一千衆，挽回廬阜三十年。赤烏白馬吐傑句，黄花翠竹通幽禪。竺師不假報文度，鑿齒本自知彌天。可憐烏石嶺下路，榕葉炯炯凝雲烟。

用東坡武昌寒溪韻三篇同楊良翰。

漫郎古邑埋蒿萊，五柳合抱何人栽？浯溪未作天寶頌，爽氣已壓南昌梅。蘇公鄧公先後到，一時玉立高嵬嵬。扁舟載酒渡江水，千山軟翠昏樓臺。窪尊抔飲追太古，雲荒石老無紛埃。歸來玉署念赤壁，側身西望銀濤堆。英辭傑句相震發，尚記野鳥窺空罍。只今卻數未百載，蟲篆想見留巖隈。中原膻腥雜夷夏，淮北城壘生莓苔。公平天與濟世具，曷不手引梟鸞開？空遺筆力配元祐，頓覺紙上千軍摧。禁中頗牧知在即，號令前日頒風雷。丹青元向大羽出，貂蟬要自兜鍪來。數公文字雖勝絶，莫使變作離騷哀。

東坡謫官未放回，桃花不繫玄都栽。機牙愛觸造物手，五見江雨肥江梅。扁舟一笑凌浩渺，瘦笻結伴登崔嵬。窪尊故事逢浪窽，鳥篆真迹追浯臺。次山有浯臺銘見六一集。漂流長有北闕夢，邂逅果踏東華埃。玉堂夜直對同舍，金燭照座花成堆。帝觴雨露澆舌本，忽憶樊口傾山罍。聯詩共刻醉眠處，至今寶氣蟠巖隈。關西夫子獨好事，掖垣行即吟蒼苔。斯文突過元祐上，已覺萬丈光芒開。臨風弔客感赤壁，公瑾孟德俱彫摧。英雄割據亦兒戲，安用七筯驚蚊雷。東坡羽化不復返，浪窽何日成歸來？鸚鵡洲前舊時路，寒波荒葦令人哀。

故園山水真奇哉，三徑蘭菊當年栽。自嗟流浪不知返，江城曉角愁吹梅。詩書邀我忽半世，車轂前却連崔嵬。試尋夷路到聖處，馬力已竭煩輿臺。去天尺五吐傑句，孔丘盗跖俱塵埃。坐疑蓬島尋丈爾，扁舟徑入浮雲堆。肩摩嵇、向挽焦、賀，欲倒瀛海爲尊罍。夢中失脚在何許，千里閩越天南隈。隻身形影自相弔，俯仰馬鬣迷青苔。蘭階彫謝知葉落，荆樹慘淡無花開。向來愚公不自度，一手欲以太華摧。那知天目山頂露，兒啼下眎雲間雷。華亭黄耳竟安在？遼東白鶴還飛來。終尋三十六峯去，要假聶許平餘哀。

感事

大弓竊陽氏，神鼎淪泗淵。何須識微士，周魯必不全。武庫一朝火，斬蛇逐飛烟。傷心睨前事，氏虜定紛然。

又

山川非晉土，悲泣効楚囚。一語強自慰，凄迷望神州。刺史下荆水，司農來石頭。土園管夷吾，過計非私憂。

又

元規負康濟，徒手嬰群雄。兵從歷陽來，無地逃姦鋒。誰乎死社稷，千載一卞公。英風與義氣，建立成江東。

雪梅各一首。

去年雪欺客，平地一尺深。謝遣東閣花，那顧西牀琴。故人初不知，屋側乃見尋。悠然振永起，誰復明此心。

又

寒梅卧烟雨，山澤有奇氣。六龍扶翼之，月袂攬雲轡。先生九疑仙，心識真筌秘。裁詩作花骨，瘦净乃可貴。

道中

疢憂勸征行，金火方抵捂。宵分餉群僕，乘月問前路。小兒何自至，檝我陳洲渡。暗浪擊層崖，平沙起鶩鷺。莽蒼川花開，冥蒙山氣聚。物情豈不嘉，悶滯非所遇。鈐語出林表，風期呼我住。尋幽本素志，觸熱詠嘉句。午枕得高深，復覺清景駐。誰云適所願，永乏濟世具。以兹一夢頃，可況百年遇。咄哉郭氏子，破甑尚欲顧。

自作挽歌辭

憂幽坐南軒，萬壑取我囚。疾雷且不聞，焉知草蟲愁。强顔理編簡，閲世如東流。滔滔竟不返，誰復操戈矛。天涯念孤姪，携母依諸劉。書來話悲辛，心往形輒留。先塋託仙峯，山僧掃梧楸。二女隨母住，外翁今白頭。伯氏尚書郎，名字騰九州。仲兄中武舉，氣欲無羌酋。棣華一朝集，荆樹三枝稠。堂堂相繼去，遺我歸山丘。漆園夢方覺，白衣雲正浮。憑陵若蹈空，何處停華輈。故鄉豈不懷，一作「戀」。屋食良一作「亦」。易謀。自我識廢興，於天無怨尤。平生喜聞詩，此詩當挽謳。不須生芻奠，君從二兄游。「漆園」一作「蘧蘧」，「白衣」一作「冉冉」，「正浮」一作「初浮」。

校勘記

〔一〕江鄉　朱玉刻本、朱昌辰刻本、四庫本作「家鄉」。
〔二〕坐想江柳分烟鬢　「想」，朱昌辰刻本、四庫本作「向」。
〔三〕析韻琢句光斕斑　「琢」，朱昌辰刻本、四庫本作「作」。
〔四〕寄五二姪一首　「姪」下，朱玉刻本有「文公行五十二」六小字。
〔五〕詩情寫物色　「情」，朱玉刻本作「成」。
〔六〕雪鷺　「鷺」，朱昌辰刻本、四庫本作「露」。
〔七〕藏身　「身」，朱玉刻本作「心」。
〔八〕不知何故不曾作詩　朱昌辰刻本、四庫本作「惜未曾作詩」。
〔九〕答話　「答」，朱玉刻本作「客」。
〔一〇〕明明　朱昌辰刻本、四庫本作「明朝」。
〔一一〕雪分明　「雪」，朱玉刻本作「雲」。
〔一二〕短髮　「短」，朱昌辰刻本、四庫本作「斷」。

附録一

朱玉序

韋齋公文集十二卷，先文公官南康時刻之於江右，元至正間廬陵劉公性再刻於旌德之學宫，是集行世廣且遠矣。玉愚不自諒，近年類編先文公文集大全一百一十卷，勉強授梓，功浩力綿，未即竣工，每歎韋齋集版本俱亡，未獲卒讀。蓋自宋元而後，閩之建州、南劍兵燹頻仍，迨至我朝，訪之四方，亦無有藏者，僅於家乘内得詩數篇，更從宋選詩會、詩歸各集所鈔不滿百首。玉恨見聞有限，詎海内名宿亦未暇留心重鋟耶？按公卒於紹興癸亥，文公之年始十四，因初葬公地每慮其卑溼，至慶元間再遷於上梅里之寂歷山，高厚爽塏，而文公之心始安。公之行狀成於慶元己未，文公易簀前十日猶書及門人楊子直方，免其再致益國周公爲公作墓記，辭極諄摯。文成却寄時，已在文公夢奠後矣。公之事實既詳行狀，而益公又加表著，嘗攷公之生平事蹟，詳稽四十七年之出處通塞，品諸文章，爲建炎、紹興中士大夫之最。因僭輯年譜一册，以冀得元集補入全編，當亦先靈所不加責者也。適客臘有榕城之役，邂逅徐君，指以文集所在，急追尋時，又有先我而購之者。徐君復窮其所向，得之友人陶君案頭，備叙其由，慨以惠我。玉再拜受之。噫，公之集其沈没於塵埃殘帙中，不知其幾更歲月，且以玉遍求於數十年而不得者，今一旦獲之意外焉。捧讀確屬宋本，篇頁點畫，幸未大損，謂非先靈默憑以致之，斷不若是之巧合也。夫醴泉芝艸尚有根源，矧公誕生文公，集諸儒之大成，忍令公之文集不克與文公之集並傳，能無憾耶！兹僅依原本繕寫重鏤，以公海内。其記銘文字皆先哲所錫，贈謚誥敕廼歷朝褒典，合年譜而載諸卷端，是亦遠孫闡發祖功宗德之愚忱，而或可告無罪於僭妄焉爾。徐君諱法，字勤天；陶君諱士銘，字西崖，俱武林讀書君子，客遊三山。玉不敢泯其惠書之雅，故並書之，以志感云。雍正戊申春王正月望日，十七世裔孫玉百拜謹述。

宋史本傳

按，宋史韋齋公與文公合傳，今摘録。

朱松字喬年，徽州婺源人，繇郡學貢京師，登政和八年進士，授建州政和縣尉。丁外艱，服除，更調南劍州尤溪縣尉。秩滿，胡世將、謝克家薦，除秘書省正字。趙鼎都督川陝荆襄軍馬，奏取松爲屬，辭。鼎再相，薦，除校書郎，遷著作郎。御史中丞常同薦，除度支員外郎、史館校勘，歷司勲、吏部郎，兼領史職。與修哲宗實録，書成，轉奉議郎。秦檜決策議和，松與史館同列上章極言其不可。檜怒，風御史論松懷異自賢，以年勞轉承議郎，出知饒州，未上；請祠，得主管台州崇道觀。秩滿再請，命下而卒，年四十七。生子熹。

韋齋記

羅從彦

宣和五年，歲在癸卯之中秋，朱喬年得政和尉，嘗治一室，聚羣書，宴坐寢休其間。後知大學之淵源，異端之學無所入於其心。自知卞急害道，名其室曰韋齋，取古人佩韋之義。泛觀古人，有以物爲戒者，有以人爲戒者。所謂佩韋，以物爲戒者也。人之大患在於不知過，知過而思自改，於是有戒焉。非賢者孰能之乎？予始以困撓未能遂志，因作舫齋陸海中，且思古人所以進此道者，必有由而然。久之，乃喟然嘆曰：自孟軻氏没，更歷漢唐，寥寥千載，迄無其人有能自樹立者，不過注心於外，崇尚世儒之語而已，與之遊孔氏之門人，於堯舜之道其必不能至矣。夫中庸之書，世之學者盡心而知性，躬行以盡性者也，而其始則有「喜怒哀樂之未發謂之中」，其終則曰：「夫焉有所倚？肫肫其仁！淵淵其淵！浩浩其天！」此言何謂也？差之毫釐，謬以千里。故大學之道，在知所止而已。苟知所止，則知學之先後；不知所止，則於學無自而進矣。漆雕開之學曰：「吾斯之未能信。」曾點之學曰：「異乎三子者之撰。」顔淵之學曰：「回雖不敏，請事斯語矣。」而孔子悦開與點，稱顔回以「庶幾」，蓋許其進也。此予之所嘗自勉者也。故以聖賢則莫學而非道，以俗學則莫學而非物。喬年才高而智明，其剛不曲於俗，其學也方進而未艾。齋成而明年使人來求記於余，余辭以不能則非朋友之義，欲蹈襲世儒之語則非吾心，故以其常所自勉者併書之，使人知其在此而不在彼也。或曰：「韋齋之作終無益於學也耶？」曰：古之人固有刻諸盤盂，銘諸几杖，置金人以戒多言，置欹器以戒自滿，聖人皆有取焉。苟善取之，則韋齋之作，不無補也。宣和六年甲辰二月，豫章羅從彦撰。

韋齋銘 有引。

曹　偉

婺源朱喬年尉政和，書來抵偉曰：「吾性卞急，殆不容物，懼其不可以入君子之道。以『韋』名齋，蓋取古人佩韋之義，子其爲我銘之。」銘曰：

革性悍堅，維鞏用牛。揉而爲韋，和熟以柔。我思古人，盤盂有戒。佩兹紳如，式警楯介。市門仙朱，揭而名齋。宴游寢處，俯仰是懷。起予者誰？曰豹與柳。敢廢前修，亦鞭其後。覆羹唾面，不見角圭。怒蠅擣蜂，彼何人斯！吾聞有道，君子薰然。仁慈物不，可得親疎。夫孰得窺，其藩籬也。宣和甲辰春，沙陽曹偉題。

跋韋齋記後

石　憝

吏部朱公尉政和時，命其燕居之齋曰韋。郡之儒先羅公仲素記之，吴郡户曹曹君令德銘之，宣和六年也。至建炎二年，公更調尤溪，榜其齋亦如之。中更兵火，棟宇易置。乾道七年，憝猥當邑，公之子仲晦先生適以事來，憝學於先生者，相與訪故韋齋。所得小室，雖非其舊，而風景不殊，遐想高蹤，歎慕不已。先生亦泫然流涕，因出張舍人所作「齋榜」二大字。憝請揭之，併刻記以成公志。惟公道學高妙，克之於身，洪纖中節，猶懷卞急之慮，而有佩韋之義。夫子曰：「德之不修，學之不講，聞義不能徙，不善不能改，是吾憂也。」公之謂與？乾道辛卯孟冬，會稽克齋石憝謹跋。

韋齋記後跋

朱　熹

先君子每自病其卞急害道，嘗取古人佩韋之義，榜其廳事東偏之室曰韋齋，以燕處而讀書焉。劍浦羅先生仲素爲先君子作記，而沙陽曹丈令德又爲之銘，家藏遺蹟數十年矣。官署中更盜火，無復存。乾道辛卯，熹之友石君子重知尤溪縣事，始復榜而記之。恭惟先君子名齋之意不惟自警，乃其所以垂裕後人者，蓋亦至深至厚而無以加之，則此志不可以不傳於家。而熹躁迫滋甚，尤不可以忘先人之戒。奈熹踐修不謹，陷身危辱，今病且死，大懼無以奉慈顔於地下，故敢輒收輯遺文，藏之家廟，以示子孫，使永永奉承，不至失墜，庶幾得以少伸省愆念咎之萬一。其横渠西銘，實外舅草堂劉先生所授，首尾有先生手筆二十字，造字祝詞，病翁劉先生所作，及秘閣范公手帖，今皆以附於後。三公皆先君子執友，其所以教熹者，今皆不能有以副也。慶元己未五月丙辰，孤熹敬書。

韋齋公年譜

宋哲宗

紹聖四年丁丑閏二月二十三日午時，韋齋公生於婺源之居第。○按婺源南街故宅左有古井，文公嘗曰：「聞先君子生時，井中有氣如白虹，經日不散，因名虹井。」

公父諱森，字良材，號退翁。○按退翁少務學科舉，既廢，不事進取。年二十三始生公，取名松，字喬年。居長，行百一。韋齋其自號也。嘗曰：「吾家業儒，積德五世矣，後必有顯者，更當勉勵，以無墜先世之業。」既生公，益自謹飭。

三年庚辰

二年己卯

元符元年戊寅

徽宗

建中靖國元年辛巳

崇寧元年壬午

二年癸未，公七歲。

公童時，每出語驚人，退翁心異之，尤加訓勉。

三年甲申

四年乙酉

五年丙戌

大觀元年丁亥

二年戊子

三年己丑

四年庚寅

政和元年辛卯

二年壬辰

三年癸巳

四年甲午

五年乙未

六年丙申

七年丁酉，公二十一歲。

娶祝氏孺人。○按，孺人爲同郡處士祝公確（字永叔）女。元符三年庚辰七月庚午日生，年十八歸於公。其家世詳文公撰外大父祝公遺事篇。載文公文集第八册。

繇郡學貢京師。○按公未冠，遊學校爲舉子文，即清新灑落，無陳腐卑弱之氣。及遊京師，每屬文，皆膾炙人口。

重和元年戊戌即政和八年，十一月己酉朔改重和。公二十二歲。

春，登王昂榜，同上舍出身。〇按，公既去場屋，始放意於詩文。其詩不事雕飾，而天然秀發，格力閑暇，超然有出塵之趣，遠近傳誦。至聞京師，一時前輩以詩鳴者，往往未識其面而交口相譽。其文汪洋渾浩，不見涯涘，如川之方至，奔騰蹙沓，頃刻萬變，不可名狀，人亦少能及之。公未嘗自是，而恐其去道愈遠，則又取六經、諸子、史書伏而讀之，以求天下國家興亡治亂之理，與夫一時君子所以應時合變先後本末之序，期於有以發爲論議，措之事業，如賈長沙、陸宣公之爲者。且聞閩中儒輩疊出，遂踵遊於建劍間，得從學於柘浦蕭公顗子莊、豫章羅公從彦仲素，而又與延平李公侗愿中、藉溪胡公憲原仲、白水劉公勉之致中、屏山劉公子翬彦冲爲之友。得聞龜山楊氏所傳河洛之學獨得古先聖賢之遺意，於是益自刻勵，日誦大學、中庸之書，以用力於致知誠意之地。自謂卞急害道，因取古人佩韋之義以名其齋，以自警飭焉。

宣和元年己亥

二年庚子

三年辛丑

四年壬寅

五年癸卯，公二十七歲。

銓試授迪功郎、建州政和縣尉，八月至任。○按公初仕時，家無餘蓄，嘗以先田百畝質同邑張敦頤先生以爲資，遂奉二親就養於官。仲弟槱，字大年；季弟槔，字逢年，俱偕行。時方臘作亂，陷建德軍及婺、歙、衢、杭等州，故挈家入閩。

六年甲辰，公二十八歲。

是年，羅豫章先生爲公作韋齋記，曹令德先生作韋齋銘。

七年乙巳，公二十九歲。

十二月，丁外艱。○按退翁既就養於官，以是年十二月初一日亥時卒於尉舍，壽五十一。時盜寇未息，途梗不能歸，遂寓葬於縣西二十里護國寺之西偏。

欽宗

靖康元年丙午

二年五月爲建炎元年。

高宗

建炎元年丁未，公三十一歲。

六月，聞靖康之變。○按，公時在制，方與客語，忽有以北狩事來告者，公聞震駭，投袂而起，大慟幾絶。自是王室漂摇，未有所定。寇賊縱横，已無復有當世意矣。

二年戊申，公三十二歲。

三月，服除，更調南劍州尤溪縣尉。七月之任。○按，公尉政和僅二年，服除更調，補前考也。

三年己酉，公三十三歲。

五月，秩滿，假館於鄭氏之義齋。鄭氏名安道，熙寧六年進士。

八月，權監泉州石井鎮。○按公在鎮十一月，聞有北騎自江西入邵武，時眷屬在尤溪，遂棄所攝，携家還政和。

四年庚戌，公三十四歲。

夏，自政和仍買舟携眷下尤溪。○按是年五月初，龔儀叛兵燒處州，入龍泉，破松溪隘，掠建州，攻南劍，六月中方爲官軍所破，遁下漳、泉，而尤溪幸無恙。又有甌寧土寇范汝爲出没建、劍間，自春徂夏，無片枕之安也。

九月十五日午時，生文公於尤溪，假館鄭氏之寓舍。今爲南溪書院。○按公生文公後有書致外父祝公，備言建地賊寇未平，頻遭遁避之苦。書載卷末。

紹興元年辛亥

是年仍避寇，寓長溪龜靈寺。

二年壬子

春，聞建寇未平，將欲携家之福州，度雞嶼洋，卜寓桐江，不果。

三年癸丑

四年甲寅，公三十八歲。

公與内弟程復亨書云：「息婦生男，名五二郎。文公行五十二。今五歲，上學矣。」

二月，召試館職，除秘書省正字、循左從政郎。〇按，胡公世將以御史撫喻東南，公謁見而説之曰：「古之爲天下國家者，必有一定之計以爲子孫萬世之業，未有俯仰依違、苟度朝夕，曾不爲終歲之備而可以爲國者也。今日廟堂之上，固必有所謂一定之計議矣。然未知其但欲襟憑江、漢控引荆、吴，以保東南而已乎？抑當克復神州，汛掃陵闕，據中原而撫三河也？蓋嘗聞之，不取關中，中原不可復；不取荆、淮，東南不可保。唐唯不失關中，故更三亡不失舊物。而吴孫氏東攻新城，西攻襄、漢，乃所以保建業。其後桓温、劉裕雖能以江漢舟艫西入河、渭，然既得之而不能守，則亦僅足以保東南而已。然則天下之大勢可知矣。今進既不能以六師之重通道荆、襄，循漢、沔以赴興元，結連拓跋，控引五路，東嚮以圖中原，退又不能移蹕建康，治兵訓武，北争荆、淮，以爲固守之計，而但蹙處一方，費日月於道塗；前不能有尺寸之利，後又無所保以爲安，未知漂漂者竟何如耶？」胡公奇其言，壯其策，歸即以聞於朝，而泉守、資政殿學士謝公克家亦露章薦公學行之懿，不宜滯筦庫。於是乃得召試。而發策者以中興事業之難易後先爲問，公即對言：「自古謀國有得失，而成功無難易，蓋天下國家有至計，而國勢之强弱，兵力之盛衰，土地之開蹙，不與焉。唯能順人心，任賢才，正綱紀，則天下之事將無難之不易。惟上之人惜時愛日，而亟圖之反覆馳騁，出入古今，於此三者加之意焉，則謀國膺變之方，要不出此。」日未昳，累數千言以上，而文不加點。高宗覽而異焉，因有是除。

九月，丁内艱。○按趙忠簡公方以元樞受詔西督川陝荆、襄軍事，欲奏取公爲屬，會太孺人屬疾辭，遂遭喪以歸。而趙公卒，亦不果行。程太孺人以九月二十八日戌時卒於政邑之寓舍，壽五十七，葬政和縣漿溪鐵爐嶺。

五年乙卯

六年丙辰

七年丁巳，公四十一歲。

築建州城南環溪精舍。○按公嘗往來於建、劍間，喜建州山水佳勝，遂築精舍於環沙之上，遷居焉。時文公已八歲矣，童時畫八卦於沙上，即此地。公遊潭陽，見考亭溪山清邃，可以卜居，嘗書之日記。至紹熙壬子，文公年六十三始遷考亭，以成先志，曰滄州晚築。

服除，九月召對，改左宣教郎、除秘書省秘書郎。○按公應召入對時，上已用張忠獻公之策，進次建康，指授諸將計日大舉，以復中原，國勢亦少振矣。公始進見，欲堅上意，以遂中興之業，即奏言曰：「陛下以聖哲之資，撫艱難之運，側身焦思，累年於兹，而民困兵弱，寇僞侵凌，戡定之勳久而未集。意者，陛下殆當抗聖志於高明而輔之以睿智，日躋之學垂精，延訪蚤夜，汲汲以求宗廟社稷經遠持久之計。申明紀律，崇奬節義，而又以民心爲基本，忠良爲腹心，則臣有以知寇僞之不足憂，而恢復大功指日可冀矣。」因論自古中興之君唯漢之光武勤勞不怠，身濟大業，可以爲法；晉之元帝、唐之肅宗，志趣卑近，功烈不終，可以爲戒。反覆切至，而猶慮夫計畫之間或未精審，無以服衆心而成大功也，則又言曰：「人主操大權以御一世，必有所以處此者，唯切中於理，然後足以深服天下之心，是以無爲而不成。今萬幾之務決於早朝，侍立逡巡之頃未有以博盡謀謨之益，使其必當事理以服人心。謂宜畧倣唐朝延英坐論之制，仰稽仁祖天章給札之規，延訪羣臣，博求至計，然後總攬衆訂，以次施行，則政令之出，上下厭服，天下之事無所爲而不成矣。」顧又嘗病士溺於俗學而不明君臣之大義，是以處於成敗之間者常有苟且自恕之心，而缺於舍生取義之節，將使三綱淪墜而有國家者無所恃以爲安，則又奏言：「宜鑒既往之失，深以明人倫、勵名節爲先務，而又博求魁磊骨骾、沈正不回之士置之朝廷，使之平居無事，正色立朝，則姦萌逆節銷伏於冥冥之中，一朝有緩急，則奮不顧身以抗大難，亦足以禦危辱凌暴之侮，則庶幾乎神器尊嚴而基祚強固矣。」上悅其言，而於光武、晉、唐之論尤所嘉歎。明日以喻輔臣，且論元帝、肅宗之失，而尤以元帝區區僅保江左，畧無規取中原之志爲誚，乃詔改公京秩，仍典校中秘書，則當時聖志所存亦可見矣。

是年，天子有事於明堂，發赦追榮。以公在館職，有司按故事奉勅贈公父承事郎，母孺人。

八年戊午，公四十二歲。

三月，遷著作佐郎。

四月，復召對，擢尚書度支員外郎，兼史館校勘。○按，御史中丞常公同薦公恬尚有守，可任大事，因復召對。公即抗言：「當今國論不過兩端，喜進取之謀者，既以行險妄動而及於敗，爲待時之説者，又以玩日愒歲而至於媮，二者不能相通，而常墮於一偏，是以成功不可見而均受其弊。然臣竊迹近事，則夫往年江上之捷，日者僞劉之廢，中原之釁，可謂大矣，而吾終未肯求所逞，豈非以行險妄動爲不可以不戒，而於吾所以自治其國家者將益求其至歟？唯宜斷自聖志，深思昔人愛日之義，憂勞爲政，無少怠忽。」又言：「陛下有爲之志未嘗少衰，而天下之事每每病於不立，使中興之烈未有卓然可見之効。臣竊不勝憂憤。而深維其故，以爲陛下誠能並進忠賢，修明紀律，懲陵夷委靡之禍，革姑息苟且之政；深詔大臣，號令所出，必務合於天下之正義，而毋卹匹夫狥私之怨，則威令必振，國勢安強，桀驁之敵亦將斂衽而退聽，尚何病於事之不立哉！」上亦不以爲忤，特命除郎，兼畀史筆。而常公猶以爲此非所爲薦論之本意，再論上前，言甚懇至，然事已行，不及改也。

九年己未，公四十三歲。

歷司勳及吏部員外郎，領史職如故。

入史院，與修哲宗實録，書成，遷左奉議郎。○公至史院，會方刊修蔡卞所撰哲宗實録。而宣仁附傳實公所分，所以辨明誣謗、分别邪正者，於體爲尤重，而公考訂精密，直筆無隱，論者美之。其後顧亦不免頗爲他官所竄易，是以讀者猶有憾焉。

十年庚申，公四十四歲。

春，以年勞轉承議郎，出知饒州，辭，未上。○按，金人亟遣使請和，趙公以議不稍合，亦罷去，而秦丞相檜始顓政事，遂決屈己和戎之議矣。公在史院，亟與同舍胡公珵、凌公景夏、常公明、范公如圭等合辭抗言和不可從，然而國是已定，言無所入。由是公之求去愈力，而檜之怒公愈甚，遂使言者論公獨懷異自賢，陽爲辭遜，爲罪而出之外郡。公去未幾，而金果敗盟復奪河南地，檜亦不知所謂周章回惑，至於視師之奏，援引乖錯，而不自知。聞者莫不痛詈而深憂之。

請祠，得主管台州崇道觀。○按公請祠既遂，因還屏居建溪之上，日以討尋舊學爲事，玩心於義理之微，而放意於塵垢之外，有以自樂澹如也。公舊喜賦詩屬文，至是非有故不徒作，乃其文氣則更爲平緩，而詩律亦益閒肆，視諸少作，如出兩手焉。

十一年辛酉

十二年壬戌

十三年癸亥，公四十七歲。

三月二十四日辛亥，卒於建州水南之環溪精舍。○按，公疾革，文公年十四，公手書以家事屬少傅劉公子羽，而訣於籍溪胡公憲、白水劉公勉之、屏山劉公子翬，且顧謂文公曰：「此三人者，學有淵源，吾所敬畏。吾即死，汝往父事之，而惟其言是聽。」公没，少傅爲築室於里之第傍，即五夫里，地名潭溪。文公奉母祝太孺人就居焉。乃遵遺命，稟學於胡、劉三先生之門，後三年，白水先生妻之以女。

公没之明年甲子，文公扶公櫬葬於五夫里之西塔山。乾道六年七月五日，遷於里之白水鵝子峰下。後至慶元間，再遷葬於上梅里寂歷山中峰寺之北。祝太孺人後公二十七年卒，壽七十，葬建陽崇泰里後山天湖之陽。

宋光宗追封韋齋公通議大夫暨配祝氏追封碩人誥敕

朕方舍爵書勞，有吾從臣以次第報，則推本世系，及其禰廟，皆寵綏之，亦祭澤也。煥章閣待制、侍講朱熹故父左承議郎、守尚書吏部員外郎、兼史館校勘朱松，少而英發，晚益深造，渡江諸老，多其師友。嘗歷郎闈，秉史筆，力詆和議，緒正謗史。蓋官雖薄，而志在於天下後世也。位不稱德，識者恨之。屬予肇禋，有嚴美報，則爾有賢子，勸講路門，可無褒典，以慰罔極之懷？追錫崇階，用賁泉壤，非以爲生，亦德之稱，可追封通議大夫。

朕既爲卿大夫宏賁禰廟，以侈教忠之報，則母氏與享，可無申錫，使之匹休。煥章閣待制朱熹母碩人祝氏，來字名家，克相夫子，本之純厚，申以敬恭，其仰而事姑，備極順適；俯視媵御，又何其不察察也。是宜篤慶，聿生賢子，蔚爲儒宗，名滿天下，則加以美號，用慰孝思，我有茂恩，宜不汝吝，可追封粵國夫人。

紹熙五年十月□日。中書舍人陳傅良行詞

元順帝追謚朱獻靖公誥敕

考德而論時，灼見風標之峻；觀子而知父，迨聞詩禮之傳。久閟幽堂，丕昭公論。故左承議郎、守尚書吏部員外郎、兼史館校勘、累贈通議大夫朱松，仕不躁進，德合中行，遡鄒魯之淵源，式開來學；闡圖書之藴奥，玅契玄機。奏對雖忤於權姦，嗣續篤生乎賢喆。化民成俗，著書滿車。既繼志述事之光前，何節惠易文之孔後。才高弗展，嗟沈滯於下僚；道大莫容，竟昌明於永世。神靈不昧，休命其承，可謚獻靖。

至正二十一年十二月　日

明世宗詔

以宋儒朱松從祀啓聖公廟，令天下學宮一體並祀，通稱「先儒朱氏」。從輔臣張孚敬議。

嘉靖九年　月　日

皇考左承議郎守尚書吏部員外郎兼史館校勘累贈通議大夫朱公行狀

本貫徽州婺源縣萬年鄉松巖里。

曾祖振，故不仕。妣汪氏〔一〕。

祖絢，故不仕。妣汪氏。

父森，故贈承事郎。妣程氏，贈孺人。

公諱松，字喬年，以紹聖四年閏二月戊申生於邑里之居第。未冠，繇郡學貢京師。以政和八年同上舍出身，授迪功郎、建州政和縣尉。丁外艱，服除，更調南劍州尤溪縣尉，監泉州石井鎮。紹興四年召試館職，除秘書省正字，循左從政郎。丁内艱，服除，召對，改左宣教郎，除秘書省校書郎。遷著作佐郎、尚書度支員外郎兼史館校勘。歷司勳、吏部兩曹，兼領史職如故。與脩哲宗實録，書成，轉奉議郎。以年勞轉承議郎，出知饒州。未上，請間，得主管台州崇道觀。滿秩再請，命下而卒。紹興十三年三月二十四日辛亥也。

公生有俊才，自爲兒童時，出語已驚人。少長，遊學校，爲舉子文，即清新灑落，無當時陳腐卑弱之氣。及去場屋，始放意爲詩文。其詩初亦不事雕飾，而天然秀發，格力閑暇，超然有出塵之趣。遠近傳誦，至聞京師，一時前輩以詩鳴者，往往未識其面而已交口譽之。其文汪洋放肆，不見涯涘，如川之方至而奔騰蹙沓，渾浩流轉，頃刻萬變，不可名狀，人亦少能及之。然公未嘗以是而自喜，一日喟然顧而歎曰：「是則昌矣，如去道愈遠何？」則又發憤折節，益取六經諸史百氏之書，伏而讀之，以求天下國家興亡理亂之變，與夫一時君子所以應時合變先後本末之序〔二〕，期於有以發爲論議，措之事業，如賈長沙、陸宣公之爲者。既又得浦城蕭公顗子莊、劍浦羅公從彥仲素而與之遊，則聞龜山楊氏所傳河洛之學，獨得古先聖賢不傳之遺意，於是益自刻厲，痛刮浮華，以趨本實。日誦大學、中庸之書，以用力於致知誠意之地。自謂卞急害道，因取古人「佩韋」之義以名其齋，蚤夜其間，以自警飭。繇是向之所得於觀考者，益有以自信而守之愈堅，故嘗稱曰：「士之所志，其分在於義利之間兩端而已。然其發甚微而其流甚遠，譬之射焉，失豪釐於機括之間，則差尋丈於百步之外矣。」又嘗以謂：「父子主恩，君臣主義，是爲天下之大戒，無所逃於天地之間。如人食息呼吸於元氣之中，一息之不屬，理必至於斃。是以自昔聖賢立法垂訓，所以維持防範於其間者，未嘗一日而少忘，其意豈特爲目前之慮而已哉！」是時宣和之季，士之干世至是已無可言者矣。

旋屬靖康之變，中朝蕩覆。公在尤溪，方與同寮燕集，忽有以北狩之問來諗者〔三〕。公人之境，則已無復有當世意矣。

埃卑辱、鋒鏑擾攘之中，逃寄假攝，以養其親，十有餘年。以至下從算商之役於嶺海魚鰕無

固不暇於博求幽遠，以盡一世人材之用。而公抱負經奇，尤耻自售以求聞達，以是困於塵

聞震駭，投袂而起，大慟幾絶。既而建炎再造，王室漂摇，未有所定。寇賊縱横，道路梗塞，

會詔出御史胡公世將撫喻東南，公乃因謁見而説之曰：「古之爲天下國家者，必有一定之計，以爲子孫萬世之業，未有俯仰依違，苟度朝夕，曾不爲終歲之備而可以爲國者也。今日廟堂之議，固必有所謂一定之計矣，然未知其但欲襟憑江漢，控引荆吴以保東南而已乎？抑當克復神州，汛掃陵闕，據中原而撫三河也？蓋嘗聞之，不取關中，中原不可復；不取荆淮，東南不可保。唐唯不失關中，故更三亡不失舊物。而吴孫氏東攻新城，西攻襄漢，乃所以保建業。其後桓温、劉裕雖能以江漢舟艫西入河渭，然既得之而不能守，則亦僅足以保東南而已。然則天下之大勢可知已。今進既不能以六師之重通道荆襄，循漢沔以赴興元，結連拓跋，控引五路，東嚮以圖中原；退又不能移蹕建康，治兵訓武，北爭荆淮，以爲固守之計，而但蹙處一方，費日月於道塗，前不能有尺寸之利，後又無所保以爲安，未知漂漂者竟何如耶？」胡公奇其言，壯其策，歸即以聞於朝。而泉守、資政殿學士謝公克家隨亦露章薦公學行之懿，不宜滯筦庫，於是乃得召試。而發策者以中興事業之難易後

先爲問，公即對言：「自古謀國有得失，而成功無難易。蓋天下國家有至計，而國勢之强弱、兵力之盛衰、土地之開蹙不與焉。唯能順人心、任賢才、正綱紀，則天下之事將無難之不易。惟上之人惜時愛日而亟圖之。」反覆馳騁，辯説縱横，出入古今，證驗精博，日未昳，奏篇已上，累數千言而文不加點，高宗覽而異焉。趙忠簡公方以元樞受詔，西督川陝荆襄軍事，欲奏取公爲屬，會太夫人屬疾不果。既遂遭喪以歸，而趙公卒，亦不果行也。

再召入對，時上已用張忠獻公之策，進次建康，指授諸將，計日大舉以復中原，國勢亦小振矣。公始進見，欲堅上意，以遂中興之業，即奏言曰：「陛下以聖哲之資，撫艱難之運，側身焦思，累年于兹。而民困兵弱，虜僞侵凌，戡定之勳久而未集。意者陛下殆當抗聖志於高明，而輔之以睿智日躋之學，垂精延訪，蚤夜汲汲，以求宗廟社稷經遠持久之計；申明紀律，崇奬節義，而又以民心爲基本，忠良爲腹心，則臣有以知虜僞之不足憂，而恢復大功指日可冀矣。」因論自古中興之君，唯漢之光武勤勞不怠，身濟大業，可以爲法。晉之元帝、唐之肅宗志趣卑近，功烈不終，可以爲戒。反覆切至，而猶慮夫計畫之間或未精審，無以服衆心而成大功也，則又言曰：「人主操大權以御一世，必有所以處此者有以切中於理，然後足以深服天下之心，是以無爲而不成。今萬機之務，決於早朝侍立逡巡之頃，未有以博盡謀謨之益，使其必當事理，以服人心。謂宜略放唐朝延英坐論之制，仰稽仁祖天章給札之規，延訪群臣，博求至計，然後總攬參訂，以次施行。則政令之出，上下厭服，天下之事無所爲而不成矣。」顧又嘗病士溺於俗學，而不明君臣之大義，是以處於成敗之間者，常有苟生自恕之心，而缺於舍生取義之節，將使三綱淪墜，而有國家者無所恃以爲安，則又奏言：「宜鑒既往之失，深以明人倫、勵名節爲先務，而又博求魁磊骨鯁、沈正不回之士，置之朝廷，使之平居無事，正色立朝，則姦萌逆節銷伏於冥冥之中。一朝有緩急，則奮不顧身以抗大難，亦足以禦危辱凌暴之侮，則庶幾乎神器尊嚴而基祚强固矣。」上悦其言，而於光武、晉、唐之論尤所嘉歎。明日，以喻輔臣，且論元帝、肅宗之失，而尤以元帝區區僅保江左，略無規取中原之志爲誚。乃詔改公京秩，仍典校中秘書。則當是之時，聖志所存亦可見矣。

不幸適有淮西殺將叛兵之變，中外恫疑，異議蜂起，張公至爲解相印去，而國論遂變，至欲盡撤兩淮之戍，還建康以自衛。公深以爲不可，因率同列拜疏言曰：「淮泗東南之屏蔽，昔人之所百戰而必爭者。今皆幸爲我有，而無故捐之以資敵，非計之得也。若彼乘吾之却，長驅以來，不信宿而至江津，人心一摇，則建康雖有甲卒十萬，亦將無所施矣。且其新民累歲安集，亦既有緒。今乃一朝而棄之，使其老稚狼狽而南來，丁壯忿憾而北去，其失人心以貽後患，抑又甚焉。即以宿衛單寡，必行今策，則願毋庸盡撤，而使合肥、盱眙兩戍所留各不下三萬人，則亦足以固吾圉而折虜衝矣。」疏奏不省。而劉豫果數求援於虜以乘吾隙，議者方以爲憂，而虜反忌豫强將不可制，一旦執而廢之，遂不暇以我爲事。不然，則亦殆矣。自是之後，廟算低回，上下解弛，北伐之謀日以益衰，顧望中原，坐失機會。而明年，車駕遂還臨安矣。

御史中丞常公同薦公恬尚有守，可任大事，因復召對。公即抗言：「當今國論不過兩端，喜進取之謀者，既以行險妄動而及於敗；爲待時之説者，又以玩日愒歲而至於媮。二者不能相通，而常墮於一偏，是以成功不可見而均受其弊。故臣嘗謂能自治以觀釁，則是二者通爲一説而無所偏廢。蓋能夙夜憂勞，率厲衆志，則未嘗不待時而不至於媮；審知彼己，必順天道，則未嘗不進取而不及於敗。謀人之國者，誠能如是以求逞於讎敵而有不得志者，臣不信也。然臣竊迹近事，則夫往年江上之捷，日者僞劉之廢，中原之釁可謂大矣。而吾終未肯求所逞，豈非以行險妄動爲不可以不戒，而於吾所以自治其國家者，將益求其至歟？今日之勢，雖未至於危機交急，亦可謂迫矣。謂宜斷自聖志，深思昔人愛日之義，憂勞庶政，無少怠忽。凡事之故常，非天下所以安危存亡者，悉歸之有司，而日與輔相大臣一心戮力，明禮義、正綱紀、除弊政、振媮俗，撫循凋瘵之民，淬勵士大夫而責之職業，凡以求吾所以自治者，然後謹察四方之釁，投隙而起，安受其燼，以致天地之殛，則雖有智者，亦不知爲敵謀矣。」

初，劉光世守淮西，御軍無法，而寇至輒謀引避。既正其罪而奪之兵矣，尋有叛兵之變，廟議反謂由罷光世使然，更慰藉而寵秩之。張俊守盱眙，方撤戍時，猶命分兵留屯，而俊不受命，悉衆以歸，朝廷亦不能詰。公於是又言：「陛下有爲之志未嘗少衰，而天下之事每每病於不立，使中興之烈未有卓然可見之效，臣竊不勝憂憤。而深惟其故，以爲陛下誠能並進忠賢，修明紀律，懲陵夷委靡之禍，革姑息苟且之政，深詔大臣，號令所出，必務合於天下之正義，而毋恤匹夫徇私之怨，則威令必振，國勢安强。雖桀驁之虜，亦將斂衽而退聽，尚何病於事之不立哉？」上亦不以爲忤，特命除郎，兼畀史筆。而常公猶以爲此非所爲薦論之本意，再論上前，言甚懇至。然事已行，不及改也。公至史院，會方刊修蔡卞所撰哲宗實録，而宣仁附傳實公所分，所以辨明誣謗、分別邪正者，於體爲尤重。而公考訂精密，直筆無隱，論者美之。其後顧亦不免頗爲他官所竄易，是以讀者猶有憾焉。

既而虜人亟遣使來請和，趙公以議小不合亦罷去，而秦丞相檜始顓政事，遂決屈己和戎之議矣。虜使名稱既不遜，而所責奉承之禮又有大可駭者，於是衆心共怒，軍士至洶洶欲爲變，夜或揭通衢，指檜爲虜諜。都人洶懼，一時忠智之士競起而爭之，公亦亟與史院同舍胡公珵、凌公景夏、常公明、范公如圭五六人者，合辭抗疏言曰：「虜人方據中原，吞噬未厭，何憂何懼而一旦幡然與我和哉？蓋其紐於荐食之威，動輒得志，而我甚易恐，故常喜爲和之説以侮我。又慮我訓兵積粟，畜鋭俟時，而事有不可知者，故不得不爲和之説以撓我耳。蓋虜人和使即秦之衡人，兵家用之百勝之術也。六國不悟衡人割地之無饜以亡其國，今國家不悟虜使請和之得策，其禍亦豈可勝言哉！而執事者顧方以爲吾爲梓宫母后淵聖天屬之故，遂不復顧祖宗社稷二百年付託之重而輕從之，使彼得濟其不遜無稽之謀而藉躪以逞，將焉避之哉？昔楚、漢相持之際，項羽常置太公俎上，而約高祖以降矣。使爲高祖者信其詐謀而遽爲之屈，則自其一身且無處所，尚何太公之可還哉！唯其不信不屈，而日夜思所以圖楚者，以故卒能蹙羽鴻溝之上，使其兵疲食盡，勢窮力屈而太公自歸。此其計之得失，亦足以觀矣。」其言之切如此，蓋出公與諸公之意，而成於胡公之手。檜雖持其議不少變，然虜人狂謀因是亦有不得盡逞者，論者莫不壯之。然自是之後，邊備遂弛，士氣益衰，而興復之謀上下皆以爲諱，正墮公等所憂撓我之計。

檜顧自以爲得上心，始謀以次盡逐諸異議者，公因是亦數自求引去。而參知政事李莊簡公又嘗欲引以置近班，以是檜尤忌之，固留不許。及虜使再至，獨許歸我河南地。公因輪對，又言：「陛下踐艱難之運十年于兹，雖有大有爲之志，而於天下國家所以經遠持久之計，多有所未暇者。今者天啓戎心，畫地數千里以歸于我，此雖異時之變未可以豫知，意者天其以禮悔禍，使陛下間於憂虞，而大有爲之志將有所使〔四〕，此萬世一時也。然天下之事每病於難立者，正以嚮一夫獨見之言而略衆口異同之論，是以謀始太鋭而用計有未詳也。願考漢廷雜議之法，自今發政造事，陛下既與大臣謀謨於上，又令卿士大夫有忠慮者，亦得以自竭于下，然後總攬羣策而裁處其中，將舉天下之事，惟陛下之所欲爲而無不成矣。」此於前日講和之議，猶欲三致意焉。又念國步日艱，人心未服，而天子無自將之兵，諸道無典戎幹方之實，二三大將人擁重兵，强不可令，事蓋有不可知者，則又數數建言，宜復武舉，責實用，必其洞曉韜鈐、長於綏御者，以儲將帥之才。下州郡選驍勇悉送行在，以補周衛之缺。精擇帥守，使蒐卒乘，以壯藩維之勢。亦皆當世之急務，久長之至計，反復惓惓，不能自已。其於請建大學、明大倫，以倡節義之風而厲苟媮之習，則又平日之所深慮而每言之，所謂如人食息呼吸於元氣之中，一息之不屬，理必至於斃焉者，非若後來諸人承望風旨，但以課試文墨爲粉飾太平之具而已也。然而國是已定，言無所入，由是公之求去愈力，而檜之怒公愈甚。十年春，遂使言者論公獨以懷異自賢，陽爲辭遜爲罪，而出之外郡。然公去未幾，而虜果敗盟，復奪我河南地，悉其鋭師，數道大入，如公所謂未可豫知者。於是中外大震，檜亦不知所爲，周章回惑，至於視師之奏，援引乖錯而不自知，聞者莫不竊笑而深憂之。幸而一時將卒猶有前日柬拔蒐練之餘，以故關陝、順昌、橐皐之師連戰大捷，虜乃引退，復議講解，而梓宮母后始得南歸，又如公等所論楚漢强弱之勢。然檜遂掩己失而冒以爲功，公奪主權，肆然無復有所忌憚矣。公固不能復爲之屈，遂自請爲祠官，屏居建溪之上，日以討尋舊學爲事，手抄口誦，不懈益虔。蓋玩心於義理之微而放意於塵垢之外，有以自樂澹如也。舊喜賦詩屬文，至是非有故不徒作，乃其文氣則更爲平緩，而詩律亦益閒肆，視諸少作，如出兩手矣。然公自是不復起，年未五十而奄至大故，善人之類，莫不傷之。其後十餘年間，檜遂顓國秉，大作威福，諸與公同時被逐之人，大者削籍投荒，小亦棄置閒散。迄檜死敗，其幸存者乃起復用，或至大官，而公皆已不及見矣。嗚呼，熹尚忍言之哉！

公性至孝，事太夫人左右無違。友愛諸弟，委曲將就，有人所難能者。與人交，重然諾，不以生死窮達二其心。撫孤甥，教之學，而經理其家事曲有條理，人無間言。接引後進，教誘不怠，聞人之善，推借如不及。至於邪佞嵬瑣、簡賢附勢之流，與己異趣，則鄙而遠之，或不忍正視其面。至其所以施於吏治者，亦皆果決明辨，抑邪與正，無所顧避。顧熹生晚，不及於聞見之詳，故不得而記也。晚既屬疾，自知必不起，而處之泰然，略無憂懼之色。手書告訣所善胡公憲原仲、劉公勉之致中、劉公子翬彦冲，屬以其子，而顧謂熹往受學焉。其志道服膺，死而後已，垂裕後人，不使迷於所鄉者又如此云。所爲文有韋齋集十二卷行於世，外集十卷藏於家。始時吏部侍郎徐公度欲爲之序，略言少日多見前輩，而自得從公及正平張定夫遊，始得爲文之法。會病革，不及脱藁，而今序則直祕閣傅公自得之文也。其論以爲公詩高潔而幽遠，其文温婉而典裁。至於表疏書奏，又皆中於理而切事情，亦爲得其趣者。

公娶同郡祝氏，封孺人，贈碩人。其父處士確有高行。碩人性慈順孝謹，佐公事太夫人於窮約中，未嘗一日不得其歡心。承接内外姻親，下逮妾媵僮使，曲有恩意，後公二十七年卒。一男子，熹，今以朝奉大夫致仕。一女子，嫁故瀏陽縣丞劉子翔，蚤卒。孫男三：長塾，亦蚤卒；次埜，將仕郎；次在，承務郎。女三，其婿脩職郎劉學古、迪功郎黄榦、進士范元裕。曾孫男五，鉅、鈞、鑑、鐸、銍。女九，長適文林郎趙師夏，餘或許嫁而未行也。

公卒之明年，熹奉其柩葬于建寧府崇安縣五夫里之西塔山，而碩人别葬建陽縣崇泰里後山鋪東寒泉塢。然公所藏地勢卑濕，懼非久計，乃卜以慶元某年某月□□日奉而遷于武夷鄉上梅里寂歷山中峯僧舍之北。蓋公之詩嘗有「鄉關落日蒼茫外，尊酒寒花寂歷中」之句。嗚呼，此豈其讖耶！不肖子熹追慕攀號，無所逮及。竊惟納銘幽堂，具著聲烈，以告萬世，蓋自近古以來未之有改。而公贈官通議大夫，正第四品，準格又當立碑，螭首龜趺，其崇九尺，刻辭頌美，以表于神道，用敢追述其平生論議行實之大者如右，以請于當世立言之君子。伏惟幸垂聽而擇焉。謹狀。慶元五年十二月日孤朝奉大夫致仕、婺源縣開國男、食邑三百户賜紫金魚袋熹狀。

宋史館吏部贈通議大夫朱公松神道碑

周必大

祖宗時擇儒學爲舘職，自館職擇侍從，由侍從擇輔相。所謂儒學者，明仁義禮樂，通古今治亂，其議論可與謀慮大事、決疑定策，文章特一事耳。治平中，歐陽文忠公在政府，奏疏如此。尋命宰執各薦士，其效見於元祐之際。高宗方内修外攘，首置秘書省，以儲人才。他有司治事，日不暇給，獨館職涵養從容。要路闕，必由此選。國朝盛舉，乃復見之。新安朱公蓋其一也。

公諱松，字喬年，世家婺源。曾祖振，祖絢，妣皆汪氏。父森，常曰：「吾家五世積德業儒，當有顯者。」後贈承事郎，妣孺人程氏。公生以紹聖四年。兒時出語驚人。未冠力學，繇郡庠貢京師。文體清新，耻於蹈襲。政和八年，上舍登第，以迪功郎調建州政和尉。丁父憂，服除，再調南劍州龍溪尉，監泉州石井鎮。詩名聞四方，他文渾灝流轉，惟意所適。然謂於道爲遠，益取經子史傳，考其興衰治亂，欲應時合變，見之事業。又因師友浦城蕭顗子莊、劍浦羅從彦仲素，而得龜山楊文靖公河洛學問之要，拳拳服膺。每疑卞急害道，取佩韋之説名齋自警。在尤溪聞靖康北狩，大慟幾絶。自是奔走卑冗，假禄養親，無仕進意。紹興初，監察御史胡世將撫諭入閩，公袖書告之曰：「今不自荆、襄赴興元，結夏人，控引五路，東嚮争中原，則當幸金陵，固守荆淮。柰何局促一方，徒費日月，竟將何爲？」世將奇其才，歸薦于朝。會前執政謝公克家守泉南，亦露章薦公學問，不宜滯管庫，遂召試館職。策問中興難易，公乞順人心、任賢才、正綱紀，累數千言，辯論精博。高宗嘉賞，除秘書省正字。

四年二月，循左從政郎。趙忠簡公以元樞都督諸路軍馬，約公入幕。公以親疾辭。尋丁母憂。七年服闋，上巳進都金陵。九月，再召對。公勸上抗志高明，垂精延訪，求經遠持久計。遂言中興之君，惟光武克濟大業，可以爲法。元帝、肅宗志趣卑近，宜以爲戒。上明日對輔臣言稱善，且謂光武無可議，肅宗雖優於元帝，然虧人子之行於其終焉，可恨也。特改左宣教郎，除校書郎。是時，吕祉代劉光世統軍淮西，酈瓊擁衆叛去，廟論欲斂兩淮戍兵，衛行都。公率同列疏言不可。亦會虜疑劉豫得叛兵不可制，執而廢之，當路不能乘機會，乃亟還臨安。八年三月，遷著作郎。御史中丞常同薦公可任大事。四月復賜對。公言國論不過兩端，進取者失之疎，玩愒者失之媮，惟自治觀釁爲。上策：願陛下並進忠賢，修明紀律，革姑息、振國勢，虜不足平也。上悦，擢尚書度支員外郎，兼史館校勘。刊修蔡下所改哲宗實録，公用力爲多。歷司勳及吏部員外郎，史職如故。實録成，遷左奉議郎，磨勘轉承議郎。

趙忠簡公罷相，秦忠獻公當國，決意講和。公與史官胡珵、凌景夏、常明、范如圭合奏：「陛下以梓宫母兄天屬未歸，不憚屈己和戎。曾不思項羽置太公俎上，邀高祖。高祖知其詐，日夜思所以蹙羽者，彼兵疲勢窮，太公自歸。此今日龜鑑也。」秦方惡公異議，參知政事李莊簡公又力援公。屬虜使再至，許歸河南地。公請用漢制，命廷臣雜議，又云二三大將握重兵，將有尾大之患。請復武舉，儲將帥；選驍勇，補周衛；擇守帥，壯藩維；興大學，明大倫，以倡節義，規摹大率類此。秦滋不樂，諷言者論公懷異自賢。出知饒州。十年春己未，上請祠，主管台州崇道觀。和議俄變，秦倉黄不知所措。有郎官代作自解之奏曰：「伊尹告成湯，德無常師，主善爲師。臣前贊議和，今請伐虜，是皆主善爲師。如其不濟，則陳力就列，不能者止。當遵孔聖之訓。」秦大喜，擢郎官爲右史，而不復問所引皆誤也。是時，秘書省寓法慧寺。或大書于門云「周任爲孔聖，大甲作成湯。」秦大怒，疑出於館職，相繼汰去，而引用其黨。公遂不可出矣。

祠滿，再任，命下而卒，十三年三月辛亥也。享年四十有七。公性孝友，於朋友重然諾，不以死生窮達易其志。誘進後學，揚人之善。凡邪佞嵬瑣鄙薄之輩，絶不與交。秦薨，異時名士抑遏竄逐者悉起爲大官，獨公不及，識者惜之。其將終也，手書與所善胡憲原仲、劉勉之致中、劉子翬彦沖，屬其子熹使往受業。其後遂以奧學高文推重當世。今上聞其名，以待制侍講禁中，累贈公通議大夫。初公卒之明年，葬建寧府崇安縣五夫里西塔山，勢頗卑下，乃卜慶元某年某月某日遷葬武夷鄉上梅里寂歷山中峯僧舍之北。公嘗賦詩有「鄉關落日蒼茫外，尊酒寒花寂歷中」之句，兹其讖乎？

待制以某先太師爲同年進士，故來請銘。公娶同郡祝氏，處士確之女，贈碩人。事姑孝謹，待内外姻親和順，得其懽心。後公二十七年卒，别葬建陽縣崇泰里後山鋪東寒泉塢。一男，熹也。女嫁瀏縣劉子翔，早世。孫男三：長塾，已亡；次埜，將仕郎；次在，承務郎。女三人：倚職郎劉學古、迪功郎黄榦、進士范元裕其壻也。曾孫男五人：鉅、鈞、鑑、鐸、銍。女九人：長適文林郎趙師夏，餘未行。公平生所爲文有韋齋集十二卷行於世，外集十卷藏于家。吏部侍郎徐度自言少多與前輩游，逭識公及張戒定夫，始得爲文之法，欲爲公集序，未及成；而文士傅自得實爲之，謂公詩高深幽遠，其文温婉典裁，非溢美也。公母弟槹亦負軼才，不肯俯仰於世，有詩數十篇，高遠近道，號玉瀾集云。

銘曰：

信道惟人，窮理以書，合而一之，乃曰通儒。表表朱公，邁往于初，師友淵源，名實允乎。蘭臺史觀，卿材是儲，有昌其言，有宏厥模。人雖我抑，豈無後圖，高皇更化，羣賢畢趨。公則逝矣，賷志弗紓，幸哉有子，播獲菑畬。追爵黄散，肇營新墟，揭以銘章，永鎮黿趺。

右碑文廼宋少保益國公周先生所作公諱必大，字子克，廬陵人，慶元初以少傅致仕。自號平園老叟，謚文忠，有集二百卷，著書八十一種行世。按，文公慶元庚申閏二月二十七日答門人楊子直方書云：「熹曾病日覺沉重，而醫者咸以爲可治，但服藥，殊不見效，亦付之無可奈何，安坐拱手，以聽天命耳。曾光祖在此備見，當能道之也。此間諸况曲折，亦不暇詳布，渠亦可問也。前書所求妙札，曾爲落筆否？便中早得寄示爲幸。近以書懇益公，求作先人墓碑，不知渠肯作否。若肯作又并書，即不敢奉浼，不然又當有請也。」此書去夢奠十二日耳。益公此作，文公恐未及見；立碑與否，亦不可考。此文係萬曆間十三世孫世澤得之新安文獻集中，亟録歸以補入家乘，今附載公文集之前，以垂不朽云。

朱韋齋先生祠

一　在建寧府城南橋頭，即環溪精舍舊址。公尉政、尤時，往來建州，見山水佳勝，遂築室遷居焉。前有環沙,即文公幼時畫卦處。公亦卒於此。元時有僧建石橋,假精舍爲督工局,後漸更名爲寺。至明成化正德間,子孫白於官,始復其地,重葺精舍以祀公。扁曰「朱韋齋先生祠」。春秋有司如儀致祭,汪公佃記。年久傾頹。國朝康熙乙未,十七世孫玉請建於文公祠内爲啓賢祠,春秋郡守委學官致祭。

一 在建陽縣考亭。明天順壬午,知府劉公鉞、推官胡公緝、奉御史魏公瀚創建,陳公文記。萬曆丁亥重建。戊午議舉祀典,提學岳公和聲照啓聖公例,春秋丁日官設祭品,掌教行祭。國朝康熙丙申,巡撫陳公璸具題捐金三千兩,書院啓賢祠内外一概重新。

一 在尤溪縣治南。公尉尤溪,秩滿假寓鄭氏之館舍而生文公,即此地也。宋嘉、熙間建祠。德祐乙亥恭宗勅賜南溪書院。初公與文公合祀,元至正間分建韋齋公祠於毓秀亭之右門,額曰「閩中尼山」。中爲毓秀亭,迺生文公瘞胎衣處。

一 在泉州府城西南石井鎮。舊名鼇頭精舍。公嘗監此鎮,宋嘉定間鎮公游絳建以祀公。

一 在崇安縣上梅里寂歷山墓下。明嘉靖間巡道王公庭建。

一 在政和縣治溪南正拜山下。公尉署故址,元至正間建。

一 在婺源縣治。原祠燬於兵火,明萬曆丁酉邑令浮梁朱公一桂捐俸重建。文公十三世孫崇沐出己資以佐其成。

一在歙縣治内。設門子一名，年給工食。春秋每祭，動支銀陸兩捌錢陸分，載在邑志。

環溪精舍記

汪佃

前代賢哲之故居遺躅，所以歷世久長，閲廢興而不遂泯者，未有不由良有司之標表作興於其上，亦未有不由其賢子姓敬承遹追於其下。公私相成，彼此協贊，然後功易集，而事有可久。雖中更世故，不無衰歇，而羊存識禮，終克按蹟而修復之。不然墜者日就澌燼，間能興之，旋即蕪没，徒使嗟惋歎恨於故墟耳。吾於韋齋先生城南之祠之興，重有感焉。先生之先，徽之婺源人，世德弗耀。政和八年，先生登進士出身，授建州政和尉。父卒，貧不能歸，因葬其邑。而遊宦往來閩中，始從龜山楊氏門人爲大學、中庸之學。調南劍州尤溪尉，實生文公於其邑。館歷監泉州石井鎮税，循左從政郎。紹興四年，召試，除秘書省正字。丁内艱。服除，召對，改宣教郎，除秘書省校書郎，遷著作佐郎、尚書度支員外郎，兼史館校勘。歷司勲、吏部兩曹，皆領史職如故。以史勞轉奉議郎，以年勞轉承議郎，受知於丞相趙忠簡、趙忠獻二公，未及用而去。秦檜以是忌之，而先生方率同列極論和議不便，檜益怒，出先生知饒州。未赴，丐祠禄。樂建州城南溪山之勝，築環溪精舍，寓居徜徉終焉。舍前溪沙，相傳文公兒時畫卦所也。陵谷變遷，兹地鞠爲榛莽。國朝洪武初，有僧造城南石橋，搆菴其上督工，而精舍之名故在，後遂更名爲寺。成化丙戌，先生十世孫燉白於官，僅復其西隅隙地。正德壬申，孫爚、壆等請於提學餘姚胡君鐸，黜其僧而移佛像於他所，仍其舊，載加葺理，奉先生像於中堂，而文公配焉。「啓蒙」、「畫卦」有亭，「養正」有堂。像設冠裳，凛凛生氣，而舊觀一旦光復矣。然歲時秩祀，尚爲曠典。嘉靖丁酉，其十一世孫，版曹副郎陞復申請於提學貴溪江君以達，檄郡覈實。郡丞婺源汪侯玩署事，實贊厥成。遂以是年秋下建寧，秩諸常祀，廟貌靚嚴，過者必式，籩豆祝號，牲帛粢盛，一供有司，視前有加，永永無極矣。夫精舍之墟，數百餘年廢置，不知其幾，由成化丙戌修復以來，迄今又七十餘載，日營歲拓，始克大備，此固當路諸賢留意儒先之盛舉。而其後裔堂搆之有人，良不可誣哉！夫一舍存亡，若無繫重輕者，況先生位未甚顯，而道未大行於時，今其後人號籲圖復，皇皇若恐弗及，而上官相繼，加飭指爲第一義而不敢後者，豈非以道學源流之地，斯文之興喪，來學之起墮，靡不由之，顧忍等爲彌文細故而漫不加之意哉？抑先生眷眷兹地，至居以終其身，雖有并州故鄉之念，亦以先壟所在，有慕戀不忍遠去者。是乃仁人孝子不忘本始之至情，不獨以其地勝而已。厥後文公奠居考亭，迄今十有餘世，族系繁衍，代有聞人，遂望於閩，實啓自城南。則夫大儒發蹟肇基之地，又不可以尋常例視也。朱子後嗣其敬守之哉！副郎以予濫竽於斯，亦嘗與相兹役，徵言爲記。余不佞，厠史氏後紀事責也，乃不辭而承命。嘉靖戊戌弋陽後學汪佃記石。

韋齋先生祠記

陳文

建陽縣西三桂里舊有考亭，唐御史黄端公所建，以爲祠先之所。山水清邃，竹林茂密，土膏沃衍。宋尚書吏部郎、兼史館韋齋朱先生歷尉政、尤，過考亭而愛其地之勝，欲卜居不果，其子文公紹熙三年始克繼先生之志，築室居之，即其所居之東北，建竹林精舍，後更名滄洲。前爲明倫堂，又前爲燕居殿，以奉先師孔子及四配像。元至正元年，府通判劉伯顔以公五世孫沂之請，乃輟羡積，得中統鈔千五百緡，屬縣典史以供其事。典史宣劉意於衆，乃翕然趨勸新之，始作文公祠堂於考亭之滄洲精舍。學士虞伯生記之，備言文公之學得孔子删述六經之源流，而折衷羣言以開來學，實國家所當尊信，而教之所由行也。惟其教之浹於人者深，故人之思慕愛戴愈久而愈不忘。而增修其祠宇者，推原其所生曷有已歟！

此韋齋先生祠堂之所由作也。先生家世徽之婺源，文章行誼爲學者師；篤生文公，以闡其家學，而弘夫正教，立人紀，隆世道於愈久，豈小補哉！考亭故無韋齋先生祠。今建寧府推官吉水胡緝涖政之五年，天順壬午因監察御史安成劉釬、姑蘇顧儼之意，既捐俸爲倡率，先生八世孫洵及邑之人士咸出己資而重新文公之祠。其堂寢廊廡庫廩庖湢之所，先師孔子之燕居、先生之故寢，暨天光雲影亭已廢而頹壞者，俱重修而增新之。垂成而釬兄鉞來守建寧，圖完美之，有加於前，乃請學士彭公記之矣。後二年甲申，鉞與緝又因監察御史餘姚魏瀚、按察副使三衢鄭佑意，始創先生祠，置賢關。既落成，寓書幣請記於予，予惟孔子集羣聖之大成而道貫古今，文公集諸儒之大成而學該經史，後學之所宗，世教之所賴，而誦其訓詁，得其理義，而行其道於當時。其思慕愛戴以興夫祠祀之典，而追崇敬仰之春秋，致奠齋戒思誠，若將見聞其容聲，其亦報本之情，不容已者歟！昔周人郊祀后稷而推本其始生之祥曰：「厥初生民，時維姜嫄。」以其有養民之功也。今既重修文公之祠，而復祠祀韋齋先生者，其亦周人之意歟？周人以養民之利始於稷之播種，而今之任風憲爲郡之正佐者，蓋以教民之經史終於文公而大明也。追祀固宜，況克昌厥後，而前有沂之相成其功，今有洵之光繼其蹟，誠不可以無記，故歷叙而記之。盧陵陳文。

附録二

鄭璠題識

予承之吴邑，嘗手録韋齋先生集若干卷，而訛闕無所于考。比倅新安謁文公于紫陽書院。紫陽，韋齋舊遊地也，因舉其故。通守睢陽陳侯性之乃出是編，與其弟玉瀾集一卷，爰正所録本并刻之。嗚呼，是書始行於南康，再行於旌德，今不傳久矣。新安爲韋齋里居，而後學之仕於其地，欲徵文獻固不可無是書，欲遡本源尤不可無是書，況有裨於風化，願見而不可得者，則是書信不可無也。若夫先生父子昆弟家學之相授受，序跋郡乘已載顛末，復何言？弘治癸亥春二月既望，任丘鄭璠謹題。

朱昌辰跋

先儒獻靖公韋齋集十二卷，暨先逢年公玉瀾集一卷，一刻于淳熙辛丑，再刻于至元丁丑，三刻于弘治癸亥。板藏闕里先祠，歲久漫滅，于世罕行，而世亦罕有購得者。康熙庚寅正月，昌辰求得舊本，急訂魯魚，付之剞劂，而記年月于後。二十世孫昌辰謹記。

附録三

尤袤跋

英偉豪傑之士，生必有所自來，故其亡也，決不泯泯與草木俱腐。觀玉瀾先生之集，顧不異哉！夫得則喜，失則悲，有所不平則怨刺，此詩人之情也。惟深於道者不然，無入而不自得，先生近之。先生少有軼才，自負其長，不肯隨俗俯仰。厄窮踸踔，有人所難堪而其節愈厲，其氣益高。其詩閒暇，略不見悲傷憔悴之態，其視富貴利達真粃糠土苴爾。春風一篇，雍容廣大，有聖門舞雩氣象。感事三篇，慨然見經世之志。自作挽歌詞，齊得喪，一死生，直欲友淵明於千載。至所謂「自我識興廢，於天無怨尤」，非深於道者能如是乎？嗚呼，以先生之才，使其作於聲詩，薦之郊廟，發其所藴，措諸事業，何愧古人？百不一售，使後世所以知公者，獨此數十詩而已，悲夫！先生有兄曰韋齋，白首郎潛，不究大用，人以爲恨。其詩凌厲高古，有建安七子之風。韋齋之子南康使君，今又以道學倡〔五〕，其詩源遠而流長，信矣哉！淳熙辛丑仲春望日，梁谿尤袤敬跋〔六〕。

朱玉題識

玉瀾集，先始祖承事公第三子所作也。公諱槔，字逢年，舉建州貢元。負軼才，不肯俯仰於世，未仕而卒。其詩高遠近道，原附韋齋公集後，尤公題跋極稱之，敬列於篇端。惜公他文不傳，並生卒年月家乘中亦無攷，兹幸獲原本，得詩八十三首，重新授梓，不使終於淪没，亦可少慰公靈之萬一爾。

紫陽世孫玉敬識

校勘記

〔一〕妣汪氏　此下正訛曰：曾祖妣汪氏下，一本有「繼汪氏」三字。

〔二〕先後本末之序　「末」，原作「未」，據文意改。

〔三〕公在尤溪至以北狩之問來謚者　此段正訛引徐樹銘新本、祠堂本作「公時在制，一日方與客語，忽有以北狩音問來謚者」。

〔四〕而大有爲之志將有所使　「使」，正訛作「伸」。

〔五〕南康史君　「使」原作「史」，據四庫本改。

〔六〕據朱玉刻本，尤袤跋後有雙行小字及朱玉題識，録如下：

尤公字遂初，常州無錫人。幼穎異，稱爲奇童。紹興八年進士，累官至光宗朝除禮部尚書。卒年七十，謚文簡。有文集六十卷行於世。

募耕唐、鄧廢田，勸課農作。守令治最者，久其任，以率吏課。裁定令敕，以省疑讞。弛茶禁，以便東南之民。議者以謂近于三代之仁義，多公所論議施行。行狀

仁宗春秋高，繼嗣未立，天下以爲憂。雖或有言者，而大臣莫敢爲議首。公數乘間伏奏，乞選立皇子。上顧曰：「後宫一二欲就館，卿毋亟。」後誕育皆皇女。公一日挾孔光傳進對曰：「漢成帝立二十五年無繼嗣，已議立帝弟之子定陶王爲皇太子。成帝中材常主，猶能之，以陛下之明，何難于此哉！太祖爲天下長慮，福流至今，惟陛下以太祖心爲心，則無不可矣。」仁宗感悟，始以英宗判宗正寺。英宗力辭，宦官宫妾勢未便，中外皆爲危之。公復啓曰：「陛下屬之以大任而不肯當，蓋其沉遠詳重，識慮有以過人，非有他也。事猶豫不決，招讒慝，生變故。且名未正則尚得以辭，名體一定，父子之分明，則浮議亦不復得摇矣。」仁宗欣納曰：「如此，則宜乘明堂大禮前，亟立爲太子。」乃召樞密大臣諭其事，大臣或愕曰：「此大事，毋遽。」上顧曰：「朕意決矣。」曰：「誠如此，臣敢爲天下賀！」又召學士爲詔書，學士亦請對，然後進藁。英宗既爲太子，尚堅卧。公又奏曰：「今既爲陛下子，何所間哉！願令宫人就諭旨，及本宫族屬敦勸。」上如其請，就慶寧宫。會仁宗棄天下，平旦，入預大議，英宗即皇帝位，宫門徐開，追百官班宣遺制，衛士坐甲，諸司幕廡下治喪，人情肅然。日至巳午，市肆猶有未知者。公性厚重，未嘗名其功，其門人親客，或燕坐從容，語及

太子定策事，必正色曰：「此仁宗神德聖斷，爲天下計，皇太后母道内助之力，朝廷有定議久矣。臣子何預焉！」行狀

又遺事云：仁宗嗣未立，公請置内學，教宗子，建儲之意，默存其中。事未及行，仁宗倦勤，勢漸迫，更不暇置内學。每進對罷，即論太子天下本，不可不預立，以係天下心。語日益深切。時有二宗子育宫中。公謂：「二宗子陛下亦必自能見其孰聰明知否。」仁宗以英宗爲言，公即將順，乞降聖旨劄子，權判宗正司。後兩府通簽御劄，張昇太尉見之懼，深罪公何不與之素議。及次日，殿上大言：「此事係社稷，陛下不可錯！」上曰：「此事與相公經商量來。」昇下殿，至中書，又詰公，公曰：「此甚入思慮來，不錯。」昇退，公笑曰：「若素議，豈不壞了事？」

英宗初爲皇子，時允弼最尊屬，心不平，且有語。國朝制度，嗣天子即位，先親王賀，次六軍，次見百官。公是時先獨召允弼入，稱：「先帝晏駕，太子即位，大王當賀。」允弼曰：「皇子爲誰？」曰：「某人。」允弼謂：「豈有團練使爲天子者？何不立尊行？」公曰：「先帝有詔。」允弼曰：「焉用宰相？」遂循殿陛上。公叱下，曰：「大王，人臣也。不得無禮！」左右甲士已至，遂賀。次召諸親王，見六軍百官，中外晏然。遺事

英宗即位已數日，初掛服于柩前，哀未發而疾暴作，大呼，語言恐人，所不可聞，左右皆

反走，大臣輩駭愕癡立，莫知所措。公亟投杖於地，直趨至前，抱入簾曰：「誰激惱官家？且當服藥。」内人驚散，公呼之，徐徐方來，遂擁上以授之曰：「皆須用心照管官家。」再三慰安以出，仍戒當時見者曰：「今日事唯某人見，某人見，外人未有知者。」復就位哭，處之若無事然。歐陽永叔歸以語所親曰：「韓公遇事，真不可及。」並別録

英宗初以驚疑得疾，雖平而疑未解，潛晦自居，猶若疾者，面壁堅卧，不受藥餌。公日率同僚，自捧藥以進。公俯而懇告，則或熟視而不言，或取藥覆公之衣而不顧。公或跪於榻上者移時，或拜於床下者數四。太后每勞公曰：「相公亦不易勝矣。大王汝自勸。」及大王勸之，尤不顧也，然須公强之而後服。別録

英宗遇貂璫少恩禮，左右不悦，多道禁中隱密者，雖大臣亦心惑之，公獨屹然不動，昌言於衆曰：「豈有前殿不曾差了一語，而一入宫門，得許多錯來？琦深疑此事，簾前亦屢以此爲對。」自爾人情知公意不可摇，妄傳語言者遂息。慈壽一日送密札與公，有「爲孀婦作主」之語，仍敕中貴俟報。公但曰：「領旨。」公以山陵有事呈乞，晚臨後上殿，諸公不預。既見，謂上曰：「官家不得驚，有一文字須進呈，只是不可泄。陛下今日，皆太后力，恩不可報。然既非天屬之親，願加意承奉，便自無事。」上曰：「謹奉教。」公又云：「此文字臣不敢留，幸宫中密焚之，若泄，則間遂開，卒難合矣。」他日，光獻對中書泣訴英宗疾中語言起居

狀，繼而樞密院對語亦如前。富公弼謂公曰：「適聞得簾下説否？弼則不忍聞。」蓋富意以太后之言爲然，而歸咎於英宗。及公力勸太后徹簾，不敢令富公預聞。後中書已得光獻旨還政，密院猶未知也。迨手書出，富公愕然，因此不悦。家傳

英宗既自外來，又方寢疾不豫，人情傾向在太后，公慮宮中有不測者。一日因對，深以言動太后曰：「臣等只在外面，不得見官家，内中保護，全在太后。若官家失照管，太后亦未安穩。」太后驚曰：「相公是何言語？自家更是用心！」公即曰：「太后照管，則衆人自照管。」同列爲縮頸流汗。既而吳奎曰：「語不太過否？」公曰：「不得不如此。」別録

公潛察英廟已安，而曹后未有還政意，乃先建議英廟曰：「可一出祈雨，使天下之人識官家。」上然之。咨太后，太后怒曰：「獨不先稟此耶？孩兒未安，恐未能出！」公曰：「可以出矣。」太后曰：「人主出，不可以不備禮儀，方處喪，素仗未具。」公曰：「此小事，朝廷頤旨即辦。」不數日，素仗成，上遂幸相國寺。京師之疑已解，太后不久即還政。別録

曹后初未還政，公力引古以動之，云：「前世母后，更聰明者多，莫不以固吝權位敗名德。太后若脱然復辟，則是千古所未有。請閲史書，一一可見。」太后曰：「自家何敢望賢人。」公察其意回矣，即連贊成之。後數日，批出云：「某日更不御殿。」公亟令捲簾徹座。乃往白上，上曰：「莫未否？」公曰：「已得親詔矣。」上遂釋然。

初，曹后難於還政，公説曰：「當别與太后議儀制。」山呼、警蹕、益衛士五百人之類。太后既允，即以諷上。上曰：「相公苦崇獎母后，是豈好事？」公曰：「臣等亟以此誘之，方肯放下，陛下何惜此耶！」並別録

帝疾甚，時有不遜語，后不樂。大臣有不預立皇子者，陰進廢立之説，惟宰相韓琦確然不變，參政歐陽脩深助其議。嘗奏事簾前，慈聖嗚咽流涕，具道不遜狀。琦曰：「此病故耳，病已必不爾。子病，母可不容之乎？」慈聖不懌，曰：「皇親輩皆笑太后欲於舊窩中尋兔兒。」聞者驚懼，皆退數步，獨琦不動，曰：「太后不要胡思亂量。」少間，脩乃進曰：「太后事仁宗數十年，仁聖之德，著於天下。婦人之性，鮮不妬忌，昔温成之寵，太后處之裕然，何所不容？今母子之間，而反不能忍耶？」后意稍和，脩復進曰：「仁宗在位歲久，德澤在人，人所信服，故一日晏駕，天下稟命奉戴嗣君，無一人敢異同者。今太后一婦人，臣等五六措大耳，非仁宗遺意，天下誰肯聽從？」太后默然久之而罷。後數日，獨見英宗，帝曰：「太后待我無恩。」公曰：「自古聖帝明王，不爲少矣，然獨稱舜爲大孝，豈其餘盡不孝邪？父母慈愛而子孝，此常事，不足道。惟父母不慈而子不失孝，乃可稱。今但陛下事之未至耳，父母豈有不慈者？」帝大悟，自是不復言太后短矣。熙寧中，歐陽公退居潁上，間言及此，曰：「古所謂社稷臣，韓公近之。」龍川志

英宗初立，外六班有謀變者，或言於公，公曰：「事不成，不過族耳，吾不懼也。」既而卒無事。英宗即政，公以其勇智不世出，可與有爲，乃考尋中書祖宗御批，得百餘番，俱闕略不全，補綴僅能識其字，皆經國長算大策，如取太原，伐江南，伐犬戎，付中書之類。編成十餘軸。英宗一見之，不覺避御座。是時同列皆謂公有不言教萬乘事。後上僊，公哭之慟，曰：「何事不可爲？」別録

入内都知任守忠者，姦邪反覆，間諜兩宫。時司馬温公在諫院，吕誨議爲侍御，凡十餘章，請誅之。英宗雖悟，未施行。宰相韓魏公一日出空頭敕一道，參政歐公已簽書矣，參政趙槩難之，問歐公曰：「何如？」曰：「第書之，韓公必自有説。」公坐政事堂，以頭子勾任守忠者立庭下，數之曰：「汝罪當死。」責蘄州團練副使，蘄州安置。取空頭敕填之，差使臣即日押行。其意以爲少緩則中變矣。聞見録

公臨大節，處危疑，苟利國家，知無不爲，若湍水之赴深壑，無所忌憚。或諫曰：「公所爲如是，豈惟身不自保，恐家無處所，殆非明哲之所尚！」公歎曰：「爲人臣者，盡力以事君，死生以之，顧事之是非何如耳！至於成敗，天也，豈可豫憂其不成，遂輟不爲哉！」聞者愧服。温公撰祠堂記

治平中，夏國泛使至，將以十事聞朝廷〔一二〕，未知其何事也。時太常少卿祝諮主館伴，

既受命，先見樞府，已而見丞相，公曰：「樞密何語？」曰：「樞府云：『若使人議及十事，第云受命館伴，不敢輒及邊事。』」公笑曰：「豈有止主飲食而不及它語耶！」公乃徐料十事，以授祝曰：「彼及某事，則以某辭對，辯某事則以某辭折。」及宴使者，果及十事，凡八事正中公所料，夏人竦伏。澠水燕談

濮安懿王以英宗踐祚，例當改封。上尤詳謹，不欲遽。既踰大祥，始詔兩制議其禮。兩制謂當稱大國，封皇伯。中書疑所生稱皇伯，無經據，又封爵須下誥，名之則未得其中。方下三省再議，英宗復詔罷之，而臺諫官攻中書不已，尤指歐陽公，諸公莫不避匿自解。公獨謂人曰：「此中書事，皆共議，何可獨罪歐陽公？」士大夫嘆其平直忠諒，不肯推謗與人。行狀

治平三年，上疾革，二府問疾罷，公奏曰：「陛下久不視朝，中外憂惶，宜早建太子，以安衆心。」上頷之。公請上親筆指揮。上乃批曰：「立太王爲皇太子。」公曰：「太王乃潁王也，煩聖躬更親書之。」上又批於後云：「潁王某。」公曰：「欲乞只今晚宣麻。」上頷之。時神宗侍側，聞是命，辭於榻前者久之。制下，又設置東宫官屬，由是國本定矣。

神宗既即位，王陶自東宫入御史府爲中丞，意有所觖望，奏彈宰相不押常朝班。朝廷以宰相日奏事垂拱，退詣文德殿押常朝班，或已過辰正，則御史臺放班行之，已數十年爲故事。陶憤不勝，乃肆誣詆。上察其姦，罷陶言職。行狀

陶言公不押常朝班爲跋扈。帝遣近臣以陶言示公，公奏曰：「臣非跋扈者，陛下遣一小黄門至，則可縛臣矣。」帝爲之動，出陶知陳州。聞見録

一日，上謂公：「近有欲以二大國封濮王者，如何？」公曰：「先帝遵守典禮，不敢爵父，而陛下豈可爵祖？又當以何親稱之邪？此必黨濮議者欲求必勝，殊不顧上累聖德，而措先帝於重不幸也。願深察之。」上欣然納焉。家傳

公爲相日，曾公爲亞相，趙康靖、歐公爲參政。凡事該政令則曰問集賢，該典故則曰問東廳，該文學則曰問西廳，至於大事，則自決之矣。人以爲得相體。麈史

英宗上仙，今上即位。一日，遂懇辭位。上流涕謂：「相公欲何之？」公一日又盡持四方士人見責不退書開陳，以謂：「清議不容如此，豈敢安位？」上又流涕不語。請益堅。它日，忽宣諭已有恩命，云亦不久在外，虚冢席以待〔一二〕，故除兩鎮，除鎮安德勝等軍節度使兼侍中、判相州。有「衮衣待還」之語。公復進見，謂：「制語太過，使臣不得安外，乞改之。」上不許。遺事

詔復知相州，仍令赴闕朝覲。陛辭之日，上從容訪問政事，公因進言：「用人當辨邪正，爲治之本，莫先於此。」上曰：「侍中國之龜鑑，朕敢不從！」家傳

公自長安入覲，朝廷欲留之，公陰知時事，遂堅請相。陛辭日，上謂：「卿去，誰可屬國者？」公引元老一二人，上問：「金陵何如？」公曰：「爲翰林學士則有餘，處此地則不可。」

上又不答。公便退。後有問公：「何以識之？」公曰：「嘗讀金陵答楊忱一書，窺其心術，只爲一身，不爲天下，以此知非宰相器。」遺事

公自永興過闕，神宗問曰：「卿與王安石議論不同，何也？」公曰：「仁宗立先帝爲皇嗣時，安石有異議，與臣不同故也。」帝以公之語問荆公，公曰：「方仁宗欲立先帝爲皇子時，春秋未高，萬一有子，措先帝於何地？臣之論所以與琦異也。」荆公强辯類此。公請册英宗爲皇嗣時，仁宗曰：「少俟，後宫有就閤者。」公曰：「後宫生子，所立嗣退居舊邸可也。」蓋魏公有以處之矣。然荆公當英宗世，屢召不至，實自慊也。聞見録

改判大名。時朝廷行青苗法，衆議謂不便，臺諫官及言者，皆以罪斥，中外無復敢言。公慨然上疏，乞罷其法。條例司疏難頒下，及令進奏官指揮，本院將中書劄子頒行天下，公再奏曰：「臣詳制置司疏駁事件，即將臣元奏要切之語，多從删去，唯舉大概，用偏辭曲説爲阻難，及引周禮『國服爲息』之説，文其謬妄，上以欺罔聖聽，下以愚弄天下之人，將使無復敢言其非者。臣不勝痛憤，至再有辨列。按周禮泉府：『掌以市之征布，斂市之不售，貨之滯於民用者，以其價買之物，揭而書之，以待不時而買者，各從其抵。』鄭衆釋云：『書其價，揭著其物也。不時買者，謂急求也。抵，故價也。』臣謂周制民有貨在市而無人買，或有積弊而妨民用者，則官以時價買之，書其物價示民，若有急求者，則以官元買價與之，此所

謂王道也。經又云：『凡賖者，祭祀無過旬日，喪紀無過三月。』鄭衆釋云：『賖，貰也。以祭祀喪紀，故從官貰買物。』唐賈公彦疏云：『賖與民，不取利也。』經又云：『凡民之貸，與其有司辨授之，以國服爲之息。』鄭衆釋云：『貸者，謂從官借本價也，故有息。使民弗利，以其所賈之國，所出爲息也。』此所謂王道也。而鄭康成云：『以其於國服事之税爲息也。於國事受園廛之田，而貸萬泉者，則期出息五百。』臣謂周禮園廛二十而税一，近郊十一，遠郊二十而三，甸稍縣都，皆無過十一，唯其漆林之征，二十而五。鄭康成蓋約此法，謂從官貸錢，若受園廛之地，貸萬錢者，出息五百。公彦因而解謂近郊十一者，萬錢期出息一千，遠郊二十而三者，萬錢期出息一千五百，甸稍縣都之民，萬錢期出息二千。臣謂如此，則須漆林之户取貸，方出息二千五百也。然當時未必如此也。今放青苗錢，凡春貸十千，半年之内，便令納利二千；秋再放十千，至年終，又令納利二千。則是貸萬錢者，不問遠近之地，歲令出息四千也。周禮至遠之地，止出息二千，今青苗取利尚過周禮一倍，則制置司所言『比周禮貸民取息立定分數，已不爲多』，亦是欺罔上聽。且謂天下之人，皆不能辨也。且今古異制，貴於便時。周禮所載有不可施于今者，其事非一。若謂泉府一職，今可施行，則上言以官錢買在市不售，及民間積滯之貨，候民急求，則依元買價與之，民有祭祀喪紀，就官中借物，限旬日三月還官，而不取其利，制置司何不將此周公太平已試之法，盡申明而行之？豈可獨舉注疏貸錢取息之利事，以詆天下之公言哉！」上始得公疏，意已大悟，亟欲寢罷。王安石引疾在告，唯參政趙抃等對。上諭欲罷之意，抃乃曰：「此主於安石，乞更俟安石出議之。」安石既出，執之益堅，聞者惜之。未幾，御史中丞呂公著亦言青苗非便，安石欲黜之。上曰：「須別坐事令出。」既而又曰：「公著言韓琦近有章疏，朝廷亦當聽納。自古執政與藩臣若生間隙，至有舉晉陽之甲，以逐君側之惡者。」安石遽曰：「只此可以逐矣。」公著遂坐誣大臣欲舉晉陽之甲，罷知蔡州。諫官孫覺聞之曰：「此言覺嘗奏之，今貶公著，誤也。」公既以言忤權臣，又公著告詞，明坐所因，公益恐悚，遂以疾上章，乞知徐州。章四上，神宗遣內侍李舜舉慰諭之，乃止。家傳

初，法下，曰：「琦舊臣也，義不敢默。」及不聽，曉官屬亟奉行，曰：「琦一郡守也，其敢不如令。」行狀

公知揚州，王荆公初及第，爲簽判，每讀書至達旦，略假寐，日已高，急上府，多不及盥漱。魏公見荆公少年，疑夜飲放逸。一日，從容謂荆公曰：「君少年，無廢書，不可自棄。」荆公不答，退而言曰：「韓公非知我者。」魏公後知其賢，欲收之門下，荆公終不屈。故荆公熙寧日録中短魏公爲多，每曰：「韓公但形相好爾。」作畫虎圖詩以詆之。公薨，荆公有挽詩云：「幕府少年今白髮，傷心無路送靈輀。」猶不忘少年之語也。聞見録

太宗、真宗嘗獵於大名之郊，題詩數十篇，賈魏公時刻于石。公留守日，以其詩藏于班瑞殿之壁。既成，客有勸公摹本以進者。公曰：「脩之則已，安用進爲？」客亦莫喻公意。韓絳來，遂進之。公聞之嘆曰：「昔豈不知進耶，顧上方鋭意四夷事，不當更導之爾。」別録

公曰：「御軍自有中道，嚴固不可，愛亦不可，若當其罪，雖日殺百人何害？人自不怨。」遺事

魏公、潞公俱嘗鎮北門。魏公時，朝城令決一守把兵士，方二下，輒悖駡不已，令以解府。魏公使前問云：「汝駡長官，信否？」曰：「當時乘忿，實有之。」公即於解狀判處斬，從容平和，略不變色。潞公時，復有外鎮解一卒猶前者，潞公震怒，問之，兵對如實，亦判處斬。以此見二公之量不同。如魏公則彼自犯法，吾何怒之有？不惟學術之妙，亦天資之高爾。元城語録

公所歷大藩，皆有遺愛。戎狄尤畏公名，凡使契丹及來使者，必問：「韓侍中安否？今何在？」其子忠彦使幕外，虜主問左右：「孰屢使南朝，識韓侍中，觀忠彦貌類父否？」或對曰：「頗類。」命畫工圖之而去。館伴王興功遽以告忠彦〔一三〕。北門爲聘使道，舊與京尹書，皆押字不名，及公留守，則名于書。其副使成禹錫仍喻來介曰：「以侍中在此，故特名。」每南來涉臨清界，即誡其下曰：「此韓侍中境，無多須索也。」行狀

熙寧七年春，契丹遣泛使蕭禧來言：「代北對境有侵地，請遣使分畫〔一四〕。」帝遣中使

賜富弼、韓琦、文彦博、曾公亮手詔，問以計策。公疏曰：「臣觀近年以來，朝廷舉事，則似不以大敵爲恤，虜人見形生疑，必謂我有圖復燕南之意，故造此釁端，屢遣使以爭理地界爲名，觀我應之之術如何爾。其所致虜之疑者七事：高麗臣屬契丹，於朝廷久絶朝貢，乃因商舶招諭而來，於國家初無損益，而契丹謂以圖我，一也；吐蕃部族不相君長，未嘗爲邊患，而强取其地，建熙河一路，戕其老弱以數萬計，契丹聞之，當謂行將及我，二也；邊近西山，地勢高仰，不可爲溏濼，向聞遣使部兵，徧置榆柳，以制虜騎，三也；義勇民兵，將校甚整，教習亦精，而忽創團保甲，一道紛然，義勇人十去其七，破可用之成法，得增數之虚名，四也；河北城池，工築並興，增置守具，檢視器械，五也；創都作院，頒降弓刀新様，大作戰車，費財殫力，先自困弊，六也；置河外三十七將，各專軍政，州縣不得關預，聲言出征，又深見可疑之形，七也。夫北虜素爲敵國，因疑起事，不得不然，亦其善自爲謀者也。今横使再至，初示偃蹇，以探伺朝廷，況代北初與雄州素有定界，若優容而與之，虜情無厭，浸淫不許〔一五〕，虜遂持此以爲己直，縱未大舉，勢必漸擾諸邊，卒隳盟好。臣昔曾言青苗錢事，而言者輒肆厚誣，非陛下之明，幾及大戮。自此聞新法日下，實避嫌疑，不敢論列。今親被詔問，事係國家安危，言及而隱，罪不容誅。臣嘗竊計，始爲陛下謀者，必曰自祖宗以來，因循苟簡，治國之本，當先富强，則可以鞭笞四夷，盡復唐之故疆，然後制作禮樂，以文太平。故散青苗錢，爲免役法，次第取錢。又内外置市易務。新制日下，更改無常，官吏違者坐徒〔一六〕，不以赦降。監司督責，以刻爲明。今農怨於畎畝，商旅嘆於道路，官吏不安其職，恐陛下不盡知也。夫欲攘斥四夷，以興太平，而先使邦本困摇，衆心離怨，此則陛下始謀者大誤也。又好進之人，不顧利害，但得邊事將作，富貴可圖，必曰虜勢已衰，特外恃驕慢爾。以陛下神聖文武，若擇將臣領大兵深入虜境，則幽燕之地，一舉可復。此又未之思也。今河朔累歲災傷，民力大乏，將官麄勇寡謀，保甲未經訓練，若驅重兵頓於堅城之下，糧道不繼，腹背受敵，雖曹彬、米信，名德宿將，猶以此致岐溝之敗也。臣愚今爲陛下計，謂宜遣使報聘，優致禮幣，具言朝廷向來興作，乃脩備之常，與北朝通好之久，自古所無，豈有它意？且疆土素定，當如舊界。請命邊吏，退近者侵占之地，不可持此造端，隳累世之好。如將官之類，因而罷去，以釋虜疑。萬一聽命，則可以迁延歲月。陛下益養民愛力，選賢任能，疏遠姦諛，進用忠鯁，使天下悦服，邊備日充。虜果敗盟，然後一振威武，恢復故疆，快天人之心，雪祖宗之憤。」富、文、曾皆主不與之論。時荆公再入相，曰：「將欲取之，必姑與之也。」以筆畫其圖，命天章閣待制韓縝奉使，舉與之，蓋東西棄地五百里云。祖宗故地，荆公輕以畀隣國，又建以與爲取之論，至後世姦臣以伐燕爲神宗遺意，卒致天下之亂，荆公之罪，可勝言哉！聞見録初爲館職，所與游者皆一時英俊。石曼卿氣豪邁，多戲侮同舍，獨見公不敢少慢，但時呼爲「韓家」。蓋當時市井小民，凡所畏尊官，則呼厥姓曰「某家」，故石效此語。自在館閣，已有重望於天下。與同館王拱辰、御史葉定基同發解開封府舉人，二公時有喧爭，公安坐幕中閲試卷，如不聞。拱辰忿不助己，詣公室謂公曰：「此中習宰相器度耶！」公和顔謝之。及公爲樞副，石介有慶曆聖德頌曰：「予早識琦，琦有奇骨，可屬大事，敦厚如勃。」後爲相，歐陽永叔作相州晝錦堂記曰：「臨大節，決大事，垂紳正笏，不動聲氣，而措天下於泰山之安，可謂社稷之臣矣。」天下傳之，以爲知言。家傳

公惟務容小人，善惡白黑不大分，故小人忌之亦少。如范、富、歐、尹嘗欲分君子小人，故小人忌怨日至，朋黨亦起。方諸公斥逐，獨公安焉，後扶持諸公復起，皆公力也。遺事

公既解相印，王丞相曰：「爲古人所未嘗，任大臣所不敢。」天下以爲名言。歐公亦曰：「進退之際，從容有餘，德業兩全，謗讒自止，過周公遠矣。」行狀

公爲相，作久旱喜雨詩，斷句云：「須臾慰滿三農望，收斂神功寂似無。」人謂此真做出宰相事業也。在北門重陽有詩云：「不羞老圃秋容淡，且看寒花晚節香。」公居常謂保初節易，保晚節難，故晚節事事尤著力，所立特全。又作喜雪詩云：「危石蓋深鹽虎重，老枝擎重玉龍寒。」人謂公身雖在外，自任以天下之重如此。遺事

公雖在外，然其心常繫社稷，至身老而心益篤。雖病不忘國家，或有時聞更祖宗一法度，壞朝廷一紀綱，則泣血，終日不食。別録○公曰：「琦平生仗孤忠以進，每遇大事，即以死自處，幸而不死，皆偶成，實天扶持，非琦所能也。」同上遺事

公云：「臨事若慮得是，劄定脚做更不移，成敗則任它，方可成務。又嘗謂：「大臣以李固、杜喬爲本，其弊猶恐爲胡廣、趙戒。以胡、趙自處，弊可知也。」遺事

公言：慶曆中與希文、彦國，同在西府，上前爭事，議論各別，下殿各不失和氣，如未嘗爭也。當時相善三人，正如推車子，蓋其心主於車，可行而已。」別録

公論君子小人之際，當以誠待之。但知其小人，則淺與之接耳。凡人至於小人欺己處，覺必露其明以破之。公獨不然，明足以照小人之欺，然每受之未嘗形色也。並別録

公因論進退曰：「處去就之難者，不可猛而有迹。」遺事

孫和甫奉使虜中，過魏，請教于公。公曰：「勿以爲夷狄而鄙薄之。」甚善。

公在魏府，僚屬路拯者，就案呈有司事，而狀尾忘書名。公即以袖覆之，仰首與語，稍稍潛卷以授之。別録

公在大名日，有人獻玉盞二隻，云：「耕者入壞塚而得，表裏無纖瑕可指，亦絶寶也。」每開宴，召客特設一桌，覆以錦衣，置盞其上。一日，召漕使，且將用之酌酒勸坐客，俄爲一

吏誤觸倒，玉盞俱碎，坐客皆愕然，吏且伏罪。公神色不動，笑謂坐客曰：「凡物之成毀，亦自有時數。」俄顧吏曰：「汝誤也，非故也，何罪之有？」坐客皆歎公寬厚不已。遺事

公帥定武時，夜作書，令一侍兵持燭，侍兵旁視，燭燃公鬚，公遽以袖摩之，而作書如故。少頃回視，則已易其人矣。公恐主吏鞭之，亟呼視之曰：「勿易，渠已解持燭矣！」軍中感服。別録

公姿貌英特，美鬚髯，骨骼清聳，眉目森秀，圖繪傳天下，人以謂如高山大岳，望之氣象雄傑，而包育微細，畜泄雲雨〔一七〕，藏匿寶怪，蓋自然也。行狀

公在相位，所進用人，惟以公議所在，凡薦引於上前，未嘗輒漏其語。間因上有宣諭，或同僚談説，人始聞之。家傳

有問公：「郭逵衆人皆謂出公力。」曰：「用人等事，非人臣得專，須還它主上。若用人是，則將順，非則開陳，何謂琦力？」始，英宗欲郝質在西府，公謂：「質固得，但二府論道經邦，一黥卒主之，恐反使不安。如狄青爲中外所伏，一旦居此，論議卒紛然而去。愛之適所以害之。」英宗沉吟久之，曰：「曰如此，則用郭逵粗勝質。」遂然之。遺事

公元勳盛德如此，聞人一小善，則曰：「琦不及也。」別録

公平日奬進人才極博，至心許者，不過一二人。多見其與人長，忘人短，而用之謂太

濫，其實胸中不啻黑白。公論時望諸公，皆不以經綸許之，謂：「才器須周，可當四面，入麄入細，乃經綸事業。今皆可當一面才也。」遺事

公論近世宰相，獨許裴晉公，本朝惟師服王沂公。又嘗云：「若晉公，點檢著亦有未盡處。君子成人之美，不可言也。」不知摘晉公何事。或問：「威克厥愛允濟，如潞公臨大事全是威，何如？」曰：「待威而後濟者，亦是也。然有不須以威而能濟者。」觀公意，豈以德不足者必待威以立事耶？古人謂鵰鶚百鳥望而畏之，鸞鳳百鳥望而愛之，其服則一，其品固相遠矣。遺事

公嘗言：「仁廟議配饗，清議皆與沂公，不與申公，誠意不可欺如此。」又曰：「頃時丁、寇立朝，天下聞一善事，皆歸之萊公，未必盡出萊公也；聞一不善事，皆歸之晉公，未必盡出晉公也。蓋天下之善惡爭歸焉。人之脩身養誠意，不可不謹。」又曰：「沂公爲相，論其事則無可數者，論其人則天下信之以爲賢相。」又曰：「申公以進賢自任，恩歸於己，時士皆出其籠絡，獨歐、范、尹旋收旋失之，終不受其籠絡。」遺事

或問：「君實、晦叔，天下屬望，它日大用，當何如？」公曰：「才偏規摹小。」

吳長文子璟，素以堅挺有節槩稱，公亦稱之。及幕府有闕，門下有以璟爲言者，公曰：「此人氣雖壯，然包蓄不深，發必暴，且不中節，當以此敗。」置而不言。不踰年，璟敗，皆如

其言。遺事

趙君錫被召，别公請教，公曰：「平日之學，正爲今日，若不錯，餘不錯矣。」

公平日謂成大事在膽，未嘗以膽許人，往往自許也。

潞公在西府，人有以公進退諷潞公者，潞公曰：「彦博豈可望韓公？韓公地位别，彦博則有些麄材，蒙朝廷擢備兩府耳。」人頗與潞公自知之明。並遺事

錢明逸久在禁林，不滿意，出爲秦州，居常怏怏，不事事。公聞之，語人曰：「己雖不足，獨不思所部十萬生靈耶？」别録

公屢薦歐陽公，而仁宗不用。它日，復薦之曰：「韓愈，唐之名士，天下望以爲相，而竟不用。使愈爲之，未必有補於唐，而談者至今以爲謗。歐陽脩，今之韓愈也，而陛下不用，臣恐後之談者〔一八〕，謗必及國，不特臣也。陛下何惜不一試之以曉天下後世也？」上從之。談叢

公晚與永叔相知，而相親最深。永叔深服公之德量，嘗曰：「累百歐陽脩，何敢望韓公？」公曰：「永叔相知無它，琦以誠而已。」公知永叔不以繫辭爲孔子書，又多不以文中子爲可取，中書相會累年，未嘗與之言及也。别録

石守道編三朝聖政録，將上，一日，求質於公，公指數事。其一，太祖惑一宫鬟，視朝晏，群臣有言，太祖寤，伺其酣寢刺殺之。公曰：「此豈可爲萬世法？已溺之，迺惡其溺而

殺之，彼何罪？使其復有變，將不勝其殺矣！」遂去此等數事。遺事

守道服其清識。石守道作慶曆詩，忠邪太明白，公與范公適自陝西來朝，道中得之，范公拊股謂公曰：「爲此怪鬼輩壞了。」公曰：「天下事不可如此，如此必壞。」別録

公言：「始學行己，當如金玉，不受微塵之汙，方是，及其成德，有所受，亦有所不害者，不然無容矣。」

公嘗謂：「忠義之心，人皆有之，惟其執之不固，勉之不力，是以不及於古人。」並遺事

公嘗從容議及養兵事，慨然曰：「琦有所思而得之，未嘗語人，人亦未必信。養兵雖非古，然積習已久，不可廢之，又自有利處，不爲不深。昔者發百姓，戍邊無虚歲，父子兄弟有生離死别之苦。議者但爲不如漢、唐調兵於民，獨不見杜甫石壕吏一篇，調兵於民，其弊乃至此。後世既收拾强悍無賴者，養之以爲兵，良民雖税斂良厚，而終身保骨肉相聚之樂，此豈小事！又其練習戰陣，而豪壯可使，安得與農民同日道也！」別録

公謂：「處事不可有心，有心則不自然，不自然則擾。太原土風喜射，故民間有弓箭社。琦在太原，不禁亦不驅，故人情自得，亦可寓兵備於其間。後宋相繼政，頗著心處之，下令籍爲部伍，仍須用角弓，太原人貧，素用木弓，自此有賣牛置弓者，人始騷然矣。此出於有心也。」遺事

公天性清簡，獨觀書史〔一九〕，晝夜不倦。餘暇則喜書札，素愛顔魯公書，而加以遒健，自成一家，端重剛勁，類其爲人。行狀

崔公孺，公夫人之弟也。公執政，用監司非其人，則曰：「公居陶鎔之地，宜法造化爲心。造化以蛇虎者害人之物，故置蛇於藪澤，置虎於山林。今公乃置之於通衢，使爲民害，可乎？」公嚴憚之。記聞

或問伊川：「量可學否？」曰：「可學。進則識進，識進則量進。」曰：「如魏公可學否？」曰：「魏公是間氣。」胡氏傳家録

論韓魏公、范文正公，皆是天資，不由講學。上蔡語録

校勘記

〔一〕可得以器象求乎　「器」，原作「氣」，元刊本同，據三朝名臣言行録卷第一之一改。

〔二〕招徠　「招」字原脱，據洪本補。

〔三〕四五萬　「四五」，琬琰集中卷四八李清臣撰韓忠獻公琦行狀作「五六」。

〔四〕城寨　「寨」，同前書同，三朝名臣言行録卷第一之一作「塞」。

〔五〕東西市　「市」，琬琰集中卷四八李清臣撰韓忠獻公琦行狀作「京」。

〔六〕公時在右府　「在」，原作「之」，據三朝名臣言行録卷第一之一改。

〔七〕温其孤兒　「温」，同前書作「涅」。

〔八〕活饑人七百萬　「七」，元刊本同，琬琰集中卷四八李清臣撰韓忠獻公琦行狀作「數」。

〔九〕羣卒約十餘人　「羣」，元刊本同，同前書作「郡」。

〔一〇〕全補天下事　同前書「補」作「備」，「事」作「士」。

〔一一〕聞朝廷　「朝廷」，澠水燕談録卷二作「於天子」。

〔一二〕冢席　「冢」字原脱，據百川學海壬集强至韓忠獻公遺事補。

〔一三〕館伴王興功遽以告忠彦　「王」，元刊本同，三朝名臣言行録卷第一之一及琬琰集中卷四八李清臣撰韓忠獻公琦行狀作「楊」。

〔一四〕請遣使分書　「使」下邵氏聞見録卷四有「同」字。

〔一五〕浸淫不許　「淫」下同前書有「日甚」二字，則「甚」下可逗。

〔一六〕官吏違者坐徙　「徙」，同前書作「徒」。

〔一七〕畜泄雲雨　琬琰集中卷四八李清臣韓忠獻公琦行狀作「普施雷雨」。

〔一八〕臣恐後之談者　「之談者」三字後山談叢卷五作「人如唐」。

〔一九〕獨觀書史　「史」，原作「文」，元刊本同，據三朝名臣言行録卷第一之一改。

宋名臣言行録後集卷第二

富弼　韓國文正公

字彦國，河南人。舉茂材異等，位至丞相，拜司徒，配享神宗廟庭。

公初遊場屋，穆伯長謂之曰：「進士不足以盡子之才，當以大科名世。」公果禮部試下。公西歸，范文正遣人追公曰：「有旨以大科取士，可亟還。」公復還京師，見文正，辭以未嘗爲此學。文正曰：「已同諸公薦君矣。久爲君闢一室，皆大科文字，可往就館。」時晏元獻公爲相，求婚於文正，文正曰：「公女若嫁官人，仲淹不敢知。必求國士，無如富弼者。」即議婚。公遂以賢良方正登第。聞見録

郭后廢，范仲淹爭之，貶知睦州。公上言：「朝廷一舉而獲二過，縱不能復后，宜還仲淹，以來忠言。」蘇内翰撰神道碑

寶元初，元昊反，公時通判鄆州，陳八事，且言：「元昊遣使求割地，邀金帛，使者部從儀物如契丹，而詞甚倨。此必元昊腹心謀臣自請行者。宜出其不意，斬之都市。」又言：「夏守贇庸人〔一〕，平時猶不當用，而況艱難之際，可爲樞密乎！」議者以爲有宰相器。

知諫院。康定元年，日食正旦。公言：「請罷燕徹樂，雖虜使在館，亦宜就賜飲食而已。」執政以爲不可。公曰：「萬一北虜行之，爲朝廷羞。」後使虜還者云：「虜中罷燕。」如公言。仁宗深悔之。

元昊寇鄜延，延州民二十人詣闕告急，上召問，具得諸將敗亡狀。執政惡之，命遠郡禁民擅赴闕者〔二〕。公言：「此非陛下意，宰相惡上知四方有敗耳。民有急，不得訴之朝，則西走元昊，北走契丹矣。」

夏守贇爲陝西都總管，又以宦者王守忠爲都鈐轄。公言：「用守贇已爲天下笑，而守忠鈐轄，乃與唐中官監軍無異。」詔罷守忠。

自用兵以來，吏民上書者甚衆，初不省用。公言：「知制誥本中書屬官，可選二人置局〔三〕，中書考其所言，可用用之。」宰相偷安，欲以天下是非盡付它人。」又引國初故事，請使宰相兼領樞密院。仁宗曰：「軍國之務，當盡歸中書，樞密非古官。」然未欲遽廢，即詔中書同議樞密院事。宰相辭曰：「恐樞密院謂臣奪其權。」公曰：「此宰相避事耳，非畏奪權也。」會西夏首領來降，補借奉職，羈置荆湖。公言：「二人之降，其家已族矣，當厚賞以勸來者。」上命以所言送中書。公見宰相，論之，宰相初不知也。公嘆曰：「此豈小事而宰相不知耶？」更極論之。上從公言，乃以宰相兼樞密使。並蘇内翰撰神道碑

劉從愿妻遂國夫人者〔四〕，王蒙正女也。寶元中，出入内廷，或云得幸於上，外人無不知者。以此獲罪，奪封罷朝謁。久之，復得入。張安道爲諫官，再以疏論列，皆中留。公時知制誥，制下復遂國之封，公繳還詞頭，封命遂寢。唐制，唯給事中得封還詔書，中書舍人繳詞頭蓋自公始。安道見呂申公，公猶以非舊典，不樂。二公之不相喜，皆此類。龍川志

契丹自晉天福以來，踐有幽薊，北鄙之警，略無寧歲，凡六十有九年。至景德元年，舉國來寇，上用寇準親征之策，自是復通好，不盗邊者三十有九年。及元昊叛，兵久不決。契丹之臣有貪而喜功者，以我爲怯且厭兵，遂教其主設詞以動我〔五〕，欲得晉高祖所與關南十縣。慶曆二年〔六〕，聚重兵境上，遣其臣蕭英、劉六符來聘。仁宗命宰相擇報聘者，時虜情叵測，群臣皆莫敢行。宰相以公名聞，乃以公接伴。英等入境，上遣中使勞之，英託足疾不拜。公曰：「吾嘗使北，病卧車中，聞命輒起拜。今中使至而公不起見何邪？」。英矍然起拜。公開懷與語，不以夷狄待之，英等遂去左右，密以其主所欲得者告公，且曰：「可從，從之。不可從，更以一事塞之。」公具以聞。上命中丞賈昌朝館伴，不許割地，而許增歲幣，且

命公報聘。見虜主，虜主曰：「南朝違約，塞雁門，增塘水，治城池，籍民兵，此何意也？群臣請舉兵而南，寡人以謂不若遣使求地，求而不獲，舉兵未晚。」公曰：「北朝忘章聖太帝之大德乎？澶淵之役，若從諸將言，北兵無得脱者。且北朝與中國通好，則人主專其利，而臣下無所獲。若用兵，則利歸臣下，而人主任其禍。故北朝諸臣爭勸用兵者，此皆其身謀，非國計也。」虜主驚曰：「何謂也？」公曰：「晉高祖欺天叛君，而求助於北，末帝昏亂，神人棄之。是時中國狹小，上下離叛，故契丹全師獨克。雖虜獲金帛，充牣諸臣之家，而壯士健馬，物故大半，此誰任其禍者？今中國提封萬里，所在精兵以百萬計，法令脩明，上下一心，北朝欲用兵，能保其必勝乎？」曰：「不能。」公曰：「就使其勝，所亡士馬，群臣當之歟，亦人主當之歟？若通好不絶，歲幣盡歸人主，臣下所得，止奉使者歲一二人爾，群臣何利焉！」虜主大悟，首肯久之。公又曰：「塞雁門者，以備元昊也。增塘水始於何承矩，事在通好前，地卑水聚，不得不增。城壘皆脩舊，民兵亦舊籍，特補其缺耳，非違約也。晉高祖以盧龍一道賂契丹，周世宗復伐取關南，皆異代事。宋興已九十年，若各欲求異代故地，豈北朝之利哉！大朝皇帝之命使臣，則有詞矣。曰：『朕爲祖宗守國，必不敢以其地與人。北朝所欲，不過利其租税爾。朕不欲以地故多殺兩朝赤子，故屈己增幣，以代賦入。若北朝必欲得地，是志在敗盟，假此爲詞耳，朕亦安得獨避用兵乎？澶淵之盟，天地鬼神實臨之。今北朝首發兵禍，過不在朕。天地鬼神，豈可欺也哉！』」虜大感悟，遂欲求婚。公曰：「婚姻易以生隙，人命脩短不可知，不若歲幣之堅久也。本朝長公主出降，賫送不過十萬緡，豈若歲幣無窮之獲哉！」虜主曰：「卿且歸矣。再來，當擇一受之，卿其遂以誓書來。」公歸復命，再聘，受書及口傳之詞于政府。既行次樂壽，謂其副曰：「吾爲使者而不見國書，萬一書詞與口傳者異，則吾事敗矣。」發書視之，果不同。乃馳還都，以晡入見，宿學士院一夕，易書而行。既至，虜不復求婚，專欲增幣。曰：「南朝遺我書當曰『獻』，否則曰『納』。」公爭不可。虜主曰：「南朝既懼我，何惜此二字。若我擁兵而南，得無悔乎？」公曰：「本朝皇帝兼愛南北之民，不忍使蹈鋒鏑，故屈己增幣，何名爲懼哉？若不得已而至於用兵，則南北敵國，當以曲直爲勝負，非使臣之所憂也。」虜主曰：「卿勿固執，古已有之。」公曰：「自古惟唐高祖借兵於突厥，故臣事之。當時或稱『獻納』，則不可知。其後頡利爲唐太宗所擒，豈復有此理哉！」公聲色俱厲，虜知不可奪，曰：「吾當自遣人議之。」於是留所許增幣誓書，復使耶律仁先及六符以其國誓書來，且求爲『獻納』。公奏曰：「臣既以死拒之，虜氣折矣，可勿復許，虜無能爲也。」上從之，增幣二十萬，而契丹平。契丹君臣，至今誦其語，守其約不忍敗者，以其心知通好用兵利害之所在也。神道碑

公再使，以國書與口傳之詞不同，馳還奏曰：「政府固爲此，欲置臣於死。臣死不足

惜，奈國事何？」吕夷簡爭之曰：「恐是誤，當令改定。」公益辨論不平。仁宗問樞密使晏殊：「如何？」殊曰：「夷簡決不肯爲此，誠恐誤耳。」公怒曰：「晏殊姦邪，黨夷簡以欺陛下。」公，晏之婿也。其忠直如此。聞見録

公力爭「獻納」二字，及還，而晏公已稱「納」矣。温公日録

初，公糾察在京刑獄。時有用僞牒爲僧者，事覺，乃堂吏爲之。開封按餘人而不及吏，公白執政，請以吏付獄。執政指其坐曰：「公即居此，無爲近名。」公正色曰：「必得吏乃止。」執政滋不悦，故薦公使契丹，欲因事罪之。歐陽脩上書引顔真卿使李希烈事留公，不報。使還，除吏部郎中、樞密直學士，辭不受。始受命，聞一女卒，再受命，聞一男生，皆不顧而行。得家書，不發而焚之，曰：「徒亂人意爾。」尋遷翰林學士。公見上力辭，曰：「增幣非臣本志也，特以朝廷方討元昊，未暇與虜角，故不敢以死爭耳。」神道碑

熙寧中罷相鎮亳，常深居養疾，罕出視事。幕府事須禀命者，常以狀白公，公批數字於紙尾，莫不盡其理。或事有難決，幕府憂疑不能措手者，相與求見公，公以一二言裁處，徐語它事，幕府曉然，率常失其所疑者。退而歎伏，以爲不可及。公早使强虜，以片言折狂謀，尊中國。及總大政，視天下事若不足爲者，矧退處一郡乎？澠水燕談

王拱辰言於仁宗曰：「富弼亦何功之有？但能添金帛之數，厚夷狄而弊中國爾。」仁宗

曰：「不然。朕所愛者，土宇生民爾，財物非所惜也。」拱辰曰：「財物豈不出於生民邪？」仁宗曰：「國家經費，取之非一日之積，歲出以賜夷狄，亦未至困民。若兵興調發，歲出不貲，非若今之緩取也。」拱辰曰：「犬戎無厭，好窺中國之隙。且陛下只有一女，萬一欲求和親，則如之何？」仁宗憫然動色曰：「苟利社稷，朕亦豈愛一女耶！」拱辰言塞，遽曰：「臣不知陛下能屈己愛民如此，堯舜之主也。」洒泣再拜而去。筆録

慶曆三年三月，命公爲樞密副使，辭愈力〔七〕。至七月，申前命。公言：「虜既通好，議者便謂無事，邊備遽弛，虜萬一敗盟，臣死且有罪。非獨臣不敢受，亦願陛下思夷狄輕侮中原之耻，坐薪嘗膽，不忘修政。」因以告納上前而罷。踰月，復以命公〔八〕。時元昊使辭，上俟公綴樞密院班，乃坐，且使宰相章得象諭公曰：「此朝廷特命，非以使虜故也。」公不得已乃受。時晏殊爲相，范仲淹參政，杜衍樞密，韓琦與公副之，歐、余、王、蔡爲諫官，皆天下之望。石介作慶曆聖德詩以美之。公既以社稷自任，而仁宗責成於公與仲淹，數以手詔督公等條具其事。又開天章閣，召公等坐，且給筆札，書其所欲爲者，遣中使更往督之，且命仲淹主西事，公主北事。公遂與仲淹各上當世之務十餘條，又自上河北安邊十三策。大略以進賢、退不肖、止僥倖、去宿弊爲本，欲漸易諸路監司之不才者，使澄汰所部吏。於是小人始不悦矣。神道碑

元昊遣使以書來，稱「男」而不臣。公言：「契丹臣元昊而我不臣，則契丹爲無敵於天下，不可許。」乃却其使，卒臣之。七月，契丹來告，舉兵討元昊。十二月，詔册元昊爲夏國主，使將行而止之，以俟虜使。公曰：「若虜使未至而行，則事自我出，既至則恩歸契丹矣。」從之。

初，石介作詩譽公等而詆竦，竦怨之。會介以書遺公，責以伊、周之事，竦遂教女奴習介書，改「伊、周」爲「伊、霍」，又僞作介爲弼撰廢立詔草。飛語聞，上雖不信，而公懼不自安，因保州賊平，求出宣撫河北。歸及國門，不得見，除知鄆州。自鄆移青〔九〕。會河朔大水，民流京東，擇所部豐稔者三州〔一〇〕，勸民出粟，得十五萬斛，益以官廩，隨所在貯之。得公私廬舍十餘萬間，散處其人，以便薪水。官吏自前資待闕寄居者，皆給其禄，使即民所聚，選老弱病瘠者廩之。山林河泊之利，有可取爲生者，聽流民取之，其主不得禁。官吏皆書其勞約爲奏請，使他日得以次受賞於朝。率五日輒遣人以酒肉糗飯勞之。出於至誠，人人爲盡力。流民死者，爲大冢葬之，謂之叢冢，自爲文祭之。明年，麥大熟，流民各以遠近受糧而歸，凡活五十餘萬，募而爲兵者又萬餘人。上聞之，遣使勞公，即拜禮部侍郎。公曰：「救災，守臣職也。」辭不受。前此救災者，皆聚民城郭中，煑粥食之，飢民聚爲疾疫，反相蹈籍死，或待次數日不食，得粥皆僵仆，名爲救之，而實殺之。自公立法，簡便周至，天下

傳以爲法，至于今，不知所活者幾千萬人矣。神道碑

邵伯温曰：公使虜功甚偉，而每不自以爲功。至知青州，活飢民四十餘萬，則每自言之曰：「過於作中書二十四考矣。」

至和二年，召拜集賢相，與文彦博並命。宣制之日，士大夫相慶於朝，仁宗密覘知之，謂侍臣歐陽脩曰：「古之求相者，或得於夢卜；今朕用二相，人情如此，豈不賢於夢卜也哉！」脩頓首稱賀。神道碑

公爲相，議欲稍由學校進士，命侍從儒臣講立法制，太學諸生經明行脩者，由右學升左學，由左學升上舍，歲終擇上舍中經行尤高者，比及第人，命之以官。既僉同列奏，獨翰林歐陽永叔、舍人劉原父異論曰：「如是則通經者未升於左學，而辭賦者已在於高科矣。」事卒不行。家塾記

至和間，公當國，立一舉三十年推恩之法。蓋公與河南進士段希元、魏升平同場屋相善，公作相，不欲私之，故爲天下之制。至今行之。聞見録

公爲相，守格法，行故事，而附以公議，無心於其間。故百官任職，天下無事。以所在民力困弊，賦役不均，遣使分道，相視裁減，謂之寬恤民力。又弛茶禁，以通商賈，省刑獄，天下便之。碑

公與魏王同在中書。公母老矣。一日，語及故事，宰相有起復視事者，魏王曰：「此非朝廷盛事。」已而公居母憂，朝廷屢詔起之，上章三辭，貼黃言：「臣在中書日，嘗與韓言之，決不當起。」魏公歎曰：「吾但以實言之，不料以爲怨。」自此二人稍稍有隙。龍川志

英宗以疾不能視朝，大臣請光獻垂簾，后辭之不獲，乃從。英宗纔康復，后已下手書復辟。魏公奏：「臺諫有章疏，請太后早還政〔一一〕。」后聞之遽起。魏公急令儀鑾司徹簾，后猶未轉御屏，尚見其衣也。時公爲樞密相，怪魏公不關報徹簾事，有「魏公欲致弼於族滅之地」之語。歐公爲參政，首議追尊濮王，公曰：「歐公讀書知禮法，所以爲此舉者，忘仁宗，累主上，欺韓公耳。」富公因辭執政例遷官，疏言甚危，三日不報。見英宗，面奏曰：「仁宗之立陛下，皇太后之功也。今皇太后謂臣與胡宿、吳奎等曰：『無夫婦人無所告。』至不忍聞〔一二〕，臣寔痛之。豈仁宗所望於陛下者哉！」以笏指御床曰：「非陛下有孝德，孰可居此？」英宗俯躬曰：「不敢。」公求去益堅，遂出判河陽。自此與魏公、歐公絶。後公致政居洛，每歲生日，魏公不論遠近，必遣使致書幣甚恭，公但答以老病，無書。魏公之禮終不廢，至薨乃已。天下兩賢之。歐公、魏公之薨也，富公皆不祭弔〔一三〕。國史著公以不預策立英宗，與魏公絶，至此祭弔不通，非也。聞見録

英宗一日因公進除目而震怒，響滿一殿，擲除目榻下。公慨然搢笏，拾除目，進之曰：

「天子亦有怒焉，出九師以伐四夷，否則陳斧鉞以誅大臣。今日陛下之怒，不爲常事除目也，必以臣等有大過惡可怒者，何不斬臣以謝天下！」英宗爲之霽色温言，公進説猶久之不已。晁以道富公奏議序

英宗臨御，一日，韓公進擬數宦者策立有勞，當遷官。公曰：「先帝以神器付陛下，此輩何功可書？」韓有愧色。後韓帥長安，爲范堯夫言其事曰：「琦便怕富公也。」邵氏後録

公懇辭機務，章二十上，以使相判河陽，復五上章辭使相，且言：「真宗以前，不輕以此授人。仁宗即位之初，執政欲自爲地，故開此例。終仁宗之世〔一四〕，宰相罷者皆除使相，至不稱職者亦然。今陛下初即位，願立法自臣始。」不從。

神宗即位，召赴闕。公既至，未見。有於上前言災異皆天數，非人事得失所致者。公聞之，歎曰：「人君所畏惟天，若不畏天，何事不可爲，去亂亡無幾矣。此必姦臣欲進邪説，故先導上以無所畏，使輔拂諫諍之臣，無所復施其力。此治亂之機也，吾不可以不速救。」即上書數千言，雜引洪範、春秋，及古今傳記，人情物理，以明其決不然者。

久旱，公乞罷同天節上壽，從之。即日而雨。公又上疏，願益畏天戒，遠姦佞，近忠良。上親答曰：「義忠言親，理正文直。敢不置之枕席，銘諸肺腑。更願公不替今日之志，則天災不難弭，太平不難致也。」公既謝，且云：「願陛下待群臣不以同異爲喜怒，不以喜怒爲用

捨。」並碑

熙寧初，公再相。神宗首問邊事，公曰：「陛下臨御未久，臣愚以爲首當推恩愛，布德澤，二十年未可道著『用兵』事。若干戈一興，上貽宸慮，下竭民力，願勿首先留意邊事。萬一戎狄渝盟，神人共憤，爲應敵之計可也。」上問：「所先當如何？」公曰：「阜安宇内爲先〔一五〕。」蓋是時荆公已有寵，勸帝用兵，以威四夷，於是用王韶取熙河以窺靈夏，結高麗以圖大遼〔一六〕，又用章惇取湖北夔峽之蠻，又用劉彝、沈起窺交趾。二人造戰艦於富良江上，交趾偵知，先浮海載兵陷廉州，又破邕州，害守臣蘇緘，屠其城，掠生口而去。又用郭逵、趙卨宣撫廣南，使直擣交趾，逵老將，與卨議論不同，爲交趾扼富良江，兵不得進，瘴死者十餘萬人。元豐四年，五路大進兵，取靈武。夏人決黄河水櫃以灌吾軍壘，兵將凍溺，不戰而自斃者十餘萬人〔一七〕。又用呂惠卿所薦徐禧築永樂城，夏人以大兵破之，報夜至，帝早朝，當宁慟哭，宰執不敢仰視。帝嘆息曰：「永樂之舉，無一人言其不可者。」蒲宗孟進曰：「臣嘗言之。」帝正色曰：「卿何嘗有言？在内惟呂公著，在外惟趙卨，曾言用兵不是好事。」既又謂宰相曰：「自今更不用兵，與卿等宜共享太平。」然帝從此鬱鬱不樂，以至大漸。嗚呼痛哉！聞見録

安石參政，議改法理財，與公意不合。公稱病求去，章數十上。上問：「誰可代卿？」

公薦文彦博。上默然，良久曰：「安石何如？」公亦默然。八月，以使相判亳州。

公在亳州，時方行青苗息錢法，公謂此法行則財聚於上，人散於下，且富民不願請，願請者皆貧民，後不可復得，故持之不行。而提舉常平倉趙濟劾公以大臣格新法，除左僕射，判汝州。公言：「新法臣所不曉，不可以復治郡，願歸洛養疾。」許之。碑

公自亳移汝過南京，張安道留守，公來見，坐久之，公徐曰：「人固難知也。」安道曰：「謂王安石乎？亦豈難知者！往年方平知貢舉，或薦安石有文學，宜辟以考校，姑從之。安石既來，一院之事皆欲紛更之。方平惡其人，檄以出，自此未嘗與語也。」富公俛首有愧色。蓋富公素喜荆公，至得位亂天下，方知其姦。聞見録

公雖居家，而朝廷有大利害，知無不言。交趾叛，詔郭逵討之。公言：「海嶠深遠，不可以責其必進。願詔逵等擇利進退，以全王師。」契丹來爭河東地界，上手詔問公。公言：「熙河諸郡，皆不足守，而河東地界，決不可許。」

故參政王堯臣子同老上言，至和三年，仁宗弗豫，其父與文彦博、劉沆及公同決大策，乞立儲嗣。會翊日有瘳，故緩其事，人無復知者。以其父堯臣所撰詔草上之。上以問彦博，彦博言與同老合。上嘉公等勳績如此，而終不言，下詔以公爲司徒。

公爲相及判河陽，最後請老家居，凡三上章，皆言：「天子無職事，惟辨君子小人而進

退之，此天子之職也。君子與小人並處，其勢必不勝，君子不勝，則奉身而退，小人不勝，則交結構扇，千岐萬轍，必勝而後已。小人復勝，必遂肆毒於善良，無所不爲，求天下不亂，不可得也。」並神道碑

元豐六年，公病，上書言八事，大抵論君子小人爲治亂之本。神宗語宰輔曰：「富弼有章疏來。」章惇曰：「弼所言何事？」帝曰：「言朕左右多小人。」惇曰：「可令分析，孰爲小人。」帝曰：「弼三朝老臣，豈可令分析？」左丞王安禮曰：「弼之言是也。」罷朝，惇責安禮曰：「左丞對上之言失矣。」安禮曰：「吾輩今日曰『誠如上諭』，明日曰『聖學非臣所及』，安得不謂之小人！」惇無以對。是年五月，大星殞於公所居還政堂下，空中如甲馬聲，公登天光臺，焚香再拜，知其將終也。聞見録

富公致事家居，專爲佛老之學，故吏呂大臨與叔奏記於公曰：「大臨聞之，古者三公無職事，惟有德者居之，内則論道于朝，外則主教于鄉。古之大人，當是任者，必將以斯道覺斯民，成己以成物，豈以爵位進退，體力盛衰，爲之變哉！今大道未明，人趨異學，不入于莊，則入于釋，疑聖人大道爲未盡，輕禮義爲不足學，致人倫不明，萬物憔悴，此老成大人惻隱存心之時，以道自任，振起壞俗，在公之力，宜無難矣。若夫移精變氣，務求長年，此山谷避世之士，獨善其身者之所好，豈世之所以望於公者哉！」呂集

故事：宰相以使相致仕者給全俸。公以司徒使相致仕居洛，自三公俸一百二十千外，皆不受。公清心學道，獨居還政堂，每早作，啓中門鑰入，瞻禮家廟。對夫人如賓客，子孫不冠帶不見。慶史云：富鄭公治家嚴整，子舍女僕咸不得互相往來，閨門肅如也。平時謝客。文潞公爲留守，時節往來。公素喜潞公，昔同朝，更拜其母，每勸其早退。公既薨，公子紹廷字德先，能守家法，與公兩婿及諸甥皆同居公之第，家之事一如公無恙時，毫髮不敢變，鄉里稱之。建中靖國初，擢爲河北西路提舉常平，德先辭曰：「熙寧變法之初，先臣以不行青苗法得罪。臣不敢爲此官。」上益嘉之，除祠部員外郎。崇寧中卒。聞見録

又聞見録云：富公之客李偲問公曰：公治平初進户部尚書，屢辭。今進司徒，一辭而拜。何也？公曰：「治平初乃弼自辭官，今日潞公皆遷，弼豈敢堅辭，妨佗人也？」蓋潞公與荆公論政事不合，出判北京，七年不召，自此眷禮復厚矣。

平生所薦甚衆，尤知名者十餘人，如王質與其弟素、余靖、張瓌、石介、孫復、吴奎、韓維、陳襄、王鼎、張昷之、杜杞、陳希亮之流，皆有聞於世，世以爲知人。神道碑

劉器之云：富鄭公年八十，書座屏云：「守口如瓶，防意如城。」晁氏客語

五代八姓，十有二君。四十四年，如絲之棼。以人爲嬉，以殺爲儇。兵交兩河，腥聞于天。上帝厭之，命我祖宗：畀爾鑪錘，往銷其鋒。孰謂民遠，我聞其呻。寧爾小忍，無殘我

民。六聖受命，維一其心。敕其後人，帝命是承。勿劓刖人，矧敢好兵。百三十年，諱兵與刑。惟彼北戎，謂帝我驕。帝聞其言，折其萌芽。篤生萊公，尺箠笞之。既服既馴，則擾綏之。堂堂韓公，與萊相望。再聘于燕，北方以寧。景德元年，始盟契丹。公生是歲，天命則然。公之在母，秦國寤驚。旌旗鶴雁，降格于庭。云有天赦，已而生公。天欲赦民，公啓其衷。遠至燕然，南至于河。億萬維生，公手撫摩。水潦荐飢，散流而東。五十萬人，仰哺于公。公之在內，自泉流瀕。其在四方，自葉流根。百官維人，百度惟正。相我三宗，重華協明。帝謂公來，隕星其堂。有墳其丘，公豈是藏。維嶽降神，今歸不留。臣軾作頌，以配崧高。蘇內翰碑銘

校勘記

〔一〕夏守贇庸人　「贇」原作「彬」，元刊本同，據三朝名臣言行録卷第二之一及宋蘇軾蘇軾文集（以下簡稱蘇軾文集）卷一八富鄭公神道碑改。下同。

〔二〕遠郡　「遠」，同前富鄭公神道碑作「邊」。

〔三〕可選二人置局　「二」，原作「一」，元刊本同，據三朝名臣言行録卷第二之一及蘇軾文集卷一八

富鄭公神道碑改。

〔四〕劉從愿妻遂國夫人者　「愿」，長編卷一三三慶曆元年九月戊午條作「德」，宋史卷四六三劉從德傳謂「從德妻，嘉州王蒙正女也」，與此條下文相合。

〔五〕遂教其主設詞以動我　「設」，原作「投」，元刊本同，據同前二書改。

〔六〕慶曆二年　「二」原作「三」，元刊本同，據同前二書改。

〔七〕辭愈力　蘇軾文集卷一八富鄭公神道碑「辭」下有「之」字。

〔八〕復以命公　同上書作「復除前命」。

〔九〕自鄆移青　按：此句以上文字同前書甚簡略，且無「伊、周」，「伊、霍」，廢立詔書等事。朱熹此處所引應有所本。

〔一〇〕三州　「三」，同前書作「五」。

〔一一〕請太后早還政　「還」原作「復」，元刊本同，據三朝名臣言行録卷第二之一改。

〔一二〕無夫婦人無所告至不忍聞　邵氏聞見録卷三「告」下有「訴其言」三字，則讀作：「『無夫婦人無所告訴。』其言至不忍聞。」

〔一三〕富公皆不祭弔　「不」，同前書明鈔本作「有」。

〔一四〕終仁宗之世　「世」原作「位」，據三朝名臣言行録卷第二之一改。

〔一五〕陛下臨御未久……阜安宇内爲先　按：此一段邵氏聞見録卷五僅有「陛下即位之初，當布德行惠，願二十年不言『用兵』二字」數語，甚簡略。朱熹所引，應有所本。

〔一六〕於是用王韶取熙河以窺靈夏結高麗以圖大遼　此句同前書作：初於用王韶取熙河以斷西夏右臂，又欲取靈武以斷大遼右臂，又結高麗起兵，欲圖大遼。

〔一七〕不戰而自斃者十餘萬人　「十餘萬」，元刊本作「數十萬」，今本邵氏聞見録卷五此句作「不戰而死者數十萬人」，三朝名臣言行録卷第二之二同。

歐陽脩　文忠公

字永叔，吉州人。舉進士，事仁宗、英宗、神宗，位至參政。

公生四歲而孤，母韓國太夫人親教公讀書，家貧，至以荻畫地學書。公敏悟過人，所覽輒能誦。比成人，將舉進士，爲一時偶儷之文，已絶出倫輩。翰林學士胥公時在漢陽，見而奇之，曰：「子必有名於世。」館之門下。公從之京師，兩試國子監，一試禮部，皆第一人，遂中甲科，補西京留守推官。始從尹師魯遊，爲古文，議論當世事，迭相師友，與梅聖俞遊，爲歌詩相倡和，遂以文章名冠天下。留守王文康公知其賢，還朝薦之。蘇黄門撰神道碑

公少時從里閭借書讀，或抄之，抄之未畢，而已成誦矣。吴丞相撰行狀

范文正忠亮讜直，言無回避，左右不便，因言公離間大臣，貶知饒州。余靖上疏論救，以朋黨坐貶。尹洙上言：「靖與仲淹交淺，臣於仲淹義兼師友，當從坐。」貶監郢州稅。公貽書責司諫高若訥不能辨其非辜，若訥大怒，繳奏其書，降授夷陵令。公復與師魯書云：「五六十年來〔一〕，此輩沉默畏慎〔二〕，布在世間，忽見吾輩作此事，下至竈間老婢，亦相驚怪。」時蔡襄作四賢一不肖詩以歌之。記聞

公初坐論救范公，遠貶三峽，後元昊反，范起爲環慶帥，辟公掌牋奏，公嘆曰：「吾初論范公事，豈以爲己利哉！同其退不同其進可也。」遂辭不往。行狀

初，范公之貶，公與尹師魯、余安道皆以直范公見逐，目之黨人，自是朋黨之論起，公乃爲朋黨論以進，言「君子以同道爲朋，小人以同利爲朋。人君但當退小人之僞朋，用君子之真朋」。其言懇惻詳盡。公性疾惡，論事無所回避，小人視之如仇讎，而公愈奮厲不顧。上獨深知其忠，改右正言、知制誥，賜三品服。故事，知制誥必試，上知公之文，有旨不試，與近世楊文公、陳文惠公比，逮公三人而已。嘗因奏事論及人物，上目公曰：「如歐陽脩，何處得來？」蓋欲大用而不果也。碑

澧州進柿木成文，有「太平」字。公言：「今四海騷然，未見太平之象，請不宣示于外。」淮南漕臣獻羡餘十萬貫，公請拒之，以防刻剥。行狀

保州兵亂，以公爲河北轉運使。陛辭，上面諭：「無爲久留之計，有所欲言，言之。」公曰：「諫官得風聞言事，外官越職而言，罪也。」上曰：「第以聞，勿以中外爲意。」河北諸軍怙亂驕恣，小不如意，輒脅持州郡。公奏乞優假將帥，以鎮壓士心，軍中乃定。初，保州亂兵皆招以不死，既而悉誅之，脅從二千人，亦分隸諸州。富公爲宣撫使，恐後生變，與公相遇於内黄，夜半屏人謀，欲使諸州同日誅之。公曰：「禍莫大於殺已降，況脅從乎？既非朝命，州郡有一不從，爲變不細。」富公悟，乃止。公奏置御河催綱司，以督糧餉，邊州賴之。又置磁、相州都作院，以繕一路戎器。河北方小治，而二府諸公，相繼以黨議罷去。公慨然上書論之，用事者益怒。會公之外甥女張嫁公族人晟，以失行繫獄，言事者乘此欲并中公，遂起詔獄，窮治張貲産。上使中官監劾之，卒辨其誣，猶降官知滁州。神道碑

富公之議誅亂兵也，公時使河北，復被命權知鎮州，既力沮其議，且曰：「脩至鎮州，必不從命。」富公不得已，遂止。是時小人讒言已入，而富公大閱河北之兵，多所升黜，譖者因曰：「富弼擅命專權，自作威福，已收却河北軍情。」於是京師禁軍，亟亦大閱，多所升擢。而富公歸至國門，不得入，遂罷知鄆州，向若遂擅殺二千人命，禍何可測也！然則公一言不獨活二千人命，亦免富公於大禍也。遺事

執政賈昌朝、陳執中惡公，欲因張氏事深治之，令蘇安世鞫獄，不成，蘇云：「不如鍛鍊

就。」仍乞不録問。內官王昭明爲監勘官，正色曰：「上令某監勘，正欲盡公道爾，鍛鍊何等語也！」歐陽遂清脱。韓魏公別録

公至和初判流內銓，小人恐公且大用，僞爲公奏，乞澄汰宦官。宦官聞之，果怒，陰以事中公，遂出公知同州，而言者多謂公無罪，上亦悟，留刊修唐書。俄入翰林爲學士。自滁州之貶，至是十二年矣。上臨御既久，遍閱天下士，群臣未有以大稱上意。上思富、韓之賢，復召寘二府。時慶曆舊人，惟二公與公三人，皆在朝廷。士大夫知上有致治之意，翕然相慶。神道碑

公在翰林，仁宗一日乘間見御閤春帖子，讀而愛之，問左右，曰：「歐陽脩之辭也。」乃悉取宮中諸帖閱之，見其篇篇有意，歎曰：「舉筆不忘規諫，真侍從之臣也。」

公在翰林日，建言：「讖緯之書，淺俗誣怪，誖經妨道，凡諸書及傳疏所引，請一切削去之，以無誤後學。」仁宗命國子學官取諸經正義所引讖緯之説，逐旋寫録奏上，時執政者不甚主之，竟不行。吕氏家塾記

權知貢舉，是時進士爲文，以詭異相高，號太學體，文體大壞，公患之，所取率以詞義近古爲貴，比以嶮怪知名者，黜去殆盡。榜出，怨謗紛然，久之乃服。然文章自是變而復古。

知開封，所代包孝肅，以威嚴御下，名震都邑。公簡易循理，不求赫赫之名。有以包公

之政勵公者，公曰：「凡人材性不一，用其所長，事無不舉，强其所短，勢必不逮。吾亦任吾所長耳。」聞者稱善。並神道碑

公嘗語人曰：「治民如治病。彼富醫之至人家也，僕馬鮮明，進退有禮，爲人診脈，按醫書，述病證，口辨如傾，聽之可愛。然病兒服藥云無效，則不如貧醫。貧醫無僕馬，舉止生疎，爲人診脉，不能應對，病兒服藥，云疾已愈矣，則便是良醫。凡治人者，不問吏材能否，設施何如，但民稱便，即是良吏。」故公爲數郡，不見治迹，不求聲譽，以寬簡不擾爲意。故所至民便，既去民思。如揚、青、南京皆大郡，公至三五日間，事已十減五六，一兩月後，官府如僧舍。或問：「公爲政寬簡，而事不弛廢者何也？」曰：「以縱爲寬，以略爲簡，則弛廢而民受其弊。吾之所謂寬者，不爲苛急耳；所謂簡者，不爲繁碎耳。」識者以爲知言。遺事〇

公爲政，以鎮靜爲本，明不及察，寬不至縱，吏民安之。墓誌

仁宗既連失褒、豫、鄂三王，遂更無皇子。言者常以國本不可不急，交章論述，每輒留中。余嘗因大水言之，然初無采納之意。如此五六年。嘉祐六年秋，諫官司馬光、知江州吕誨有疏論述。仁宗遽曰：「朕有意多時矣，但未得其人。」既而左右顧曰：「宗室中孰爲可？」韓公對曰：「此事豈臣下敢議，當出自聖擇。」上曰：「宫中嘗養二子，小者甚純，然近不慧，大者可也。」遂啓曰：「其名謂何？」上即道今上舊名曰：「名某，今三十歲矣〔三〕。」余

等遂力贊之，議乃定。明日奏事，因又啓之。仁宗曰：「决無疑也。」余等奏言：「事當有漸，容臣等商量所除官。」既退，遂議且判宗正。時今上猶在濮王喪，乃議起復，上大喜，曰：「如此甚好。」二公與余又奏曰：「此事若行，不可中止，乞陛下斷在不疑，仍乞自内中批出。」上曰：「此事豈可令婦人知，中書行可也。」命既出，今上再三辭避，至七年二月一日，服除，堅卧稱疾，前後十餘讓。余奏曰：「宗室自來不領職事，今外人忽見不次擢用，皆知將立爲皇子，不若正其名，命立爲皇子。緣誥敕降付閤門，某得以堅卧不受。若立爲皇子，只煩陛下命學士作一詔書，告報天下，事即定矣，不由某受不受也。」韓公力贊之，遂降詔立爲皇子，仍更名某。自議皇子事，凡所奏請，皆余與西廳趙侍郎自書，其改名劄子，余所書也，初擇日旁十字，其最下一字，乃今名也，是上親點，今封在中書。今上自在濮邸，即有賢名，及遷入内，良賤不及三十口，行李蕭然，無異寒士，有書數厨而已。中外聞者相賀。

公奏事録

自嘉祐以後，朝廷務惜名器，而進人之路稍狹。公屢建言：「館閣育材之地，材既難得，而又難知，則當博採而多蓄之，則傑然出爲名臣矣，餘亦不失爲佳士也。」遂詔二府，各舉五人。行狀

孫侍郎長卿罷環慶路安撫，拜集賢院學士，爲河東都轉運使。臺諫交章論列，長卿守

邊無狀，宜加降黜。中書以長卿歲滿得代，無過可黜，而臺諫論奏不已。六月十一日進呈〔四〕，上厲聲曰：「已行之事，何可改易？」臣脩奏曰：「臣等不爲已行難改。若朝廷果是除授不當，能用臺諫之言改正，足以上彰陛下從諫之聖。臣等能不遂非而改過，亦是好事。但以長卿除授不爲非當，若從臺諫之言，使彼銜冤受屈，於理未安。」然之。奏事録

濮議初不出於公，及臺諫有言，公獨力辨於朝，故議者指公爲立議之人，公不自辨，唯曰：「今人以濮議爲非，使我獨當罪，則韓、曾二公，宜有愧於我。後世以濮議爲是，而獨稱我善，則我宜愧於二公。」又撰濮議四卷，悉記當時議論本末甚詳。又於五代史記書晉出帝父敬儒、周世宗父柴守禮事，及李彦詢傳發明人倫父子之道，尤爲詳悉。遺事

公平生不甚留意禮經，嘗與祖父説濮議事，自云：「脩平生何嘗讀儀禮，偶一日至子弟書院中，几間有之，因取讀，見『爲人後者，爲其父齊衰杖期』云云，其言與脩意合，由是破諸異議，自謂得之多矣。」蘇氏談訓

英宗之喪，歐公於衰絰之下，服紫地皂花緊絲袍以入臨。劉庠奏乞貶責，上遣使語歐公使易之，歐陽公拜伏面謝。温公日録

公長子發，娶冲卿之女，郎中薛良孺，歐陽公之妻族也，曩歲坐舉官不當被劾，遷延踰南郊赦赦原，良孺由是怨之，揚言於衆云：「歐陽公有帷薄之醜。」朝士以濮議故，多疾公，

由是流布遂廣。蔣之奇遂以此事劾之，仍言「某月日彭思永爲臣言」，上以爲無是事，之奇伏地叩頭，固請以其奏付密院，於是公與沖卿皆上章自辨。後數日，復取其奏以入，因謂執政曰：「言事者以闈門曖昧之事中傷大臣，此風不可長。」乃命之奇、思永分析，皆無以對，俱坐謫官，仍敕榜朝堂。先是，之奇盛稱濮議之是，以媚脩，由是薦爲御史，既而反攻脩，脩尋亦外遷，故其謝上表曰：「未乾薦禰之墨，已關射羿之弓。」日録

蔣之奇彈公，英宗不聽。之奇因拜伏地不起。上顧左右問：「何故久不起？」之奇仰曰：「此所謂伏蒲矣。」上明日以語大臣，京師傳以爲笑。龍川志

公與魏公同在政府，公長一歲，魏公諸事頗從之。至議推尊濮王，同朝但攻歐公，故公遺令託魏公作墓誌，欲令魏公承當此事耳。馬永卿云

嘗獨對奏曰：「近聞臺諫累奏臣專主濮議，上荷陛下保全，言者稍息。」上曰：「參政性直，不避衆怨，每見奏事，時或二相公有所異同，便相折難，其語更無回避。亦聞臺諫議事，往往面折其短。若似奏事時語，可知人不喜也。今後少戒此。」臣對曰：「臣以愚拙，敢不如聖訓。」奏事録

知青州，諸縣散青苗錢，公乞令民止納本錢〔五〕，以示不爲利〔六〕，罷提舉管句官，聽民以願請。不報。碑

除判太原府，公辭，求知蔡州，且曰：「時多喜新奇，而臣思守拙；衆方興功利，而臣欲循常。」執政知其終不附己，俄詔以本官知蔡州。行狀

公在蔡，屢乞致仕。門下生蔡丞禧因間言曰：「公德望爲朝廷倚重，且未及引年，豈容遽去也？」公曰：「脩平生名節，爲後生描畫盡，惟蚤退以全晚節，豈可更俟驅逐乎？」倦遊録

公平生少有所好，獨好收畜古文圖書，集三代以來金石，刻爲一千卷，以校正史傳百家訛謬之説爲多。在滁時，自號醉翁，晚年自號六一居士，曰：「吾集古録一千卷，藏書一萬卷，琴一張，棋一局，常置酒一壺，吾老於其間，是爲六一。」行狀自云：「學道三十年，所得者平心無怨惡爾。」公初以范希文事得罪于呂相，遠貶三峽，流落累年。呂公罷相，公始被進擢。及後爲范公作神道碑言「西事時呂公擢用希文，盛稱呂之賢能，釋私憾而共力於國家」，希文子純仁大以爲不然，刻石則輒削去此一節，云：「我父至死，未嘗解仇。」公歎曰：「我亦得罪於呂相者，唯其言公取信於後世也。」吾嘗聞范公平生自言無怨惡於一人，兼其與呂公解仇書見在范集中，豈有父自言無怨惡於人，而其子不使解仇於地下？父子之性，相遠如此，信乎堯朱善惡異也。

知潁州，時呂公之子公著爲通判，爲人有賢行，時人未知。公後還朝，力薦之。由是漸見擢用。遺事

公於經術，務究大本，其所發明，簡易明白。論詩曰：「察其美刺，知其善惡，以爲勸戒，所謂聖人之志者本也。因其失傳妄自爲之説者，經師之末也。今學者得其本而通其末，斯善矣。得其本而不通其末，闕其所疑可也。」不求異於諸儒，嘗曰：「先儒於經，不能無失，而所得者固多矣，盡其説，而理有不通，然後得以論正。予非好爲異論也。」其於詩、易多所發明，爲詩本義，所改百餘篇，其餘則曰：「毛、鄭之説是矣，復何云乎？」

被詔撰唐書，又自撰五代史，其爲紀，一用春秋法。於唐禮樂志，明前世禮樂之本出於一，而後世禮樂爲空名。五行志不書事應，盡破漢儒萏異附會之説。其論著類此。五代史辭約而事備，及正前史之失爲尤多。行狀

脩唐書，最後置局，專脩紀志而已，列傳則尚書宋祁脩也。朝廷以一書出於兩手，體不能一，遂詔公刊詳列傳，令删脩爲一體。公雖受命，退而嘆曰：「宋公於我爲前輩，且人所見多不同，豈可悉如己意？」於是一無所易。及書成奏御，吏白：「舊制，脩書只列書局中官高者一人姓名，云某等奉敕撰。而公官高，當書。」公曰：「宋公於列傳用功深而爲日久，豈可掩其名而奪其功乎！」於是紀、志書公姓名，列傳書宋姓名。此例皆前未有，自公爲始也。宋公聞而喜曰：「自古文人不相讓，而好相凌掩，此事前所未聞也。」

公脩五代史記，褒貶善惡，其法甚精，發論必以「嗚呼」，曰：「此亂世之書也，吾用春秋

之法，師其意不襲其文。」其論曰：「昔孔子作春秋，因亂世而立治法。余述本紀，以治法而正亂君。」此其志也。書減舊史之半，而事跡比舊史添數倍，議者以謂功不下司馬遷。又謂筆力馳騁相上下，而無駁雜之說，至於紀例精密，則遷不及也。亦嘗自謂：「我作伶官傳，豈下滑稽者也！」並遺事

公於古文，得之自然，非學所至，超然獨騖，衆莫能及。譬夫天地之妙，造化萬物，動者植者，無細與大，不見痕跡，自極其工。墓誌公之於文，天材有餘，豐約中度，雍容俯仰，不大聲色，而義理自勝。短章大論，施無不可。有欲效之，不詭則俗，不淫則陋，終不可及。是以獨步當世。

公父鄭公嘗有遺訓，戒慎用死刑，韓國公母以語公，公終身行之。以謂漢法惟殺人者死，今法多雜犯死罪。故死罪非殺人者，多所平反，蓋鄭公意也。碑

張舜民遊京師，求謁先達。時公與司馬公、王荆公爲學者所趍，諸公之論，於行義文史爲多，唯公與談吏事。既久之，不免有請：「大凡學者之見先生，莫不以道德文章爲欲聞者，今先生多教人以吏事，所未喻也。」公曰：「不然。吾子皆時才，異日臨事，當自知之。大底文學止於潤身，政事可以及物。吾昔貶夷陵，欲求史漢一觀，公私無有也。無以遣日，因取陳年公案反覆觀之，見其枉直乖錯，不可勝數，以無爲有，以枉爲直，違法徇情，滅親害

義，無所不有。且以夷陵荒遠褊小，尚如此，天下固可知也。當時仰天誓心曰：『自爾遇事，不敢忽也！』迨今三十餘年，出入中外，忝塵三事，以此自將。今日以人望我，必爲翰墨致身，以我自觀，諒是當時一言之報也。」張芸叟集

公嘗誦故相王沂公之言曰：「恩欲歸己，怨使誰當？」且曰：「貧賤常思富貴，富貴必履危機，此古人之所歎也。惟不思而得，既得而不患失之者，其庶幾乎！」行狀

公與其姪書云：「歐陽氏自江南歸明，累世蒙朝廷官禄。吾今又被榮顯，致汝等並列官品，當思報效。偶此多事，如有差使，盡心向前，不得避事。至於臨難死節，亦是汝榮事。昨書中欲買朱砂來，吾不闕此物，汝於官下宜守廉，何得買官下物？吾在官所除飲食外，不曾買一物，汝可觀此爲戒也。」內翰蘇公題其後曰：「凡人勉强於外，何所不至？惟考之其私，乃見真僞。此歐陽公與其弟姪家書也。」東坡集

蘇内翰軾序公之文曰：自漢以來，道術不出於孔氏，而亂天下者多矣。晉以老、莊敗，梁以佛亡，莫或正之。五百餘年而後得韓愈，學者以愈配孟氏，蓋庶幾焉。愈之後二百有餘年而後得歐陽子〔七〕，其學推韓愈、孟子以達於孔氏，其言簡而明，信而通，引物連類，折之於至理，以服人心，故天下翕然師尊之，曰：「歐陽子，今之韓愈也。」宋興七十餘年，民不知兵，富而教之，至天聖、景祐極矣，而斯文終有愧於古，士亦因陋守舊，論卑而氣弱。自歐

陽氏一出，天下爭自濯磨，以通經學古爲高，以救時行道爲賢，以犯顔納諫爲忠。長育成就，至嘉祐末，號稱多士。歐陽子之功爲多。

歐陽文忠公答李詡論性書：「性非學者之所急，而聖人之所罕言。或因而及焉，非爲性而言也。」文忠雖有是説，然大約慎所習與所感及率之者，以孟、荀、楊之説皆爲不悖，此其大略也。臨岐計都官用章謂予曰：「性，學者之所當先，聖人之所欲言。吾知永叔卒貽後世之誚者，其在此書矣。」塵史

孟子一部書，只是要正人心，教人存心養性，收其放心。至論仁義禮智，則以惻隱、羞惡、辭讓、是非之心爲之端。論邪説之害，則曰生於其心，害於其政。論事君，則欲格君心之非，正君而國定。千變萬化，只説從心上來，人能正心，則事無足爲者矣。大學之修身齊家，治國平天下，其本只是正心誠意而已。心得其正，然後知性之善。孟子遇人便道性善，永叔却言聖人之教人，性非所先。永叔論別是非利害，文字上儘去得，但於性分之内，全無見處，更説不行，人性上不可添一物，堯、舜所以爲萬世法，亦只是率性而已。所謂率性，循天理是也。外邊用計用數，假饒立得功業，只是人欲之私，與聖賢作處，天地懸隔。龜山語録

校勘記

〔一〕五六十年來　「十」字原無，元刊本同，據三朝名臣言行録卷二之二及類苑卷九引補。

〔二〕沉默畏慎　「慎」三朝名臣言行録卷第二之二作「御名」二小字，爲避宋孝宗諱。下類不出校。

〔三〕今三十歲矣　「三」原作「二」，元刊本同，據同前書改。

〔四〕六月十一日進呈　宋歐陽脩奏事録此句前尚有「最後賈中丞二章」七字。

〔五〕公乞令民止納本錢　「止」原作「正」，元刊本同，據三朝名臣言行録卷第二之二及宋蘇轍欒城後集（以下簡稱欒城後集）卷二三歐陽文忠公神道碑改。

〔六〕以示不爲利　「不」，原作「吾」，元刊本同，據同前二書改。

〔七〕愈之後二百有餘年而後得歐陽子　「二」原作「三」，元刊本、三朝名臣言行録卷第二之二同，據蘇軾文集卷一〇六一居士集跋改。按：由韓、歐之生卒年推算，以作「二百餘年」爲妥。

宋名臣言行録後集卷第三

文彦博　潞國忠烈公

字寬夫，汾州人。中進士第。事仁宗、英宗、神宗、哲宗，位至丞相，除太尉，以太師致仕。

公幼時與群兒擊毬，入柱穴中不能取，公以水灌之，毬浮出。司馬温公幼與群兒戲，一兒墮大水甕中，已没，群兒驚走不能救。公取石破其甕，兒得出。識者已知二公之仁智不凡矣。聞見録

寶元中，河東闕漕使，堂上議難得可任者，章郇公言：「聞縉紳間說文彦博者，磊落有稱。」時吕許公曰：「恨不識也，可召來面詢之。」明日，召至堂上，退，許公歎曰：「此大有福人，何所任用不可？」遂自殿中侍御史差委。明年，就遷待制。不出十年，出將入相。趙萊

公録

公在成都，米價騰貴，因就諸城門相近院凡十八處〔一〕，減價糶賣，不限其數，張榜通衢。翌日，米價遂減。前此或限勝㪷以糶，或抑市井價直，適足以增其氣焰，而終不能平其價。乃知臨事當須有術也。東齋記事

公知益州，喜遊宴。嘗宴鈐轄廨舍，夜久不罷，從卒輒拆馬㕔爲薪，不可禁遏。軍校白之，座客股栗，公曰：「天實寒，可拆與之。」神色自若，飲如故。卒氣沮，無以爲變。記聞

樞密直學士明鎬討貝州，久未下，上深以爲憂，問於兩府，參知政事文彦博請自往督戰。八年正月丁丑，以彦博爲河北宣撫使，監諸將討貝州。時樞密使夏竦惡鎬，凡鎬所奏請，多從中沮，惟恐其成功。彦博奏：「今在軍中，請得便宜從事，不中覆。」上許之。閏月公至貝，與明鎬督諸將築距闉以攻城，旬餘不下，有牢城卒董秀、劉炳請穴地以攻城，公許之。貝城南臨御河，秀等夜於岸下潛穿穴，棄土於水，晝匿穴中，城上不之見也。久之穴成，自教場中出，秀等以褐袍塞之，走白公，選取敢死二百〔二〕，命指使將之，銜枚自穴入。有虞候楊遂請行。遂白軍士中有病欬者數人，不可去，請易之。從之。既出穴，登城殺守者，垂絙以引城外人，城中驚擾。遂生擒王則。記聞

知永興軍。起居舍人毋湜，鄠人也。至和中，湜上言乞廢陜西鐵錢。朝廷雖不從，其

鄉人多知之，爭以鐵錢買物，賣者不肯受，長安爲之亂，民多閉肆。僚屬請禁之，彦博曰：「如此是愈使惑擾也。」乃召絲絹行人，出其家縑帛數百疋，使賣之，曰：「納其直盡以鐵錢，勿以銅錢也。」於是衆知鐵錢不廢，市肆復安。記聞

至和初，陳恭公罷相，並用文、富。宣麻之際，上遣小黄門密於百官班中聽其論議，而二公久有人望，一旦復用，朝士相賀。黄門具奏，上大悦。予爲學士，後數日，奏事垂拱殿，上問：「新除彦博等，外議如何？」余以朝士相賀爲對。上曰：「古之君用人，或以夢卜，苟不知人，當從人望，夢卜豈足憑耶！」故余作文公批答云「永惟商、周之所記，至以夢卜而求賢。孰若用搢紳之公言，從中外之人望」者，具述上語也。歸田録

公爲相，因進對言：「嘗聞德音，以搢紳多務奔競，非裁抑之無以厚風俗。莫若稍旌恬退之人，則躁競者自知愧耻。」乃薦王安石、韓維、張瓌，皆擢用焉。龐籍時爲樞密使，公與之同議省兵，汰爲民者六萬，減廩給之半者又二萬。

唐介爲御史，論公專權植黨，交結宫禁。仁宗怒，召二府示之疏，唐公語益切。樞密副使梁公適叱唐公下殿，詔送臺劾之。公獨留，再拜曰：「御史言事，職也，願不加罪。」於是唐公既貶，而公亦罷相。其後公再入相，首薦唐公，復召用焉。

嘉祐元年正月甲寅朔，上御大慶殿朝會。百官就列。既卷簾，上暴感風眩之疾，僅能

成禮而罷。己未，契丹使者入辭，置酒紫宸殿，上疾又作，左右扶入禁中。公召内侍都知史志聰、鄧保吉，問上至禁中起居狀，志聰等對以禁中事嚴密，不敢泄。公怒，叱之曰：「主上暴得疾，繫社稷之安危，惟君輩得出入禁闥，豈可不令宰相知天子起居，欲何爲耶？自今疾勢小有增損〔三〕，必一一見白。」仍命直省引至中書〔四〕，取軍令狀。志聰等素謹願，及夕，諸宫門白下鎖，志聰曰：「汝曹自白宰相，我不任受其軍令。」兩府謀以上躬不寧，欲留宿宫中而無名。辛酉，公建議設醮祈福於大慶殿，兩府晝夜焚香，設幄宿於殿之西廡。志聰等白〔五〕：「故事，兩府無留宿殿中者。」公曰：「今何論故事也？」戊辰以後，上神思浸清。罷醮，兩府始分番歸第，不歸者各宿於其府。記聞

熙寧二年，公爲樞密使，陳升之拜相，以公宗臣，詔升之位公下。公言：「國朝樞密使無位宰相上者，獨曹利用嘗在王曾、張知白上，卒取禍敗。臣忝文臣，粗知義理，不敢紊亂朝著。」上從之。日録

慶州軍亂，二府入議。公曰：「朝廷施爲，務合人心，以靜重爲先，不宜偏聽。陛下即位以來，厲精求治，而人情未安者，更張之過耳。祖宗法未必不可行，但有廢墜不舉之處耳。」王荆公曰：「所以爲此，將以去民之害，何爲不可？若萬事隳頽如西晉風，兹乃益亂也。」蓋荆公知公言爲己發，故力排之。

韓魏公留守北京，李稷以國博爲漕，頗魏慢公。魏公不爲較，待之甚禮。俄公代魏公爲留守，未至，揚言云：「李稷之父絢，我門下士也。聞稷敢慢魏公，必以父死失教至此。吾視稷猶子也，果不悛，將庭訓之。」公至，稷謁見。坐客次久之，公着道服出，語之曰：「而父，吾客也，只八拜。」稷不獲已，如數拜之。聞見録

公判北京，有汪輔之者，新除運判，爲人卞急。初入謁，公方坐廳事，閱謁，置案上不問，入宅，久之乃出。輔之已不堪。既見，公禮之甚簡，謂曰：「家人頃令沐髮，忘見，運判勿訝。」輔之沮甚。舊例，監司至之三日，府必作會，公故罷之。輔之移文定日檢按府庫，通判以次白公，公不答。是日，公家宴，内外事並不許通。輔之坐都廳，吏白侍中家宴，匙鑰不可請。輔之怒，破架閣庫鎖，亦無從檢按也。密劾公不治。神宗批輔之所奏付潞公，有云「侍中舊德，故煩卧護北門，細務不必勞心。輔之小臣，敢爾無禮，將别有處置」。潞公得之不言。一日，會監司曰：「老謬無治狀，幸諸君寬之。」監司皆愧謝。因出御批以示輔之，輔之皇恐逃歸，託按部以出。未幾罷。烏乎！神宗眷遇大臣，沮抑小人如此，可謂聖矣！聞見録

元豐三年，王堯臣子同老言：「至和三年，仁宗不豫，内外寒心。先臣參預朝政，與宰相文、富請立英宗皇帝爲嗣。大計遂定。」會公來自北都，過闕入覲，神宗以問，公對曰：

「自至和以來，中外之臣乞立皇嗣者甚衆，臣等雖有請，事未果行。至嘉祐末，韓琦等卒就大事。蓋琦等功也。」於是手詔中書曰：「彦博蓄德深厚，善不自伐，懷此大功，絶口不言，中外搢紳，莫有知者。今緣故臣子明其父勳，始得本末。乃知援立之功，厥有攸在。」遂加公河東、永興節度使，公復力辭。宴餞瓊林，輔臣皆預，兩遣中謁者，遺詩以寵其行，有「報在不言功」之語，當世榮之。

元豐間，公以太尉留守西京，未交印，先就第廟坐見監司、府官。唐參政介之子義問爲運判，退謂其客尹煥曰：「先公爲臺官〔六〕，嘗言潞公，今豈挾爲恨耶？義問當避之。」煥曰：「公所爲必有理，姑聽之。」明日，公交府事，以次見監司、府官如常儀。或以問公，公曰：「吾未視府事，三公見庶僚也。既交印，河南知府見監司矣。」義問聞之，復謂煥曰：「微君，殆有失於潞公也。」一日，公謂義問曰：「仁宗朝，先參政爲臺諫，以言彦博謫，彦博亦罷相判許州。未幾，彦博復召還相位，即上言唐某所言正中臣罪，召臣未召唐某，臣不敢行。仁宗用彦博言起參政通判潭州，尋至大用，與彦博同執政，相知爲深。」義問聞公之言，至感泣，自此出入公門下。後公薦爲集賢殿脩撰帥荆南。公之德度，絶人如此。聞見録

元豐五年，公以太尉留守西都，時富韓公以司徒致仕，公慕唐白樂天九老會，乃集洛中公卿大夫年德高者爲耆英會。以洛中風俗尚齒不尚官，就資聖院建大厦曰耆英堂，命閩人

鄭奐繪像堂中。時富公年七十九，文潞公與司封郎中席汝言皆七十七，朝議大夫王尚恭年七十六，太常少卿趙丙、祕書監劉几、衛州防禦使馮行己皆年七十五，天章閣待制楚建中、朝議大夫王慎言皆年七十二，太中大夫張問、龍圖閣直學士張燾皆年七十。時宣徽使王拱辰留守北京，貽書潞公，願預其會，年七十一。獨司馬温公年未七十，潞公素重其人，用唐九老狄兼謨故事請入會。温公辭以晚進，不敢班文、富二公之後。公不從，令鄭奐自幕後傳温公像，又之北京傳王公像。於是預會者凡十三人。公以地主携妓樂就富公宅作第一會。至富公會，送羊酒不出。餘皆次爲會。洛陽多名園古刹，有水竹林亭之勝，諸老鬢眉皓白，衣冠甚偉，每宴集，都人隨觀之。潞公又爲同甲會，司馬郎中旦、程太中珦、席司封汝言，皆丙午人也，亦繪像於資聖院。其後司馬公與數公又爲真率會，有約：酒不過五行，食不過五味，唯菜無限。楚正議違約增飲食之數，罰一會。皆洛陽太平盛事也。洛之士庶又生祠潞公於資聖院，温公取神宗送公判河南詩，隸于牓曰竚瞻堂〔七〕，塑公像其中，冠劍偉然，都人事之甚肅。聞見録

元祐初，起公平章軍國重事，召程正叔爲崇政殿説書。正叔以師道自居，每侍講，色甚莊，繼以諷諫，上畏之。公對上恭甚，進士唱名，侍立終日，上屢曰：「太師少休。」公頓首謝，立不去，時年九十矣。或謂正叔曰：「君之倨，視潞公之恭，議者以爲未盡。」正叔曰：

「潞公三朝大臣，事幼主，不得不恭。吾以布衣爲上師傅，其敢不自重？吾與潞公所以不同也。」識者服其言。聞見録

至和中，陳執中爲相，臺官趙抃等言：「執中無材行，不可任。」歐陽脩亦上書請退執中。議久不決。左右怪仁宗少遊燕，默有所思，焦勞見於容色，居月餘如此，因問上曰：「陛下得非思代執中者乎？」上曰：「然。」左右乃曰：「代執中者易得耳，何至此耶？」上曰：「此老子却可謾人！」久之，始用文、富二人代之，朝議皆謂得人。數日，歐陽脩具以朝議爲對。問上曰：「彦博有才，然膽大；弼前在政府甚好，今復來，恐多顧慮。」良久，又曰：「弼前深爲人所中傷，今來亦焉能不顧慮？然不若守前志不變也。」既而彦博果不能謹畏，後因郭申錫李參爭塞河事，彦博意有所左右，上由此罷之。弼亦竟以多顧慮少所建明。皆如所料。南豐雜識

公謂予言：初及第，授大理評事、知絳州翼城縣。未赴任，有客李本者，三見訪而後得見之，且言：「本有婿爲縣中巡檢，幸公庇之。」又曰：「本非獨奉干，亦有以奉助。本嘗知其邑户口衆，人猾難治。」因出一策文字，皆景跡人姓名，其首姓張。比公至，姓張人事已敗，縣未能結正。簿、尉皆云：「某等在此各歲餘，豈無過失爲此人所持？幸君之來，必辦之矣。」於是公盡得其姦狀，上于州，決配之。邑人皆悚畏。記事

校勘記

〔一〕諸城門相近院　「院」上東齋記事卷四有「寺」字。

〔二〕選取敢死二百　「死」下涑水記聞卷九有「士」字。

〔三〕小有增損　「小」，涑水記聞卷五作「稍」。

〔四〕直省　「省」下同前書有「官」字。

〔五〕志聰等白　「白」，同前書作「曰」。

〔六〕先公　「公」，邵氏聞見録卷一〇作「君」。

〔七〕隸於牓曰竚瞻堂　「隸」下同前書有「書」字，較長。

趙槩　康靖公

字叔平，應天府人。中進士第，事仁宗、英宗、神宗，位至參政。

公與歐陽脩同在舘，及同修起居注，概性重厚寡言，脩意輕之。及脩除知制誥，是時韓、范在中書，以公爲不文，乃除天章閣待制，公澹然不以屑意〔一〕。及韓、范出，乃復除知制誥。會脩甥嫁爲脩從子晟妻，與人淫亂，事覺，語連及脩，脩時爲河北轉運，疾韓、范者皆欲文致脩罪，云與甥亂。上怒，群臣無敢言者，概乃上書言：「脩以文學爲近臣，不可以閨房曖昧之事輕加汙衊。臣與脩蹤跡素疎，脩之待臣亦薄，所惜者朝廷大體耳。」書奏，上不悦，人皆爲之懼，概亦澹然如平日。久之，脩終坐降爲知制誥、知滁州。執政私曉譬概令求出，迺出知蘇州。遭喪去官，服闋，除翰林學士，概復表讓，以歐陽脩先進，不可超越〔二〕。奏雖不報，時論美之。記聞

會郊祀〔三〕，當進階封，且任一子京官。公乞以封母郡太君，宰相爲公曰：「方爲學士，擬封不久矣〔四〕。」公曰：「母年八十二，朝夕不可期，願及今以爲榮。」許之。後遂以爲例。改知審官院〔五〕，判祕閣，與高若訥同判流内銓。若訥言：「往嘗知貢舉，聞母病，不得出，幾不能生。」公矍然，即請郡以便親。宰相謂：「旦夕爲學士，可少待也。」公不聽，遂除蘇州。

以太子少師致仕，居睢陽十五年，猶以讀書著文，憂國愛君爲事。集古今諫諍爲諫林一百二十卷，奏之。上甚喜，賜詔曰：「士大夫請老而去者，皆以聲跡不至朝廷爲高。得卿所奏書，知有志愛君之士，雖退休山林，未嘗一日忘也。當置坐右，以時省閲。」並蘇内翰撰神道碑

校勘記

〔一〕澮然　「然」字原脱，據涑水記聞卷三補。

〔二〕不可超越　「越」下同前書有「爲學士」三字。

〔三〕郊祀　「祀」，蘇軾文集卷一八趙康靖公神道碑作「禮」。

〔四〕辛相爲公曰方爲學士擬封不久矣　「爲公曰方爲」五字，同前書作「謂公」二字。

〔五〕改知審官院　「官」原作「賢」，元刊本同，據三朝名臣言行録卷第三之二改。

吴奎　文肅公

字長文，濰州人。舉五經，又舉賢良方正。事仁宗、英宗、神宗，位至參政。

始，公爲少吏，晝則治公事，夜輒讀書，不寐者二十餘年。劉貢父撰墓誌

公始對策，極論内降恩澤之爲蠹政也，及在諫官，遂專以禁切左右。御史有言事非其實者，詔詰問從誰受，公奏言：「御史擇於風聞以言事，朝廷用之救過失，使其擇之不詳，朝廷能容，容之，不能，罪之可也。若求主名，則後莫有以事告御史者矣，是自蔽塞其耳目

也。」上立罷不問。

奉使契丹，虜中群臣爲其主加稱號，謁公使入賀。公自以使事有職，賀無預也，不爲往。虜主畏其守義，甚重之。並墓誌

神宗問政府地震之變。曾公曰：「陰盛。」上曰：「誰爲陰？」曾公曰：「臣者君之陰，婦者夫之陰，夷狄者中國之陰，皆宜戒之。」上問公，公曰：「但爲小人黨盛耳。」上不懌。

韓魏公嘗云：「吳長文有識。方天下盛推王安石，以爲必可致太平，唯長文獨語所知曰：『王安石心强性很，不可大用。』其後果如所言。」別録

張方平　文定公

字安道，宋城人。中茂材異等及賢良方正直言極諫科。事仁宗、英宗、神宗，仁至參政，以太子少師致仕。

公年十三，入應天府學。穎悟絶人。家貧無書，常就人借三史，旬日輒歸之，曰：「吾已得其詳矣。」凡書皆一閲，終身不再讀。屬文未嘗起草。宋綬、蔡齊見之曰：「天下奇材也。」共薦之。蘇内翰撰墓誌

通判睦州，時趙元昊欲叛而未有以發，則爲嫚書求大名以怒朝廷，規得譴絶以激使其衆。公以謂：「朝廷自景德以來，既與契丹盟，天下忘備，將不知兵，士不知戰，民不知勞，蓋三十年矣。若驟用之，必有喪師蹶將之憂，兵連民疲，必有盗賊意外之患。當含垢匿瑕，順適其意，使未有以發，得歲月之頃，以其間選將厲士，堅城除器，爲不可勝以待之。雖元昊終於必叛，而兵出無名，吏士不直其上，難以決勝。小國用兵三年，而不見勝負，不折則破。我以全制其後，必勝之道也。」方是時，士大夫見天下全盛，而元昊小醜，皆欲發兵誅之，惟公與吴育同議。議者不深察，以二人之論爲出於姑息，遂決計用兵，天下騷動。公獻平戎十策，宰相吕夷簡見之，謂宋綬曰：「君能爲國得人矣。」然不果用其策。

元昊叛，禁兵皆西，而諸路守兵，多揀赴闕，郡縣無備，乃命調額外弓手。公在睦州，條上利害八事。及是，有旨遣使於陝西、河東、京東西路刺弓箭手爲宣毅、保捷指揮〔一〕，公連上疏，爭之甚力，不從。所刺兵二十餘萬人，皆市人，不可用，宣毅驕甚，所至爲寇。自是民力大困，國用一空。識者以不從公言爲恨。

元昊叛，陝西四路置帥，夏竦爲總帥，居長安，不臨邊。公爲諫官，言：「竦端坐長安，不臨敵，諸路失律，一皆不問，有總帥之名，而無總帥之實。乞據四路敗事，加以責罰，而罷總帥，使四路帥臣，自任戰守之計。」從之。龍川志慶曆元年，西方用兵已六年矣。上既益厭兵，而賊亦困弊，不得休息耕牧，虜中疋布至十餘千。元昊欲自致[二]，其道無由。公慨然上疏曰：「陛下猶天地父母也，豈與此犬豕豺狼較勝負乎？願因今歲郊赦，引咎示信，開其自新之路，申敕邊吏，勿絶其善意。若猶不悛，亦足以怒我而曲彼[三]，雖天地鬼神，必將誅之。」仁宗喜曰：「是吾心也。」命公以疏付中書。吕夷簡讀之，拱手曰：「公之言及此，是社稷之福也。」是歲，赦書開諭如公意。明年十月，元昊始請降。墓誌

前三司使王拱辰請榷河北鹽，既立法矣，而未下。公見上問曰：「河北再榷鹽，何也？」仁宗驚曰：「始立法，非再也。」公曰：「周世宗榷河北鹽，犯輒處死。世宗北伐，父老遮道泣訴，願以鹽課均之兩税，而弛其禁，世宗許之，今兩税鹽錢是也。豈非再榷乎？」仁宗大悟曰：「卿語宰相立罷之。」公曰：「法雖未下，民已户知之，當直以手詔罷，不可自有司出也。」仁宗大喜，命公密撰手詔罷之。河朔父老，相率拜迎於澶州，爲佛老會者七日，以報上恩。且刻詔書北京，至今父老過其下，必稽首流涕。

自陝右用兵，公私困乏。公言：「自祥符已來，萬事惰弛，務爲姑息，漸失祖宗之舊。取士、任子、磨勘、遷補之法既壞，而任將養兵，皆非舊律。國用既窘，則政出一切，大商姦民，乘隙射利，而茶鹽香礬之法亂矣。此治亂盛衰之本，不可以不急治。且比年以來，朝廷

頗引輕蠍之人，布之言路，違道干譽，利口爲賢。内則臺諫，外則監司，下至吏胥僮僕，皆可以搆危其上，自將相公卿宿貴之人，皆爭屈體以收禮後輩，有不然者，則謗毁隨之，惴惴焉惟恐不免，何暇展布心腹〔四〕，爲國立事哉！此風不革，天下無時而治也。」並墓誌

張公安道嘗爲予言：「『道非明民，將以愚之〔五〕。』國朝自真宗以前，朝廷尊嚴，天下私説不行，好奇喜事之人，不敢以事摇撼朝廷，故天下之士，知爲詩賦以取科第，不知其它。諺曰：『水到魚行。』既已官之，不患其不知政也。昔之名宰相，皆以此術馭天下。仁宗初年，王沂公、吕申公爲政，猶持此論。自設六科以來，士之翹秀者，皆爭論國政之長短。二公既罷，則輕鋭之士稍稍得進，漸爲奇論，以撼朝廷，朝廷往往爲之動揺。廟堂之淺深，既可得而知，而好名喜事之人勝矣。中公雖復作相，然不能守其舊俗〔六〕，意雖不喜，而亦從風靡矣。其始也，范諷、孔道輔、范仲淹三人，以才能爲之稱首。其後晏元獻爲政，富鄭公人參政事，多置諫官〔七〕，以廣上聽。上方嚮之，而晏公深爲之助，乃用歐陽脩、余靖、蔡襄、孫沔等並爲諫官。諫官之勢，自此日横。鄭公尤傾身下士以求譽〔八〕，相師成風。上以謙虚爲賢，下以傲誕爲高，於是私説遂勝，而朝廷輕矣。」然予以張公之論，得其一不得其二，徒見今世朝廷輕甚，故思曩日之重，然不知其敝也。大臣恣爲非横，而下無由能動，其害亦不細也。使丁晉公之時，臺諫言事必聽，已若仁宗中年，其敗已久矣。至於申公，非諸公並

攻其短，其害亦必有甚者。蓋朝廷之重輕則不在此。誠使正人在上，與物無私，而舉動適當，下無以議之，而朝廷重矣。安在使下不得議哉！下情不上通，此亦人主之深患也。可則從之，否則違之，豈害於重哉！西漢之初，專任功臣侯者如絳、灌之流，不可謂不賢，至使賈誼、董仲舒皆老死不得用。事偏則害生。故曰張公得其一不得其二也。龍川志

移鎮西蜀。始，李順以甲午歲叛，蜀人記之，至是方以爲憂。而轉運使攝守事，西南夷有邛部川首領者，妄言蠻賊儂智高在南詔，欲來寇蜀，攝守大驚，調兵築城，民大驚擾。朝廷發陝西步騎戍蜀，兵仗絡繹於道。詔促公行。公言：「南詔去蜀二千餘里，安能爲智高寇我哉！此必妄也。臣當以静鎮之。」道遇戍卒兵仗，輒遣還入境。下令邛部川曰：「寇來吾自當之，妄言者斬！」悉歸所調兵，罷築城之役。會上元觀燈，城門皆通，夕不閉，蜀遂大安。已而得邛部川之譯人始爲此謀者，斬之，梟首境上。西南夷大震。先是，朝廷獲智高母子留不殺，欲以招智高，至是乃伏法。復以三司使召還。奏罷蜀横賦四十萬，蜀人至今紀之。墓誌

知秦州，時亮祚方驕僭，閲士馬，築堡箄築城之西，壓秦境上，屬户皆逃匿山林。公即料簡將士，聲言出塞，實按軍不動。賊既不至，言者因論公無賊而輕舉。宰相曾公亮曰：「兵不出塞，何名爲輕舉？有備而賊不至，則以輕舉罪之，邊臣自是不敢爲先事之備矣。」

英宗不豫，召公賜坐，出書一幅，八字，曰「來日降詔，立皇太子」。公抗聲曰：「必潁王

也，嫡長而賢，請書其名。」上乃疾書以付公。墓誌

上將召用介甫，公言：「安石言僞而辨，行僞而堅，用之必亂天下。」由是介甫深怨之。知陳州，時方置條例司，行新法，率欲以豐財而强兵。公因陛辭，極論其害，皆深言危語。曰：「水所以載舟，亦所以覆舟，兵猶火也，不戢當自焚。若行新法不已，其極必有覆舟自焚之憂。」上雅敬公，不甚其言，曰：「能復少留乎？」曰：「退即行矣。」上亦悵然。記聞

延和殿賜坐。問：「祖宗禦戎之策孰長？」公曰：「太祖不勤遠略，如夏州李彝興，靈武馮暉，河西折御卿，皆因其酋豪，許以世襲，故邊圉無事。董遵誨捍環州，郭進守西山，李漢超保關南，皆十餘年，優其禄賜，寬其文法，而少遣兵。諸將財力豐而威令行，間諜精審，吏士用命，賊所入輒先知，併兵禦之，戰無不克。故以十五萬人而獲百萬之用，終太祖之世，邊鄙不聳，天下安樂。及太宗平并州，欲遠取燕、薊，自是歲有契丹之虞。曹彬、劉廷讓〔九〕、傅潛等數十戰，各亡士卒十餘萬。又内徙李彝興、馮暉之族，致繼遷之變，三邊皆擾，而朝廷始旰食矣。真宗之初，趙德明納款，及澶淵之克，遂與契丹盟，至今人不識兵革，可謂盛德大業矣。祖宗之事，大略如此，亦可以鑒矣。近歲邊臣建開拓之議，皆行險僥倖之人，欲以天下安危試之一擲，事成則身蒙其利，不成則陛下任其患，不可聽也。」並誌

故事：歲賜契丹金繒服器，召二府觀焉。公以宣徽使與召，衆謂：「天子脩貢爲辱，而陛下神武，可一戰勝也。」公獨曰：「陛下謂宋與契丹凡幾戰？勝負幾何？」兩府八公皆莫知也。神宗以問公，公曰：「宋與契丹大小八十一戰，惟張齊賢太原之戰才一勝耳。陛下視和與戰孰便？」上善之。談叢

自王安石爲政，始罷銅禁，姦民日銷錢爲器，邊關海舶，不復譏錢之出，故中國錢日耗，而西南北三虜皆山積。公極論其害，請詰問安石，舉累朝之令典，所以保國便民者，一旦削而除之，其意安在？

師征安南，公以謂：「舉西北壯士健馬，棄之南方，其患有不可勝言者。若老師費財，無功而還，則社稷之福也。」

公自念將老，無以報上，論事益切，至論用兵起獄，尤爲反復深言。曰：「老臣且死，見先帝地下，有以藉口矣。」上爲感慟。至永樂之敗，頗思其言。並誌

校勘記

〔一〕刺弓箭手爲宣毅保捷指揮　蘇軾文集卷一四張文定公墓誌銘無「箭」字。

〔二〕自致　「致」，同前書作「通」。

〔三〕怒我而曲彼　「曲」，同前書作「怠」。

〔四〕心腹　「腹」，同前書作「體」。

〔五〕道非明民將以愚之　龍川別志卷上此句前有「治道之要，罕有能知之者。老子曰」云云。

〔六〕舊俗　「俗」，同前書作「格」。

〔七〕富鄭公入參政事多置諫官　同前書此句作「富鄭公自西都留守入參知政事，深疾許公，乞多置諫官」。按：「深疾許公」云云，疑乃朱熹有意刊落。

〔八〕尤傾身　「尤」，同前書作「猶」。

〔九〕劉廷謙　「廷」，原作「延」，元刊本同，據三朝名臣言行録卷第三之四及蘇軾文集卷一四張文定公墓誌銘改。

宋名臣言行録後集卷第四

胡宿　文恭公

字武平，常州人。中進士第，事仁宗、英宗，官至樞密副使。

入内都知楊懷敏坐衛士夜盜入禁中驚乘輿，斥出爲和州都監。懷敏用事久，勢動中外，未幾，召復故職。公知制誥，封還辭頭，不草制，論曰：「衛士之變，蹤跡連懷敏，得不窮治誅死，幸矣！豈宜復在左右！」其命遂止。歐公撰墓誌

朝議在官年七十而不致仕者，有司以時案籍舉行。公以謂：「養廉恥，厚風俗，宜有漸。而欲一切以吏議從事，殆非所以優老勸功之意。當少緩其事，使人得自言而全其美節。」朝廷是其言嘉，至今行之。仝上

公謂廉恥之責，當先士人；功舊之甄，宜厚武士。邊防偏裨、京師將校，年七十者衆，

其間曾經行陳立功伐，一旦下令，悉令告老，沮立功之心，解守邊之體，非所以爲國養恩也。時包公拯親建此議，屢以詞氣折公，公論不可奪，朝廷卒從公議。胡宗愈撰行狀

皇祐新樂成，議者多異論，有詔：「新樂用於常祀朝會，而郊廟仍用舊樂。」公言：「書稱『同律』，而今舊樂高，新樂下，相去一律，難並用。而新樂未施於郊廟，先用之朝會，非先王薦上帝、配祖考之意，皆不可。」近制，禮部四歲一貢士，議者患之，請更爲間歲。公獨以爲不然，曰：「使士子廢業而奔走無寧歲，不如復用三歲之制也。」衆皆以公言爲非。行之數年，士子果以不便，而卒用三歲之制。仝下並誌

公通陰陽五行、天下災異之説。南京鴻慶宮災，公以謂：「南京，聖宋所以受命建號，而大火主於商丘，國家乘德而王者也〔一〕。今不領於祠官，而比年數災，宜修火祀。」事下太常，歲以長吏奉祠商丘自公始。慶曆六年夏，河北、河東、京東同時地震，而登、萊尤甚。公以歲推之，曰：「明年丁亥，歲之刑德，皆在北宮。陰生於午〔二〕，而極於亥，然陰猶强而未即伏，陽猶微而未即勝，此所以震也。是謂龍戰之會，而其位在乾。今西、北二虜，中國之陰也，宜爲之備。不然，必有内盜起於河朔。」明年，王則以貝州叛。公又以爲：「登、萊視京師，爲東北易艮少陽之位也〔三〕，今二州並置金坑，多聚民以鑿山谷，陽氣損泄，故陰乘而動。縣官入金，歲幾何？小利而大害，可即禁止，以寧地道。」皇祐五年正月，會靈宮災，是

歲冬至，祀天南郊，以三聖並配。明年大旱，公曰：「五行火，禮也。去歲火而今又旱，其應在禮，此殆郊丘並配之失。」即言：「宜用迭配如初詔。」

詳議官闕，判院者當擇人薦於上，公與同列得二人，一人者監稅河北，以水災虧課。同列議曰：「虧課小失，不足白上以累才。」公不可，至上前悉白之，且曰：「此人小累，才足惜。」仁宗曰：「果得才，小累何恤？」遂除詳議官。同列退誚公曰：「詳議欲得人，公苦欲白上〔四〕，緣是不得，奈何？」公曰：「彼得與不得，一詳議官耳，是固亦有命也。宿以誠事主，今白首矣，不忍絲髮欺君，以喪平生之節。爲之開陳，聽主上自擇耳。」同列驚曰：「某從公久，乃不知公所存如此！」

涇卒以折支不給，出惡言，欲爲亂。其後斬二人，黥四人，亂意乃息。委公置獄，治三司吏不時計度，三司使護吏不肯遣。公曰：「涇卒悖慢，誠其罪，然折支軍情所繫，積八十五日而不與，則三司豈得無罪耶？陛下以包拯近臣，不令置對，可謂曲法申恩。而拯猶不自省，公拒制命，臣恐主威不行，而綱紀益廢矣。」拯懼，立遣吏就獄。

上命公爲青詞，禱諸陵山川，以求儲嗣。公上疏仁宗謂：「漢文帝二年，有司請豫建太子，是時文帝已有元子，猶對有司稱『楚王、吳王、淮南王皆秉德以陪朕，何爲不豫哉』？太祖皇帝感昭憲太后遺言，捨魏王而立太宗，其神武英斷，自開闢以來，未之有也。陛下必待

聖嫡然後擬議，非居安思危之道。願察宗室之賢者立之，則儲位定而人心安矣。」仁宗感悟，遂罷祈禱。行狀

嘉祐六年，拜樞密副使，羣臣方更張庶事以革弊，公獨曰：「變法，古人所難。不務守祖宗成法而徒紛紛，無益於治也。」又謂：「契丹與中國通好六十餘年，自古未有也，善待夷狄者，謹爲備而已。若界上交侵小故，乃城寨主吏之職，朝廷宜守祖宗之約，不宜爭小利而隳大信，深戒邊臣生事以爲功。」墓誌〔五〕

客有造公者，具公服韡板，而忘記不易帽。胡公與之對語，盡禮而退，終未嘗色動。呂氏家塾記

公每語後進曰：「富貴貧賤，莫不有命，士人當脩身俟時，無爲造物者所嗤。」燕談

校勘記

〔一〕乘德　居士集卷三五贈太子太傅胡公墓誌銘「乘」下有「火」字。

〔二〕陰生於午　「午」，同前書一本作「子」。

〔三〕爲東北易艮少陽之位也　同前書「北」下有「隅乃」二字，則斷句不同，又無「易艮」二字。

〔四〕公苦欲白上 「苦」，元刊本同，三朝名臣言行録卷第四之一作「固」。

〔五〕按此條原直接「涇卒以折支不給」條後，實非一事，且前出行狀，後出墓誌，今據三朝名臣言行録卷第四之一改。

蔡襄

字君謨，興化軍人。事仁宗、英宗，官至端明殿學士。

范仲淹貶知饒州，余靖上疏論救，尹洙請與同貶，歐陽脩移書責司諫高若訥，皆坐貶。公作四賢一不肖詩以記其事，四賢謂仲淹、靖、洙、脩，不肖斥若訥也。其詩播于都下，士人爭寫之，鬻書者市之，頗獲厚利。政要

慶曆初，永叔、安道、王素俱除諫官，君謨以詩賀之曰：「御筆新除三諫官，喧然朝野競相歡。當年流落丹心在，自古忠良得路難。必有謀謨裨帝右，直須風采動朝端。世間萬事俱塵土，留取功名久遠看。」三人者以其詩薦於上，尋亦除諫官。記聞

是時天下無事，士大夫弛於久安。一日元昊叛，師久無功，天子慨然厭兵，思正百度以修太平。既已排羣議，進退二三大臣，又詔增置諫官四員，使拾遺補闕，所以遇之甚寵。公

以材名在選中，遇事感激，無所迴避，權倖畏斂，不敢撓法干政〔一〕，而上得益與大臣圖議。明年，屢下詔書，勸農桑，興學校，革弊修廢，而天下竦然知上之求治矣。於此之時，言事之臣，無日不進見，而公之補益爲尤多。歐公撰墓誌

御史吕景初、吴中復、馬遵坐論梁丞相罷臺職，除他官。公封還辭頭，不草制。其後屢有除授，非當者，必皆封還之。而上遇公益厚，曰：「有子如此，其母之賢可知。」命特賜冠帔以寵之。墓誌

慶曆三年九月，諫官蔡襄上言：「兩府私第毋得見賓客，若欲詢訪天下之事，采拔奇異之才，許臨時延召。」詔旬休許見賓客。至和二年七月，翰林學士歐陽脩又上言：「兩制以上毋得詣兩府之第。」詔從之。記聞

陳執中參政。公與孫甫上言：「執中剛愎不才，若任以政，天下不幸。」上不聽。因求出知福州。記聞

公爲政精明，而於閩人尤知其風俗。禮賢勸學，除其甚害。往時閩士多好學，而專用賦以應科舉。公得先生周希孟，以經術傳授，學者常至數百人，公爲親至學舍，執經講問，爲諸生率。

公爲文章，清遒粹美。工於書畫，頗自惜，不妄爲人書。仁宗尤愛稱之，御製元舅隴西王

碑文，詔公書之。其後命學士撰温成皇后碑文，又敕公書，則辭曰：「此待詔職也。」並墓誌

蘇子容云：「歐公不言文章，而喜談政事；君謨不言政事，而喜論文章。各不矜其所能也。」談訓

校勘記

〔一〕不敢撓法干政　「政」，原作「正」，元刊本同，據三朝名臣言行録卷第四之二及歐陽脩居士集卷三十五端明殿學士蔡公墓誌銘改。

王素　懿敏公

字仲儀，以父旦遺恩補官，召試，賜同進士出身。事仁宗，官至端明殿學士，以工部尚書致仕。

仁宗方留精政事，思聞得失，御筆親除諫官，而歐余王蔡相次進用。公嘗言：「禮部取士，不詢采行實，顧文辭漫漶，不足以應務。請郡國置學，擇明師，使通知經術，稍近三代里

選之法。自景德以來，較今内外無名之費，數倍于前〔一〕，請置官三司，量一歲所入，其用非急者皆省去之。」會皇子生，議欲因赦，百官進官，大賞賚諸軍。公又言：「方元昊叛，契丹數有所求，縣官財用不足，宜留金繒以佐邊費，謹官爵以賞戰勞〔二〕。」其議爲公止。仁宗御天章閣，出手詔問兩府大臣所以興治革弊之方，公又疏時政姑息十餘事，皆人所難言者。

王禹玉撰墓誌

仁宗問公曰：「大僚中孰可命以相事者？」公曰：「唯宦官宫妾不知姓名者，乃可充選。」帝憮然有間，曰：「唯富弼耳。」公下拜曰：「陛下得人矣。」既告大庭相富公，士大夫皆舉笏相賀。或密以聞，帝益喜，曰：「吾之舉賢於夢卜矣。」聞見後録

慶曆中，京師旱。公爲諫官，乞親行禱雨。帝曰：「太史言月二日當雨，一日欲出禱。」公曰：「臣非太史，然是日必不雨。」帝問故，公曰：「陛下幸其當雨以禱，不誠也。不誠不可動天，臣故知不雨。」帝曰：「明日禱醴泉觀。」公曰：「醴泉之近，猶外朝也，豈憚暑不遠出邪？」帝每意動則耳赤，耳已盡赤，厲聲曰：「當禱西太一宫。」公曰：「乞傳旨。」帝曰：「車駕出郊不預告，卿不知典故。」公曰：「國初以虞非常，今久太平，預告但百姓瞻望清光者衆耳，無虞也。」諫官故不扈從。明日，特召公以從。日色甚熾，埃霧漲天，帝玉色不怡。至瓊林苑，回望西太一宫，上有雲氣如香煙以起，少時，雷電雨甚至。帝却逍遥輦，御平輦，

徹蓋還宫。又明日，召公對，帝喜曰：「朕自卿得雨，幸甚。」又曰：「昨即殿庭雨立百拜，焚生龍腦香十七斤，至中夜，舉體盡濕。」公曰：「陛下事天當恭畏，然陰氣足以致疾，亦當慎。」帝曰：「念不雨，欲自以身爲犧牲，何慎也。」

公言王德用進女口事，帝初詰以宫禁事何從知，公不屈。帝笑曰：「朕真宗之子，卿王旦之子，有世舊，豈它人比！德用實進女口，已服事朕左右，何如？」公曰：「臣之憂，正恐在陛下左右耳。」帝即命宫臣，賜王德用所進女口錢各三百千，押出内東門。訖奏，帝泣下。公曰：「陛下既不棄臣言，亦何遽也？」帝曰：「朕若見其人留戀不肯去，恐亦不能出矣。」少時，宫官奏宫女已出内東門，帝動容而起。聞見後録

知成都府。先是，牙校歲輸酒坊錢，以供厨傳之費，前後日加豐，而不知約，故輸者亦加困，而不能勝，公爲一切裁約之。鐵錢唯行於兩川，歲加鑄不止，故錢輕貨重，商旅不行。公爲罷鑄十年，而物價以平。利州路饑，公遣發廩賑救〔三〕，民得無流徙。詔適下而公奏至。公爲政在便人情，蜀人録公所行爲王公異斷。墓誌

公自筮仕，所至稱爲能吏。既升臺憲，風力愈勁。嘗與同列奏事上前，事有不合，衆皆引去，公方論列是非，俟得旨乃退。帝曰：「真御史也。」議者目公爲「獨擊鶻」。名賢詩話

校勘記

〔一〕數倍于前　「倍」，原作「陪」，元刊本同，據三朝名臣言行録卷第四之四及琬琰集中集卷二七王珪撰王懿敏公素墓誌銘改。

〔二〕謹官爵　「謹」，原作「一」，元刊本同，三朝名臣言行録卷第四之四闕，據同前書改。字原闕。

〔三〕公遣發廪賑救　「遣」，原作「遺」，據元刊本改。

劉敞

字原父，吉州臨江人。中進士甲科，事仁宗、英宗，官至集賢學士。

直集賢，是時方議定大樂，天子使中貴人參其事。公諫以謂：「王事莫重於樂，今才學滿朝，辨論有餘，足以增朝廷之光，而顧使若趙談者居間，臣恐爲袁盎笑也。」弟舍人攽撰行狀

秦州與羌人爭古渭州，公奏，請棄之，謂：「假令新城足以蔽秦州，長無羌胡之虞，雖傾國守之可也。不然，地形便利，賊能乘之以擾邊，雖傾國爭之可也。今何所重輕，而糜國財，困民力，捐士卒之命，以貪咫尺之地。」時議者不同，竟留之。秦州坐是應接多事，財用

匱竭矣。行狀

判考功，夏竦薨，賜謚文正，公曰：「此吾職也。」即上疏言：「謚者，有司之事也。且竦行不應法，今百司各得守其職，而陛下侵臣官。」疏凡三上，天子嘉其守，爲更其謚曰文莊，公曰：「姑可以止矣。」歐公撰墓誌

知制誥。陳丞相以脩注未一月爲言，上曰：「此豈計官資日月邪？」公謝日，上又面諭曰：「外間事不便，當一一語朕也。」無幾何，朝廷從禮院有所詢問，禮生擅發印狀以報，禮官莫知。知禮院事吳充謫罰禮生，而坐以出官。公奏以謂：「朝廷久安，吏習因循，百司庶府，苟且已甚，稍激厲振作，未知如何，而充以此得罪，豈不傷事害政？請追止前命。」已而脩起居注，馮京復以言事奪職。公因奏事，上謂公曰：「吳充乃是振作，馮京意亦無他，中書惡其太直，不與含容耳。」公奏言：「自古唯有人主不能容受直言，或致竄謫臣下。今則不然，上意慈仁好諫，而中書不務將順聖德之美，排逐言者，乃是蔽君之明，止君之善，必且感動陰陽，有風霧、日食、地震之變。」居五日，地果震鎮戎軍，而都下雪後累日昏霾，太陽色黄濁，略皆如公言。公又密勸上收覽威權，無使聰明蔽塞，法令不行，以消伏災變。上深納之。

兩制諸公，多求補郡者。公上疏論邪臣正臣之分：「正臣常難進而易退，邪臣常易進

而難退。願陛下參伍觀之。呂溱、蔡襄、歐陽脩、賈黯、韓絳，皆有直質無流心，論議不阿執政，有益當世者，誠不宜許其外補，使四方有以窺朝廷，啓姦幸之心。」上悟，頗留脩等。並行狀

宦者石全彬以勞遷宮苑使，領觀察使，意不滿，退而有慍言。居三日，正除觀察使，公封還詞頭，不草制，其命遂止。墓誌

奉使契丹，公素知虜山川道里，虜人道自古北口回曲千餘里至柳河，公問曰：「自松亭趨柳河，甚直而近，不數日可至中京，何不道彼而道此？」蓋虜人常故迂其路，欲以國地險遠誇使者，且謂莫習其山川，不虞公之問也，相與驚顧羞愧，即吐其實曰：「誠如公言。」時順州山中有異獸如馬，而食虎豹，虜人不識，以問，公曰：「此所謂駮也。」爲言其形狀聲音，虜人益歎服。墓誌

治揚，前守政苛，吏民不安，公以寬簡附之，而民大和。及至鄆，月餘，境内正清，盗賊屏息。先是，西路久旱，麥不登，鄆尤多蝗。公入境而雨，至州數日，蝗自出境亡去。

是時士大夫稍矜虚名，每得官輒讓，衆亦予其恬退。讓不失始利，而得名益高。讓端無窮，或四五讓，至七八。下至布衣，福州陳烈等初除吏，亦讓，賜之粟帛，亦讓。公以爲此皆挾僞求名，要上迷衆，其漸不可長，乃建言：「諸讓官或一讓，或再讓，或不得讓，宜一以

故事舊典爲準。」

是歲，將親大祫于太廟，丞相欲加上尊號。公以禮部兼領名表，丞相請撰表。公說止之曰：「陛下自寶元以來，不受徽號，至今且二十年，天下之人，莫不知天子持盈好謙。今復加數字，既不足盡聖德，而前美並棄，誠亦可惜，願加深思。」富丞相不怡，曰：「適已奏聞，乃是上意欲爾，不可止也。」公曰：「諾。」退謂子弟曰：「吾備位近臣，當獻可替否，寧得罪權門，豈可使主上受虛名而棄實美邪？」遂上疏曰：「陛下尊號既已云『體天法道欽文聰武聖神孝德』，盡善極美，復加『大仁』，不足增光，而曰『至治』，有若自矜。今百姓多困，倉廩不實，風俗未清，賢不肖混淆，獄訟繁多，盜賊群起，水旱繼有。四夷雖粗定，然本以重賂厚利羈縻之，非畏威慕義者也。未可謂至治。然則讓而不居，於聖德彌高矣。臣謂陛下永執至道，以當天心，必有一謙四益之報。增加數字，未足發揚光輝，而反累二十年昭升之美。」章凡四上，天子得公奏，顧侍臣曰：「我意本謂當如此。」遂斷章表不受。公於是忤時相。

公學問廣博，無書不通，自浮屠、老子，以及山經地誌，陰陽卜筮，醫藥天文，略皆究知。嘗齋太一宮，與内弟王欽臣夜語曰：「歲星往來虛、危間，色甚明盛，以吾觀之，當有興於齊者。」歲餘，英宗以齊州防禦使入繼大統，遂登大位。並行狀

宋名臣言行録後集卷第五

唐介　質肅公

字子方，荆南人。舉進士，事仁宗、英宗、神宗，官致參政。

張堯佐者，以進士擢第，累官至屯田員外郎、知開州。會其姪女有寵於仁宗，遂驟遷，一日中除宣徽、節度、景靈、群牧四使。介上疏，引楊國忠爲戒。又與諫官包拯、吴奎等七人，論列殿上，卒奪堯佐宣徽、景靈兩使，特加介六品服，以旌敢言。未幾，堯佐復除宣徽使，知河陽。公又獨爭之，不能奪。仁宗諭曰：「除擬初出中書。」介遂極言：「宰相文彦博知益州日，以燈籠錦媚貴妃，而致相位。今又以宣徽使結堯佐。請逐彦博而相富弼。」又言：「吴奎覩望挾姦。」語甚切直。仁宗怒，却其奏不視，且言將貶竄。介徐讀畢曰：「臣忠義憤激，雖鼎鑊不避。」上急召二府，以疏示之曰：「介言它事乃可，至謂彦博因貴妃得執政，何言也？」介面質彦博曰：「彦博宜自省，即有之，不可隱。」彦博拜謝不已。樞副梁適叱介使下殿，介諍愈切，仁宗大怒，玉音甚厲，衆恐禍出不測，是時蔡襄脩起居注，立殿陛即進曰：「介誠狂直，然納諫容言，人主之美德，必望全貸。」遂召當制舍人，就殿廬草制，貶春州別駕。翊日，改英州別駕。復取其奏以入。又明日，罷彦博，黜吴奎，而遣中使護送介至貶所，且戒以必全之，無令道死。名臣傳

仁宗一日幸張貴妃閣，見定州紅甆器，帝怪問曰：「安得此物？」妃以王拱辰所獻爲對。帝怒曰：「嘗戒汝勿通臣僚饋遺，不聽何也？」因以所持柱斧碎之。妃愧謝，久之乃已。妃又嘗侍宴於端門，服所謂燈籠錦者，上亦怪問，妃曰：「彦博以陛下眷妾，故有此獻。」上終不樂。或云燈籠錦者，潞公夫人遺妃，公不知也。聞見録 又晁以道云：介嶺南，將行，遣中使賜介金，又畫其像置之便殿。

潭州巨賈，私藏蚌胎，爲關吏所搜。太守而下輕其估，悉自售焉。公時以言事謫潭倅，分珠獄發，奏方入，仁宗謂近侍曰：「唐介必不肯買。」案具奏覆，覽之果然。湘山野録

改知復州，未至，召充言事御史。帝曰：「知卿被謫以來，未嘗以私書至京師，可謂不易所守矣。」公頓首謝，退就職，言事無所避如前。墓誌

出知揚州，徙江東轉運使。御史吴中復請還公言路，時潞公再當國，亦言：「介頃爲御

史所言，亦中臣病，而責太重，願如中復言召之。」劉忠肅撰神道碑

至和後，仁宗御朝淵默。公言：「君臣如天地，以交泰爲治，願時延訪群下，發德音，可否政事，以幸天下。」又言：「賞罰不可以貴賤輕重，如孫沔、吕溱侈縱，宜深責，必行，則衆信矣。」論宫禁干丐恩澤，其命不由中書，此古所謂斜封，非盛朝所宜有。請裁放後宫冗數，罷祈禳之不經者。又言：「士節弗立，願委大臣，進敦厚忠朴之士，稍抑聚斂文法吏，以銷刻薄浮競之風。」墓誌

治平元年，召爲御史中丞。英宗面諭曰：「卿在先朝有直聲，今出自朕選，非由左右言也。」公言：「先帝在位四十餘年，天下安樂，唯仁治而已。願恢聖度，廣恩德，則爲善繼，四海蒙福矣。」

公雖居外，意未嘗不在朝廷。於是濮議起，言者多得罪，公憂形于色，密疏請還臺諫官之謫者。

拜參政。公自以進由直道，感慨知遇，益致所以事君之義，純誠盡公，多所獻替。用人明言其才否，不立恩，不避怨。與同列論政事，反復再三，未嘗阿屈。於祖宗法有所更，近臣有所進退，尤極其慎，雖在帝前，必究切辨析，要是非之歸，未嘗反顧。帝於是益敬信之，而天下翕然想望其風采。神道碑

王荆公與公同爲參政，議論未嘗少合。荆公好馮道，以其能屈身安人，如諸佛菩薩之行。一日，於上前語及此事，介曰：「道爲相，易四姓，事十主，此得爲純臣乎？」荆公曰：「伊尹嘗五就湯、五就桀者，志在安人而已，豈可亦謂之非純臣也？」公曰：「有伊尹之志則可。」荆公爲之變色。筆録

公語諸子曰：「吾備位政府，知無不言，桃李固未嘗爲汝等栽培，而荆棘則甚多矣。然汝等窮達，莫不有命，惟自勉而已。」野録

熙寧初，富公弼、曾公公亮爲相，公與趙公抃、王荆公安石爲參政。是時荆公方得君，鋭意新美天下之政，自宰執同列，無一人議論稍合，而臺諫章疏攻擊者無虚日，吕誨、范純仁、錢顗、程顥之論尤極詆訾，天下之人皆目爲生事。是時鄭公以病足，魯公以年老，引去。公屢争於上前，不能勝，未幾，疽背死。趙少師力不勝，但終日歎息，遇一事更改，即聲苦者數十。故當時謂中書有生、老、病、死、苦，言介甫生，明仲老，彦國病，子方死，閲道苦也。筆録

介爲人簡伉，以敢言見憚，每言事官缺，衆皆以介宜處之。神宗以其有直名，故卒大用。然居政府，遭時有爲，少所建明，聲名減於諫官御史時。

孫參政抃爲御史中丞，薦公與吳中復爲御史。人或問曰：「聞君未嘗與二人相識，而

遽薦之，何也？」孫答曰：「昔人耻呈身御史，今豈求識面臺官也！」後二人皆以風力稱於天下。孫晚年執政，嘗嘆曰：「吾何功以輔政，唯薦二臺官爲無愧耳。」筆録

趙抃　清獻公

字閱道，衢州人。舉進士，事仁宗、英宗、神宗，官至參政。

公爲武安軍推官，有僞造印者，吏皆以爲當死。公獨曰：「造在赦前，而用在赦後。赦前不用，赦後不造，法皆不死。」遂以疑讞之，卒免死。一府皆服。蘇内翰撰神道碑

以母越國夫人喪，廬于墓三年，不宿于家。縣榜其所居里爲「孝悌」，處士孫處爲作孝子傳。神道碑

爲殿中侍御史。彈劾不避權幸，京師號公「鐵面御史」。其言常欲朝廷别白君子小人，以謂小人雖小過，當力排而絶之，後乃無患。君子不幸而有詿誤，當保持愛惜，以成其德。故言事雖切，而人不厭。

先是呂溱出守徐，蔡襄守泉，吴奎守壽，韓絳守河陽，已而歐陽脩乞蔡，賈黯乞荆南。公即上言：「近日正人賢士，紛紛引去，憂國之士，爲之寒心。侍從之賢，如脩輩無幾，今皆

欲請郡者，以正色立朝，不能諂事權要，傷之者衆耳。」脩等由此不去，一時名臣賴以復安。

知睦州，睦歲爲杭市羊，公移文却之。民籍有茶税，而無茶地，公奏蠲之。民至今稱焉。

陳升之除樞副，公與唐介等同言升之交結宦官，進不以道。章二十餘上，不省，即居家待罪。詔强起之，乃乞補外。

賈昌朝以使相判大名府，公欲按視府庫，昌朝遣其屬來告曰：「前此監司，未有按視吾事者，公雖欲舉職，恐事有不應例，奈何？」公曰：「舍大名，則郡不服矣。」即往視之。昌朝初不悦也。前此有詔，募義勇，過期不足者徒二年，州郡不時辦，官吏當坐者八百餘人。公被旨督其事，奏言：「河朔頻歲豐熟，故募不如數，請寬其罪，以俟農隙。」從之。坐者得免，而募亦隨足。昌朝乃愧服曰：「名不虚得矣。」

爲參政，會王安石用事，議論不協，既而司馬光辭樞副，臺諫侍從，多以言事求去。公言：「朝廷事有輕重，體有大小。財利於事爲輕，而民心得失爲重。青苗使者於體爲小，而禁近耳目之臣用舍爲大。今不罷財利而輕失民心，不罷青苗使者而輕棄禁近耳目，去重而取輕，失大而得小，非宗廟社稷之福，臣恐天下自此不安矣。」言入，即求去。並神道碑

荆公初參政，下視廟堂如無人。一日，爭新法，怒目諸公曰：「公輩坐不讀書耳。」公同

參政事，獨折之曰：「君言失矣。如臯、夔、稷、契之時，有何書可讀？」荆公默然。邵氏後録

公必辭。成都以戍卒爲憂，朝廷擇遣大臣爲蜀人所愛信者，皆莫如公，遂以大學士知成都，然意及見，上曰：「近歲無自政府復往者，卿能爲我行乎？」公曰：「陛下有言即法也，顧豈有例哉！」上大喜。神道碑

公初任成都，攜一龜一鶴以行。其再任也，屏去龜、鶴，止一蒼頭執事。張公裕學士送以詩云：「馬諳舊路行來滑，龜放長河不共來。」呂氏家塾記

徙青州，因其俗朴厚，臨以清凈。時山東旱蝗，自淄齊來，及境遇風，退飛墮水而盡。

吴越大饑，民死者過半，公盡所以救荒之術，發廩勸分，而以家貲先之。生者得食，病者得藥，死者得藏。下令脩城，使民食其力。故越人雖饑而不怨。神道碑○南豐集有趙越州救災議

熙寧中以大資政知越州，兩浙旱蝗，米價踊貴，餓死者十五六。諸州皆牓衢路，禁增米價。閲道獨牓衢路，令有米者任增價糶之。於是諸州米商輻集詣越，米價更賤，民無飢者。記聞

韓忠獻公之守安陽，人將鬭訟，輒自止曰：「吾非畏汝，慚見侍中耳！」郡幾至無事。趙清獻再守杭，天下劇郡，清獻從容爲之，其政本於愷悌，然不嚴而肅，民莫敢犯。議者謂

二公治民，雖西京所稱循吏不能過也。家塾記

公平生日所爲事，夜必衣冠露香，九拜手告於天，應不可告者，則不敢爲也。聞見録

吕誨

字獻可，正惠公之孫。登進士第，事仁宗、英宗、神宗，官至御史中丞。

公幼孤，自力爲學，家於洛陽，性沉厚，不妄交遊，洛陽士人往往不之識。温公撰墓誌

治平元年，孫覺過余言曰：「聞臺官以數言事不用，相謂言小事不足決去就，當共爭濮王事，不聽則決去。」蓋是時知雜御史吕誨、吕大防、范純仁等，與諫官司馬光數論孫固庸回，王廣淵姦邪，不當用，其言愈切，而用之愈堅。事如此類者甚衆。凡臺諫官言入，輒以進呈訖寢之，時人謂之「訖了」。范純仁言臺吏，亦爲之沮赧。每白御史曰：「某事又訖了也。」蓋執政方恃權，欲一切以阻言者，而言者以不能塞職爲慚且憤，故相約如此。覺語余時，正月初五六間也。後數日，果聞臺官論濮王事甚急，至上元後，誨等疏已七八上，不聽，遂皆納敕告，求罷去家居，不復供職。而執政方密啓，令禁中自定議，尊濮王爲皇。是月二十間，天章閣賞小桃，因以勸太后，太后有酒所，卧閤中，内臣高居簡、蘇利涉從上至太后榻

前拜，以書一封進太后，求一押字。太后酒未解，不知書所言何事，遂從之。既而書出，乃太后命中書尊濮王爲皇等事，明日遂奉行，太后始知。京師諠然，下至閭巷，亦以爲不可。太后力爭不已。二十二日，乃下詔罷濮王稱皇等事。范純仁等欲起供職，公曰：「稱親猶爲吾徒言不用也。」遂以前後所上九疏乞付中書求去。而誨等遂皆絀矣。蓋自至和以後，仁宗在位久，熟知人情僞與群臣才性之善惡。故雖委事大臣，而聽用臺諫官，廣開言路，使耳目無壅蔽。大臣有不法者，輒去之，故任事者雖專，亦不能自肆。治平初，英宗即位，多不豫，任事益專，始欲快意，因用王疇爲樞副，知制誥錢公輔封還詞頭，遂絀公輔爲滁州團練副使〔一〕。知制誥祖無擇亦封還詞頭，又罰無擇銅三十斤，而制遂行。是時凡臺諫官言事，一切不聽，或盡逐臺，不留一人。京師爲之語曰：「絶市無臺官。」其蔽至此。然人主猶采物論，朝廷正人未盡去，公議有所屬，言事者斥逐相望，而後來者其言愈厲。至濮議，執政議稱王爲考是也，遂欲稱王爲伯，陋矣。蓋兩言者各率其私意，而不知考據於載籍，皆不學之過，故各有得失。然爭論至於紛紜，連年洶洶者，蓋由言路不通，故如此者，皆執政自用好勝激之使然也。南豐雜識

公以追尊濮園事擊歐公，如曰「首開邪議，妄引經證，以枉道悦人主，以近利負先帝」者，凡十四章，具載奏議中。司馬文正作序，乃首載歐公諫臣論，以爲誠言。文正之意，以

獻可能盡歐公所書諫臣之事，使歐公無得以怨歟？抑以歐公但能言之，獻可實能行之也？不然，獻可排歐公爲邪，反以歐公之論，序獻可之奏，又以爲誠言，可乎？歐公晚著濮議一書，專與獻可辨，獨歸過獻可，爲甚矣。邵氏後録

權御史中丞。是時有侍臣棄官家居者王安石，朝野稱其材。天子引參大政，衆皆喜於得人，獻可獨以爲不然。居無何，棄衆任己，厭常爲奇，多變更祖宗法，專汲汲斂民財，所愛信引拔，時或非其人，天下大失望。獻可屢爭不能得，乃抗章悉條其過失，且曰：「誤天下蒼生必此人，如久居廟堂，必無安靜之理。」上遣使諭解，執之愈堅，乃罷中丞，出知鄧州。墓誌

介甫初參政，神考厲精求治。一日紫宸早朝，二府奏事頗久，日刻既晏，例隔登對官於後殿，須上更衣復坐，以次贊引。時公任御史中丞，將對於崇政殿，而司馬公爲翰林學士，侍講邇英閣，亦將趨資善堂，以俟宣召。相遇於路，並行而北。温公密問曰：「今日請對，欲言何事？」獻可舉手曰：「袖中彈文乃新參也。」温公慊然曰：「以介甫之文學行義，命下之日，衆皆喜於得人，奈何論之？」獻可正色曰：「君實亦爲此言耶？安石雖有時名，上意所向，然好執偏見，不通物情，輕信難回，喜人佞己。聽其言則美，施於用則疎。若在侍從，猶或可容，置諸宰輔，則天下必受其弊矣。」温公曰：「與公素爲心交，苟有所懷，不敢不盡。

今日之論，未見有不善之迹，似傷匆遽。或別有章疏，願先進呈，姑留是事，更加籌慮，可乎？」獻可曰：「上新嗣位，富於春秋，朝夕所與謀議者，二三執政而已，苟非其人，將敗國事，此乃心腹之疾，治之惟恐不及，顧可緩邪？」語未竟，閤門吏抗聲追班，乃趨而去。温公退自經筵，默坐玉堂，終日思之，不得其說。既而搢紳間寖有傳其章疏者，往往竊議其太過。未幾，變更祖宗法，專務聚斂，百姓騷然。然後前日之議者，始愧仰歎服，以爲不可及。而公終緣兹事，出知鄧州。温公退居洛陽，每論當世人物，必曰：「吕獻可之先見，范景仁之勇決，皆予所不及，心誠服之。」劉諫議集

神宗天資節儉，因得老宮人言，祖宗時，妃嬪、公主，月俸至微，嘆其不可及。安石獨曰：「陛下果能理財，雖以天下自奉可也。」帝始有意主青苗、助役之法矣。安石之術類如此，故吕誨彈章有曰：「外示朴野，中懷狡詐。」聞見録

獻可病，自草章乞致仕，曰：「臣無宿疾，偶值醫者用術乖方，殊不知脈候有虚實，陰陽有逆順，診察有標本，治療有先後，妄投湯劑，率任情意，差之指下，禍延四枝，非秪憚跛鼈之苦，又將虞心腹之變。」蓋以一身之疾，喻朝政之病也。温公、康節日就卧内問疾，獻可所言，皆天下國家之事，憂憤不能忘，未嘗一語及其私也。一日，手書託温公以墓銘，温公亟省之，已瞑目矣。温公呼之曰：「更有以見屬乎？」獻可復張目曰：「天下事尚可爲，君實

勉之！」温公誌其墓未成，河南監牧使劉航仲通自請書石，既見其文，遲回莫敢書。其子安世曰：「成吾父之美，可乎？」代書之。仲通又陰祝獻可諸子勿摹本，恐非三家之福。時小人蔡天申厚賂鐫工，得本以獻安石。安石得之掛壁間，謂其門下士曰：「君實之文，西漢之文也。」獻可忍死謂温公以「天下事尚可爲，當自愛」，後温公相天下，再致元祐之盛，獻可不及見矣，天下誦其言而悲之。至温公薨，獻可之子由庚作挽詩云：「地下若逢中執法，爲言今日再昇平。」記其先人之言也。

校勘記

〔一〕遂絀公輔爲滁州團練副使　「副」字原無，元刊本同，據三朝名臣言行録卷第五之三補。

彭思永

字季長，吉州人。中進士第，事仁宗、英宗、神宗，官至權御史中丞。

公爲侍御史，極論内降授官資之弊〔一〕，以謂斜封非公朝之事，仁宗深然之。皇祐祀明堂，前一日，有傳赦語，百官皆得遷秩者，公方從駕宿景靈宮，亟上言不宜濫恩，以益僥倖。既肆赦，果然。時張堯佐以妃族進，王守忠以親侍帷幄被寵，參政闕員，堯佐朝暮待命，守忠亦求爲節度使，物議讙動。公抗疏極言，至曰：「陛下行此覃恩，無意孤寒，獨爲堯佐、守忠故，取悦衆人耳。」且言「妃族秉政，内臣用事，皆非國家之福」。疏入，仁宗震怒。諫官吴奎等爲上言其忠，上怒解。

爲荆湖北轉運使，至部，奏罷守令之殘暴疲懦者各一人，而八州知勸。時大農以利誘諸路，使以羨餘爲獻，公曰：「裒民取賞，吾不忍爲。」遂無所獻。

權御史中丞，時追崇濮園大號，復有稱親之議，諫官相繼論列者六七人，皆以罪去。公力陳其不可，且請召還言事者，上未之察，更爲疏極論其事，言益切至。英宗深加聽納，事幾施行，而大臣持之甚力，故不果。並明道先生撰行狀又伊川先生集代彭中丞奏云：濮王生陛下，而仁宗以陛下爲嗣，承祖宗大統，則仁廟，陛下之皇考，陛下，仁廟之適子，濮王，陛下所生之父，於屬爲伯。陛下濮王出繼之子，於屬爲姪。此天地大義，生人大倫，如乾坤定位，不可得而變易也。固非人意所能推移，苟亂大倫，人理滅矣。陛下仁廟之子，則曰父、曰考、曰親，乃仁廟也。若更稱濮王爲親，是有二親。臣以爲當以濮王之子襲爵奉祀，尊稱濮王爲濮國太王，凡百禮數，必皆稱情。借如既置嗣襲，必伸祭告，當曰「姪嗣皇帝名敢昭告于皇伯父濮國太王」，自然在濮王極尊崇之道，於仁皇無嫌貳之失矣。

御史蔣之奇奏發大臣陰事，欲援公爲助〔二〕，乃曰：「公嘗言之，公亦謂帷箔之私，非外人所知，誠難究詰，然亦有以取之，故謗言一興，而人以爲信。且其首爲濮園議，違典禮以犯衆怒，不宜更在政府。」執政以之奇所論冥昧不可質，迫公言其所從來，三問而公奏益急，且曰：「風聞者，以廣聰明也。今必問其所從來，因而罪之，則後無聞矣。寧甘重謫，不敢廢國家開言路之法。」因極陳大臣朋黨專恣，非國家計。翌日，降授給事中，知黄州。行狀

公年八九歲時，從尚書出官岳州，晨起，將就學舍，得金釵於門外，默坐其處，以伺訪者。有一吏徘徊久之，問故，果墜釵者也。公詰其狀，驗之信，即出付之。吏謝以數百金，公笑不受，曰：「我若欲之，取釵不過於數百金邪？」吏嘆駭而去。

始就舉時，貧無餘貲，惟持金釧數隻，棲於旅舍。同舉者過之，衆請出釧爲翫。客有墜其一於袖間者，公視之不言，衆莫知也，皆驚求之。公曰：「數止此耳，非有失也。」將去，袖釧者揖而舉手，釧墜於地。衆服公之量。

嘗曰：「牢籠之事，吾所不爲。」每謂人曰：「吾不爲他學，但幼即學平心以待物耳。」又常教其子弟曰：「吾數歲時，冬處被中，則知思天下之寒者矣。」

校勘記

〔一〕極論内降授官資之弊　「資」，元刊本同，三朝名臣言行録卷第五之四作「賞」。宋史卷三二〇彭思永傳作「賞」。

〔二〕欲援公爲助　「援」，元刊本同，三朝名臣言行録卷第五之四作「扳」，宋史卷三二〇彭思永傳作「挽」。

范鎮　蜀郡忠文公

字景仁，成都人。中進士第，事仁宗、英宗、神宗，官至内翰。

公少舉進士，善文賦，場屋師之。補國子監生，及貢院奏名，皆第一。故事，殿廷唱第過三人，則爲奏名之首者，必抗聲自陳以祈恩，雖考校在下，天子必擢寘上列。以吴春卿、歐陽永叔之耿介，猶不免從衆。景仁獨不然，左右與並立者，屢趣之使自陳，景仁不應，至七十九人，始唱名及之。景仁出拜，退就列，訖無一言。衆皆服其安恬。自是始以自陳爲耻，舊風遂絶。司馬公作傳召試學士院，詩用「彩霓」字，學士以沈約郊居賦「雌霓連蜷」，讀霓爲入聲，謂景仁爲失韻，由是除館閣校勘。殊不知約賦但取聲律便美，非「霓」不可讀爲平聲也。當時有學者，皆爲憤鬱，而景仁處之晏然，不辨。

上疏論民力困弊，請約祖宗以來官吏兵數，酌取其中爲定制，以今賦入之數十之七爲經費，而儲其三以備水旱非常。又言：「古者冢宰制國用，唐以宰相兼鹽鐵轉運，或判户部度支，今中書主民，樞密主兵，三司主財，各不相知，故財已匱而樞密益兵無窮，民已困而三司取財不已。請使中書樞密通知兵民財利大計，與三司同制國用。蘇内翰撰墓誌

葬温成皇后，太常議禮，前謂之園，後謂之園陵。宰相劉沆前爲監護使，後爲園陵使。公言：「嘗聞法吏舞法矣，未聞禮官舞禮也。請詰問前後議異同狀。」又請罷焚瘞錦繡珠玉以紓國用。從之。

文、富入相，百官郊迎。時兩制不得詣宰相居第，百官不得間見。公言：「隆之以虛禮，不若開之以至誠。乞罷郊迎，而除謁禁，以通天下之情。」

仁宗即位三十五年，未有繼嗣。嘉祐初，得疾，中外危恐，公獨奮曰：「天下事尚有大於此者乎？」即上疏曰：「太祖舍其子而立太宗，此天下之大公也。周王既薨，真宗取宗室子養之宮中，此天下之大慮也。願陛下擇宗室賢者，異其禮物，而試之政事，以系天下心。」

章累上，不報。因闔門請罪。會有星變，其占爲急兵。公言：「國本未立，若變起倉卒，禍不可以前料，兵孰急於此者乎？今陛下得臣疏，不以留中而付中書，是欲使大臣奉行也。臣兩至中書，大臣設辭以拒臣，是陛下欲爲宗廟社稷計，而大臣不欲也。臣竊原其意，特恐行之而陛下中變耳。中變之禍，死而無愧，急兵之憂，死且有罪，願以此示大臣，使自擇而審處焉。」聞者爲之股栗。除兼侍御史知雜事。公以言不從，固辭不受。凡見上，面陳者三，公泣，上亦泣，曰：「朕知卿忠，卿言是也。當更俟三二年。」章凡十九上，待罪百餘日，鬢髮爲白，朝廷不能奪，乃罷知諫院，改集賢殿修撰，判流内銓，修起居注，除知制誥。公雖罷言職，而無歲不言儲貳事。以上春秋高，每因事及之，冀以感動上心。及爲知制誥，正謝上殿，面論之曰：「陛下許臣今復三年矣，願早定大計。」明年，又因祫享獻賦以諷。其後韓琦卒定策立英宗。

英宗即位，中書奏請追尊濮安懿王，下兩制議，以爲宜稱皇伯。公時判太常寺，率禮官上言：「漢宣帝於昭帝爲孫，光武於平帝爲祖，其父容可以稱皇考，然議者猶非之，謂其以小宗而合大宗之統也。今陛下既考仁宗，又考濮王，則其失非特宣、光之比矣。凡稱帝若皇考〔一〕，立寢廟，論昭穆，皆非是。」於是具列儀禮及漢儒論議、魏明帝詔爲五篇奏之。墓誌

安石始變更法令，改常平爲青苗法。公上疏曰：「常平之法，始於漢之盛時，視穀貴賤

發斂，以便農末，最爲近古，不可改。而青苗行於唐之衰亂，不足法。且陛下疾富民之多取而少取之，此正百步與五十步之間耳。今有二人坐市貫〔二〕，一人下其直以相傾奪，則人皆知惡之，其可以朝廷而行市道之所惡乎！」疏三上，不報。邇英閣進讀，與吕惠卿爭論上前，因論舊法預買紬絹亦青苗之比。公曰：「預買亦敝法也。若陛下躬節儉，府庫有餘，當并預買去之，奈何更以爲比乎？」後上言：「臣言不行，無顔復立於朝，請致仕。」疏五上，最後指言安石以喜怒爲賞罰，且曰〔三〕：「陛下有納諫之資，大臣進拒諫之計，陛下有愛民之性，大臣用殘民之術。」安石大怒，自草制極口詆公，落翰林學士，以本官致仕。聞者皆爲公懼。公上表謝，其略曰：「雖曰乞身而去，敢忘憂國之心。」又曰：「望陛下集群議爲耳目，以除壅蔽之姦；任老成爲腹心，以養和平之福。」天下聞而壯之。安石雖詆之深，人更以爲榮。

公得謝，蘇軾往賀之曰：「公雖退而名益重矣。」公愀然曰：「君子言聽計從，消患於未萌，使天下陰受其賜，無智名，無勇功。吾獨不得爲此，命也夫。使天下受其害，而吾享其名，吾何心哉！」軾慚而退〔四〕。

韓維上言，公在仁宗朝首開建儲之議，其後大臣繼有論奏，先帝追録其言，存没皆推恩，而鎮未嘗以語人，人亦莫敢爲言者。雖顔子不伐善，介子推不言禄，不能過也。悉以公十九疏上之，拜端明殿學士。

元祐初，首以詔起公曰〔五〕：「西伯善養，二老來歸；漢室卑詞，四臣入侍。爲我强起，無或憚勤。」天下望公與温公同升矣。公辭曰：「六十三而求去，蓋以引年；七十九而復來，豈云中禮？」卒不起。先是，蔡京見公曰：「上將起公矣。」公正色曰：「鎮以論新法不合得罪。一旦先帝棄天下，其可因以爲利乎？」故公卒不爲元祐二聖一起。

初，仁宗命李照改定大樂，下王朴樂三律。皇祐中，又使胡瑗等考正，公與司馬光皆上疏論律尺之法，又與光往復論難，凡數萬言，自以爲獨得於心。元豐三年，神宗詔公與劉几定樂。公曰：「定樂當先正律。」上曰：「然。」公作律尺、龠、合、升、斗、豆、區、鬴、斛，欲圖上之。又訪求真黍，以定黄鍾。而劉几即用李照樂，加用四清聲而奏，樂成，詔罷局。既致仕，請太府銅造樂，逾年乃成。比李照樂下一律有奇。二聖御延和殿，召執政同觀，賜詔嘉獎，以樂下太常。公作東齋記事曰：君實，予莫逆之交也。惟議樂爲不合。往在館閣時，決於同舍，同舍莫能決，遂奕碁以決之，君實不勝，乃定。其後二十年，君實在西京爲留臺，予往候之，不持他書，惟持所撰樂論八篇示之。爭論者數夕，莫能決。又投壺以決之，予不勝。君實懽曰：「大樂還魂矣！」凡半月，卒不得要領而歸。豈所見然耶，將戲謔耶？抑遂其所執，不欲改之耶？俱不可得而知也。是必戲謔矣。

公學本於六經仁義，口不道佛、老、申、韓之說。其文清麗簡遠，學者以爲師法。凡五入翰林，四知貢舉。凡朝廷有大述作、大議論，未嘗不與。契丹、高麗皆知誦公文賦。少時嘗賦「長嘯却胡騎」，及奉使契丹，虜相目曰：「此長嘯公也。」墓誌東坡云：景仁平生不好佛，晚年清慎，減節嗜慾，一物不芥蔕於心，却真是學佛作家，然至死不取佛法。李廌談記

公論性曰：「豈有生爲此，死又却爲彼？」儘似見得。後却云：「自有鬼神。」又却迷也。程氏遺書

客有問迂叟以今世之勇者，叟曰：「有范景仁，其爲勇，人莫之敵。」客曰：「景仁長僅五尺，循循如不勝衣，奚其勇？」叟曰：「何哉！而所謂勇者，而以瞋目裂眥，髮上指冠，力曳九牛，氣陵三軍者爲勇乎？是匹夫之勇爾，勇於外者也。若景仁，勇於内者也。自唐宣宗以來，不欲聞人言立嗣，萬一有言之者，輒切齒疾之，與倍畔無異。而景仁獨唱言之，十餘章不已，視身與宗族如鴻毛。後人見景仁無恙而繼爲之者則有矣，然景仁冒不測之淵，無勇能之乎？人之情孰不畏天子與執政？親愛之至隆者，孰若父子？執政欲尊天子之父，而景仁引古義以爭之，無勇能之乎？禄與位，皆人所貪，或老且病，前無可冀，猶戀戀不忍舍。況景仁身已通顯，有聲望，視公相無跬步之遠，以言不行，年六十三，即拂衣歸，終身不復起，無勇者能之乎？温公作傳

熙寧、元豐間，士大夫論天下賢者，必曰君實、景仁。其道德風流，足以師表當世，其議論可否，足以榮辱天下。二公蓋相得歡甚，皆自以爲莫及，曰：「吾與子生同志，死當同傳。」而天下之人亦無敢優劣之者。二公既約更相爲傳，而後死者則誌其墓。故君實爲景仁傳，其略則曰：「吕獻可之先見，景仁之勇決，皆予所不及也。」蓋二公用舍大節，皆不謀而同。如仁宗時論立皇嗣，英宗時論濮王稱號，神宗時論新法，其言若出一人，相先後如左右手。故君實嘗謂人曰：「吾與景仁，兄弟也，但姓不同耳。」然至於論鐘律，則反復相非，終身不能相一。君子是以知二公非苟同者。墓誌

校勘記

〔一〕若皇考　「若」下蘇軾文集卷一四范景仁墓誌銘有「皇若」二字。

〔二〕坐市賈　「賈」，同前書作「貿易」。

〔三〕且曰　「且」，同前書作「事」，則可屬上讀。

〔四〕軾慚而退　「慚而退」三字，同前書作「以是愧公」四字。

〔五〕首以詔起公曰　「詔」下邵氏聞見録卷一二有「特」字。

宋名臣言行録後集卷第六

曾公亮　魯國宣靖公

字明仲，泉州人。中進士第，位至丞相，以太傅兼侍中致仕，配享英宗廟廷。

仁宗一日召執政侍從策訪政事。時公侍楚國太夫人疾，謁告家居，亟以手詔就問，公條六事以獻，其略以謂：「完堡栅，畜兵馬，使主兵者久於其任，則夷狄不敢窺邊。取之得其要，任之盡其材，則將帥不患無人。損冗兵，汰冗官，則財用省；繇役不專在農，則耕者勸。」又陳古者取六郡良家子爲宿衛，及府兵番上十六衛之制，以明今宿衛之失。言狂者似直，愛憎似忠，以明聽言知人之難。蓋皆取當時之所先急，而便於施行者以爲説云。曾内翰撰行狀

知鄭州，郡多寇攘，公至，悉竄他境。路不拾遺，民外户不閉，至號公爲「曾開門」。常有使客亡槖中物，移文求盗，公諭以境内無盗，必從者也。索之，果然。

在樞府，更制圖籍，以周知四方兵數登耗，三路屯戍衆寡，地里遠近。及在相位，謂政事以仁民爲先，故其志尤急於去民所疾苦，而補助其窮乏。罷弛茶禁，歸之於民，籍户絶田，收其租，爲廣惠倉以廩食窮獨。其他施設多類此。與韓忠獻力贊仁宗蚤建皇子，以爲天下萬世之本。前此固有言者，未之開納，至是感悟，儲貳乃定。

公在位久，熟於朝廷政事，尤矜慎折獄。四方奏讞，必躬自省覽，原情議法。密州銀發民田中，盗往强取之，大理當以强盗，應死。執政皆欲從之。公獨以謂：「此禁物也，取之雖强，與盗民家物有間。」固爭不决，遂下有司，議如公言，比劫禁物法，盗得不死。蓋公推析律意，而主於平恕，類皆如此。並行狀

公自嘉祐秉政，至熙寧中尚在中書，年雖甚高而精力不衰，故臺諫無非之者，惟李復圭以爲不可，作詩曰：「老鳳池邊蹲不去，饑烏臺上噤無聲。」公亦去。筆録

王安石　荆國文公

字介甫，撫州人。登進士甲科，事仁宗、英宗、神宗，位至丞相、左僕射、司空，追封

舒王。

公好讀書，能强記，雖後進投贄及程試有美者，一讀過輙成誦在口〔一〕，終身不忘。其屬文動筆如飛，初若不措意，文成，見者皆服其精妙。議論高奇，能以辨博濟其說。始爲小官，不急於仕進〔二〕。皇祐中，文潞公爲相，薦安石及張瓌、曾公定、韓維四人恬退，乞朝廷不次進用，以激僥競之風。有旨皆籍記其名。至和中，召試館職，固辭，乃除羣牧判官，又辭，不許，乃就職。懇求外補〔三〕，得常州。由是名重天下，士大夫恨不識其面。朝廷嘗欲授以美官，惟患其不肯就。自常州徙提點江東刑獄〔四〕。嘉祐中，召除館職、三司度支判官，固辭，不許。未幾，命修起居注，辭以新入館，館中先進多，不當超處其右，章十餘上。有旨令閤門吏賫敕就三司授之，安石不受。吏隨而拜之，安石避之於廁。吏置敕於案而去，安石使人追而與之。朝廷卒不能奪。歲餘，復申前命，安石辭七八章〔五〕，乃授除知制誥。自此不復辭官矣。温公瑣語

司馬温公嘗曰：「昔與王介甫同爲羣牧司判官，包孝肅公爲使，時號清嚴。一日，群牧司牡丹盛開，包公置酒賞之，公舉酒相勸，光素不喜酒，亦强飲之，介甫終席不飲，包公不能强也。光以此知其不屈。」聞見録

嘉祐末，公糾察在京刑獄。有少年得鬬鶉，同儕恃與之狎昵，遂持去。鶉主追及之，踢

其脅〔六〕，立死。開封府捕按其人，罪當償死。及糾察司録問，介甫駁之曰：「按律，公取、竊取皆爲盜。此不與而彼强攜以去，乃盜也。此追而毆之，乃捕盜也，雖死當勿論。府司失入平人爲死罪。」府官不伏，事下審刑、大理詳定，以府斷爲是。有旨，王安石放罪。舊制，放罪者詣殿門謝。介甫自言：「我無罪，不謝。」御史臺及閤門累移牒促之，終不肯謝。瑣言〔七〕

知制誥。一日，賞花釣魚宴，内侍各以金楪盛釣餌藥置几上，安石食之盡。明日，仁宗謂宰輔曰：「王安石詐人也。使誤食釣餌，一粒則止矣。食之盡，不情也。」常不樂之。後安石自著日録，厭薄祖宗，仁宗尤甚〔八〕，每謂漢文帝不足取〔九〕。其心薄仁宗也，故一時大臣富弼、韓琦、文彦博〔一〇〕，皆爲其毁詆云。聞見録

初，韓魏公知揚州，介甫以新進士簽書判官事。魏公雖重其文學，而不以吏事許之。介甫秩滿去。會有上韓公書者，多用古字，韓公笑而謂僚屬曰：「惜王廷評不在此，其人頗識難字。」介甫聞，以爲輕己，由是怨之。

公爲翰林學士，初入對，神宗問：「方今治當何先？」公對曰：「擇術爲先。」上問：「唐太宗如何？」公曰：「陛下當以堯、舜爲法，太宗所知不遠，所爲不盡合先王，不足道也。堯、舜之道，至簡而不繁，至要而不迂，至易而不難，但末世學者常以爲高而不可及耳。」上

曰：「卿可謂責難於君矣。朕自視眇然，恐無以副卿意。可悉意輔朕，庶同濟此道。」一日侍上，語及諸葛亮、魏鄭公。公對曰：「陛下誠能爲堯、舜，則必有皐、夔、稷、卨，陛下誠能爲高宗，則必有傅說。魏鄭公、諸葛亮，皆有道者所羞，何足道哉？但恐陛下擇術未明，推誠未至，則雖有皐、夔、稷、卨、傅說之賢，亦爲小人所蔽，因卷懷而去耳。」上曰：「自古治世，豈能使朝廷無小人？雖堯、舜之時，不能無四凶。」公曰：「唯能辨四凶而誅之，此乃所以爲堯、舜也。若使四凶得肆其讒慝，則皐、夔、稷、卨亦安肯苟食其禄以終身乎？」未幾，遂參大政。

公既參大政，上謂之曰：「人皆不能知卿，以爲卿但知經術，不曉世務。」公對曰：「經術正所以經世務。但後世所謂儒者大抵皆庸人，故世俗皆以爲經術不可施於世務耳。」上問：「然則卿所施設，以何爲先？」公曰：「變風俗，立法度，最方今所急也。」於是，青苗、市易、坊場、保甲、保馬、導洛、免役之政，相繼並興。設制置三司條例司，與知樞密院陳升之同領之。吕誨論公十事，公力求去位。上爲出吕公。而韓魏公亦上疏論青苗法，乞罷諸路提舉官。奏至，公稱疾求分司，上不許。公入謝，因爲上言：「陛下欲以先王正道變天下流俗，故與天下流俗相爲重輕。流俗權重，則天下之人歸流俗；陛下權重，則天下之人歸陛下。權者與物相爲輕重，雖千鈞之物，所加損不過銖兩而移。今姦人欲敗先王之正道，以沮陛下之所爲。於是陛下與流俗之權適爭輕重之時，加銖兩之力，則用力至微，而天下之權已歸流俗矣。此所以紛紛也。」上以爲然，公乃視事。

公在臺閣侍從時，每爲人言唐太宗令諫官隨宰相入閤，最切於治道，後世所當行也。及入司事政，而孫莘老、李公擇在諫職，二人者熟荆公此論，遂列奏請舉行之，荆公不可，曰：「是又益兩參知政事也。」呂氏家塾記

公知制誥，吳夫人爲買一妾，荆公見之曰：「何物女子？」曰：「夫人令執事左右。」曰：「汝誰氏？」曰：「妾之夫爲軍大將，部米運失舟，家資盡没，猶不足，又賣妾以償。」公愀然曰：「夫人用錢幾何得汝？」曰：「九十萬。」公呼其夫，令爲夫婦如初，盡以錢賜之。司馬温公從龐潁公辟爲太原府通判，尚未有子。夫人爲買一妾〔一一〕，公殊不顧。夫人疑有所忌也。一日，教其妾：「俟我出，汝自飾至書院中。」冀公一顧也。妾如其言，公訝曰：「夫人出，汝安得至此？」亟遣之。潁公知之，對僚屬咨其賢。二公不好聲色，不愛官職，不殖貨利皆同。平生相善，至論新法不合，始著書絶交矣。

公知明州鄞縣，讀書爲文，二日一治縣事。起陽堤堰〔一二〕，決陂塘，爲水陸之利。貸穀于民，立息以償，俾新陳相易。興學校，嚴保伍，邑人便之。故熙寧初爲執政，所行之法皆本於此。然公知行於一邑則可，不知行於天下不可也。又所遺新法使者，皆刻薄小人，急

於功利，遂至決河爲田，壞人墳墓室廬膏腴之地，不可勝紀。青苗雖取二分之利，民請納之費，至十之七八。又公吏冒民，新舊相因，其弊益繁。保甲保馬，尤有害天下，騷然不得休息。蓋祖宗之法壹變矣。獨役法新舊差募二議俱有弊，吳、蜀之民以雇役爲便。公與温公皆早貴，少歷州縣，不能周知四方風俗，故荆公主雇役，温公主差役〔一三〕。蘇内翰、范忠宣，温公門下士，復以差役爲未便。章子厚，公門下士，亦以雇役爲未盡。三人雖賢否不同，皆聰明曉吏治，兼知南北風俗，其所論甚公，各不私於所主。元祐初，温公復差役，改雇役，子厚議曰：「保甲保馬，一日不罷，有一日害，如役法則熙寧初以雇役代差役，議之不詳，行之太速，故後有弊，今復以差役代雇役，當詳議熟講，庶幾可行。而限止五日，太速，後必有弊。」温公不以爲然。子厚罪去〔一四〕。蔡京者知開封府，用五日限盡改畿縣雇役之法爲差役，白温公，公喜曰：「使人人如待制，何患法不行？」子厚入相，復議以雇役改差役，置司講論，久不決。蔡京兼提舉，白子厚曰：「取熙寧、元豐法施行之耳，尚何講焉？」子厚信之，雇役遂定。蔡京前後觀望反復，賢如温公，暴如子厚，皆足以欺之，真小人也。

仁宗朝，韓、富二公爲相，凡言開邊者皆不納。熙寧初，公執政，始有開邊之議。王韶者，罷新安主簿，遊邊得其説，遂上開河湟之策。公以爲奇謀，乃有熙河之役。獨岷州白石大潭、秦州屬縣有賦税，其餘無㪷粟尺布，唯仰陝西州郡、朝廷帑藏供給。故自開熙河以

來，陝西民日困，朝廷財用益耗。初，唃厮囉分處諸子於熙、河、洮、岷之地，唃厮囉死，諸子皆衰弱，故詔能取之。聞見録

熙寧六年，吏有不附新法〔一五〕，介甫欲深罪之，上不可。介甫因爭之曰：「不然，法不行。」上曰：「聞民間亦頗苦新法。」介甫曰：「祈寒暑雨，民猶有怨咨者，豈足顧也！」上曰：「豈若并祈寒暑雨之咨亦無耶？」介甫不悦，退而屬疾家居。數日，上遣使慰勞之，乃出。其黨爲之謀曰：「今不取門下士上所素不喜者暴進用之，則權輕，將有人窺間隙者矣。」介甫從之。既出，即奏擢章惇、趙子幾等，上喜其出，勉强從之。由是權益重。記聞

介甫請并京師行陝西所鑄折二錢，既而宗室及諸軍不樂，有怨言。上聞之，以問介甫，欲罷之。介甫怒曰：「朝廷每舉一事，定爲浮言所移，如此何事可爲？」遂移疾，卧不出。記聞

公秉政，更新天下之務，而宿德舊人論議多不協，遂選用新進，待以不次，故一時政事，不日皆舉，而兩禁臺閣，内外要權，莫非新進。洎三司論市易，而吕參政指爲沮法，公信以爲然，堅乞罷相。既出，吕嘉問、張諤持公而泣，公慰之曰：「已薦吕惠卿矣。」二子收淚。及惠卿入參，有射羿之意，而一時之士見其得君，謂可傾奪公矣，遂更朋附之。既而天子斷意，再召荆公秉政。惠卿自知不安，乃條列公兄弟之失凡數事面奏，意欲上意有貳。上封

惠卿所言以示公，故公表有「忠不足以取信，故事事欲其自明；義不足以勝姦，故人人與之立敵」，蓋謂是也。既而惠卿出知亳州，鄧綰、張謂之徒皆以罪去。然自是門下之人皆無固志，公無與共圖事者，又請去，而再鎮金陵。故詩有「紛紛易變浮雲白，落落難鍾老栢青」者〔一六〕，蓋謂是也。筆録

初，惠卿爲公所知，驟引至執政。荆公去，惠卿遂背之。洎公再相，於是起華亭詔獄，而使徐僖等按之，惠卿情不得。練亨甫、吕嘉問以鄧綰所條惠卿事交鬭其間〔一七〕，復爲惠卿所中，語連荆公子雱，雱時已病，坐此憂憤而卒。公憂傷益不堪，遂再求罷去。

熙寧庚戌冬，荆公拜相，百官皆賀，荆公以未謝〔一八〕，皆不見之，獨與余坐西廡之小閣。忽顰蹙久之，取筆書窗曰：「霜筠雪竹鍾山寺，投老歸歟寄此生。」放筆揖余入。後再罷相，歸金陵，築第於白門外〔一九〕。元豐癸丑春〔二〇〕，余謁公於第，公遽邀余同遊鍾山，憩法雲寺，偶坐於僧房，余因爲公道平昔之事及誦書窗之詩，公憮然曰：「有是乎？」微笑而已。筆録

元豐七年春，公有疾，兩日不言。少蘇，語吳國夫人曰：「夫婦之情，偶合耳，不須它念，强爲善而已。」執葉濤手曰：「君聰明，宜博讀佛書，慎勿徒勞作世間言語。安石生來多枉費力，作閑文字，深自悔責。」吳國勉之曰：「公未宜出此言。」曰：「生死無常，吾恐時至

不能發言，故今叙此，時至則行，何用君勸？」公疾瘳，乃自悔曰：「雖識盡天下理，而定力尚淺，或者未死，應尚竭力修爲。」陳子聞之而疑曰：「豈現行無常，現身有疾者乎？不可疑也。」公語録

元豐末，創爲户馬之説。神宗俯首歎曰：「朕於是愧於文彦博矣！」王珪請宣德音，復曰：「彦博頃年爭國馬不勝，嘗曰：『陛下十年必思臣言。』」珪因奏曰：「罷去祖宗馬監，是安石堅請行之者，本非陛下意也。」上歎曰：「安石誤朕，豈獨此一事？」神宗聞安石之貧，命中使甘師顔賜之金五十兩。安石好爲詭激矯厲之行，即以金施之定林僧舍。師顔因不敢受常例，回具奏之。上諭御藥院牒江寧府，於安石家取甘師顔常例。安石約吕惠卿無令上知一帖，惠卿既與石分黨，乃以其帖上之。上問熙河歲費之説於王韶，安石喻韶不必盡數以對。韶既畔安石，亦以安石言上之。晁以道論配享劄

公晚年於鍾山書院多寫「福建子」三字，蓋悔恨於吕惠卿者，恨爲惠卿所陷，悔爲惠卿所誤也。每山行多恍惚，獨言若狂者。公既病，和甫以邸吏狀視公，適報司馬公作相，公悵然曰：「司馬十二作相矣。」公薨，温公在病中聞之，簡吕申公曰：「介甫無他，但執拗耳。贈卹之典宜厚。」温公之盛德如此。聞見録

公改科舉，暮年乃覺其失，曰：「本欲變學究爲秀才，不謂變秀才爲學究。」蓋舉子專誦

王氏章句，而不解義，正如學究誦注疏爾。談叢

公在金陵，聞朝廷變其法，夷然不以爲意。及聞罷役法，愕然失聲曰：「亦罷至此乎？」良久曰：「此法終不可罷。安石與先帝議之兩年乃行，無不曲盡。」後果如其言。卮史

公嘗云：「自議新法，始終言可行者，曾布也；言不可行者，司馬光也；餘皆前叛後附，或出或入。」

先生與僕論變法之初，僕曰：「神廟必欲變法，何也？」先生曰：「蓋有説矣。天下之法，未有無弊者。祖宗以來，以忠厚仁慈治天下，至嘉祐末年，天下之事似乎舒緩，委靡不振，當時士大夫亦自厭之，多有文字論列。然其實於天下根本牢固。至神廟即位，富於春秋，天資絶人，讀書一見便解大旨，是時見兩蕃不服，及朝廷州縣多紓緩，不及漢、唐全盛時，每與大臣論議，有佛然不悦之色。當時執政從官中有識者，以謂方今天下，正如大富家，上下和睦，田園開闢，屋舍牢壯，財用充足。但屋宇少設飾，器用少精巧，僕妾樸魯遲鈍，不敢作過。但有鄰舍來相淩侮，不免歲時以物贈之。其來已久，非自家做得如此，遂不敢承當上意，改革法度。獨金陵揣知上意，以一身當之，爲激切奮怒之言，以動上意。遂以仁廟爲不治之朝。神廟一旦得之，以爲千載會遇。改法之初，以天下公論謂之流俗，内則太后，外則顧命大臣，尚不能回，何況臺諫乎？祇增其勢爾！雖天下之人，群起而攻之，而金陵不可動者，蓋此八個

字，吾友宜記之。」僕曰：「何等八字？」曰：「虚名實行，强辯堅志。當時天下之論，以金陵不作執政爲屈，此虚名也。平生行止，無一點涴，論者雖欲誣之，人主信乎？此實行也。論議人主之前，貫穿經史今古，不可窮詰，故曰强辯。前世大臣，欲任意行一事，或可以生死禍福恐之得回，此老實不可以此動，故曰堅志。此法所以必行也。元城語録

介甫不知事君道理，觀他意思，只是要樂子之無知。如上表言：「秋水既至，因知海若之無窮；大明方升，豈宜爝火之不息。」皆是意思常要己在人主上。自古主聖臣賢乃常理，何至如此？又觀其説魯用天子禮樂云：「周公有人臣所不能爲之功，故得用人臣所不得用之禮樂。」此乃大段不知事君。大凡人臣身上，豈有過分之事？凡有所爲，皆是臣職所當爲之事也。介甫平居事親最孝，觀其言如此，其事親之際，想亦洋洋自得，以爲孝有餘也。臣子身上，皆無過分事，惟是孟子知之，説曾子只言「事親若曾子可矣」，不言「有餘」，只言「可矣」。程氏遺書

公平生養得氣完，爲他不好做官職，作宰相只喫魚羹飯，得受用底不受用，緣省便去就自在。嘗上殿進一劄子擬除人，神宗不允，對曰：「阿除不得？」又進一劄子，擬除人，神宗亦不允，又曰：「阿也除不得？」下殿出來，便乞去，更留不住。平生不屈也奇特。上蔡語録

因論公法云：「青苗、免役，亦是法，然非藏於民之道。如青苗，取息雖不多，然歲散萬

緡，則奪民二千緡入官，既入官，則民間不復可得矣。免役法，取民間錢雇人役於官，其得此錢用者，蓋皆州縣市井之人，不及鄉民，鄉民惟知輸而不得用，故令鄉民多乏於財也。」「青苗二分之息，可謂輕矣，而不見利於百姓，何也？今民間舉債，其息少者亦須五七分，多者或倍，而亦不覺其爲害。」曰：「惟其利輕，且官中易得，人徒知目前之利，而不顧後患，是以樂請。若民間舉債，則利重，又百端要勒，得之極難，故人得已且已。又青苗雖名取二分之息，其實亦與民間無異，蓋小民既有非不得已而請者，又有非不得已用之。且如請錢千，或遇親舊於州縣間，須有酒食之費，不然，亦須置小小不急之物，只使二百錢，已可比民間四分之息。又請納時往來之用，與官中門户之賂遺，至少亦不下百錢。況又有胥吏追呼之煩，非貨不行，而公家期限，又與私間不同，而民之畏法者，至舉債以輸官，往往沿此遂破蕩產業者固多矣，此所以有害而無利也。」或云：「官中息輕，民得之可以自爲經營，歲豈無二分之息乎？」「蓋未之思也。若用之商販，則錢散而難集，正公家期逼，卒收不聚，失所指準，其患豈細？往年富家知此患也，官中配之，請不得已請而藏之，比及期出私錢爲息輸之官，乃無患。夫使民如此，是無事而侵擾之也，何名補助之政乎？」龜山語録

公治天下，專講求法度。如彼脩身之潔，宜足以化民矣，然卒不逮王文正、吕晦叔、司馬君實諸人者，以其所爲無誠意故也。明道嘗曰：『有關雎、麟趾之意，然後可以行周官之

法度。』蓋深達乎此。」龜山語録

公在上前爭論，或爲上所疑，則曰：「臣之素行，亦不至無廉耻〔二一〕，如何不足信？」且論事當問事之是非利害如何，豈可以素有廉耻，劫人使信己也？夫廉耻在常人足道，若君子更自矜其廉耻，亦淺矣！蓋廉耻自君子所當爲者，如人守官，曰：「我固不受贓！」不受贓豈分外事乎？同上

鄭季常作太學博士，言：「養士之道，當先善其心。今殊失此意，未知所以善之之方。」曰：「由今之道，雖賢者爲教官，必不能善人心。」曰：「使荆公當此職，不知如何？」曰：「荆公爲相，其道蓋行乎當年，今日學法，荆公之法也，已不能善之矣。」季常良久曰：「如是，如是。」龜山語録

子雱字元澤，性險惡，凡荆公所爲不近人情者皆雱所教。吕惠卿輩奴事之。公置條例司，初用程顥伯淳爲屬。伯淳賢士，一日盛暑，公與伯淳對語，雱囚首跣足，手携婦人冠以出，問公曰：「所言何事？」公曰：「以新法數爲人沮，與程君議。」雱箕踞以坐，大言曰：「梟韓琦、富弼之頭于市，則新法行矣。」公曰：「兒誤矣。」伯淳曰：「方與參政論國事，子弟不可預，姑退。」雱不樂，去。伯淳自此與公不合。雱死，公罷相，哀悼不忘，有「一日鳳鳥去，千年梁木摧」之詩，蓋以比孔子也。公在鍾山〔二二〕，常恍惚見雱荷枷杻如重囚者，公遂

施所居半山園宅爲寺，以薦其福。後荆公病瘡良苦，嘗語其姪曰：「亟焚吾所謂日録者。」姪給公，焚他書代之，公乃死。或云又有所見也。聞見録

王安國字平甫，常非其兄所爲。爲西京國子監教授，溺於聲色。介甫在相位，以書戒之曰：「宜放鄭聲。」安國復書曰：「安國亦願兄遠佞人也。」官滿，至京師，召上殿，上問其兄秉政，物論如何，對曰：「但恨聚斂太急，知人不明耳！」上默然不悦。嘗諫其兄，以天下恟恟，不樂新法，恐爲家禍。介甫不聽，安國哭於影堂，曰：「吾家滅門矣！」又嘗責曾布以誤惑丞相，更變法令，布曰：「足下，人之子弟，朝廷變法，何預足下事？」安國怒曰：「丞相，吾兄也。丞相之父，即吾父也。丞相由汝之故，殺身破家，僇及先人，發掘丘壟，豈得不預我事邪？」記聞

安國召對，上曰：「卿學問通古今，以漢文何何主也？」對曰：「三代以後，賢主未有如文帝者。」上曰：「但惜其才不能立法更制爾。」對曰：「文帝自代來，夜入未央宫，於擾攘時定變故於俄頃之際，諸將故武夫，皆脅息待命，恐無才者不及是。然能用賈誼之言，待群臣有節，專務以德化民，海内興於禮義，幾致刑措，使一時風俗，恥言人過。則文帝加有才一等矣。」上曰：「王猛佐苻堅，以蕞爾國，而令必行。今朕以天下之大，而不能使人，何也？」對曰：「王猛睚眦之忿必報，專教苻堅以峻刑法殺人爲事，此必小臣刻薄，有以誤陛下者。願專以堯、舜、三代爲法，理順而勢利，則下豈有不從者乎？」筆録

公爲參政，時因閲晏元獻公小詞而笑曰〔二三〕：「爲宰相而作艷詞，可乎？」平父曰：「亦偶然爾。」吕惠卿爲館職在坐〔二四〕，曰：「爲政必放鄭聲！」平父正色曰：「放鄭聲，不若遠佞人也。」吕以爲譏己，自是與平父相失。筆録又聞見録云：公與吕惠卿論新法，平父吹笛於内，公諭之曰：「請學士放鄭聲。」平甫即應曰：「願相公遠佞人」。惠卿深銜之。

鄭俠介夫者，福州人，荆公居憂金陵時嘗從學，後舉進士，調光州司法，秩滿至京師，會公秉政，問以所聞，俠因爲具言青苗、免役、用兵之害，公不答。又數以書論之，亦不報。久之，得監在京安上門，時初行免役及收市利錢，京師細民，負水拾髮、擔粥提茶之類〔二五〕，皆有免行錢，不輸者毋得販鬻。市道、門司、税院，並行倉法，專欄月賦，每正税百錢，則收市利十錢以給之。逮法之行，則正税不及十錢者，有司亦取之，其末反重於本。俠又言於公，得損其尤甚者數事。會大旱，自十一月不雨，至于三月，河東、河北、陝西流民大入京師，與城外飢民，市麻粈麥麸爲糜，或掘草根木實以食，或身被鎖械，而負瓦揭木，賣妻鬻子以償官。俠畫圖爲書，勾馬遞以聞，曰：「如行臣之言，十日不雨，即乞斬臣，以正欺罔之罪。」又自劾擅發馬遞鋪待罪，時熙寧七年三月二十六日也。神宗皇帝覽疏歎息，遂詔韓維、孫永體量免行錢，詔曾布體量市易法，又詔司農寺發常平倉，放商税務及諸門税錢三十文以下，市利錢二十文以下，青苗、免役權罷追索，方田、保甲並罷。凡此類十八事，民間讙呼相慶。

四月一日，遂下詔責躬求言。越三日，大雨，七日〔二六〕，早朝賀雨，神宗出圖狀示宰執，且責之，丞相以下皆謝罪。公遂力求去，已而荆公卒去位，薦惠卿以代己，命下之日，京師大風雨，土霾席逾寸。俠又上書言：「安石本爲惠卿所誤至此，今復相扳援，以遂前非，不復爲宗社計。」又上疏諫用兵，語甚切。屬熙河奏捷，殺戮甚衆，上爲惻然，手詔諭王韶等：「今後只務招降，未征餘黨，毋以多殺爲功。」於是惠卿等益惡之。俠又上書言：「大臣奏以三路流民，皆爲南北下各有田，名鸗子田，若北旱則南，南荒又北。此皆誣罔上聽。臣乞勘會三路之民，自去冬流移，至今不已，何人是南方有田者？」它語譏大臣甚衆，并詆臺諫皆如芻靈木偶，又言禁中被甲登殿等事。奏入，執政大怒，言於上，以爲謗訕朝政，追毁出身以來文字，送汀州編管。既行，上問惠卿：「鄭俠小臣，禁中密事及大臣奏對之言，何自聞之？」惠卿對曰：「此皆馮京手録，使王安國持示，導之使言耳。」惠卿與京同列，議多矛盾，又以諂事荆公，爲安國所疾，屢諷其兄不悟，故併中之。已而上以惠卿語責京，京惶駭曰：「臣與鄭俠素不相識。」上方疑之。御史知雜張琥遂以俠事劾京，京奏：「俠行未遠，乞追還對辨。」遂詔付臺推勘，遣舒亶追俠，及諸太康，搜其衣橐，得王堯臣所贐銀三十兩〔二七〕，御史臺知班楊忠信所贈韓、范諸公所言新法不便奏藁兩帙，遂逮赴詔獄。俠對：「實不識京，但每遣門人吴無至詣檢院投匭，判院丁諷輒爲無至道京稱歎之語。及罷局時，遇安國於途，安國馬上舉鞭相揖曰：『賢可謂獨立不懼。』因隨至所居，求觀前後奏草。俠答以未嘗存留。安國言：『亦見所與家兄書，家兄雖安國之言亦不聽，而況公乎？』俠曰：『不意丞相一旦爲小人所誤，以至於此。』安國曰：『是何爲小人所誤！家兄自以爲人臣子不當避四海九州之怨，使怨歸於己，方是臣子盡忠國家。』俠曰：『未聞堯、舜在上，夔、契在下，而有四海九州之怨。』安國以爲然。忠信者，常應詔言新法不便。因謂俠曰：『御史職在諫爭，皆緘默不言，公一監門爾，乃上書不已，是言責在監門而臺中無人也。』探懷中書授俠曰：『以此爲正人助。』京未嘗使安國傳導省中語，凡所論乃鄰居内殿崇班楊永芳所告也。」安國赴對不承，俠責之曰：「凡對制使，不當有隱，口所言者，安得諱之？天地鬼神，皆在左右，學士欲誰欺耶？」安國乃伏。獄成，俠改送英州編管，忠信、無至皆真決編管湖外，京罷政，諷落職，安國放歸田里。俠徒步赴貶所。俠性清儉，布衣糲食終其身。有應舉不以實年者，戒之曰：「方謀入仕，已有欺君之心，不可。」暇日聞子姪誦詩考槃之義曰：「『弗諼』者，弗忘君之惡；『弗過』者，弗過君之朝；『弗告』者，弗告君以善。碩人之於君，有惓惓之不忍也，故永矢以絶之。」公嘆曰：「是何言與！古之人在畎畝不忘君，況於賢者，一不見用而忿戾若是哉！蓋『弗諼』者，弗忘君也；『弗過』者，弗以君爲過也；『弗告』者，弗以告他人也。」其存心如此，故雖流落頓挫之餘，一話一言，未嘗不在君父，覩政役繁興，民物嗷嗷，但

顰顣而已。鄭俠言行録

錢景諶者，忠懿王孫，舊與荆公善。論新法不合，遂相絶。其家集有答兖守趙度支書，自序甚詳，云：「任政用事，而一代成法無一二存者。百姓愁苦，而郡縣吏惴惴憂懼，虞以罪去。且不但變其法制而已，乃以穿鑿不經〔二八〕，入於虚無，牽合臆説，作爲字解者，謂之時學，而春秋一王之法，獨廢而不用。又以荒唐誕怪，非昔是今，無所統紀者，謂之時文。傾險趨利，殘民而無耻者，謂之時官。驅天下之人，務時學，以時文邀時官。僕既預仕籍，而所學者聖賢事業，專以春秋爲之主，皆大中至正，三綱五常之道。其所爲文，學六經而爲，必本於道德性命，而一歸於仁義。其施於官者，則又忠厚愛人，兼善天下之道。自顧不合於時，而學之又不能，方惶惶然無所容其迹。而故人張諫議正國辟僕爲高陽帥幙，今邵堯夫先生亦有書招我爲洛中游，兼有詩云：『年光空去也，人事轉蕭然。』止俟貧老之兄生事粗足〔二九〕，幼而孤者有分有歸，亦西歸洛中，守先人墳墓，徜徉于有洛之表，吾願畢矣。」聞見録

校勘記

〔一〕一讀過 「一讀過」，涑水記聞附録三温公瑣語作「讀一周」。

〔二〕急急　「急急」，同前書作「汲汲」。
〔三〕懇求外補　「懇」上同前書有「少時」二字。
〔四〕自常州徙提點江東刑獄　「東」原誤作「西」，據同前書改。本書卷前王安石小傳亦作「東」。
〔五〕安石辭七八章　「辭」上同前書有「又」字。
〔六〕踢其脅　「脅」下同前書有「下」字。
〔七〕瑣言　按前有引温公瑣語者，查此條亦出自温公瑣語，疑「言」當作「語」。
〔八〕仁宗尤甚　「仁宗」上邵氏聞見録卷二有「於」字。
〔九〕每謂漢文帝不足取　同前書句作「每以漢文帝恭儉爲不足取者」。
〔一〇〕文彦博　「博」下同前書有「而下」二字。
〔一一〕夫人爲買一妾　邵氏聞見録卷一一作「潁公夫人言之，爲買一妾」。
〔一二〕起陽堤堰　「陽」，元刊本同，三朝名臣言行録卷第六之二無之，似不應有。
〔一三〕温公主差役　「役」下邵氏聞見録卷一一有「雖舊典亦有弊」一句。
〔一四〕子厚罪去　「罪」，同前書明鈔本作「罷」。
〔一五〕不附新法　「法」下長編卷二七〇熙寧八年十一月丙戌條有「者」字。
〔一六〕落落難鍾老栢青者　「鍾」，同前書作「終」。
〔一七〕練亭甫　「練」上琬琰集下集卷一四王荆公安石傳有「緣」字，較長。

〔一八〕荆公以未謝　「謝」下東軒筆録卷一二有「恩」字，較長。

〔一九〕白門　「白」，同前書作「南」。

〔二〇〕元豐癸丑春　各本及東軒筆録卷一二均如此，然元豐無癸丑，疑當作癸亥。

〔二一〕亦不至無廉耻　「亦」，宋楊時龜山先生語録卷一作「似」。

〔二二〕公在鍾山　「在」，原作「坐」，元刊本同，據三朝名臣言行録卷第六之二改。

〔二三〕時因　「時因」，東軒筆録卷五作「閒日」。

〔二四〕吕惠卿　「吕」上同前書有「時」字。

〔二五〕拾髮　「拾」，宋史卷三二一鄭俠傳作「捨」。

〔二六〕七日　元刊本同，三朝名臣言行録卷第六之二作「十一日」。

〔二七〕王堯臣　「堯」，元刊本同，三朝名臣言行録卷第六之二作「克」。按：宋史卷三四三鄧潤甫傳有「同鄧綰、張琥治鄭俠獄，深致其文，入馮京、王安國、丁諷、王堯臣於罪」等語，而卷二五〇王克臣傳又有「熙寧中，爲開封、度支二判官，遷鹽鐵副使。時鄭俠以上書竄嶺表，克臣嘗薦俠，且餽之白金，又坐奪官」云云，兩處所叙不同，似當以作王克臣爲是。

〔二八〕穿鑿不經　「不」，元刊本、三朝名臣言行録卷第六之二同，邵氏聞見録卷一二作「六」。

〔二九〕止俟貧老之兄生事粗足　「貧老之兄」，各本同，同前書作「貧而老者」。

宋名臣言行録後集卷第七

司馬光　温國文正公

字君實，陝州人。舉進士甲科，位至丞相，事仁宗、英宗、神宗、哲宗。贈太師。配享哲廟。

公自成童〔一〕，凛然如成人。七歲聞講左氏春秋，大愛之，退爲家人講，即了其大義。自是手不釋書，至不知飢渴寒暑。年十五，書無所不通。文詞醇深，有西漢風。蘇内翰撰行狀

又邵氏後録云：予見温公親書一帖云：「光年五六歲，弄青胡桃，女兄欲爲脱其皮，不得。女兄去，一婢子以湯脱之。女兄復來，問脱胡桃皮者，光曰：『自脱也。』先公適見，訶之曰：『小子何得謾語！』光自是不敢謾語。」〇幼時患記誦不如人，群居講習，衆兄弟既成誦游息矣，獨下帷絶編，迨能倍誦乃止。用力多者收功遠，其所精誦，乃終身不忘也。公嘗

言：「書不可不成誦，或在馬上，或中夜不寢時，詠其文，思其義，所得多矣。」家塾記

山谷云：范純甫言，公初宦時，年尚少，家人每每見其卧齋中，忽蹶起，着公服，執手版危坐，久率以爲常，竟莫識其意。純甫嘗從容問之，答曰：「吾時忽念天下事。」夫人以天下安危爲念，豈可不敬耶？冷齋夜話

交趾貢異獸，謂之麟，公言：「真僞不可知。使其真，非自至，不爲瑞；若僞，爲遠人笑。願厚賜而還之。」因奏賦以諷。行狀

有司奏六月朔，日當食。公言：「故事，食不滿分或京師不見皆賀。臣以爲日食四方見京師不見，天意人君爲陰邪所蔽，天下皆知而朝廷獨不知，其爲災當益甚，皆不當賀。」詔從之。後遂以爲常。

初，至和三年，仁宗始不豫，國嗣未立，天下寒心而不敢言。惟范鎮首發其議，公時通判并州，聞而繼之。上疏言：「禮『大宗無其子，則小宗爲之後』者，爲之子也。願陛下擇宗室賢者，使攝儲貳，以待皇嗣之生，退居藩服。不然，則典宿衛，尹京邑，亦足以係天下之望。」疏三上，其一留中，其二付中書。公又與鎮書：「此大事，不言則已，言一出，豈可復反？願公以死爭之。」於是鎮言之益力。及公爲諫官，復上疏，且面言。上令公以所言付中書。公曰：「願陛下自以意喻宰相。」後復上疏面言：「臣向者進説，陛下欣然無難色，謂即

行矣。今寂無所聞，此必有小人言陛下春秋鼎盛，何遽爲此不祥之事。小人無遠慮，特欲倉卒之際，援立其所厚善者爾。唐自文宗以後，立嗣皆出於左右之意，至有稱定策國老、門生天子者，此禍可勝言哉！」上大感悟，曰：「送中書。」公至中書，見韓琦等曰：「諸公不及今定議，異日夜半，禁中出寸紙以某人爲嗣，則天下莫敢違。」琦等皆曰：「唯。敢不盡力。」後月餘，詔英宗判宗正寺，固辭不就職。明年，遂立爲皇子〔二〕。

除知制誥，辭至八九，乃改天章閣待制。公有上龐丞相啓云：「光於屬文性分素薄，又懶爲之，當應舉時，强作科場文字，雖僅能牽合，終不甚工。頗慕作古文，又不能刻意致力，闖前脩之藩，徒使其言迂僻鄙俚，不益世用。雖親舊書啓，不免假手於人。今知制誥掌爲天子作詔文，宣布華夷，豈可使假手答書啓者爲之耶？」以是觀之，光之不授知制誥，出於赤誠，非飾讓也。

仁宗崩，英宗以哀毁致疾，慈聖光獻太后同聽政。公首上疏言：「章獻明肅太后，保佑先帝進賢去姦，有大功於趙氏，特以親用外戚小人，故負謗天下。今太后初攝大政，大臣忠厚如王曾，清純如張知白，剛正如魯宗道，質直如薛奎者，當信用之。鄙猥如馬季良，讒諂如羅崇勳者，當疏遠之。則天下服。」

英宗疾既平，皇太后還政。公上疏言：「治身莫先於孝，治國莫先於公。」其言切至，皆母子間人所難言者。

治平中，韓魏公建議於陝西刺義勇，凡三丁刺一，每人支買弓箭錢三貫文省[三]，共得二十餘萬人。深山窮谷，無得脱者。人情驚撓，而民兵紀律疏略，終不可用，徒費官錢。公時爲諫官，極言不便，持劄子至中書，魏公曰：「兵貴先聲後實。今諒祚方桀驁，使聞陝西驟益兵，豈不震慴？」公曰：「兵之用先聲，爲無其實也，獨可以欺之於一日間耳。少緩則敵知其情，不可復用矣。今吾雖益兵，然實不可用，不過十日，西人知其詳，不復懼矣。」魏公不能答，復曰：「公但見慶曆陝西鄉兵初刺手背，後皆刺面充正兵，憂今復作爾耳。今已降敕牓與民約，永不充軍戍邊矣。」公曰：「光終不敢奉信。」魏公怒曰：「君何相輕甚邪？」公曰：「相公長在此坐可也，萬一均逸偃藩，他人在此，因相公見成之兵，遣之運糧戍邊，反掌間事耳。」魏公默然，竟不爲止。其後不十年，義勇運糧戍邊，率以爲常，一如君實之言。龍川志

王廣淵除集賢院，公言：「廣淵姦邪不可近，昔漢景帝爲太子，召上左右飲，衛綰獨稱疾不行，及即位，待綰有加。周世宗鎮澶淵，張美掌州之錢穀，世宗私有求假，美悉力應之，及即位，薄其爲人，不用。今廣淵當仁宗之世，私自結於陛下，豈忠臣哉！願黜之以厲天下。」行狀下仝

神宗即位，首擢公爲翰林學士，公力辭，不許。上面諭公：「古之君子，或學而不文，或文而不學，惟董仲舒、揚雄兼之。卿有文學，何辭爲？」公曰：「臣不能爲四六。」上曰：「如兩漢制詔可也。」公曰：「本朝故事不可。」上曰：「卿能舉進士，取高等，而云不能四六，何也？」公趨出，上遣内臣至閤門，强公受告，拜而不受。趣公入謝，曰：「上坐以待公。」公入，至廷中，以告置公懷中，不得已乃受。

除御史中丞，上疏論脩心之要三，曰仁，曰明，曰武。治國之要三，曰官人，曰信賞，曰必罰。其説甚備。且曰：「臣昔爲諫官，即以此六言獻仁宗，其後以獻英宗，今以獻陛下。平生力學所得，盡在是矣。」

延和登對，言張方平參政姦邪，貪猥不協物望。上作色曰：「朝廷每有除拜，衆言輒紛紛，非朝廷好事。」光曰：「此乃朝廷好事也。知人帝堯所難，況陛下新即位，萬一用姦邪，臺諫循默不言，陛下何從知之？此乃非朝廷好事也。」日録

甲寅，予初赴經筵，上自製自書資治通鑑序以授光，光受讀，降，再拜。讀三家爲諸侯論，上顧禹玉等，稱美久之。仝

邊吏上言：「西戎部將嵬名山，欲以横山之衆，取諒祚以降。」詔邊臣招納其衆。公上疏極論，以爲：「名山之衆，未必能制諒祚，幸而勝之，滅一諒祚，生一諒祚，何利之有？若

其不勝，必引衆歸我，不知何以待之。臣恐朝廷不獨失信於諒祚，又將失信於名山矣。若名山餘衆尚多，還北不可，入南不受，必將突據邊城，以救其命。陛下獨不見侯景之事乎？」上不聽，遣將种諤發兵迎之，取綏州，費六十萬萬〔四〕。西方用兵，蓋自是始。行狀

執政以河朔災傷，國用不足，乞今歲親郊，兩府不受金帛，送學士院取旨。公言：「兩府所賜，以匹兩計止二萬，未足以救災，宜皆減半。」公與學士王珪、王安石同對，公言：「救災節用，宜自貴近始，可聽兩府辭賜。」安石曰：「常袞辭賜饌，時議以爲袞自知不能，當辭位不當辭禄。且國用不足，非當今之急務也。」公曰：「袞辭禄猶賢於持禄固位者，國用不足真急務。安石言非是。」安石曰：「不足者，以未得善理財者故也。」公曰：「善理財者，不過頭會箕斂以盡民財，民窮爲盗，非國之福。」安石曰：「不然。善理財者，不加賦而上用足。」公曰：「天下安有此理。天地所生財貨百物，止有此數，不在民則在官。譬如雨澤，夏澇則秋旱。不加賦而上用足，不過設法陰奪民利，其害甚於加賦。此乃桑洪羊欺漢武帝之言，太史公書之，以見武帝之不明爾。至其末年，盗賊蜂起，幾至於亂。若武帝不悔禍，昭帝未變法，則漢幾亡。」爭議不已。王珪進曰：「救災節用，宜自貴近始，司馬光言是也。然所費無幾，恐傷國體，王安石言亦是。惟明主裁擇。」上曰：「朕意與光同，然姑以不允答之。」會安石當制，遂引常袞事責兩府，兩府亦不復辭。日録又云：臣非謂今者得兩府郊賚，能富

國也，欲陛下以此爲裁省之始爾。且陛下强裁省之則失體，今大臣以河北災傷，憂公體國，自求省郊賚，從其請所以成其美，何傷體之有？

安石創立制置三司條例司，建爲青苗、助役、水利、均輸之政，置提舉官四十餘員。公上疏逆陳其利害，曰：「後當如是。」行之十餘年，無一不如公言者。天下傳誦，以公爲真宰相。雖田父野老，皆號公司馬相公，而婦人孺子，知其爲君實也。邇英進讀蕭何、曹參事，公曰：「參不變何法，得守成之道，故孝惠、高后時，天下晏然，衣食滋殖。」上曰：「漢常守蕭何之法不變，可乎？」公曰：「何獨漢也，使三代之君，常守禹、湯、文、武之法，雖至今存可也。武王克商，曰『乃反商政，政由舊』，然則雖周亦用商政也。書曰『無作聰明，亂舊章』。漢武帝用張湯言，取高帝法紛更之，盜賊半天下。元帝改宣帝之政，而漢始衰。由此言之，祖宗之法，不可變也。」後數日，吕惠卿進講，因言：「先王之法，有一年變者，『正月始和，布法象魏』是也；有五年一變者，『巡狩考制度』是也；有三十年一變者，『刑罰世輕世重』是也，有百年不變者，父慈子孝兄友弟恭是也。前日光言非是，其意以諷朝廷，且譏臣爲條例司官耳。」上問公：「惠卿言何如？」公曰：「『布法』何名爲變？若『四孟月朔，屬民讀法』，爲時變月變耶？諸侯有變禮易樂者，王巡狩則誅之，王不自變也。刑，新國用輕典，亂國用重典，平國用中典，是爲『世輕世重』，非變也。且治天下譬如居室，弊則脩之，非大壞不更造也。大壞而欲更造，非得良匠美材不成。今二者皆無有，臣恐風雨之不庇也。公卿侍從皆在此，願陛下問之。三司使掌天下財，不才而黜可也，不可使兩府侵其事。今爲制置三司條例司，何也？宰相以道佐人主，尚安用例？苟用例則胥史足矣〔五〕。今爲看詳中書條例司，何也？」惠卿不能對，則詆公曰：「光爲侍從何不言？言而不從何不去？」公作而答曰：「是臣之罪也。」上曰：「相與論是非耳，何至是。」講畢，賜坐户外。將出，上令徙户内，左右皆避去。上曰：「朝廷每更一事，舉朝洶洶，何也？」公曰：「青苗出息，平民爲之，尚能以蠶食下户，至飢寒流離，況縣官法令之威乎！」惠卿曰：「青苗法，願取則與之，不願不强也。」公曰：「愚民知取債之利，不知還債之害，非獨縣官不强，富民亦不强也。臣聞作法於涼，其弊猶貪，作法於貪，弊將若之何？昔太宗平河東，立和糴法，時米斗十餘錢，草束八錢，民樂與官爲市。後物貴而和糴不解，遂爲河東世世之患。臣恐異日之青苗，猶河東之和糴也。」上曰：「陝西行之久矣，民不以爲病。」公曰：「臣陝西人也，見其病不見其利，朝廷初不許也。而有司尚能以病民，況立法許之乎？」上曰：「坐倉糴米何如？」坐者皆起曰：「不便。上已罷之，幸甚。」上曰：「未罷也。」公曰：「京師有七年之儲，而錢常乏，若坐倉錢益乏，米益陳，奈何？」惠卿曰：「坐倉得米百萬斛，則省東南百萬之漕，以其錢供京師，何患無錢？」公曰：「東南錢荒而米狼戾，今不糴米而漕錢，棄其有餘，取其所無，農末皆病矣。」侍講吳申起曰：「光言，至論也。」公曰：「此皆細事，不足煩人主。但當擇人而任之，有功則賞，有罪則罰，此則陛下職也。」上曰：「然。」行狀

邇英讀通鑑賈山上疏，因言從諫之美，拒諫之禍。上曰：「舜堲讒說殄行，若臺諫欺罔爲讒，安得不黜？」光曰：「進讀及之爾，時事臣不敢論也。」及退，上留光謂曰：「呂公著言藩鎮欲興晉陽之甲，豈非讒說殄行也？」光曰：「公著平居與儕輩言，猶三思而發，何故上前輕發乃爾？外人多疑其不然。」上曰：「此所謂『靜言庸違』者也。」光曰：「公著誠有罪，不在今日。向者朝廷委公著專舉臺官，公著乃盡舉條例司之人，與條例司互相表裏，使熾張如此，乃始逼於公議，復言其非，此所可罪也。」上言：「安石不好官職及自奉養，可謂賢者。」光曰：「安石誠賢，但性不曉事而愎，此其短也。又不當信任呂惠卿，惠卿真姦邪而爲安石謀主，安石爲之力行，故天下並指安石爲姦邪也。」上曰：「今天下洶洶者，孫叔敖所謂『國之有是，衆之所惡』也。」光曰：「然。陛下當審察其是非，然後守之。今條例司所爲，獨安石、韓絳、呂惠卿以爲是，天下皆以爲非也。陛下豈能獨與此三人共爲天下邪？」遂退。

上問：「近相陳升之，外議云何？」光對：「陛下擢用宰相，臣愚，何敢與？」上曰：「第言之。」光曰：「閩人狡險，楚人輕易。今二相皆閩人，二參政皆楚人，必將援引鄉黨之士，充塞朝廷，天下風俗，何以更得淳厚？」上曰：「然今中外大臣，更無可用者，獨升之有才

智，曉民政邊事，它人莫及。」光曰：「升之才智，誠如聖旨，但恐不能臨大節而不可奪耳。昔漢高祖論相，以爲王陵少戇，陳平可以輔之。平智有餘，然難獨任。真宗用丁謂、王欽若，亦以馬知節參之。凡才智之士，必得忠直之人，從旁制之，此明主用人之法也。」上曰：「然升之朕固已誡之矣。」上又曰：「安石何如？」光曰：「人言安石姦邪，則毀之太過，但不曉事，又執拗爾。」上曰：「韓琦敢當事，賢於富弼，但木强爾。」光曰：「琦實有忠於國家之心，但好遂非，此其所短也。」上因至呂惠卿，光曰：「惠卿憸巧，非佳士，使安石負謗中外，皆惠卿所爲也。近日不次進用，大不合衆心。」上曰：「惠卿明辨，亦似美才。」光曰：「惠卿文學辨慧，誠如聖旨，然用心不端，陛下更徐察之。江充、李訓若無才，何以動人主？」上因論臺諫天子耳目，光曰：「臺諫天子耳目，陛下當自擇人。今言執政短長者皆斥逐之，盡易以執政之黨，臣恐聰明將有所蔽蒙也。」上曰：「諫官難得，卿更爲擇其人。」光退而舉陳薦、蘇軾、王元規、趙彦若。

邇英進讀通鑑三葉畢，上更命讀一葉半。讀至蘇秦約六國從事，上曰：「蘇秦、張儀掉三寸舌，乃能如是乎？」光曰：「臣所以存其事於書者，欲見當時風俗，專以辨説相高，人君委國而聽之，此所以謂利口之覆邦家者也。」上曰：「卿進讀，每存規諫。」光曰：「非敢然也，欲陳著述之本意耳。」

呂晦叔曰：昨使契丹，虜中接伴問副使狄諮曰：「司馬中丞今爲何官？」諮曰：「今爲翰林學士兼侍讀學士。」虜曰：「不爲中丞邪？聞是人甚忠亮。」

上謂晦叔曰：「司馬光方直，其如迂闊何？」晦叔曰：「孔子上聖，子路猶謂之迂。孟軻大賢，時人亦謂之迂闊。況光豈免此名？大抵慮事深遠，則近於迂矣。願陛下更察之。」

並日録

韓琦上疏論青苗之害，上感悟，欲罷其法，安石稱疾求去。會拜公樞副，公上章力辭至六七，曰：「上誠能罷制置條例司，追還提舉官，不行青苗、助役等法，雖不用臣，臣受賜多矣。不然，終不敢受命。」上遣人謂公：「樞密，兵事也。官各有職，不當以它事爲辭。」公言：「臣未受命，則猶侍從也，於事無不可言者。」安石起視事，青苗法卒不罷，公亦卒不受命。則以書喻安石，三往反，開喻切至，猶幸安石之聽而改也。且曰：「巧言令色鮮矣仁。彼忠信之士，於公當路時，雖齟齬可憎，後必徐得其力；諂諛之人，於今誠有順適之快，一旦失勢，必有賣公以自售者。」意謂呂惠卿。對賓客，輙指言之曰：「覆王氏者，必惠卿也。小人本以利合，勢傾利移，何所不至。」其後六年，而惠卿叛安石，由是天下服公先知。

魏公言君實初除樞副，竟辭不受。時公在魏，聞之亟遣人賫書與潞公勉之云：「主上倚重之厚，庶幾行道，道或不行，然後去之可也。似不須堅讓。」潞公以書呈君實，君實云：

「自古被這般官爵，引得壞了名節，爲不少矣。」後得寬夫書云：「君實作事，今人所不可及，須求之古人。」魏公語録

老先生嘗謂金陵曰：「介甫行新法，乃引用一副當小人，或在清要，或爲監司，何也？」介甫曰：「方法行之初，舊時人不肯向前，因用一切有才力者，候法行已成，即逐之，却用老成者守之。所謂智者行之，仁者守之。」先生曰：「介甫誤矣。君子難進易退，小人反是。若小人得路，豈可去也？若欲去，必成讎敵，它日將悔之。」介甫默然。後果有賣荆公者，雖悔之無及。元城語録〔六〕

熙寧七年，上以天下旱蝗，詔求直言。公讀詔泣下，欲默不忍，乃復陳六事：「一青苗，二免役，三市易，四邊事，五保甲，六水利。此尤病民者，宜先罷。」又以書責宰相吳充曰：「天子仁聖如此，而公不言，何也？」行狀

潞公謂温公曰：「彦博留守北京，遣人入大遼偵事回，云見虜主大宴群臣，伶人劇戲，作衣冠者，見物必攫取懷之，有從其後以鞭扑之者，曰：『司馬端明耶？』君實清名在夷狄如此。」公愧謝。

公嘗問康節曰：「光何如人？」曰：「君實脚踏實地人也。」公深以爲知言。康節又曰：「君實九分人也。」其重之如此。

公居洛，嘗同范景仁登嵩頂，由轘轅道至龍門，涉伊水，至香山，憩石樓，臨八節灘。凡所經從，多有詩什，自作序，曰遊山録，士大夫爭傳之。公不喜肩輿，山中亦乘馬，路險，策杖以行，故嵩山題字云：「登山有道，徐行則不困，措足於平穩之地則不跌，慎之哉！」

公知永興軍，上章曰：「臣之不才，最出群臣之下。先見不如吕誨，公直不如范純仁、程顥，敢言不如蘇軾、孔文仲，勇決不如范鎮。若臣罪與鎮同，則乞依鎮例致仕。若罪重於鎮，或竄或誅，所不敢逃。」帝必欲用公，召知許州，令過闕上殿。謂監察御史程顥曰：「卿度光來否？」顥對曰：「陛下能用其言，光必來。不能用其言，光必不來。」帝曰：「未論用其言，如光者常在左右，自可無過。」公果辭召命。帝嘗謂左丞蒲宗孟曰：「如光未論别事，只辭樞密一節，朕自即位以來，惟見此一人。」帝之眷禮於公如此。特公以新法不罷，義不可起。元豐官制成，帝曰：「官制將行，欲取新舊人兩用之。」又曰：「御史大夫非用光不可。」蔡確進曰：「國是方定，願少俟之。」王珪亦助其説。至元豐七年秋，資治通鑑成進御，時拜公資政殿學士，賜帶如二府品數者，脩書官皆遷秩，召范祖禹及公子康爲館職。時帝初感疾，既安，語宰輔曰：「來春建儲，以司馬公、吕公著爲師保。」神宗知公之深如此。聞見録〔七〕並仝

神宗崩，公赴闕庭，衛士見公入，皆以手遮額曰：「此司馬相公也。」民遮道呼曰：「公無歸洛，留相天子，活百姓。」所在數千人聚觀之。公懼，會放辭謝，遂徑歸洛。太皇太后聞

之，詰問主者，遣使勞公，問所當先者。公言：「近歲士大夫以言爲諱，閭閻愁苦於下，而上不之知，明主憂勤於上，而下無所訴，此罪在群臣，而愚民無知，歸怨先帝，宜下詔首開言路。」從之。下詔榜朝堂，而當時有不欲者於詔語中設六事以禁切言者曰：「若陰有所懷，犯非其分，或扇摇機事之重，或迎合已行之令，上以觀望朝廷之意以僥倖希進，下以眩惑流俗之情以干取虚譽，若此者必罰無赦。」太皇太后封詔草以問公。公曰：「此非求諫，乃拒諫也。人臣惟不言，言則入六事矣。」時有應詔言事而坐越職贖銅者，公具論其情，且請改賜詔書，行之天下。從之。於是四方吏民，言新法不便者數千人。公方草具所當行者，而太皇太后已有旨〔八〕，散遣脩京城邏卒〔九〕，罷減皇城内覘者，止御前工作，出近侍之無狀者三千餘人，戒飭中外，無敢苛刻暴歛，廢導洛司物貨場，及民間户馬寬保馬限，皆從中出，大臣不與。公上疏謝：「當今急務，陛下略已行之矣，小臣稽慢，罪當萬死。」行狀

拜門下侍郎。元豐之末，天下多故，二聖嗣位，民日夜引領，以觀新政，而進説者以爲三年無改於父之道，欲稍損其重者，毛舉數事，以塞人言。公慨然爭之曰：「先帝之法，其善者，雖百世不可變也。若安石、惠卿等所建，爲天下害，非先帝本意者，改之當如救焚拯溺，猶恐不及。況太皇太后以母改子，非子改父。」衆議乃定。遂罷保甲團教，依義勇法，歲一閲。保馬法不復買，見在者還監牧給諸軍。廢市易法，所儲物皆鬻之，不取息，而民所欠

錢皆除其息。京東鑄鐵錢，河北、江西、福建、湖南鹽及福建茶法，皆復其舊。獨川峽茶〔一〇〕，以邊用，未即罷，遣使相視，去其甚者。户部左右曹錢穀，皆領之尚書。凡昔之三司使事，有散隸五曹及寺監者，皆歸户部，使尚書周知其數，量入以爲出。元祐元年正月，公始得疾。詔公與尚書左丞吕公著朝會，與執政異班再拜而已，免舞蹈。公疾益甚，歎曰：「四患未除，吾死不瞑目矣。」乃上疏，論免役五害，乞直降敕罷之，率用熙寧以前法。有未便，州縣監司節級以聞，爲一路一州一縣法。詔即日行之。又論西戎，大略以和戎爲便，用兵爲失。時異議甚衆，獨文彦博議與公合，衆不能奪，遂詔諸將皆隸州縣，軍政委守令通決之。

公奏以文學、德行、吏事、武略等爲十科，以求天下遺材，命文臣升朝以上，歲舉經明行脩一人，如進士高選。皆從之。行狀

元祐初，温公輔政，是歲天下斷死刑千人〔一一〕。其後二吕繼之，歲常數倍。此豈智力所能勝耶〔一二〕？談叢

公既改新法，或謂公曰：「元豐舊臣如章惇、吕惠卿輩皆小人，他日有以父子之義閒上〔一三〕，則朋黨之禍作矣。不可不懼。」公正色曰：「天若祚宋，必無此事。」遂改之不疑。聞見録

公好學如飢渴之嗜飲食，於財利紛華，如惡惡臭，誠心自然，天下信之。退居於洛，往來陝、洛間，皆化其德，師其學，法其儉。有不善，曰：「君實得無知之乎？」博學無不通，音樂、律歷、天文、書數，皆極其妙。晚節尤好禮，爲冠婚喪祭法，適古今之宜。不喜釋者〔一四〕，曰：「其微言不能出吾書，其誕吾不信。」不事生產，買第洛中，僅庇風雨。有田三頃，躬親庶務，不舍晝夜。行狀

公與其兄伯康友愛尤篤，伯康年將八十，公奉之如嚴父，保之如嬰兒，每食少頃，則問曰：「得無飢乎？」天少冷，則拊其背曰：「衣得無薄乎？」范太史集

晁無咎言：司馬温公有言：「吾無過人者，但平生所爲，未嘗有不可對人言者耳。」東坡集

公初患歷代史繁重，學者不能綜，況於人主。遂約戰國至秦二世，如左氏體，爲通志八卷以進。英宗悦之，命公續其書，置局祕閣，以其素所賢者劉攽、劉恕、范祖禹爲屬官。神宗尤重其書，以爲賢於荀悦，親爲製叙，賜名資治通鑑，詔邇英讀其書，賜潁邸舊書二千四百二卷。書成，拜資政殿學士，仍賜金帛。行狀

遼人、夏人遣使入朝，與吾使至虜中者，虜必問公起居。及爲相，遼人敕其邊吏曰：「中國相司馬矣，慎毋生事開邊隙。」神道碑

先生每與君實説話，不曾放過。如范堯夫十件事，只爭得三四件便已。先生曰：「君

實只爲能受盡人言，儘人忤逆，更不怒，便是好處。」程氏遺書　觀其自處，必是有以救之之術。」遺書

伯淳道：「君實之語，自謂如人參、甘草，病未甚時可用也，病甚則非所能及。

蘇内翰軾作公神道碑，銘曰：「於皇上帝，子惠我民。孰堪顧天，惟聖與仁。聖子受命，如堯之初。神母詔之，匪亟匪徐。聖神無心，孰左右之。民自擇相，我興授之。其相維何，太師温公。公來自西，一馬二童。萬人環之，如渴赴泉。孰不見公，莫如我先。二聖忘己，惟公是式。公亦無我，惟民是度。民曰樂哉，既相司馬。爾賈于途，我耕于野。士曰時哉，既用君實。我後子先，時不可失。公如麟鳳，不鷙不搏。羽毛畢朝，雄狡卒服。爲政一年，疾病半之。功則多矣，百年之思。知公于異，識公于微。匪公之思，神考是懷。天子萬年，四夷來同。薦于清廟，神考之功。

校勘記

〔一〕成童　「成」，蘇軾文集卷一六司馬温公行狀作「兒」，疑當作「兒」。

〔二〕皇子　「皇」下同前書有「太」字。

〔三〕三貫文省　「三」，龍川別志卷下作「二」。

〔四〕六十萬萬　「萬萬」，原作「萬」，元刊本此葉缺，據蘇軾文集卷一六司馬温公行狀、三朝名臣言行録卷第七之一改。

〔五〕苟用例則胥史足矣　同前書「例」下有「而已」二字，「史」作「吏」。

〔六〕元城語録　「城」原作「成」，據三朝名臣言行録卷第七之一改。

〔七〕按：此條係參取邵氏聞見録卷一一神宗皇帝初召王荆公於金陵條及元豐四年官制書成條而成。

〔八〕而太皇太后已有旨　「太皇」二字原無，元刊本同，據三朝名臣言行録卷第七之一、蘇軾文集卷一六司馬温公行狀改。

〔九〕散遣脩京城邏卒　「邏卒」，元刊本同，同前二書作「役夫」。

〔一〇〕川峽茶　「峽」，蘇軾文集卷一六司馬温公行狀作「陝」。

〔一一〕是歲天下斷死刑千人　後山談叢卷四「刑」作「罪」、「千」作「十」。

〔一二〕智力　「智」，同前書作「人」。

〔一三〕他日有以父子之義聞上　「聞」原作「閒」，據元刊本、三朝名臣言行録卷第七之二、邵氏聞見録卷十一改。

〔一四〕不喜釋者　「者」，元刊本同，三朝名臣言行録卷第七之二、蘇軾文集卷一六司馬温公行狀均作「老」。

司馬康

字公休，文正公之子。舉明經中第，事神宗、哲宗，位至司諫，贈右諫議大夫。

君幼端謹，性至孝，居母憂，勺飲不入口者三日，杖而後能起，見者哀之。文正居洛十五年，往來陝、洛間，士之從學於公者，退與君語，未嘗不有得。塗之人見其容止，雖不識，皆知其司馬公之子也。公薨，執喪如夫人，哀毁有加焉。治喪皆用禮經家法，不爲世俗事。得遺恩，悉以予族人。范太史撰墓誌

君爲講官，嘗上疏歷陳前世治少而亂多，祖宗創業之艱難，積累之勤勞，以勸上及時向學，守天下大器。又勸太皇太后每於禁中訓導[一]，其言切至。又言：「孟子爲書最醇正，陳王道尤明白，所宜觀覽。」上曰：「方讀孟子。」尋詔講筵官編脩孟子節解，爲十四卷以進。君已病矣，猶自力解孟子二卷。會除諫職，未受，條具諸所當言以待，曰：「得一對極言而死，無所恨矣。」疾病，召醫于兖，鄉民聞之，詣醫告曰：「百姓受司馬公恩深，今其子病，願速往。」來告者日夕不絶，醫遂行，至則疾不可爲矣。没，二聖嗟悼不已，所以優恤贈賻之甚厚。墓誌

校勘記

〔一〕太皇太后　「太皇」二字原無，元刊本同。據三朝名臣言行録卷第七之二、范祖禹范太史集卷四一直集賢院提舉西京嵩山崇福宫司馬君墓誌銘補。

宋名臣言行録後集卷第八

吕公著　申國正獻公

字晦叔，文靖之子。以恩補官，中進士第，相哲宗，贈太師。

歐陽脩爲翰林，薦公文學行誼宜在左右，稱公清静寡欲，有古君子之風。及脩使北虜，虜問中國德行文章之士，脩以公及王荆公對。家傳

歐公嘗患士大夫少高退之節，乃薦公及張唐公、王荆公、韓持國，欲以激勵風俗。又薦王荆公與公作諫官。家塾記

公侍經筵，時仁宗春秋高，公於經傳同異，訓詁得失，皆粗陳其略。至於治亂安危之要，聞之足以戒者，乃爲上反復深陳之。仁宗嘗詔講官：「凡經傳所載逆亂事，皆直言毋諱。」公因進講言：「弑逆之事，臣子之所不忍言，而仲尼書之春秋者，所以深戒後世人君，

欲其防微杜漸，居安慮危，使君臣父子之道素明，長幼嫡庶之分早定，則亂臣賊子，無所萌其姦心。故易曰：『履霜堅冰至。』由辯之不早辯也。」

公每進講，多傅經義以進規。會講論語，至「人不知而不愠，不亦君子乎」，公言：「在下而不見知於上者多矣，然在上者亦有未見知於下者也。故古之人君，政令有所未孚，人心或有未服，則反身修德，而不以愠怒加之。如舜之『誕敷文德』，文王之『皇自恭德』是也。」上知公意深切，每改容鞠躬，如在車之式。並家傳

公於講讀尤精，衆謂語約而義明，可以爲當世之冠。與司馬光同侍經筵，光退語人曰：「每聞晦叔講，便覺己語煩。」呂汲公撰神道碑

自仁宗末，率以二月開經筵，至重午罷，八月復開，至冬至罷。是歲，詔以九月五日開，至重陽罷。公奏：「願陛下日御邇英以循先帝故事。」詔即從之。後講論語將畢，公以尚書備二帝三王之道，尤切於治術，乞候進講論語畢日進講尚書。從之。

英宗自太廟赴南郊，問：「今之郊與古之郊何如？」對曰：「古之郊貴誠尚質，今之郊盛儀衛，事物采而已。」

神宗自在藩邸，即熟聞公與司馬光名，及即位，首召二人爲學士，朝論翕然稱得人。

神宗初御經筵，公進講尚書，至「天乃錫王勇智」，上曰：「何以獨言勇智？」公曰：「仲

虺方稱成湯能伐夏救民，故以勇智言之。然聖人之德，當如易所謂『聰明睿智神武而不殺』者，然後可以盡善。」時上方富於春秋，故公以好勇黷武爲戒。並家傳

夏秋淫雨，京師地震，公言：「君人者去偏聽獨任之弊，而不主先入之語，則不爲邪説所亂。顔淵問爲邦，孔子以『遠佞人』爲戒，蓋佞人唯恐不合於君，則其勢易親，正人唯恐不合於義，則其勢易疏。唯先格王正厥事〔一〕，蓋未有事正而世不治者。唯陛下勉行而勉終之。」

拜御史中丞，入對，上語及西陲事，公退而奏曰：「惟當修嚴武備，來則應之，以逸待勞。若臨遣大臣，張皇武事，或議深入，或求奇功，皆非國家至計。」後公去位，朝廷遣大臣臨邊，已而西征無功，士卒内潰，皆如公所料。

公知貢舉，在貢院密上奏曰：「天子臨軒策士，而用詩賦，非舉賢求治之意，且近世有司考校，已專用策論，今來廷試，欲乞出自宸衷，唯以詔策咨訪治道。」是歲上臨軒，遂以策試進士。家傳

介甫與晦叔素親，患臺諫多横議，故用晦叔爲中丞。既而天下皆患條例司爲民害，晦叔乃復言條例不便。介甫以晦叔叛己，怨之尤深。已而上語執政：「吕公著常言韓琦將興晉陽之甲，以除君側之惡。」介甫因用爲晦叔罪，除知潁川。温公日録

王荆公與吕申公素相厚，嘗曰：「吕十六不作相，天下不太平。」及薦申公爲中丞，其辭以謂有八元、八凱之賢，未半年，所論不同，復謂有驩兜、共工之姦。荆公之喜怒如此。蓋孫覺莘老嘗爲上言：「今藩鎮大臣，如此論列而遭挫折，若當唐末、五代之際，必有興晋陽之甲，以除君側之惡者矣。」上已忘其人，但記美鬚，誤以爲申公也。見聞録

彗星見，詔求直言，公疏曰：「陛下有欲治之心，而無致治之實者何哉？此任事之人負陛下也。何以言之？士之邪正賢不肖，蓋素定也。今則不然，前日舉之，以爲天下之至賢，後日逐之，以爲天下之至不肖。其於人才，既反覆而不常，則於政事，亦乖戾而不審矣。陛下獨不察乎？」神道碑

公居洛，一日對康節長歎曰：「民不堪命矣！」康節曰：「介甫者遠人，公與君實引薦至此，尚何言？」公作曰：「公著之罪也。」聞見録

邇英進讀，上留公論治道，遂及釋老虚寂之旨。公問曰：「堯、舜知此道乎？」上曰：「堯、舜豈不知？」公曰：「堯、舜雖知此而常以知人安民爲志。」碑

初，公自河陽入覲，都人環觀，相謂曰：「此公還朝，百姓之幸也。」至是士民相慶。既受命，出殿門，武夫衛卒，皆歡抃咨嘆。慈聖光獻太皇太后聞公進〔二〕，尤喜曰：「積德之門也。」温公在洛，聞公登樞，以書遺都下友人曰：「晦叔進用，天下皆喜，以爲治表，聞其猶力

辭，光不敢致書，君宜勸之早就職。」

公既就職，因奏：「自熙寧以來，朝廷論議不同，端人良士，例爲小人所沮格，指爲沮壞法度之人，不可復用，此非國家之利。願陛下省察。」上曰：「當以次收用之。」

上初即位，韓絳即議復肉刑，至是復詔執政議。公以爲：「後世禮教未備而刑獄繁，肉辟不可復，將有踊貴屨賤之議。」吳充議復置圜土，衆以爲難行，王珪欲取開封死罪囚，試以劓刖，公曰：「刖而不死，則肉刑遂行矣。」議竟寢。

上以慈聖既升祔，大推恩於曹氏，凡進官被賞者二百餘人。公因言：「自古亡國亂家，不過親小人，任宦官，通女謁，寵外戚等數事而已。」上深以爲然。

諜告夏幽其主秉常，上對二府議大舉兵以伐之。公曰：「如諜者所告，則夏人誠有罪。然陛下未審以何人爲元帥？未得其人，則不如不舉。」五年四月，公以西師無功，奏曰：「外奏皆謂王中正宜正典刑。」翌日，公上奏乞解樞務。章繼上，面請尤切，乃除資政殿學士，出爲定州路安撫使。及永樂城陷，奏至，上特開天章閣，對輔臣曰：「邊民疲弊若此，獨呂公著爲朕言之，他人未嘗及也。」

公至定州謝表曰：「進不敢希功而生事，退不敢弛備以曠官。」人人傳誦，以爲摭實，是時朝廷方經武事，增修邊備，趨時者爭獻北伐之策，公至定武，即爲上言：「中國與契丹通好久，邊境晏然無事，塞上屯軍，素有節制，唯宜靜以鎮之。保甲法新行，被邊皆設教場，日鳴金鼓，課人誦戰法，聲達於虜，虜檄邊郡以爲生事，違誓約。」上委公處其事，公即上奏以爲：「遣邊人習戰法於境上，非管子寓令之意也，請一切罷去。」不聽。並家傳

哲宗即位，公爲邇英侍讀。始至，上言曰：「人君即位之始，當正始以正天下，修德以安百姓。修德之要莫先於學。學有緝熙于光明，日新又新，以至于大治者，學之力也。臣待罪講讀，謹條上十議，以裨聰明。一曰畏天，二曰愛民，三曰修身，四曰講學，五曰任賢，六曰納諫，七曰薄歛，八曰去奢，九曰省刑，十曰無逸。」居月餘，除執政，遂倚以爲相。其論薄歛之略曰：「昔鹿臺之財，鉅橋之粟，商紂聚之以喪國，周武散之以得民。由是觀之，人主當務仁義而已，何必曰利？」家塾記爲君之道，幾無出此十篇，可爲人君座右銘。上蔡語録

官制三省並建，而中書獨爲取旨之地，門下、尚書，奉行而已。公曰：「三省均輔臣也，正如同舟共濟，當一心並力，以修政事。乞事干三省者，自今執政同進呈取旨，而各行之。」遂定爲令。神道碑初，執政三五日一集都堂，長官專決，同列多不與議。及公秉政，非有故日聚都堂，遂爲故事。同上

公始與司馬光輔政，於是共推本先帝之意，蓋欲鞭笞四夷，以彊中國，阜蕃邦財，以佐

其費。有司奉行，失其本旨，先帝固嘗患之矣。故欲更而未暇，與已更而未定，其詔墨記言具在，而可考者有若干事。若詰青苗之害，則曰：「常平泉穀，以禦水旱，而貪散以求利，至十之七八，國失拯救之備，而民之責償被笞箠者衆。」責興利之弊，則曰：「大傷鄙細，有損國體。」戒用兵之失，則曰：「南安西師，兵夫死傷者，皆不下二十萬，有司失一死罪，其責不輕，今無罪置數十萬人於死地，朝廷不得不任其咎。」救官制之滯，則曰：「更新官制，以嚴正吏治，至今頒行無緒，有以啓寵四方，貽譏後世。」於是二公與同志者，建請以常平舊法改青苗，以嘉祐差役參改募役，罷保馬以復監牧，損保甲教選以便農作，除市易之令，寬茶鹽之禁，賜邊砦，贖亡民，和西戎。於是民讙呼鼓舞以爲便。神道碑　温公病中與公簡曰：「晦叔自結髮志學，壯而行之，端方忠厚，天下仰服，垂老乃得秉國政，平生所蘊，不施於今日，將何俟乎？比日以來，物論頗譏晦叔慎默太過。若此際復不廷爭，事蹉跌，則入彼朋矣！光自病以來，悉以身付醫，家事付康，惟國事未有所屬，今日屬於晦叔矣。」

公上奏曰：「自古治戎之策，雖三代之盛，亦不過來則禦之，去則備之。爲備之道，莫先於積穀。」

初，温公議凡役人皆不許雇人以代，然東南及兩蜀諸路，民有高貲，或子弟業儒，皆當爲弓手、執賤役，既不許募代，甚苦之。公聞其弊，即令一切聽募雇，民情大悦。

上以邇英講論語畢，賜執政、講讀官、左右史御筵於資善堂，内出御書唐人詩，分賜在坐。翌日，公上奏曰：「臣伏念陛下睿哲之性，出於天縱，而復内稟慈訓，日新典學，誠以堯、舜、三代爲法，則四海不勞而治。將來論語終帙，進講尚書，二書皆聖人之格言，爲君之要道，臣輒於其中及孝經内節要語共一百段進呈。聖人之言，本無可去取，臣今唯取明白切於治道者，庶便於省覽，或游意筆硯之間，以備揮染，亦日就月將之一助也。」居數日，太皇太后宣諭曰：「吕相所進要語，已令皇帝即依所奏，每日書寫看覽，甚有益於學問，與寫詩篇不同也。」

郎官何洵直失本部印，公曰：「洵直誠有罪，然重譴之則自今猾吏皆有以制主司矣。」乃薄其罪。

公在仁宗朝，嘗請進士先策論。神宗初，又獻議以經術取士。及知熙寧三年貢舉，遂密啓臨軒專用策試。未幾，公以言青苗等事得罪去，王安石專政，乃盡罷詩賦，一用經義，獨以春秋爲破缺不可讀，廢其學，學者不得以應試。安石又與其子雱、其徒吕惠卿、升卿撰定詩書周禮義，模印頒天下，凡士子應試者，自一語以上，非新義不得用。於是舉者不復思索經意，亦不復誦正經，唯誦安石、惠卿書精熟者，輒得上第。有司發策問，必先稱頌時政，對者因大爲諛辭以應之。又多以佛書證六經，至全用天竺語以相高。晚尚字學，復以字書去取天下士，於是學者不復解經，而專解字，往往離析字畫，説一字至數百言，去經意益遠。由是中外議者，皆咎經義而思詩賦矣。元祐初，議者爭言科舉之弊，請復舊制。公曰：「先帝更新法度，如造士以經術，最爲近古。特安石課試之法爲謬耳。安石解經，亦未必不善，唯其欲人同己爲大謬耳。」司馬温公亦以爲詩賦不可復，然論者習見經義之弊，忿懥不可遏，乃定制，進士初場試經義，次賦詩論策，對經義者許引用古今諸儒之説及己見。又詔立春秋科，太學置春秋博士二員，禁有司不得於莊、老書出題，程文不得雜用申、韓刑名之學及引釋氏書，仍罷試律義。至是，將廷試，執政又以熙寧復策之初，進士葉祖洽譏議祖宗，自是對策者，皆訕前朝以阿當世，因以爲策問可廢，當復詩賦論題。公曰：「天子臨軒發策，延四方貢士，詢以治道，豈非近古良法邪？至於對者是非邪正，則在考官去取耳。」乃仍舊試策。其後論科舉者亦未息，以至公薨，而詩賦益隆，期盡廢經義而後已，非公意也。

公晚多讀釋氏書，益究禪理。温公博學有至行，而獨不喜佛。公每勸其留意，且曰：「所謂佛學者，直貴其心術簡要爾，非必事事服習，爲方外人也。」並家傳

公居家，夏不排窗，不揮扇，冬不附火。一日盛夏，楊大夫瓌寶字器之將赴鎮戎軍倅，來辭，器之乃呂氏甥，公於西窗下烈日中，公裳對飲三盃，器之汗流浹背，公凝然不動。雜志

公平生未嘗行草書，尤不喜人博，曰：「勝則傷仁，負則傷儉。」家塾記仝下

公平生未嘗較曲直，聞謗未嘗辨。少時書于座右曰：「不善加己，直爲受之。」蓋其初自懲艾也如此。至和中，手書東漢延篤與李文德書于座右，又書古人詩「好衣不近節士體，粱穀似怕腹中書」書于屏風。

吕晦叔真大臣，其言簡而意足。孫莘老嘗言「裕陵好問」，且曰：「好問則裕。」晦叔曰：「好問而裕，不若聽德而聰。」人有非劉向彊聒而不舍者，吕晦叔曰：「劉向貴戚之卿。」此語可謂忠厚。然向之眷眷於漢室而不忍去，則是也。至於上變論事，亦可謂不知命矣。龜山語録

宋興以來，大臣以三公平章軍國者四人，而公父子居其二，時論榮之。

校勘記

〔一〕唯先格王正厥事　「格」原作「哲」，元刊本同，據三朝名臣言行録卷第八之一改。

〔二〕太皇太后　「太皇」二字原無，元刊本同，據三朝名臣言行録卷第八之一補。

吕希哲

字原明，正獻公之長子，以恩補官。充崇政殿説書。

正獻公教公事事循規矩。甫十歲，祈寒暑雨，侍立終日，不命之坐，不敢坐也。日必冠帶以見長者，平居雖天甚熱，在父母長者之側，不得去巾襪縛袴，衣服唯謹。行步出入，無得入茶肆酒肆。市井里巷之語，鄭、衛之音，未嘗一經於耳。不正之書，非禮之色，未嘗一接於目。公嘗言：「人生内無賢父兄，外無嚴師友，而能有成者，少矣。」家傳

公從王安石學。安石以爲，凡士未官而事科舉者爲貧也，有官矣，而復事科舉，是僥倖富貴利達而已，學者不由也。公聞之，遽棄科舉，一意古學。始與程先生頤俱事胡先生瑗，公少程一二歲，察其學問淵源，非他人比，首以師禮事之。而明道程顥、横渠張載、孫公覺、李公常，皆與公遊。由是知見日益廣大，然公亦未嘗專主一説，不私一門，務略去枝葉，一意涵養，直截勁捷，以造聖人。專慕曾子之學，盡力乎其内者。其讀經書，平直簡要，不爲辭説，以知言爲先，自得爲本，躬行爲實，不尚虚言，不爲異行。

正獻公嘗語張耒曰：「此子不欺闇室。守官京師，不謁臺諫官，遇遷轉即一見執政，過

此不見也。」

正獻公廣用當世賢士，人之有一善，無不用也。嘗以數幅紙書當世名士姓名，既而失之，後復見此紙，則所書人悉用之矣。正獻公嘗親書遺公曰：「當世善士，無不用者，獨爾以吾故不得用，亦命也。」

公爲説書凡二年，日夕勸導人主，以修身爲本，修身以正心誠意爲主，心正意誠，天下自化，不假它術；身不能修，雖左右之人且不能諭，況天下乎！

公既除諫官，累辭未獲，蘇公子瞻在邇英，戲謂公曰：「法筵龍象，當觀第一義。」公笑而不答，退謂范公淳父曰：「若辭不獲命，必以楊畏爲首。」時畏方在言路，以險詐自任，頗爲子瞻所厚，公故及之。並家傳

公爲郡處，令公帑多畜鰒魚諸乾物，及筍乾蕈乾以待賓客，以減雞鴨等生命也。雜志

公晚居宿州、真、揚間十餘年，衣食不給，有至絶糧數日者，公處之晏然，静坐一室，家事一切不問，不以毫髮事託州縣。其在和州，嘗作詩云：「除却借書沽酒外，更無一事擾公私。」閑居日讀易一爻，遍考古今諸儒之説，默坐沉思，隨事解釋，夜則與子孫評論古今，商推得失，久之方罷。家傳

仙源嘗言：「與侍講爲夫婦，相處六十年，未嘗一日有面赤。自少至老，雖衽席之上，

未嘗戲笑。」雜志

公與諸人云：「自少官守處，未嘗干人舉薦，以爲後生之戒。仲父舜從守官會稽，人或譏其不求知者，仲父對詞甚好，云『勤於職事，其他不敢不慎，乃所以求知也。』」童蒙訓

公爲人處事，皆有長久之計，求方便之道，只如病中風人，口不能言，手不能書，而養疾者，乃問所欲，病者既不能答，適足增苦。故公嘗教人每事作一牌子，如飲食衣裳寒熱之類，及常所服藥如理中元之類，常所作事如梳頭、洗面之類，及作某親等書，病者取牌子以示人，則可減太半之苦。凡公爲人處事，每如是也。童蒙訓

宋名臣言行録後集卷第九

曾鞏

字子固，建昌軍人。中進士第，事英宗、神宗，官至中書舍人。

通判越州，歲飢，度常平不足仰以賑給，而田居野處之人，不能皆至城郭，至者群聚，有疾癘之虞。前期喻屬縣，召富人，使自實粟數，總得十五萬石，視常平價稍增，以予民，民得從便受粟，不出田里，而食有餘，粟價爲平。

爲州務去民疾苦，急姦强而寬貧弱，曰：「爲人害者不去，則吾民不寧。」是時州縣未屬民爲保伍，公獨行之部中，使幾察居人行旅，出入經宿，皆有籍記。有盗則鳴鼓相援。又設方略，明賞購，急追捕，且開人自言，故盗發輒得。

公所至出教，事應下縣，責其屬，度緩急與之期。期未盡，不復移書督促。期盡不報，按其罪。期與事不相當，聽縣自言，别與之期，而按與期者，即有所追逮。州不遣人至縣，縣毋遣人呼其門。縣初未甚聽，公小則罰典吏，大則并劾縣官，於是莫敢慢事，皆先期而集，民不知擾，所省文移數十倍。

天子察公賢，欲用公。一日，手詔中書門下曰：「曾鞏以史學稱，宜典五朝史事。」遂以爲脩撰。近世脩國史，必衆選文學之士，以大臣監總，未有以五朝大典，獨付一人如公者。公夙夜討論，未及屬藁，會正官名，擢中書舍人，不俟入謝，諭使就職。時自三省至百執事，選授一新，除吏日至數十人，人舉其職事以戒，辭約義盡，論者謂有三代之風，上亦數稱其典雅。並弟文昭公撰行述

初爲太平州司户，守張伯玉，前輩人也。歐陽、荆公諸名士共稱子固文章。伯玉殊不顧。問語子固：「吾方作六經閣，其爲之記。」子固凡謄藁六七，終不當伯玉之意。則謂子固曰：「吾自爲之。」其書于紙曰：「六經閣者，諸子百家皆在焉，不書，尊經也。」云云。子固始大畏服，益自勵於學矣。聞見録

初見神宗，上問曰：「卿與王安石布衣之舊，安石何如？」對曰：「安石文學行義，不減揚雄，然吝，所以不及古人。」曰：「安石輕富貴，非吝也。」對曰：「非此之謂。安石勇於有爲，吝於改過。」上頷之。談叢

子固罷檢討，以錢醇老代之。元素曰：「曾公知山陰[一]，賤市民田數十頃，爲人所訟。曾易占時在越幕，説守倅曰：『曾宰高科，它日將貴顯，用兹事敗之可惜。父會爲明守，衰老，宜與謀，俾代其子任咎。』守倅從之。會由是坐贓追停，曾公猶以私坐監當，深德易占。後易占以信州縣宰坐贓，英州編管，亡匿於曾公別墅。會赦，自出，俾子固訟冤[二]。再劾，復往英州，因死焉。子固時不奔喪，爲鄉議所貶，介甫爲作辨曾子以解之。子固及第，鄉人作感恩道場，以爲去害也。子固好依漕勢以陵州，依州陵縣，依縣陵民。」温公日録 ○案：曾公父死南都，杜祁公爲治其喪，時惟公在側。今文集有謝杜公書可見也。又荆公撰墓誌，亦云「至南京病卒」，此云不奔喪者，温公傳聞之誤也。

中書舍人王震序公之文曰：南豐先生以文章名天下久矣。異時齒髮壯，志氣鋭，其文章之慓鷙奔放，雄渾瓌偉，若三軍之朝氣，猛獸之抉怒[三]，江湖之波濤，煙雲之姿狀，一何奇也。方是時，先生自負要似劉向，不知韓愈爲何如爾。中間從外徙，世頗謂偃蹇不偶。一時後生輩鋒出，先生泊如也。晚還朝廷，天下望用其學，而屬新官制，遂掌書命。於是更置百官，舊舍人無在者。已試即入院，方除目填委，占紙肆書，初若不經意，午漏盡，授草院吏上馬去。凡除郎、御史數十人，所以本法意，原職守，而爲之訓敕者，人人不同，咸有新趣，而衍裕雅重，自成一家。余時爲尚書郎，掌付制吏部，一日得盡觀，始知先生之學，雖老不衰，而大手筆自有人也。嗚呼！先生用未極其學，已矣。要之名與天壤相弊，不可誣也。

校勘記

〔一〕曾公知山陰　「曾公」原作「曾公亮」，元刊本同，據三朝名臣言行録卷第九之一改。

〔二〕俾子固訟冤　「俾」字原無，元刊本同，據同前書補。

〔三〕抉怒　「怒」字原脱，據張本補。

曾肇　文昭公

字子開，鞏之季弟。中進士第，事神宗、哲宗、徽宗，官至翰林學士。

諫官王覿言執政忤旨，落職知潤州。公封還詞頭，言：「覿之一身，出入内外，不足爲重輕。而陛下寄腹心於大臣，寄耳目於臺諫，二者相須，不可闕一。今覿一言論及執政，即日去之，是何異愛腹心而塗耳目，豈不殆哉！」上悟，加覿直龍圖閣。楊文靖公撰行述〔一〕

哲宗既親政，追用舊臣，盡復熙、豐之法，數稱公議禮有守。及公入對，不及垂簾事，所陳皆國家大體，以謂：「人主雖有自然之聖質，必賴左右前後，皆得其人，以爲立政之本。宜於此時，慎選忠信端良、博古多聞之士，置諸左右，以參諷議，以備顧問。與夫深處法宫之中，親近褻御之徒，其損益相去萬萬矣。」忤貴近意，故不得留，除知徐州。

上皇即位，欽聖太后權同聽斷。一日，二府奏事，簾中宣諭曰：「神宗在宫中，嘗稱曾肇可用。」召還除中書舍人，即日請對，言：「治道在廣言路而已。」會日蝕四月朔，故事當降詔求直言，將命公草詔，因具著所以言於上者，敷告中外。於是投匭者日以千數，故上得盡聞天下事。

公嘗奏言：「近世帝王，善爲治者，莫如唐太宗；善言治者，莫如唐陸贄。太宗正觀之治，論者謂庶幾成、康，史官掇其大者，别爲一書，謂之正觀政要。陸贄事唐德宗，知無不言，言無不盡，要其歸必本於帝王之道，必稽於六藝之文。此二書雖一代之文章，實百王之龜鑑。願陛下取此二書，置之坐右，留神省覽，發言行事，以此爲準，庶於盛德有補萬一。」

公在邇英讀史記，至「堯崩三年之喪」畢，因言：「堯、舜同出黄帝，舜且爲堯喪三年者，舜嘗臣堯故也。」侍讀温益進言曰：「史記世次不足信。若堯、舜同出，則舜娶堯女爲娶從祖姑。」公以史記世次、禮記祭法大傳之説質於上前，益語塞。

時有陳「大中至正」之論者，以元祐、紹聖均爲有失，魯公稱上命，命公推此意爲詔，諭天下。公見上言：「陛下欲建皇極以消弭朋黨，須先分君子小人，賞善罰惡，不可偏廢。」開說甚至。已而詔自中出，上命魯公相，公適視草禁中，因舉數事爲戒，所謂：「休息百姓，總核庶工。甄叙材良，敦獎正直。澄清風俗，振肅紀綱。」退與魯公言，未嘗不丁寧反覆以此也。本朝學士，弟草兄制，惟韓氏與公，無它比也，士論榮之。

元祐士大夫再被降黜，公義不獨全，請與俱貶，言者繼之，落職知和州。並行述

校勘記

〔一〕楊文靖公撰行述　「述」原作「狀」，元刊本同，據其下文當作「行述」，據三朝名臣言行録卷第九之二改。

蘇軾　文忠公

字子瞻，老蘇之長子。中進士第，再中制科優等，事仁宗、英宗、神宗、哲宗，官至禮部尚書兼端明殿、翰林侍讀二學士。

公生十年，而先君宦學四方，太夫人親授以書。聞古今成敗，輒能語其要。太夫人嘗讀東漢史，至范滂傳慨然太息，公侍側曰：「某若爲滂，夫人亦許之否乎？」太夫人曰：「汝能爲滂，吾顧不能爲滂母耶？」弟黄門公撰墓誌

嘉祐二年，歐陽文忠公考試禮部進士，疾時文之詭異，思有以救之。梅聖俞時與其事，得公論刑賞，以示歐公，歐公驚喜，以爲異人，欲以冠多士。疑曾子固所爲，子固，歐公門下士也。乃寘公第二。復以春秋對義居第一，以書謝諸公，歐公見之，以書語聖俞曰：「老夫當避此人，放出一頭地。」士聞始譁不厭，久乃信伏。仝上

公言：「頃試制科中程後，英宗即欲便授知制誥，相國韓公曰：『軾之材，遠大之器也。他日自當爲天下用，要在朝廷培養之，使天下之士，莫不畏慕降伏，皆欲朝廷進用之，然後取而用之，則人人無復異辭矣。今驟用之，則士未必以爲然，適足以累之也。』乃授直史館。公聞之曰：『公可謂愛人以德矣！』」李廌談記

王介甫用事，多所建立，公與介甫議論素異，既還朝，寘之官告院。四年，介甫欲更變科舉，上疑焉，使兩制三館議之。公議上，即日召見，問：「何以助朕？」公辭避久之，乃曰：「臣竊意陛下求治太急，聽言太廣，進人太鋭，願陛下安靜以待事來〔一〕，然後應之。」上竦然曰：「卿言朕當詳思之。」介甫之黨皆不悦，命攝開封推官，意以多事困之。公決斷精

敏，聲聞益遠。會上元，有旨市浙燈，公密疏：「舊例無有，不宜以玩好示人。」即有旨罷。殿前初策進士，舉子希合，爭言祖宗法制非是。公爲考官，退擬答以進，深中其病。自是論事愈力，介甫愈恨。墓誌

謝景温言：「范鎮舉蘇軾爲諫官，軾向丁憂，多占舟船，販私鹽、蘇木。及服闋入京，多占兵士。」介甫初爲政，每贊上以獨斷，上專信任之。軾爲開封府試官，策問進士以「晉武平吳，以獨斷而克，苻堅伐晉，以獨斷而亡。齊桓專任管仲而霸，燕噲專任子之而敗。事同而功異，何也？」介甫見之不悦。軾弟轍辭條例司，言青苗不便，介甫尤怒，乃定制策登科者不復試館職，以軾、轍兄弟故也。軾有表弟選人，素與軾不叶，介甫召之，問軾過失，其人言向丁憂販私鹽、蘇木等事，介甫雖銜之，未有以發。軾又數上章言時政得失，擬進士策，皆譏刺介甫。及詔兩制舉諫官，衆論以爲當今宜爲諫官者，無若傅堯俞、蘇軾，故舉堯俞者六士人，而景仁舉軾。景温恐軾爲諫官，攻介甫之短，故力排之。介甫下淮南、江南東西、荆湖北、夔州、成都六路轉運司體量其狀，蓋軾眉州人，其入京也，適本州迎新守，軾因帶以來耳。温公日録

通判杭州，時高麗入貢使者發幣於官吏，書稱甲子，公却之曰：「高麗於本朝稱臣，而不稟正朔，吾安敢受？」使者亟易書稱熙寧，然後受之。時以爲得禮。

徙知湖州，以表謝上，言事者摘其語以爲謗，遣官逮赴御史獄。初，公既補外，見事有不便於民者，不敢言，亦不敢默視也。緣詩人之義，託事以諷，庶幾有補於國。言者從而媒蘖之，欲必寘之死。上憐之，以黄州團練副使安置。公幅巾芒屩，與田父野老相從溪谷之間，築室於東坡，自號東坡居士。墓誌

爲文要有温柔敦厚之氣，對人主語言及章疏文字，温柔敦厚尤不可無，如子瞻詩多所譏玩，殊無惻怛愛君之意。荆公在朝論事，多不循理，惟是爭氣而已。何以事君？君子之所養，要令暴慢邪僻之氣不設於身體。〇又曰：凡詩必使言之者無罪，聞之者足以戒，此所以尚譎諫也。如東坡詩，則言之安得無罪，而聞之豈足以戒乎！龜山語録

東坡下御史獄，張安道致仕在南京，上書救之，欲附南京遞，府官不敢受。乃令其子恕至登聞鼓院投進，恕徘徊不敢投。久之，東坡出獄。其後東坡見其副本，因吐舌色動久之。人問其故，東坡不答。其後子由亦見之，云：「宜吾兄之吐舌也，此事正得張恕力。」或問其故，子由曰：「獨不見鄭昌之救蓋寬饒乎？其疏有云：『上無許、史之屬，下無金、張之托。』此語正是激宣帝之怒爾。且寬饒正以犯許、史輩有此禍，今乃再許之，是益其怒也。且東坡何罪？獨以名太高，與朝廷爭勝耳。今安道之疏乃云：『其實天下之奇材也。』獨不激人主之怒乎？」僕曰：「然則是時救東坡者宜爲何説？」先生曰：「但言『本朝未嘗殺士大夫，

今乃開端，則是殺士大夫自陛下始，而後世子孫因而殺賢士大夫，必援陛下以爲例。』神宗好名而畏義，疑可以此止之。」元城語録

王介甫與蘇子瞻初無隙，惠卿忌子瞻才高，輒間之。中丞李定，亦介甫客也，不服母喪，子瞻以爲不孝，作詩詆之〔二〕，定以爲恨，劾子瞻作詩謗訕。遂下御史獄，謫居黄州。後移汝州，過金陵，見介甫甚款〔三〕。子瞻曰：「軾欲有言於公。」介甫色動，意子瞻辯前日事也。公曰：「軾所言者，天下事也。」介甫色定，曰：「姑言之。」公曰：「大兵大獄，漢、唐滅亡之兆。祖宗以仁厚治天下，正欲革此。今西方用兵，連年不解，東南數起大獄，公獨無一言以救之乎？」介甫舉手兩指示子瞻曰：「二事皆惠卿啓之，安石在外，安敢言？」子瞻曰：「固也。然在朝則言，在外則不言，事君之常禮耳。上所以待公者非常禮，公所以事上者豈可以常禮乎？」介甫厲聲曰：「安石須説。」又曰：「出在安石口，入在子瞻耳。」蓋介甫嘗爲惠卿發其「無使上知」私書，尚畏惠卿，恐子瞻泄其言也。介甫又語子瞻曰：「人須是知行一不義，殺一不辜，得天下弗爲，乃可。」公戲曰：「今之君子，爭減半年磨勘，雖殺人亦爲之。」介甫笑而不言。聞見録

温公議改免役爲差役。差役行於祖宗之世，法久多弊，編户充役，不習官府，又虐使之，多以破産，而狹鄉之民，或有不得休息者。先帝知其然，故爲免役，使民以户高下出錢，

而無執役之苦。行法者不循上意，於雇役實費之外，取錢過多，民遂以病。若量出爲入，毋多取於民，則足矣。温公知免役之害，而不知其利，欲一切以差役代之。方差官置局，公亦與其選，獨以實告，而君實不悦。嘗見之政事堂，條陳不可，温公忿然，公曰：「昔韓公刺陜西義勇，公爲諫官，爭之甚力，魏公不樂，公亦不顧。軾昔聞公道其詳。豈今日作相，不許軾盡言耶？」温公笑而止。

除侍讀。進讀至治亂盛衰，邪正得失之際，未嘗不反覆開導，覬上有所覺悟。上雖恭默不言，聞公所論説，輒肯首善之。嘗侍上讀祖宗寶訓，因及時事，公歷言：「今賞罰不明，善惡無所勸沮。又夏人寇鎮戎，殺掠幾萬人，帥臣掩蔽不以聞，朝廷亦不問。事每如此，恐寖成衰亂之漸。」

諫官言前宰相蔡持正知安州，作詩借郝處俊事以譏刺時事，大臣議遷之嶺南。公密疏言：「朝廷若薄確之罪，則於皇帝孝治爲不足；若深罪確，則於太皇太后仁政爲小累。謂宜皇帝降敕置獄逮治，而太皇太后内出手詔赦之。則仁孝兩得矣。」墓誌

杭本江海之地，水泉鹹苦。唐刺史李泌始引西湖水作六井，民足於水。及白居易復浚西湖，淤水入運河〔四〕，自河入田，所溉至千頃。然湖水多葑，久廢開治，至是積二十五萬餘丈，而水無幾矣。運河失湖水之利，取給於江潮，潮濁多淤，河行闤闠中，三年一淘，爲市井

以通南北。募人種菱湖中，而收其利以備修湖。杭人名其堤曰「蘇公堤」云。大患，而六井亦幾廢。公始至，浚二河，以茅山一河受江潮，以鹽橋一河受湖水，復造堰閘，以爲湖水畜洩之限。然後潮不入市，且以餘力復完六井，又取葑田積湖中爲長堤，

潁有宿賊尹遇等數人，群黨驚劫，殺變主及捕盗吏兵者非一，朝廷以名捕不獲，被殺者噤不敢言。公召汝陰尉李直方，謂之曰：「君能禽此，當力言於朝，乞行優賞；不獲，亦以不職奏免君矣。」直方退，緝知群盗所在，分命弓手往捕其黨，而躬往捕遇。直方有母年九十，母子泣別而行，手戟刺而獲之。然小不應格，推賞不及。公爲言於朝，請以年勞改朝散郎階，爲直方賞。朝廷不從。其後吏部以公當遷，以符會公考，公自謂已許直方。卒不報。

元祐七年，上祀南郊，公以兵部尚書爲鹵簿使。上因太廟宿齋，行禮畢，特至青城，儀衛甚肅，五使乘車，至景靈宮東轜輕門外，忽有赭蓋犢車并青蓋犢車百餘兩，衝突而來。東坡呼御營巡檢使立於車前曰：「西來誰何？敢爾亂行！」曰：「皇后並某國太夫人、國婆婆，乃上之乳母。某國大長公主也。」東坡曰：「可以狀來。」比至青城，諭儀仗使御史中丞李端伯之純曰：「中丞職當肅政，不可不聞。」李以中宮不敢言。東坡曰：「軾當自奏。」即於青城上疏劾之。明日，中使傳命，申敕有司嚴整仗衛。談記

公謫惠州，獨以少子過自隨，瘴癘所侵，蠻蜒所侮，胸中泊然，無所芥蔕。人無賢愚，皆得其驩心，疾苦者畀之藥，殞斃者納之竁。又率衆爲大橋以濟病涉者〔五〕，惠人愛敬之。後三年〔六〕，大臣以流竄者爲未足也，四年，復以瓊州别駕安置昌化，昌化非人所居，食飲不具，藥石無有，所僦官屋以庇風雨〔七〕，有司猶謂不可，則買地築室，昌化士人畚土運甓以助之，爲屋三間。人不堪其憂，公食芋飲水，著書以爲樂，時從其父老遊，亦無間也。墓誌

校勘記

〔一〕以待事來　「事」，欒城後集卷二二亡兄子瞻端明墓誌銘作「物之」二字。

〔二〕作詩訕之　「作詩訕」三字，邵氏聞見録卷二一作「惡」。

〔三〕甚款　「款」，同前書各本或作「歡」。

〔四〕淤水入運河　「淤」，欒城後集卷二二亡兄子瞻端明墓誌銘作「放」。

〔五〕大橋　「大」，同前書作「二」。

〔六〕後三年　「後」，同前書作「居」。

〔七〕所僦官屋以庇風雨　「所」，同前書作「初」。

蘇轍

字子由，老蘇次子。舉進士，復中制科，事仁宗、英宗、神宗、哲宗，官至門下侍郎。

轍年十九，舉進士，釋褐；二十三，舉直言，仁宗親策之於廷。時上春秋高，始倦於勤。轍因所問，極言得失。策入，轍自謂必見黜，然考官司馬君實第以三等。范景仁難之，蔡君謨曰：「吾三司使也，司會之言，吾愧之而不敢怨。」惟胡武平以爲不遜，力請黜之。上曰：「以直言召人〔一〕，而以直棄之，天下謂我何？」宰相不得已，寘之下第，除商州軍事推官。潁濱遺老傳

神宗嗣位既二年矣，求治甚急。轍以書言事，即日召對延和殿。時介甫新得幸，以執政領三司條例，上以轍爲之屬，不敢辭。介甫急求財利而不知本，呂惠卿爲之謀主，轍議事多牾。一日，介甫出一卷書，曰：「此青苗法也，諸君熟議之，有不便，以告勿疑。」它日，轍告之曰：「以錢貸民，使出息二分，本以救民之困，非爲利也。然出納之際，吏緣爲姦，雖有法不能禁。錢入民手，雖有良民，不免非理費用，及其納錢，雖富民不免違限。如此則鞭箠必用，州縣事不勝煩矣！唐劉晏掌國計，未嘗有所假貸，有尤之者，晏曰：『使民僥倖得錢，

非國之福；使吏倚法督責，非民之便。吾雖未嘗假貸，而四方豐凶貴賤，知之未嘗逾時。有賤必糴，有貴必糶。以此四方無甚貴甚賤之病，安用貸爲？』晏之所言，則常平法耳。今此法見在，而患不修，公誠有意於民，舉而行之，劉晏之功可立竢也。」介甫曰：「君言有理，當徐議行之。後有異論，幸勿相外也。」自此逾月，不言青苗。會河北轉運判官王廣廉召議事，廣廉嘗奏乞度僧牒數千道爲本錢，於陝西漕司私行青苗法，春散秋斂，與介甫意合，即請而施之河北。自此青苗法遂行於四方。

初，元豐中，河決大吳，先帝知故道不可復還，因導之北流，水性已順，惟河道未深，隄防未立，歲有決溢之患，本非深害。而潞公欲以河爲重事，中書侍郎呂微仲、樞密副使安厚卿從而和之，力主回河之計。轍謂：「諸公不因其舊而修其未全，乃欲取而回之，其爲力也難，而其爲責也重！」既而回河之議紛紛而起，遂使河朔生靈財力俱困。

李邦直爲中書侍郎，鄧聖求爲尚書右丞〔二〕。二人久在外，不得志，遂以元豐事激怒上意。會廷策進士，邦直撰策題，即爲邪説以扇惑群聽。轍論之曰：「先帝在位近二十年，而終身不受尊號，裁損宗室，恩止袒免，減朝廷無窮之費。出賣坊場，雇募衙前，免民間破家之患。罷黜諸家誦數之學，訓練諸將慵惰之兵。置寄禄之官，復六曹之舊，嚴重禄之法，禁交謁之私。行淺攻之策，以制西戎；收六色之錢，以寬雜役。凡如此類，皆先帝之睿算，有利無害，而元祐以來，上下奉行，未嘗失墜者也。至於其它，事有失當，何世無之？父作之於前，子救之於後，前後相濟，此則聖人之孝也。漢武帝外事四夷，内興宫室，財用匱竭，於是修鹽鐵、榷酤、均輸之政，民不堪命，幾至大亂。昭帝委任霍光，罷去煩苛，漢室乃定。光武、顯宗，以察爲明，以讖決事，天下恐懼，人懷不安。章帝深鑒其失，代之以寬厚愷悌之政，後世稱焉。臣願陛下反覆臣言，慎勿輕事改易。若輕變九年已行之事，擢用累歲不用之人，人懷私忿，而以先帝爲詞，則大事去矣。」奏入，不報。再以劄子面論之，上不悦。李、鄧從而媒孽之，乃以本官出知汝州〔三〕。遺老傳

轍奏曰：「熙寧雇役之法，三等人户並出役錢，上户以家産高强，出錢無藝，下户昔不充役，亦遺出錢。故此二等人户，不免咨怨。至於中等，昔既已自差役，今又出錢不多，雇法之行，最爲其便。罷行雇法，上下二等，忻躍可知，唯是中等，則反爲害。且以畿縣中等，例出役錢三貫，若經十年，爲錢三十貫而已。今差法既行，諸縣手力，最爲輕役，農民在官，日使百錢，最爲輕費，然一歲之用，已爲三十六貫，二年役滿，爲費七十餘貫。罷役而歸，寬鄉得閑三年，狹鄉不及一歲。以此較之，則差役五年之費，倍於雇役十年。賦役所出，多在中等。如此條目，不便非一。故天下皆思雇役而厭差役，今五年矣。則臣所謂宜因兹修法，爲安民靖國之術者也。」然大臣恬權耻過，終莫肯改。並潁濱遺老傳

校勘記

〔一〕召人　「人」，欒城後集卷一二潁濱遺老傳上作「入」。

〔二〕鄧聖求爲尚書右丞　「求」原作「永」，據元刊本、三朝名臣言行録卷第九之四及同前書改。

〔三〕乃以本官出知汝州　「汝」原作「潁」，元刊本同，據同前二書改。

宋名臣言行録後集卷第十

韓絳 康國獻肅公

字子華，參政忠憲公之子也。登進士甲科，相神宗、哲宗，拜司空、檢校太尉致仕。

爲江南東西路體量安撫。問百姓疾苦。縣邑以衙前爲重役，一當其役，則破家竭産，民至有嫁祖母與母，而析生異居以避役者。公爲五則衙前法奏行之〔一〕，民以爲便。劉貢父撰行狀

孫沔、呂溱等守藩犯法，從官聯章請貰其罪。公曰：「法自貴者始，更相救援，則公道廢矣。」遂并劾之。

爲三司使，内諸司吏有干恩澤者，詔已許之，公執條例奏稟，上曰：「朕不知條例，當爲卿改。後有此等事，亦須執奏。」三司事多與宫省相關，近習有所干請，即牾條例，公未嘗詭隨。行狀

公在三司時，議欲使官户量出免役錢，兼并之家，計田頃承役，唯存鄉役及弓手之外，並與蠲除。單丁女户，在第一等者，亦量納役錢，其餘一切以免役錢雇召。如此即不限田，而官户兼并之家，不敢過制以貪利，中人得以置田以爲生，品官不必充役，而無業之民，得以應募矣。至是，上手扎取之，公具録以進。上令學士草詔訪問，既進入，上以未見哀痛惻怛之意，手定詔藁，密封示公，令公潤色以進，用以咨訪焉〔二〕。王荆公領條例司，深以公言爲然，遂推廣衙前之法，以及它役。行狀

熙寧二年九月，夏羌大入慶州境。公爲陝西宣撫使，裂諸路兵置七將，間其無備，互出擣之。至是深入破敵者，十七戰皆捷，招降數萬人。李邦直撰神道碑

公之入相，繼王荆公之後，政事有未便者，賢士大夫或置不用。公將更易振舉之，奏：「古者冢宰制國用，今天下財用出入，宰相乃不預聞。」始置局中書，稽攷天下財用之數，量入以爲出。援用司馬光，上曰：「吾於光豈有所愛，顧光未肯來耳。」行狀

三司使發市易官罪，而同列佑之，欲弗責。方創賈人免行錢，孫尚書永議有異，而同列欲論永罔上，故不實。上書人鄭俠激切下獄〔三〕，而執政馮公京嘗賙俠，同列欲以黨俠爲重坐。公辨帝前，不得直，數求罷。上爲逐市易官，稍寬二臣者。而它相至，欲復留故賈人劉佐任市易，公固言不可，論上前未決，公再拜曰：「臣言不用，辱相位，請從此辭。」上愕曰：

「茲小事，何用爾？」公奏曰：「小事弗伸，況大事乎？」上爲罷佐，遣使持手詔，諭公使就位，公乃起。後數月，固稱疾，出知許州。

初，進士科進擢速，公言：「偶程文占上選，未見材實、勞最躐衆人，指期爲卿輔，殆亡所謂。」自是始議間年一貢士，而殺其恩。李邦直撰神道碑

校勘記

〔一〕五則衙前法　「五」，元刊本同，三朝名臣言行録卷第十之一作「立」。

〔二〕用以咨訪焉　「用以咨」，元刊本同，同前書作「爲大小」。

〔三〕激切　「激」，元刊本同，同前書作「絞」。

韓維

字持國，忠憲公之子。蔭補。事仁宗、英宗、神宗，官至門下侍郎。

公篤志問學，嘗以進士薦禮部，父任執政，不就廷試，乃以父任守將作監主簿。丁外艱，服除，闔門不仕。仁宗患搢紳奔競，諭近臣曰：「恬退守道旌擢，則躁求者自當知恥。」於是宰相文彦博、宋庠等言公好古嗜學，安於靜退，乞加甄録，以厚風俗。召試學士院，辭不赴，除國子監主簿。行狀

神宗潛邸〔一〕，英宗命韓魏公擇宮寮，用王陶、韓維等，皆名儒厚德之士。神宗内朝，拜稍急，維曰：「維下拜，王當效之。」一日侍坐，近侍以弓樣靴進，維曰：「王安用舞靴。」神宗有愧色，亟令毁去。聞見録

神宗嘗與公論天下事，語及功名，公曰：「聖人功名，因事始見，不可有功名心。」神宗拱手稱善。行狀

除起居注，侍邇英講筵，是時英宗方免喪，簡默不言。公上疏曰：「邇英閣者，陛下燕間之所也。侍於側者，皆獻納論思之臣；陳於前者，非聖人之經，則歷代之史也。御燕間則可以留漏刻之永，對大臣則可以極諮訪之博；論經史則可以窮仁義之道、成敗之源。今禮制終畢，臣下傾耳以聽玉音。語曰：『時然後言。』陛下之言，此其時也。臣雖不敏，請秉筆以俟。」

除翰林學士承旨，入對延和殿。時京師旱，神宗曰：「久不雨，朕夙夜焦勞，奈何？」公

曰：「陛下憂旱傷，損膳避殿，此乃舉行故事，恐不足以應天變。書曰：『惟先格王正厥事。』願陛下痛自責己，下詔廣求直言，以開壅蔽；大發恩令，聽蠲免以和人情。」後數日，上疏曰：「近日畿内諸縣〔二〕，督索青苗錢甚急，往往鞭撻取足，至伐桑爲薪，以易錢貨。旱災之際，重罹此苦。夫動甲兵，危士民，匱財用於荒夷之地，朝廷處之不疑，行之甚鋭，至於蠲除租税，寬格逋負，以救愁苦之民，則遲遲而不肯發。望陛下自奮英斷行之。過而養民，猶愈於過而殺人也。」因奏對面論，神宗感悟，有旨根究市易免行利害，權住方田、編排保甲，罷議東、西川市易。命公草詔求直言，其略曰：「朕之聽納，有不得於理歟？獄訟非其情歟？賦歛失其節歟？忠謀讜言，鬱於上聞，而阿諛壅蔽，以成其私者衆歟？」詔出，人情大悦，是日大雨。知熙州王韶赴闕奏事，將領景思立敗績，詔還任，上表待罪，奏斬獲首級。公草批答曰：「方其敗時，卿適在朝，何嫌而上章引咎？勉綏新附之衆，毋以多殺爲功！」讀者竦然。行狀

邇英讀三朝寶訓，至「天禧中，有二人犯罪，法當死，真宗皇帝惻然憐之，曰：『此等安知法，殺之則不忍，捨之則無以勵衆。』乃使人持去，笞而遣之，以斬訖奏。」又「祀汾陰日，見一羊自擲道左，怪問之，曰：『今日尚食殺其羔。』真宗慘然不樂，自是不殺羊羔。」維讀畢，因奏言：「此特真宗皇帝小善爾。推其心以及天下，則仁不可勝用也。真宗自澶淵之役却

狄之後，十九年不言兵，天下富庶，其源蓋出於此。昔孟子論齊王不忍觳觫之牛，以爲是心足以王，外人皆云，皇帝陛下仁孝發於天性，每行見昆蟲螻蟻，違而過，且敕左右勿踐履，此亦仁術也。臣願陛下推此心以及百姓，則天下幸甚。」東坡集

初，公與王安石雅相厚善，安石執政，公議國事始多異同。至是議者欲廢三經義，公以爲安石經義，宜與先儒之説並行，不當廢。司馬公光與公平生交，俱以耆舊進用，至臨事未嘗一語附合，務爲苟同，人服其平。行狀

先生云：持國服義，最不可得。一日，頤與持國、范夷叟泛舟於潁昌西湖，須臾，客將云：「有一官員，上書謁見大資。」頤將謂有甚急切公事，乃是求知己。頤云：「大資居位，却不求人，乃使人倒來求己，是甚道理？」夷叟云：「只爲正叔大執求薦章，常事也。」頤云：「不然。只爲曾有不求者不與，來求者與之，遂致人如此。」持國便服。程氏遺書

校勘記

〔一〕神宗潛邸　「潛邸」上邵氏聞見録卷三有「開潁」二字。

〔二〕畿内諸縣　「諸」字原脱，元刊本、三朝名臣言行録卷第十之二同，據琬琰集下集卷一七實録韓

侍郎維傳作「卜」補。

傅堯俞　獻簡公

字欽之，鄆州人。未冠，登進士第，事神宗、哲宗，官至中書侍郎。公爲御史諫官四年，所上百六十餘章，多觸忌諱，抵權倖，名重朝廷。而風節凜然，聞於天下。

仁宗春秋高，未立嗣。公上疏請建宗室之賢，以繫天下望。

時國用乏，言利者爭獻計富國。公奏曰：「今度支歲用不足，誠不可忽。欲救其弊，陛下宜躬自儉刻，身先天下，無奪農時，勿害商旅，如是可矣。不然徒欲紛更，爲之無益，聚斂者用，則天下殆矣。」

英宗初即位，有疾，皇太后同聽政。至是上疾平，公上書請天子聽政。又再疏太后，請還政。天子未聽。久之，頗聞内侍任守忠有甚間語。公又上疏太后曰：「天下之可信者，無大於以天下與人，亦無大於受天下於人。殿下今日誅竄讒人，則慈孝之聲，並隆於天下矣。」於是，太后遂還政，而逐守忠等。

神宗爲淮陽王，公上言：「王年踰志學，尚居中禁。臣願俾之出館，稍親諸務，問安內寢，著爲定規。然後飲食起居，必有常度，左右前後，皆用正人。」墓誌

公在英宗時，最被眷遇。一日奏事殿中，上曰：「多士盈廷，孰忠孰邪？」公曰：「大忠大佞，固不可移，中人之性，繫上所化。」上敬納其言。

熙寧三年，王安石新用事，方變法令，公以母喪服除至京師。安石素善公，謂公曰：「舉朝紛紛，今幸公來，已議以待制、諫院奉還矣。」公謝曰：「恩甚厚，但恐與公所謂新法者相妨耳。」且爲言新法之不善者。安石大怒，乃以爲權同判流內銓。行狀

拜中書侍郎，論事率由大公，而未嘗容心。其薦引多得吉人良士。及薨，太皇太后諭近臣曰：「傅侍郎清直一節，終始不變，金玉君子人也。」嗟惜久之。

温公嘗歎曰：「清直勇三德，吾於欽之畏焉。」洛之君子邵雍曰：「欽之至清而不耀，至直而不激，至勇而能温，此爲難爾。」人以雍言爲然。並墓誌范忠宣撰

公在上前，吐論激切，事已則終不復言。出爲和州也，通判楊洙乘間問曰：「公以直言斥居此，何爲言未嘗及御史時事？」公曰：「前日言，職也，豈得已哉！今日爲郡守，當宣朝廷美意，而反呫呫追言前日之闕政，與誹謗何異？」行狀

彭汝礪

字器資，饒州人。舉進士第一，事神宗，官至吏部尚書。

故事，進士第一人無入吏部選者，公在選十年，人以爲淹，而公處之澹如也。罷爲館閣校勘、江西運判，辭日，復上疏論時事。且言：「今不患無將順之臣，患無諫爭之臣；不患無敢爲之臣，患無敢言之臣。」神宗察其忠，慰諭久之。

以起居舍人召，既至，執政有問新舊之政者，公曰：「政無彼此之辨，一於是而已。今所更大者，取士及差役法，行之而士民皆病，未見其可。」執政不能屈。

紹聖元年，上初專聽斷，召二三大臣脩舉熙寧、元豐政事，人人爭獻所聞，公居之如不能言者。或問之，曰：「在前日則無言之者，於今則人人而能言之矣。」以寶文閣待制知江州，入辭，上勞問甚寵，曰：「卿非久别也。」問所欲言者，公曰：「陛下今所復者，其政不能無是非，其人不能無賢不肖。政唯其是，則政無不善；人唯其賢，則人無不得矣。」並曹內翰撰墓誌

宋名臣言行録後集卷第十一

范純仁　忠宣公

字堯夫，文正公之次子。以恩補官，中進士第，相哲宗。

文正公門下多延賢士，如胡瑗、孫復、石介、李覯之徒，與公從游，晝夜肄業，置燈帳中，夜分不寢。後公貴，夫人猶收其帳，頂如墨色，時以示諸子孫曰：「爾父少時勤學燈煙迹也。」

知襄城縣，伯兄久病心疾，公承事照管如孝子。召編校祕閣書籍，以兄病辭不赴。富公責之曰：「臺閣清資，人豈易得？小官出常調亦難事，何必苦辭？」公曰：「富貴有命。」

襄城民素不事蠶織，鮮有植桑者，公患之。因民有罪而情輕者，使植桑於家，多寡隨其罪之輕重，後按其所植榮茂與除罪。自此人得其利。公去，民懷之不忘，至今號爲「著作林」。「著作」，公宰縣時官也。

旱久不雨，公度將來必闕食，遂盡籍境内客舟，召其主而諭之曰：「民將無食，爾等商販，唯以五穀貯之於佛寺中，候闕食時，吾爲汝主糶。」衆賈從命，運販不停，以至春首，所蓄無慮十數萬。諸縣飢，獨境内之民不知也。

自陝西運副召還，神宗問曰：「卿在陝西，久主漕輓，必精意邊事，城郭、甲兵、糧儲如何？」公對曰：「城郭粗完，甲兵粗修，糧儲粗備。」神宗愕然曰：「卿才能如此，朕所倚賴，而職事皆言『粗』，何也？」公徐對曰：「粗者未精之辭，如是足矣。臣願陛下無深留意於邊事，恐邊臣觀望要功，生事結釁，夷狄殘害生靈，耗竭財用，縻費爵賞，不惟爲今日目前之害，又將貽他時意外之憂。臣願陛下究孟子交鄰之道，修孔子來遠之德，使好生之德，洽于夷狄，彼將愛戴陛下如父母。雖其酋首桀傲，欲侵侮我疆，其徒亦不爲之用也。」並言行録

爲諫官，前後爲上言，休兵省事，節用富民，進君子，退小人，愛人材，申公論爲急；崇聚斂，事苛刻，親讒佞，任偏聽爲戒。大則廷論，小則疏達，未聽，則連章累牘，不苟止。其於君子小人之際，尤反復激切，無所諱避。上方鋭於求治，又言：「道遠當馴致，事大難速成，人材不可遽求，積敝不可頓革。」公雅與荆公厚善，至是數言其以五霸富國强兵之術惑誤人主，失天下望。曾子開撰墓誌

環慶大饑，帥守坐不職罷去，以公代之。公到慶州，餓殍滿路，官無穀以振恤，公欲發

常平、封樁粟麥賑之，州郡皆欲俟奏請得旨而後散，公曰：「人七日不食即死，何可待報？諸公但勿預，吾寧獨坐罪。」

公判留臺，時一時耆舊多在洛，公與司馬公皆好客而家貧，相約爲真率會，脱粟一飯，酒數行，過從不間一日。洛中誇以爲勝事。行狀

除給事中，時哲宗、宣仁太后共政，司馬温公入相，首改差役法。公聞之，謂人曰：「此事當熟講而緩行，不然，滋爲民病。且宰相職在求人，變法非所先也。」還朝，力爲温公言之。温公有所建請，公復言：「宰相當虚心以延衆論，不必謀自己出，則諂諛得乘間迎合，而正士將卷懷退避。」公雖與温公同志，及臨事有所矯正類如此。於是人皆服公平直。墓誌

温公欲令進士召朝官保任，然後應舉，又更貢舉法。公曰：「舉人難得朝士相知，士族近京猶可，寒遠之士，尤不易矣。兼今之朝士，未必能過京官選人，京官選人，未必能如布衣，徒令求舉，未必有益。既欲不廢文章，則雜文四六之科，不如設在衆人場中，不須别設一科也。孟子恐不可輕黜，猶六經之春秋矣。」温公從之。

除兼侍講。公語人曰：「國之本在君，君之本在心。人君之學，當正心誠意，以仁爲體，使邪僻浮薄之説，無自而入，然後發號施令，爲宗廟社稷之福，豈務章通句解，以資口舌之辯哉！」及在經筵進講，必反覆開陳其説，歸於人君可用而後止。

元祐三年，有吳處厚者，以蔡確題安州車蓋亭詩來上，以爲謗訕，宣仁太后得之，怒曰：「蔡確以吾比武后，當重謫。」吕汲公爲左相，不敢言。忠宣乞薄確罪，不從。初議貶確新州，忠宣謂汲公曰：「此路荆棘已七、八十年，吾輩開之，恐自不免。」汲公又不敢言，忠宣因乞罷政。聞見録

先是，河上所科夫役，許輸錢免夫，上下皆以爲便。公獨憂曰：「民力自此愈困矣。」或曰：「每歲差夫一丁，費萬錢，今以七千免一丁，又免百姓奔走執役之勞，豈不便乎？」公曰：「每歲差夫，雖曰萬錢，然隨身者不過三千，又得一丁就食於官。今免夫所出七千，盡歸於官矣，民又儼然坐食於家。蓋力者身之所出，錢者非民所有，今捨其所有而征其所無，民安得不病？此一事，富民不親執役者以爲便，窮民有力而無錢者非所便也。又況差夫必計其的確合用之數，縱使所差倍其所役，則力愈衆，民愈不勞矣。今若出錢以免夫，雖三分之工，亦可以取十分免夫錢，其弊無由致察。又從來差夫，不及五百里外，今免夫錢無遠不屆，若遇掊克之吏，則爲民之害，無甚於此。」言行録

宣仁寢疾，宰輔入問，后留忠宣曰：「卿父仲淹，可謂忠臣。在章獻朝勸后盡母道，在仁宗朝勸帝盡子道。卿當似之。」聞見録

一日，三省同登，蘇轍獨進上前，論殿試策題，因引漢昭變更武帝法度事，哲宗怒曰：

「安得以漢武比先帝！」轍再拜而退曰：「臣引用失當，容臣待罪。」公奏曰：「漢武雄才大略，史無貶辭，又轍所論非異同，正欲救已行之言。望陛下宣任蘇轍。」尚書右丞鄧潤甫越次言曰：「先帝法度，爲司馬光、蘇轍壞盡。」公曰：「不然。法本無弊，弊則當改。」上曰：「人謂秦皇、漢武。」公奏：「蘇轍之所論，事與時也，非人也。」轍卒得罪去。仝

哲宗親政，吕汲公欲遷殿中侍御史楊畏爲諫議大夫。忠宣曰：「天子諫官，當用正人，楊畏不可用。」汲公方約畏爲助，謂忠宣曰：「豈以楊畏嘗言公耶？」忠宣曰：「不知也。」蓋上初召忠宣，畏嘗有言，上不行，忠宣故不知也。忠宣因乞罷政，上不許。後楊畏首叛汲公，凡可以害汲公者，無所不至。聞見録

公在相位，凡薦引人材，必以天下公議。所薦士未嘗知出於公，公亦未嘗示恩意於人。人或謂公曰：「身爲宰相，豈可不牢籠天下士，使知出於門下？」公曰：「但願朝廷進用不失正人，何必使知出我門下邪？」言行録

公在隨幾一年，州事毫髮必親，客至談笑，終日無倦色。公素苦目疾，忽全失其明，因上表乞致仕。章惇戒堂吏不得上，蓋懼公復有指陳，終移上意。遂貶公永州安置。命下，公怡然就道，切戒子弟，不得小有不平意，曰：「不見是而無悶，爾曹勉之。」人或謂公爲近名，公聞而歎曰：「七十之年，兩目俱喪，萬里之行，豈其欲哉？但區區愛君之心，不能自

已，人若避好名之嫌，則無爲善之路矣。」行狀 永州命下。忠宣欣然而往。每諸子怨章惇，忠宣必怒止之。江行赴貶所，舟覆，扶忠宣出，衣盡濕，顧諸子曰：「此豈章惇爲之哉！」至永州，公之諸子聞韓維少師謫均州，其子告惇以少師執政日與司馬公議論多不合，得免行，欲以忠宣與司馬公議役法不同爲言求歸，白公，公曰：「吾用君實薦以至宰相，同朝論事，不合即可，汝輩以爲今日之言，不可也。有愧而生者，不若無愧而死。」諸子遂止。聞見録

公疾革，精識不亂，諸子侍側，口占遺表凡八事，命門生李之儀次第之。聞見録 表略云：「蓋嘗先天下而憂，期不負聖人之學，此先臣所以教子，而微臣資以事君。」又曰：「若宣仁之誣謗未明，致保佑之憂勤不顯，本權臣務快其私忿，非泰陵實謂之當然。以至未究流人之往愆，悉以聖恩而特叙，尚使存歿，猶汙瑕疵。又復未解疆埸之嚴，幾空帑藏之積，有城必守，得地難耕。凡此數端，願留聖念。」言行録

公嘗曰：「我平生所學，唯得忠恕二字，一生用不盡。以至立朝事君，接待僚友，親睦宗族，未嘗須臾離此也。」又戒子弟曰：「人雖至愚，責人則明；雖有聰明，恕己則昏。爾曹但常以責人之心責己，恕己之心恕人，不患不到聖賢地位。」親族間有子弟請教於公，公曰：「唯儉可以助廉，唯恕可以成德。」其人書於坐隅，終身佩服。言行録

公嘗曰：「人材難得，欲隨事有用，則緩急無以應手。七年之病，三年之艾，非儲之以

待，則如病者何？」故雅以人才爲己任，每有薦引，必先公議。而及其至也，内舉有所不避；其不可，則人君所主亦必爭。行狀

公教子弟曰：「六經，聖人之事也，知一字則行一字。要須『造次顛沛必於是』，則所謂『有爲者亦若是』。豈不在人耶？」

時西邊儒帥，有以威敵斥境，請於公者，手自答曰：「大輅與柴車較逐，鸞鳳與鴟梟爭食，連城與瓦礫相觸，君子與小人鬥力，不惟不能勝，兼亦不可勝，不惟不可勝，雖勝亦非也。」行狀

公攝帥成都，程子將告歸。既見，曰：「先生何以告我？」子曰：「公嘗言爲將帥，當使士卒視己如父母，然後可用，然乎？」公曰：「如何？」子曰：「公言是也。然公爲政不若是，何也？」公曰：「可得聞歟？」子曰：「舊帥新亡，而公張樂大饗將校於府門，是教之視帥如父母乎？」曰：「亦疑其不可，故使屬官攝主之也。」子曰：「是尤不可也。公與舊帥，同僚也，失同僚之義，其過小。屬官於主帥，其義重。」曰：「廢享而頒之酒食，如何？」曰：「無頒也。武夫視酒食爲重事，弗頒，則必思其所以，而知事帥之義，乃因事而教也。」公曰：「若從先生言而不來，則不聞此矣。」其喜聞義如此。遺書

科舉取人不得，間有得者，自是豪傑之士，因科舉以進耳。且資蔭得官，與進士得官，孰爲優劣？以進士爲勝，以資蔭爲慊者，此自後世流俗之論，至使人恥受其父祖之澤，而甘

心工無益之習，以與孤寒之士角勝於場屋，僥倖一第以爲榮，是何見識！夫應舉亦自寒士無禄，不得已藉此進身耳，如得已，何用應舉？范公最有見識，然亦以資蔭與進士分優劣，建言於有無出身人銜位上帶左右字，不可謂無所蔽也。其言曰：「欲使公卿家子弟讀書耳。」此意甚善，但以應舉得官者，爲讀書而加獎勸焉，則彼讀書者，應舉得官而止耳，豈真學道之人！至如韓持國，自是經國之才，用爲執政亦了得，不可以其無出身，便廢其執政之才。曰：「堯夫所别異者，莫非此等人否？」曰：「執政不是合下便做，亦自小官以次遷之。如後來吴坦求等，在紹聖中被駁了博士，以無出身故也。彼自布衣中朝廷以其學行賜之爵命，至其宜爲博士，乃復以爲無出身奪之，此何理也？資蔭進士中俱有人，惟其人用之加一右字，亦自沮人爲善。」龜山語録

紹聖初，哲宗親政，用李清臣爲中書侍郎。范丞相純仁與清臣論事不合，范公求去，帝不許，范公堅辭，帝不得已，除觀文殿大學士，判潁昌府。召章惇爲相，未至，清臣獨當中書，益覬倖相位。復行免役、青苗法，除諸路常平使者。惇至，不能容，以事中之，清臣出知北京。建中靖國初，上皇即位，用韓忠彦爲相，清臣爲門下侍郎。忠彦與清臣有連，故忠彦惟清臣言是聽。清臣復用事，范右丞純禮，忠彦所薦，清臣罷之；劉安世、吕希純皆忠彦所重，清臣不使入朝，外除安世帥定武，希純帥高陽；張舜民，忠彦薦爲諫大夫，清臣出之，帥

真定。其所出與外除及不使入朝者，皆賢士，清臣素所憚，不可得而用者，忠彥懦甚，不能爲之主。曾布爲右相，用范致虚諫疏云：「河北三帥連衡，恐非社稷之福。」劉安世、吕希純同日報罷，清臣亦爲布所陷，出知北京。伯温常論紹聖、建中靖國之初，朝廷邪正治亂未定之際，皆爲一李清臣以私意幸相位壞之。邪説既勝，衆小人並進，清臣自亦不能立於朝矣。使清臣在紹聖初同范丞相，在建中靖國初同范右丞、劉安世、吕希純、張舜民以公議正論，共濟國事，則朝廷無後日之禍，而清臣亦得相位，享美名矣。此忠臣義士惜一時治亂之機，爲之流涕者也。聞見録

公憂國愛君，不以利害得喪貳其心，刻意名節，難進易退，雖屢黜廢，志氣彌勵，以爲有文正之風焉。其在朝廷，專務奬進人材，故天下善類，視公用舍以爲消長。其論議平恕，不爲已甚，世謂：「使其言行於熙寧、元豐時，後必不至紛更；盡申於元祐中，必無紹聖大臣讎復之禍。」墓誌

王存

字正仲，潤州人。中進士第，哲宗朝官至尚書左丞。

初修起居注，即乞復唐正觀起居郎、舍人職事，執筆隨宰相入殿。上韙其言。故事，左右史雖日侍便殿，而欲奏事，必禀中書俟旨。公因對及之，即詔左右史遇侍立，許直前奏事，遂著爲令。自公始也。

官制行，上尤慎用人。公因請自熙寧以來有緣議論得罪，或詿誤被斥，而情實納忠，非有大過者，隨材召擢，以備官使。語合上意，自是收拔者甚衆。墓誌

公在政府，時四方奏讞大辟，刑部援比請貸，而都省屢以無可矜恕却之。公言：「此祖宗制也，且有司援比欲生之，朝廷破例欲殺之，可乎？」

公平居恂恂，不爲詭激之行，至有所守，確不可奪，議論平恕，無所向背。温公嘗曰：「並馳萬馬中能駐足者，其王存乎！」並曾子開撰墓誌

蘇頌

字子容，泉州人，移徙潤州。中進士第。相折宗。

知江寧府江寧縣事。每有發斂，府移追擾，吏係縲於道。公至，則曰：「此令職也，府何與焉？」每因治訴，旁問鄰里，丁產多寡，悉得其詳。一日，召鄉老更定户籍，民有自占不

實者，必曰：「汝家尚有某丁産，何不自言？」相顧而驚，無敢隱者，一縣以爲神明。

公請以獲盜多寡立縣令殿最法，以爲：「巡檢、縣尉，但能捕盜，而不能使民不爲盜。能使民不爲盜者，縣令也。且州縣物務，歲課稍虧，官佐有罰〔一〕，今良民罹奪剽之害，而親民官獨不任責，可乎？」鄒侍郎撰行狀

天下以爲當然者，謂之公論。公論蓋非强名，而乃天道也。此道未嘗廢，顧所在如何耳。如唐、虞、三代，與吾祖宗之時，公論在上，君相主之，賢哲聚於朝，不肖沉於下，海内入於陶冶，一歸於正。如晚周及東漢之餘，上之人不能主公論，所用非其人，於是乎清議在下，而士知所尊畏，耻爲非義，登其門者如龍，從其死者如歸，致黨錮之禍起，視漢室爲何等時也！頃時王安石薦李定，陳襄彈之，未行。間擢太子中允，宋次道敏求封還詞頭，翌日辭職，罷之。又下，次直李大臨、蘇子容相繼封還，更奏復下，至於七八。子容與大臨俱落職奉朝請，名譽赫然。此乃祖宗德澤，百餘年間，養成風俗。公論之不可屈如此，與齊太史書崔杼殺其君，殺三人而執筆如初者何異！其後攝官脩起居注，章衡行之，賢不肖於此可見。要之公論不可一日廢，然在上則治，在下則亂，可以卜世也。元城語録

充北朝生辰國信使。在虜中遇冬至，本朝曆先北朝一日，北人問公孰是，公曰：「曆家算術小異，遲速不同。謂如亥時節氣當交，則猶是今夕；若踰數刻，即屬子時，爲明日矣。

或先或後，各從本朝之曆可也。」虜人以爲然，遂各以其日爲節慶。賀使還奏之，上喜曰：「朕思之，此最難處，卿之所對，極中事理。」行狀

元豐初，白馬縣民有被盜者，畏賊不敢告，投匿名書於縣。弓手甲得之，而不識字，以示門子乙，乙爲讀之。甲以其言捕獲賊，而乙爭其功。吏以爲法禁匿名書，而賊以此發，不敢處之死，而投匿名者當流，爲情輕法重，皆當奏。蘇子容爲開封尹，方廢滑州白馬爲邑。上殿論賊可減死，而投匿名者可免罪。上曰：「此情雖極輕，而告訐之風不可長。」乃杖而免之。子容以謂：「賊不干己者告捕，而變主匿名，本未足深過。而先帝猶恐長告訐之風，此所謂忠厚之至。然熙寧、元豐之間，每立一法，如手實、禁鹽、牛皮之類，皆立重賞，以勸告訐者，此當時小人所爲，非先帝本意。」時范祖禹在坐，曰：「當書之實録。」東坡集

知滄州，陛辭，上曰：「朕每欲用卿，輒爲事奪，豈非命耶？然卿直道，久而自明。」頓首謝，兼語及偏親留京師，未能偕行。上問：「卿母誰氏？」祖父對曰：「故龍圖直學士陳從易之女。」上曰：「是天聖間侍從邪？」對曰：「從易祥符中館職，已而外遷，久之，因自廣州罷還不蓄南物，獨載俸餘見錢過嶺，仁宗聞之，擢知制誥。」上曰：「其清節過於馬援矣。」故謝表云：「憫臣之數奇多難，特軫淵衷；勉臣以直道自明，屢形天語。」談訓

元豐中，上曰：「欲脩一書，非卿不可。以北虜通好八十餘年，盟誓聘使，禮幣儀式，皆

無所考據。朕欲成一書，但患邇來脩書者遷延歲月，不肯早成。」公曰：「恐須一二年可矣。」上喜曰：「果然。」及書成，賜名華戎魯衛信録。奏篇上，上讀序引，大喜曰：「正類序卦之文。」

公兼侍讀，奏言：「國朝典章，大抵沿襲唐舊，史官所記，善惡咸備。乞詔史官學士，採録新、舊唐書中臣主所行，日進數事，以備聖覽。」遂詔經筵官，遇非講讀日，進漢、唐故事十條〔一〕。行狀

公掌天官，每選人改官京朝官，使臣闕陞磨勘，或以功過當陞降者，吏洗垢求瑕，故爲稽滯。公敕吏曰：「某官緣某事當會某處。」仍引合用條格，具委無漏落狀同上。自是吏不得逞。每訴者至，必取案牘使自省閱，訴者服，乃退；其不服，公必往復詰難，度可行行之，苟有疑，則爲之奏請，或建白都堂〔二〕。故士大夫受賜多，而不得者，亦以爲無可憾。行狀

王禹玉、元厚之諸公嘗問曰：「公記問之博〔四〕，以至國朝典故，本末無遺，日月不差，用何術也？」公曰：「某每以一歲中大事爲目，欲記當年事則不忘矣。如某年改元，其年上有某事；某年上即位，其年上有某事；某年立后若太子，其年有某事；某年命相，其年有某事。則記事之一法也。後觀太史公書，『是歲孔子生』，『是歲孔子卒』，『是歲齊桓公會葵丘〔五〕』，『是歲晉文始霸』之類，恐亦此意也。」元曰：「不然。至於暗記經史，默詠詩什，以

至士大夫家世、閥閲、名諱、婚姻無遺忘者，又以何法？乃真强記爾！」

公嘗言：「吾每聞前輩善言，則終身佩服。少時聞計用章郎中爲吏，以循良稱，數典大郡，政績尤異。因往造請，求異聞，其可紀者曰：『人主不宜有所好，有所好則腹心肝膽皆在人矣。故好征戰則孫武、吴起之徒出〔六〕，而民殘於干戈矣；好刑名則韓非、張湯之徒出，而民苦於刻核矣；好聚斂則桑羊、皇鏄之徒出，而民困於掊克矣；好順從則張禹、胡廣之徒出，而民敝於夸大矣。豈惟人主學，士大夫亦宜知之。夫神龍騰驤，豈可羈也？然或豢養於人者，謂其有嗜慾也。』」

又嘗言：「楊告謂吾曰：『嘗愛韓非一言，以謂「土木偶人者，耳鼻欲大，口目欲小」，此言可以諭大。夫土木偶人而鼻先小，目先大，人或非之，則無以爲也。鼻大則可小，目小則可大，凡事皆然，不厭於三思而熟慮也。人皆以非爲刻薄，此言非忠厚之言哉〔七〕！』」

公在金華，每進讀至弭兵息民，則必反復條奏，援引古今，使上不忘弭兵息民之意。以謂人主之聰明，不可有所嚮，有所嚮則偏，偏則爲患大矣。當今守成之際，應之以無心，則天下無不治矣。

公嘗云：「吾平生未嘗以私事干人主，奏對惟義理之言，故歷仕四朝，中間雖謫，不愧於觀過，而神考以謂直久而自明也。」

呂吉甫參政事，使其親友謂祖父曰：「子容吾鄉里丈人行，若從吾言，執政可得也。」祖父笑而不答。

公云：「平生薦舉不知幾何人，惟孟安序朝奉，分寧人，歲以雙井一斤爲餉，知吾無包苴之饋也。」

公云：「人生在勤，勤則不匱，户樞不蠹，流水不腐，此其理也。」並談訓

校勘記

〔一〕官佐有罰　「佐」，原作「任」，元刊本同，據三朝名臣言行録卷第十一之三改。

〔二〕進漢唐故事十條　「十」，同前書作「二」。

〔三〕建白　「建」原作「巡」，元刊本同，據宋史卷三四〇蘇頌傳改。

〔四〕記問　「問」字原脱，據宋蘇象先丞相魏公譚訓（以下簡稱魏公譚訓）卷三補。

〔五〕齊桓公　「桓公」，原作「威」，據三朝名臣言行録卷第十一之三及同前書改。

〔六〕吳起　「吳」，同前二書作「白」。

〔七〕此言非忠厚之言哉　上「言」字三朝名臣言行録卷第十一之三作「豈」。

宋名臣言行録後集卷第十二

劉摯　忠肅公

字莘老，永静軍人。登進士甲科，相哲宗。

荆公初秉政，公除御史，論率錢助役，官自雇人，略舉十害。是時御史中丞楊繪亦上疏論新政，并公章下司農寺。司農條件詰難，劾繪與公險詖欺誕，中有向背。有旨分析，公奏曰：「臣有言責，采士民之説，敷告於陛下，是臣之職也。今有司駁奏，遽令分析，是使之較是非，爭勝負，交口相直，無乃辱陛下耳目之任哉！所謂向背，則臣所向者義，所背者利，所向者君父，所背者權臣。願以臣章并司農奏宣示百官，考定當否。如臣言有取，幸早施行，若稍涉欺罔，甘就竄逐。」奏入，不報。復上疏曰：「陛下夙夜勵精，以親庶政。天下未至於治安者，誰致之耶？二三年間，開闔動摇，舉天下無一物得安其所者。蓋自青苗之議起，而天下始有聚斂之疑；青苗之議未允，而均輸之法行；均輸之法方擾，而邊鄙之謀動；邊鄙之禍未艾，而助役之事興。其間又求水利也，又淤田也，又省併州縣也。其議財，則市井屠販之人，皆召而登政事堂。其征利，則下至曆日，而官自鬻之。推此而往，不可究言。至於輕用名器，淆混賢否：忠厚老成者，擯之爲無能；俠少儇辯者，取之爲可用；守道憂國者，謂之流俗；敗常鑿民者，謂之通變。今三邊創痍，流潰未定。河北大旱，諸路大水，民勞財乏，縣官減耗。聖上憂勤念治之時，而政事如此，皆大臣誤陛下，而大臣所用者誤大臣也。」居數日，罷御史，貶衡州。

公在南都幕府，會司農寺行新令，盡斥賣天下祠廟，依坊場河渡法收淨利。南都閼伯廟歲爲錢四十六貫，微子廟十二貫。公往見留守張公方平曰：「獨不能爲朝廷言之耶？」張公矍然，因託公爲奏曰：「閼伯遷於商丘，主祀大火，火爲國家盛德所乘，歷世尊爲大祀。微子，宋始封之君，開國此地，本朝受命，建號所因。又有雙廟者，唐張巡、許遠孤城死賊，能捍大患。今若令承買小人規利，冗褻瀆慢，何所不爲，歲收微細，實損大體。欲望詳酌，留此三廟，以慰邦人崇奉之意。」神宗即日批曰：「辱國瀆神，此爲甚者。速令行下，更不施行。」

哲宗嗣位，復任言責，上疏曰：「陛下春秋鼎盛，在所資養，願選忠信孝悌，淳茂老成之人，以充勸講進讀之任，便殿燕坐，時賜延對，執經誦説，以廣睿智。」

公與同列奏事，因論人材大概，公奏曰：「人才難得，臣嘗歷觀士大夫間，能否不一。性忠實而有才識，上也；才雖不高而忠實有守，次也；有才而難保，可借以集事，又其次也。懷邪觀望，隨勢改變，此小人，終不可用。」

公教子孫，先行實，後文藝，每曰：「士當以器識爲先，一號爲文人，無足觀矣。」並門人劉仿撰行實

公自青社罷職知黄州，又分司徙蘄州，語諸子曰：「上用章丞相，吾勢當得罪。若章君顧國事，不遷怒百姓，但責吾曹，死無所恨。第恐意在報復，法令益峻，奈天下何？」憂形於色，初無一言及遷謫也。劉大諫序公文集

王巖叟

字彦霖，大名人。舉明經，事哲宗，官至僉樞。

近臣被詔薦御史，意屬公而未及識，或謂公曰：「可一往見之。」公笑曰：「此所謂呈身御史也。」卒不見。墓誌

除監察御史，即上書論「社稷安危之計，在從諫用賢，不可以小利失民心」。元祐元年，遷左司諫。一日，並命執政，其間有不協士望者，公方權給事中，即繳録黄，并以諫職上疏。既而命復下者再，遂不由門下省以出，公請對，言益切。退就閤門，復上疏云：「臣爲諫官，既當言；承乏給事，又當駁。非臣好爲高論，喜忤大臣，且命令斜出，尤損紀綱。」凡八上章，命竟寢。

九月，除侍御史，左右正言久闕，公上疏：願詔補諫臣，無令久虚其職。」墓誌

凡京城偷者所聚，謂之「大房」，多在僻遠，每區容數十百人。公密令掩捕毁徹，隨情處決，遂以無盗，居民開户而寢。供備庫使曹讀以其物産貿易萬緡，市儈稽違逾年，止輸其半，讀盡力無可賴。一日開户，外有錢聲，償數皆足。讀怪念之，詢其由，乃曰：「王公今日知府矣。」

拜樞密直學士、簽書樞密院事。公遜謝而進曰：「陛下聽政以來，納諫從善，務合人心，所以朝廷清明，天下安靜。願信之勿疑，守之勿失，則宗社千萬世之福也。用人之際，望更加審察；邪正難辨，辨之少差，治亂所繫。」又少進曰：「陛下今日進聖學者，正欲理會邪正兩字。正人在朝，則朝廷安，人君無過舉，天下平治；邪人一進，則朝廷便有不安之象。非謂一人便能如此，乃其類應之者衆，上下蒙蔽，人主無由得知，不覺養成禍患爾。」二

聖深然之。公又進曰：「或聞有以君子小人參用之説告陛下者，不知果有之否？此乃欲深誤陛下也。自古君子小人，無參用之理。聖人唯説：『君子在内，小人在外，則成泰；小人在内，君子在外，則成否。』君子既進，小人不能與君子同事，自然不得親近；小人既進，君子不肯與小人爭進，自然稍稍引去。君子與小人競進，則危亂之機也。此際不可不察，幸陛下常用心於此。」並墓誌張芸叟撰

因侍講筵，奏曰：「陛下退朝無事，不知何以消日？」應曰：「看文字。」對曰：「陛下以讀書爲樂，天下幸甚。大抵聖賢之學，非造次可成，須在積累。積累之要，在專與勤。屏絶他好，始可謂之專。久而不倦，始可謂之勤。四字是積學之要，願陛下特留聖意。」繫年録

邇英進讀寶訓至節費。公曰：「凡言節用，非謂偶節一事，便能有濟，要當每事以節儉爲意，則積久累日，國用自饒。」墓誌

劉安世　元城先生

字器之，大名人。中進士第，事神宗、哲宗，官至左諫議大夫。

公與温公爲同年契，因遂從學于温公。熙寧六年〔一〕，舉進士，不就選，徑歸洛。温公

曰：「何爲不仕？」公以「漆彫開吾斯未能信」之語以對。温公説，復從學者數年。一日，避席問盡心行己之要，可以終身行之者。温公曰：「其誠乎！吾平生力行之，未嘗須臾離也，故立朝行己，俯仰無媿爾。」公問：「行之何先？」温公曰：「自不妄語始。」自是拳拳弗失，終身行之。言行録

劉安世從温公學，與公休同業，凡三四日一往〔一〕，以所習所疑質焉。公忻然告之無倦意。凡五年得一語，曰「誠」，安世問其目，公喜曰：「此問甚善，當自不妄語入。」余初甚易之，及退而自隱括日之所行與凡所言，自相掣肘矛盾者多矣。力行七年而後成〔二〕，自此言行一致，表裏相應，遇事坦然，常有餘裕。

温公言：「安世平生只是一個誠字，更撲不破。誠是天道，思誠是人道，天人無兩個道理。」因舉左右手顧之笑曰：「只爲有這軀殻，故假思以通之耳。及其成功，一也。安世自從十五歲以後，便知有這個道理，也曾事事着力，畢竟不是只有個誠字，縱横妙用，無處不通。以此杜門獨立，其樂無窮，任怎生也動安世不得。」道護録云

温公薦充館職，因謂公曰：「知所以相薦否？」公曰：「獲從公遊舊矣。」温公曰：「非也。光居閒，足下時節問訊不絶；光位政府，足下獨無書。此光之所以相薦也。」

擢右正言。是時差除，頗多政府親戚。公言：「祖宗以來，執政大臣親戚子弟，未嘗敢

受内外華要之職。自王安石秉政以後，盡廢累聖之制，專用親黨，務快私意，比年間，廉恥掃地。今廟堂之上，猶習故態。」歷疏太師、平章軍國重事彦博，司空、平章軍國事公著，左僕射大防，右僕射純仁，門下侍郎固，左丞存，右丞宗愈，堂除子弟親戚，凡數十人，且曰：「中書侍郎摯，未見所引私親，而依違其間，不能糾正，雷同循默，豈得無罪？願出臣此章，偏示三省，俾自此以往，厲精更始。」並言行録

會知漢陽軍吴處厚上蔡確安州所爲謗詩，公即論奏曰：「確詩十篇，多涉譏訕，而二篇尤甚，借唐爲諭，謗訕君親，至於『滄海揚波』之語，其所包藏，尤爲悖逆。蓋確自謂齒髪方盛，足以有爲，意在它日時事變易，徼幸復用，攄泄禍心。此而可舍，國法廢矣！」已而蔡確責授光禄卿，分司南京，公與梁燾同上疏力爭，以爲責命太輕，未厭輿議。疏十餘上，始竄確於新州。

蔡確雖貶，尚與章惇等自謂有定策功，創造語言，恐脅貴近，爲中外憂。公復言曰：「蔡確、章惇、黄履、邢恕四人者，在元豐之末，號爲死黨，惇、確執政，倡之於内，履爲中丞，與其寮屬，和之於外，恕立其間，往來傳送，天下之事，在其掌握。聖上嗣位，此實太皇太后聖慮深遠，爲宗廟社稷無窮之計。彼四人者，乃敢貪天之功，以爲己力。伏望明正四凶之罪，布告天下。除蔡確近已貶竄外，所有章惇、黄履、邢恕，欲乞並行逐之遠方，終身不齒。」

由是三人亦皆得罪。

遷起居舍人，兼左司諫。公偶爲家人雇乳母，牙媪以謂無有，詰其故，因言内降指揮，見求乳母。公怒曰：「汝何敢尔妄言！且今上猶未納后，安得有此？」媪云：「内東門司、開封府録實預其事。」公與府録有契，因折簡問之，答如所聞。即上疏言：「前世之主，鮮有不以聲色爲累。至於近之太早，御之無節，則又不能保固真源，增益壽考，聖賢所戒，可爲寒心。且世俗間，粗有百金之産，猶知愛其子孫，以爲嗣續之託。而況國朝百三十年之太平，六聖憂勤積累之業，陛下繼而有之，可不自愛自重，以爲宗廟社稷無窮之計乎？若陛下實未嘗爲，則臣之所言，猶不失諫官之職。萬一有之，則臣之進説，已是後時，惟冀陛下愛身進德，留意問學，清心御欲，增厚福基。」宣仁后初不知，因公言始窮詰其事，乃知雇乳母者爲劉氏也，后怒而撻之，由是劉深以望公。

自崇慶垂簾，復祖宗舊政，温公既薨之後，荆公之徒，多爲飛語以動摇在位，誘之以利，脅之以禍，無所不至。大臣多首鼠兩端，爲自全計。吕、范二相尤畏之，欲用其黨以平舊怨，謂之調停。差除之際，公與梁燾、朱光庭每極力爭論，吕公病之，因薦熙豐舊人鄧温伯爲翰林承旨，意言官必爭，因以逐之。公言：「温伯熙寧中，王安石、吕惠卿更相傾陷，温伯始終反覆，出入兩黨，又附蔡確，爲之草制，稱其有定策之功。乞行罷黜。」疏累上，不報。

即引疾在告，陳乞宮觀。乃除集賢殿脩撰，提舉西京崇福宮。

公徧歷言路，正色立朝，知無不言，言無不盡，每以辨是非邪正爲先，進君子退小人爲急。其面折庭爭，至雷霆之怒赫然，則執簡却立，伺天威少霽，復前極論，一時奏對，且前且却者，或至四五。殿庭觀者，皆汗縮竦聽，目之曰「殿上虎」。

宣仁后晏駕，吕丞相使陵下，范純仁奏乞除執政，即用李清臣爲中書侍郎，鄧温伯爲尚書右丞。時大臣卒用調停之説，遂有李、鄧之除。二人皆熙、豐之黨，屢見攻於元祐，乃以先朝事激怒上意。會庭策進士，李、鄧撰策題，歷詆元祐之政，有復新法之意，從而中傷元祐諸人。公乃出鎮常山。未幾，元豐舊人悉皆收召，遂相章惇。言者以公頃言蔡確落職知南安軍，而吕丞相亦不免遠竄，乃深愧於公。其後范丞相門人狀范公之行曰：「使其言行於熙、豐時，後必不至紛更；盡申於元祐中，必無紹聖大臣復讎之禍。」或以此問公，公曰：「微仲、堯夫不知君子小人，勢不兩立如冰炭，故開倖門，延入李、鄧，排去正人，易若反掌。調停之説果何益乎？昔温公爲相日，蓋知其後必有反覆之禍，然救生民之患，如救焚拯溺，猶恐不及，何暇更顧異日一身之患哉！」世以公爲知言。並言行録

紹聖初，黨禍起，器之尤爲章惇、蔡卞所忌，遠謫嶺外。盛夏奉老母以行，途人皆憐之，器之不屈也。一日行山中，扶其母籃舁憩樹，有大蛇冉冉而至，草木皆披靡，擔夫驚走，器

之不動也。蛇若相向者久之，乃去。村民羅拜器之曰：「官，異人也。蛇，吾山之神，見官喜相迎耳。官行無恙乎！」温公門下士多矣，如安世所守凛然，死生禍福不變，蓋其平生喜讀孟子，故剛大不枉之氣似之。聞見録

惇、卞用事，必欲致公於死，故方竄廣東，則移廣西，既抵廣西，則復徙廣東，凡二廣間遠惡州軍，無所不至。人皆謂公爲必死，然七年之間，未嘗一日病，年幾八十，堅悍不衰，此非人力所及，殆天相也。或問何以至於此，曰：「誠而已。」

先是，文及甫持喪在河陽，邢恕在懷州。及甫以劉丞相摯任中司日，嘗彈罷其左司郎，銜怨不已，以書抵恕曰：「及改月遂除畢禫祭，當外補，入朝之計未可必。當塗猜怨於鷹揚者益深，其徒實繁。司馬昭之心，路人所知也。又濟之以『粉昆』，朋類錯立，必欲以眇躬爲甘心快意之地。」紹聖末，蔡確子渭受旨於翰林學士蔡京，且迎合大臣，乃上書引及甫書爲證，訟劉丞相等誣陷其父，謀危社稷。朝廷駭之，委京究問，置獄於同文館，遂逮及甫就吏。及甫稱：「『鷹揚』，謂其父潞公也；『當塗』者，謂劉摯也；『其徒實繁』者，謂梁燾、王巖叟、劉安世、孫升、韓川之類也；『司馬昭之心，路人所知』者，緣摯竄斥顧命宰相蔡確，是時國勢甚危，疑摯有頃摇之心，意在不測，如司馬昭廢辱之事也；『粉昆』、『朋類』者，『粉』謂王巖叟面如傅粉，『昆』謂梁燾，字貺之，以『貺』爲『兄』，以『兄』爲『昆』也；『欲以眇躬爲甘心

快意之地，可爲寒心」者，「眇躬」謂主上，摯既懷無君之心，有動摇不逞之意，前已甘心快意於蔡確輩，今欲快意於主上，是欲以主上爲甘心快意之地，有憂國之心者，爲可寒心也。問：「有何照據？」則曰：「先父屏人説來，即無的確照據。」時劉丞相、王彦霖已物故，然而其謀本出於蔡京，故京猶乞上殿，親寫劄，爭論不已。三省言：「蔡京奏摯等逆心，則其一時黨附顯著之人，同惡相濟，豈得無之？如劉安世常論禁中雇乳母事，謂『陛下已親女寵』，又論不御經筵，『陛下已惑酒色』，誣罔聖躬，形於章疏者，果何心也？今摯貶死，廢及子孫，而安世不問，罪罰殊科如此，臣不知其説也。」詔劉安世移梅州安置，公時執喪，不候服闋，赴貶所。時公在貶所，有土豪緣進納以入仕者，因持厚資入京，以求見惇，犀珠磊落，賄及僕隸，久之不得見。其人直以能殺公意達之，惇乃見之。不數日，薦上殿，自選人改秩，除本路轉運判官。其人飛馭徑驅，至公貶所。郡將遣其客來勸公治後事，涕泣以言，公色不動，留客飲酒，談笑自若，俄報運使距郡城二十餘里，翌日當至。家人聞之，益號泣不食，且治公身後事。而公起居飲食如平常，曾無少異。至夜半伺公，則酣寢，鼻息如雷。忽聞鍾動，上下驚曰：「鍾聲何太早也？」黎明問之，鳴鍾者，乃運判一夕嘔血而斃矣。明日有客唁者曰：「若人不死，則公未可知矣！」然公亦無喜色。於是見公處死不亂如此。並言行録

公曰：「安世除諫官，三日有大除拜，安世便入文字，凡二十四章，又論章惇十九章，及

得罪，惇必欲見殺。人言『春、循、梅、新，與死爲鄰；高、竇、雷、化，説着也怕』，八州惡地，安世歷遍七州。道護録

建中間，公與蘇子瞻自嶺外同歸，至宣和間，内侍梁師成得幸，貴震一時，雖蔡京、童貫皆出其下。師成令吳可自京師來宋，欲鉤致公，引以大用，且以書抵公。可至三日，然後敢出之，且道所以來之意，大概以諸孫未仕爲言，以動公。公謝曰：「吾若爲子孫計，則不至是矣！且吾廢斥幾三十年，未嘗曾有點墨與當朝權貴。吾欲爲元祐完人，不可破戒。」乃還其書而不答，人皆爲公危之，而公自若也。言行録

先生曰：「金陵有三不足之説，聞之乎？」僕曰：「未聞。」先生曰：「金陵用事，同朝起而攻之，金陵闢衆論進言於上曰：『天變不足畏，祖宗不足法，人言不足卹。』此三句非獨爲趙氏禍，乃爲萬世禍也。先生嘗云：『人主之勢，天下無能敵者，或有過舉，人臣欲回之，必思有大於此者巴攬之，庶幾可回也。』今乃教人主，使不畏天變，不法祖宗，不卹人言，則何事不可爲也！」馬永卿編語録

先生曰：「金陵亦非常人，其粗行與老先生略同，其質樸儉素，終身好學，不以官職爲意，是所同也。但學有邪正，各欲行其所學者爾。而諸人輒溢惡，此人主所以不信，而天下之士至今疑之，以其言不公，故愈毁之而愈不信也。故攻金陵者只宜言其學乖僻，用之必

亂天下，則人主必信。若以爲以財利結人主如桑洪羊，禁人言以固位如李林甫，姦邪如盧杞，大佞如王莽，則人不信矣。蓋以其人素有德行，而天下之人素尊之，而人主夷攷之無是事，則與夫毀之之言，亦不信矣。此進言者之大戒。」語録

器之嘗謂予言：「當官處事，須權輕重，務合道理，毋使偏重可也。夫是之謂中。」因言：「元祐間，嘗謁見馮當世，當世言：『熙寧初與陳暘叔、呂寶臣同任樞密，暘叔聰明少比，遇事之來，迎刃而解。而呂寶臣尤善秤停事，每事之來，必秤停輕重，令得所而後已也。事經寶臣處者，人情事理，無不允當。』」器之因極言：「『秤停』二字，最吾輩當今所宜致力。」童蒙訓

器之云：「安世初登第，與二同年謁李若谷參政，三人同起身請教，李曰：『若谷自守官以來，常持四字，曰勤、謹、和、緩。』其間一後生應聲曰：『勤、謹、和既聞命矣，緩之一字，某所未聞。』李正色曰：『何嘗教賢緩不及事來？且道世間甚事不因忙錯了？』」呂氏雜録

公自宣和元日以後〔四〕，謝絶賓客，四方書問，皆不啓封，家事無巨細悉不問。夏六月丙午，忽大風飛瓦，驟雨如注，雷電晝晦於公正寢，人皆駭懼而走，及雨止辨色，公已終矣，聞者咸異焉。及葬，楊中立以文弔之曰：「劫火洞然，不爇唯玉。」搢紳往往傳誦，以爲切當。公在宋，杜門屏迹，不妄交遊，人罕見其面。然田夫野叟，市井細民，以謂若過南京不

見劉待制，如過泗州不見大聖。及公殁，耆老士庶，婦人女子，持薰劑，誦佛經而哭公者，日數千人。後二年，虜人驅墳户發棺，見公顔貌如生，咸驚曰：「必異人也！」一無所動，蓋棺而去。言行録

昔有與蘇子瞻論元祐人才者，至公則曰：「器之真鐵漢，不可及也。」

校勘記

〔一〕熙寧六年　「六」原作「二」，元刊本同，據三朝名臣言行録卷第十二之三改。

〔二〕凡三四日一往　「三」，原作「一」，元刊本同，據同前書改。

〔三〕力行七年而後成　「七」，原作「二」，元刊本同，據同前書改。

〔四〕公自宣和元日以後　元刊本同，同前書「元日」前有「乙巳歲」三字，較長。

宋名臣言行録後集卷第十三

范祖禹

字淳甫，成都人。中進士第，事神宗、哲宗，先嘗爲太史著唐鑑，官至内翰。

公未生，河南郡太君夢一偉丈夫，被金甲而至寢室曰：「吾故漢將軍鄧禹也。」既寤，猶見之。是日公生，遂以爲名。初字夢得，温公以傳稱鄧仲華「篤行淳備」，改字淳甫，故稱淳甫〔一〕。家傳

熙寧三年，温公修歷代君臣事迹，辟公同編修，又辟劉攽、劉恕，及温公歸洛，詔聽以其屬自隨，而二公各在官所，獨公在洛，温公專以書局事屬之，故公於此書，致力尤多。同上

除正言，客有言温公以公在言路，必能協濟。温公正色曰：「子謂淳夫見光有過不言乎？殆不然也！」遺事

公在書局，分職唐史，考其成敗治亂得失之迹，撮其機要，論次成書，名曰唐鑑，元祐元年上表進其書。家傳元祐中，客有見伊川先生者，几案無它書，唯印行唐鑑一部。先生謂客曰：「近方見此書，自三代以後，無此議論。」崇寧中，冲見欒城先生於潁昌，先生曰：「老來不欲泛觀他書，近日且且看唐鑑。」遺事

元祐初，伊川除崇政殿説書，時公爲著作佐郎。伊川嘗謂温公曰：「經筵若得范淳夫來尤好。」温公曰：「他已修史，朝廷自擢用矣。」伊川曰：「不謂如此，但經筵須要他。」温公問何故，伊川曰：「頤自度乏温潤之氣，淳夫色温而氣和，尤可以開陳是非，導人主之意。」其後除侍講。

朝廷既相温公、申公，詔起蜀公，蜀公以書問出處於公，公以謂不當起，蜀公得書大喜，曰：「是吾心也。凡吾所欲爲者，君實已爲之矣，何用復出？」又與親舊書云：「比亦欲出，而三郎勸止，遂已。」

冬大寒，禁中出錢十萬貫以賜貧民。公言：「朝廷自嘉祐已前，諸路皆有廣惠倉，以救恤孤貧。京師有東、西福田院，以收養小大廢疾。至嘉祐八年，增置城南、北福田院，共爲四院。此乃古之遺法也。臣以爲宜於四福院增蓋官屋，以處貧民，不限人數，委左右厢提舉使臣預設方略救濟，不必專散以錢，計其存活死損，以爲殿最。其天下廣惠倉，乞更舉

行，令官吏用心賑恤，須要實惠及貧民。」上納用焉。

講讀論語畢，賜宴于東宮。賜御書唐人詩各一首，公表謝曰：「臣願陛下篤志學問，亦如好書，益進道德，皆若游藝。」又賦詩以獻。退而節略尚書、論語、孝經要切之語，訓戒之言，得二百一十九事，名曰三經要語進之。家傳

是夏，權住進講。公上疏曰：「陛下今日學與不學，繫天下他日之治亂，臣不敢不盡言之。陛下如好學，則天下之君子欣慕，願立於朝，以直道事陛下，輔助德業，而致太平矣。陛下如不好學，則天下之小人皆動其心，欲立於朝，以邪諂事陛下，竊取富貴，而專權利矣。君子專於爲義，小人專於爲利。君子之得位，欲行其所學也；小人之得位，將濟其所欲也。用君子則治，用小人則亂。君子與小人皆在陛下心之所召也。凡人之進學，莫不在於年少之時，陛下數年之後，雖欲勤於問學，恐不得如今日之專也。」

蔡確既貶，公上言：「聖人之道，不過得中。天下之事，不可極意。用刑寧失之於寬，不可失之急；寧可失之略，不可失之詳。偏見異論者，皆以爲黨確而逐之，臣恐刑罰失中，人情不安矣。」

范忠宣公之罷，公嘗論列。客有謂忠宣曰：「范淳夫亦有言，何也？」忠宣曰：「使純仁在言路，見宰相政事如此，亦豈可默也？」

禁中下開封覓乳母十人，公在告，聞之，即上疏曰：「陛下未建中宫，而先近幸左右，好色伐性，傷於太早。陛下承天地宗廟社稷之重，守祖宗百三十年基業，爲億兆之父母，豈可不愛惜聖體哉！」又上疏皇太后曰：「千金之家，有十三歲之子，猶不肯使近女色，而況乎萬乘之主乎？陛下愛子孫而不留意於此，非愛子孫之道也。譬如美木方長，正當封植培壅，以待其蔽日淩雲，若戕伐其根，豈不害哉！

有詔選后，并令侍從禮官講求禮制。公上疏言四事，一曰族姓，二曰女德，三曰隆禮，四曰博議。又與諸公討論講議，約先王之禮，參酌其宜爲禮上之。及中宫初建，又解家人卦以獻。

公嘗采集帝王學問及祖宗講讀故事，爲帝學八卷上之。

秘書監王欽臣奏差真靖大師陳景元校黄本道書，公封還之，以謂：「諸子百家，神仙道釋，蓋以備篇籍異聞，以示藏書之富，本非有益於治道，不必使方外之士讎校，以崇長異學也。昔王安石使其門僧智緣隨王韶誘説木征，時人謂之『安撫大師』，今乃有校書道士，人必謂之『編校大師』矣。事雖至微，實損國體。」遂罷其命。

元祐七年，邇英閣對，公奏：「臣伏觀仁宗皇帝在位四十二年，豐功盛德，固不可得而名言。所可見者，其事有五：畏天、愛民、奉宗廟、好學、納諫。仁宗行五者於天下，所以爲仁也。然仁宗每因事示人好惡。皇祐中，楊安國講『直哉史魚！邦有道，如矢；邦無道，如矢。君子哉蘧伯玉！邦有道，則仕；邦無道，則可卷而懷之』，仁宗曰：『伯玉信君子哉，然不若史魚之直。』據孔子之所言，則史魚不若蘧伯玉之爲君子。仁宗之言，人君之言也。欲臣下切直，故言蘧伯玉不若史魚，以開臣下切直之路。由是天下知仁宗好直不好佞，此聖人大德也。願陛下以爲法，昭示所好，以慰群望。」上然之。

公勸上畏天愛民，脩身納諫，稽法祖宗，而專引仁皇行事，以爲故實，又采集仁宗聖政數百事，爲仁宗訓典六卷以獻。在經筵，據經守正，獻納尤多。講尚書「內作色荒，外作禽荒，酣酒嗜音，峻宇彫墻，有一于此，未或不亡」，講畢，再誦此六句，却立云：「願陛下留意。」哲宗首肯者再三，然後退就位。講孟子「今之樂，猶古之樂」，曰：「孟子切於救民，故勸齊王與民同樂，而謂『今之樂，猶古之樂』。然世俗之樂，鄭、衛淫哇之聲，非古先王之法，豈可薦上帝、配祖考、降天神、出地祇也？今樂、古樂如君子、小人之不可同，邪正之不可並。如必欲以禮樂治天下國家，則當如孔子答顏淵之言，孔子所言者爲邦之正道，孟子所言者救世之急務，此所以不同。」講「公劉好貨，大王好色」，曰：「孟子以王好貨，勸以當如公劉與民同利；以王好色，勸以當如太王與民同欲。然臣竊以謂公劉非好貨，乃是厚民；太王非好色，乃是正家。人君不可以好貨，亦不可以好色。好貨則貪而害民，好色則荒而害政。孟子事中才以下之君，故其言如此。」東坡嘗曰：「淳夫講説，爲今第一。言簡而當，無一冗字長語，義理明白，而成文燦然。乃得講師三昧也。」

公詰朝當講，前一夕，正衣冠，儼然如在上前，命子弟侍坐，先案講其説。平時温温其語，若不出諸口。及當講，開列古義，仍參之時事，及近代本朝典故，以爲戒勸，其音琅琅然，聞者興起。講王制「巡狩柴望」之禮，曰：「古之人多因『燔柴望秩』之説[二]，乃附會爲封禪之事，或以求神仙，或以祈福，或以告太平成功。皆秦、漢之侈心，非古者巡狩省方之義。爲人臣凡有勸人主封禪者，皆佞臣也。」李廌師友談紀[三]

陳衍初管當御藥院，公爲諫議，僦居城西白家巷，東鄰陳衍園也。衍每至園中，不敢高聲，謂同列曰：「范諫議一言到上前，吾輩不知死所矣。」

太皇太后登遐，公言：「太后新棄天下，陛下初攬庶政，乃宋室隆替之時，社稷安危之基，天下治亂之端，生民休戚之始，君子小人消長進退之際，天命人心去就離合之時，不可不慎也。太皇太后内定大策，擁立陛下，聽政之初，詔令所下，百姓呼舞，至公無私，焦刻勞苦，專心一意，保佑陛下。斥逐姦邪，裁抑僥倖，九年之間，始終如一。故雖德澤深厚，結於百姓，而小人怨者，亦不爲少矣。今必有小人進言曰：『太后不當改先帝之政，逐先帝之臣。』此乃離間之言，不可不察也。當陛下即位之初，中外臣民，上書言政令不便者以萬數，太后因天下人心之欲改，與陛下同改之，非以己之私意而改也。既改其法，則作法之人及主其人者，有罪當逐，陛下與太后亦以衆言而逐之，其所逐者皆上負先帝，下負萬民，天下之所讎疾，而欲去之者也。不如此，則天下不安爾。惟陛下清心照理，辯察是非，有以此言惑聖聽者，宜明正其罪，付之典刑，此等既上悞先帝，欲復悞陛下，天下之事，豈堪小人再壞耶？」初，公與蘇公約皆上章論列，蘇公已具草，見公之章，遂附名同奏，因謂公曰：「公之文，經世之文也。軾於朝廷文字，失於過當，不若公之言皆可行也。」公又上疏曰：「陛下嗣位，幸賴太后以大公至正爲心，罷王安石、呂惠卿等所造新法，而行祖宗舊政，故社稷危而復安，人心離而復合，乃至契丹主亦與宰相議曰：『南朝專行仁宗政事，可飭燕京留守，使戒邊吏，守約束，無生事。』夫以夷狄之情如此，則中國人心可知矣。太后爲陛下立太平之基，已有成効，臣願陛下守之以靜，無所改爲，恭己以臨之，虛心以處之。

有旨召內臣十餘人，公上疏言：「陛下初政，未嘗行一美政，訪一賢人，而先進用內臣如此，衆多之口，必謂陛下私於近習，臣竊惜之。」不報。

紹聖三年，徙賀州，謫詞云：「朕於庶言，無不嘉納。至於以訐爲直，以無爲有，則在所不赦。」公云：「吾論多事矣，皆可以爲罪也，亦不知所坐何事？」後乃知坐向言乳媼事，惇、下以謂上疏太母，所以離間哲宗也。然公先上皇帝疏，後數日乃上太母疏，止是勸上以愛身脩德，太母以保護上躬而已。

公每誦董仲舒「正其誼不謀其利，明其道不計其功」，曰：「君子行己立朝，正當如此。若夫成功，則天也。」

公言：「舊年子弟赴官，有乞書於蜀公者，公不許，曰：『仕宦不可廣求人知，受恩多則難立朝矣。』」

東坡好戲謔，語言或稍過，公必戒之。東坡每與人戲，必祝曰：「勿令范十三知！」公舊行第十三也。並遺事

哲宗即位，宣仁后垂簾同聽政，群賢畢集于朝，專以忠厚不擾爲治，和戎偃武，愛民重穀，庶幾嘉祐之風矣。然雖賢者不免以類相從，故當時有洛黨、川黨、朔黨之號。洛黨者，以程正叔爲領袖，朱光庭、賈易等爲羽翼。川黨者，以蘇子瞻内翰爲領袖，吕陶等爲羽翼。朔黨者，以劉摯、梁燾、王巖叟、劉安世爲領袖，羽翼尤衆。諸黨相攻擊不已。正叔多用古禮，子瞻謂其不近人情如王介甫，深疾之，或加玩侮，故朱光庭、賈易不平，皆以謗訕誣子瞻，執政兩平之。是時既退元豐大臣于散地，皆銜怨刺骨，陰伺間隙，而諸賢不悟，自分黨相毁。至紹聖初，章惇爲相，同以爲元祐黨，盡竄嶺海之外，可哀也。吕微仲，秦人，戇直無

黨，范醇夫，蜀人，師温公，不立黨，亦不免竄逐以死，可哀也。聞見録

校勘記

〔一〕故稱淳甫　元刊本同，三朝名臣言行録卷第十三之一其上有「或配甫子〔字〕而稱之」一句。

〔二〕古之人多因燔柴望秩之説　按：據上文「太史公講王制『巡狩柴望』之禮」句，此所引應爲禮記王制語，今本十三經注疏禮記正義王制有「歲二月東巡狩，至于岱宗，柴而望祀」，則「秩」似當作「祀」。

〔三〕師友談紀　「友」原作「支」，據元刊本、三朝名臣言行録卷第十三之一改。

鄒公　吏部侍郎

公名浩，字志完，常州晉陵人。中進士第，歷揚州、潁昌府教授。元祐七年，除太學博士，出爲襄州教授。元符元年，召對，除右正言。明年，除名勒停，羈管新州。徽宗即位，復宣德郎，添監袁州酒税，除右正言，遷右司諫、起居舍人。明年，除中書舍

人。遷吏部侍郎，除寶文閣待制，知江寧府，尋改知杭州，未赴，責授衡州别駕，永州安置。明年，除名勒停，昭州居住。崇寧四年，移漢陽軍居住。五年，復承奉郎，遂歸常州。大觀四年，復直龍圖閣。政和元年卒，年五十二。

道鄉鄒公，自少以道學行義知名於時。其爲人也，和順積中，而英華發外，望之睟然，見於顔面，不問知其爲仁人君子也。其遇事接物，猶虚舟然，而堅挺之姿，如精金良玉，不可磨磷。元符中，用侍臣之薦，擢居諫垣，從人望也。是時哲宗皇帝厲精求治，用賢如不及，一見即以公輔期之，嘉言入告，無不從者。適中宫虚位之久，大臣欲自結於嬖暱，爲保位之謀，迎意媚合不以正。公力言之，以爲公議不允，忤上旨。姦諛之徒，惡其害己，相與協力，擠之於陷穽之中又下石焉，皆是也。公之章留中不下，乃僞爲之，加以詆誣不實之語，如「取它人之子子之而殺其母」之類。流布中外，欲天下聞之，真若有罪者，其爲謀深矣。雖有端人正士，無敢爲公辨明者。公既没，迨今二十餘年，昔之姦朋，凋喪略盡，而正論行焉，真僞是非，始有在矣。紹興三年，其子柄集公之奏議一編，屬余爲叙。余於公，非一朝燕游之好也，知公爲尤詳，其事之本末，皆余所親聞見者，故詳著之，以昭示來世，庶乎使小人知君子之爲善終不可誣也。公之將亡，余適還自京師，聞公疾革，未及弛擔，即馳往省之。見其薾然僅存餘息，然語不及私，猶以國事爲問，蓋其平生以天下之重爲己任，至垂

絶而不忘也。每追念及之，愴然不能釋。嗚呼！世道喪久矣，不復有斯人也！龜山集鄒公奏議集序

張繹曰：「鄒浩以極諫得罪，世疑其賣直也。」先生曰：「君子之於人也，當於有過中求無過，不當於無過中求有過。」程氏遺書

志完脩潔有志行，記覽該總，援筆數千言立就，斯可畏者。然自視如未足，士有一善，無貴賤必與之交，無遠邇必欲收而取之。崔正言婆娑集

志完云：「聖人之道，備于六經，六經千門萬户，何從而入？大要在中庸一篇，其要在御名獨而已。但於十二時中，看自家一念從何處起，即點檢不放過，便見工力。」胡氏傳家録

田晝者，字承君，陽翟人，故樞密宣簡公姪也。人物雄偉，議論慷慨，俱有前輩之風。鄒浩志完教授潁昌，與承君遊，相樂也。志完性懦，因得承君，故遇事輒自激勵。元符間，承君監京城門，志完除言官，遣客見承君，以測其意。客問承君：「近讀何書？」承君曰：「吾作墨子詩有『知君既得雲梯後，應悔當年泣染絲』之句，爲志完發也。」客言於志完，志完折簡謝曰：「承君辭甚苦〔一〕。」因約相見。承君取告見之〔二〕，問志完曰：「平生與君相許者何如？今君爲何官？」志完愧謝曰：「上遇群臣，未嘗假以聲色，獨於浩若相喜者。今天下事故不勝言〔三〕，意欲使上益相信而後言，貴可有益也〔四〕。」承君許之。既而朋黨之禍大起，

時事日變更，承君謝病歸陽翟田舍。一日，報立劉氏爲皇后，承君謂予曰〔五〕：「志完不言，可以絶交矣。」又一日，志完以書約承君會潁昌中塗，承君喜甚，亟往。志完具言：「諫立皇后時，浩之言戇矣。上初不怒也，浩因奏曰：『臣即死，不復望清光矣。』下殿拜辭以去。至殿門，望上猶未興，凝然若有所思也。明日浩乃得罪。」留三日，臨别，志完出涕，承君正色責曰：「使志完隱默，官京師，遇寒疾不汗，五日死矣，豈獨嶺海之外能死人哉！願君無以此舉自滿，士所當爲者，未止此也。」志完茫然自失，歎息曰：「君之贈我厚矣！」乃别去。建中靖國初，承君入爲太宗正丞。宰相曾布欲收置門下，不能屈，除提舉常平，亦辭，請知淮陽軍以去。吏民畏愛之，歲大疫，承君日自挾醫，户問病者，藥之良勤，得疾而卒。聞見録

校勘記

〔一〕志完折簡謝曰承君辭甚苦　「曰」，邵氏聞見録卷一五無之，則讀作「志完折簡謝承君，辭甚苦」。

〔二〕取告見之　「取告」，同前書元鈔本作「趣往」，較長。

〔三〕故不勝言　「故」，同前書元鈔本作「固」，宋史卷三〇五田晝傳叙此亦作「固」。

〔四〕貴可有益也　「可」，同前書一本作「其」。

〔五〕承君謂予曰　「謂」，同前書作「告諸」。

陳瓘　忠肅公

字瑩中，南劍州人。中進士甲科，事神宗、哲宗、徽宗，官至監察御史。

公爲越州僉判，蔡卞爲帥，待公甚厚。初，卞嘗爲公語：「張懷素道術通神，雖飛禽走獸能呼遣之。」至言：「孔子誅少正卯，彼嘗諫以爲太早；漢、楚成皐相持，彼屢登高觀戰。不知其歲數，殆非世間人也。」公每竊笑之。及將往四明，而懷素且來會稽，卞留少俟，公不爲止，曰：「子不語怪、力、亂、神，以不可訓也。斯近怪矣。州牧既甚信重，士大夫又相諂合，下民視之從風而靡。使真有道者，固不願此。不然，不識之未爲不幸也。」後二十年，懷素敗，多引名士，或欲因是染公，竟以尋求無迹而止。非公素論守正，則不免於羅織矣。

紹聖初，章中公以宰相召，道過山陽，公適相遇，隨衆謁之。章素聞公名，獨請登舟，共載而行，訪以當世之務。公曰：「請以所乘舟爲諭。乘舟偏重，其可行乎？移左置右，其偏一也。明此，則可行矣。」章默然未答。公復曰：「上方虛心以待公，公必有以副上意者。敢問將欲施行之叙，以何事爲先，何事爲後？何事當緩，何事當急？誰爲君子，誰爲小人？

諒有素定之論。」章復竚思良久，曰：「司馬光姦邪，所當先辨，無急於此。」公曰：「相公悞矣。此猶欲平舟勢而移左以置右也，果然，將失天下之望矣。」章厲色視公曰：「光輔母后，獨宰政柄，不務纂紹先烈，肆意大改成緒，悞國如此，非姦邪而何？」公曰：「不察其心，而疑其迹，則不爲無罪；若遂以爲姦邪，而欲大改其已行，則誤國益甚矣！」乃爲之極論熙、豐、元祐之事，以爲：「元豐之政，多異熙寧，則先志固已變而行之。温公不明先志，而用母改子之說，行之太遽，所以紛紛，至於今日。爲今之計，唯當絶臣下之私情，融祖宗之善意，消朋黨，持中道，庶乎可以救弊。若又以熙、豐、元祐爲說，無以厭服公論，恐紛紛未艾也。」辭辯淵源，議論勁正，章雖迕意，亦頗驚異，遂有兼取元祐之語，留公共飯而別。章到闕，召公爲太學博士，公聞其與蔡卞方合，知必害於正論，遂以婚嫁爲辭。久乃赴官，於是三年不遷。

公爲太學博士，薛昂、林自之徒爲正録，皆蔡卞之黨也，競推尊荆公而擠排元祐，禁戒士人，不得習元祐學術。卞方議毁資治通鑑板，公聞之，因策士題特引序文以明神考有訓，於是林自駭異，而謂公曰：「此豈神考親製耶？」公曰：「誰言其非也？」自又曰：「亦神考少年之文爾。」公曰：「聖人之學，得於天性，有始有卒，豈有少長之異？」自辭屈愧歉，遽以告卞，卞乃密令學中置板高閣，不復敢議毁矣。

嘗爲别試所主文。林自謂蔡卞曰：「聞陳瓘欲盡取史學，而黜通經之士，意欲沮壞國是，而動摇荆公之學也。」卞既積怒，謀將因此害公，而遂禁絶史學。計畫已定，唯候公所取士求疵，立説而行之。公固預料其如此，乃於前五名悉取談經及純用王氏之學者，卞無以發，然五名之下，往往皆博洽稽古之士也。公嘗曰：「當時若無矯揉，則勢必相激，史學往往遂廢矣。故隨時所以救時，不必取快目前也。」

公因朝會，見蔡京視日久而不瞬，嘗以語人曰：「京之精神如此，它日必貴。然矜其禀賦，敢敵太陽，吾恐此人得志，必擅私逞欲，無君自肆矣。」尋居諫省，遂攻其惡。京聞公言，因所親以自解，且致情懇，而以甘言啖公。公曰：「杜詩所謂『射人先射馬，擒賊須擒王』，不得自已也。」於是攻之愈力。

公謂：「天下之事，變故無常，唯稽考往事，則有以知其故而應變。王氏之學，乃欲廢絶史學，而咀嚼虚無之言，其事與晉無異，將必以荒唐亂天下矣。」故彈蔡京疏文有曰：「絶滅史學，一似王衍；重南輕北，分裂有萌。」逮今三十餘年，而所言無不驗矣。

公以紹聖史官，專據荆公日録，以修裕陵實録，變亂是非，不可傳信，故居諫省，首論其事，進日録辨，乞改實録。又因竄責合浦，著尊堯集，深闢誣妄，以明君臣之義。

公謫台州，朝廷起遷人石悈知州事，且令赴闕之官，士論汹汹，咸爲將有處分于公也。

械至，果揚言怖公。視事次日，即遣兵官突來所居，搜檢行李，攝公至郡。郡庭大陳獄具。蓋朝旨取索尊堯副本，而械爲此以相迫脅耳。公知其意，遂發問曰：「今日之事，豈被旨耶？」械失措而應曰：「有尚書省劄子。」出示公，劄子所行，蓋取尊堯集副本，以爲係詆誣之書，合繳申毁棄也。公曰：「然則朝廷指揮取尊堯集耳，追瓘至此，復欲何爲？」因問之曰：「君知尊堯所以立名乎？蓋以神考爲堯，而以主上爲舜也。助舜尊堯，何爲詆誣？時相學術淺短，名分之義，未甚講求，故爲人所指使，請治尊堯之罪，將以結黨固寵也。君所得於彼者幾何，乃亦不畏公議，干犯名分乎？請具申瓘此語，瓘將顯就誅戮，不必以刑獄相恐。」械不待公言畢，屢揖公退。尋語人曰：「不敢引其説，尚自如此，良可畏也。」繼又幽公於僧舍，窘辱百端，公安之不以爲慊，械亦終不能爲害。遺事

公雖緣蔡氏得罪，而首論私史，力排王氏。王、蔡之黨，如薛昂、蹇序辰、何執中、鄧洵仁、洵武、蔡薿之徒，皆當時協力排陷，欲殺公者，亦不獨蔡京兄弟而已。蔡薿與公初不相識，公上宰相書，謫守海陵，薿爲太學生，以長書遺公，論事合公議，謂：「公諫疏婉而有理，似陸宣公；剛而不撓，似狄梁公；文章淵源，發明正道，則韓文公其人也。」至次年，薿以對策爲大魁，所陳時務，與前書頓異，於是愧悔，而欲殺公以滅口，密贊京黨，出力尤甚。

公有斗餘酒量，每飲不過五爵。雖會親戚，間有歡適，不過大白滿引，恐以長飲廢事。

每日有定課，自雞鳴而起，終日寫閱，不離小齋。倦則就枕，既寤即興，不肯偃仰枕上。每夜必置行燈於床側，自提就案。人或問：「公何不呼喚使令者？」公曰：「起止不時，若涉寒暑，則必動其念，此非可常之道。偶吾性安之，故不欲以勞人也。」

公智明慮遠，通易數，如靖康變故，隆祐垂簾，國家中興之事，往往嘗預言之。士大夫間有親聞者。並遺事

徐師川以才氣自負，少肯降志於人。常言：「吾於魯直爲舅氏，然不免有所竊議；至於了翁，心誠服之。」忠宣范公晚年益以天下自任，尤留意人才，或問其所儲蓄人材，可爲今日用者，答曰：「陳瓘。」又問其次，曰：「陳瓘自好也。」宣和之末，人憂大厦之將顛，或問游定夫以當今可以濟世之人，定夫曰：「陳了翁其人也。」劉器之亦嘗因公病，使人勉公以毉藥自輔，云：「天下將有賴於公，當力加保養，以待時用也。」其爲賢士大夫所欽屬如此。

張天覺晚年亦好佛重道。建華嚴閣，作醮籙會，黄冠、釋子，紛紛奔趨之。公雖嘗被其薦引，然素未相識及通書也。至是代書簡之曰：「辟穀非真道，談空失自然。何如勳業地，無愧是神仙。」

公送其姪淵責沈文曰：「予元豐乙丑夏爲禮部貢院點檢官，適與范淳夫同舍，公嘗論顏子『不遷怒、不貳過』，惟伯淳能之。予問公曰：『伯淳誰也？』公默然久之，曰：『不知有

程伯淳邪？』予謝曰：『生長東南，實未知也。』予常以寡陋自愧。」了翁之子正由云：「了翁自是每得明道先生之文，必冠帶然後誦之。」遺事並仝

初，蔡京爲翰林學士承旨，以辭命爲職，潛姦隱慝，未形於事。公於是時力言京不可用，用之必爲腹心患，聞者往往甚其言。已而怙寵妄作，悉如公言。於是人始服公爲著龜也。昔王安石參大政，士大夫相慶於朝，呂獻可獨抗章論之，雖温公猶以爲太遽。未幾，變更祖宗故事，流毒至今未殄也。故温公每謂人曰：「獻可之先見，余所不及。」余以謂公之於京，言之於未用之前，獻可於文公，論之於既用之後，則公之先見，於獻可有光矣。龜山撰公祠堂記

宋名臣言行録後集卷第十四

邵雍

康節先生　並見道學録

陳襄

字述古，福州候官人。登第，仕仁宗、英宗。

公既孤，且多病，常以先君侍郎之言爲念，居間益自策勵，上事繼母以孝，下教弟妹以義方，求士之賢者，親而友之，得其鄉士陳烈、周希孟、鄭穆爲之友。四人者，氣古行高，磨礲鐫切，相期以天下之重爲己任。時學者方溺於彫篆之文以相高，所謂知天盡性之説，皆指以爲迂闊而莫之講。公與三人者獨以斯道鳴於海隅，聞者始皆笑之而驚，四人者不爲變，守之益堅，躬行於其家，由家達于州閭，人卒信而化之，父兄皆飭其子弟請從之。由是閩中士人宗之，謂之「四先生」。雖有誕突盜傲，不可率者，不敢失禮於其門。已而四先生之名傳之四方，從之學者日益衆。葉祖洽行狀

公主建州之浦城簿，會邑闕令，公獨當縣事，邑之封疆遠，多世族，前後令罕能制，蔽蒙請託，習以爲常。公夜寐夙興，務究其弊，訟之難聽而積久者，窮極本源，剖決無留。有請託者，惜其士類，不欲遽繩以法。每聽訟，必數人環列於前，私謁者無所發。由是邑人知公之不可干，老姦宿贓，縮手喪氣，民畏且愛，爭圖公之像以神事之至今。先有詔郡邑興學，公遂諭邑之富人，出所餘以繕學舍。學成，使邑之子弟造焉。公爲入學，講説不斁，士之自遠方來者，至數百人。部使者安刑部積始至其縣，公即以十事便於民者干之，安皆行之，人受其賜。行狀

公知浦城縣日，有人失物，捕得莫知的爲盜者。述古乃紿之曰：「某廟有一鍾，能辨盜至靈。」使人迎置後閤祠之，引群囚立鍾前。自陳：不爲盜者，摸之則無聲；爲盜者，摸之則有聲。述古自率同職，禱鍾甚肅。祭訖，以帷帷之，乃陰使人以墨塗。良久，引囚逐一令引手入帷摸之。出乃驗其手，皆有墨，惟有一囚無墨，訊之，遂承爲盜。蓋恐鍾有聲，不敢

摸也。此亦古之法，出於小說。筆談

仙居爲縣僻陋，民不知教。公於正歲，因耆老來賀，作勸學一篇，使門人管師復讀於庭，且諭之曰：「吾秩滿即去，爾有子弟，亟遣就學。」於是耆老相與感泣歎嗟，從之翕然。每過社稷、孔子廟，必下而趨。邑人自是有所矜式，學者興起。縣有西圃，蕪廢弗葺，縱民耕種其中。然每有興建，必爲民利，故瓦木之資，不責於民，而樂輸之。下至織席之微，亦願出所得以助焉。及公去也，老幼攀車遮道，幾不得出境。

判尚書祠部，遇權貴人奏乞寺觀名額，且度僧人、道士，公堅執著令不爲行。因奏言：「近年以來，自宮闈宦官，以及要近，一例陳乞。蓋秉政大臣，不爲陛下愛惜典刑，首爲瀆亂，所有詔令，未敢奉行。」行狀

出知常州，郡庠下窄，不足以容生師。公勤於經始，成以不日，其規摹氣象，遂爲諸郡庠序之冠。公晨入其中，坐授諸生經義，旁決郡事。由是毗陵學者，盛於二浙。治平初，召還將行，委官閱公帑，得雜收無名錢數百萬，因召積年有官逋未償，情可矜而力不足者，悉以輸之。蓋公淡於宴樂，故有餘，足以周物。行狀

常州運渠横遏震澤，積水不得北入于江，以爲常、蘇數邑民田之害者累世矣。公以渠之丈尺，對民田之步畝，分授以浚，深廣有制，不月而成。遂削望亭古堰，而震澤積水乃克

北流，民害以除，而田旱有溉，豐穰歲饗矣。祠堂記

熙寧二年，陳述古學士襄自右史遷臺雜。近例，左右次補知制誥、臺雜，乃敘遷三司副使。於是特降旨，候知制誥闕，與召試。襄辭曰：「陛下以義使臣，則臣敢不惟命是聽。豈可計較資地，以爲輕重？況義之所在，知無不言。夫豈知鈇鑕之在前，而寵禄之居後哉！一有顧利避害之心，則依違姑息，無所不至。身且不正，焉能正人？」乃許追寢前命。明年，以言青苗事，復爲右史。又歲餘，始掌誥命。呂氏家塾記

公將終，妻子環泣，求所以語後者。公索紙筆，書「先聖先師」四字付其子而絶。行狀

富丞相當國日，引陳襄述古爲上客，述古所以告富公者，盡仁義也。有不悦富公者，造爲「五鬼」之號，而襄在其一。夫流言待無知者而傳，至智者則止矣。以富公之賢，其門豈無善士？以述古之賢，而肯爲人作鬼乎？呂氏家塾記

劉恕

字道原，筠州人。試經義、説書皆第一，事神宗，官至秘書丞。

道原少穎悟俊拔，讀書過目即成誦。年四歲，坐客有言孔子無兄弟者，道原應聲曰：

「以其兄之子妻之。」一坐驚異。范太史撰墓碣

皇祐初，光爲貢院屬官，時有詔：「士能講解經義者，聽別奏名。」應詔者數十人，問以春秋、禮記大義，其中一人所對最精詳，先具注疏，次引先儒異說，末以己意斷之，凡二十問，所對皆然，主司驚異，擢爲第一。及發糊名，乃進士劉恕，光以是慕重之。司馬公作十國紀年序

前世史自太史公所記，下至周顯德之末，簡策極博，而於科舉非所急，故近歲學者多不讀，鮮有能道之者，獨道原篤好之。爲人强記，紀傳之外，閭里所録，私記雜說，無所不覽。坐聽其談，衮衮無窮，上下數千載間，細大之事如指掌。

英宗雅好稽古，詔光編次歷代君臣事，仍謂光曰：「卿自擇館閣英才共修之。」光對曰：「館閣文學之士誠多，至於專精史學，臣所得而知者唯和川令劉恕一人而已。」上曰：「善。」退即奏召之，與共修書，史事之紛錯難治者，則以諉之，光蒙成而已。

王介甫與道原有舊，介甫參大政，欲引道原修三司條例，道原固辭以不習金穀之事，因言：「天子方屬公以政事，宜恢張堯、舜之道，以佐明主，不應以財用爲先。」介甫雖不能用，亦未之怒。及呂獻可得罪，道原往見介甫曰：「公所以致人言，蓋亦有所未思。」因爲條陳所更法令不合衆心者，宜復其舊，則議論自息。介甫大怒，遂與之絶。即奏乞監南康軍酒，

得之。

方介甫用事，呼吸成禍福，凡有施置，舉天下莫能奪。高論之士，始異而終附之，面譽而背毁之，口是而心非之者，比肩是也。道原獨奮厲不顧，直指其事，是曰是，非曰非，或面刺介甫至變色如鐵。或稠人廣坐，介甫之人滿側，道原公議其得失無所隱，惡之者側目，愛之者寒心，至掩耳起避之，而道原曾不以爲意。見質厚者，親之如兄弟；姦諂者，疾之如讎。用是困窮而終不悔，此誠人之所難也。昔申棖以多欲不得爲剛，微生高以乞醯不得爲直，如道原者，可以爲剛直之士矣。

道原家貧，至無以給旨甘，一毫不妄取於人。其自洛陽南歸也，時已十月，無寒具，光以衣襪一二事及舊貂褥賫之，固辭，强與之。行及潁州，悉封而返之。於光而不受，於他人可知矣。尤不信浮屠説，以爲必無是事，曰：「人如居逆旅，一物不可乏，去則盡棄之矣。豈得賫以自隨哉！」可謂知之明而決之勇矣。並十國紀年序

先公言荆公笑道原耽史而不窮經，相見必戲之曰：「道原讀到漢八年未？」而道原歷詆荆公之學，士子有談新經者，道原怒形於色，曰：「此人口出妖言，面帶妖氣。」范太史遺事

徐積　節孝先生

字仲車，楚州人。中進士第，官至宣德郎，賜節孝居士。

先生因具公裳見貴官，忽自思云：「見貴官尚必用公裳，豈有朝夕見母而不具公裳者乎？」遂晨夕具公裳揖其母。童蒙訓

初從安定胡先生學，潛心力行，不復仕進。自言，初見安定先生退，頭容才偏，安定厲聲云：「頭容直！」積因自思，不獨頭容，心亦要直也，自此不敢有邪心。

先生事母謹嚴，非有大故，未嘗去其側。日具太夫人所嗜，或不獲，即奔走闤市，人或慕其純孝，損直以售之。太夫人飲食時，率家人在左右，爲兒嬉或謳歌以説之。故太夫人雖在窮巷，而奉養與富貴家等，無須臾不快也。應舉貢禮部，不忍一日去其親，遂徒步載母，西入京師。一日借人書册，經夕還之，人知其必不校，乃誣曰：「册中有金葉。」先生遜謝，賣衣償金。聞者皆不平，强使歸金，先生終不受。

年過壯，未娶，或勉之，答曰：「娶非其人，必爲母病。予非敢忘嗣，固有待也。」以羅城君諱石，平生不用石器，遇石則避而不踐。或謂先生曰：「天下用石多矣，必避之，然後爲

孝歟？他日山行奈何？」先生曰：「此吾私迹則然，吾豈固避之哉！吾遇之怵然傷吾心，乃思吾親，不忍加足其上。他日若有君命，敢從私乎？」

太夫人既以疾終，先生號慟嘔血，絶而復蘇，哭不輟聲，水漿不入口七日。廬墓三年，卧苫枕塊，縗絰不去身，至雪夜哀號，伏墓呼太夫人，問寒否如平生。顛委僵仆，手足皆裂，不顧也。所居茅舍，不蔽風雨，而農夫樵父，瞻仰如神。有爭訟者必造之，先生以義裁決，皆悦服而去，不復造有司。太守迎先生入學，先生居州學舍，尚設考妣几筵，晨昏起居，執爨滌器，饋食如生。冬以火温衾，夏揮扇去蚊蚋，思母平時所甘，旨以供祀，未嘗一日不奉酒也。

平日教學者，每以「治心養氣」爲先，曰：「脩身務學，爲文之要，莫大於此。」晚乃著書，未成而病，嘗曰：「吾之書大要以正治心，以直養氣而已。」或問立朝之要，則曰：「以正輔君。」或問脩身之要，則曰：「以正脩其身。」自遠方寄巨軸請教者，乃大書一「正」字與之。

先生天文之學，尤造其妙。門人問之，則曰：「昔有學天文於譙周者，周曰：『天下事可學者甚多，何獨天文？』」

先生於前代名將，酷慕諸葛武侯，以其所學之廣，所養之厚也。嘗謂：「兵者實大賢盛德之事，非小才小智所能用。不獨用之難也，言之亦難。若其所養不至而易言之，鮮不敗事。」

先生爲文，率用腹藁口占。嘗曰：「文字在胸中，出之未暇者，不可勝記。」先生一日升堂訓諸生曰：「諸君欲爲君子，而使勞己之力，費己之財，如此而不爲，猶之可也。不勞己之力，不費己之財，何不爲君子，鄉人賤之，父母患之，如此而不爲，猶之可也。父母欲之，鄉人榮之，何不爲君子？」行狀并王資深撰

陳無己

名師道，一字履常。以侍從合薦爲徐州教授，官至秘書省正字。無己苦節厲志，自其少時，蚤以文謁南豐曾舍人，曾一見奇之，許其必以文著，時人未之知也。在潁賦六一堂詩，有「向來一瓣香，敬爲曾南豐」之句。謝克家撰文集序

傅公欽之初爲吏部侍郎，聞其游京師，欲與相見，先以問秦觀，觀曰：『師道非持刺字俛理色，伺候乎公卿之門者，殆難致也。』公曰：『非所望也，吾將見之，懼其不吾見也，子能介於陳君乎？』公知其貧甚，因懷金餽之。及覩其貌，聽其論議，竟不敢以出口。」道鄉集

陳履常居都下逾年，未嘗一至貴人之門。章子厚欲一見，終不可得。中丞傅欽之、侍

郎孫莘老薦之，軾亦掛名其間，會朝廷多知履常者，故得一官。蘇内翰答李廌書

辱書喻以章公降屈年德，以禮見招，不佞何以得此，豈侯嘗欺之耶？公卿不下士尚矣，乃特見於今而親於其身，幸孰大焉！愚雖不足以齒士，猶當從侯之後，順下風以成公之名。然先王之制，士不傳贄爲臣，則不見於王公。夫相見所以成禮，而其弊必至於自鬻。故先王謹其始而爲之防，而爲士者世守焉。師道於公，前有貴賤之嫌，後無平生之舊。公雖可見，禮可去乎？且公之見招，蓋以能守區區之禮也〔一〕，若昧冒法義，聞命走門，則失其所以見招，公又何取焉？雖然，有一於此，幸公之它日成功謝事，幅巾東歸，師道當御款段，乘下澤，候公於上東門外，尚未晚也。後山集答秦少游書

校勘記

〔一〕蓋以能守區區之禮也　「蓋」、「也」，後山居士文集作「豈」、「乎」。

附録

目録

一〇、清顧千里校洪瑩重刊李幼武本顧千里記
一一、清顧千里校洪瑩重刊李幼武本包良訓識
一二、宋晁公武郡齋讀書志趙希弁讀書附志傳記類
一三、宋陳振孫直齋書録解題傳記類
一四、宋馬端臨文獻通考經籍考史部
一五、清永瑢紀昀等四庫全書總目提要史部傳記類
一六、胡玉縉王欣夫四庫全書總目提要補正史部傳記類
一七、余嘉錫四庫提要辨證卷六史部四
一八、邵懿辰邵章增訂四庫簡明目録標注史部傳記類
一九、清于敏中彭元瑞天禄琳琅書目卷五
二〇、清于敏中彭元瑞天禄琳琅書目卷十二
二一、清沈初浙江採集遺書總録戊集
二二、傅增湘藏園群書經眼録卷四史部二
二三、傅增湘藏園群書題記卷第三史部二傳記類

一、宋李衡校正本李居安叙

本朝名臣，一言一行，史筆所録，法當詳贍。然始初之正本固詳贍矣，而統紀之漫漶；近世之纂要雖剪截矣，而顛末之參差。每參錯而並觀，懼覽者之不一。點勘訂正，有宗有元，不繁不簡，此本殆庶幾乎！試刻諸梓，與有志於斯文者共。寶祐戊午中和節，廬陵李居安叙。

晦庵先生朱熹纂集。

太平老圃李衡校正。

二、宋李幼武皇朝名臣言行續録趙崇硂序

本朝名臣言行録，紫陽朱夫子所編也。惜此書止集於八朝之前，而未竟於中興之後。南渡以來，忠臣義士，名聲在人，項背相望，摭實採迹，得此失彼，豈惟朱夫子遺憾，亦學者觖觀也。外孫李士英，頃以宗人太平老圃所校八朝名臣言行録鋟梓，大爲學者便矣。今又於中興四朝諸名臣，蒐閲行事，集爲全編。筆成示余，一覽在目，不泛不略，似欲希紫陽者也。然紫陽豈易希哉！希之者，非僭則妄。余惟惜此書未竟於前時，而幸此編稍全於今日，故爲識之。景定辛酉人日，浚儀趙崇硂平翁序。

三、明揚州重刊李幼武本焦竑序

刻宋名臣言行録序揚州版舊序

有宋鉅公碩儒，項背相望，一言一行，可爲後法。晦庵先生懼其漫漶無統，爲之輯前後二集，以表章先哲，垂示來兹者甚具。厥後朋溪先生繼之，爰輯續、别、外三集，庚先生未竟之志。合之得七十有五卷，號稱完璧矣。至是弭節淮南也，重刻之以貽同好，而徵余爲序。直指雲蛟黄公，手披心醉，積有年祀，每出必鐍以自隨。余讀之撫卷而歎曰：嗟乎！人道經緯，萬端所從來矣。修身繕性之方，致君理國之具，開卷犂然，纖忽畢載，流風扇被，映我後人。蓋上臣勛名，固不以巧辭飾行而取哉！誠指南之前車，已疢之上丹也。夫古以準今，學以致用。故考古者將以蓄德，匪曰説鈴；企賢者將以成材，匪曰耳瑱。懸一心之鑑，集衆賢之長，是取材于山，挹潤于海也。不然，辟之隸農，即有坻京之菽谷，難以望果然之腹矣。語有之，日月麗天，瞻之不墜，仁義在躬，用之不匱。君子稱性而出，忘乎爲我，率其所至，何必減于古人？儻其迷自性之真源，襲已然之陳迹，則亦鄭人之置履而信度也，其與幾何？即兩先生涸研童豪，刳心龜手，而不能已者，豈欲其如斯焉止耶？直指公書非聖不讀，行非古不遵，憲肅風清之暇，雅意文教，所版行書甚多，此其一也。觀者執是可以卜公之所存焉。

萬曆丁未夏日，後學焦竑書。

四、明應天府學重刊李幼武本楊以任序及張采跋

重修宋名臣言行録序應天府學版舊序

朱子既集名臣言行録，李幼武以爲未備也，取中興諸人續之，論者復病其多可，即浚儀平翁，亦謂希朱者不僭則妄。嗟乎！後之學者，不法朱子奚法哉！且續者濫矣。朱子所纂，亦未爲全得也。朱子首趙則平，非夫教人以竊國篡君，殺其兄之子與其弟，而自爲寵禄計者乎？此賈充、徐勣之所爲，春秋所必誅而不赦，而首以爲録，朱子自背綱目之例，又何怪乎續之者曰：「朱子爲宋之臣，不得不云爾。」桓、文豈純節哉，春秋惟是之爲録，且因其事以爲勸懲。朱子於諸人言行，各臚其實，抑亦勸懲之義，非專取以法也。」八朝數十人，悉以此意衡之，救世之心實苦。若夫續之者，意在數美，止據本傳，朱子勸懲之意微矣。然即不續，一時忠臣良將，磊落掀揭之士，俱不獲數，亦何以全其爲宋臣之言行也？遷、固之史，豈能不妄？而後之君子有取焉，蓋因其最著，以知其庸庸不足數，取之乃所以爲黜。此又朱子不煩筆削，而即借後人之心，爲公斷者也。且朱子非取必純臣爲也，纂曰「名臣」，名之藏僞多矣。遁世之學，斬絶名根，潛德弗光，原本一悶，世之轉旋面目，不可測識者，皆名人也，有敗不敗爾。朱子豈以名誨天下哉，就名破名，使知善敗并存，初終莫掩，學者必求安身立命之處，唯究極實地，乃爲得耳。又豈後之執筆者，所能窺測一二歟？然則濂溪、明道諸先生，其於闇意非不近矣，朱子何不取以正之，而必待續之性命

之學，標之以名，原非朱子意中事。況諸子所造，亦自不猶，統命之名，以開道學一徑，滋他日之僞，朱子弗是也。就其意而深求之，其名者與，不必名者與？名之爲累者，亦既燦然，雖不必删，有嚴於删者矣。是書也，殘缺已甚，余憮然恐遂滅没，而昔人意緒，將無所託以傳，乃訪一二舊本，屬賈君柱明，授梓成書焉。梓既竣，爲挈此義，欲共學者審于勸懲，無爲名所眩也。

崇禎六年三月，虔州楊以任謹序。

此我友維節楊子舊序也。是書故嘗鏤版，藏在應天府學，日久漫滅，幾不成册。維節以進士受學官，表章先籍，鳩工修輯。癸酉春，訪余于虎丘僧舍，以一部貽贈，隨商略可否，相期評定屬梓，并以國朝名臣録分任。因各舉聞見，歷書姓名，扃之笥篋，盤桓三日别去。越明年甲戌，維節遂爲古人。維節性孝友，醇然長者，平居勤苦。未第，讀書廬山，經年獨坐。在官厲清操，諸生不得以贄謁。死之日，友人襄助爲歛。嗟夫！若國朝録成，維節即一人，一人數事矣，今余以此任分之雍瞻侯子。而宋録之刻，則與令申宋子、培元馬子成之。工既竣，爲理舊序，奚啻聞山陽笛，經過黄公酒壚也。吴下張采跋。

五、明張采重刊李幼武本題辭

題辭

言行録者，所以教人學爲人也。夫爲人莫大乎畜德，故受之以前言往行，使夫知所鄉方，則可以與於天有限，而於人無限。然昔人之言行，有不盡由學，亦有學所不能致者，則嘗論之。才分者於天，擇術者於人。於天有限，而於人無限。是故匹夫慕義，何處不勉，在所自待何如爾。今夫道古而懷其人，紀史而揚其事，下迄村氓負販，皆知憑弔往烈，則善善惡惡，固莫之或昧，而當身反是者無他，志不立而氣因之也。但立志有漸，平時無所儀刑，一旦幾以士君子之實，世不概見，而欲式儀刑於百世之下，離前絶後，舍先籍又何賴焉？故朱子即宋名臣爲則，而李氏又補其世，凡舉一人，必節其持身處室，立朝服官，以及履常蹈變，櫛比成册。采得而讀之曰：「爲人其難，如望海若。」既曰「爲人其易，如獲舟檝」矣。書曰：「學無嘗師，主善爲師。」學者能從是得師，誠正以治其身，忠孝以事其君。毋以貧濫曰宋先生敝衣蔬食如此，毋以賤枉曰宋先生樂天知命如此。居安毋怠，思伊川云閑過日月，即是天地一蠹。蒙難毋錯，思蔡季通編管道州，無幾微不適意。倣而習，習而安焉，則非古人之書，蓋直求其在我者耳。從而求之，笄角之童〔一〕，韋布樸遬之子，可以爲聖人徒。不則百歲不爲壽，三公不爲貴，聰明記問不爲賢。故曰：「古今非甚相遠，使引之如同時同事，以不及爲耻，則古人奚啻接席連步！」彼悠悠之徒，甘心退落者曰：「我固不爲賢人爾。」豈知不學爲人，即已非人，其去能言之鸚鵡何幾哉！則朱子深切之思，又能已已也？

崇禎戊寅，後學張采序。

校勘記

〔一〕笄角之童　「笄」疑當作「丱」。

六、明張采重刊李幼武本記事

紀事

宋名臣言行録，其前集十卷，後集十四卷，屬紫陽朱夫子所輯，訖自八朝以前。厥後李幼武氏，繼編凡三：一續集，約靖康、建炎前後諸臣，總八卷；一别集，約中興四朝諸臣，總十三卷，卷分上下；一外集，首系道統，次繪宋先生像，題爲道學名臣，總十七卷。按史不立幼武傳，而序後集者，爲廬陵李居安，叙幼武集者，爲浚儀趙崇硂，舉莫可攷，惟序末記寶祐、景定，知爲理宗時人，宜其綜核，斷自寧宗止耳。幼武集稱「宗人太平老圃」者，李衡字彦平，江都人，服官孝宗朝，以厲節退老崑山，爲時大賢。即彦平推，皆流亞歟？繇是言，則寶慶後，如西山真氏，鶴山魏氏，以迄死國諸臣，先後相望，猶闕焉靡及，抑豈有善本，藏之名山耶？要皆後世人任也。即今行世卷集，其應天府學小版，既日久漫滅，揚州版差明了，然皆訛亂倒錯，令人讀不能句。有本文作細註，一事未完，而即空白，如後集韓琦、劉安世兩録者；有裂後數行于前，綴前數字于後，一卷之中，溷移六七紙，如後集王安石、别集李剛録者；有前則逸後半，後則逸前半，連書爲一，如外集朱文公録者；有遺字及地，如别集宇文虚中録，遺字如胡舜陟録者。其他疑誤展楮皆是。謹就所知識，一一較正，間即考補，竊於是書，謬有微功。復不自量，輒加丹黄，且致評騭，平翁有言，「非僭則妄」，余敢乎哉！

戊寅夏五張采受先識

七、明張采重刊李幼武本前集識

讀前集

前集首趙普，昔人有煩言。然普内瑕，猶著顯績，若程琳當章獻垂簾，上七廟圖，且庸庸何取？要之善善長，惡惡短，勸懲焉爾。我讀是集而考其世，蓋自藝祖迄仁宗四朝，於時君求相，相求賢，人皆輕於爲善，而易於見才，故出則良臣，處則吉士，即中人邂逅，推前引後，亦將聲施矣。然吕夷簡之任術，得全功名，王旦之約守，不保晚節者，真宗以媚求下，仁宗以正道進退其臣，旦懼禍，故媚以自脱，夷簡戀爵位，故假正道以固寵，上使之然爾。夫謂臣下之賢不肖因乎上，其言未可量賢者。德望如吕端、李沆、范仲淹、杜衍，經國如寇準、張詠，恬退如錢若水，丰裁如馬知節、魯宗道、薛奎、包拯、田錫、孫奭、孔道輔、孫甫，此諸賢者，天然間氣，豈夷險榮辱，足動蕩其萬一！然而坦坦履道，不致憂讒畏譏，即或時有罷遣，而卒至舉朝别白，無終回枉者，斯非生適逢世之幸乎？即將臣如曹彬，惟藝祖自將將，故得成其武功，他若曹瑋，非李迪則秦州報警，且以妄言戮，种世衡、狄青，非龐籍保任則青澗不得立，智高不得平。蓋軍庸與品節有辨，品節可自樹，即摧折屈抑，因以愈顯，軍庸厥繫君相，設小旁撓，或呼應不當，機事去矣。凡此皆有志之士，審時度勢，不能不流連於此四朝者也。然希夷、君復之徒，生斯世而悠然高卧者，曰惟斯世得高卧爾，故朱子前後二集，俱于卷末録處士，使學者知言行攸關，出處一致，若而人者，又匪君相可輕重之者矣，其亦有遯之心也夫？

張采識

八、明張采重刊李幼武本後集識

讀後集

後集載王安石何居？夷考集中，如韓、富、司馬六七公，皆身任宗社，爲世元龜，其他舉聲實茂烈，式昭軌度，而安石一人敗之有餘，故諸君子多以不合新法著，則朱子豈有恕辭！乃我即安石尚論曰：君心常渺焉不如其祖宗，則自能知人而守法。如神宗非不明韓、富、司馬之賢，謂祖宗舊人，不足有爲，俟制度一新，徐與論思爾。故韓琦死，帝自爲碑文；富弼召拜司空，迄後眷禮不替；蒲宗孟一斥司馬光，帝直視不語，嘉其不拜樞密。其待諸大臣何如？乃卒不見用者，非薄其才也。菲薄舊人，而思凌越其祖宗，此意豈有量哉！於是安石得而乘之。然神宗第以諸君子爲無才，故熙寧之罷斥，猶得爲元祐用；哲宗直以諸君子爲奸邪，故紹聖之黨禁，遂與國俱盡。嗟夫！端起微芒，而害貽天下，可不慎乎？然諸君子亦有責矣，方元祐末，羣宵側目伺間，乃盛氣相攻，自開之釁，一時洛、蜀、朔黨之號，使韓、富、司馬六七公在，奚啻聞蔡襄四賢詩，頓足呼壞事，而諸賢恬不知戒，相率戮逐，可慨也。嘗稽韓公作相，司馬公爭刺陝西義勇甚力，韓公無少忤；司馬公作相，蘇軾論役法，爭辨朝堂，司馬公笑而止。此何得有黨？韓公驅任守忠，歐公直填空勑，韓公又云，「與希文、彦國相善，正如推車子，心主於車，可行而已」，此爲道合，亦何得有黨？黨起於好同，好同則爲一味之和，一絃之奏，勢必至君子不相能，則小人殘之易爲力，又何愛而不一網盡乎？故願讀是集者，知朝廷莫先乎擇相，人臣莫大乎無黨。黨事明，則賢否自辨，相臣得而中國拜司馬，虜戒邊吏矣。是以論其世也。

張采識

九、清顧千里校洪瑩重刊李幼武本洪瑩序

重刊宋本名臣言行録序　賜進士及第、文淵閣校理、翰林院修撰教習，庶吉士洪瑩撰

五期三名，臣節用著；姬、漢以前，麟炳爲烈。論語云：「爲臣不易。」又曰：「君子疾没世而名不稱焉。」取容悦而旅進退之流，靡名飾後，蓋綦難矣。自袁宏三國之贊，著選蕭文，吴兢十卷之奏，編題唐志，名臣之目，斯其緣起。有宋際五季之厄運，纘三唐之墜緒，趯燿厓垠，陳置殷輔。南都天水，非關婦子之謡；中朝人心，早振士夫之氣。語其開國，則忠獻、武惠、魯國、宣靖輩出，爲桓、武戓定之規；洎其中葉，而平仲、孝先、希文、公序嗣美，垂蹇諤匪躬之節。是以五鳳中鳴，而晨雞罔刺；一龍偏騖，則櫪驥咸歸。自非氣節矢諸旦明，忠藎肫諸夙夜，曷以富、韓耆舊，合軌於前，宗、岳宿將，摧躬于後？求諸前

代，蔑以臻兹。若廼昌明性道，開關、閩、濂、洛之傳；發爲文章，挺歐、蘇、曾、王之秀。得人之效，養士之報，其顯著焉。不獨紹興小録同年，特異考亭，寶祐登科三仁，尤推宋瑞也已。名臣言行録一書，凡五朝名臣言行録十卷，三朝名臣言行録十四卷，皇朝名臣言行續録八卷，四朝名臣言行録上十三卷、下十三卷，皇朝道學名臣言行外録十七卷。五朝謂開國至英宗，三朝則英宗以後至徽宗也，皆朱子撰。四朝謂中興以後，皆朋溪李幼武士英撰。陳均備要，從其朔而標名；景定鏤版，合全書而彙刻。國史、家乘，並見蒐羅；嘉言懿行，悉加編記。趙子直之奏議，大意見於分門；杜眉州之碑録，旁采亦資别集。與此鴈騖，斯爲鼎峙焉矣。夫總裁全局，咸遵吉解之成編；事略貴詳，尤訪東都於禹偁。讀史徵信，不其然乎？是書傳刊，舊多譌舛，近得宋槧，完善可觀，則太平老圃校正，崇砼平翁序識者也。溥本肇末，篇次秩然，乃知吕祖謙之初見，草創本非完書；趙希弁之所藏，差誤必屬另本。覩兹全璧，爰付重雕，冀廣流傳，共資探討。至於錯簡更釐，譌文糾正，則元和顧君千里之功多焉。烏絲竵扁，存麻沙舊日之模；青簡摩挲，竭蘭膏數夕之力。紬遺編於石室，實賴弆藏；操墜簡於崇山，斯深景仰云爾。

一〇、清顧千里校洪瑩重刊李幼武本顧千里記

鈐庵殿撰重刊宋名臣言行録成，屬爲覆校，因悉心細勘一過。底本有全葉落去者，如後集十二卷之十及十三卷之十三、十四是也，皆據别本補之。有錯簡累數百字者，如後集六卷「不能周知四方風俗」起

至「多有文字論列」止，及別集上一卷「若能率勵將士」起至「有詔不得進兵」止是也，皆按文義移之。又證諸宋史與説部文集，則見其有年名誤者，如別下十二紹興十一年，十一誤七，別下十三紹興三十一年，三誤二，外十二己未，己誤乙，外十六紹熙四年，熙誤興，又淳熙戊戌，淳誤紹之屬是也。有地名誤者，如前八定川，定誤廣，後五春州，春誤秦，續八承州，承誤成，別上二仙人關，仙誤金，別下一京口，京誤荆之屬是也。有人名誤者，如前一弭德超，弭誤彌，又魏仁浦，浦誤溥，又羅彦瓌，瓌誤環，後十二梁燾，燾誤壽，後十三王韶，韶誤詔，又張繹，繹誤驛，別下五朱勔，勔誤靦之屬是也。有人謚誤者，如別下六晁文元，文誤友之屬是也。有官名誤者，如前九將作分司，作誤軍，別下九保定軍節度，定誤靜，又奉國軍別下十三同，奉誤秦，別下十一兼營田大使，營誤管之屬是也。有脱字者，如前七「爲河東、陝西宣撫使」，無宣字，後五「累官至屯田員外郎」，無屯田二字，後六「熙寧七年」，無七字，別下十二「進少保」，無少字，又張子蓋無蓋字之屬是也。有脱句者，如外五「老于太平世」，全無此五字之屬是也。有兩句各脱其半者，如續三「今日一人言之以爲是而行，明日一人言之以爲非而止」，無「是而行明日一人言之以爲」十一字，別下八「周禮辨學五卷、辨學外集一卷」，無「五卷辨學」四字之屬是也。有衍字者，如後十三「志完以書約承君」，承下君上衍唐字，別下七徐俯師川，徐下俯上衍川字之屬是也。有倒字者，如別下五弭盗遏虜，作弭虜遏盗，外十四待知己，作待已知之屬是也。有訛字者，如前三互市，互訛牙，前十窆棺，窆訛空，後二歐、余、王、蔡，王訛生，又机席，机訛枕，後三譯人，譯訛澤，後四參伍，伍訛任，別下十二刼之，刼訛却，外十二苛急，苛訛奇之屬是也。有誤字者，如後四「陰生於午」，午誤子，又「故陰乘而動」，乘誤盛，外五「十二萬九千六百年」，九千六百誤九百六十之屬是也。有小字側注錯入正文而横隔句中者，如前五「賈同字希德門人私謚存道先生」十三字，在「一日賈存道過濟」之間，前八范鎮二字，在「時予爲諫官」之間之屬是也。有注所出書名而訛脱者，如後二温公日録，日訛目，後十三崔正言婆娑集，婆娑集訛姿姿佳，前二金坡遺事，無坡字，後七冷齋夜話，無夜字之屬是也。有引用古事而訛誤及脱者，如後六碩人，碩訛顧，續三「去健羨」，去誤美，又「下筆不能自休」，不訛才，外四縣賁父，縣訛孫，外五外臣，外誤老，又「三百八十四爻」，無「三百」二字，外十三「暖暖姝姝」，暖訛暧之屬是也。有因當時俗體字致誤者，如後三卞急外四同，卞作辨，别上三餘干，餘作余，别下四「賢否之辨」，辨作卞之屬是也。凡若此者，皆一一改而正之，至於與正史他書，雖爲駁異，而文義無差者，皆存其舊，即有元缺，不敢妄足。與殿撰鈎稽檢核，閲百餘日，乃始蕆事，大抵完整可通矣。且以字畫紙墨驗之，知係麻沙重雕朋溪本，故不能無失。今兹所訂，期合厥初爾。唯恐將來觀者，不察新舊本異同之由，爰爲舉例，著之如右，其類繁多，不一一偏出也。元和顧千里記。

一一、清顧千里校洪瑩重刊李幼武本包良訓識

宋名臣言行録前、後集，朱子撰，續集、别集、外集，李幼武撰。吕東萊以其去取多不然，紀氏就朱子自謂尚多謬誤之説輕之。然劉公之言行，載二十餘事，王臨川之弊政，亦無曲飾，是未可以一廢百也。世傳久無善本，洪君鈐庵曾得宋本重刊行世，又得顧君千里爲之覆校訛誤，誠盛舉已。鈐庵既歸道山，

其板零落星散，余乃用其原書，補綴收拾，頓復舊觀。是區區之抱殘守缺，亦猶鈐庵之志也。松溪包良訓識。

一二、宋晁公武郡齋讀書志趙希弁讀書附志傳記類

十二朝名臣言行録七十二卷

右八朝朱文公所編也，四朝乃後人所續者。

一三、宋陳振孫直齋書録解題傳記類

八朝名臣言行録二十四卷

侍講朱熹撰。以近代文集及傳記所載本朝名臣言行，摭取其要，輯爲此録。前五朝五十五人，後三朝四十二人。

一四、宋馬端臨文獻通考經籍考史部

八朝名臣言行録二十四卷

陳氏曰：侍講朱熹撰。以近代文集及傳記載本朝名臣言行，掇取其要，輯爲此録。前五朝五十五人，後三朝四十二人。

一五、清永瑢紀昀等四庫全書總目提要史部傳記類

【名臣言行録前集十卷後集十四卷續集八卷別集二十六卷外集十七卷】浙江鄭大節家藏本。前集、後集並朱子撰，續集、別集、外集李幼武所補編。幼武字士英，廬陵人，據其續集序文，蓋理宗時所作，其始末則未詳。觀其外集所録，皆道學宗派，則亦講學家矣。趙希弁讀書附志，載此書七十二卷，今合五集計之，實七十五卷，殆傳刻者誤以五爲二歟？朱子自序，謂讀近代文集及紀傳之書，多有裨於世教，於是掇取其要，聚爲此書。乃編中所録，如趙普之陰險，王安石之堅僻，吕惠卿之姦詐，與韓、范諸人並列，莫詳其旨。明楊以任序，謂是書各臚其實，亦春秋勸懲之旨，非必專以取法，又解名臣之義，以爲名以藏僞，有敗有不敗者，其置詞頗巧。然劉安世氣節凛然，爭光日月，盡言集、元城語録，今日尚傳，當日不容不見，乃不登一字，則終非後人所能喻。考吕祖謙東萊集，有與汪尚書書，曰：「近建寧刻一書，名五朝名臣言行録，案：祖謙所見，乃前集，故但稱五朝。云是朱元晦所編，其間當考訂處頗多。近亦往問元晦，未報，不知曾過目否？」晦菴集中，亦有與祖謙書曰：「名臣言行録一書，亦當時草草爲之，其間自知尚多謬誤，編次亦無法，初不成文字，因看得爲訂正示及爲幸。」云云。則是書瑕瑜互見，朱子原不自諱，講學

家一字一句，尊若春秋，恐轉非朱子之意矣。及葉盛水東日記曰：「今印行宋名臣言行録前集、後集、續集、別集、外集，有景定辛酉浚儀趙崇硂引，云其外孫李幼武所輯，且云朱子所編，止八朝之前，士英所編，則南渡中興之後四朝諸名臣也。今觀後集一卷有李綱，二卷有吕頤浩，三卷有張浚，皆另在卷前，不在目録中，又闕殘脱版甚多，頗疑其非朱子手筆，爲後人所增損必多。蓋朱子纂輯本意，非爲廣聞見，期有補於世教，而深以虚浮怪誕之説爲非，今其間吕夷簡非正人，而記翦髭賜藥之詳，余襄公正人，而有杖臀懷金之恥，蘇子瞻蘇木私鹽等事，亦無甚關繫。若此者，蓋不一也。李居安所謂翦截纂要，豈是之謂歟？嘗見章副使繪有此書巾箱小本，又聞叔簡尚寶家有宋末廬陵鍾堯俞所編言行類編舉要十六卷前、後集，尚俟借觀，以祛所惑。」云云。則盛於此書，亦頗有所疑。顧就其所録觀之，宋一代之嘉言懿行，略具於斯，旁資檢閲，固亦無所不可矣。幼武所補，大抵亦步亦趨，無甚出入，其所去取，不足以爲重輕，以原本附驥而行，今亦姑並存之，備考核焉。

一六、胡玉縉王欣夫四庫全書總目提要補正史部傳記類

名臣言行録前集十卷後集十四卷續集八卷別集二十六卷外集十七卷

前集、後集，並朱子撰，續集、別集、外集，李幼武所補編。

乃編中所録，如趙普之陰險，王安石之堅僻，吕惠卿之姦詐，與韓、范諸人並列，莫詳其旨。明楊以

任序，謂是書各臚其實，亦春秋勸懲之旨，非必專以取法。又解名臣之義，以爲名以藏僞，有敗有不敗者，其置詞頗巧。然劉安世氣節凛然，爭光日月，盡言集、元城語録今日尚傳，當日不容不見，乃不登一字，則終非後人所能喻。

顧廣圻思適齋集，代洪賓華重刊宋本名臣言行録序云：「名臣言行録一書，凡五朝名臣言行録十卷，三朝名臣言行録十四卷，皇朝名臣言行續録八卷，四朝名臣言行録上十三卷、下十三卷，皇朝道學名臣言行外録十七卷。五朝謂開國至英宗，三朝則英宗以後至徽宗也，皆朱子撰。四朝謂中興以後，皆朋溪李幼武士英撰。」玉縉案：此語至爲明晰。又顧氏後序，歷舉宋本之誤，皆一一改正，文繁不録。魏源古微堂外集書是録後云：「乾隆中，修四庫書，紀文達公以侍讀學士總纂，文達故不喜宋儒，其總目多所發揮，然未有如宋名臣言行録之甚者也。曰：『茲録於安石、惠卿皆節取，而劉安世氣節凛然，徒以嘗劾程子，遂不登一字，以私滅公，是用深憾。』是説也，於茲録發之，於元城語録發之，於盡言集發之，又於宋如珪名臣琬琰録發之，於清江三孔集發之，於唐仲友經世圖譜發之，昌言抨闢，訖再訖四，昭昭國門可懸，南山不易矣。雖然，吾未知文達所見何本也？茲録前集起宋初，後集起元祐，而劉公二十餘事在焉。羔羊之節，曾、史之行，明夷之貞，凛然起懦夫，炳萬禩，故南宋黄震日鈔品騭茲録諸人，亦厠劉公於王巖叟、范祖禹間，次第脗符，是宋本、今本五百年未之有改也，吾未知文達所見何本也？且朱子於劉公也，推其剛則視陳忠肅爲得中，劾伊川非私心，述折柳必非妄語，養氣剛大，殆致風雷，皜然秋霜烈日相高焉，而謂其百計抑之，終不能磨滅，然耶否耶？尋其由來，文達殆徒睹董復亨繁露園集之瞽説，適愜其隱衷，而不暇檢原書，遂居爲奇貨。夫董氏不學固無論，即其以蘇黨及禪學二事爲劉公所以不登之由，則録中取二蘇言行不下二十餘事，而所臚宋初諸公雜禪學者又十而七，何耶？矧是書成時，朱子悔黄魯直之孝友篤行而遺之，則即四科不列曾氏，尚未足爲記者闕失，矧未見顔色而言乎？夫忠定與文公皆百世師，原非後人所能一畚增嶽，一蠡損渤，而文達方以記醜言辯尸重名，余恐耳食者流，或眩其信仰前哲之心而靡從之，則是益重文達過也。」李慈銘荀學齋日記云：「文達誠不喜宋儒，書目中於通鑑綱目、伊雒淵源録、小學集注等書，亦或有言之小過者，然皆循其終始，反覆折衷，雖至語類諸編最爲蕪雜，亦深求其編輯之先後，去取之是非，未有不檢其書而輕肆詆詰者。蓋名臣言行録傳刻者多，衆本雜出，四庫所收，或非足本，今考提要，於史部傳記類載宋名臣言行録，但云於安世不登一字，而載趙普、王安石、吕惠卿等，終所未喻，並無『以私滅公，是用深懣』之言。史部奏議類載盡言集，子部雜家類載元城語録，皆無是語。宋如珪名臣琬琰録並無其書，蓋是杜大珪名臣碑傳琬琰集之誤，然提要惟以朱子之取安石、惠卿，例大珪之載及丁謂諸人，未嘗言安世也。亦見史部傳記類。清江三孔集提要，無一語及之，惟於孔平仲珩璜新論，略言平仲與安世、蘇軾皆不協於程子，未嘗及朱子之言行録也。亦見子部雜家類。至慶元黨禁亦在傳記類。提要本高宗御題詩章以趙汝愚爲開門揖盜，因謂『黨禁諸人，聲氣交通，賢奸雜糅，釀成門户，遂使小人乘其瑕隙，蘭艾同焚，國勢馴至於不振，春秋責備賢者，不能以敗亡之罪獨諉諸韓侂胄』，其言最爲平允。龜山集在集部别集類。提要謂時受學於程子，三傳而及朱子，開閩中道學之派，其東林書院存於無錫，又爲明季講授之宗，乃盛推其淵源廣遠，身繫學統，並無再屋明社之言。要之，官書自有體裁，况四庫總目禀承高廟睿鑒，朱子之學，國朝所尊，豈有任肊放言，攻擊先哲，如文士私家著書之比。默深亦未嘗喜宋學，集中偶有一二推闡理學之言，皆掇拾皮毛，裝點門面，以自附於真儒，而其譏彈朱子，不可枚舉。此不過自知考據非其所能，嫉忌近世漢學諸家，乘間肆詈，學問自有公言，無取妄詆也。」

一七、余嘉錫四庫提要辨證卷六史部四

名臣言行録前集十卷後集十四卷宋朱熹

朱子自序謂讀近代文集及紀傳之書，多有裨於世教，於是掇取其要，聚爲此書。乃編中所録如趙普之陰險，王安石之堅僻，吕惠卿之姦詐，與韓、范諸人並列，莫詳其旨。明楊以任序謂是書各臚其實，亦春秋勸懲之旨，非必專以取法，又解名臣之義，以爲名以藏僞，有敗有不敗者，其置詞頗巧。

嘉錫案：趙普爲佐命元勳，有宋開國規模，如罷諸將兵權，以文官知州事之類，多其所建明。其人雖非盛德之士，然以功業論，亦豈得不謂之名臣。王安石之行新法，急功近利，操切從事，遂致天下騷然，以其身爲怨府。然其文學操行，實負天下之盛名。邵伯温嘗謂安石不好聲色，不愛官職，不殖貨利，皆與司馬温公同。此邵氏聞見録語，言行録後集卷六采之。即當代正人如劉安世者，提要所稱爲氣節凛然爭光日月者也，其論安石亦曰：「金陵亦非常人，其粗行與老先生略同，老先生謂温公也。其質樸

儉素，終身好學，不以官職爲意，是所同也。但學有邪正，各欲行其所學耳，而諸人輒溢惡，此人主所以不信，而天下至今疑之。以其言不公，故愈毀之而愈不信也。凡人有善有不善，故人有毀有譽。若不稱其善而併以爲惡而毀之，則人必不信有是惡矣。故攻金陵者，只宜言其學乖僻，用之必亂天下，則人主必信，若以爲財利結人主如桑弘羊，禁人言以固位如李林甫，姦邪如盧杞，大姦如王莽，則人不信矣。蓋以其人素有德行，而天下之人素尊之，而人主考之無是事，則與夫毀之之言亦不信矣。」此馬永卿元城語録之語，言行録後集卷十二采之。是真持平之論。要之，安石之短，司馬光謂其不曉事而執拗，此温公日録語，又謂安石誠賢，但不曉事而愎，言行録後集卷七皆采之，其餘宋人稱頌安石之語甚多，茲不備引。一語足以盡之。蓋安石之政事，誠不能無弊，而其人之廉潔孝友，實未易及。以彼之名重天下，而不得謂之名臣，豈提要之意亦以安石爲姦邪如李林甫、盧杞等輩乎？言行録於王安石所采凡四十四條，類皆顯著其過，稱美之詞殊少。又多采當時人評論之語，如元城語録、程氏遺書、上蔡語録、龜山語録之類，皆持論甚嚴，但不以爲姦邪耳。至録錢景諶答兖守趙度支書，詆之尤力。自邵氏聞見録采入。蓋此書所録，本兼勸懲之旨，非專以取法，楊以任之説是也。歷代名臣，醇疵互見者多矣，豈必人人皆韓、范乎。明胡應麟丹鉛新録卷六引楊慎論朱文公云：「王安石引用姦邪，傾覆宗社，元惡大憝也，乃列之名臣録，稱其文章道德。文章則有矣，焉有引用姦邪，而可名爲道德耶？」應麟駁之曰：「考亭所輯名臣言行録前後二集，前集五十五人，後集四十二人，皆南渡以上者也。通一代所謂名臣，必求粹白無疵，自漢、唐不過二三，數宋諸君子李、韓、范、馬外，趙普、王旦，咸不免譏，矧其餘者。今南渡前名臣以百計，則此書義例可知也。蓋盡一代聲譽烜赫，事迹關涉者，備録於中。其間碌碌甚衆，如王介甫者，詎得而遺之哉？」又曰：「名臣録雖列文公，謂安石。所引諸家雜記稱與之詞，不過十之一，而貶剥之説，幾於四之三。又用修誚朱不當贊其道德，不知名臣録第綴輯前人議論，元無考亭一語，楊蓋未嘗細讀而驟譏之，果哉！」提要謂不當列王安石於名臣，蓋即陰用楊慎之説，而不知其已爲胡應麟之所駁也。至於姦詐反復如吕惠卿者，朱子實未嘗録其言行。此書今有涵芬樓影印涉園張氏藏宋刻本。在四部叢刊初編内，於「構」字、「慎」字皆空格，注曰「御名」，當是此書最初刻本。五朝言行録十卷，即前集。凡五十五人，三朝言行録十四卷，即後集。凡四十二人，與書録解題七卷合。其間並無吕惠卿。余嘗取文津閣四庫全書本逐卷檢察，閣本無目録。求所謂吕惠卿者，亦未嘗有也。且閣本提要止云：「乃編中所録如趙普之陰險，王安石之堅僻，與韓、范諸臣並列，不免後人之疑。」並無吕惠卿之姦詐一句，此必紀曉嵐重修提要時所增入。殆因王安石卷中屢見吕惠卿姓名，遂誤以爲朱子有取於惠卿。蓋原撰提要者尚知略觀本書，紀氏則僅稍一涉獵，即捉筆疾書，以快其議論，而前後皆未寓目也，是亦難免「果哉」之誚矣。

然劉安世氣節凛然，争光日月，盡言集、元城語録今日尚傳，當日不容不見，乃不登一字，則終非後人所能喻。

案閣本後集劉安世在卷十二，凡二十二條，宋本則多至三十七條，閣本因匆匆翻閲，未暇取兩本細校。記其嘉言懿行甚詳，安得謂不登一字？且録中引用元城語録甚多，無論安世本卷，即王安石後集卷六司馬光後集卷七卷内，亦均徵引及之，皆明著書名，而提要乃想像擬議之曰「不容不見」，可見其爲束書不觀，而肆意妄言之也。閣本提要於引楊以任序「有敗有不敗者」句下作「皆未免曲爲之説」。其下即接云：「然是書所採，其人雖未必盡無可訾，而其中可爲士大夫坊表者，不可悉數。凡修身繕性之方，致君理國之具，無不備載，實可以昭準則而備法鑑，不容以一端之失概之也。」凡今本提要自「劉安世氣節凛然以下」悉閣本之所無，蓋皆紀氏所修改，欲以集矢於朱子也。魏源古微堂外集有書宋名臣言行録後二篇，其上篇曰：「乾隆中修四庫書，紀文達公以侍讀學士總纂。文達故不喜宋儒，其總目多所發揮，然未有如宋名臣言行録之甚者也。曰兹録於安石、惠卿皆節取，而劉安世氣節凛然，徒以嘗劾程子，遂不登一字，以私滅公，是用深懣。自「徒以嘗劾程子」以下乃魏氏推紀氏之意，隱括言之，非引提要此條本文。是説也，於兹録發之，於元城語録發之，於盡言集發之，又於宋如珪名臣琬琰録發之，於清江三孔集發之，李慈銘荀學齋日記乙集下云宋如珪名臣琬琰録，並無其書，蓋是杜大珪名臣碑傳琬琰集之誤。清江三孔集條下，提要無一語及之，惟於珩璜新論略言平仲與安世、蘇軾皆不協於程子，未嘗及朱子之言行録也。於唐仲友經世圖譜發之，昌言抨闢，訖再訖四，吾未知文達所見何本也。兹録前集起宋初，後集起元祐，而劉公二十餘事在焉。故南宋黄震日鈔品隲兹録諸人，亦厠劉公於王巖叟、范祖禹間，次第脗符。案閣本次第亦同。是宋本今本，五百年未之有改也，吾未知文達所見何本也。且朱子於劉公也，推其剛則視陳忠肅爲得中，劾伊川非私心，述折柳必非妄語，養氣剛大，殁致風雷，皜然秋霜烈日相高焉。而謂其百計抑之，終不能磨滅，然耶非耶？尋其由來，文達殆徒睹董復亨繁露園集之瞽説，案復亨字元仲，元城人，萬曆壬辰進士，官至吏部郎中，外轉布政司參議，未上而卒。著有繁露園集二十二卷，著録四庫總目卷一百七十九別集類存目中。總目卷一百二十一雜家類五元城語録條下提要云：朱子作名臣言行録，於王安石、吕惠卿皆有所節取，乃獨不録安世。董復亨繁露園集有是書序曰：朱文公名臣言行録不載先生，殊不可解。及閲宋史，然後知文公所以不録先生者，大都有三：蓋先生嘗上疏論程正叔，且與蘇文忠交好，又好談禪。文公左袒正叔，不與文忠。至禪，則又心薄力拒者，以故不録其説，不爲無因。是亦識微之論。適愜其隱衷，而不暇檢原書，遂居爲奇貨。夫董氏不學固無論，即以蘇黨及禪學二事爲劉公所以不登之由，則録中取二蘇言行不下二十餘事，而所臚宋初諸公雜禪學者，又十之七，何耶？矧是書成時，朱子悔黄魯直之孝友篤行而遺之，則即四科不列曾氏，尚未足爲記者闕失，矧未見顔色而言乎。」愚考紀氏所著閲微草堂筆記，於講學家譏笑嫚侮，無所不至，又於朱子深致不滿。魏氏坐紀氏以不喜宋儒，非過論也。愚又考晦菴集卷六十答劉君房原注云：元城之孫。書云：「先正忠定，有德有言，没而不朽。百世之下，聞者興起。而熹之外舅聘士劉公嘗得親見而師承之，熹少時猶及竊聞其餘論，於忠定公之言行志節詳矣，是以雖不得及其門墻，而想望聲容，猶若相接，不止於今世紙上所傳而已也。」又卷八十一跋劉元城言行録云：「劉公安世受學於司馬文正公，得不妄語之一言，拳拳服膺，終身不失。故其進而議於朝也，無隱情；退而語於家者，無愧辭；今其存而見於文字若此數書者，跋言行録而云數書者，蓋兼元城語録、譚録言之。凛然秋霜夏日相高也。熹之外舅劉聘士勉之少嘗見公睢陽間，爲熹言其所見聞，與是數書略同，而時有少異。惜當時不能盡記其説，且其俯仰抑揚之際，公之聲容猶恍若相接焉，而今亦不可復得矣。」又卷九十聘士劉公墓表云：「道南都，見元城劉忠定公，劉公尤奇其才，留語數十日，告以平生行己立朝大節，以至方外之學他人所不及聞者，無不傾盡。」朱子嘗受業於劉勉之，而勉之問學於安世，淵源有自，故於安世景慕慨歎，低徊往復如此。於其通方外之學，亦不以爲非也。彼方恨不能盡記劉公之言行，悵然於其聲容之不相接，而謂其作名臣言行録有意抑之，欲以人力磨滅其精神，總目卷五十五詔令奏議類盡言集提要云：朱子作名臣言行録，於王安石、吕惠卿皆有所採録，獨以安世嘗劾程子之故，遂不載其一字，則似乎有意抑之矣。要其於朝廷得失，知無不言，言無不盡，嚴氣正性，凜凜如生，其精神自足以千古，固非人力所能磨滅也。不亦誣乎？魏氏書後，雖不免小有舛誤，然其所以責紀氏者固當。乃李慈銘荀學齋日記又故作翻案，曲爲紀氏解免，謂言行録傳刻者多，衆本雜出，四庫所收，或非足本。今既知閣本之與刻本無大異同，不知李氏而在，當復何説之辭？且信如其説，執一後人删節不完之本，遂勇於厚誣古人，可乎？魏氏書後更有下篇，謂是録所載王安石十餘事，按不止十餘事。皆取元祐諸君子攻安石語，正猶纂楚詞附揚雄反騷，以藉著洪氏、蘇氏貶詞，其説亦是也。

考吕祖謙東萊集有與汪尚書書曰：「近建寧刻一書，名五朝名臣言行録，原注云：案祖謙所見乃前集，故但稱五朝。云是朱元晦所編。其間當考訂處頗多，近亦往問元晦，未報。不知曾過目否。」晦菴集中亦有與祖謙書曰：「名臣言行録一書，亦當時草草爲之，其間自知尚多謬誤，編次亦無法，初不成文字，因看得爲訂正示及爲幸」云云。則是書瑕瑜互見，朱子原不自諱，講學家一字一句，尊若春秋，恐轉非朱子之意矣。

案影宋本五朝言行録卷九之五孔道輔條，引涑水記聞記呂夷簡勸仁宗廢郭后事下有小注曰：「公孫中書舍人本中嘗言温公日録、涑水記聞多出洛中人家子弟增加之僞，如郭后之廢，當時論者止以爲文靖不合不力爭，及罷諸諫官爲不美爾，然後來范蜀公、劉原父、呂搢叔皆不以文靖爲非。蓋知郭后之廢，不爲無罪，文靖知不可力爭而遂已也。若如此記，則是大姦大惡，罪不容誅，當時公論分明，豈容但已乎。」洪瑩刻本無此注。尋朱子之所以有此注者，蓋以祖謙於此事爭之甚力，故姑存本中之説於此，以示己之無所固必爾。若果以記聞之説爲僞妄，則何不逕删除之乎？朱子語類卷一百三十云：「涑水記聞，呂家子弟力辨以爲非温公書，蓋其中有記呂文靖公數事，如殺郭后等。某嘗見范太史之孫某説親收温公手寫稿本，安得爲非温公書？某編八朝言行録，呂伯恭兄弟亦來辨。爲子孫者，只得分雪，然必欲天下之人從己，則不能也。」然則祖謙所謂當考訂處甚多者，亦即爲朱子採用涑水記聞記其祖夷簡事而發也。朱子雖不敢自保其書之必無謬誤，然其意則實不欲與祖謙辨，以傷爲人子孫者之心，姑爲巽詞以謝之云耳。觀朱子之記呂夷簡，則其編此書之意，本自欲其瑕瑜互見，以爲法戒，可無疑於節取趙普、王安石矣。講學家於朱子所編之綱目，推崇甚至，固有以麟經相比擬者。至於尊此書如春秋，未之前聞，不知提要所指何人何書也。

又葉盛水東日記曰：今印行宋名臣言行録前集、後集、續集、别集、外集，有景定辛酉浚儀趙崇硂引，云其外孫李幼武所輯。且云朱子所編，止八朝之前；士英所編，士英，幼武字。則南渡中興之後四朝諸名臣也。今觀後集一卷有李綱，二卷有呂頤浩，三卷有張浚，皆另在卷前，不在目録中。又闕殘脱版甚多，頗疑其非朱子手筆，爲後人所增損必多。蓋朱子纂輯本意，非爲廣聞見，期有補於世教，而深以虛浮怪誕之説爲非。今其間呂夷簡非正人，而記翦髭賜藥之詳；余襄公正人，而有杖臀懷金之耻；蘇子瞻蘇木私鹽等事，亦無甚關繫。若此者，蓋不一也。李居安所謂翦截纂要，豈是之謂歟？嘗見章副使繪有此書巾箱小本，又聞叔簡尚寶家有宋末盧陵鍾堯俞所編言行類編舉要十六卷前後集，尚俟借觀，以祛所惑」云云。則盛於此書亦頗有所疑，顧就其所録觀之，宋一代之嘉言懿行，略具於斯，旁資檢閱，固亦無所不可矣。

案閣本後集並無李綱、呂頤浩、張浚三人，宋本亦同。蓋此三人皆南渡後之宰相，不當入之八朝言行録也。葉盛所見，乃後人羼亂之本。提要於此，置不一言。似乎四庫所著録者，即盛之所見，豈不貽誤後學乎？言行録之體，皆採自羣書，直録其文，無一事爲朱子所自記。凡採録前人之文，有可删者，有不可删者。繁辭贅語，擘拇駢枝，去之而文省詞潔，此可删者也。其詞與事雖無甚關係，而去之則事蹟遂無首尾，文義不相聯屬，譬之鶴頸雖長，斷之則悲，此不可删者也。仁宗翦髭以賜呂夷簡，係採李宗諤所撰行狀。其採之之意，則以仁宗賜藥手詔中令其舉臣寮三五人，而夷簡遂薦范仲淹、韓琦、文彦博、龐籍、梁適、曾公亮等，所以爲進賢者勸也。且人君敬禮大臣，亦是美事，則翦髭一節，自不得而删去之。至於余靖之被知州杖臀及餉王仝以銀百兩，採自涑水記聞；謝景温言蘇軾販私鹽蘇木，採自温公日録。影宋本作目録，誤。司馬光賢者，天下後世所視以取信，豈有汙衊正人之事。其記余靖事，所以著錢子飛攻范仲淹之黨，宋章定名賢氏族言行類稾卷十七云：錢易子明逸，字子飛，希陳執中、章得象之意，以排杜衍、范仲淹、富弼，由是三人者俱罷政事。摭靖微時細事劾之，而靖遂因以得罪杖臀。餉銀實有其事，何庸深諱。且本涑水記聞之所記，與言行録何尤。若謂司馬光得而書之，朱子不得而録之，又不知其何理也。光記蘇軾事，歷叙軾與王安石不協，謝景温因採謗語劾之。此軾平生大節，何謂無甚關繫？私鹽蘇木，光特據所傳聞載之耳。言行録後集卷七又採温公日録自記垂拱登對時神宗謂曰：「蘇軾非佳士，韓琦贈銀三百兩而不受，乃販私鹽及蘇木甆器。」光曰：「凡責人當察其情，軾販鬻之利，豈能及所贈之銀乎？安石素惡軾，陛下豈不知以姻家謝景温爲鷹犬使攻之。」是則蘇軾販私鹽之事，光固不信，且從而辨之矣。一書之中，前後互見，其事自明。温公及朱子何嘗有藉此以詆毁東坡之意乎？要之，余靖之杖臀餉銀，蘇軾之私鹽蘇木，皆因記其生平出處，牽連書之，删去則其事不完。葉盛寡學，不能知古人著書之意，而妄有議論，提要徒喜其能疑朱子，亦遂不暇深考耳。

一八、邵懿辰邵章增訂四庫簡明目録標注史部傳記類

名臣言行録前集十卷，後集十四卷，續集八卷，别集二十六卷，外集十七卷。前集、後集，宋朱熹撰。續集、别集，李幼武所補。

安福張鼇山刊本。道光元年洪氏刊仿宋本，佳。萬曆丁未揚州刊本。崇禎癸酉南京刊小字本。崇禎戊寅張采刊本。

〔續録〕　宋刊本。張菊生藏宋刊本，與今本不同。徐積餘藏宋麻沙覆明溪本，十二行，二十三字，宋諱缺筆，凡洪翻本缺葉，此本皆有之，而顧所據補之本則不盡合，則此本可寶可知。明翻宋本。日本寬文七年京師書肆風月莊左衛門刊本。

一九、清于敏中彭元瑞天禄琳琅書目卷五

宋名臣言行録十函六十册

前集十卷，後集十四卷，宋朱子撰，李衡校正。前〔有〕朱子自序，李居安〔序〕。續集八卷，别集十三卷，别集下十三卷，外録十七卷，宋李幼武撰，趙崇砼序。外録前有道統傳授圖并程頤、司馬光、尹焞、楊時、李侗、朱子、張栻、吕祖謙諸像。

陳振孫書録解題載八朝名臣言行録二十四卷，稱朱子以近代文集及傳記載本朝名臣言行，撮取其要，輯爲此書，前五朝五十五人，後三朝四十二人，云云。按前集始趙普，終蘇洵，自太祖以至英宗，固爲五朝矣，而後集始韓琦，終陳師道，由仁宗以至徽宗，亦五朝，合兩集而名爲八朝則可，如專指後集爲三朝，則不可也。故李幼武於前集亦標五朝，而其所纂續集、别集、外録，則標皇朝以别之。幼武此書，宋人諸書目中皆不採入，惟明焦竑經籍志載朱子宋名臣言行録七十五卷，與是書卷數相符，即係幼武合輯之本。竑不標五朝而統之以宋，是矣，然以七十五卷盡屬於朱子，又何其漫不加考耶！幼武所纂續集、

別集及別集下，皆載名臣，而外録則專爲道學統宗而設。考宋史宗室世系表，崇砼爲太宗長子漢王元佐九世孫，序稱「外孫李士英頃以八朝名臣言行録鋟梓，又於中興四朝諸名臣，蒐閲行事，集爲全編」云云，士英乃幼武字，而宋史無幼武傳，其爵里俱不可考。序朱子名臣言行録之李居安，江西志載爲盧陵人，登寶慶二年丙戌進士。其校正之李衡，宋史載爲江都人，字彦平，登進士第，由吳江主簿歷官祕閣修撰，致仕定居崑山，結茅別墅，杖履徜徉，聚書萬卷，號曰樂菴。幼武編輯既成，曾自刻梓。而此本字畫不匀，紙墨麄黝，係元時翻刻，非宋槧也。

明焦竑藏本有「弱侯」印見前，餘印無考。

震宮育德　大德少陽　中山靖王子孫永保　俱朱文　李序卷一

弱侯　白文　李序卷一　續録卷八

秦　白文　後集別集目録　別集卷六

闕補後集卷十三，十、十一、十四。卷十四，一、三、六。別集卷七，一。別集下卷一，一。外録卷十二，二十六、二十七。

二〇、清于敏中彭元瑞天禄琳琅書目卷十二

宋名臣言行録二函十三册

明張采彙刻。前集十卷，朱熹撰，自趙普至蘇洵五十五人，有熹自序，采讀前集一篇。後集十四卷，亦朱熹撰，自韓琦至陳師道四十一人，有寶祐戊午李居安序，采讀後集一篇。續集八卷，李幼武撰，自黄庭堅至吕祉二十九人，有景定辛酉趙崇硂序，采讀續集一篇，别集十三卷，亦李幼武撰，自李邴至胡銓六十五人，有采讀别集一篇，外集十七卷，亦李幼武撰，自周敦頤至蔡沈四十四人，前有采讀外集一篇、道統傳授圖説。幼武字士英，號朋溪，廬陵人。據趙序，前、後集謂之八朝名臣，續、别集謂之中興四朝名臣，其外集，則道學諸人也。幼武纂成授梓，至明萬曆丁未，揚州有重刻本，焦竑序之。崇禎癸酉，應天府學有小字本，楊以任序之。此本乃崇禎戊寅張采重刻，有序並紀事，又録焦、楊兩序。采字受先，太倉人，崇禎戊辰進士，官臨川知縣，行取禮部主事。

王康侯圖書記　白文　卷首　前集卷六　後集卷首　卷六　續集卷一　别集卷首　外集卷六　卷十二　卷八　卷十一　外集　卷六　卷十二

篝隱草堂　白文　後集卷首　續集卷首　外集卷首

篝隱堂　白文　卷首　前集卷六　後集卷首　卷六　續集卷一　别集卷一　卷三　卷五

二一、清沈初浙江採集遺書總録戊集

宋名臣言行録前集十卷後集十四卷續集八卷别集十三卷俱分上下外集十七卷刊本

右前集、後集，朱子所録北宋諸臣，又名八朝名臣言行録。陳振孫謂「于文集、傳記中撮舉其要，前五朝五十五人，後三朝四十二人」。其續集録靖康、建炎前後諸臣，别集録中興後四朝諸臣，外集録道學諸臣，則宋李幼武以次輯成者。按趙希弁附志但云「後人所續」，而不著幼武之名，或當時未顯，後乃考定耳。

二二、傅增湘藏園群書經眼録卷四史部二

五朝名臣言行録十卷　三朝名臣言行録十四卷　宋朱熹輯　△八六七〇

宋刊本，半葉十行，行十七字，小字雙行低一格，二十字，白口，四周雙闌。版心上記字數，下記刊工姓名，有周俊、周通、周升、周時、吴拱、吴先、劉永、劉升、劉光、詹文、江陵、江忠、葉新、陳閏、陳中、余闡、余山、余仁、李立、李辛、謝四、李盛、楊郴、萬十四、張洪、杜明、上官信、柯文、高安道、蔡元、蔡中、蕭韶。每卷題卷幾之幾。避諱至慎字止。審其刀法，應是豫章刊本。（袁寒雲藏。乙卯）

五朝名臣言行録七十九卷　存前集卷一至十，後集卷一至九，續録卷一，别集卷十三上下，外集十七卷。餘日本人鈔補

元刊本，十二行二十三字，黑口，左右雙闌。（日本内閣文庫藏書，己巳十一月十九日觀）

五朝名臣言行録後集十四卷别集十三卷外集十七卷續集八卷

明刊本，十二行二十三字，白口單闌。後集題「朱熹纂集」、「太平老圃李衡校正」、「後學安福張鰲山校正重刊」。前有寶祐戊午廬陵李居安序。别集、外集、續集題「李幼武士英纂集」、「張鰲山校正重刊」。外集前有景定辛酉浚儀趙崇硂平翁序。有道統傳授圖及名儒小像。（文德堂送閲）

宋名臣言行録十卷後集十四卷

明刊本，十一行二十三字，白口，四周單闌。每卷人名標題大字占雙行。前録有朱熹序，目録三行題建昌郡齋校刊，後集同。附有補遺、正誤五葉，此前本所無也。鈐有「蕭氏鳴韶」朱文印。（文友堂送閲。己巳）

四朝名臣言行録　存卷三、四、六，凡三卷

宋刊巾箱本，版匡高三寸四分，寬二寸六分，半葉十四行，每行十九字，細黑口，四周雙闌，版心上方記字數，左闌外標篇名。每卷次行標人名，低四格。第三行小傳，低二格。本書頂格，次行低一格。卷三爲吴丞相敏、种樞使師道、朱丞相勝非、鄭朝奉俠。卷四爲游御史酢、權樞密邦彦、范丞相宗尹、楊侍郎時、胡御史舜陟。末附諸儒集議，游酢二則，楊時九則，權邦彦一則。卷六爲大資劉忠顯公韐、少傅劉公子羽。卷中語涉宋帝空一格，宋諱惇字缺末筆，刀法勁峭，建本之佳者。卷三、四癸亥歲獲於廠市文德堂，卷六則從嘉善曹君秉章藏本影寫，蓋皆出於内閣大庫者也。

考名臣言行録世傳洪刻翻宋本爲李衡校正，論者疑頗非晦菴手筆，要出後人增損者爲多。曩於滬市見宋刊本，題五朝、三朝兩集，與洪刻詳略即不盡同。旋爲諧價，歸之張菊生前輩元濟，今四部叢刊影印者是也。昨又覯此巾箱本，題爲四朝，與李幼武所纂别集同名，而次第乃大異。别集祇有朱勝非、權邦彦、范宗尹、胡舜陟、劉子羽五人，而吴敏、种師道、劉韐乃在續集，楊時、游酢乃在外集，至鄭俠則五集皆無之。小傳中删落之迹顯然，如集英修撰曰集撰，徽猷待制曰徽制。其餘文字更多節略，所采言行各條多寡亦迥别，如胡舜陟洪刻只九則，此本則十三則，吴敏洪刻只四則，此本則十一則，劉韐洪刻只十則，此本則十七則，且往往同採一書同引一事而洪刻刊落或存不及半，證之影印宋本，亦莫不然。頗疑此爲原稿，而李衡等所纂校或出殘缺不完之餘而重加編輯者也。嘗閲葉文莊水東日記，言嘗見章副使繪有巾箱本，則此本其爲文莊所見者歟？惜今本所存祇此三卷，無序跋可以考見，未知兩本孰爲後先，姑懸此願，以竢訪求耳。 藏園

忠謨謹按：此書有跋，收入藏園羣書題記三集卷二。

二三、傅增湘藏園群書題記卷第三史部二傳記類

宋刊巾箱本四朝名臣言行録跋

此書余見宋刊本凡三：一藏張菊生家，一藏徐積餘家，一藏故宫，雖板刻非一，然皆大字本。此袖珍小本，版高秪三寸許，乃爲世所希覯，歷考古今書目，咸未經著録，惟葉文莊水東日記言章副使繪家有巾箱小本，當即此刻也。書出内閣大庫紅本袋中，昔年余於文德堂韓佐泉許收得第三、四卷，頗自珍祕，

不輕示人。此第六卷殘本，乃故人曹理齋從册籍叢殘中搜獲者也，余曾假得影摹一册，附諸藏本之後。前歲理齋下世，遺書星散，日者以急於易米，出以求售，余因屬剛主世兄留之。

此本之佳勝，余藏本題記特詳，不更復述。兹就此卷言之，視世行洪氏刊本乃大有殊異：此本劉韐及其子子羽同列卷六，洪本則韐列續集卷三，子羽列别集卷十三，是編次迥異也；編首小傳叙仕履頗詳，校以洪本，則韐傳少一百七十餘字，子羽傳少六十字，是詳略迥異也；至所載遺事，校以洪本，於韐事乃少七條，子羽事乃少五條，即同爲一條，而差失殊甚，每條有漏落至一二百言者，是事實亦迥異也。

夫此書宋代初出，諸儒即有疑義，謂非朱子所作。明時所傳之本訛脱彌甚，至洪氏本出，據稱以宋版翻雕，顧千里又從而校定之，由是學者可窺見全編，咸奉爲定本。今取此本對勘，其竄亂差失之處，乃至不可究詰，使人惘然莫解。以余觀之，此本實爲原書真本，洪氏所覆之宋刻必坊市所爲，故删節改易文字不同如此其甚也。然倘非存此殘本，又烏從而知之耶！此寥寥小帙實爲稀世祕籍，斷種奇書，剛主其善藏之，勿徒以宋刊精本視爲文房之雅玩也。歲在己卯八月，藏園老人識。

戴揚本 校點

伊洛淵源録

校點説明

朱熹爲闡述理學源流編纂的伊洛淵源録一書，記周敦頤以下，包括程頤、程顥、張載等人及其交游、門弟子共四十六人言行事跡，以明其師友授受關係，取材翔實可靠，對後世研究理學流變，產生很大影響。宋史首立道學傳，所收人物材料及立論，根據即在此書。直接承其書名、體例的續作，有明謝鐸伊洛淵源續録六卷、明宋端儀撰薛應旂重修考亭淵源録二十四卷等。間接的如明清之際黄宗羲編纂宋元學案、明儒學案，無不受其啟發。

有關伊洛淵源録成書經過，我們從朱熹與吕祖謙的幾次信件往來中得知一些綫索。南宋乾道九年（一一七三年），朱熹有意編纂一部反映周、程以降理學諸人流變的書，並寫信給吕祖謙，談了自己的想法：「欲作淵源録一書，盡載周、程以來諸君子行實文字。正苦未有此及永嘉諸人事跡首末，因書士龍，告爲托其搜訪見寄也。」（朱文公文集卷三三）在得到吕祖謙對此表示支持並願意爲之撰寫序言的答覆後，朱熹再次去信，談到「淵源録許爲序引，甚善」。又云：「外書、淵源二書，頗多緒否，幸早留意。」

就在這一年夏天，約從七月起開始編纂伊洛淵源録，至十一月已成稿。由于朋友們對書稿頗有見解上的歧異，如汪應辰對朱熹將周敦頤列爲與程頤、程顥有師弟子淵源之説表示懷疑。吕祖謙在給朱熹信中也談到：「淵源録，其間鄙意有欲待商榷者，謹以求教。」並主張「大抵此書其出最不可早，與其速成而闊略，不若少待數年而粗完備也」，等等。對諸人的意見，朱熹逐條馳函討論，如朱文公文集卷三五便有與吕祖謙就伊洛淵源録進行討論的十餘條資料，對吕祖謙的疑惑，一一加以説明。

儘管如此，朱熹還是同意書稿暫緩付梓，採取再徵求各家意見，加以修改的辦法。然及至朱熹晚年，全書似乎仍未定稿。在紹熙二年（一一九一年）給吴斗南的信中，他談到「裒集程門諸公事，頃年亦嘗爲之而未就」（見朱文公文集卷五九），可見朱熹對伊洛淵源録的編纂工作是極其認真的。由于對材料去取的看法未能一致，吕祖謙最終没有爲伊洛淵源録作序。我們迄今未發現朱熹關於刊行伊洛淵源録的文字，看起來，一直到他去世，此書仍只是一個未定稿本。

然而，與朱熹的主觀願望相反，尚未改定的伊洛淵源録書稿，不知通過何種途徑，被人拿出去刻印鬻售了。上引給吴斗南的信裏便談到：「頃年亦嘗爲之而未就，今邵武印本所謂淵源録者是也。當時編集未成，而爲後生傳出，致此流布，心甚恨之。不知曾見之否？

然此等功夫亦未須作。」雖覺遺憾，但也無可奈何。更有甚者，朱熹還發現坊間刻本有擅加添删的地方，朱子語類卷六十揚子取爲我章：「問：『淵源録中何故有康節傳？』曰：『書坊自增耳。』」此即一例。

我們今天已經無從考訂朱熹手訂稿本的原貌，南宋坊間刻本伊洛淵源録早已湮没不見，因而無法比較二者的異同，對朱熹闡述理學道統的思想過程作進一步的研究，這不能不説是一件遺憾的事情。

伊洛淵源録一書，最初見録於宋史卷四二九朱熹傳，稱：「其爲學大抵窮理以致其知，反躬以踐實，而以居敬爲主。……所編次有……伊洛淵源録。」未注卷帙。又見卷二百五藝文四儒家類：「伊洛淵源，十三卷。」未注作者，書名亦略去「録」一字。而早於宋史的南宋晁公武郡齋讀書志、陳振孫直齋書録解題及元初馬端臨文獻通考經籍考卻皆未見著録。由此看來，雖然南宋有坊間刻本流傳，數量顯然非常有限，以致宋末元初便屬稀見之書。

現存刻印最早的伊洛淵源録爲元刻本。元刻共兩種，一爲元至正三年（一三四三年）湖北武昌郡庠刻本，即鄂本。書前有署名黄清老、蘇天爵序文二篇。黄序曰：「大參趙郡蘇公志在斯文，藏此本唯謹，既而歎曰：『詞章之盛，性命之衰也。盍廣吾傳乎！』……乃以公帑鋟於鄂宫。」蘇序曰：「天爵家藏是書有年，及來鄂省，謀與憲府諸公，刊置郡學，與多士共傳焉。」按蘇天爵字伯修，真定人，國子學生公試名列第一，曾任翰林國史院典籍官。其爲學「博而知要，長於紀載」（見元史卷一八三），著有國朝名臣事略十五卷、文類七十卷。至正二年起任湖廣行省參知政事，即所謂「大參」，以他當時的地位和影響，重刻伊洛淵源録，使之得以流傳。元末天下板蕩，文化凋殘，天爵慨然以蒐集一代文獻自命，功不可没。

另一種元刻本刊于元至正九年，亦蘇天爵督治所爲。書前有黄、蘇二序，較鄂本增加署名李世安撰後序一篇，曰「大參蘇公伯修頃在鄂省，鋟梓武昌郡庠。及涖浙省，又命刊于吴學。會郡守蕭侯仁甫、獲獨步丁成之克相其成。」因此，元刻二種，其源實一，皆爲蘇天爵家藏舊本，吴本爲鄂本重刻罷了。

元刻本卷三有邵雍傳，按朱子語類，其書所祖之蘇天爵家藏舊本，可能就是南宋坊間刻本。雖説這與朱熹後期的思想尚有一定距離，畢竟是他編纂的基本原型。其實，從朱熹其他幾種著作如四書集注的情況來看，終其一生，都處在不斷修改的過程中。我們瞭解了上述情況，在研究伊洛淵源録的時候，不妨參照朱熹的其他著作，更加準確地把握其思想的内在邏輯。

由于年代久遠，元刻本在今天已極爲罕見，即便在明、清兩代著録中亦極偶然獲見，可謂吉光片羽，彌足珍貴。據中國古籍善本書目著録，現存元刻伊洛淵源録僅上海圖書館和廣東中山圖書館兩部，然未注明是元至正三年刻本抑至正九年刻本。其中上海圖書館藏元刻本有至正九年李世安後序，應爲吳刻本。此外，台灣省圖書館也藏有元至正九年刊本一部。

伊洛淵源録得以廣泛流傳，得益於明代的幾次重刻。其中，明成化九年（一四七三年）由張瓚撰序的刻本，爲明刻諸本中刻印最早的一種。序曰：「前元時大參蘇天爵嘗鏤板於鄂、吳二庠……去今幾二百年。世異時殊，卒無全板，故其爲書，學者罕見。予近得二程先生遺書，已刊行於世，然以不見此書爲恨。今年秋四明楊解元守阯偶獲全本，欣然持示，蓋吳板舊物，真稀世之拱璧也。然亦間有剥落，無可考證。已而同寅右布政使祁陽甯公元善適得善本於編修南昌張先生元禎，以世罕此書，托以刊行。予因與元善躬自參校，付之梓人，不匝月而訖工。」

以「希世拱璧」喻元刻伊洛淵源録，足見此書在明代中期是何等珍貴和得之不易！由于理學被官方接受爲正統哲學，地位大爲提高，因而明中期以後便一再被重刻印行，如黄瑜刻本、弘治九年（一四九六年）楊廉增録本、嘉靖九年（一五三〇年）高賁亨刻本、萬曆四年（一五七六年）陳崑家刻本、崇禎二年（一六二九年）楊墀刻本等。此外，還有對其增補修改之作，如上述楊廉增刻本，便是因爲有感於「其間有朱子所欲删改而未之及者」，故而「復採朱子文集、語録有論及篇内諸賢事跡者，各增入本録之後，蓋欲使學者一覽而盡得其爲人之實，法其所可法，而戒其所可戒」。謝鐸續作伊洛淵源録續録六卷，是根據黄榦所撰朱熹行狀等材料所修，「以見先生繼往開來之功」。嘉靖八年（一五二九年）高賁亨督學福建，遂將二書合爲一書刻之。上述現象，正是時代風氣的表現。

到了清代，伊洛淵源録仍被數度刻印，如康熙刻本、吕氏寶誥堂刻朱子遺書本、四庫全書本、同治年間福州正誼堂全書本、光緒間西京清麓叢書正編朱子遺書重刻合編本等。理學思想以及理學家的著作流播海外，産生了很大影響，于是在日本、朝鮮等國，又出現了和刻、韓刻伊洛淵源録多種。如日本慶安二年（一六四九年）京師風月莊左衛門根據明嘉靖八年高賁亨主持刊行增録、續録合刻本之翻刻本、日本文政七年（一八二四年）據明成化本之翻刻本。和刻本中的官刻本，校勘、刻印質量均較高，具有一定的版本參考價值。七十年代台灣文海出版社影印出版伊洛淵源録，選用的底本爲日本嘉永四年重刻文政七年本。文政本雖爲成化本之翻刻，版式一依其舊，但錯字卻明顯少于祖本，顯然文政本是做過不少工作的。

伊洛淵源録的點校工作，選用上海圖書館藏元至正九年刻本（簡稱吳本）作底本，個別闕頁的地方據成化本補足。元本與宋本關係最爲直接，轉刻所産生舛誤的情況較少，且字體清晰，序跋完整。雖然明以後諸刻本主要沿着元本——成化本的脉絡發展而來，我們仍選擇了成化本爲對校本，又參校了分别收藏於國家圖書館、清華大學圖書館、中央民族大學圖書館的三種明刻本，以及日本慶安二年、嘉永四年的和刻本兩種，以吸收後人在轉刻過程中的成果。如卷二「先生命善泅者銜細繩以渡」句，「善泅」原作「善汩」，成化本、國家圖書館、清華大學圖書館藏明本同，此於字義、語氣皆無可解，顯係「泅」「汩」二字形似而誤，中央民族大學圖書館藏明本及文政七年和刻本改作「善泅」，從之。

伊洛淵源録一書是朱熹編纂，而不是撰述的著作，因此，直接引用和大量摘抄他人他書文字是本書一個顯著特點。在整理過程中，亦當根據朱熹采用的資料，追溯其源，就文字異同進行比勘。這方面的資料來源極爲豐富，如程氏遺書所收的明道先生行狀，劉立之、朱光庭、邢恕、范祖禹諸門人叙述，游酢、吕大臨等撰寫的書行狀後、哀詞，以及邵康節先生墓誌銘等，包括采自龜山語録、上蔡語録、尹和靖語等各家議論而編成的遺事部分，朱熹撰寫的伊川先生年譜又見於朱文公文集。通過這些他校工作，就原書疑點進行辨析、訂正。如卷二「建利除害」句，「建」原作「見」，各本同，然「見利」於此義實有未愜，及查程氏遺書，本作「建利」，據以改字。又如卷四「輒推與族人」句，元本「族人」作「俗人」，各本「族」「俗」不一，及核程氏遺書附録并朱文公文集卷九八伊川先生年譜，方知成化本改作「族」字有據。如卷六「豈惟戳笑，天下誰不笑之者」，是亘底本相關的文獻記録亦具有他校的價值。

原闕，所補成化本「豈惟」作「豈爲」，國家圖書館、中央民族大學圖書館藏明本作「豈惟」。按司馬光日記校注（中華書局本）載司馬光手録第十一條張戩陳述古請罷條例司録記此事云：「戩怒曰：『參政笑戩，戩亦笑參政所爲事耳。豈惟戩笑，天下誰不笑者！』」長編卷二百十記載此事，文字略同，「豈惟」作「豈但」，疑遂涣解。又如卷十二「滿城生靈反遭塗炭」句，「滿」字元本漫漶，成化本作「蒲」。查三朝北盟會編卷九一靖康中帙六十六：「監察御史馬伸狀申太宰相公速行改正」句下，作「滿城生靈」，遂得確證。諸如類似情況，凡有確證，據以逕改；有疑問或兩可者，在缺乏有力證據的情況下，以異同校形式出校勘記。

原書目録，因與各卷内容互有出入，現據實際編排情況，重新編纂。

考慮到讀者閲讀、查找便利，今將整理過程中參考諸本凡有序跋者，以及主要藏書著録附於書後。

錯誤之處，敬祈讀者指正。

一九九九年六月　戴揚本

目録

伊洛淵源録卷一

濂溪先生

事狀

先生世家道州營道縣濂溪之上，姓周氏，名惇實，字茂叔。後避英宗舊名，改惇頤。用舅氏龍圖閣學士鄭公向奏，授洪州分寧縣主簿。縣有獄久不決，先生至，一訊立辨，衆口交稱之。部使者薦以爲南安軍司理參軍。移郴及桂陽令。用薦者改大理寺丞，知洪州南昌縣事，簽書合州判官事，通判虔州事，改永州，權發遣邵州事。熙寧初，用趙清獻公、呂正獻公薦，爲廣南東路轉運判官，改提點刑獄公事。未幾而病，亦會水齧其先墓，遂求南康軍以歸。既葬，上其印綬，分司南京。時趙公再尹成都，復奏起先生，朝命及門，而先生卒矣，熙寧六年六月七日也。年五十有七。葬江州德化縣清泉社。

先生博學力行，聞道甚早，遇事剛果，有古人風。爲政精密，嚴恕務盡道理。嘗作太極圖、易說、易通數十篇。在南安時，年少不爲守所知。洛人程公珦攝通守事，視其氣貌非常人，與語，知其爲學知道也，因與爲友，且使其二子往受學焉。及爲郎，故事當舉代，每一遷授，輒以先生名聞。在郴時，郡守李公初平知其賢，與之語而歎曰：「吾欲讀書，何如？」先生曰：「公老，無及矣。某也請得爲公言之。」於是初平日聽先生語，二年，果有得。而程公二子，即所謂河南二先生者也。

南安獄有囚，法不當死，轉運使王逵欲深治之。逵苛刻，吏無敢與相可否，先生獨力爭之，不聽，則置手板歸，取告身委之而去，曰：「如此尚可仕乎！殺人以媚人，吾不爲也。」逵亦感悟，囚得不死。在郴、桂陽，皆有治績。來南昌，縣人迎，喜曰：「是能辯分寧獄者，吾屬得所訴矣。」於是更相告語，莫違教命。蓋不惟以抵罪爲憂，實以汙善政爲耻也。在合州，事不經先生手，吏不敢決，苟下之，民不肯從。蜀之賢人君子皆喜稱之。趙公時爲使者，人或讒先生，趙公臨之甚威，而先生處之超然，然趙公疑終不釋〔一〕。及守虔，先生適佐州事，趙公熟視其所爲，乃寤，執其手曰：「幾失君矣。今日乃知周茂叔也。」於邵州新學校，以教其人。及使嶺表，不憚出入之勤，瘴毒之侵，雖荒崖絶島，人跡所不至者，亦必緩視徐按，務以洗冤澤物爲己任。施設措置，未及盡其所爲，而病以歸矣。

自少信古好義，以名節自砥礪。奉己甚約，俸禄盡以周宗族，奉賓友，家或無百錢之儲。李初平卒，子幼，護其喪歸葬之，又往來經紀其家，始終不懈。及分司而歸，妻子饘粥或不給，而亦曠然不以爲意也。襟懷飄洒，雅有高趣，尤樂佳山水，遇適意處，或徜徉終日。廬山之麓有溪焉，發源於蓮華峯下，潔清紺寒，下合於湓江，先生濯纓而樂之，因寓以濂溪之號，而築書堂於其上。豫章黄太史庭堅詩而序之曰：「茂叔人品甚高，胸中灑落如光風霽月。」知德者亦深有取於其言云。

遺事十四條

伊川先生作其父太中公家傳曰：公嘗假倅南安軍，獄掾周惇實甚少，不爲守所知，公視其氣貌非常人，與語，果爲學知道者，因與爲友。及爲郎官，故事當舉代，每遷授，輒一薦之。

伊川先生作明道先生行狀曰：先生自十五六時，聞汝南周茂叔論道，遂厭科舉之業，慨然有求道之志。

河間劉立之叙述明道先生事曰：先生從汝南周惇頤問學，窮性命之理，率性會道，體道成德，出入孔孟，從容不勉。

程氏門人記二先生語曰：昔受學於周茂叔，每令尋顏子、仲尼樂處，所樂何事。

又曰：明道先生言：「自再見周茂叔後，吟風弄月以歸，有『吾與點也』之意。」

又曰：李初平見周茂叔，云：「某欲讀書，如何？」茂叔云：「公老矣，無及矣。待某只說與公。」初平遂聽說話，二年，乃覺悟。

又曰：王君貺嘗見茂叔，爲與茂叔世契，便受拜。及坐間大風起，說大畜卦，君貺乃起曰：「適來不知，受却公拜，今却當請納拜。」茂叔走避君貺。此一事却過人。謝用休問：「當受拜？不當受拜？」曰：「分已定，不受乃是。」一本作「風天」「小畜卦」。

又曰：田獵，自謂今無此好。周茂叔曰：「何言之易也。但此心潛隱未發，一日萌動，復如初矣。」後十二年，因見，果知未也。明道年十六七時好田獵，既而自謂已無此好，聞周先生此語後十二年，暮歸，在田間見獵者，不覺有喜心。

又曰：周茂叔窗前草不除去，問之，云：「與自家意思一般。」子厚觀驢鳴，亦謂如此。

又曰：周茂叔謂荀子元不識誠。伯淳曰：「既誠矣，心焉用養邪！荀子不知誠。」

邵伯温作易學辨惑，記康節先生事，曰：伊川同朱光庭公掞訪先君，先君留之飲酒，因以論道。伊川指面前食桌曰：「此桌安在地上，不知天地安在甚處？」先君爲極論天地萬物之理，以及六合之外。伊川歎曰：「平生惟見周茂叔論至此。」

呂本中作童蒙訓，曰：正獻公在侍從，聞茂叔名，力薦之，自常調除轉運判官。茂叔以啓謝正獻公，云「在薄宦有四方之遊，於高賢無一日之雅」。

營道何棄仲農父自作營道齋詩，序曰：營道縣出郭三十里而近，有村落曰濂溪，周氏家焉，族衆而業儒。至先生遠宦，弛肩廬阜，力不能返故居，乃結屋臨流，寓濂溪之名，志鄉關在目中也。蘇、黄二公與之同時，而所爲賦詩皆失本意，文字傳誤，吁，可歎已！濂溪之周，至今蕃衍云。

邢恕和叔叙述明道先生事，云茂叔聞道甚早，王荆公爲江東提點刑獄時，已號爲通儒，茂叔遇之，與語連日夜，荆公退而精思，至忘寢食。

校勘記

〔一〕然趙公疑終不釋　「釋」原作「識」，據成化本改。

伊洛淵源録卷二

明道先生

行狀　伊川先生

曾祖希振，皇任尚書虞部員外郎；妣高密縣君崔氏。祖遹，皇贈開府儀同三司、吏部尚書；妣孝感縣太君張氏、長安縣太君張氏。父珦，見任太中大夫致仕；母壽安縣君侯氏。先生名顥，字伯淳，姓程氏。其先曰喬伯，爲周大司馬，封於程，後遂以爲氏。先生五世而上居中山之博野，高祖贈太子少師，諱羽，太宗朝以輔翊功顯，賜第於京師，居再世。曾祖而下葬河南，今爲河南人。

先生生而神氣秀爽，異於常兒，未能言，叔祖母任氏太君抱之行，不覺釵墜，後數日方求之，先生以手指示，隨其所指而往，果得釵，人皆驚異。數歲，誦詩、書，强記過人。十歲能爲詩賦。十二三時，羣居庠序中，如老成人，見者無不愛重。故户部侍郎彭公思永謝客至學舍，一見異之，許妻以女。

踰冠，中進士第，調京兆府鄠縣主簿。令以其年少，未知之。民有借其兄宅以居者，發地中藏錢，兄之子訴曰：「父所藏也。」令曰：「此無證佐，何以決之？」先生曰：「此易辨爾。」問兄之子曰：「爾父藏錢，幾何時矣？」曰：「四十年矣。」「彼借宅居幾何時矣？」曰：「二十年矣。」即遣吏取錢十千視之，謂借宅者曰：「今官所鑄錢，不五六年即徧天下，此錢皆爾未藏前數十年所鑄，何也？」其人遂服，令大奇之。

南山僧舍有石佛，歲傳其首放光，遠近男女聚觀，晝夜雜處，爲政者畏其神，莫敢禁止。先生始至，詰其僧曰：「吾聞石佛歲現光，有諸？」曰：「然。」戒曰：「俟復現，必先白，吾職事不能往，當取其首就觀之。」自是不復有光矣。府境水害，倉卒興役，諸邑率皆狼狽，惟先生所部飲食茇舍無不安便。時盛暑，泄利大行，死亡甚衆，獨鄠人無死者。所至治役，人不勞而事集，常謂人曰：「吾之董役，乃治軍法也。」

當路者欲薦之，多問所欲，先生曰：「薦士當以才之所堪，不當問所欲。」再期，以避親罷。再調江寧府上元縣主簿。田税不均，比他邑尤甚，蓋近府美田爲貴家富室以厚價薄其税而買之，小民苟一時之利，久則不勝其弊。先生爲令畫法，民不知擾，而一邑大均。其始，富者不便，多爲浮論，欲摇止其事，既而無一人敢不服者。後諸路行均税法，邑官不足，益以它官，經歲歷時，文案山積，而尚有訴不均者，計其力比上元不啻千百矣。

會令罷去，先生攝邑事。上元劇邑，訴訟日不下二百，爲政者疲於省覽，奚暇及治道。先生處之有方，不閱月，民訟遂簡。江南稻田賴陂塘以溉，盛夏塘堤大決，計非千夫不可塞。法當言之府，府禀於漕司，然後計功調役，非月餘不能興作。先生曰：「比如是，苗槁久矣，民將何食？救民獲罪，所不辭也。」遂發民塞之，歲則大熟。

江寧當水運之衝，舟卒病者則留之，爲營以處，曰「小營子」，歲不下數百人，至者輒死。先生察其由，蓋既留然後請於府，給券乃得食，比有司文具，則困於飢已數日矣。先生白漕司給米貯營中，至者與之食，自是生全者太半。措置於纖微之間，而人已受賜，如此之比，所至多矣。先生常云：「一命之士，苟存心於愛物，於人必有所濟。」

仁宗登遐，遺制官吏成服三日而除。三日之朝，府尹率羣官將釋服。先生進曰：「三日除服，遺詔所命，莫敢違也，請盡今日。若朝而除之，所服止二日爾。」尹怒不從。先生曰：「公自除之，某非至夜，不敢釋也。」一府相視，無敢除者。

茅山有龍池，其龍如蜴蜥而五色。祥符中，中使取二龍，至中途，中使奏一龍飛空而去，自昔嚴奉以爲神物。先生嘗捕而脯之，使人不惑。其始至邑，見人持竿以黏飛鳥，取其竿折之，教之使勿爲。及罷官，艤舟郊外，有數人共語：「自主簿折黏竿，鄉民子弟不敢畜禽鳥。」不嚴而令行，大率如此。

再期，就移澤州晉城令。澤人淳厚，尤服先生教命。民以事至邑者，必告之以孝悌忠信，入所以事父兄，出所以事長上。度鄉村遠近爲伍保，使之力役相助，患難相恤，而姦僞無所容。凡孤煢殘廢者，責之親戚鄉黨，使無失所。行旅出於其塗者，疾病皆有所養。諸鄉皆有校，暇時親至，召父老而與之語；兒童所讀書，親爲正句讀，教者不善，則爲易置。俗始甚野，不知爲學，先生擇子弟之秀者，聚而教之，去邑纔十餘年，而服儒服者蓋數百人矣。

鄉民爲社會，爲立科條，旌别善惡，使有勸有耻。邑幾萬室，三年之間，無强盜及鬭死者。秩滿，代者且至，吏夜叩門，稱有殺人者。先生曰：「吾邑安有此？誠有之，則某村某人也。」問之，果然。家人驚異，問何以知之，曰：「吾常疑此人惡少之弗革者也。」

河東財賦窘迫，官所科買，歲爲民患，雖至賤之物，至官取之，則其價翔踴，多者至數十倍。先生常度所需，使富家預儲，定其價而出之，富室不失倍息，而鄉官所費[一]，比常歲十不過二三。民税常移近邊，載往則道遠，就糴則價高。先生擇富民之可任者，預使購粟邊郡，所費太省，民力用紓。縣庫有雜納錢數百千，常借以補助民力，部使者至，則告之曰：「此錢令自用而不敢私，請一切不問。」使者屢更，無不從者。先時，民憚差役，役及則互相糾訴，鄉鄰遂爲仇讎。先生盡知民産厚薄，第其先後，按籍而命之，無有辭者。

河東義勇，農隙則教以武事，然應文備數而已。先生至，晉城之民遂爲精兵。晉俗尚焚屍，雖孝子慈孫，習以爲安。先生教諭禁止，民始信之。而先生去後，郡官有母死者，憚於遠致，以投烈火，愚俗視傚，先生之教遂廢，識者恨之。先生爲令，視民如子，欲辯事者，或不持牒，徑至庭下，陳其所以，先生從容告語，諄諄不倦。在邑三年，百姓愛之如父母，去之日，哭聲振野。

用薦者改著作佐郎，尋以御史中丞呂公公著薦，授太子中允、權監察御史裏行。神宗素知先生名，召對之日，從容咨訪，比二三見，遂期以大用，每將退，必曰：「頻求對來，欲常相見爾。」一日，論議甚久，日官報午正，先生遽求退，庭中中人相謂曰：「御史不知上未食邪？」前後進説甚多，大要以正心窒欲，求賢育才爲先。先生不飾辭辯，獨以誠意感動人主。神宗嘗使推擇人才，先生所薦者數十人，而以父表弟張載暨弟頤爲首。所上章疏，子姪不得窺其藁，嘗言：「人主當防未萌之欲。」神宗俯身拱手曰：「當爲卿戒之。」及因論人才，曰：「陛下奈何輕天下士？」神宗曰：「朕何敢如是。」言之至于再三。

時王荆公安石日益信用，先生每進見，必爲神宗陳君道以至誠仁愛爲本，未嘗及功利。神宗始疑其迂，而禮貌不衰。嘗極陳治道，神宗曰：「此堯舜之事，朕何敢當。」先生愀然曰：「陛下此言，非天下之福也。」荆公寖行其説，先生意多不合，事出必論列，數月之間，章數十上。尤極論者，輔臣不同心、小臣與大計、公論不行、青苗取息、賣祠部牒、差提舉官多非其人，及不經封駮、京東轉運司剥民希寵不加黜責、興利之臣日進、尚德之風寖衰等十餘事。荆公與先生雖道不同，而嘗謂先生忠信。先生每與論事，心平氣和，荆公多爲之動。而言路好直者必欲力攻取勝，由是與言者爲敵矣。先生言既不行，懇求外補，神宗猶重其去，上章及面請至十數，不許，遂闔門待罪。神宗將黜諸言者，命執政除先生監司，差權發遣京西路提點刑獄。復上章曰：「臣言是，願行之；如其妄言，當賜顯責。請罪而獲遷，刑賞混矣。」累請，得罷。既而神宗手批暴白同列之罪，獨於先生無責。

改差簽書鎮寧軍節度判官事。爲守者嚴刻多忌，通判而下，莫敢與辯事。始意先生嘗任臺憲，必不盡力職事，而又慮其慢己。既而先生事之甚恭，雖筦庫細務，無不盡心，事小未安，必與之辨，遂無不從者，相與甚歡。屢平反重獄，得不死者，前後蓋十數。

河清卒於法不他役，時中人程昉爲外都水丞，怙勢蔑視州郡，欲盡取諸埽兵治二股河，先生以法拒之。昉請於朝，命以八百人與之。天方大寒，昉肆其虐用，衆逃而歸。州官晨集城門，吏報河清兵潰歸，將入城。衆官相視，畏昉，欲弗納。先生曰：「此逃死自歸，弗納，必爲亂。昉有言，某自當之。」即親往開門撫諭，約歸休三日復役，衆歡呼而入。具以事上聞，得不復遣。後昉奏事過州，見先生，言甘而氣懾。既而揚言於衆曰：「澶卒之潰，乃程中允誘之，吾必訴於上。」同列以告，先生笑曰：「彼方憚我，何能爾也。」果不敢言。

會曹村埽決，時先生方救護小吳，相去百里。州帥劉公渙以事急告，先生一夜馳至。帥俟於河橋，先生謂帥曰：「曹村決，京城可虞。臣子之分，身可塞亦爲之。請盡以廂兵見赴，事或不集，公當親率禁兵以繼之。」帥義烈士，遂以本鎮印授先生，曰：「君自用之。」先生得印，不暇入城省親，徑走決堤，諭士卒曰：「朝廷養爾輩，正爲緩急爾。爾知曹村決則注京城乎？吾與爾曹以身扞之。」衆皆感激自效。論者皆以爲勢不可塞，徒勞人爾。先生命善泅者銜細繩以渡〔二〕，決口水方奔注，達者百一，卒能引大索以濟衆，兩岸並進，晝夜不息，數日而合。其將合也，有大木自中流而下，先生顧謂衆曰：「得彼巨木橫流入口，則吾事濟矣。」語纔已，木遂橫，衆以爲至誠所致。其後曹村之下復決，遂久不塞，數路困擾，大爲朝廷憂。人以爲使先生在職，安有是也。

郊祀霈恩，先生曰：「吾罪滌矣，可以去矣。」遂求監局，以便親養，得罷歸。自是醜正者競揚避新法之説。歲餘，得監西京洛河竹木務。薦者言其未嘗叙年勞，丐遷秩，特改太常丞。神宗猶念先生，會修三經義，嘗語執政曰：「程某可用。」執政不對。又嘗有登對者自洛至，問曰：「程某在彼否？」連言「佳士」。其後彗見翼軫間，詔求直言。先生應詔，論朝政極切。還朝，執政屢進擬，神宗皆不許，既而手批與府界知縣，差知扶溝縣事。先生詣執政，復求監局，執政論以上意不可改也。數月，右府同薦，除判武學，新進者言其新法之初首爲異論，罷，復舊任。

先生爲治，專尚寬厚，以教化爲先，雖若甚迂，而民實風動。扶溝素多盜，雖樂歲，强盜不減十餘發。先生在官，無强盜者幾二年〔三〕。廣濟、蔡河出縣境，瀕河不逞之民，不復治生業，專以脇取舟人物爲事，歲必焚舟十數以立威。先生始至，捕得一人，使引其類，得數十人，不復根治舊惡，分地而處之，使以挽舟爲業，且察爲惡者，自是邑境無焚舟之患。

畿邑田税重，朝廷歲常蠲除，以爲惠澤，然而良善之民憚督責而先輸，逋負獲除者皆頑民也。先生爲約，前科獲免者，今必如期而足，於是惠澤始均。司農建言天下輸役錢達户四等，而畿内獨止第三，請亦及第四，先生力陳不可。司農奏其議，謂必獲罪，而神宗是之，畿邑皆得免。

先生爲政，常權穀價，不使至甚貴甚賤。會大旱，麥苗且枯，先生教人掘井以溉，一井不過數工，而所灌數畝，闔境賴焉。水災民飢，先生請發粟貸之，鄰邑亦請。司農怒，遣使閱實。使至鄰邑，而令遽自陳：「穀且登，無貸可也。」使至，謂先生盍亦自陳，先生不肯，使者遂言不當貸。先生力言民飢，請貸不已，遂得穀六千石，飢者用濟。而司農益怒，視貸籍户同等，而所貸不等，檄縣杖主吏。先生言：「濟飢當以口之衆寡，不當以户之高下。且令實爲之，非吏罪。」乃得已。

内侍都知王中正巡閱保甲，權寵至盛，所至陵慢縣官，諸邑供帳，競務華鮮，以悦奉之。主吏以請，先生曰：「吾邑貧，安能效他邑。且取於民，法所禁也。令有故青帳，可用之。」先生在邑歲餘，中正往來境上，卒不入。鄰邑有冤，訴府願得先生決之者，前後五六。有犯小盗者，先生謂曰：「汝能改行，吾薄汝罪。」盗叩首願自新。後數月，復穿窬，捕吏及門，盗告其妻曰：「我與太丞約不復爲盗，今何面目見之耶？」遂自經。

官制改，除奉議郎。朝廷遣官括牧地，民田當没者千頃，往往持累世契券以自明，皆弗用。諸邑已定，而扶溝民獨不服，遂有朝旨，改税作租，不復加益，及聽賣易如私田。民既倦於追呼，又得不加賦，乃皆服。先生以爲不可。括地官至，謂先生曰：「民願服而君不許，何也？」先生曰：「民徒知今日不加賦，而不知後日增租奪田，則失業無以生矣。」因爲言仁厚之道。其人感動，謝曰：「寧受責，不敢違公。」遂去之他邑。不踰月，先生罷去，其人復至，謂攝令者曰：「程奉議去矣，爾復何恃而敢稽違朝旨？」督責甚急，數日而事集。

鄰邑民犯盜繫縣獄而逸，既又遇赦，先生坐是，以特旨罷。邑人知先生且罷，詣府及司農丐留者千數。去之日，不使人知，老穉數百追及境上，攀挽號泣，遣之不去。以親老求近鄉監局，得監汝州酒稅。今上嗣位覃恩，改承議郎。

先生雖小官，賢士大夫視其進退以卜興衰。聖政方新，賢德登進，先生特爲時望所屬，召爲宗正寺丞。未行，以疾終，元豐八年六月十五也。享年五十有四。士大夫識與不識，莫不哀傷，爲朝廷生民恨惜。

先生資稟既異，而充養有道，純粹如精金，温潤如良玉，寬而有制，和而不流，忠誠貫於金石，孝悌通於神明。視其色，其接物也，如春陽之温；聽其言，其入人也，如時雨之潤。胸懷洞然，徹視無間，測其蘊，則浩乎若滄溟之無際；極其德，美言蓋不足以形容。

先生行己，内主於敬而行之以恕，見善若出諸己，不欲弗施於人，居廣居而行大道，言有物而動有常。先生爲學，自十五六時聞汝南周茂叔論道，遂厭科舉之業，慨然有求道之志。未知其要，泛濫於諸家，出入於老、釋者幾十年，返求諸六經而後得之。明於庶物，察於人倫，知盡性至命必本於孝悌，窮神知化由通於禮樂。辯異端似是之非，開百代未明之惑，秦漢而下，未有臻斯理也。

謂孟子没而聖學不傳，以興起斯文爲己任。其言曰：「道之不明，異端害之也。昔之害近而易知，今之害深而難辯；昔之惑人也乘其迷暗，今之入人也因其高明。自謂之窮神知化，而不足以開物成務，言爲無不周遍，實則外於倫理，窮深極微，而不可以入堯舜之道。天下之學，非淺陋固滯，則必入於此。自道之不明也，邪誕妖異之説競起，塗生民之耳目，溺天下於汚濁，雖高才明智，膠於見聞，醉生夢死不自覺也。是皆正路之蓁蕪，聖門之蔽塞，闢之而後可以入道。」

先生進將覺斯人，退將明之書，不幸早世，皆未及也。其辯析精微，稍見於世者，學者之所傳爾。先生之門，學者多矣。先生之言，平易易知，賢愚皆獲其益，如羣飲於河，各充其量。先生教人，自致知至於知止，誠意至於平天下，灑掃應對至於窮理盡性，循循有序。病世之學者捨近而趨遠，處下而闚高，所以輕自大而卒無得也。先生接物，辨而不間，感而能通，教人而人易從，怒人而人不怨，賢愚善惡，咸得其心。狡僞者獻其誠，暴慢者致其恭，聞風者誠服，覿德者心醉。雖小人以趨嚮之異，顧於利害，時見排斥，退而省其私，未有不以先生爲君子也。

先生爲政，治惡以寬，處煩而裕，當法令繁密之際，未嘗從衆爲應文逃責之事。人皆病於拘礙，而先生處之綽然；衆憂以爲甚難，而先生爲之沛然。雖當倉卒，不動聲色。方監司競爲嚴急之時，其待先生，率皆寬厚，設施之際，有所賴焉。先生所爲綱條法度，人可效而爲也，至其道之而從，動之而和，不求物而物應，未施信而民信，則人不可及也。彭夫人封仁和縣君，嚴正有禮，事舅以孝稱，善睦其族，先一年卒。一本有「五」字。子一本有「三早卒」字。曰端懿，蔡州汝陽縣主簿；曰端本，治進士業。一本有「四」字。女一本有「三夭一」字〔四〕。適假承務郎朱純之。卜以今年十月乙酉葬于伊川先塋。謹書家世行業，及歷官行事之大概，以求誌於作者。

門人朋友叙述并序

先兄明道之葬，頤狀其行以求誌銘，且備異日史氏採録。既而門人朋友爲文以叙其事跡，述其道學者甚衆。其所以推尊稱美之意，人各用其所知，蓋不同也，而以爲孟子而後傳聖人之道者一人而已，是則同。文多不能盡取，取其有補於行狀之不及者數篇，附于行狀之後。

河間劉立之曰：先生幼有奇一作「異」。質，明慧驚人。年數歲，即有成人之度。嘗賦酌貪泉詩，曰：「中心如自固，外物豈能遷。」當世先達許其志操。及長，豪勇自奮，不溺於流俗。從汝南周茂叔問學，窮性命之理，率性會道，體道成德，出處孔孟，從容不勉。踰冠，應書京師，聲望藹然，老儒宿學皆自以爲不及，莫不造門願交。釋褐，主永興軍鄠縣簿。永興帥府，其出守皆禁密大臣，待先生莫不盡禮。爲令晉城，其俗朴陋，民不知學，中間幾百年無登科者。先生擇其秀異，爲置學舍糧具，聚而教之，朝夕督厲誘進，學者風靡日盛，熙寧、元豐間應書者至數百，登科者十餘人。先生爲政，條教精密，而主之以誠心。晉城之民被服先生之化，暴桀子弟至有耻不犯，迄先生去三年間，編户數萬衆，罪入極典者纔一人，然鄉閭猶以不遵教令爲深耻。熙寧七年，立之得官晉城，距先生去已十餘年，見民有聚口衆而不析異者，問其所以，云守程公之化也。其誠心感人如此。

薦爲御史，神宗召對，問所以爲御史。對曰：「使臣拾遺補闕，裨贊朝廷，則可；使臣掇拾臣下短長，以沽直名，則不能。」神宗歎賞，以爲得御史體。神宗厲精求治，王荆公執政，議法改令，言者攻之甚力，至有發憤肆罵，無所不至者。先生獨以至誠開納君相，疏入輒削藁，不以示子姪。常曰：「揚己矜衆，吾所不爲。」嘗被旨赴中堂議事，荆公方怒言者，厲色待之。先生徐曰：「天下之事，非一家私議，願公平氣以聽。」荆公爲之愧屈善談。

太中公得請領崇福，先生求折資監局以便養。歸洛，從容親庭，日以讀書勸學爲事。先生經術通明，義理精微，樂告不倦，士大夫從之講學者日夕盈門，虚往實歸，人得所欲。

先生在御史，有南士遊執政門者，方自南還，未至而附會之説先布都下，且其人素議虧闕，先生奏言其行。後先生被命判武學，其人已位通顯，懼先生復進，乃抗章言先生新法之初，首爲異論。先生笑曰：「是豈誣我邪。」復以便親乞汝州監局。先生高才遠業，淪屈卑冗，人爲先生歎息，而先生處之恪勤匪懈，曰：「執事安得不謹！」

今皇帝即位，以宗正丞召。朝廷方且用之，未赴闕，得疾以終。先生有天下重望，士民以其出處卜時隆污，聞訃之日，識與不識，莫不隕涕。

自孟軻没，聖學失傳，學者穿窬妄作，不知入德。先生傑然自立於千載之後，芟闢榛穢，開示本原，聖人之庭户曉然可入，學士大夫始知所向。然高才世希，能造其藩閫者蓋鮮，况堂奥乎！

先生德性充完，粹和之氣盎於面背，樂易多恕，終日怡悦。立之從先生三十年，未嘗見其一有「有」字。忿厲之容，接人温然，無賢不肖，皆使之欵曲自盡。聞人一善，咨嗟奬勞，惟恐其不篤；人有不及，開導誘掖，惟恐其不至。故雖桀傲不恭，見先生莫不感悦而化服。風格高邁，不事標飾，而自有畦畛。望其容色，聽其言教，則放心邪氣不復萌于胸中。

太中公告老而歸，家素清窶，僦居洛城。先生以禄養，族大食衆，菽粟僅足，而老幼各盡其歡。中外幼孤窮無託者皆收養之，撫育誨導，期于成人。嫁女娶婦，皆先孤遺而後及己子。食無重肉，衣無兼副。女長過期，至無貲以遣。

先生達於從政，以仁愛爲本，故所至民戴之如父母。立之嘗問先生以臨民，曰「使民各得輸其情」；問御吏，曰「正己以格物」。雖愚不肖，佩服先生之訓，不敢忘怠。先生抱經濟大器，有開物成務之才，雖不用于時，然至誠在天下，惟恐一物不得其所。見民疾苦，如在諸己；聞朝廷興作小失，則憂形顔色。嘗論所以致君堯舜、措俗成康之意，其言感激動人。千五百年一生斯人，時命不會如此，美志不行，利澤不施，惜哉！先人早世，立之方數歲，立之家與先生有累世之舊，先人高爽有奇操，與先生好尤密。末世俗薄，朋友道衰，聞先生之風，宜有愧耻。先生兄弟取以歸，教養視子姪，卒立其門户。先生終，繫官朔陲，不得與於行服之列，哭泣之哀，承訃悲號，摧裂肝膈。立之從先生最久，聞先生教最多，得先生行事爲最詳。先生大節高誼，天下莫不聞，至於委曲纖細，一言一行，足以垂法來世，而人所不及知者，大懼堙没不傳，以爲門人羞，輒書所知，以備採摭。

沛國朱光庭曰：嗚呼，道之不明不行也久矣！自子思筆之於書，其後孟軻倡之，軻死而不得其傳。退之之言信矣。大抵先生之學以誠爲本，仰觀乎天，清明穹窿，日月之運行，陰陽之變化，所以然者誠而已。俯察乎地，廣博持載，山川之融結，草木之繁殖，所以然者誠而已。人居天地之中，參合無間，純亦不已者，其在兹乎！蓋誠者，天德也。聖人自誠而明，其静也淵停，其動也神速。天地之所以位，萬物之所以育，何莫由斯道也。先生得聖人之誠者也，自始學至於成德，雖天資潁徹，絶出等夷，然卓然之見，一主於誠。故推而事親則誠孝，事君則誠忠，友于兄弟則綽綽有裕，信於朋友則久要不忘，脩身慎行則不愧於屋漏，臨政愛民則如保乎赤子，非得夫聖人之誠，孰能與於斯？ 才周萬物而不自以爲高，學際三才而不自以爲足，行貫神明而不自以爲異，識照古今而不自以爲得。 至於六經之奥義，百家之異説，研窮搜抉，判然胸中。 天下之事，雖萬變交於前，而燭之不失毫釐，權之不失輕重，凡貧富貴賤死生，皆不足以動其心，真可謂大丈夫者。 非所得之深，所養之厚，能至於是歟？

嗚呼！ 天之生斯人，使之平治天下，功德豈小補哉！ 方當聖政日新，賢者彙進，殆將以斯道覺斯民，而天奪之速，可謂不幸之甚矣。 孔子曰：「朝聞道，夕死可矣。」自孟軻以來千有餘歲，先王大道得先生而後傳，其補助天地之功，可謂盛矣。 雖不得高位以澤天下，然而以斯道倡之于人，亦已較著，其間見而知之，尚能似之，先生爲不亡矣。

河間邢恕曰： 先生德性絶人，外和内剛，眉目清峻，語聲鏗然。 恕早從先生之弟學，初見先生於磁州，其氣貌清明夷粹，其接人和以有容，其斷義剛而不犯，其思索妙造精義，其言近而測之益遠。 恕蓋始恍然自失，而知天下有成德君子，所謂完人者若先生是已。

先生爲澶州幕官，歲餘罷歸。 恕後過澶州，問村民，莫不稱先生，咨嗟嘆息。 蓋先生之從政，其視民如子，憂公如家。 其誠心感人，雖爲郡僚佐，又止歲餘而去，至使田父野人皆知其姓名，又稱嘆其賢。 使先生爲一郡，又如何哉！ 使先生行乎天下，又如何哉！

既不用於朝廷，而以奉親之故，禄仕於筦庫以爲養。居洛幾十年，玩心於道德性命之際，有以自養其渾浩沖融，而必合乎規矩準繩，蓋真顔氏之流，黄憲、劉迅之徒不足道也。洛實别都，乃士人之區藪，在仕者皆慕化之，從之質疑解惑；閭里士大夫皆高仰之，樂從之游；學士皆宗師之，講道勸義。行李之往來過洛者，苟知名有識，必造其門，虚而往，實而歸，莫不心醉斂衽而誠服。於是先生身益退，位益卑，而名益高於天下。

今皇帝即位，太皇太后同聽斷，凡政事之利者存，害者去。復起司馬公君實以爲門下侍郎，用吕公晦叔爲尚書左丞，而先生亦以宗正丞召。執政日須其來，將大用之。訃至京師，諸公人人嘆嗟，爲朝廷惜。士大夫下至布衣諸生，聞之莫不相弔，以爲哲人云亡也。

嗚呼！惟先生以直道言事不合，去國十有七年，今太母制政下令，不出房闥，天下固已晏然。方大講求政事之得失，救偏矯枉，資人材以成治功之時，如先生之材，大小左右内外，用之無不宜。蓋其所知，上極堯、舜、三代帝王之治，其所以包涵博大，悠遠纖悉，上下與天地同流，其化之如時雨者，先生固已默而識之。至於興造禮樂制度文爲，下至行師用兵戰陣之法，無所不講，皆造其極。外之夷狄情狀、山川道路之險易、邊鄙防戍城寨斥堠控帶之要，靡不究知。其吏事操決、文法簿書，又皆精密詳練。若先生可謂通儒全才矣，而所有不試其萬一，又不究於高年，此有志之士所以慟哭而流涕也。

成都范祖禹曰：先生爲人，清明端潔，内直外方。其學本於誠意正心，以聖賢之道可以必至，勇於力行，不爲空文。其在朝廷，與道行止，主於忠信，不崇虚名。其爲政，視民如子，慘怛教愛，出於至誠，建利除害〔五〕，所欲必得。故先生所至，民賴之如父母，去久而思之不忘。先生嘗言：「縣之政可達於天下，一邑者，天下之式也。」

先生以親老，求爲閒官，居洛陽殆十餘年，與弟伊川先生講學于家，化行鄉黨。家貧，疏食或不繼，而事親務養其志，賙贍族人必盡其力。士之從學者不絶於館，有不遠千里而至者。先生於經不務解析爲枝詞，要其用在己而明於知天。其教人曰：「非孔子之道不可學也。」蓋自孟子没，而中庸之學不傳，後世之士，不循其本而用心於末，故不可與入堯舜之道。先生以獨智自得，去聖人千有餘歲，發其關鍵，直睹堂奥，一天地之理，盡事物之變。故其貌肅而氣和，志定而言厲，望之可畏，即之可親，叩之者無窮，從容以應之，其出愈新，真學者之師也。成就人才，於時爲多，雖久去朝廷，而人常以其出處爲時之通塞。既除宗正丞，天下日望先生入朝，以爲且大用，及聞其亡，上自公卿，下至閭巷士民，莫不哀之，曰「時不幸也」。其命矣夫！

校勘記

〔一〕而鄉官所費　「官」，伊川文集七（中華書局標點本二程集）明道先生行狀作「民」。

〔二〕先生命善泅者銜細繩以渡　「泅」原作「汩」，據中央民族大學藏明本、崇禎本改。

〔三〕無强盗者幾二年　「二」，伊川文集七明道先生行狀作「一」。

〔四〕一本有三夭一字　「一」，伊川文集七明道先生行狀作「二」。

〔五〕建利除害　「建」原作「見」，據河南程氏遺書附録（中華書局標點本二程集）改。

伊洛淵源録卷三

明道先生

書行狀後

游酢

先生道德之高致，經綸之遠圖，進退之大節，伊川季先生與門人高第既論其實矣，酢復何言，謹拾其遺事，備採録云。

先生生而有妙質，聞道甚早。年逾冠，明誠夫子張子厚友而師之。子厚少時自喜其才，謂提騎卒數萬，可横行匈奴，視叛羌爲易與耳，故從之游者，多能道邊事。既而得聞先生論議，乃歸謝其徒，盡棄其舊學，以從事於道。其視先生雖外兄弟之子，而虚心求益之意，懇懇如不及。逮先生之官，猶以書抵扈，以定性未能不動致問。先生爲破其疑，使内外動靜，道通爲一，讀其書可考而知也。其後子厚學成德尊，識者謂與孟子比，然猶秘其學，不多爲人講之。其意若曰：「雖復多聞，不務畜德，徒善口耳而已。」故不屑與之言。先生謂之曰：「道之不明於天下久矣，人善其所習，自謂至足，必欲如孔門『不憤不啓，不悱不發』，則師資勢隔，而先王之道或幾乎熄矣。趣今之時，且當隨其資而誘之，雖識有明暗，志有淺深，亦各有得焉，而堯舜之道，庶可馴致。」子厚用其言，故關中學者躬行之，多與洛人並，推其所自，先生發之也。

擢爲御史，睿眷甚渥，亟承德音，所獻納必據經術，事常辯於早而戒於漸。一日，神宗縱言，及於辭命。先生曰：「人主之學，惟當務爲急，辭命非所先也。」神宗爲之動顔。會同天節，宫嬪專獻奇巧，爲天子壽。先生既言於朝，又顧謂執政戒之。執政曰：「宫嬪實爲，非上意也，庸何傷？」先生曰：「作淫巧以蕩上心，所傷多矣，公之言非是。」執政辭遂屈。是時，有同在臺列者，志未必同，然心慕其爲人，嘗語人曰：「他人之賢者，猶可得而議也，乃若伯淳，則如美玉然，反覆視之，表裏洞徹，莫見疵瑕。」

先生平生與人交，無隱情，雖僮僕必託以忠信，故人亦不忍欺之。嘗自澶淵遣奴持金詣京師貿用物，計金之數，可當二百千。奴無父母妻子，同列聞之，莫不駭且誚。既而奴持物如期而歸，衆始歎服。蓋誠心發於中，暢於四肢，見之者信慕，事之者革心，大抵類此。

先生少長親闈，視之如傷，又氣象清越，洒然如在塵外，宜不能勞苦。及遇事，則每與賤者同起居飲食，人不堪其難，而先生處之裕如也。嘗董役，雖祁寒烈日，不擁裘，不御蓋，時所巡行，衆莫測其至，故人自致力，常先期畢事。異時夫伍，中夜多譁，一夫或怖，萬夫競起，姦人乘虚爲盜者不可勝數。先生以師律處之，遂訖去無譁者。及役罷夫散，部伍猶肅整如常。

初至鄠，有監酒税者以賄播聞，然怙力文身，自號能殺人，衆皆憚之，雖監司州將未敢發。先生至，將與之同事，其人心不自安，輒爲言曰：「外人謂某自盜官錢，新主簿將發之，某勢窮，必殺人。」言未訖，先生笑曰：「人之爲言，一至於此。足下食君之禄，詎肯爲盜？萬一有之，將救死不暇，安能殺人！」其人默不敢言，後亦私償其所盜，卒以善去。州從事有既孤而遭祖母喪者，身爲嫡孫，未果承重。先生爲推典法意，告之甚悉，其人從之，至今遂爲定令，而天下搢紳始習爲常。蓋先生御小人使不麗於法，助君子使必成其美，又大抵類此。

先生雖不用，而未嘗一日忘朝廷，然久幽之操，確乎如石，胸中之氣沖如也。所至，士大夫多棄官從之學，朝見而夕歸，飲其和，茹其實，既久而不能去。其徒有貧者，以單衣御冬，累年而志不變，身不屈。蓋先生之教，要出於爲己，而士之游其門者，所學皆心到自得，無求於外。以故甚貧者忘飢寒，已仕者忘爵禄，魯重者敏，謹細者裕，强者無拂理，願者有立志，可以脩身，可以齊家，可以治國平天下。非若世之士，妄意空無，追咏昔人之糟粕，而身不與焉，及措之事業，則倀然無據而已也。

方朝廷圖任真儒，以惠天下，天下有識者謂先生行且大用矣，不幸而先生卒。嗚呼！道之行與廢，果非人力所能爲也，悲夫！哭而爲之贊曰：

天地之心，其太一之體歟！天地之化，其太和之運歟！確然高明，萬物覆焉；隤然博厚，萬物載焉，非以其一歟！陽自此舒，陰自此凝；消息滿虚，莫見其形，非以其和歟！夫子之德，其融心滌慮，默契於此歟！不然，何穆穆不已，渾渾無涯，而能言之士，莫足以頌其美歟！嗟乎！孰謂此道未施，此民未覺，而先覺者逝歟！百世之下，有想見夫子而不可得者，亦能觀諸天地之際歟！

哀詞

呂大臨

嗚呼！去聖遠矣，斯文喪矣。先王之流風善政，泯没而不可見；明師賢弟子傳授之學〔一〕，斷絶而不得聞。以章句訓詁爲能窮遺經，以儀章度數爲能盡儒術，使聖人之道玩於腐儒諷誦之餘，隱於百姓日用之末，反求諸己，則罔然無得，施之於天下，則若不可行，異端爭衡，猶不與此。

先生負特立之才，知大學之要，博文强識，躬行力究。察倫明物，極其所止，渙然心釋，洞見道體。其造於約也，雖事變之感不一，知應以是心而不窮；雖天下之理至衆，知反之吾身而自足。其致於一也，異端並立而不能移，聖人復起而不與易。其養之成也，和氣充浹，見於聲容，然望之崇深，不可慢也。遇事優爲，從容不迫，然誠心懇惻，弗之措也。其自任之重也，寧學聖人而未至，不欲以一善成名；寧以一物不被澤爲己病，不欲以一時之利爲己功。其自信之篤也，吾志可行，不苟潔其去就；吾義所安，雖小官有所不屑。

夫位天地、育萬物者，道也；傳斯道者，斯文也；振已墜之文，達未行之道者，先生也；使學不卒傳，志不卒行，至於此極者，天也。先生之德，可形容者猶可道也，其獨智自得，合乎天契乎先聖者，不可得而道也。

元豐八年六月，明道先生卒，門人學者皆以所自得者名先生之德。先生之德，未易名也，亦各伸其志爾。

墓表

大宋明道先生程君伯淳之墓　　守太師致仕潞國公文彦博題

先生名顥，字伯淳，葬于伊川。潞國太師題其墓，曰明道先生。弟頤序其所以刻之石曰：周公没，聖人之道不行；孟軻死，聖人之學不傳。道不行，百世無善治；學不傳，千載無真儒。無善治，士猶得以明夫善治之道，以淑諸人，以傳諸後；無真儒，天下貿貿焉莫知所之，人欲肆而天理滅矣。先生生千四百年之後，得不傳之學於遺經，志將以斯道覺斯民。天不憖遺，哲人早世。鄉人士大夫相與議曰：「道之不明也久矣，先生出，倡聖學以示人，辨異端，闢邪説，開歷古之沉迷，聖人之道得先生而後明，爲功大矣。」於是帝師采衆議而爲之稱，以表其墓。學者之於道，知所向然後見斯人之爲功，知所至然後見斯名之稱情。山可夷，谷可堙，明道之名亘萬古而長存。勒石墓傍，以詔後人。

贊

陳　恬

賢哉先生，始於孝弟。孝篤於親，弟友其弟。推以治人，不爲而化。民靡有爭，揖讓于野。移之事君，讜言忠謨。姦邪之言，感動欷歔。舉以教人，粹然王道。天下英材，躬服允蹈。本於正身，惟德温温。如冬之日，如夏之雲。終其默識，洞暢今古。鈎深窮微，該世之務。賢哉先生，超然絶倫。大用甚邇，胡奪之年。先生之道，不在其弟。方其初起，天下咸喜。今其西矣，天下懷矣。誰爲有力，進之君矣。俾行其道，覺斯民矣。

遺事二十七條

明道先生曰：吾學雖有所受，「天理」二字，却是自家體貼出來。見上蔡語録。

先生謂學者曰：賢看顥如此，顥煞用工夫。

常見伯淳所在臨政，便上下響應，到了人衆後，便成風，成風則有所鼓動。天地間只是一箇風以動之也。見程氏遺書伊川先生語。

明道作縣，常於坐右書「視民如傷」四字，云：「顥每日常有媿於此。」觀其用心，應是不到錯決撻了人。見龜山語録。

明道臨民，刑未嘗不用，亦嚴亦威。然至誠感人而人化之。見侯子雅言。

明道主簿上元時，謝師直爲江東轉運判官。師宰來省其兄，嘗從明道假公僕掘桑白皮。明道問之曰：「漕司役卒甚多，何爲不使？」曰：「本草説桑白皮出土見日者殺人，以伯淳所使人不欺，故假之爾。」師宰之相信如此。見文集伊川記，下同。

謝師直尹洛時嘗談經，與鄙意不合，因曰：「伯淳亦然。往在上元，景温説春秋，猶時見取，至言易，則皆曰非是。」頤謂曰：「二君皆通易者也。監司談經而主簿乃曰非是，監司不怒，主簿敢言，非通易，能如是乎？」

明道昔見上稱介甫之學，對曰：「王安石之學不是。」上愕然問曰：「何？」對曰：「臣不敢遠引，止以近事明之。臣嘗讀詩，言周公之德云『公孫碩膚，赤舄几几』，周公盛德，形容如是之盛。如王安石，其身猶不能自治，何足以及此。」見遺書。又按龜山語録亦載此語，稱「周公『赤舄几几』，聖人蓋如此，若安石剛褊自任，恐聖人不然。」恐當以遺書爲正。

神宗問：「王安石之學如何？」明道對曰：「安石博學多聞則有之，守約則未也。」見遺書，下同。

荆公嘗與明道論事不合，因謂先生曰：「公之學如上壁。」言難行也。明道曰：「參政之學如捉風。」後來逐不附己者，而獨不怨明道，且曰：「此人雖未知道，亦忠信人也。」

新政之改，亦是吾黨爭之有大過。成就今日之事，塗炭天下，亦須兩分其罪可也。當時天下岌岌乎殆哉，介甫欲去數矣。其時介甫直以數事上前卜去就，若青苗之議不行，則決其去。伯淳於上前與孫莘老同得上意，要了當此事。大抵上意不欲抑介甫，要得人擔當了。而介甫之意亦尚無必。伯淳嘗言：「管仲猶能言『出令當如流水，以順人心』，今參政須要做不順人心事，何故？」介甫之意，只恐始爲人所沮，其後行不得。伯淳却道：「但做順人心事，人誰不願從也？」介甫道：「此感賢誠意。」却則爲天祺其日於中書大悖〔二〕，緣是介甫大怒，遂以死力爭於上前，上爲之一以聽用，從此黨分矣。莘老受約束而不肯行，遂坐貶，而伯淳遂待罪，既而除以京西提刑。伯淳復求對，遂見上。上言：「有甚文字？」伯淳云：「今咫尺天顔，尚不能少回天意，文字更復何用！」欲去，而上問者數四，伯淳每以「陛下不宜輕用兵」爲言，「朝廷羣臣無能任陛下事者，以今日之患觀之，猶是自家不善從容，至如青苗，且放過又且何妨。」伯淳當言職，苦不曾使文字，大綱只是於上前説了，其他些小文字，只是備禮而已。大抵自仁祖朝優容諫臣，當言職者必以訐訐而去爲賢，習以成風，惟恐人言不稱職，以去爲落便宜。昨來諸君蓋未免此。苟如是爲，則是爲己，尚有私意在，却不在朝廷，不干事理。

今日朝廷所以特惡忌伯淳者，以其可理會事只是理會學，這裏動，則於他輩有所不便也，故特惡之深。以吾自處，猶是自家當初學未至，意未誠，其德尚薄，無以感動它天意，此自思則如此。然今日許大氣豔，當時欲一二人動之，誠如河濱之人捧土以塞孟津，誠可笑也。據當時事勢，又至於今日，豈不是命。

程伯淳先生嘗曰：熙寧初，王介甫行新法，並用君子小人。君子正直不合，介甫以爲俗學，不通世務，斥去。小人苟容諂佞，介甫以爲有才，知變通，用之。君子如司馬君實不拜同知樞密院以去，范堯夫辭同脩起居注得罪，張天祺自監察御史面折介甫被謫。介甫性狠愎，衆人皆以爲不可，則執之愈堅。君子既去，所用皆小人，爭爲刻薄，故害天下益深。

使衆君子未與之敵，俟其勢久自緩，委曲平章，尚有聽從之理，則小人無隙以乘，其爲害不至如此之甚也。見邵氏聞見録。

聖人志在天下國家，與常人志在功名全別。孟子傳聖人之道，故曰：「予豈若是小丈夫然哉？諫於其君而不受，則怒，悻悻然見於其面〔三〕，去則窮日之力。」且看聖人氣象則別。明道先生却是如此。元豐中有詔起吕申公、司馬温公，温公不起，明道作詩送吕申公，又詩寄温公，二詩皆見文集。其意直是眷眷在天下國家。雖然，如此於去就又却極分明，不放過一步。作臺官時，言新法者皆得責，明道獨除提刑，辭不受，改除簽判，乃止。見胡氏傳家録。元豐二年二月，詔以程顥同判武學，顧臨權開封府推官，諫官李定以顥嘗爲御史論新法，與臨併言罷之。吕申公上疏，略曰：「顥立身行己，素有本末，講學議論，久益疏通。且其在言路日，時有論列，皆辭意忠厚，不失臣子之體。」

扶溝地卑，歲有水旱，明道先生經畫溝洫之法以治之，未及興工，而先生去官。先生曰：「以扶溝之地盡爲溝洫，必數年乃成。吾爲經畫十里之地，以開其端，後之人知其利，必有繼之者矣。夫爲令之職，必使境内之民凶年饑歲免於死亡，飽食逸居有禮義之訓，然後爲盡。故吾於扶溝開設學校，聚邑人子弟教之，亦幾成而廢。夫百里之施，至狹也，而道之興廢繫焉，是數事皆未及成，豈不有命與！然知而不爲，而責命之興廢，則非矣，此吾所以不敢不盡心也。」見庭聞藁録。

明道終日坐如泥塑人，然接人渾是一團和氣。所謂望之儼然，即之也温。見上蔡語録。

凡詩必使言之無罪，聞者知戒，所以尚譎諫也。如東坡詩只是譏誚朝廷，無至誠惻怛愛君之意，言之安得無罪，聞之豈足以戒乎！伯淳先生詩云「未須愁日暮，天際是輕陰」，又云「莫愁盞酒十分醉，只恐風花一片飛」，何其温柔敦厚也，聞之者亦且自然感動矣。見龜山語録。

學者須是胸懷擺脱得開始得。不見明道先生作鄠縣主簿時有詩云：「雲淡風輕近午天，傍花隨柳過前川。時人不識予心樂，將謂偷閑學少年。」看他胸中直是好，與曾點底事一般。先生又有詩云：「閑來無事不從容，睡覺東窗日已紅。萬物静觀皆自得，四時佳興與人同。道通天地有形外，思入風雲變態中。富貴不淫貧賤樂，男兒到此是豪雄。」問：「周恭叔恁地放開如何？」謝曰：「他不是擺脱得開，只爲立不住便放却，忒早在裏。明道門擺脱得開，爲他所過者化。」問：「見箇甚道理，便能所過者化？」謝曰：「吕晉伯下得一轉語好，道所存者神，便能所過者化；所過者化，便能所存者神。横渠云『性性爲能存神，物物爲能過化』，甚親切。」見上蔡語録，下同。

明道先生善言詩，他又不曾章解句釋，但優游玩味，吟哦上下，便使人有得處。又曰：

「伯淳談詩，並不下一字訓詁，有時只轉一兩字點聲平，掇地念過，便教人省悟。」又曰：「古人所以貴親炙之也。」

伊川與君實語，終日無一句相合。明道與語，直是道得下。

明道先生與門人講論，有不合者，則曰「更有商量」，伊川則直曰「不然」。見外書。

康節邵先生作四賢吟云：「彦國之言鋪陳，晦叔之言簡當，君實之言優游，伯淳之言條暢。四賢洛陽之望，是以在人之上。有宋熙寧之間，大爲一時之壯。」見擊壤集。

元豐八年三月五日，神宗升遐，詔至洛。故相韓康公爲留守，程宗丞伯淳爲汝州酒官。會以檄來，舉哀於府。既罷，謂康公之子宗師兵部曰：「顥以言新法不便忤大臣，同列皆謫官，顥獨除監司，顥不敢當，辭之。念先帝見知之恩，終無以報。」已而泣。兵部曰：「今日朝廷之事如何？」宗丞曰：「司馬君實、吕晦叔作相矣。」兵部曰：「二公果作相，當如何？」宗丞曰：「當與元豐大臣同。若先分黨與，他日可憂。」兵部曰：「何憂？」宗丞曰：「元豐大臣皆嗜利者。使自變其已甚害民之法，則善矣。不然，衣冠之害未艾也。君實忠直，難與議，晦叔解事，恐力不足爾。」既而二公果並相。召宗丞，未行，以疾卒。宗丞爲温公、申公所重，使不早死，更相調護，協濟於朝，則元祐朋黨之論無自而起矣。論此事時，范醇夫、朱公掞、杜孝錫、伯温同聞之，今四十年而其言益驗，故表而出之。見邵氏聞見録。

先生墓誌，韓公持國撰，孫公曼叔書。見文集。然誌文作「不傳於世」，韓氏家集經亂而不存矣。

或問明道於富韓公。公曰：「伯淳無福，天下人也無福。」見涪陵記善録。

陳忠肅公嘗作責沈文送其姪孫淵幾叟，云：「葉公沈諸梁問孔子於子路，子路不對。葉公當世賢者，魯有仲尼而不知，宜乎子路之不對也。予元豐乙丑夏爲禮部貢院點檢官，適與校書郎范公淳夫同舍。公嘗論顔子之不遷不貳，惟伯淳有之。予問公曰：『伯淳誰也？』公默然久之，曰：『不知有程伯淳邪？』予謝曰：『生長東南，實未知也。』時予年二十九矣。自是以來，嘗以寡陋自媿。見陳忠肅公集。范公遺事云：「自是每得明道先生之文，必冠帶而後誦之。」

校勘記

〔一〕明師賢弟子傳授之學 「傳」原作「之」，據成化本並河南程氏遺書附録呂大臨哀詞（中華書局標點本二程集）改。

〔二〕此感賢誠意却則爲天祺其日於中書大悖　此二句河南程氏遺書卷第二上作「此則感賢誠意却爲天祺其日於中書大悖」。

〔三〕則怒悖悖然見於其面　「怒」字原闕，據孟子集注卷四（中華書局標點本四書章句集注）補。

伊洛淵源録卷四

伊川先生

年譜

先生名頤，字正叔，明道先生之弟也。明道生於明道元年壬申，伊川生於明道二年癸酉。幼有高識，非禮不動。見語録。年十四五，與明道同受學於舂陵周茂叔先生。見哲宗徽宗實録。皇祐二年，年十八，上書闕下，勸仁宗以王道爲心，生靈爲念，黜世俗之論，期非常之功，且乞召對，面陳所學。不報。間遊太學，時海陵胡翼之先生方主教導，嘗以「顔子所好何學論」試諸生，得先生所試，大驚，即延見，處以學職。見文集。吕希哲原明與先生鄰齋，首以師禮事焉，既而四方之士從游者日益衆。見吕氏童蒙訓。舉進士，嘉祐四年廷試報罷，遂不復試。太中公屢當得任子恩，輒推與族人。見涪陵記善録。治平、熙寧間，近臣屢薦，自以爲學不足，不願仕也。見文集。又案呂申公家傳云：「公判太學，命衆博士即先生之居，敦請爲太學正。先生固辭，公即命駕過之。」又雜記：「治平三年九月，公知蔡州，將行，言曰：『伏見南省進士程頤，年三十四，有特立之操，出羣之姿。嘉祐四年，已與殿試，自後絶意進取。往來太學，諸生願得以爲師。臣方領國子監，親往敦請，卒不能屈。臣嘗與之語，洞明經術，通古今治亂之要，實有經世濟物之才，非同拘士曲儒，徒有偏長。使在朝廷，必爲國器，伏望特以不次旌用。』」明道行狀云：「神宗嘗使推擇人材，先生所薦數十人，以父表弟張載暨弟頤爲稱首。」

元豐八年，哲宗嗣位。門下侍郎司馬公光、尚書左丞呂公公著及西京留守韓公絳上其行義於朝。見哲宗徽宗實録。案温公集與呂申公同薦劄子曰：「臣等竊見河南處士程頤力學好古，安貧守節，言必忠信，動遵禮義。年踰五十，不求仕進，真儒者之高蹈，聖世之逸民。伏望特加召命，擢以不次，足以矜式士類，裨益風化。」又案胡文定公文集云：「是時，諫官朱光庭又言頤道德純備，學問淵博，材資勁正，有中立不倚之風；識慮明徹，至知幾其神之妙。言行相顧而無擇，仁義在躬而不矜。若用斯人，俾當勸講，必能輔養聖德，啓迪天聰，一正君心，爲天下福。」又謂：「頤究先王之藴，達當世之務，乃天民之先覺，聖代之真儒。俾之日侍經筵，足以發揚聖訓；兼掌學校，足以丕變斯文。」又論：「祖宗時起陳摶、种放，高風素節，聞於天下。揆頤之賢，摶、放未必能過之；頤之道，則有摶、放所不及知者。觀其所學，真得聖人之傳，致思力行，非一日之積，有經天緯地之才，有制禮作樂之具。乞訪問其至言正論，所以平治天下之道。」又謂：「頤以言乎道，則貫徹三才，而無一毫之爲間〔一〕，以言乎德，則并包衆美，而無一善之或遺；以言乎學，則博通古今，而無一物之不知；以言乎才，則開物成務，而無一理之不總。是以聖人之道，至此而傳。況當天子進學之初，若俾真儒得專經席，豈不盛哉！」十一月丁巳，授汝州團練推官、西京國子監教授，見實録。先生再辭。尋召赴闕。

元祐元年三月，至京師。王巖叟奏云：「伏見程頤學極聖人之精微，行全君子之純粹。早與其兄顥俱以德名顯於時，陛下復起頤而用之。頤趣召以來，待詔闕下，四方俊乂莫不翹首鄉風，以觀朝廷所以待之者如何，處之者當否，而將議焉，則陛下此舉，繫天下之心。臣願陛下加所以待之之禮，擇所以處之之方，而使高賢得爲陛下盡其用，則所得不獨頤一人而已，四海潛光隱德之士，皆將相招而爲朝廷出矣。」

除宣德郎、祕書省校書郎。先生辭曰：「祖宗時布衣被召，自有故事，今臣未得入見，未敢祗命。」王巖叟奏云：「臣伏聞聖恩特除程頤京官，仍與校書郎，足以見陛下優禮高賢，而使天下之人歸心於盛德也。然臣區區之誠，尚有以爲陛下言者。願陛下一召見之，試以一言，問爲國之要，陛下至明，遂可自觀其人。臣以頤抱道養德之日久，而潛神積慮之功深，靜而閱天下之義理者多，必有嘉言，以新聖聽。此臣所以區區而進頤，然非爲頤也，欲成陛下之美耳。陛下一見而後命之以官，則頤當之而無愧，陛下與之而不悔，授受之間，兩得之矣。」於是召對。太皇太后面喻，將以爲崇政殿説書，先生辭不獲，始受西監之命，且上奏論經筵三事。其一，以上富春秋，輔養爲急，宜選賢德，以備講官，因使陪侍宿直，陳説道義，所以涵養氣質，薰陶德性。其二，請上左右内侍宮人皆選老成厚重之人，不使侈靡之物、淺俗之言接於耳目。仍置經筵祗應内臣十人，使伺上在宮中動息，以語講官，其或小有違失，得以隨事規諫。其三，請令講官坐講，以養人主尊儒重道之心，寅畏祗懼之德。而曰若言可行，敢不就職；如不可用，願聽其辭。劄子三道見文集。又案劉忠肅公文集有章疏論先生辭卑居尊，未被命而先論事爲非是，蓋不知先生出處語默之際，其義固已精矣。既而命下，以通直郎充崇政殿説書，見實録。先生再辭，而後受命。

四月，例以暑熱罷講。先生奏言：「輔導少主，不宜疏略如此。乞令講官以六參日上殿問起居，因得從容納誨，以輔上德。」見文集。五月，差同孫覺、顧臨及國子監長貳看詳國子監條制。見實録。先生所定，大概以爲學校禮義相先之地，而月使之爭，殊非教養之道，請改試爲課，有所未至，則學官召而教之，更不考定高下；制尊賢堂，以延天下道德之士；鐫解額，以去利誘；省繁文，以專委任；勵行檢，以厚風教；及置待賓吏師齋，立觀光法。如是者亦數十條。見文集。舊實録云：禮部尚書胡宗愈謂，「先帝聚士以學，教人以經，三舍科條固已精密，宜一切仍舊」。因是深詆先生，謂「不宜使在朝廷」。六月，上疏太皇太后，言今日至大至急，爲宗社生靈長久之計，惟是輔養上德。而輔養之道，非徒涉書史、覽古今而已，要使跬步不離正人，乃可以涵養薰陶，成就聖德。今間一日講，解釋數行，爲益既少，又自四月罷講，直至中秋，不接儒臣，殆非古人旦夕承弼之意。請俟初秋，即令講官輪日入侍，陳説義理。仍選臣僚家十一二歲子弟三人，侍上習業。且以邇英迫隘暑熱，恐於上體非宜，而講日宰臣史官皆入，使上不得舒泰悦懌。請自今一月再講於崇政殿，然後宰臣史官入侍；餘日講於延和殿，則後楹垂簾，而太皇太后時一臨之，不惟省察主上進業，其於后德未必無補。且使講官欲有所言，易以上達，所繫尤大。又講讀官例兼它職，請亦罷之，使得積誠意，以感上心。皆不報。

八月，差兼判登聞鼓院。先生引前説，且言入談道德，出領訴訟，非用人之體，再辭不受。見文集。楊時曰：事道與禄仕不同。常夷甫以布衣入朝，神宗欲優其禄，令兼數局，如鼓院、染院之類，夷甫一切受之。及伊川先生爲講官，朝廷亦欲使兼它職，則固辭。蓋前日所以不仕者，爲道也，則今日之仕，須其官足以行道乃可受，不然，是苟禄也。然後世道學不明，君子辭受取舍，人鮮知之。故常公之受，人不以爲非；而先生之辭，人亦不以爲是也。

二年，又上疏論延和講讀垂簾事，且乞時召講官至簾前，問上進學次第。又奏邇英暑熱，乞就崇政、延和殿或它寬凉處講讀。給事中顧臨以殿上講讀爲不可，有旨脩展邇英閣。先生復上疏，以爲脩展邇英，則臣所請遂矣。然祖宗以來，並是殿上坐講，自仁宗始就邇英，而講官立侍，蓋從一時之便耳，非若臨之意也。今臨之意，不過以尊君爲説，而不知尊君之道。若以其言爲是，則誤主上知見，臣職當輔導，不得不辯。

先生在經筵，每當進上，必宿齋豫戒，潛思存誠，冀以感動上意。見文集。而其爲説，常於文義之外，反復推明，歸之人主。一日，當講「顏子不改其樂」章，門人或疑此章非有人君事也，將何以爲説。及講，既畢文義，乃復言曰：「陋巷之士，仁義在躬，忘其貧賤；人主崇高，奉養備極，苟不知學，安能不爲富貴所移？且顏子，王佐之才也，而簞食瓢飲；季氏，魯國之蠹也，而富於周公。魯君用捨如此，非後世之監乎！」聞者歎服，見胡氏論語詳説。而哲宗亦常首肯之。見文集。不知者或誚其委曲已甚，先生曰：「不於此盡心竭力，而於何所乎？」上或服藥，即日就醫官問起居。見語録。然入侍之際，容貌極莊。時文潞公以太師平章重事，或侍立終日不懈，上雖喻以少休，不去也。人或以問先生曰：「君之嚴，視潞公之恭，孰爲得失？」先生曰：「潞公四朝大臣，事幼主不得不恭；吾以布衣職輔導，亦不敢不自重也。」見邵氏聞見録。嘗聞上在宫中起行漱水，必避螻蟻，因請之曰：「有是乎？」上曰：「然，誠恐傷之爾。」先生曰：「願陛下推此心以及四海，則天下幸甚。」見語録。

一日，講罷未退，上忽起憑檻戲折柳枝，先生進曰：「方春發生，不可無故摧折。」上不悦。見馬永卿所編劉諫議語，且云：「温公聞之亦不悦。」或云恐無此事。所講書有「容」字，中人以黄覆之，曰：「上藩邸嫌名也。」先生講罷，進言曰：「人主之勢，不患不尊，患臣下尊之過甚而驕心生爾。此皆近習輩養成之，不可以不戒，請自今舊名嫌名，皆勿復避。」見語録。時神宗之喪未除，而百官以冬至表賀，先生言：「節序變遷，時思方切，請改賀爲慰。」及除喪，有司又將以開樂置宴，先生又奏請罷宴，曰：「除喪而用吉禮，則因事用樂可矣。今特設宴，是喜之也。」見文集。嘗聞後苑以金製水桶，問之，曰：「崇慶宫物也。」先生曰：「若上所御，則吾不敢不諫。」

在職累月不言禄，吏亦弗致，既而諸公知之，俾户部特給焉。又不爲妻求邑封，或問之，先生曰：「某起於草萊，三辭不獲，而後受命，今日乃爲妻求封乎？」見語録。經筵承受張茂則嘗招諸講官啜茶觀畫，先生曰：「吾平生不啜茶，亦不識畫。」竟不往。見龜山語録。或云恐無此事。文潞公嘗與吕、范諸公入侍經筵，聞先生講説，退相與歎曰：「真侍講也。」一時人士歸其門者甚盛。而先生亦以天下自任，論議褒貶，無所顧避。由是同朝之士有以文章名世者，疾之如讎，與其黨類，巧爲謗詆。見龜山語録、王公繫年録、吕申公家傳及先生之子端中所撰集序。又案蘇軾奏狀亦自云：「臣素疾程某之姦，未嘗假以辭色。」又案侍御史吕陶言：「明堂降赦，臣僚稱賀訖，而兩省官欲往奠司馬光。是時，程頤言曰：『子於是日哭則不歌，豈可賀赦才了，却往吊喪。』坐客有難之曰：『子於是日哭則不歌，即不言歌則不哭。今已賀赦了，却往吊喪，於禮無害。』蘇軾遂以鄙語戲程頤，衆皆大笑，結怨之端，蓋自此始。」又語録云：「國忌行香，伊川令供素饌。子瞻詰之曰：『正叔不好佛，胡爲食素？』先生曰：『禮，居喪不飲酒，不食肉。忌日，喪之餘也。』子瞻令具肉食，曰：『爲劉氏者左袒。』於是范淳夫輩食素，秦、黄輩食肉。」又鮮于綽傳信録云：「舊例，行香齋筵，兩制以上及臺諫官破蔬饌〔二〕，然以麤糲，遂輪爲食會，皆用肉食矣。元祐初，崇政殿説書程正叔以食肉爲非是，議爲素食，衆多不從。一日，門人范淳夫當排食，遂具蔬饌，内翰蘇子瞻因以鄙語戲正叔，正叔門人朱公掞輩銜之，遂立敵矣。是後蔬饌亦不行。」又語録云：「時呂申公爲相，凡事有疑，必質于伊川，進退人才。二蘇疑伊川有力，故極詆之。」又曰：「朝廷欲以游酢爲某官，蘇右丞沮止，毁及伊川。宰相蘇子容曰：『公未可如此。頌觀過其門者，無不肅也。』」又案劉諫議盡言集亦有異論。劉非蘇黨，蓋不相知耳。

一日，赴講，會上瘡疹，不坐已累日。先生退詣宰臣，問：「上不御殿，知否？」曰：「不知。」先生曰：「二聖臨朝，上不御殿，太皇不當獨坐。且人主有疾，而大臣不知，可乎？」翌日，宰臣以先生言奏請問疾，由是大臣亦多不悦。而諫議大夫孔文仲因奏先生「汙下憸巧，素無鄉行。經筵陳説，僭横忘分。遍謁貴臣，歷造臺諫，騰口間亂，以償恩讎。致市井目爲五鬼之魁，請放還田里，以示典刑。」

八月，差管勾西京國子監。見舊實録。又文仲傳載呂申公之言，曰：「文仲爲蘇軾所誘脅，論事皆用軾意。」又呂申公家傳亦載其與呂大防、劉摯、王存同駁文仲所論朱光庭事，語甚激切。且云：「文仲本以抗直稱，然惷不曉事，爲浮薄輩所使，以害善良。晚乃自知爲小人所紿，憤鬱嘔血而死」〔三〕。

案舊録固多妄，然此類不爲無據，新録皆删之，失其實矣。又范太史家傳云：「元祐九年，奏曰：『臣伏見元祐之初，陛下召程頤對便殿，自布衣除崇政殿説書，天下之士，皆謂得人，實爲希闊之美事。而纔及歲餘，即以人言罷之。頤之經術行誼，天下共知。司馬光、吕公著皆與頤相知二十餘年，然後舉之，此二人者，非爲欺罔以誤聖聽也。頤在經筵，切於皇帝陛下進學，故其講説，語常繁多〔四〕。草茅之人，一旦入朝，與人相接，不爲關防，未習朝廷事體。而言者謂頤大佞大邪，貪黷請求，奔走交結；又謂頤欲以故舊傾大臣，以意氣役臺諫，其言皆誣罔非實也。蓋當時臺諫官王巖叟、朱光庭、賈易皆素推伏頤之經行，故不知者指以爲頤黨。陛下慎擇經筵之官，如頤之賢，乃足以輔導聖學。至如臣輩，叨備講職，實非敢望頤也。臣久欲爲頤一言，懷之累年，猶豫不果。使頤受誣罔之謗於公正之朝，臣每思之，不無愧也。今臣已乞去職，若復召頤勸講，必有補聖明。臣雖終老在外，無所憾矣。』」先生既就職，再上奏乞歸田里，曰：「臣本布衣，因説書得朝官。今以罪罷，則所授官不當得。」三年，又請，皆不報。乃乞致仕至再，又不報。五年正月，丁太中公憂去官。

七年，服除，除直秘閣、判西京國子監。王公繫年録云：元祐七年三月四日，延和奏事，三省進呈，程頤服除，欲與館職，判檢院，簾中以其不靖，令只與西監，遂除直秘閣、判西京國子監。初，頤在經筵，歸其門者甚盛，而蘇軾在翰林，亦多附之者，遂有洛黨蜀黨之論。二黨道不同，互相非毁，頤竟爲蜀黨所擠。今又適軾弟轍執政，纔進稟，便云「但恐不肯靖」，簾中入其説，故頤不復得召。先生再辭，極論儒者進退之道，見文集。而監察御史董敦逸奏以爲有怨望輕躁語。五月，改授管勾崇福宫。見舊録。未拜，以疾尋醫。

元祐九年，哲宗初親政，申秘閣、西監之命，先生再辭不就。見文集。紹聖間，以黨論放歸田里。四年十一月，送涪州編管。見實録。門人謝良佐曰：「是行也，良佐知之，乃族子公孫與邢恕之爲爾。」先生曰：「族子至愚不足責，故人情厚不敢疑。孟子既知天，焉用尤臧氏？」見語録。

元符三年正月，易傳成而序之。三年正月，徽宗即位，移峽州。四月，以赦復宣德郎，任便居住。制見曲阜集。還洛。記善録云：先生歸自涪州，氣貌容色髭髮皆勝平昔。十月，復通直郎，權判西京國子監。先生既受命，即謁告，欲遷延爲尋醫計。既而供職，門人尹焞深疑之。先生曰：「上初即位，首被大恩，不如是，則何以仰承德意？然吾之不能仕，蓋已決矣，受一月之俸焉，然後惟吾所欲爾。」見文集、語録。又劉忠肅公家私記云：此除乃李邦直、范彝叟之意。建中靖國二年五月，追所復官，依舊致仕。前此未嘗致仕，而云「依舊致仕」，疑西監供職不久，即嘗致仕也。未詳。

崇寧二年四月，言者論其本因姦黨論薦得官，雖嘗明正罪罰，而叙復過優，已追所復官，又云「叙復過優」，亦未詳。今復著書非毁朝政。於是有旨，追毁出身以來文字，其所著書，令監司覺察。語録云：范致虚言程某以邪説詖行惑亂衆聽，而尹焞、張繹爲之羽翼。事下河南府體究，盡逐學徒，復隸黨籍。先生於是遷居龍門之南，止四方學者曰：「尊所聞，行所知可矣，不必及吾門也。」見語録。五年，復宣義郎致仕。見實録。時易傳成書已久，學者莫得傳授，或以爲請。先生曰：「自量精力未衰，尚覬有少進耳。」其後寢疾，始以授尹焞、張繹。尹焞曰：「先生踐履盡易，其作傳，只是因而寫成，熟讀玩味即可見矣。」又云：「先生平生用意，惟在易傳，求先生之學者，觀此足矣。語録之類，出於學者所記，所見有淺深，故所記有工拙，蓋未能無失也。」見語録。大觀元年九月庚午，卒于家，年七十有五。見實録。於疾革，門人進曰：「先生平日所學，正今日要用。」先生力疾微視，曰：「道著用便不是。」其人未出寢門，而先生没。見語録。一作門人郭忠孝。尹子云：「非也，忠孝自黨事起不與先生往來，及卒，亦不致奠。」

初，明道先生嘗謂先生曰：「異日能使人尊嚴師道者，吾弟也。若接引後學，隨人材而成就之，則予不得讓焉。」見語録。侯仲良曰：「朱公掞見明道于汝州，踰月而歸，語人曰：『光庭在春風中坐了一月。』游定夫、楊中立來見伊川。一日，先生坐而瞑目，二子立侍，不敢去。久之，先生乃顧曰：『二子猶在此乎？日暮矣，姑就舍。』二子者退，則門外雪深尺餘矣。其嚴厲如此。晚年接學者，乃更平易，蓋其學已到至處，但於聖人氣象差少從容爾。明道則已從容，惜其早死，不及用也。使及用於元祐間，則不至有今日事矣。」先生既没，昔之門人高第多已先亡，無有能形容其德美者。然先生嘗謂張繹曰：「我昔狀明道先生之行，我之道蓋與明道同，異時欲知我者，求之於此文可也。」見集序。尹焞曰：「先生之學本於至誠，其見於言動事爲之間，處中有常，疏通簡易，不爲矯異，不爲狷介，寬猛合宜，莊重有體。或説匍匐以弔喪，誦孝經以追薦，皆無此事。衣雖紬素，冠襟必整；食雖簡儉，蔬飯必潔。太中年老，左右致養無違。以家事自任，悉力營辦，細事必親，贍給内外親族八十餘口。」又曰：「先生於書無所不讀，於事無所不能。」謝良佐曰：「伊川才大，以之處大事，必不動聲色，指顧而集矣。」或曰：「人謂伊川守正則盡，通變不足，子之言若是，何也？」謝子曰：「陜右錢以鐵，舊矣，有議更以銅者。已而會所鑄子不踰母，謂無利也，遂止。伊川聞之，曰：『此乃國家之大利也。利多費省，私鑄者衆；費多利少，盗鑄者息。民不敢盗鑄，則權歸公上，非國家之大計乎？』又有議增解鹽之直者，伊川曰：『價平則鹽易洩，人人得食，無積而不售者，歲入必倍矣。增價則反是。』已而果然。司馬公既相，薦伊川而起之。伊川曰：『將累人矣。使韓、富當國時，吾猶可以有行也。』及温公大變熙寧，復祖宗之舊，伊川曰：『役法當討論，未可輕改也。』公不然之。既而數年紛紛不能定。由是觀之，亦可以見其梗概矣。」

祭文

嗚呼！利害生於身，禮義根於心，伊此心喪于利害，而禮義以爲虚也。故先生踽踽獨行斯世，一作「於世」。而衆乃以爲迂也。惟尚德者以爲卓絶之行，而忠信者以爲孚也；立義者以爲不可犯，而達權者以爲不可拘也。在吾先生，曾何有意，心與道合，一作「道會」。

泯然無際。無欲可以係羈兮，自克者知其難也；不立意以爲言兮，知言者識其要也。德輶如毛，毛猶有倫，無聲無臭，夫何可親？

嗚呼！先生之道，不可得而名也。一作「某等不得而名也」。伊言者反以為病兮，此心終不得而形也。惟泰山「惟」一作「維」。以爲高兮，日月以爲明也，春風以爲和兮，嚴霜以爲清也。在昔諸儒，各行其志，或得於數，或觀于禮，學者趣之，一作「趨之」。世濟其美。獨吾先生，淡乎無味，得味之真，死其乃已。

自某之見，一作「某等受教」。七年于兹，含孕化育，以蓄以滋。天地其容我兮，父母其生之；君親其臨我兮，夫子其成之。欲報之心，何日忘之。先生有言，一本上有「昔」字。見于文字者，有七分之心，繪于丹青者，有七分之儀。七分之儀，固不可益；七分之心，猶或可推。而今而後，將築室于伊洛之濱，望先生之墓，以畢吾此生也。一本無「吾」字。

嗚呼！夫子没而微言絶，則固不可得而聞也。一本上有「某等」字。然天不言而四時行，地不言而百物生，惟與二三子一本無此五字，有「亦當」字。洗心去智，格物去意，期默契斯道，在先生爲未亡也。嗚呼！二三子之志，一作「某等之志」。不待物而後見；先生之行，不待誄而後徵。然而山頹梁壞，何以寄情？凄風一奠，敬祖于庭。百年之恨，併此以傾。

尹子曰：先生之葬，洛人畏入黨，無敢送者，故祭文惟張繹、范域、孟厚及焞四人。

乙夜，有素衣白馬至者，視之，邵溥也，乃附名焉。蓋溥亦有所畏，而薄暮出城，是以後。又按語録云：先生以易傳授門人，曰：「只説得七分，學者更須自體究。」故祭文有「七分」之語云。

奏狀節略　胡安國

伏見元祐之初，宰臣司馬光、吕公著秉政當國，急於得人，首薦河南處士程頤，乞加召命，擢以不次，遂起韋布，超居講筵。自司勸講，不爲辯辭，解釋文義，所以積其誠意，感通聖心者，固不可得而聞也。及當官而行，舉動必由乎禮；奉身而去，進退必合乎義。其脩身行法，規矩準繩，獨出諸儒之表，門人高第，莫獲繼焉。雖崇寧間曲加防禁，學者向之，私相傳習，不可遏也。其後頤之門人如楊時、劉安節、許景衡、馬伸、吴給等稍稍進用，於是士大夫爭相淬礪，而其間志於利禄者託其説以自售，學者莫能別其真僞，而河洛之學幾絶矣〔五〕。

壬子年，臣嘗至行闕，有仲并者言伊川之學近日盛行。臣語之曰：「伊川之學不絶如綫，可謂孤立，而以爲盛行，何也？豈以其説滿門，人人傳寫，耳納口出，而以爲盛乎？」自是服儒冠者以伊川門人妄自標榜，無以屈服士人之心，故衆論洶洶，深加詆誚。夫有爲伊、洛之學者，皆欲屏絶其徒，而乃上及於伊川，臣竊以爲過矣。

夫聖人之道，所以垂訓萬世，無非中庸，非有甚高難行之説，此誠不可易之至論也。然中庸之義，不明久矣。自頤兄弟始發明之，然後其義可思而得。不然，則或謂高明所以處己，中庸所以接物，本末上下，析爲二途，而其義愈不明矣。士大夫之學，宜以孔孟爲師，庶幾言行相稱，可濟時用，此亦不可易之至論也。然孔孟之道不傳久矣，自頤兄弟始發明之，而後其道可學而至也。不然，則或以六經、語、孟之書資口耳，取世資而干利禄，愈不得其門而入矣。今欲使學者蹈中庸，師孔孟，而禁使不得從頤之學，是入室而不由户也，不亦誤乎！

夫頤之文，於易則因理以明象，而知體用之一源；於春秋則見諸行事，而知聖人之大用；於諸經、語、孟則發其微旨，而知求仁之方、入德之序。然則狂言怪語，淫説鄙論，豈其文也哉！頤之行，其行己接物，則忠誠動於州里；其事親從兄，則孝悌顯于家庭。其辭受取舍，非其道義，則一介不以取與諸人，雖禄之千鍾，有必不顧也。其餘則亦與人同爾。然則幅巾大袖，高視闊步，豈其行也哉？

昔者伯夷、柳下惠之賢，微仲尼，則西山之餓夫，東國之黜臣爾。本朝自嘉祐以來，西都有邵雍、程顥及弟頤，關中有張載，此四人者，皆道學德行名於當世。會王安石當路，重以蔡京得政，曲加排抑，故有西山、東國之阨，其道不行，深可惜也。

今雍所著有皇極經世書，載有正蒙書，頤有易、春秋傳，顥雖未及著述，而門弟子質疑請益答問之語，存於世者甚多，又有書疏銘詩並行於世，而傳者多失其真。臣愚，伏望陛下特降指揮，下禮官討論故事，以此四人，加之封號，載在祀典，以見聖世雖當禁暴誅亂、奉詞伐罪之時，猶有崇儒重道、尊德樂義之意。仍詔館閣，裒集四人之遺書，委官校正，取旨施行，使於學者傳習，羽翼六經，以推尊仲尼、孟子之道，使邪説者不得乘間而作，而天下之道術定，豈曰小補之哉！

遺事二十一條

王霖公澤言：明道、伊川隨侍太中知漢州，宿一僧寺。明道入門而右，從者皆隨之；伊川入門而左，獨行至法堂上相會。伊川自謂：「此是頤不及家兄處。」蓋明道和易，人皆親近；伊川嚴重，人不敢近也。尹焞云亦嘗聞先生言之。見涪陵記善録。

韓持國與二先生善。韓在潁昌，欲屈致之，預戒諸子姪，使治一室，至於脩治窗户，皆使親爲之。二先生至，暇日與持國同遊西湖，命諸子侍。行次，有言貌不莊敬者，伊川回視，厲聲叱之曰：「汝輩從長者行，敢笑語如此，韓氏孝謹之風衰矣。」持國遂皆逐去之。聞之持國之子宗質彬叔云。見祁寬録尹和靖語。

伊川先生居經筵，建言：「今之經筵，實古保傅之任。欲使内臣十人供侍左右，儻人君出一言，舉一事，食一果實，必使經筵知之。有翦桐之戲，則隨事箴規；違養生之方，則應時諫止。」吕申公曰：「主少，非可爲之時也。」伊川曰：「正可爲也。責不在人主，而人臣當任之耳。」見庭聞藁録。

程子在講筵，執政有欲用之爲諫官者。子聞之，以書謝曰：「公知射乎？有人執弓於此，發而多中，人皆以爲善射矣。一日，使羿立于其旁，道之以彀率之法。不從，羿且怒而去矣；從之，則戾其故習，而失多中之巧。故不若處羿於無事之地，則羿得盡其言，而用捨羿不恤也。頤才非羿也，然聞羿之道矣，慮其害公之多中也。」見遺書。

文潞公尹洛，先生時爲判監。一日府會，先生往赴，到客次，見樂人來呈樂語曲詞。先生訝之，問故，對曰：「昨日得太師鈞旨，『明日請程侍講，詞曲並要嚴謹依禮法。』故先來呈。」富鄭公、司馬温公居鄉里，尤所尊禮。吕正獻公、范忠宣公過洛，必先來見。吕榮公兄弟與先生書，必滌筆硯，正衣冠，然後寫。其爲當時禮敬如此。見涪陵記善録。

伊川與韓持國善，約候韓年八十一往見之。是歲元日，因子弟賀正，乃曰：「頤今年有一債未還，春中當暫往穎昌見韓持國。」乃往造焉。久留穎昌，韓早晚伴食，體貌加敬。一日，韓密謂其子彬叔曰：「先生遠來，無以爲意。我有黄金藥楪一，重三十兩〔六〕，似可爲先生壽。然未敢遽言之。我當以他事使汝侍食，因從容道吾意。」彬叔侍食如所戒，試啓之。先生曰：「頤與乃翁道義交，故不遠而來，奚以此爲？」詰朝遂歸。持國謂其子曰：「我不敢言，正爲此耳。」再三謝過而别。見祁寬録尹和靖語。

吕汲公以百縑遺子，子辭之。時子族兄子公孫在旁，謂子曰：「勿爲已甚，姑受之。」子曰：「公之所以遺頤者，以頤貧也。公位宰相，能進天下之賢，隨才而任之，則天下受其賜也。何獨頤貧也，天下貧者亦衆矣。公帛固多，恐公不能周也。」見遺書，下同。

殿帥苗履見先生於陵下。時先生方辭西監之命，履問曰：「朝廷處先生，如何則可？」先生曰：「且如山陵事。苟得專處，雖永安尉可也。」

先生嘗説：「頤於易傳，今却已自成書，但逐旋修改，期以七十，其書可出。韓退之稱『聰明不及於前時，道德日負於初心』，信然。頤於易傳後來所改無幾，不知如何，故且更期之，以十年之功看如何。春秋之書，待劉絢文字到，却用功亦不多也。今人解詩，全無意思，此却待出些文字。中庸書却已成。今農夫祁寒暑雨，深耕易耨，播種五穀，吾得而食之；今百工技藝，作爲器用，吾得而用之；甲胄之士，被堅執鋭，以守土宇，吾得而安之，却如此閑過了日月，即是天地間一蠹也。功澤又不及民，别事又做不得，惟有補緝聖人遺書，庶幾有補耳。」陳長方見尹子於姑蘇，問中庸解，尹子云：「先生自以爲不滿意，焚之矣。」

問：「先生曾定六禮，今已成未？」曰：「舊日作此，已及七分。後來被召入朝，既在朝廷，則當行之朝廷，不當爲私書。既而遭憂，又疾病數年，今始無事，更一二年可成也。」曰：「聞有五經解，已成否？」曰：「惟易須親撰，諸經則關中諸公分去，以頤説撰成之。禮之名數，陝西諸公删定，已送與吕與叔。與叔今死矣，不知其書安在也？然所定只禮之名數，若禮之文，亦非親作不可也。」

先生被謫時，李邦直尹洛，令都監來見。伊川才出見之，便請上轎，先生欲略見叔母，亦不許，莫知朝命云何。是夜，宿於都監廳，明日，差人管押成行。至龍門，邦直遣人賷金百星，先生不受。既歸，門人問：「先生臨行時，諸公賷行皆受，邦直亦是親戚，何爲不受？」先生曰：「與頤相知即可受。渠是時已與頤不相知，豈可受邪？」見涪陵記善録。

伊川先生言：昔貶涪州，渡漢江，中流，船幾覆。舟中人皆號哭，伊川獨正襟安坐如常。已而及岸，同舟有父老問曰：「當船危時，君獨無怖色，何也？」伊川曰：「心存誠敬爾。」父老曰：「心存誠敬固善，然不若無心。」先生欲與之言，父老徑去不顧。見邵氏聞見録，下同。

伊川先生元祐初司馬温公薦侍講禁中。時哲宗幼冲，先生以師道自居。後出判西京國子監，兩加直秘閣，皆辭之。黨禍起，責涪州。先生註周易，與門弟子講學，不以爲憂；赦得歸，不以爲喜。

先生自涪陵歸，易傳已成，未嘗示人。門弟子請益，有及易書者，方命小奴取書篋以出，身自發之，以示門弟子。非所請不敢多閲。門弟子請問易傳事，雖有一字之疑，先生必再三喻之。蓋其潛心甚久，未嘗容易下一字。呂堅中所録尹和靖語。

先生云：吾四十以前讀誦，五十以前研究其義，六十以前反覆紬繹，六十以後著書。著書不得已。見遺書，下同。

先生謂張繹曰：「吾受氣甚薄，三十而浸盛，四十五十而後完。今生七十二年，校其筋骨，於盛年無損也。」繹因請曰：「先生豈以受氣之薄而厚爲保生邪？」先生默然，曰：「吾以忘生徇欲爲深耻。」

焞年二十，方登先生之門，被教誘諄諄。嘗得朱公掞所論雜説，呈先生，問：「此書可觀否？」先生留半月。一日，請曰：「前日所呈雜説如何？」先生曰：「頤在，何必觀此？若不得頤心，只是記得他意。」焞自是不敢復讀。見涪陵記善録及尹公跋夏翣所藏語録後。

南方學者從伊川，既久，有歸者。或問曰：「學者久從學于門，誰是最有得者？」伊川曰：「豈敢便道有得處，且只是指與他个岐徑。令他尋將去不錯了，已是忒太噭。若夫自得尤難，其人謂之得者，便是已有也。」見祁寬所記尹和靖語。

胡文定公曰：安國昔嘗見鄒志完論近世人物，因問：「程明道如何？」志完曰：「此人得志，使萬物各得其所。」又問：「伊川如何？」曰：「却不得比明道。」又問：「何以不得比？」曰：「爲有不通處。」又問：「侍郎先生言伊川不通處，必有言行可證，願聞之。」志完色動，徐曰：「有一二事，恐門人或失其傳。」後來在長沙，再論河南二先生學術，志完却曰：「伊川見處極高。」因問：「何以言之？」曰：「昔鮮于侁曾問『顔子在陋巷，不改其樂』，不知所樂者何事？伊川却問曰：『尋常道顔子所樂者何？』侁曰：『不過是説顔子所樂者道。』伊川曰：『若説有道可樂，便不是顔子。』以此知伊川見處極高。」又曰：「浩昔在潁昌，有趙均國者自洛中來。浩問：『曾見先生，有何語？』均國曰：『先生語學者曰：「除却神祠廟宇，人始知爲善。古人觀象作服，便是爲善之具。」』」見胡文定公集。

伊川常服蠒袍，高帽，簷劣半寸，一本云：「帽桶八寸，簷半寸四直。」繫絛，曰：「此野人之服也。」深衣紳帶，青緣篆文「非禮勿視，非禮勿聽，非禮勿言，非禮勿動」。見外書。

伊川常愛衣皂，或博褐紬襖，其袖如常人。所戴紗巾，背後望之如鐘形，其製乃似今道士謂之仙桃巾者。不知今人謂之習伊川學者，大袖方頂何謂。見祁寬所録尹和靖語。

校勘記

〔一〕而無一毫之爲間　「爲間」，河南程氏遺書附録伊川先生年譜（中華書局標點本二程集）、朱文公文集卷九十八伊川先生年譜並作「或間」。

〔二〕兩制以上及臺諫官破蔬饌　「破蔬饌」，河南程氏遺書附録伊川先生年譜作「並設蔬饌」。

〔三〕晚乃自知爲小人所紿憤欝嘔血而死　「晚」字原脱，據河南程氏遺書並朱文公文集補；「憤」原作「嘖」，據河南程氏遺書並朱文公文集改。

〔四〕語常繁多　「語」字原闕，據河南程氏遺書並朱文公文集補。

〔五〕而河洛之學幾絶矣　「河洛」，疑係「伊洛」之誤。

〔六〕重三十兩　「三十」，河南程氏外書卷十二（中華書局標點本二程集）作「二十」。

伊洛淵源録卷五

康節先生

墓誌銘

明道先生

熙寧丁巳孟秋癸丑，堯夫先生疾終于家。洛之人吊哭者相屬於塗，其尤親且舊者又聚謀其所以葬。先生之子泣以告曰：「昔先人有言，誌於墓者，必以屬吾伯淳。」噫！先生知我者，以是命我，我何可辭。謹按邵氏姬姓，系出召公，故世爲燕人。大王父諱令進[一]，以軍職逮事藝祖，始家衡漳。祖諱德新，父諱古，皆隱德不仕。母李氏，其繼楊氏。先生之幼，從父徙共城，晚遷河南，葬其親於伊川，遂爲河南人。先生生於祥符辛亥，至是蓋六十七年矣。雍，先生之名，而堯夫其字也。娶王氏，伯温、仲良其二子也。

先生之官，初舉遺逸，試將作監主簿。後又以爲潁川團練推官，辭疾不赴。

先生始學於百原〔二〕，堅苦刻厲，冬不爐，夏不扇，夜不就席者數年，衛人賢之。先生歎曰：「昔之人尚友於古，而吾未嘗及四方，遽可已乎？」於是走吳適楚，過齊魯，客梁晉，久之而歸，曰：「道其在是矣。」蓋始有定居之意。

先生少時自雄其才，慷慨有大志。既學，力慕高遠，謂先王之事爲可必致及。其學益老，德益卲，玩心高明，觀天地之運化，陰陽之消長，以達乎萬物之變，然後頹然其順，浩然其歸。在洛幾三十年，始至蓬蓽環堵，不蔽風雨，躬爨以養其父母，居之裕如。講學于家，未嘗强以語人，而就問者日衆，鄉里化之，遠近尊之，士人之道洛者，有不之公府，而必之先生之廬。

先生德氣粹然，望之可知其賢，然不事表襮，不設防畛，正而不諒，通而不汙，清明坦夷，洞徹中外。接人無貴賤親疏之間，群居燕飲，笑語終日，不取甚異於人，顧吾所樂如何耳。病畏寒暑，常以春秋時行遊城中，士大夫家聽其車音，倒屣迎致，雖兒童奴隸，皆知歡喜尊奉。其與人言，必依於孝弟忠信，樂道人之善，而未嘗及其惡。故賢者悦其德，不賢者服其化，所以厚風俗，成人材者，先生之功多矣。

昔七十子學於仲尼，其傳可見者，惟曾子所以告子思，而子思之所以授孟子者耳。其餘門人，各以其材之所宜爲學，雖同尊聖人，所因而入者，門户則衆矣。况後此千餘歲，師道不立，學者莫知其從來，獨先生之學爲有傳也。先生得之於李挺之，挺之得之於穆伯長，推其源流，遠有端緒。今穆、李之言，及其行事，概可見矣。而先生淳一不雜，汪洋浩大，乃其所自得者多矣。然而名其學者，豈所謂門户之衆，各有所因而入者與？語成德者，昔難其居，若先生之道，就所至而論之，則可謂安且成矣。

先生有書六十二卷，命曰皇極經世；古律詩二千篇，題曰擊壤集。先生之葬，附于先塋，實其終之年孟冬丁酉也。銘曰：

嗚呼先生，志豪力雄。闊步長趨，凌高厲空。探幽索隱，曲暢旁通。在古或難，先生從容。有問有觀，以飫以豐。天不慭遺，哲人之凶。鳴皐在南，伊流在東。有寧一宫，先生所終。

行狀略

張　峄

先生治易、書、詩、春秋之學，窮意言象數之藴，明皇帝王霸之道，著書十餘萬言。研精極思三十年，觀天地之消長，推日月之盈縮，考陰陽之度數，察剛柔之形體。故經之以元，紀之以會，參之以運，終之以世。又斷自唐虞，迄于五代，本諸天道，質以人事，興廢治亂，靡所不載。其辭約，其義廣，其書著，其旨隱。嗚呼！美矣至矣，天下之能事畢矣。

先生少事北海李之才挺之，挺之聞道於汶陽穆脩伯長，伯長以上，雖有其傳，未之詳也。先生既受其學，又遊河汾之曲，以至淮海之濱，涉於濟汶，達於梁宋。苟有達者，必訪以道，無常師焉。迺退居共城，廬於百原之上，大覃思於易經。夜不設寢，日不再食，三年，而學以大成。大名王豫天悦，博達之士，尤長於易，聞先生之篤志，愛而欲教之。既與之語三日，得所未聞，始大驚服，卒捨其學而學焉，北面而尊師之，衛人乃知先生之爲有道也。

年三十餘，來游于洛，以爲洛邑天下之中，可以觀四方之士，乃定居焉。先生清而不激，和而不流，遇人無貴賤賢不肖，一接以誠。長者事之，少者友之，善者與之，不善者矜之。故洛人久而益尊信之。四方之學者與士大夫之過洛者，莫不慕其風而造其廬。先生之教人，必隨其才分之高下，不驟語而强益之。或聞其言，若不適其意，先生亦不屑也。故來者多而從者少，見之者衆而知之者尚寡。及接之久，察其所處，無不中於理，叩其所有，愈久而愈新，則皆心悦而誠服。先生未嘗有求於人，或餽之以禮者，亦不苟辭。洛人爲買宅，丞相富公爲買園以居之。

仁宗嘉祐中，詔舉遺逸，留守王公拱辰以先生應詔，授將作監主簿。今上熙寧之初，復求逸士，御史中丞吕公誨、龍圖閣直學士祖公無擇與今丞相吴公充又以先生爲言，補潁川團練推官。皆三辭，不獲，而後從命，然卒稱疾，不之官。先生年六十，始爲隱者之服，曰：「病且老矣，不復能從事矣。」隆寒盛暑，閉門不出，曰：「非退者之宜也。」其於書無所不讀，諸子百家之學，皆究其本原，而釋、老技術之説，一無所惑其志。晚尤喜爲詩，平易而造於理，有擊壤集二十卷，自爲之序。熙寧十年春得疾，踰百日，氣日耗而神益明矣。七月癸丑，啓手足於天津之南道德坊之第。

初，先生葬其父於伊闕神陰原，今從其兆。父以明經教授鄉里，及先生之長，退老於家。先生雖貧，養之終身致其樂。弟睦事先生甚謹，飲食起居，必身臨之，惟恐不得其意，蓋如先生之事其父母也。不幸早亡。

遺書一十五條

顥接人多矣，不雜者三人，張子厚、邵堯夫、司馬君實。程氏遺書，下同。

堯夫放曠。

堯夫猶空中樓閣。

堯夫豪傑之士，根本不帖帖地。伯淳嘗戲以亂世之姦雄中，道學之有所得者。

堯夫詩云：「梧桐月向懷中照，楊柳風來面上吹。」明道曰：「真風流人豪也。」堯夫有

「梧桐月向懷中照，楊柳風來面上吹。」又曰：「頻頻到口微成醉，拍拍滿懷都是春。」又曰：「卷舒萬古興亡手，出入幾重雲水身。」若莊周大抵寓言，要入它放蕩之場，堯夫却皆有理。萬事皆出於理，自以爲皆有理，故要得從心妄行總不妨。堯夫又得詩云「聖人喫緊些兒事」，其言太急迫，此道理平鋪地放著裏，何必如此。

堯夫之學，先從理上推意，言象數，言天下之理，須出於四者，推到理處。曰：「我得此大者，則萬事由我，無有不定。」然未必有術，要之亦難以治天下國家。其爲人則直是無禮不恭，惟是侮玩，雖天理亦爲之侮玩。如無名君傳言「問諸天地，天地不對」，自贊云「弄丸餘暇〔三〕，時往時來」之類。

堯夫詩「雪月風花未品題」，他便把這些事，便與堯舜、三代一般。此等語，自孟子後，無人曾敢如此道來，直是無端。又如言文字呈上，堯夫皆不恭之甚。「須信畫前元有易，自從删後更無詩」，這个意思，元古未有人道來。

「行己須行誠盡處」，正叔謂：「意則善矣，然言誠盡，則誠之爲道非能盡也。」堯夫戲謂「且就平側」。

邵堯夫謂程子曰：「子雖聰明，然天下事亦衆矣，子能盡知邪？」子曰：「天下之事，頤所不知者固多，然堯夫所謂不知者何事？」是時適雷起，堯夫曰：「子知雷起處乎？」子曰：「頤知之，堯夫不知也。」堯夫愕然曰：「何謂也？」子曰：「既知之，安用數推之？以其不知，故待推而後知。」堯夫曰：「子以爲起於何處？」子曰：「起於起處。」堯夫瞿然稱善。

晁以道嘗以書問康節之數于伊川，伊川答書云：「頤與堯夫同里巷居三十年餘，世間事無所不問，惟未嘗一字及數。」

伯淳言：邵堯夫疾革，且言「試與觀化」一遭。子厚言觀化他人便觀得自家，自家又如何觀得化？嘗觀堯夫詩意，纔做得識道理，却於儒術未見所得。

邵堯夫臨終時，只是諧謔，須臾而去。以聖人觀之，則亦未是，蓋猶有意也，比之常人甚懸絶矣。他疾甚革，頤往視之，因警之曰：「堯夫平生所學，今日無事否？」他氣微不能答。次日見之，却有聲如絲髮來大，答云：「你道生薑樹上生，我亦只得依你説。」是時諸公都在廳上議後事，它在房間便聞得。諸公恐喧他，盡出外説話，他皆聞得。一人云「有新報云云」，堯夫問有甚事，曰「有某事」，堯夫曰：「我將謂收却幽州也。」以他人觀之，便以爲怪。此只是心虚而明，故聽得也。問：「堯夫未病時，不如此，何也？」曰：「此只是病後氣將絶，心無念慮，不昏便如此。」又問：「釋氏亦先知死，何也？」曰：「只是一个不動心。釋氏平生只學這个事，將這个做一件大事，學者不必學他，但燭理明，自能之。只如邵堯夫事，它自如此，亦豈嘗學也。」

邵堯夫先生居洛四十年，安貧樂道，自云「未嘗皺眉」，所居寢息處爲「安樂窩」，自號「安樂先生」。又爲甕牖，讀書、燕居其下，旦則焚香獨坐。晡時飲酒三四甌，微醺便止，不使至醉也。中間州府以更法不餉餽，寓賓乃爲薄粥以代之，好事者或載酒以濟其乏。嘗有詩云：「斟有淺深存燮理，飲無多少繫經綸。」又曰：「莫道山翁拙於用，也能康濟自家身。」喜吟詩，作大字書，然遇興則爲之，不牽强也。大寒暑則不出，每出，乘小車，用一人挽之。爲詩以自詠曰：「花似錦時高閣望，草如茵處小車行。」司馬公贈以詩曰：「林間高閣望已久，花外小車猶未來。」隨意所之，遇主人喜客，則留三五宿，又之一家，亦如之，或經月忘返。雖性高潔，而接人無賢不肖貴賤，皆歡然如親。嘗自言：「若至大病，自不能支；其遇小疾，得有客對話，不自覺疾之去體也。」學者來從之問經義，精深浩博，應對不窮，思致幽遠，妙極道數。間與相知之深者，開口論天下事，雖久存心世務者，不能及也。見呂氏家塾記。

堯夫直是豪才，在風塵時節，便是偏霸手段。如富彦國身都將相，嚴重有威，人不敢仰視，他將做小兒樣看。

或問：「堯夫所學如何？」謝子曰：「他只見得天理進退、萬物消長之理，便敢做大，於聖人門下學上達事，更不施工，所以差却。堯夫精易之數，事物之成敗終始，人之禍福脩短，算得來無毫髮差錯。如指此屋，便知起於何時，至某年月日而壞，無不如其言。然二程不貴其術。明道云：『堯夫數欲傳與某兄弟，某兄弟那得工夫要學，須是二十年工夫。』堯夫初學於李挺之，師禮甚嚴，雖在一野店，飯必襴，坐必拜。欲學堯夫，亦必如此。伯淳聞説甚熟，一日因監試無事，以其説推算之，皆合。出謂堯夫曰：『堯夫之數，只是加一倍法，以此知太玄都不濟事。』堯夫驚撫其背曰：『大哥你恁地聰明？』他日伊川問伯淳加倍之數，曰：『都忘之矣。』因歎其心無偏繫如此。」見上蔡語録。

校勘記

〔一〕大王父諱令進　「大王」原作「先生」，各本同。今據河南程氏文集卷四明道先生文四（中華書局標點本二程集）改。

〔二〕先生始學於百原　「百」，河南程氏文集作「伯」。

〔三〕弄丸餘暇　「丸」原作「九」，據河南程氏遺書卷第二上（中華書局標點本二程集）改。

伊洛淵源録卷六

橫渠先生

行狀　　呂大臨

先生諱載，字子厚，世大梁人。曾祖某，生唐末，歷五代，不仕，以子貴，贈禮部侍郎。祖復，仕真宗朝，爲給事中、集賢院學士，贈司空。父迪，仕仁宗朝，終于殿中丞、知涪州事，贈尚書都官郎中。涪州卒于西官，諸孤皆幼，不克歸，僑寓於鳳翔郿縣橫渠鎮之南大振谷口，因徙而家焉。

先生嘉祐二年登進士第，始仕祁州司法參軍，遷丹州雲巖縣令，又遷著作佐郎、簽書渭州軍事判官公事。熙寧二年冬，被召入對，除崇文院校書。明年移疾，十年春復召還館，同知太常禮院。是年冬，謁告西歸，十有二月乙亥，行次臨潼，卒于舘舍。享年五十有八。是月以其喪歸殯于家，卜以元豐元年八月癸酉葬于涪州墓南之兆。先生娶南陽郭氏，有子曰因，尚幼。

先生始就外傅，志氣不羣，知虔奉父命，守不可奪，涪州器之。少孤自立，無所不學。與邠人焦寅游，寅喜談兵，先生説其言。當康定用兵，時年十八，慨然以功名自許，上書謁范文正公。公一見知其遠器，欲成就之，乃責之曰：「儒者自有名教，何事於兵？」因勸讀中庸。先生讀其書，雖愛之，猶未以爲足也，於是又訪諸釋、老之書，累年盡究其説，知無所得，反而求之六經。

嘉祐初，見洛陽程伯淳、正叔昆弟于京師，共語道學之要。先生渙然自信曰：「吾道自足，何事旁求！」乃盡棄異學，淳如也。間起從仕，日益久，學益明。方未第時，文潞公以故相判長安，聞先生名行之美，聘以束帛，延之學宫，異其禮際，士子矜式焉。

其在雲巖，政事大抵以敦本善俗爲先。每以月吉具酒食，召鄉人高年，會于縣庭，親爲勸酬，使人知養老事長之義，因問民疾苦，及告所以訓戒子弟之意。有所教告，常患文檄之出不能盡達于民，每召鄉長于庭，諄諄口諭，使往告其里閭。間有民因事至庭，或行遇于道，必問：「某時命某告某事，聞否？」聞即已，否則罪其受命者。故一言之出，雖愚夫孺子，無不預聞。

知京兆王公樂道嘗延致郡學，先生多教人以德，從容語學者曰：「孰能少置意科舉，相從于堯舜之域否？」學者聞法語，亦多有從之者。在渭，渭帥蔡公子正特所尊禮，軍府之政，小大咨之。先生夙夜從事，所以贊助之力爲多。並塞之民，常苦乏食而貸于官帑，不能足，又屬霜旱，先生力言于府，取軍儲數十萬以救之。又言戍兵徒往來，不可爲用，不若損數以募土人爲便。

上嗣位之二年，登用大臣，思有變更。御史中丞呂晦叔薦先生于朝，曰：「張載學有本原，四方之學者皆宗之〔一〕，可以召對訪問。」上即命召。既入見，上問治道，皆以漸復三代爲對。上説之，曰：「卿宜日見二府議事，朕且將大用卿。」先生謝曰：「臣自外官赴召，未測朝廷新政所安，願徐觀旬月，繼有所獻。」上然之。

他日見執政，執政嘗語曰：「新政之更，懼不能任事，求助於子，何如？」先生對曰：「朝廷將大有爲，天下之士，願與下風。若與人爲善，則孰敢不盡？如教玉人追琢，則人亦故有不能。」執政默然。所語多不合，寖不悦。既命校書崇文，先生辭，未得謝，復命案獄浙東。或有爲之言曰：「張載以道德進，不宜使之治獄。」執政曰：「淑問如皋陶，猶且獻囚，此庸何傷？」獄成還朝。會弟天祺以言得罪，先生益不安，乃謁告西歸。居於橫渠故居，遂移疾不起。

横渠至僻陋，有田數百畝，以供歲計，約而能足，人不堪其憂，而先生處之益安。終日危坐一室，左右簡編，俯而讀，仰而思，有得則識之。或中夜起坐，取燭以書，其志道精思，未始須臾息，亦未嘗須臾忘也。學者有問，多告以知禮成性，變化氣質之道，學必如聖人而後已，聞者莫不動心有進。又以爲教之必能養之，然後信，故雖貧不能自給，苟門人之無貲者，雖糲蔬亦共之。其自得之者，窮神化，一天人，立大本，斥異學，自孟子以來，未之有也。

嘗謂門人曰：「吾學既得於心，則脩其辭；命辭無差，然後斷事；斷事無失，吾乃沛然精義入神者，豫而已矣。」近世喪祭無法，喪惟致隆三年，自期以下未始有衰麻之變。祭先之禮，一用流俗，節序燕褻不嚴。先生繼遭期功之喪，始治喪服，輕重如禮。家祭始行四時之薦，曲盡誠潔。聞者始或疑笑，終乃信而從之。一變從古者甚衆，皆先生倡之。

先生氣質剛毅，德盛貌嚴，然與人居久而日親。其治家接物，大要正己以感人，人未之信，反躬自治，不以語人，雖有未諭，安行而無悔。故識與不識，聞風而畏。非其義也，不敢以一毫及之。其家童子，必使洒掃應對，給侍長者；女子之未嫁者，必使親祭祀，納酒漿，皆所以養孫弟，就成德。嘗曰：「事親奉祭，豈可使人爲之！」聞人之善，喜見顔色；答問學者，雖多不倦。有不能者，未嘗不開其端。其所至必訪人才，有可語者，必丁寧以誨之，惟恐其成就之晚。歲適大歉，至人相食。家人惡米不鑿，將舂之。先生亟止之，曰：「餓殍盈野，雖蔬食且自愧，又安忍有擇乎？」甚或咨嗟對案不食者數四。

熙寧九年秋，先生感異夢，忽以書屬門人，乃集所立言，謂之正蒙，出示門人曰：「此書予歷年致思之所得，其言殆於前聖合與大要，發端示人而已。其觸類廣之，則吾將有待於學者。正如老木之株，枝别固多，所少者潤澤華葉爾。」又嘗謂：「春秋之爲書，在古無有，乃聖人所自作。惟孟子爲能知之，非理明義精，殆未可學。先儒未及此而治之，故其説多穿鑿，及詩、書、禮、樂之言，多不能平易其心，以意逆志，方且條舉大例，考察文理，與學者緒正其説。」

先生慨然有意三代之治，望道而欲見。論治人先務，未始不以經界爲急。講求法制，粲然備具，要之可以行於今，如有用我者，舉而措之爾。嘗曰：「仁政必自經界始。貧富不均，教養無法，雖欲言治，皆苟而已。世之病難行者，未始不以亟奪富人之田爲辭。然兹法之行，悦之者衆，苟處之有術，期以數年，不刑一人而可復。所病者，特上未之行爾。」乃言曰：「縱不能行之天下，猶可驗之一鄉。」方與學者議古之法，共買田一方，畫爲數井，上不失公家之賦役，退以其私，正經界分宅里，立斂法，廣儲蓄，興學校，成禮俗，救災恤患，敦本抑末，足以推先王之遺法，明當今之可行。此皆有志未就。

會秦鳳帥呂公薦之，曰：「張載之學，善發聖人之遺意，其術略可措之以復古。乞召還舊職，訪以治體。」詔從之。先生曰：「吾是行也，不敢以疾辭，庶幾有遇焉。」及至都，公卿聞風慕之，然未有深知先生者，以所欲言嘗試於人，多未之信。會有言者欲講行冠昏喪祭之禮，詔下禮官，禮官安習故常，以古今異俗爲説。先生獨以爲可行，且謂稱不可，非儒生博士所宜。衆莫能奪，然議卒不決。郊廟之禮，禮官預焉。先生見禮不致嚴，亟欲正之，而衆莫之助，先生益不悦。會有疾，謁告以歸。知道之難行，欲與門人成其初志，不幸告終，不卒其願。

没之日，惟一甥在側，囊中索然。明日，門人之在長安者繼來奔哭致賻，襚始克斂。遂奉柩歸，殯以葬。又卜以三月而葬。其治喪禮，一用古，以終先生之志。某惟先生之學之至，備存于書，略述于謚議矣。然欲求文以表其墓，必得行事之迹，敢次以書。

哭子厚先生詩

明道先生

歎息斯文約共脩，如何夫子便長休。東山無復蒼生望，西土誰供後學求？千古聲名聯棣蕚，二年零落去山丘。寢門慟哭知何恨，豈獨交親念舊遊。

論謚書

司馬温公

横渠之没，門人欲謚爲明誠夫子，質於明道先生。先生疑之，訪于温公，以爲不可。此帖不見於文集，今藏龜山楊公家。

光啓。昨日承問張子厚謚，倉卒奉對，以漢魏以來此例甚多，無不可者。退而思之，有所未盡。

竊惟子厚平生用心，欲率今世之人復三代之禮者也，漢魏以下，蓋不足法。郊特牲曰：「古者生無爵，死無謚。」爵謂大夫以上也。檀弓記禮所由失，以爲士之有誄，自縣賁父始。子厚官比諸侯之大夫則已貴，宜有謚矣。然曾子問曰：「賤不誄貴，幼不誄長，禮也。惟天子稱天以誄之，諸侯相誄，非禮也。」諸侯相誄，猶爲非禮，况弟子而誄其師乎？孔子之没，哀公誄之，不聞弟子復爲之謚也。子路欲使門人爲臣，孔子以爲欺天；門人厚葬顔淵，孔子歎不得視猶子也。君子愛人以禮，今關中諸君欲謚子厚而不合於古禮，非子厚之志。與其以陳文範、陶靖節、王文中、孟貞曜爲比，其尊之也，曷若以孔子爲比乎！

承關中諸君決疑於伯淳，而伯淳謙遜博謀，及於淺陋，不敢不盡所聞而獻之，以備萬一，惟伯淳裁擇而折衷之。光再拜。

遺事一十九條

伯淳嘗與子厚在興國寺講論終日，而曰：「不知舊日曾有甚人於此處講此事。」以下並見程氏遺書。

子厚則高才，其學更先從雜博中過來。

子厚以禮教學者最善。使學者先有所據守。

子厚聞皇子生甚喜，見餓莩者，食便不美。

橫渠言氣，自是橫渠作用，立標以明道。

訂頑之言，極純無雜，秦漢以來，學者所未到。

西銘，顯得此意，只是須得他子厚有如此筆力，他人無緣做得。孟子以後，未有人及此。得此文字，省多少言語。且教他人讀書，要之仁孝之理備于此，須臾而不於此，則便不仁不孝也。孟子之後，只有原道一篇。其間言語固多病，然大要儘近理。若西銘則是原道之宗祖也。

問：「西銘何如？」伊川先生曰：「此橫渠文之粹者也。」曰：「充得盡時如何？」曰：

「聖人也。」「橫渠能充盡否？」曰：「言有多端，有有德之言，有造道之言。有德之言說自己事，如聖人言聖人事也；造道之言則智足以知此，如賢人說聖人事也。」

橫渠道儘高，言儘醇，自孟子後儒者都無他見識。

楊時致書伊川先生曰：「西銘言體而不及用，恐其流遂至於兼愛。」先生答之曰：「橫渠立言，誠有過者，乃在正蒙。西銘之爲書，推理以存義，擴前聖所未發，與孟子性善養氣之論同功，豈墨氏之比哉？西銘明理一而分殊，墨氏則二本而無分，子比而同之，過矣。且謂言體而不及用，彼欲使人推而行之，本爲用也，反謂不及，不亦異乎？」見程氏文集，下同。

伊川先生答先生書曰：「觀吾叔之見，志正而謹嚴。如『虛無即氣則無無』之語〔二〕，深探遠賾，豈後世學者所嘗慮及也。然此語未能無過〔三〕。餘所論以大概氣象言之，則有苦心極力之象，而無寬裕溫厚一作「和」。之氣。非明睿所照，而考索至此，故意屢偏而言多窒，小出入時有之。明所照者，如目所睹，纖微盡識之矣；考索至者，如揣料於物，約見髣髴耳，能無差乎〔四〕！更望完養思慮，涵泳義理，他日當自條暢。」

問：「橫渠言『由明以至誠，由誠以至明』，如何？」伊川先生曰：「『由明至誠』，此句却是；『由誠至明』則不然。誠則明也。孟子曰：『我知言，我善養吾浩然之氣。』只『我知言』

一句已盡。橫渠之言，不能無失，類若此。若西銘一篇，誰說得到此。今以管窺天，固見北斗，別處雖不見北斗，不可謂不是也。」見程氏遺書，下同。

問：「橫渠之書有迫切處否？」伊川先生曰：「子厚謹嚴。纔謹嚴，便有迫切氣象，無寬舒之氣。」

橫渠嘗言：「吾十五年學个恭而安不成。」明道曰：「可知是學不成，有多少病在。」見上蔡語録，下同。

橫渠著正蒙時，處處置筆硯，得意即書。明道云：「子厚却如此不熟。」

橫渠教人，以禮爲先，大要欲得正容謹節。其意謂世人汗漫無守，便當以禮爲地，教他就上面做工夫。然其門人下梢頭溺於刑名度數之間，行得來，因無所見處，如喫木札相似，更没滋味，遂生厭倦，故其學無傳之者。明道先生則不然，先使學者有知識，窮得物理，却從敬上涵養出來，自然是別。

橫渠再移疾西歸，過洛，見二程先生，曰：「載病不起，尚可及長安也。」行至臨潼，沐浴更衣而寢。及旦視之，亡矣。門生衰絰，挽車以葬。見邵氏聞見録。

呂與叔作橫渠行狀，有見二程「盡棄其學」之語。尹子言之，先生曰：「表叔平生議論，謂頤兄弟有同處則可，若謂學於頤兄弟，則無是事。頃年屬與叔删去，不謂尚存斯言，幾於無忌憚矣。」見程氏遺書。

案行狀今有兩本，一「云盡棄其學而學焉」，一云「於是盡棄異學，淳如也」。其他不同處亦多，要皆後本爲勝，疑與叔後嘗刪改如此，今特据以爲定。然龜山集中有跋横渠與伊川簡云：「横渠之學，其源出於程氏，而關中諸生尊其書，欲自爲一家，故予録此簡以示學者，使知横渠雖細務必資於二程，則其他固可知已。」案横渠有一簡與伊川，問其叔父葬事，末有提耳懇激之言，疑龜山所跋，即此簡也。然與伊川此言，蓋退讓不居之意，而横渠之學，實亦自成一家，但其源則自二先生發之耳。

張御史

行狀

呂大臨

君諱戩，字天祺。少而莊重，有老成之氣，不與群童子狎戲。長而好學，不喜爲雕蟲之辭，以從科舉，父兄敦迫，喻以爲貧，乃强起就鄉貢。既冠，登進士第，調陝州閿縣主簿，移鳳翔普潤縣令，改秘書省著作佐郎、知陝州靈寶、渠州流江、懷安軍金堂縣事，轉太常博士。熙寧二年，超爲監察御史裏行。明年，以言事，出知江陵府公安縣，改陝州夏縣，轉運使舉監鳳翔府司竹監。秩滿，以熙寧九年三月朔旦感疾卒，享年四十有七。

君歷治六七邑，誠心愛人，而有術以濟之，力行不怠，所至皆有顯效。視民之不得其所，若己致之，極其智力，必濟而後已。靈寶采梢，歲用民力，久爲困擾。至則訪其利害，纖悉得之。乃計一夫之役，采梢若干，以計其直。請命民納市于有司而罷其役，止就河壖爲場，立價募民，采伐以給用。言于郡守監司，皆不之聽，後以御史言於朝廷，行之。竹監歲發旁縣夫伐竹，一月罷。君謂無名以使民，乃籍隸監園夫，以日月課伐，以足歲計。

其爲邑，養老恤窮皆有常，察惡勸善皆有籍，鉤考會計，密察不苟，府吏束手聽命，舉莫能欺。嘗攝令華州蒲城，蒲城劇邑，民悍使氣，不畏法令，鬥訟寇盜倍蓰它邑。異時令長以峻法治之，姦愈不勝。君悉寬條禁，有訟至庭，必以理敦喻，使無犯法。間召父老，使之教篤子弟服學省過。作記善簿，民有小善，悉以籍之。月吉，以俸錢爲酒食，召邑之高年，聚於縣廨以勞之，使其子孫侍，因勸以孝弟之道。不數月，邑人化之，獄訟爲衰。

熙寧初，上初即位，登用大臣，將大有爲。以御史召，君喜，以爲千載之遇，間見進對，未嘗不以堯、舜、三代之事進于上前，惻怛之愛，無所遷避。其大要啓君心，進有德，謂反經正本當自朝廷始，不先諸此而治其末，未見其可也。事有不關興衰者，人雖以爲可言，皆闊略不辨。既見，而新政所更，寖異初議，左右邇臣不以德進，君爭之不可，乃告諸執政。執政笑而不答，君曰：「戩之狂易，宜其爲公所笑，然天下之士笑公爲不少矣！」章十數上，卒不納。乃歎曰：「兹未可已乎！」遂謝病不朝，居家待罪，卒罷言職。既去位，未嘗以諫草示人，不説人以無罪。天下士大夫聞其風者，始則聳然畏之，終乃服其厚。

自公安改知夏縣。縣素號多訟，君待以至誠，反復教喻，不逆不億，不行小惠，訟者往往扣頭自引，不五六月，刑省而訟衰。未幾，靈寶之民遮使者車請曰：「今夏令張君，乃吾昔日之賢令也。願使君哀吾民，乞張君還舊治。」使者欣然，聽其辭而言于朝。去之日，遮道送，不得行。父老曰：「昔者人以吾邑之人無良喜訟，自公來，民訟幾希。是惟公知吾邑民之不喜訟也。」言已皆泣下。

君篤實寬裕，儼然正色，雖喜愠不見於容。然與人居，温厚之意，久而益親，終日言未嘗不及於義。接人無貴賤疏戚，未嘗失色於一人。樂道人之善，而不及其惡；樂進己之德，而不事無益之言。其清不以能病人，其和不以物奪志。常雞鳴而起，勉勉矯强，任道力行，每若不及。德大容物，沛若有餘。常自省，小有過差，必語人曰：「我知之矣。公等察之，後此不復爲矣。」重然諾，一言之欺，以爲己病。

少孤，不得事親，而奉其兄以悌，就養無方，極其恭愛。推而及諸族姻故舊，罔不周恤。有妹寡居，子不克家，君力爲經其家事。别内外之限，制財用之節，男就傅，女有歸，誠意懇切，不弛其勞，人以爲難，而自處裕如也。有一二故人，死不克葬十餘年，君惻然不安，帥其知識，合力聚財，乃克襄事。其兄載重於世，常語人曰：「吾弟德性之美，吾有所不如。其不自假，而勇於不屈，在孔門之列，宜與子夏後先，晚而講學而達。」又曰：「吾弟全器也，然語道而合，乃自今始。有弟如此，道其無憂乎！」

既暴病卒，載哭失聲，如不欲生。將葬，手疏哀辭納諸壙曰：「哀哀吾弟，而今而後，戰兢免夫。」是月還葬，以從先大夫之兆。將求有道者以銘其墓。大臨惟君之善，有不勝書，要其大者，蓋其力之厚，任天下之重而不辭；其氣之强，篤行禮義而無倦；其忠之盛，使死者復生而無憾。是宜得善言以傳諸後，敢次其狀以請。案呂氏文集有書請於明道先生云「先生嘗許誌御史之墓」，今文集無之，疑未及作也。

遺書五條

張戩爲監察裏行，請罷條例司，因詣中書，極陳其事，辭氣甚厲。介甫以扇掩面而笑，戩怒曰：「參政笑戩，戩亦笑參政所爲事耳。豈惟戩笑〔五〕，天下誰不笑之者。」暘叔解之曰：「察院不須如此。」戩顧曰：「只相公得爲無過邪？」退而家居，申臺不視事而待罪。見温公日録。

張戩嘗於政事堂與介甫爭辨事，因舉經語爲證。介甫曰：「安石却不會讀書，賢却會讀書。」戩不能答。伊川先生因曰：「却不向道，只這箇便是不會讀書。」見程氏遺書，下同。

天祺有自然德氣，似箇貴人氣象，只是却有氣短處，規規太以事爲重，傷於周至，却是氣局小。景庸則只是才敏，須是天祺與景庸相濟，乃爲得中也。薛景庸名昌朝，橫渠門人，嘗爲御史，論新法。

天祺有自然德氣，望之有貴人之象，只是氣局小，太規規以事爲重也。昔在司竹，嘗愛用一卒長，及將代，自見其人盜筍皮，遂治之無少貸。罪已正，待之復如初，略不介意。其德量如此。又邵氏聞見録云：「天祺在司竹，舉家不食筍。」

藻鑑人物，自是人才有通悟處，學不得也。張子厚善鑑裁，其弟天祺學之便錯。

校勘記

〔一〕四方之學者皆宗之　「四」原作「西」，據成化本改。

〔二〕虚無即氣則無無　「無無」，河南程氏文集卷九伊川文集答橫渠先生書（中華書局標點本二程集）作「虚無」。

〔三〕然此語未能無過　此句河南程氏文集爲小字注文。

〔四〕明所照者如目所睹纖微盡識之矣考索至者如揣料於物約見髣髴耳能無差乎　按此段文字河南程氏文集爲小字注文。

〔五〕豈惟戩笑　按本頁底本原闕，據成化本補。成化本「惟」作「爲」，北京圖書館藏明刻本、中央民族大學藏明刻本作「惟」，是。按司馬光手録（中華書局標點本司馬光日記校注）卷三第拾壹條張戩陳述古請罷條例司録：「戩怒曰：『參政笑戩，戩亦笑參政所爲事耳，豈惟戩笑，天下誰不笑者！』」。又續資治通鑑長編（中華書局點校本）卷二一〇記此事「豈惟戩笑」作「豈但戩笑」，據改。

伊洛淵源録卷七

吕侍講

家傳略

公諱希哲，字原明，正獻公之長子也，以恩補官。元祐中爲講官，遷諫官，不拜。紹聖初，出知太平州，坐黨謫居和州。徽宗召爲光禄少卿，出守奉祠而卒。

正獻公居家簡重寡默，不以事物經心，而申國夫人性嚴有法度，雖甚愛公，然教公事事循蹈規矩。甫十歲，祁寒暑雨，侍立終日，不命之坐，不敢坐也。日必冠帶以見長者，平居雖天甚熱，在父母長者之側，不得去巾韈，縛袴衣服惟謹。行步出入，無得入茶肆酒肆。市井里巷之語，鄭衛之音，未嘗一經於耳。不正之書，非禮之色，未嘗一接於目。正獻公通判潁州，歐陽文忠公適知州事，焦先生千之伯强客文忠公所，嚴毅方正，正獻公招延之，使教諸子。諸生少有過差，先生端坐，召與相對，終日竟夕，不與之語。諸生恐懼畏服，先生方略降辭色。時公方十餘歲，内則正獻公與申國夫人教訓如此之嚴，外則焦先生化導如此之篤，故公德器成就，大異衆人。公嘗言人生内無賢父兄，外無嚴師友，而能有成者少矣。

公始從安定胡先生瑗於太學，後遍從孫先生復、石先生介、李先生覯、王公安石學。安石以爲凡士未官而事科舉者爲貧也，有官矣而復事科舉，是僥倖富貴利達，學者不由。公聞，遽棄科舉，一意古學。

始與程先生頤俱事胡先生，居並舍。公少程先生一二歲，察其學問淵源，非他人比，首以師禮事之。而明道程先生顥及横渠張先生載兄弟、孫公覺、李公常皆與公遊，由是知見日益廣大。然公亦未嘗專主一説，不私一門，務畧去枝葉，一意涵養，直截徑捷，以造聖人。嘗言往與二程諸公遊，一日，會相國寺，論事詳盡。伯淳忽歎曰：「不知此地自古至今，更曾有人來此地説此話邪。」蓋此處氣象，自有合得如此人説此等話道理也。然公取人，先論知見，次乃考其所爲。嘗言正叔先生自小説話過人，嘗笑人專取有行，不論知見者；又説世人喜説某人只是説得，正叔言「只説得好話亦大難，好話亦豈易説也」。公以爲二程遠過衆人者，學皆類此。

王公安石與正獻公既相推重，而公又從之學。自嘉祐間，內外事多不甚治，王公與當世諸賢務欲變更，略放前代，別立法度，登進善人，脩建學校。其所施設者，公皆預聞之矣。然自秉政，施設次第往往與舊說不合，又愎諫自信，動失衆心，寖與公父子不同。後欲用其子雱侍講殿中，乃欲先引公，公固辭乃止。

公爲說書凡二年，日夕勸導人主以脩身爲本，脩身以正心誠意爲主。心正意誠，天下自化，不假他術；身不能脩，雖左右之人且不能喻，況天下乎。

公雖性至樂易，然未嘗假人辭色，悅人以私。在邢州日，劉公安世適守潞州。邢、潞，鄰州也，公之子疑問嘗勸公與劉公書通勤懇，公曰：「吾素與劉往還不熟，今豈可先意相結，私相附託邪？」卒不與書。

公晚居宿州真陽間十餘年，衣食不給，有至絕糧數日者。公處之晏然，靜坐一室，家事一切不問，不以毫髮事託州縣。其在和州，嘗作詩云：「除却借書沽酒外，更無一事擾公私。」閑居日讀易一爻，遍考古今諸儒之說，默坐沉思，隨事解釋；夜則與子孫評論古今，商榷得失，久之方罷。

公之行己，務自省察校量，以自進益。晚年嘗言：「十餘年前在楚州，橋壞，墮水中，時覺心動；數年前大病，已稍勝前；今次疾病，全不動矣。」其自力如此。

元祐初，程先生議請封建，欲自封孔子後。始，公曰：「方今母后臨朝，衆議不一，扶傷敗如是足矣，此豈大有爲時邪？」程先生默然而去。案程氏文集修立孔氏條制但云：「添賜田并舊賜爲五百頃，設溝封，爲奉聖鄉，世襲奉聖公爵，以奉祭祀。」未嘗遽請便行封建也。

公自少年既從諸老先生學，當世善士悉友之矣。晚更從高僧圓照師宗本、證悟師脩顒遊，盡究其道，别白是非，斟酌深淺而融通之，然後知佛之道與吾聖人合。本中嘗問公：「二程先生所見如此高遠，何以却佛學？」公曰：「只爲見得太近。」

遺事

滎陽公在淮陽時，東萊公爲曹官，所居廨舍無几案，以竹縛架，上置書册。器皿之屬，悉不能具，處之甚安，其簡儉如此。見呂氏雜志，下同。

滎陽公晚年習靜，雖驚恐顛沛，未嘗少動。自歷陽赴單守，過山陽渡橋，橋壞，轎人俱墜，浮於水，而滎陽公安坐轎上，神色不動。從者有溺水者，時徐仲車先生年幾七十矣，作我敬詩贈公曰：「我敬呂公，以其德齒。敬之愛之，何時已已。美哉呂公，文在其中，見乎外者，古人之風。惟賢有德，神相其祉。何以祝公，勿藥有喜。」

仙源嘗言：「與侍講爲夫婦，相處六十年，未嘗一日有面赤。自少至老，雖袵席之上，未嘗戲笑。」滎陽公處身如此，而每歎范内翰，以爲不可及。

滎陽公與諸人云：「自少官守處，未嘗干人舉薦。」以爲後生之戒。仲父舜從守官會稽，人或譏其不求知者，仲父對詞甚好，云：「勤於職事，其他不敢不慎，乃所以求知也。」見童蒙訓。

滎陽公嘗言：世人喜言「無好人」三字者，可謂自賊者也。包孝肅尹京時，民有自言「有以白金百兩寄我者死矣，予其子，其子不肯受，願召其子予之」，尹召其子，辭曰：「亡父未嘗以白金委人也。」兩人相讓久之。公言觀此事而言「無好人」者，亦可以少愧矣。人皆可以爲堯舜者，蓋觀於此而知之。

公嘗言：孝子事親，須事事躬親，不可委之使令也。嘗觀穀梁言：「天子親耕，以供粢盛；王后親蠶，以供祭服。國非無良農工女也，以爲人之所盡，事其祖禰，不若以己所自親者也。」此説最盡事親之道。又説爲人子者，視於無形，聽於無聲，未嘗頃刻離親也。事親如天，頃刻離親，則有時而違天，天不可得而違也。見呂氏雜志。

滎陽公嘗言：後生初學，且須理會氣象。氣象好時，百事是當。氣象者，辭令容止，輕重疾徐，足以見之矣。不惟君子小人於此焉分，亦貴賤壽夭之所由定也。

又嘗説：攻其惡，無攻人之惡。蓋自攻其惡，日夜且自點檢，絲毫不盡，即不慊於心矣，豈有工夫點檢他人邪！

元祐間，伊川先生既歸洛，寄范公醇夫書云：「丞相久留左右，所助一意正道者，實在原明子。」

崇寧元年，叔父舜從至洛中，請見先生。先生召食，坐間問事甚衆，先生一一酬答，臨行又請教語甚詳，既而微笑曰：「却只被公家學佛。」舜從，即侍講之子也。

范内翰

名祖禹，字淳夫，蜀人。元祐中爲給諫講讀官，入翰林，爲學士。后坐黨論貶死。家傳、遺事載其言行之懿甚詳，然不云其嘗受學一於先生之門也。獨鮮于綽傳言録記伊川事，而以門人稱之。又其所著論語説、唐鑑，議論亦多資於程氏〔一〕。故今特著先生稱道之語，以見梗概，他不得而書也。

遺事五條

范淳夫嘗與伊川論唐事，及爲唐鑑，盡用先生之論。先生謂門人曰：「淳夫乃能相信如此。」見程氏外書。

元祐中，客有見伊川先生者，几案無他書，惟印行唐鑑一部。先生謂客曰：「近方見此書。自三代以後無此議論。」見范公遺事。

伊川先生曰：昨在講筵，曾說與温公云：「更得范淳夫在筵中尤好。」温公彼時一言亦失，却道：「他見脩史，自有門路。」頤應之曰：「不問有無門路，但筵中須得他。」温公問：「何故？」頤曰：「自度少温潤之氣。淳夫色温而氣和，尤可以開陳是非，導人主之意。」後來遂除侍講。見程氏遺書。

尹彦明問范淳夫之爲人。先生曰：「其人如玉。」見外書。

楊學士

名國寶，字應之。無他敘述，獨伊川有祭文，而吕氏諸書記其言行之一二。然詳祭文，亦先生交遊耳，非門人之列也。吕氏言其元豐中已老，則年輩與先生亦相若云。

祭文

嗚呼！昔予與君邂逅相遇於大江之南，言契氣合，遂從予遊。歲時三紀，情均骨肉。

忽聞來訃，何痛如之。嗚呼應之，誰謂君而止於此乎！高才偉度，絶出群類，善志奇藴，曾未得施。天胡爲厚其稟而嗇其年？人誰不死，君之死爲可恨也。奚止交舊之情，悲哀而已。管城之原，歸祔先兆。屬予衰年，憚於長道。不能臨穴一慟，以伸予情，姑致菲薄之奠，魂兮其來，歆此誠意。

遺事六條

楊國寶應之，余從姑之子也，少强學力行。元豐中會于都城，余見其貧而不屈，老而益壯，以詩贈之曰：「獨抱遺經唐處士，差强人意漢將軍。」見呂氏家塾記。

楊應之勁挺不屈，自爲布衣，以至官於朝，未嘗有求於人，亦未嘗假人以言色也。篤信好學，至死不變。見童蒙訓。下同。

應之元祐間用范丞相堯夫薦館職，不就試，授成都轉運判官。有屬官與之辨論，應之嘉其才，即薦之朝。自成都召爲校書郎，有遠房舅在蜀中，官滿，貧不能歸，應之盡以成都所得數百千遺之。其自立如此。

楊十七學士應之力行苦節，學問贍博，而弘致遠識，特異流俗。嘗題所居壁云：「有竹百竿，有香一爐，有書千卷，有酒一壺，如是足矣。」伊川先生嘗以爲交遊中惟楊應之有英氣。見呂氏雜志。下同。

伊川先生曰：楊應之在交遊中英氣偉度，過絶於人，未見其比，可望以託吾道者。應之樂善尚德，而議論不苟，云以富文忠公處事猶不免有心，如孫威敏操行不端，石守道行多詭激，特以二人附己，乃薦威敏可代己，守道可任臺諫；又知劉原父文學絶人，而以其喜訕韓、富，亦加擯抑。凡此之類，未免有心，況常人乎。雖然毫髮之失，生於心術，其流之弊，有不可勝言者，豈不要賢師友以規正其微邪！此應之之論也。

楊應之兄弟皆安貧樂道，未嘗少屈於人。元豐間親喪，服除，至京師，寓予家榆林舊第，日以蠶飯置一盆，又以一盆盛菜蔬，兄弟分食之，甘如飴蜜。不求於人，卒能有立云。

朱給事

墓誌　　范内翰

公諱光庭，字公掞，河南偃師人。父景，光禄卿，贈太尉；母宗氏，崇國太夫人；李氏，會昌縣太君。嘉祐二年登進士第，調萬年主簿，數假邑事，邑人謂之明鏡。時程伯淳主鄠縣簿，張山甫主武功簿，與公皆以才名稱，關中號爲「三傑」。文潞公舉應制科，會仁宗登遐，罷試。

丁内外艱，服除，爲脩武令。邑有牧地，民久侵冒，轉易皆爲税籍。朝廷遣使按畝加租，總四萬餘石，公爭之，得減萬餘石。改垣曲令，它邑斂青苗錢，類以嚴取辦，公不笞一人，而輸以時足。

以樞臣薦，得召對。神宗問所治何經，公對以少從孫復授春秋。又問：「中外有所聞乎？」公對曰：「陛下即位以來，更張法度，臣下行之，或非聖意，故有便有不便。誠能去其不便，則天下均被福矣。」吕丞相大防守長安，辟僉書判官。朝廷伐西夏，五路出師，雍爲都會，事多倚公以辦。調發有非朝廷意而急於期會者，公執白不從，部使者怒，宣言將加以乏軍興罪，公請督治獄祠以避之。神宗山陵，韓獻肅公尹洛，奏公勾當山陵事，事以時集，洛人不知有大役。

司馬文正公薦，召爲左正言。首以辨大臣忠邪爲言，又請天子燕間與儒臣講習，罷提舉常平官，不散青苗錢〔一〕，廣儲蓄，備水旱，太學置明師以養人才。論奏無虚日，多所薦達，人無知者。太皇太后嘉公正直，諭以朝政闕失當安心言之，勿畏避。公自以遇二聖之知，夙夜竭力，知無不言。時進退大臣，損益政事，公密勿啓沃，多見施行。

遷左司諫，請罷遣使高麗，褒崇先聖，增錫土田，別異世襲。論急務十事：一議官制，二罷保甲，三糾合宗室，四省浮費，五罷京師倉法，六汰冗官，七議河患，八慎數易吏，九懲獄官慘酷，十禁淫祠。河北饑，遣公賑濟，大發倉廩，所全活甚衆。拜右諫議大夫，請召講官便殿，訪以治道。是歲旱，論救災十事。遷給事中。有詔幸後苑，賞花釣魚，燕群臣。會春寒，公請罷燕以祗天戒。其夏日食，上疏論脩德應變，乞戒諸州讞獄，毋得爲疑似之言。以論事求外補，除集賢殿脩撰、知亳州。數月復召爲給事中。劉丞相摯罷政守鄆，公封還麻制，坐落職，復知亳州。歲餘，知潞州，遷集賢院學士。紹聖元年三月辛丑晦以疾卒官，年五十八。

天性純孝，居太尉喪，廬墓側三年。事叔父盡其道，教諸弟以友愛，上下惇睦，靡有間言。爲人端厚方重，望之可畏，即之謙恭。虚己常若不足，脩身治家，居官立朝，與朋友交，一以至誠。再守亳，亳人懷其德，爲之立祠。亳大饑，公開倉賑濟，量口賦粟，五月而止，民無菜色。在潞，以鄰境荒歉，流民至者盈路，公勞來安定，日爲食而食之。一日，食餓者，至暮不暇食，遂感疾，猶强視事。未終前二日禱雨，拜不能興，憂民之心，瞑而後已。

初，受學於安定先生，告以爲學之本主於忠信，公終身力行之。後又從程伯淳、正叔二先生於洛陽，其所聞以格物致知爲進道之門，正心誠意爲入德之方，公服行之，造次不忘。見善勇如賁育，惟恐不及；見不善如避水火。常謂百世以俟聖人而不惑者，惟孔孟爲然，故力排異端，以扶聖道。家資素厚，所取甚薄，仕至朝列，猶糲食不足，後歷清顯，其自奉如故時。

娶王氏，封仁壽縣君。子純之，假承務郎。其年五月葬公偃師先塋之次，來請銘。銘曰：

嗚呼公掞！誠明篤實，行直而方。居則慎獨，靡有作輟，道學之强。正色于朝，見義能勇，志氣之剛。我思古人，庶見來者，今也則亡。其名在人，其事在史，愈久而光。祈村之原，前洛後邙，永固其藏。

祭文

嗚呼！道既不明，世罕信者，不信則不求，不求則何得，斯道之所以久不明也。自予兄弟倡學之初，衆方驚異，君時甚少，獨信不疑。非夫豪傑特立之士，能如是乎？篤學力行，至於没齒，志不渝如金石，行可質於神明。在家在邦，臨民臨事，造次動静，一由至誠，上論古人，豈易其比。蹇蹇王臣之節，凛凛循吏之風，著見事爲，皆可紀述。謂當大施於時，必得其壽，天胡難忱，遽止於此。

嗚呼哀哉！不幸七八年之間，同志共學之人，相繼而逝。劉質夫、李端伯、吕與叔、范巽之、楊應之相繼而逝也。今君復往，使予踽踽於世，憂道學之寡助，則予之哭君，豈特朋之情而已！邛山之陽，歸祔先宅，思半生之深契，痛音容之永隔。陳薄奠以將誠，庶英靈兮來格。

遺事四條

公掞昨在洛有書室，兩旁各一牖，牖各三十六隔。一書「天道之要」，一書「仁義之道」，中以一榜書「毋不敬、思無邪」中處之，此意亦好。見程氏遺書。

朱公掞上殿，神考欲再舉安南之師，公掞對「願陛下禽獸畜之」。見龜山語録。

十一月三日，朱給事封還劉丞相麻制，以「摯有功大臣，不當無名而去。言者若指臣爲朋黨，願被斥而不辭」。六日，中丞鄭雍攻朱，乞正黨與之罪。八日，公掞以本官再知亳州。吕相以其召而不至，又不悦其封還麻制，故但以本官出，簾中殊不怒也。見王彦霖繫年録。

自熙寧、元祐、靖國間，事變屢更。當其時，固有名蓋天下，致位廟堂，得行所學者，然夷考其事，猶有憾焉。如張天祺、朱公掞等，可謂奮不顧身，盡忠許國，而議論亦多過矣。乃知理未易窮，義未易精，言未易知，心未易盡，聖賢事業未易到也。見胡文定公集。

校勘記

〔一〕議論亦多資於程氏　「資」，成化本作「咨」。

〔二〕不散青苗錢　「散」原作「敢」，據成化本改。

伊洛淵源録卷八

劉博士

墓誌銘　李籲

元祐元年閏二月，詔侍從、諫官、御史各舉經明行修可充内外學官者。資政殿大學士兼侍講韓公維以開封府陳留縣尉劉絢名聞，授京兆府府學教授。侍御史王巖叟、左正言朱光庭又皆言[一]：「近春秋學廢已久，絢少通春秋，宜爲博士。」詔復以君爲太學博士。及就試，不幸有疾，猶勉力學校，論議不倦，學者多親之。病甚，請外未報，以二年六月十二日卒于官。自公卿大夫師友學士莫不傷之。噫！其傷也，豈私乎哉，蓋以純學懿行君子爲難得也。

君字質夫，先世常山人。曾祖諱懷寶，贈光禄少卿。祖諱舜卿，尚書虞部郎中致仕，贈金紫光禄大夫，以仕宦始家河南，其後因葬焉。父師旦，今爲朝散大夫致仕；妣安仁縣君，余仲姑也。

君生質明粹，長而温恭，自髫齓時已有老成器，結髮即事明道先生程氏兄弟受學焉。君所授有本末，所知造淵微，知所止矣，孜孜焉不知其他也。天性孝弟，樂善而不爲異端所惑，故其履也安；内日加重而無交戰之病，故其行也果。外雖温然可親，遇事剛毅自立，其質之美、學之力也如此。明道常謂人曰：「他人之學，敏則有矣，未易保也。斯人之志，吾無疑焉。」

君幼以祖蔭得官，少嘗應進士舉，再至禮部，後不復爲也。初，任河南府壽安主簿，尹召府中，且俾勾稽公厨賓客之費。凡尹之子弟預者，皆計而償之，尹始不悦，卒以此善。公臨事不苟率類此。

元豐中移潞之長子令，邑俗淳古，而公又誠愛，公家負逋，不施箠朴，以期而集。有一夫貧甚，自言未有以償，公惻然爲寬其期，鄉人遂以代輸。終其去〔二〕，遂不笞一人。歲旱，田税十當蠲七八，府遣官覆視，所蠲才二三。君力争不能得，乃封還其榜，請改之。不聽，民詣闕訴，詔遣通判躬案，卒得如君言。府由是憾君，乃以公事置公罪。丁安仁縣君憂，父老數千百人送至郡境，君重謝遣，皆涕泣而還。富文忠語人曰：「劉絢，古縣令也，舉予之所見者一二，概可見矣。」

惜乎朝廷方知而用之，年纔四十三而没。平生藴積見于時、及于物者固未博，是可傷也已。没時家無千錢，諸公士友相與賻之，始克歸葬河南府偃師縣洛南鄉土中村北邙原先塋之次，其年十月十九日也。

君之爲人，氣和而體莊，持論不苟合，跬步不忘學。既病，與予言曰：「每瞀悶時，正坐端意，氣即下，平居持養，氣可忽乎？」同舍吕與叔過問疾，君曰：「死生常理，無足言者，獨念累吾親耳。」

君自幼治春秋，其學祖于程氏，專以孔孟之言斷經意，將没之時，尚以例類質于大夫。君平時有遺藁未就，將終，啓手足自盥靧，猶道詩書語，安然而逝，可謂力學者也。君與人俱學，有所知，惟恐不與人共也。余晚始聞善，賴君以告語者多矣。今予之悲，豈特親戚之情乎？君娶田氏，屯田員外繹之女。子男一人，伯順。銘曰：

嗚呼質夫！不可得而見也；學以致道，蓋如子者鮮也。養之温温，淳乎善也；發之鏗鏗，堅不變也。嗟世習非，滔滔競迷。不有豪傑，孰逃而歸？尚豈若子，安而蹈之。進以知止，本以不欺。其出無惑，歸生曷疑。猶身之長，日益莫知。試其所遭，乃審所持〔三〕，力久内明，見於融怡。德未大施，君子是悲。彼而不知，我何說爲。人有知之，起以此詩。

祭文

伊川先生

嗚呼，聖學不傳久矣！吾生百世之後，志將明斯道、興斯學於既絶，力小任重，而不懼其難者，蓋亦有冀矣。以謂苟能使知之者廣，則用力者衆，何難之不易也。游吾門者衆矣，而信之篤，得之多，行之果，守之固若子者幾希。方賴子致力以相輔，而不幸遽亡，使吾悲傳學之難，則所以惜子者，豈止遊從之情哉！兹焉歸葬，不克臨穴，姑因薄奠，以叙其哀。

遺事五條

劉質夫久於其事，自小來便在此。見程氏遺書，下同。

質夫沛然。

劉質夫作春秋傳未成，每有人問，伊川必對曰：「已令劉絢作，自不須頤費工夫也。」劉傳既成，門人請觀，伊川曰：「却須著頤親作。」竟不以示人。伊川没後，人方見之。又有蜀人謝湜解春秋，來呈伊川，伊川曰：「更二十年後方可作。」見祁寛所記尹和靖語，下同。

今人多説曾見伊川，又曰他自某人處傳得伊川學。焞昔見李端伯作劉質夫墓誌，有記伊川語曰：「斯人之志，吾無疑矣。」然質夫春秋傳成，伊川却親作何邪？如孔子謂賜可以言詩，惟復三百篇皆與孔子見同。「惟復」指當時一事，今不可便謂子貢盡得孔子言詩之道。今要箇劉質夫，豈可復得然。爭説我得伊川學，哀哉！明道平和簡易，惟劉絢庶幾似之。見侯子雅言。

李校書

名籲，字端伯，緱氏人。元祐中爲祕書省校書郎，嘗記二先生語一編，號「師説」，伊川稱之。而祭文亦有傳學之語，蓋自劉博士外，它人無此言也。

祭文

伊川先生

嗚呼！自予兄弟倡明道學，世方驚疑，能使學者視傚而信從，子與劉質夫爲有力焉。質夫於子爲外兄弟，同邑而居，同門而學，才器相類，志尚如一。予謂二子可以大受，期之遠到，而半年之間，相繼以亡，使予憂事道者鮮，悲傳學之難。嗚呼，天於斯文何其艱哉！

官制有拘，不克臨穴，寄文爲奠，以叙其哀。

又

吕正字

嗚呼！識子于南山渭水之曲，知子於洛陽夫子之門，風期自振於流俗，問學不異於淵源。子之於事，如控六轡，逐曲舞交，屈折如意。子與人交，洞照其情。和而不流，時靡有爭。子之胸中，闓肆開發，求之孔門，如賜也達。予求友於四方，顧所得之幾希，志或同而才之不足，才或高而志與之違。子敏且强，予心子契，謂其有年，以立斯世。嗟如之何，皇天降災，夭于中道，使不得盡其才。質夫之賢，予聞有素，昔予見之，傾蓋如故。乃得與子，情親義敦，定交莫逆，不啻弟昆。天不憖遺，質夫且死，同其吊傷，有予與子。子疾繼作，予爲汝憂，子罹親喪，既歸莫留。别未踰月，子訃亦至，驚疑恍惚，若有所失。不意二子之賢，而一朝至此，道之難行，我今知之。人之云亡，孰知我悲。子之往矣，天不相矣。恍矣惘矣，予奚望矣。哀哉！

遺事二條

李端伯相聚雖不久，未見他操履，然才識穎悟，自是不能已也。見程氏遺書，下同。

楊遵道問：「因見李籲録明道語云：『大則無所在，剛則不屈，以直道順理而養之。』却與先生説别，如何？」伊川云：「先兄無此言。舊嘗令學者不要如此編録，才聽得轉動便别。舊見只有李籲本無錯，他人多只依説時，不敢改動，或脱忘一兩字，便大别。李籲却得其意，不拘言語，往往録得都是。不知尚有此語。」

藍田呂氏兄弟　寶文

名大忠，字進伯，丞相汲公之兄。元符末以寶文閣直學士卒。實録有傳，不載其學問源流，今不復著，但遺書中見其從學之實。

藍田呂氏兄弟　宣義

行狀畧

君諱大鈞，字和叔，姓呂氏。其先汲郡人，自祖而下葬藍田，故今爲京兆人。嘉祐二年〔四〕，以進士中乙科，授秦州司理、監延州折博務，改光禄寺丞、知耀州三原縣事，以諫議授果州。乞代親入蜀，移知綿州巴西縣事，未赴，旋以諫議致仕，移疾不行。丞相韓公絳宣撫陝西、河東路，辟君掌書寫機宜文字。府罷，除福州侯官縣，故相宣靖曾公出鎮京兆，薦君知涇陽縣，皆不赴。久之，丁諫議憂，服除，復閒居數年。

自以道未明，學未優，曰「吾斯之未能信」，於是不復有禄仕意。講道勸義，以教育人材，變化風俗，推其在己者，以驗諸人，將自期德成而致用也。居無何，士大夫皆惜其賢而不用，以爲不仕無義，由是多强君起。不得已造朝，大臣薦以爲宫邸教授，非其志也。會仲兄龍圖閣直學士大防知永興，陳乞監鳳翔府造船務，新官改宣義郎。朝廷問罪西鄙，鄜延路轉運司特請君行，師出暴露，君臨事竭力，不弛厥勞。人勸君以他辭免，而君義不辭難也。以元豐五年夏六月癸酉感疾卒，年五十有二。

君爲人質厚剛正，以聖門事業爲己任。所知信而力可及，則身遂行之，不復疑畏，故識者方之季路，而君之所趨，蓋亦未見其止也。蓋大學之廢絶久矣，自扶風張先生倡之，而後進蔽於俗尚，其才俊者急於進取，昏塞者難於領解，由是寂寥無有和者。君於先生爲同年友，及聞先生學，於是心悦誠服，賓賓然執弟子禮，扣請無倦，久而益親，自是學者靡然知所向矣。

先生之學，大抵以誠明爲本，以禮樂爲行，衆人則姑誦其言，而未知其所以進於是焉。君即若蹈大路，朝夕從事，不啻飢渴之嗜飲食也。潛心玩理，望聖賢之致，尅期可到，而日用躬行，必取先生之法度以爲宗範。自身及家，自家及鄉人，旁及親戚朋友，皆紀其行而述其事。方諫議憂，自始喪至於葬祭，一倣古儀所得爲者，而居喪之節，鉅細規矩於禮，雖昆弟共行之，而君特勉執之彌謹，由是僚友稱其孝，世人信其誠。又推之祭祀、冠昏、飲酒、相見、慶弔之事，皆不混習俗，粲然有文以相接，人咸安而愛之。蓋君之所行，雖以禮爲主，要欲其學立其守，而又樂爲人語，故人皆由其數而説其義，自是比比皆知禮爲可行者。

君少時贍學洽聞，無所不該。一日，聞先生説，遷其素志，而前日之學博而以約明，渙然冰釋矣。故比他人功敏，而得之尤多。愛講明井田兵制，以謂治道必是，悉撰成圖籍，胸中了然，若可推行。又嘗作天下爲一家、中國爲一人二賦獻，概可見其志矣。

君既感疾，一日，命内外洒掃，齋居冥然若思久之。客至問安，交語未終而没，則德性所養，可以想見矣。既卒，其孤尚在鄉里。夫人种氏治喪，一如君所以治諫議之喪，凡委巷浮屠煩鄙不經之事，一不用。於是延之學士大夫驚歎君之家法，以見君之道固行於妻子矣。子義山，傳其父學，蚤有立志。

墓表銘　　　　范育

惟君明善至學，性之所得者，盡之於心；心之所知者，踐之於身。妻子刑之，朋友信之，鄉黨宗之，可謂至誠敏德者矣。乃表其墓曰「誠德君子」，而系其世行云：

君性純厚易直，强明正亮，所行不二于心，所知不二于行。其學以孔子下學上達之心立其志，以孟子集義之功養其德，以顔子克己復禮之用厲其行。其要歸之誠明不息，不爲衆人沮之而疑，小辯奪之而屈，勢利劫之而回，知力窮之而止，其自任以聖賢之重如此。

蓋大學之教，不明於世者千五百年。先是，扶風張先生子厚聞而知之，而學者未之信也。君於先生爲同年友，一言而契，往執弟子禮問焉。先生以謂學不造約，雖勞而艱於進德，且謂君勉之道德性命之際，惟躬行禮義，久則至焉。君謂始學必先行其所知而已，若夫當自悟。君乃信己不疑，設其義，陳其數，倡而行之，將以抗橫流，繼絶學，毅然不恤人之非間己也，雖先生亦歎其勇爲不可及。

始居諫議喪，衰麻斂奠葬祭之事，悉捐習俗事尚，一倣諸禮。後乃寖行於冠昏、飲酒、相見、慶弔之間，其文節粲然可觀，人人皆識其義，相與起好矜行，一朝知禮義之可貴。久之，君之志既克少施，而於趣時求中，未能沛然不疑，然後信先生之學，本末不可踰，以造約爲先務矣。

先生既没，君益脩明其學，將援是道，推之以善俗，且必於吾身親見之。既而曰：「有命，不得於今，必得於後世。」其始講修先生之法，曰：「如有用我者，舉而措之而已。」既又知夫君子之德不存焉，雖不試而不悔。始也急於行己，既乃至而不迫，優游乎道之可樂；始也嚴於率人，既乃和而不解，使學者趨而不厭。嗚呼，非持久不已，孰能與於此！君與人語，必因其所可及而喻諸義；治經說，得於身踐而心解，其文章不作於無用。

藍田呂氏兄弟　正字

名大臨，字與叔，學於橫渠之門。橫渠卒，乃東見二先生而卒業焉。元祐中爲太學博士、祕書省正字。范內翰薦其修身好學，行如古人，可爲講官，不及用而卒。有易詩禮中庸說、文集等行世。

祭文

嗚呼！吾十有四年而子始生，其幼也吾撫之，其長也吾誨之，以至宦學之成，莫不見其始終，於其亡也，得無慟乎，得無慟乎！子之學，博及羣書，妙達義理，如不出諸口。子之行，以聖賢爲法。其臨政事，愛民利物，若無能者。子之文章，幾及古人，薄而不爲。四者皆有以過人，而其命乃不偶於世，登科者二十年，而始改一官，居文學之職者七年而逝，茲可哀也已！茲可痛也已！子之婦翁張天祺嘗謂人曰：「吾得顏回爲婿矣。」其爲人所重如此。

子於窮達死生之際，固已了然於胸中矣。然吾獨不知子之亡也，將與物爲伍邪？將與天爲徒邪？將無所通而不可邪？是未可知也。子之才皆可以知此，固不待吾之喋喋也。今獨以喪事爲告。子之柩以方暑之始，將卜辰歸祔于先塋，乃擇明日，遷于西郊之僧舍，以待時焉。嗣子省山實爲喪祭之主。將行一奠，終天永訣。哀哉！

雍行録

伊川先生

元豐庚申歲，予行雍、華間，關西學者相從者六七人。予以千錢掛馬鞍，比就舍，則亡矣。僕夫曰：「非晨裝而忘之，則涉水而墜之矣。」予不覺歎曰：「千錢可惜。」坐中二人應聲曰：「千錢亡去，甚可惜也。」次一人曰：「千錢微物，何足爲意？」後一人曰：「水中囊中，可以一視。人亡人得，又何歎乎？」予曰：「使人得之，乃非亡也。吾歎夫有用之物，若沉水中，則不復爲用矣。」至雍，以語吕與叔曰：「人之器識固不同，自上聖至於下愚，不知有幾等。同行者數人爾，其不同如此也。」與叔曰：「夫數子者之言何如？」予曰：「最後者善。」與叔曰：「誠善矣，然觀先生之言，則見其有體而無用也。」予因書而誌之。後十五年，因閲故編偶見之，思與叔之不幸早死，爲之泣下。

遺事十一條

呂進伯老而好學，理會直是到底。正叔謂老喜學者尤可愛。人少壯則自當勉，至於老矣，志力須倦，又慮學之不能及，又年數之不多。不曰「朝聞道，夕死可矣」乎？學不多，年數之不足，不猶愈於終不聞乎？見程氏遺書。

呂進伯甚好，但處事太煩碎，如召賓客，亦須臨時改换食次。吾嘗語之曰：「每日早晚衙繳覆，便令放者，只爲定故也。凡事皆有恁地簡易不易底道理，看得分明，何勞之有？易曰：『易簡而天下之理得。』」進伯好學，初理會箇仁字不透，吾因曰：「世人説仁，只管著愛上，怎生見得仁？只如力行近乎仁。力行關愛甚事？何故却近乎仁？」推此類具言之。進伯因悟曰：「公説仁字，正與尊人門説禪一般。」進伯兄弟中皆有見處，一人作詩，詠曾點事曰：「函丈從容問且酬，展才無不至諸侯。可憐曾點惟鳴瑟，獨對春風詠不休。」一人有詩曰：「學如元凱方成癖，文到相如反類俳。獨立孔門無一事，只傳顔子得心齋〔五〕。」見上蔡語録。

馬涓臣濟狀元及第，爲秦州簽判。初呼「狀元」，呂進伯爲帥，謂之曰：「『狀元』云者，及第未除官也，既爲判官，不可曰『狀元』也。」臣濟愧謝。進伯又謂臣濟曰：「科舉之學既無用，脩身爲己之學其勉之。」時謝良佐顯道作州學教授，顯道爲伊川程氏之學。進伯每屈車騎，同臣濟過之，則顯道爲講論語，進伯正襟肅容聽之，曰：「聖人言行在焉，吾不敢不肅。」又數以公事案牘委臣濟詳覆，且曰：「脩身爲己之學，不可後，爲政治民，其可不知？」臣濟自以爲得師。後立朝爲臺官有聲，每歎曰：「呂公教載之恩也。」見邵氏聞見録。

呂進伯帥秦，時倅之子張瞻景前時往問學。後入太學，求書見汲公。進伯云：「微仲不須見，不若見大臨舍弟。」見呂氏雜誌。

和叔任道擔當，其風力甚勁，然深潛縝密，有所不逮於與叔。見程氏遺書，下同。

和叔及相見，則不復有疑，既相别，則不能無疑，然亦未知果能終不疑。不知他既已不疑，而終復有疑。伯淳言：「何不問他疑甚，不如劇論。」

正叔謂：「洛俗恐難化於秦俗。子厚謂秦俗之化，亦先自和叔有力焉。亦是士人敦厚，東方亦恐難向風。」

巽之凡相見須窒礙，蓋有先定之意。和叔一作「與叔」。據理合滯礙，而不然者，只是他至誠便相信，心直篤信〔六〕。巽之，范侍郎育。

先生云：呂與叔守横渠學甚固。每横渠無説處皆相從，纔有説了，更不肯回。

問：「人之燕居，形體怠惰，心不慢，可否？」曰：「安有箕踞而心不慢者？昔呂與叔六月中來緱氏，閒居中某嘗窺之，必見其儼然危坐，可謂敦篤矣。學者須恭敬，但不可令拘迫，拘迫則難久也。」尹子曰：「嘗親聞此，乃謂劉質夫也。」

吕與叔以門蔭入官，不應舉。或問其故，曰：「不敢揜祖宗之德。」見吕氏雜誌。

校勘記

〔一〕左正言朱光庭又皆言　「左」原作「今」，各本同。按宋史卷三三三朱光庭傳：「……哲宗即位，司馬光薦爲左正言……遷左司諫。」今據改。

〔二〕終其去　「去」，底本字跡漫漶不清，似「去」。成化本作「志」。

〔三〕乃審所持　「所」原作「乃」，國家圖書館藏明本、崇禎本、清華大學藏明本同，據成化本改。

〔四〕長編嘉祐二年三月丁亥賜諸科三百八十九人及第。

〔五〕只傳顏子得心齋　「傳」，上蔡語録（同治閒正誼堂全書本）同，成化本、崇禎本、河南程氏遺書卷十八（中華書局標點本二程集）作「輸」。

〔六〕心直篤信　「信」原闕，據成化本、河南程氏遺書卷第二上補。

伊洛淵源録卷九

蘇學士

名昞，字季明，武功人。亦横渠門人，而卒業於程氏者。元祐末，吕進伯薦之，自布衣召爲博士，後坐上書邪黨，竄鄱陽。今無以考其言行之詳，特載吕公薦狀如左云。

奏狀

吕正字代伯兄作

右臣伏見京兆府處士蘇昞，德性純茂，强學篤志，行年四十，不求仕進。從故崇文校書張載之學，爲門人之秀，秦之賢士大夫亦多稱之。如蒙朝廷擢用，俾充學官之選，必能盡其素學，以副朝廷樂育之意。或不如所舉，臣甘罔上不忠之罪。

遺事三條

季明，安。見遺書。

蘇季明以上章得罪，貶饒州。過洛，和靖館之，伊川訪焉。既行，伊川謂季明殊以遷貶爲意。和靖曰：「然也。焞嘗問季明：『當初上書，爲國家計邪？爲身計邪？若爲國家計，自當忻然赴饒州；若爲進取計，則饒州之貶猶爲輕典。』季明以焞言爲然。」先生曰：「名言名言。」見涪陵記善録。

後世司言責者，於人主前非所當言，代王言者，則顛倒錯亂，只爲他學無源流。如在伊川之門衆矣，不知其要者，依舊無所得。如横渠聲動關中，關中尊信如夫子，蘇季明從横渠最久，以其文釐爲十七篇，自謂最知大旨，及後來坐上書邪黨，却是未知横渠。横渠有詩云：「中天宫殿鬱岧嶢，瓦縫參差切絳霄。葵藿野心雖萬里，不無忠戀向清朝。」夫豈不欲行道於世，然在館中半年即去，後十年復召用之，不半年又去，只爲道不合即去也。朝廷事自有宰相執政，其次有諫官、御史，季明越職上書，得罪甚重，亦必有非所宜言者矣。見胡氏傳家録。

謝學士

名良佐，字顯道，上蔡人。與游察院、楊文靖同時受學，歷仕州縣。建中召對，除書局官，後復去爲筦庫，以飛語坐繫詔獄，褫官。有論語説、文集、語録行於世。游公爲誌其墓，今訪求未得。

遺事

明道初見謝子，語人曰：「此秀才展拓得開，將來可望。」見上蔡語録。

謝顯道習舉業，已知名，往扶溝見明道先生，受學，志甚篤。明道一日謂之曰：「爾輩在此相從，只是學某言語，故其學心口不相應。盍若行之？」請問焉，曰：「且靜坐。」伊川每見人靜坐，便歎其善學。見祁寬所記尹和靖語。

明道知扶溝縣事，伊川侍行。謝顯道將歸應舉，伊川曰：「何不止試於大學？」顯道對曰：「蔡人尠習禮記，决科之利也。」先生曰：「汝之是心，已不可入於堯舜之道矣。夫子貢之高識，曷嘗規規於貨利哉？特於豐約之間，不能無留情耳。且貧富有命，彼乃留情於其間，多見其不信道也，故聖人謂之不受命。有志於道者，要當去此心而後可語也。」顯道乃止。是歲亦登第。見程氏遺書，下同。

蔡州謝良佐雖時學中，因議州舉學試得失，便不復計較。

明道謂謝子雖小魯，直是誠篤，理會事有不透，其顙有泚，憤悱如此。見侯子雅言。

朱公掞以諫官召，過洛，見伊川，顯道在坐。公掞不語，伊川指顯道謂之曰：「此人爲切問近思之學。」見程子外書。

謝先生初以記問爲學，自負該博，對明道先生舉史書不遺一字。明道曰：「賢却記得許多，可謂玩物喪志。」謝聞此語，汗流浹背，面發赤。明道却云：「只此便是惻隱之心。」及看明道讀史，又却定行看過，不差一字。謝甚不服，後來省悟，却將此事做話頭，接引博學之士。見胡氏傳家録。

昔日作課簿，以記日用言動視聽是禮與非禮者。昔日學時，只垂足坐，不敢盤足。又云：昔者用功處甚多，但不敢説與諸公，恐諸公以謂須得如此。見上蔡語録，下同。

謝子與伊川別一年，往見之。伊川曰：「相別又一年，做得甚工夫？」謝曰：「也只是去箇『矜』字。」曰：「何故？」曰：「子細點檢得來，病痛盡在這裏。若按伏得這箇罪過，方有向進處。」伊川點頭，因語坐同志曰：「此人爲學切問近思者也。」胡文定公問：「『矜』字罪過，何故恁地大？」謝曰：「今人做事，只管要誇耀別人耳目，渾不關自家受用事。有底人食前方丈，便向人前喫，只蔬食菜羹，却去房裏喫，爲甚恁地！」

知命雖淺近，也要信得及，將來做田地就上面下工夫。余初及第時，歲前夢入内庭，不見神宗，而太子涕泣。及釋褐時，神宗晏駕，哲宗嗣位。如此等事，直不把來草草看却。萬事真實有命，人力計較不得。吾平生未嘗干人，在書局亦不謁執政。或勸之，吾對曰：「他安能陶鑄我，自有命在。」若信不及，風吹草動，便生恐懼憂喜，枉做却閑工夫，枉用却閑心力。信得命及，便養得氣不挫折。

游子問謝子曰：「公於外物，一切放得下否？」謝子謂胡子曰：「可謂切問也。」胡子曰：「何以答之？」謝子曰：「實向他道，在上面做工夫來。」胡氏曰：「如何做工夫？」謝子曰：「凡事須有根。屋柱無根，拆便倒；樹木有根，雖剪枝條，相次又發。如人要富貴，要他做甚。必須有用處尋討，要用處病根，將來斬斷，便没事。」

或問謝子於勢利如何。曰：「打透此關十餘年矣。當初大故做工夫，揀難捨底棄却，後來漸漸輕至今日。於器物之類，置之只爲合要用，却並無健羨底心。」

舊多恐懼，常於危階上習。又曰：「六文一管筆，特地寫教不好，打疊了此心。」

釋氏只要箇絶念，某初得似釋氏。明道問近日用心，對曰：「近日只用何思何慮一句。」伯淳曰：「有此理，只是發得太早。」

問：「太虛無盡，心有止，安得合一？」曰：「心有止，只爲用他。若不用，則何止？」「吾丈莫已不用否？」曰：「未到此地，除是聖人便不用。當初曾發此口，被伊川一句壞了二十年。曾往見伊川，伊川曰：『近日事如何？』某對曰：『天下何思何慮？』伊川曰：『是則是有此理，賢發得太早在。』」問：「當初發此語時如何？」曰：「見得這箇事，經時無他念，接物亦應副得去。」問：「如此却何故被一句轉却？」曰：「當了，終須有不透處。當初若不得它一句救拔，便入禪家去矣。伊川直是會煅錬，得人説了，又却道恰好著工夫也。」問：「聞此語後如何？」曰：「至今未敢道到何思何慮地位。始初進速，後來遲，十數年過却如夢，如挽弓到滿時愈難開，然此二十年聞見知識却煞長。」案前段與此小異，蓋前段曾氏所記，而此段胡氏所記也。未知孰是，姑兩存之。

馮忠恕聞陳叔易言，伊川嘗許謝良佐有王佐才，以是質於和靖。和靖曰：「先生無此語。先生晚年，顯道授澠池令，來洛見先生，留十餘日。先生謂焞：『如見顯道，試問此來所得如何。』焞即往問焉。顯道曰：『良佐每常聞先生語多疑惑，今次見先生，聞先生語判然無疑。所得如此。』具以告先生，先生曰：『某見得它也是如此。』雖甚喜之，但不聞此語耳。」見涪陵記善録。

謝顯道建中間上殿不稱旨，先生聞之喜，已而就監門之職。陳貴一問：「顯道何如人？」先生曰：「由、求之徒。」見程氏遺書。

謝子見河南夫子，辭而歸。尹子送焉，問曰：「何以教我？」謝子曰：「吾徒朝夕從先生，見行則學，聞言則識。譬如有人服烏頭者，方其服也，顏色悦懌，筋力彊盛，一旦烏頭力去，將如之何？」尹子反以告夫子，夫子曰：「可謂益友矣。」見上蔡語録。

謝先生監西竹木場，朱子發自太學與弟子權偕往謁之。坐定，子發進曰：「震願見先生久矣，今日之來，無以發問，不識先生何以見教？」先生曰：「好待與賢説一部論語〔一〕。」子發私念，日刻如此，何由親欵其講説？已而具飯酒五行，只説他話。及茶罷，乃掀髯曰：「聽説論語。」首舉「子見齊衰者與冕衣裳者與瞽者，見之，雖少必作；過之，必趨。」又舉「師冕見，及階，子曰：『階也。』及席，子曰：『席也。』皆坐，子曰：『某在斯，某在斯。』」「子張問曰：『與師言之道與？』曰：『固相師之道也。』」夫聖人之道，無微顯，無内外，由灑掃應對進退而上達天道，本末一以貫之。一部論語只恁地看。見上蔡語録後跋。

學者必求仁，須將孔門問答仁處編類考察，自體認一箇緊要處方可。若不實見得分明，則流爲釋氏，是自家元不曾有見處。龜山語至此更不説破，謂説時只是眼前事，不如使人自體認。上蔡則不然，有問則歷歷言之。西人氣直，謂説後曉者自是去做工夫，否則休耳。見胡氏傳家録。

游察院

墓誌略

楊文靖公

予昔在元豐中受業於明道先生兄弟之門，有友二人焉，謝良佐顯道，公其一也。公諱酢，字定夫，建州建陽人。初與其兄醇俱以文行知名於時，所交皆天下英豪。公雖少，而一時老師宿儒咸推先之。

伊川先生以事至京師，一見，謂其資可與適道。是時，明道先生知扶溝縣事，先生兄弟方以倡明道學爲己任，設庠序，聚邑人子弟教之，召公來職學事，公欣然往從之，得其微言，於是盡棄其學而學焉。其後得邑河清，予往見之。伊川謂予曰：「游君德器粹然，問學日進，政事亦絕人遠甚。」於師門見稱如此，其所造可知矣。

元豐六年登進士第，調越州蕭山尉，用侍臣薦，召爲太學録，改宣德郎，除博士。公以食貧待次，奉親不便，就擬知河清縣。忠宣范公判河南，待以國士，有疑，議與之參訂。移守潁昌，辟公自隨，爲學教授。未幾還朝，復秉鈞軸，即除公太學博士。已而忠宣罷政，公亦請外矣。除簽書齊州判官廳公事，丁太中公憂，服除，再調泉州簽判。

上皇即位，召還爲監察御史，出知和州。歲餘，管勾南京鴻慶宮，居太平州。兩乞再任知漢陽軍，以親老再乞宮祠，除提點成都府長生觀。丁太碩人憂，服除，知舒州。移知濠州，不數月，會從官謫守衡，罷歸，寓歷陽，因家焉。宣和五年五月二十三日，以疾終于正寢，享年七十有一。葬于和州含山縣車轅嶺之原。

公自幼不群，讀書一過目輒成誦。比壯，益自力，心傳自到，不爲世儒之習，誠於中，形諸外，儀容辭令，粲然有文，望之知其爲成德君子也。其事親無違，交朋友有信，莅官遇僚吏有恩意，雖人樂於自盡，而無敢慢其令者。惠政在民，戴之如父母，故去則見思，愈久而不忘。筮仕之初未更事，縣有疑獄，十餘年不能決，公攝邑事，一問得其情而釋之，精練如素宦者，人服其明。比年以來，編民困於征斂，而修奉祠館，市材調夫無虚月，所至騷然。公歷守四郡，處之裕如，雖時有興造，民初不知而事集。

娶吕氏，封宜人，有賢行，事舅姑以孝聞，友娣姒，睦姻族，人無間言。公素貧，不治生產。夫人攻苦食淡，能宜其家，先公卒。子男七人，撝、擬、捄、握、損、掞、拂。女歸某之子適。有中庸義一卷，易説一卷，詩二南義一卷，論語、孟子雜解各一卷，文各一卷，藏於家。

遺事五條

建州游酢非昔日之游酢也，固是穎，然資質温厚。南劍州楊時雖不逮酢，然煞穎悟。見程氏遺書。

游酢於西銘，讀之已能不逆於心，言語之外，别立得這箇意思，便道一作「到」。中庸矣。見外書。

新進游、楊輩數人入太學，不惟議論須異，且動作亦必有異，故爲學中以異類待之。又皆學春秋，愈駭俗矣。見程氏遺書，下同。

游酢、楊時先知學禪，已知向裏没安泊處，故來此，却恐不變也。

游定夫後更爲禪學。大觀間本中嘗以書問之云：「儒者之道以爲父子、君臣、夫婦、朋友、兄弟，順此五者，則可以至於聖人。佛者之道去此然後可以至於聖人。吾丈既從二程先生學，後又從諸禪老遊，則二者之間，必無滯閡，敢問所以不同何也？」游丈答書云：「佛書所説，世儒亦未深考。往年嘗見伊川先生云：『吾之所攻者迹也。』然迹安所從出哉？要之，此事須親至此地，方能辨其同異。不然，難以口舌爭也。」游定夫嘗言：「前輩先生往往不曾看佛書，故詆之如此之甚。其所以破佛者，乃佛書自不以爲然者也。」見呂氏雜志。

校勘記

〔一〕好待與賢說一部論語　「與」原作「學」，據成化本及上蔡語録（同治間正誼堂全書本）改。

伊洛淵源録卷十

楊文靖公

墓誌銘　胡文定公

自孟子没，遺經僅在，而聖學不傳。所謂見而知之，與聞而知之者，世無其人。則有西方之傑，窺見間隙，遂入中國，舉世傾動，靡然從之，於是人皆失其本心，莫知所止，而天理滅矣。宋嘉祐中，有河南二程先生得孟子不傳之學於遺經，以倡天下，而升堂睹奥，號稱高第，在南方則廣平游定夫、上蔡謝顯道與公三人是也。

公諱時，字中立，姓楊氏。既没踰年，諸孤以右史吕本中所次行狀來請銘。謹案楊氏出於弘農，爲望姓，五世祖唐末避地閩中，寓南劍州之將樂縣，因家焉。

公資禀異甚，八歲能屬文。熙寧九年中進士第，調汀州司户參軍，不赴，杜門種學，渟滀涵浸，人莫能測者幾十年。久之，乃調徐州司法。丁繼母憂，服闋，授虔州司法。公燭理精深，曉習律令，有疑獄，衆所不決者，皆立斷。與郡將議事，守正不傾。罷外艱，除喪，遷瀛州防禦推官。

知潭州瀏陽縣，安撫使張公舜民以客禮待之。漕使胡師文惡公之與張善也，歲饑，方賑濟，劾以不催積欠，坐衝替。張公入長諫垣，薦之，除荆南教授，改宣德郎、知杭州餘杭縣，遷南京宗子博士。會省員，知越州蕭山縣，提點均州明道觀、成都府國寧觀。後例罷，差監常州市易務，公年幾七十矣。

是時天下多故，或説當世貴人以爲事至此必敗，宜力引耆德老成，置諸左右，開導上意，庶幾猶可及也，則以祕書郎召。到闕，遷著作郎，及對，陳儆戒之言，除邇英殿説書。公知時勢將變，遂陳論政事，其略曰：近日蠲除租税，而廣濟軍以放税降官，是詔令爲虚文耳；安土之民不被惠澤，而流亡爲盜者獨免租賦，百姓何憚不爲盜；夫信不可去，急於食也，宜從前詔嘉祐通商榷茶之法，公私兩便；今茶租錢如故，而榷法愈急，宜少寬之；諸犯榷貨，不得根究來歷，今茶法獨許根究，追呼蔓延，犴狴充斥，宜即革之；東南州縣均敷鹽鈔，迫於殿最，計口而授，人何以堪。宜酌中立額，使州縣易辦，發運司宜給糴本，以復轉般之；舊和預買，宜損其數而實支所買之直；燕雲之軍，宜退守内郡，以省運輸之勞；燕雲之地，宜募邊民爲弓箭手，使習騎射，以殺常勝軍之勢；衛士，天子爪牙，而分爲二三，宜循其舊，不可增損。凡十餘事，執政不能用，而虜騎已入寇。則又言：「今日所急者，莫大於收人心。邊事之興，免夫之役，毒被海内，誤國之罪，宜有所歸。西城聚斂，東南花石，其害尤甚，宿姦巨猾，借應奉之名，豪奪民財，不可數計。天下積憤鬱而不得發幾二十年，欲致人和，去此三者。」

會淵聖嗣位，公乞對曰：「君臣一體，上皇痛自引咎，至託以倦勤避位，而宰執叙遷安受不辭，此何理也？城下之盟，辱亦甚矣，主辱臣死，大臣宜任其責，而皆首爲竄亡自全之計，陛下孤立何賴焉？乞正典刑，爲臣子不忠之戒。童貫爲三路總帥，虜人侵疆，棄軍而歸，置而不問，故梁方平、何灌相繼逃去，大河天險，棄而不守，虜人奄至城下，而朝廷不知，帥臣失職，無甚於此，宜以軍法從事。防城所仍用閹人提舉，授以兵柄，此覆車之轍，不可復蹈。」淵聖大喜，擢右諫議大夫。

虜人厚取金帛，又遂賂以三鎮，遂講和而去。公上疏曰：「河朔朝廷重地，三鎮又河朔要藩，今一旦棄之虜廷，以二十州之地，貫吾腹中，距京城無藩籬之固，戎馬疾驅，不數日而至，此非經遠之謀。四方勤王之師，逾月而後集，使之無功而去，厚賜之則無名，不與則生怨，不可不慮也。如聞三鎮之民欲以死拒守，今若以兵躡之[一]，使腹背受敵，宜可爲也。朝廷欲專守和議，以契丹百年之好，猶不能保，寧能保此狂虜乎！夫要盟神不信，宜審處之，無至噬臍。」

於是淵聖乃詔出師，而議者多持兩端，屢進屢却。公又言：「聞虜人駐兵磁、相，劫掠無算，誓書之墨未乾，而叛不旋踵。肅王初約及河而反，今挾之以往，此叛盟之大者，吾雖欲專守和議，不可得也。今三鎮之民以死拒之於前，吾以重兵擁其後，此萬全之計，望斷自宸衷，無惑浮言。」而議者不一，故終失此機會，於是太原諸郡皆告急矣。

太學生伏闕，乞留李綱、种師道，軍民從之者數萬人。執政慮其生亂，引高歡事揭榜於衢，且請以禮起邦彦。公言：「士民伏闕，詬罵大臣，發其隱慝，無所不至，出於一時忠憤，非有作亂之心，無足深罪。李邦彦首畫遁逃之策，捐金割地，質親王以主和議，罷李綱而納誓書，李鄴奉使失辭，惟虜言是聽，此二人者國人之所同棄也。今敷告中外，乃推平賊和議之功歸此二人，非先王憲天自民之意，宜收還榜示，以慰人心。」邦彦等既罷，趙野尚存，公復言：「野昔嘗建言[二]，請禁士庶以『天』、『王』、『君』、『聖』爲名者，上皇後以爲諂諛之論，廢格不行，而野猶泰然不以爲耻，乞賜罷黜。」上皆從之。

或意太學生又將伏闕鼓亂，乃以公兼國子祭酒，遂言：「蔡京以繼述神宗皇帝爲名，實挾王安石以圖身利，故推尊安石，加以王爵，配享孔子廟廷。然致今日之禍者，實安石有以啓之也。謹按安石著爲邪説〔三〕，以塗學者耳目、敗壞其心術者，不可縷數，姑即一二事明之。昔神宗皇帝稱美漢文罷露臺之費，安石乃言：『陛下若能以堯舜之道治天下，雖竭天下以自奉，不爲過也。』夫堯舜茅茨土階，其稱禹曰『克儉于家』，則竭天下者，必非堯舜之道。後王黼以三公領應奉司，號爲享上，實安石自奉之説有以倡之也。其釋鳧鷖之末章則曰：『以道守成者，役使群衆，泰而不爲驕；宰制萬物，費而不爲侈。』按此章止謂能持盈，則神祇祖考安樂之，無後艱耳，而安石獨爲此説。後蔡京輩爭以奢僭相高，輕費妄用，窮極淫侈，實安石此説有以倡之也，其害豈不甚哉！乞正其學術之繆，追奪王爵，明詔中外，毁去配享之像。」遂降安石從祀之列。諫官馮澥力主王氏，上疏詆公，又會學官紛爭，有旨皆罷。即上章乞出，除給事中，章又四上，請去益堅。以徽猷閣直學士提舉西京崇福宫，又懇辭職名不當得。有旨：「楊某學行醇固，諫諍有聲，請閑除職，累月懇辭，宜從其志，以勵廉退。」改徽猷閣待制。

上即位，除工部侍郎。論自古賢聖之君，未有不以典學爲務者，以君德在是故也。上然之，除兼侍講。二年，以老疾乞出，除龍圖閣直學士，提舉杭州洞霄宫。四年，上章告老，從之。紹興五年四月二十四日終于正寢，享年八十有三，葬本邑西山之原。

近臣朱震奏，公嘗排邪説以正天下學術之謬，辯誣謗以明宣仁聖烈之功，雪冤抑以復照慈聖獻之位，據經論事，不愧古人。所著三經義辯，有益學者，乞下本州抄録。仍優恤其家。有旨贈官，賻以金帛。娶余氏，贈碩人，先卒。子五人，迪早卒，迥、遹、適、造已仕。女四人，長適陳淵，次陸棠，次李郁，次未嫁。孫男七人，孫女五人，曾孫一人。

公天資夷曠，濟以問學，充養有道，德器早成。積於中者，純粹而閎深；見於外者，簡易而平淡。閒居和樂，色笑可親，臨事裁處，不動聲氣。與之遊者，雖群居終日，嗒然不語，飲人以和，而鄙薄之態自不形也。推本孟子性善之説，發明中庸、大學之道，有欲知方者，爲指其攸趣，無所隱也。當時公卿大夫之賢者，莫不尊信之。

崇寧初，代余典教渚宫，始獲從公遊，三十年間，出處險夷，亦嘗瞷之熟矣。視公一飯雖蔬食，脆甘若皆可於口，未嘗有所嗜也。每加一衣，雖狐貉緼袍，皆適於體，未嘗有所擇也。平生居處，雖弊廬厦屋，若皆可以託宿，未嘗有所羨而求安也。故山之田園，皆先世所遺，守其世業，亦無所營增豆區之入也。老之將至，沉伏下僚，厄窮遺佚，若將終身焉，子孫滿前，每食不飽，亦不改其樂也。

然則公於斯世，所欲不存，果何求哉？心則遠矣。凡訓釋論辯，以闢邪説，存於今者，其傳寖廣，故特載宣和末年及靖康之初諸所建白，以表其深切著明。而公之學於河南小嘗試之，其用已如此，所謂「援而止之而止」，必有以也。進不隱賢，必以其道，豈不信乎！世或以不屑去疑公，蓋淺之爲丈夫也。銘曰：

天不喪道，文其在兹。維天之命，尸者其誰？孰能識車中之狀，意欲施之？兄弟而處，並爲世師。偉兹三賢，闊步共馳。有學術業，顔其餒而。公名最顯，垂範有詞〔四〕。豈不見庸，孔艱厥時。狂瀾奔潰，砥柱不攲。邪説害正，倚門則揮。嗟彼姦罔，讒言詆欺。我扶有極，人用不迷。奚必來世，判其是非。有援則止，直道何疵。不勉而和，展也可夷。河流在北，伊水之湄。誰其似者，訂此銘詩。

龜山誌銘辯

宏問：「何故西方之傑，窺見間隙，遂入中國？」答曰：「自孟子既没，世無傳心之學，此一片田地，漸漸抛荒。至東晉時，無人耕種，佛之徒如達磨輩最爲桀黠，見此間隙，以爲無人，遂入中國。面壁端坐，揚眉瞬目，到處稱尊，此土之人，拱手歸降，不能出他圈襀。」宏又問：「佛之徒既是直指人心，見性成佛，何故却言『人人失其本心，莫知所止』？」答曰：「釋氏自言『直指人心，見性成佛』，吾却言『失其本心，莫知所止』，大段懸遠。」宏又問：「何故懸遠？」答曰：「昔明道先生有言：『以吾觀於儒、釋，事事是，句句合，然而不同。』」宏又問：「既云『事事是，句句合』，何故却不同？」答曰：「若於此見得，許汝具一隻眼。」宏又問：「據楊氏家録稱先生不欲爲市易官，吕居仁亦云辭不就，今誌中何故削去『不就』二字？」答曰：「此是它門未曾契勘古人出處大致。若書『不就』兩字，便不小了龜山。差監市易務即辭不就，除祕書省校書郎却授而不辭，似此行徑，雖子貢之辯，也分説不出來。今但只書差監市易務，公年將七十矣，即古人乘田委吏之比，意思渾洪，不卑小官之意，自在其中，乃是畫出一箇活底楊龜山也。并遷著作郎，并邇英殿説書時，一向宂説將去，不消更引高麗國王事説它龜山。前代如伍瓊亦嘗薦諸賢於董卓，卓召用之，除申屠蟠外，諸賢皆至，或旬月遍歷三臺而無非之者，此亦是有底事，不足爲文飾也。」宏又問：「攻王氏一章〔五〕，却似迂闊，何故載之？」答曰：「此是取王氏心肝底劊子手段，何可不書？書之則王氏心肝懸在肉案上，人人見得，而詖淫邪遁之辭皆破矣。」

宏又問：「或説龜山被召，過南京見劉器之。劉問此行何爲，龜山曰：『以貧故。』劉曰：『若以貧故，則更不消説。』」答曰：「傳言如此，未知信否。若據吾則不然。劉若問此行何爲，但對曰『老年無用處，且入這保社』。它若更問還有轉身一路否？但曰『料得無處分説，一任傍人點檢』。不然者，若問此行何爲，只答云『竿木隨身』，亦自脱洒。」宏再問：「何故載『果何求哉，心則遠矣』一句？」答曰：「陶公是古之逸民也，地位甚高，決非惠遠所能招，劉雷之徒所能友也。觀其詩曰：『結廬在人境，而無車馬喧。問君何能爾，心遠地自偏。』即可知其爲人，故提此一句以表之，而龜山之賢可想見矣。世人以功名富貴累其心者，何處更有這般氣象？但深味『心則遠矣』一句，即孟子所謂『所欲不存，若將終身』，若固有之氣象，亦在其中矣。」宏又問：「如何是『心則遠矣』？」答曰：「或尚友古人，或志在天下，或慮及後世，或不求人知而求天知，皆所謂心遠矣。」

宏又問：「行狀云『陳公瓘、鄒公浩皆以師禮事先生』，何故不載？」答曰：「凡公卿大夫之賢者，於當世有道之士，莫不師尊之。其稱先生有二義：一則如後進之於先達，或年齒居長，或聲望早著，心高仰之，故稱先生，若韓子之於盧仝，歐陽永叔之於孫明復是也；其一如子弟之於父兄，居則侍立，出則杖屨，服勤至死，心喪三年，若子貢、曾子之於仲尼，近世呂與叔、潘康仲之於張橫渠是也。今一概稱以師禮事先生，恐二公之門人未達，故不復書。大觀庚寅在都城，嘗見了翁與龜山書稱中立先生，初亦疑之，後乃知字者親厚之意，先生者高仰之稱也，亦可見矣。兼龜山道學自爲當世所高，而誌中已稱『公卿大夫之賢者，莫不尊信之』矣，不必更引二公以爲重。」

宏又問：「行狀云『胡公之徒，實傳其學』，此事如何？」答曰：「吾於謝、游、楊三公皆義兼師友，實尊信之，若論其傳授，却自有來歷。據龜山所見在中庸，自明道先生所授；吾所聞在春秋，自伊川先生所發。汝但觀吾春秋傳，乃是白頭六十歲以後所著，必無大段牴牾，更有改易去處。其書十萬餘言，大抵是説此事，試詳閲之，必自知來歷矣。」

答陳幾叟書

龜山誌銘，初不敢下筆，以情意之厚，義難固辭，故不得已勉强爲之。世人之知龜山者甚多，而疑謗之者亦不少。故安國論其行己處，自飲食衣服居處之際，至於若將終身不改其樂事，皆有實以折服衆多之口，至其大略，又用語、孟、正蒙三説爲證，故措辭雖不工，而意却有所主。只如差監市易務事，乃平生履歷，故不可闕，若據龜山所言，却甚明白，雖書「不就」，無害也，但行録乃言「不欲爲市易官」，於語脉中轉了龜山之意，却似嫌其太卑冗而不爲，須當削去「不就」二字。夫年已七十，欲爲筦庫，即見得遺佚阨窮不憫怨之意，正要此一句用，豈可不書乎？其後以秘書召，遷著作郎等事，此正謂「援而止之而止」者也。夫援而止之而止，未有是處，而龜山獨稱爲仁者，特以進不隱賢，必以其道耳。故備載所論當時政事十餘條，此事它人不能言，而龜山獨能言之，又時然後發，所以尤可貴耳。當時宰執中若能聽言，委直院吴元忠輩畫一條具，因南郊赦文行下，決須救得一半，不至如後來大段狼狽也。若龜山此舉，可謂老婆心切矣。世人不察其用心之所在，知之者見其赴召，則曰此御筆也。夫違御筆者以大不恭論，自政和末年以來已是海行指揮，豈可以此定賢者之出處。以其不可違而就召，假有論及申屠蟠笑而不答之事，則又何辭以對？故龜山之赴召，非畏海行指揮，乃懼天下之人在塗炭之中，而有惻然不忍人之心，是以不屑去耳。故安國於龜山宣和、靖康中諸所建白，詳載其本末，所以致其區區之意，破紛紛之議，使天下後世疑謗者莫不自消釋矣。其章疏中所論王氏著爲邪説，以塗學者耳目，敗壞其心術，又即一二事以明之，此真拔本塞源者也。幾叟何以尚言猶是一時之論乎？五經皆空言也，雖不如春秋一句即是一事，然明理以垂訓，以待後之學者，豈曰小補之哉？故説者以謂五經如藥方，春秋猶用藥治病，此亦互相發耳。誌中又載近臣所論「闢邪説以正天下學術之謬」、「所著三經義辯有益學者」，夫以義辯爲有益，則新義之爲害可知，故誌篇之末獨言，凡著述論辯，其存於今者非見諸行事。故因此語反覆證明諸所建白之尤爲深切耳，而著述論辯之功自在，若以爲緩辭則誤矣。故安國意不欲有所改更，必欲更之，但曰「著述論辯存於今者，其傳寖廣」可也，公更思之，如何？

記差市易務事始末

陳　淵

龜山宣和四年既罷祠官，貧甚，不果赴部。郭慎求在朝以書問所欲，公已年七十矣，癸已生，宣和四年，歲在壬寅，年已七十。答以老不能辦事，惟求一筦庫，爲貧耳。慎求得書，詢吏部見闕監當官近毗陵未差者，吏部報以常州市易務，即爲求得之，馳以告公。慎求初亦不知前一日爲人所授。公聞之曰：「非見闕，固於吾事無濟，然市易事吾素不以爲然，縱使得禄，其可就乎！蓋慎求不察吾意耳。」五年秋末，果退闕，因傅國華之薦，召赴都堂審察，即以足疾辭不赴。六年，國華又以前請未行再薦，遂以秘書郎召對，且御詔若辭者坐罪，乃不克免。先是傅國華奉使三韓，得旨許於經由三路凡人材可薦者薦之，不限以員。及歸，具奏：「臣往來京西、淮、浙，人材可薦者甚多，然抱道處晦，無如楊時者。願以所得薦三路人材，薦此一人。」上亦聞公名，故始召審察，又召上殿云。若謂監市易務不就，除秘書郎即就，即非同時事，失其實矣。今削去「不就」二字爲當，更恐欲見其實，故具之。然如市易務方待闕未上，雖不見於墓誌，亦可也。

行狀略

吕舍人

虔守楚潛議法平允，而通判楊增多刻深，先生每從潛議，增以先生爲附太守輕己。及潛去後，守林某議不持平，先生力與之爭，方知先生能有守也。

知潭州瀏陽縣，安撫使張公舜民雅敬重先生，每見必設拜席與均禮。知杭州餘杭縣，簡易不爲煩苛，遠近悦服。蔡京方相貴盛，母前葬餘杭，用日者之言，欲浚湖瀦水爲形勢便利，託言欲以便民。事下餘杭縣，先生詢問父老，人人以爲不便，即條上其事，得不行。知越州蕭山縣，蕭山之人聞先生名，不治自化，人人圖畫先生形像，就家祠焉。

或説當世貴人以爲事至此必敗，宜力引耆德老成，置上左右，開導上意，庶幾猶可及也。會路允迪、傅墨卿使高麗，高麗王問兩人龜山先生今在何處，兩人對方召赴闕矣。及還，遂以名聞，因勸政府宜及此時力引先生。政府然之，遂以秘書郎召。及對，陳儆戒之言，上嘉納焉。

太原被圍，朝廷遣姚古救援，古逗留不進。先生上言，乞誅古以肅軍政。又率同列上疏，論蔡京、王黼、童貫等罪惡，或死或貶。乞罷宦者典修京城事。且録五代史傳以進。朝廷置詳議司，議天下利病。先生以爲三省政事所出，六曹分治，各有攸司，今乃別辟官屬，新進小生未必賢於六曹長貳也。朝廷從其議。又乞褒復元祐名臣凡在黨籍者，力辯宣仁誣謗，乞復元祐皇后位號。凡所論，皆切當時要務。

太學諸生詣闕上書，議者疑其生事儆亂。先生即見上，言諸生欲忠於朝廷耳，本無他意，但擇老成有行義者爲之長貳，即自定矣。淵聖喜曰：「此無逾卿者矣。」即命先生兼國子祭酒。

今上即位，本中之先君子初在政府，首爲上言先生之賢，於是除工部侍郎。

先生天資仁厚，寬大能容物，又不見其涯涘，不爲崖異絶俗之行，以求世俗名譽。與人交，終始如一。性至孝，幼喪母，哀毁如成人，事繼母尤謹。熙寧中，既舉進士得官，聞河南兩程先生之道，即往從之學。是時從兩先生學者甚衆，而先生獨歸，閑居累年，沉浸經書，推廣師説，窮探力索，務極其趣，涵蓄廣大而不敢輕自肆也。

本中嘗聞於前輩長者，以爲明道先生温然純粹，終身無疾言遽色，先生實似之。

遺事九條

明道在潁昌時，先生尋醫調官京師，因往潁昌從學。明道甚喜，每言曰：「楊君最會得容易。」及歸，送之出門，謂坐客曰：「吾道南矣。」先是，建州林志寧出入潞公門下求教，潞公云：「此中無以相益，有二程先生者，可往從之。」因使人送明道處。志寧乃語定夫及先生，先生謂：「不可不一見也。」於是同行。時謝顯道亦在。謝爲人誠實，但聰悟不及先生，故明道每言：「楊君聰明，謝君如水投石。」然亦未嘗不稱其善。伊川自涪歸，見學者凋落，多從佛學，獨先生與謝丈不變，因歎曰：「學者皆流於夷狄矣，惟有謝、楊二君長進。」見龜山語録。

楊時於新學極精，今日一有所問，即能知其短而持之。介甫之學大抵支離，伯淳常與楊時讀了數篇，其後盡能推類以通之。見程氏遺書。

伊川答楊中立論西銘，中立書尾云：「判然無疑。」伊川曰：「楊時也未判然。」見祁寛所記尹和靖語。

舊在二先生之門者，伯淳最愛中立，正叔最愛定夫。觀二人氣象亦相似。見上蔡語録。

先生曰：官司設法賣酒，所在張樂集妓女，以來小民，此最爲害教，而必爲之辭曰「與民同樂」，豈不誣哉！夫引誘無知之民，以漁其財，是在百姓爲之，理亦當禁，而官吏爲之，上下不以爲怪，不知爲政之過也。且民之有財，亦須上之人與之愛惜，不與之愛惜而巧求暗取之，雖無鞭笞以强民，其所爲有甚於鞭笞者矣。余在潭州瀏陽，方官散青苗時，凡酒肆茶店，與夫俳優戲劇之罔民財者，悉有以禁之，散錢已，然後令如故。官賣酒舊常至是時，亦必以妓樂隨處張設，頗得民利。或以請不許，往往民間得錢，遂用之有力。見龜山語録。

又言常平法。州縣寺舍，歲用有餘，則以歸官，賑民之窮餓者。余爲瀏陽日，方爲立法，使行旅之疾病飢踣於道者，隨所在申縣，縣令寺舍飲食之。欲人之入於吾境者，無不得其所也。其事未及行，而余以罪去官，至今以爲恨。

元城劉公問胡珵曰：「毗陵莫常得書，中立安否？」曰：「楊先生近有除命，以秘書郎召對。」公曰：「誰所薦？」珵曰：「傳聞是蔡攸。」公曰：「此曹立黨相傾，不知中立肯來否。」見道護録。

胡文定公與楊大諫書曰：「大諫初奉詔命，衆論有疑，安國獨以爲以明道先生之心爲心者，裂裳裹足，不俟屨而在途也。」又與宰相書曰：「龍圖閣直學士致仕楊公時造養深遠，燭理甚明，混迹同塵，知之者鮮。知之者知其文學而已，不知者以爲蔡氏所引。此公無求於人，蔡氏焉能浼之。行年八十，志氣未衰，精力少年殆不能及。上方嚮意儒學，日新聖德，延禮此老，置之經席，朝夕咨訪，裨補必多。至如裁決危疑，經理世務，若燭照數計而龜卜，又可助相府之忠謀也。」又答明應仲書云：「楊先生世事殊不屑意，雖袒裼裸裎不以浼。」見胡文定公集。

昔西南夷人嘗以梅聖俞雪詩織布，而永叔只於野録載之，其事不入誌銘。然則姓名爲蠻夷君長所知，豈足道哉！龜山行狀中載高麗國王事，所以不得書也。見胡氏傳家録。

遵道墓誌銘略此昔先君子吏部府君所作。

公諱迪，字遵道。爲髫髫兒已能力學，指物即賦，凛然如成人。既冠，益貫穿古今。孝友和易，中外無間言。平居無喜愠色，至急人困乏而樂其爲善，則矯然敢爲，必極其意而後已。與人辯論，綱振條析，發微詣極，冰解的破，聞者欽聳，退而察其私，言若不能出諸口。

故無賢不肖愛敬之，蓋度不身踐、不苟言也。里有貨訟，不決者連年，公一言而兩家爲之平，其誠信於人如此。遊太學，聲出等夷，一旦棄而不顧，抱經遊于伊川之門，以藐然少年周還群公之間，同門之士，咸斂手以推先。伊川少然可，雅器許之。伊川答龜山書曰：「令子名迪者，好學質美，當成遠器。」於易、春秋尤精詣。崇寧三年以疾卒。予不及識公，自來閩中，多從龜山門士遊，間論近世學者，至公皆曰吾不及也。謹爲之銘，銘曰：

斯文盛衰，天實命之。有嗜其徑，異端乘之。道堙不治，以與世違。有志於得，俗學昏之。以見自私，乖戾莫施。孰爲毅然，莫乘莫惛。天蓋祐之，使與斯文。屹屹龜山，淵源伊洛。如星之斗，以表後學。公爲之子，妙質夙成。目濡心渟，食息訓經。不躐不陵，師訓是程。軌道以趨，不畔墨繩。行滿鄉黨，世孰知之。遺文蔚然，不可瑕疵。胡不百年，以究其業。賫志莫陳，方壯而析，夭其或者。尚相公子，我銘幽竁，以告來世。

校勘記

〔一〕今若以兵躡之　「躡」原作「攝」，各本同，誤。按宋史卷四二八：「三鎮拒其前，吾以重兵躡其後。」據改。

〔二〕野昔嘗建言　「言」原作「不」，各本同。按日本慶安二年風月莊左衛門刻本、日本文政七年刻本作「言」，據改。

〔三〕謹按安石著爲邪説　「著」原作「昔」，誤。按宋史卷四二八：「謹按安石挾管、商之術，飭六藝以文姦言，變亂祖宗法度……其著爲邪説，以塗學者耳目。」又本卷下文答陳幾叟書：「其章疏中所論王氏著爲邪説，以塗學者耳目」，可參見。

〔四〕垂範有詞　「詞」原作「祠」，據成化本改。

〔五〕攻王氏一章　「攻」原作「差」，據成化本改。

伊洛淵源録卷十一

劉起居

墓誌銘　許景衡

公諱安節，字元承，温州人。資禀不凡，方兒時，已有遠度，比長，嗜學，有所未達，思之夜以繼日，必至於得而後已。少與從父弟今徽猷閣待制安止相友愛，皆以文行爲士友所稱。既冠，游太學。元符三年，擢進士第，調越州諸暨主簿。國子祭酒率其屬表留公太學，不報，除萊州州學教授。未行，改河東提舉學事司管勾文字，改宣德郎。召對便殿，公言春宫宜慎擇官屬，雖左右趨走者，必惟其人。又論節儉及君子小人和同之異。上稱善，顧問甚悉，即日擢爲監察御史。數決大獄，所平反甚衆。

居數月，攝殿中侍御史。時公方謁告省親，既陛辭而命下，不及供職而歸。俄除起居郎，趣赴闕。公迎父宣義而西，居無何，宣義思歸，公欲乞外補，宣義固止之。明年遷太常少卿，而言者斥公在言責時無所建明，且久不寧親，責守饒州。

州薦飢，公至，大發廩賑之，又檄旁郡無遏糴。軍儲不足，它日皆强取諸民，公曰：「歲荒如此，重困之可乎！它司宜有相通者，政應調適其緩急耳。」市人數爲在官者所擾，逃散郊外，公躬率以廉，寮屬化之。未幾，飢者充，乏者濟，逃者復。於是與之治賦出，裁制貢奉之須，俾屬縣先期戒民，無倉卒之擾。

移知宣州，去饒州之日，民遮留之，涕泣不忍别，耆壽以爲吾州自范文正公後，惟吾劉公而已。至宣十日，而水大至，公分遣其屬，具舟振溺，而躬督之，晝夜不少休，所活幾數千人。而遠近流民至者以萬數，公闢佛廟以處之，發廩以活之，一無失所者。其將發廩也，吏以爲法令不可，而部使者亦持其議，公皆弗聽。大疫，公命醫官治甚力，其得不死者不可計。

政和六年夏五月卒，年四十九。娶何氏。公之娶也，初行親迎之禮，鄉人慕而繼之，旁郡聞多竊笑。比年朝廷頒五禮於天下，於是人皆思公之倡始云。子男曰暨孫，有異質，九歲而夭；一女尚幼。以安止之子誠爲後。

公天資近道，而敏於學問，其所趨尚，非世俗所謂學者。嘗從當世賢而有道者游，始以致知格物發其材，沉涵熟復，存心養性，久之，於是有得。其貌温然，望之知其有容，遇人無貴賤小大一以誠，雖忤己者，未嘗見其有怒色恚辭也。其在河東，同僚有交惡者，一日邂逅公座，聞其緒餘，不覺自失，相與如初。

其恬静弗校，宜若易與者，至於有所立，則挺然不可回奪，曾不知禍福利害可以爲避就也。鄒公浩以右正言得罪，公與其所厚數輩，追路勞勉之。朝廷震怒，追逮甚急，人皆惴恐，公獨泰然如平時。既而哲宗察其無它，有詔釋之，而公亦自若也。

事親能承順其意，教養諸弟，涵容周還，有古人所難能者。族居踰百口，上下愛信，雖臧獲無間言也。常曰：「堯舜之道不過孝弟，天下之理有一無二，乃若異端，則有間斷矣。」

聞人善，如己出，或歸以過，則未嘗辨。遇事不擇劇易，人所厭苦者，任之裕然，無迫遽勤瘁之色。其與人遊，常引其所長，而陰覆其不及。諸暨令不事事，州將欲易它邑，公既左右之，振其綱條，又稱其長者，將卒善待之。

宣州賑濟，公疏以爲非敢專也，蓋有所受之故，朝廷録部者之功而進秩焉。蓋其志非敢私佚其身，而在於爲人，其所施置，常在於公天下，以爲不如是則非所謂合内外、通彼我也。所治二州，專以仁義教化，平易近民，民有訟，委曲訓戒之，俾毋再犯。間有鬥者，將愬于官，則曰「何面目復見府公」，遂捨去。以是廷無可治之事，或踰旬不施笞朴。

遺事

或問：「劉子進乎？」曰：「未見它有進處。」問：「所以不進者何？」曰：「只爲未有根。」因指庭前荼蘼曰：「此花只爲有根，故一年長盛如一年。」問：「何以見他未有進處？」曰：「不道全不進，只它守得定，不變却，亦早是好手。如康仲之徒皆忘却了。」見上蔡語録。

尹侍講

墓誌銘

呂稽中

先生洛人也，姓尹氏。曾祖諱仲宣，娶張氏，生七子，而二子有名。長子諱源，字子漸，是謂河内先生；次子諱洙，字師魯，是謂河南先生。河内娶何氏，生四子，其長子諱林，官至尚書虞部員外郎，娶劉氏，萬年縣君；劉氏卒，陳氏，福昌縣君，是生先生。

先生諱焞，字德充。少孤，奉母陳氏以居，爲進士業。年二十，師事伊川程夫子。先生應進士舉，答策問議誅元祐貴人，先生曰：「噫，尚可以干禄乎哉！」不對而出。告於程夫子曰：「吾不復應進士舉矣。」子曰：「子有母在。」先生歸，告其母，母曰：「吾知汝以爲善養，不知汝以禄養。」於是先生退不復就舉。程夫子聞之曰：「賢哉母也。」

大觀中，新學日興，有言者曰：「程頤倡爲異端，尹焞、張繹爲之左右。」先生遂不欲仕，而聲聞益盛，德益成，同門之士皆尊畏之。程夫子曰：「我死而不失其正者，尹氏子也。」

靖康元年，朝廷初辨忠邪，召用四方才德之士，以布衣召先生，先生謝不用。既往，又謝不欲朝。大臣知不能留也，授以和靖處士而歸。明年，金人陷洛陽，先生之家死于賊，先生既死而復蘇，竄于長安山中，轉徙四五年，而長安陷。劉豫僭位于京師，思有以繫天下之望，則使其僞帥趙斌卑詞厚禮來召先生，具供帳衛從于山中甚盛。先生逃去，夜徒步渡渭，匿冢水谷中，崎嶇走山間，遂至閬中。久之，往來巴中，止于涪。

紹興五年，有從臣言先生之道，上召先生于涪，曰：「昔者之召程頤，蓋自布衣除崇政殿説書。」遂以左宣教郎、崇政殿説書召先生。先生力辭十數，上勑有司加禮，敦遣不已。六年，先生辭官而赴召，蜀之學者爲先生立祠于涪。七年，至九江，有言者攻毁程氏，先生復辭曰：「學程氏者焞也，生事之二十年，今又二十年矣，請就斥。」朝廷耻之。於是大臣顯言先生拒劉豫之節、學問之正。上又思見先生，召之愈急，禮益至。先生辭避已數十，迫上命，布衣至行在所而病。上賜之金帛，使大臣存問慰勞，須其病愈，必受命而後朝。病愈，先生朝，又辭於上前。上曰：「卿尚可辭邪！朕渴卿久矣，知卿之從伊川也，俟卿以講學，不敢以有它。」先生遂就職。又除秘書郎，先生年六十七矣。八年二月，除秘書少監，月餘，以病求去，不許。四月，賜緋衣銀魚象笏，與御府珍玩之物。先生益衰且病，益求去，改除直徽猷閣主管萬壽觀、崇政殿説書。九月，除太常少卿兼説書。十一月，除權禮部侍郎兼侍講，進官左通直郎。而先生病日作，不能朝，告病甚於朝廷。十二月，除徽猷閣待制、提舉萬壽觀兼侍講。先生曰：「病不能朝矣，而寵禄日至，何功德以當之。」上章十餘不已。朝廷哀其病且老，九年二月，使以待制提舉江州太平觀而去。

先生去，之平江虎丘。十年正月，先生年七十，曰：「七十而老，尚矣。」遂致仕，進官左奉議郎，而從其請。十二月，先生如紹興，居二年而没，年七十有二矣。上命越制以賻之，贈官四等。

先生娶張氏，追封令人。生子均，仕爲將仕郎，洛陽之陷，與張令人皆死，惟諸女在。立孫鎮爲均子。

稽中聞之，先生之學，學聖人者也，曰：「聖人必可以學而至也，而不可以爲也。玩味以索之，踐履以身之，涵養以成之有叙，於是乎下學上達，窮理盡性，而無贅無外者，學之正也。」故先生莊敬仁實，不過於心，不欺闇室，自誠而明，以之開物成務，推而放諸四海而準。其於聖人六經之言，耳順心得，如出諸己，見於容貌聲音之間。望之儼然也，即之則温，言則厲。天下知道者必宗之，不知者必慕之，小人見之必革面，後有聖人，不易先生之道矣。然而先生進不得施之天下，退未嘗筆之於書，與羣弟子言，據六經發明問答，不爲講解文書。獨嘗奉詔撰論語解，今行於世。

遺事十條

和靖因蘇昞見伊川，自後半年方得大學、西銘看。見祁寬所録尹和靖語，下同。

和靖言：「初見伊川時，教焞看敬字。焞請益，伊川曰：『主一則是敬。』當時雖領此語，然不若近時看得更親切。」

寬問：「如何是主一？願先生善喻。」和靖言：「敬有甚形影，只收斂身心便是主一。且如人到神祠中致敬時，其心收斂，更着不得毫髮事，非主一而何？」

尹彦明與思叔同時師事伊川先生。思叔以高識，彦明以篤行，俱爲先生所稱。先生没，思叔亦病死。彦明窮居教學，未嘗少自貶屈，常以先生教人專以敬以直内爲本，彦明獨能力行之。彦明常言：「先生教人，只是專令用敬以直内，若用此理，則百事不敢輕爲，不敢妄作，不愧屋漏矣。習之既久，自然有所得也。」因説往年先生自涪陵歸，日日見之。一日，因讀易至「敬以直内」處，因問先生：「不習無不利時，則更無睹當，更無計較也邪？」先生深以爲然，且曰：「不易見得如此，且更涵養，不要輕説。」見吕氏雜誌。

温州鮑若雨商霖與鄉人十輩久從伊川。一日，伊川遣之見和靖。次日，伊川曰：「諸人謂子靳學，不以教，渠果否？」先生曰：「焞以諸公來依先生之門受學，焞豈敢輙爲他説？萬一有少差，便不誤它一生？」伊川頷之。見祁寬所録尹和靖語，下同。

和靖與思叔共學之久。伊川問：「二子尋常見處同否？有差否？自覺如何，爲我言之。」和靖曰：「焞不逮思叔，如凡請問未達，三四請益，尚有未得處，久之乃得。如思叔，則先生纔説，便點頭會意，往往造妙，只是焞雖愚鈍，自保守得。若思叔，則焞未敢保也。」伊川笑曰：「也是，也是。」自是每同請益退，伊川必謂諸郎曰：「張秀才如此不待，尹秀才肯得。」

子謂尹焞魯，張繹俊。俊恐他日過之，魯者終有守也。見程氏遺書，下同。

尹子、張子見先生，曰：「二子於頤之言如何？」尹子對曰：「聞先生之言，言下領意，焞不如繹；能終守先生之學，繹不如焞。」先生欣然曰：「各中其病。」

和靖曰：昔與范元長同見伊川，偶有幹，先起下堦。伊川謂范曰：「君看尹彦明，他時必有用於世。」元長次日説如此。蓋伊川平日元不曾許人。見祁寬所録尹和靖語。

靖康元年，同知樞密院事种師道奏：「伏見河南府布衣尹焞，學專師古，行足勵俗，潛心允蹈踰三十年，西都學者皆推仰之。未嘗應書，不求仕進，若蒙召致，俾預講説，必有補益。」召至京師，十月，賜號和靖處士以歸。户部尚書孫傳、御史中丞吕好問、户部侍郎邵溥、中書舍人胡安國奏：「臣等伏睹河南府布衣尹焞，學窮根本，德備中和，言動惟時，皆可師法，器識宏遠，可以任大。臣等淺陋，不足以盡知，然近來招延之士，無有出其右者。昨緣朝廷特召，河南敦迫赴闕，伏聞命之處士以歸，使焞韜藏國器，不爲時用，未副朝廷仄席求賢之意。伏望聖慈特加識擢，以慰士大夫之望。」尋以金人犯闕，不及再見。見難儷集。

和靖在瀘州，一室名曰遂志齋，取易「致命遂志」之義。在涪陵縣，所居名曰習堂，取「學而時習之」之義。在千福院，一室名曰六有齋，取横渠先生所謂「言有教、動有法、晝有爲、宵有得、息有養、瞬有存」之意，一室名曰三畏齋，取「畏天命、畏大人、畏聖人之言」之意。見涪陵記善録。

紹興五年，史館脩撰兼侍讀范沖奏：「伏睹和靖處士尹焞誠明之學，實有淵源，直方之行，動合規矩。靖康中朝廷以布衣特起，累加津遣，既至京師，懇辭還山，賜處士號。建炎間，焞逃竄山谷，翟興爲河南鎮撫使，聞其名，遣使延聘，焞亦不就，今流落在蜀。臣與之遊處三十餘年，得其爲人，内外淳備，毫髮無玷，實爲鄉閭之所尊禮，士友之所矜式。迹其所得，於已表見於外，臣無能髣髴，舉以代臣，允愜公議。」六月十五日，聖旨召赴行在，仍令川陝宣撫司以禮津遣。宣撫司劄下涪州津遣，知州事李瞻申：「尹處士雖寓居本州千福院，然獨處一室，嘉遯養浩，志尚高潔，邦人莫得而見，恐非有司移文可致。乞自使司專委官一員，依已得聖旨，以禮津遣，上副朝廷舉逸求賢、興治美俗之意〔一〕。」於宣撫司差官敦遣。先生四狀辭免不獲，明年九月乃行。先是，伊川先生謫居於涪，涪人立祠於北巖，先生避地，偶亦居焉。至是以文告辭曰：「焞甲寅孟秋始居涪陵，己卯孟冬誤辱召命，繼下除書，實嗣講事。人微望輕，敢紹前躅。辭不獲命，勉赴行在，有補於世則未有也，不辱其門則有之。今兹啓行，惟先生有以鑒之。」七年二月，至江州，以病少留。四月，上第八狀云：「竊見臣寮上言程頤之學惑亂天下，有爲此學鼓扇士類者，皆屏絶之，明詔天下。焞實師程頤之學垂二十年，學之既專，自信益篤，自壯至老，居之甚安。使焞濫列經帷，其所敷繹僻陋之學，亦不過聞於師者，不惟無以發明經旨，又且仰惑聖聰。焞雖甚愚，敢偷一時之顯榮，不顧四方之公議，捨其所學，上欺君父？加以疾病日增，精神衰耗，決不能支持前進，乞令自便訪藥求醫，免令道塗填委溝壑。」於是右相張公浚奏：「臣先備員川陜宣撫處置使，竊見和靖處士尹焞，緣叛臣劉豫父子迫以僞命，焞經涉大河，投身山谷，自長安徒步趨蜀，崎嶇千餘里，乞食問路，僅獲生全。臣嘗延請至司，與之款接，觀其所學所養，誠有大過人者。紹興甲寅春，臣被命還朝，蓋嘗以焞之姓名達之天聽。今陛下博采群議，召置經筵，而焞辭免新命，未聞就道。伏望聖慈特降睿旨，令江州守臣疾速以禮敦遣。」五月二十九日，奉聖旨依奏，先生又辭，不得已，九月乃至國門，猶引前説力辭云：「列之經筵，陳説上側，守其師法則亂聖聰，趨時苟合則負素志，此其所以被寵若驚，進退失據者也。」至二十狀不允，乃受命入封。見難儷集及涪陵記善録。

戊午八月二十九日，講筵初開，上問先生：「孟子謂紂一夫如何？」先生曰：「此爲當時之君而言也。」時有進疑孟子説者，上問：「程頤謂孟子如何？」先生曰：「程頤不敢疑孟子。」見祁寬所録尹和靖語。

尹彦明在經筵，嘗從容説：「黄庭堅如此作詩，不知要何用。」見吕氏雜志。

紹興戊午，先生上奏曰：「本朝戎虜之禍，亘古未聞。然賴祖宗德澤之厚，陛下勤撫之至，所以億兆之心無有離異，遠近愛戴，國勢可保。前年徽宗皇帝、寧德皇后凶問遽來，莫究不豫之狀，天下之人，痛心疾首。而陛下方且屈意降心，迎奉梓宫，請問諱日爲事。遂使虜意益驕，謂我無人，乃再啓和議於今日，意欲潛圖混一，臣妾中國。陛下十二年勤撫之功，當決於此矣！況先王之禮，父母之讎不與共戴天，兄弟之讎不反兵，今信仇敵之詐謀而覬其肯和，以紓目前之急，豈不失不共戴天反兵之義乎！ 臣竊爲陛下痛惜之，更願深謀熟慮，採衆論以全大計，則天下幸甚。」又與宰相秦檜書曰：「虜人與我有不共戴天之讎。靖康以來，屢墮其術，今若一屈，使爲口實，要怨誨兵，自困自斃，豈忍爲此議乎？ 比者竊聞主上以父兄未返，降志辱身於九重之中有年矣，然亦未聞虜人悔禍，還二帝於沙漠。繼之梓宫崩問不祥，天下之人痛恨切骨，則虜人虎狼貪噬之性，不言可見。 天下方將以此望於相公，覬有以革其已然，豈意爲之已甚乎！ 今之上策莫如自治，自治之要，内則進君子而遠小人，外則賞當功而罰當罪，使主上之孝弟通於神明，主上之道德成於安强，勿以小智孑義而圖大功，不勝幸甚。」復有辭免待制第三狀云：「臣每念誤受寵榮，蔑聞補報，比嘗不量分守，輒及國事。 識見迂陋，已驗于今，跡其愚庸，豈堪時用。」第四狀又言之，乃得外祠。見戊午讜議及難儷集。

先生卒，門人呂堅中以文致祭，其略曰：恭惟善誘，循循不倦，俾沉若酣，培殖聞見。曰敬以直内，是乃持守，維窮維格，理則昭剖。 由是致知，上達誠明，知而罔覺，匪致之精。 養不以厚，行不以力，雖曰有見，乃德之賊。 厚養力行，必踐必久，勝己之私，馴以固有。 略則易詐，拘則易窮，才意所憪，鮮克有終。 喜怒哀樂，聖愚同然，發欲中節，時然後言。 猗與吾道，易簡以求，如霽則行，如潦則休。 或謂無心，先生曰否，何以知覺，惟私是醜。 或謂勿思，先生曰豈，我亦有思，思無邪爾。先生之言，測遠窮深，其未傳者，匪言實心。嗚呼哀哉！

校勘記

〔一〕上副朝廷舉逸求賢興治美俗之意　「副」原作「赴」，據成化本改。

伊洛淵源録卷十二

張思叔

名繹，嘗記伊川言行一編，亦名師説。所著詩文甚多，今存數篇。

遺事三條

張思叔，河南壽安人。家甚微，年長，未知讀書，爲人傭作。一日，見縣官出入，傳呼道路，思叔頗羨慕之，問人何以得如此，或告之曰：「此讀書所致耳。」思叔始發憤，從人授學，執勞苦之役，教者憐其志，頗勸勉之。後頗能文，入縣學府學。被薦，以科舉之學不足爲也。因至僧寺，見道楷禪師，悦其道，有祝髮從之之意。時周恭叔行己官洛中，思叔亦從之，恭叔謂之曰：「子它日程先生歸，可從之學，無爲空祝髮也。」及伊川先生歸自涪陵，思叔始見先生。時從學者甚衆，先生獨許思叔。因讀孟子「志士不忘在溝壑，勇士不忘喪其元」，始有自得處。後更窮理造微，少能及之者矣。見呂氏雜志。又童蒙訓云：思叔因讀孟子「志士不忘在溝壑，勇士不忘喪其元」，慨然有得。蓋能守此，則無不可爲之事。

和靖言：「焞與思叔既相友善，伊川歸自涪陵，思叔始見先生。思叔穎悟疏通，先生亦便喜之，自此同遊處，先生以族女妻之，甚相敬待。家居壽安，學者從之漸衆。和靖嘗因侍坐，稟伊川曰：『張繹每聞先生語，往往言下解悟；焞聞先生語，須再三尋思，或更請問，然後解悟。然它日持守，恐思叔不及焞。』先生以爲然。思叔長於爲文，又善辨事。先生没未幾，思叔亦没。和靖被召，嘗曰：『思叔若在到今，自當召用，必能有爲於世。』伊川嘗言：『晚得二士。』」見涪陵記善録。

張繹思叔三十歲方見伊川，後伊川一年卒。初以文聞於鄉曲，後來作文字甚少。伊川每云「張繹朴茂」。見祁寬録尹和靖語。

馬殿院

逸士狀　　何兌

公諱伸，字時中，案語録或作時仲，或作時舉，恐亦當兼行。東平人也。自弱冠登第，不樂馳騖以階進，晦迹州縣，人無知者。

崇寧初，元祐學有禁，姦人用事，出其黨爲諸路學使，專糾其事。伊川程先生之門，學者無幾，雖宿素從遊，間以趨利叛去。公方自吏部求爲西京司法曹事，銳然爲親依之計，至，則因先生高第張繹以求見。先生初以非其時，恐貽公累。公執贄凡十反，愈恭，且曰：「使伸得聞道，雖死何憾，況不至於列者乎！」先生聞而嘆曰：「此真有志者。」遂引而進之。自爾出入凡三年，公暇雖風雨，必日一造焉，同僚相忌，至以飛語中傷之不顧也。

逮靖康初政，樞密孫傅始以卓行薦于朝。召既至，中丞秦檜素高其節，即迎辟爲監察御史，令人取願狀。公曰：「中丞取臺官，但問堪不堪，無問願不願。」居無何，遭大變故，虜人立張邦昌，俾僭于位。邦昌初不敢當，而賊臣從旁勸進曰：「相公今姑權宜從事，忍死爲一城生靈贖命，他日爲周公爲王莽，惟相公所爲耳。」邦昌於是俯首唯唯，即趨虜帳，受僞號。既虜人去滋久，邦昌恬無自遜意。時人皆意邦昌實預邪謀，畏禍無敢言者。公首具書，請邦昌迎元帥康王。書成，率同院簽與俱往，相顧無一首肯，公遂以書自抵銀臺司進之。吏視書不稱臣，辭不受。公投袂叱曰：「逆類！吾今日不愛一死，正爲此爾，而欲吾稱臣邪！」出，即以繳申尚書省。尚書省以示邦昌，邦昌得書氣沮，恐敗誅，甫議迎隆祐皇后爲垂簾計。

其書大略曰：「相公閤下服事累朝，爲宋寶臣。比者不幸迫於狂虜，使當僞號非常之事。閤下此時豈以義爲可犯，君爲可忘，宗社神靈爲可欺，所以忍死須臾而詭聽之者，其心若曰與其虚遜於人，而實亡趙氏之宗者，孰若虚受於己，而實存趙以歸耳。是得春秋祭仲行權之旨，而不苟辭其名，故天下户知之，而無一人以相公爲非也。虜人既北，相公於義即合變懼自列於朝。上皇子惟康王在外，天下所繫，國統有歸，宜即發使通問，掃清宫室，率羣臣共迎而立之，閤下退就北面之列，然後從而引咎以明。身爲人臣，昧於防患，不幸爲寇讎脅汙，當時不能即死，以待陛下，今事既定，夫復何面事君。請歸死有司，以爲人臣失節之戒，退伏闕下以俟命。如此，則明主必能照察，以閤下忠實存國，義不苟生，棄過録勞，而身名俱榮矣。今乃謀不出此，時日以多，肆然尚當非據，偃寢禁闥，若固有之，羣臣狐疑，不知所謂。上天難欺，下民可畏，成敗之際，間不容髮。閤下若以愚言粗有覺悟，伏望亟圖，猶可轉禍爲福於匪朝伊夕之間，此伸所以不敢自外，且效愚職分於朝廷。過此以往，則閤下包藏既深，志慮必異，外假設飾事端，惕日待期，而實陰結寇讎，合從爲亂。九廟在天，雖萬無成理，然伸亦願生不汙與叛逆同朝，請先伏死都市，以明此心。」

既而户部侍郎王及之言於邦昌，以上皇寧德宫府藏所有，及池塘魚藕之利，可盡取以資國用。公復慨然引義白於都堂，曰：「古者人臣去國，其君待之猶三年，然後收其田里。君之禮臣猶若此，則臣之報君宜如何？今吾君遠狩，猶未出疆，天下之人方且北首，擬欲追挽而不可得，君之府藏燕遊，忍一朝而毁乎？此與削迹何異？竊不可許。」邦昌不聽。

今上龍飛，公屢拜章，以城陷不能救，主遷不能死，請從竄削。上知其忠且有功於國，遂擢爲殿中侍御史、荆湖廣南撫諭，以誅邦昌及其黨王時雍。還臺，言執政黄潜善、汪伯彦不法十七事，不報，嗣上章，以「臣言可采，即乞施行；非是，臣合坐誣罔大臣之罪。」移病待命旬日，貶濮州監酒税。時用事者恚甚，必欲寘之死地，以濮迫寇境，故有是命。有識者爲朝廷惜其去，至戚嗟相吊，且爲公危之。公以襆被就道，無憂懼之色，人益嘆服。

公天資重厚，雖勇於爲義，而耻以釣名，凡所建明，輒削其藁，故人少知者。不幸卒爲仇陷於死。公之死不得其詳，或云時王淵屯淮上，受潜善等密旨，加不利於公。天下知與不知，莫不痛之。未幾，廣陵不守，果如公言。紹興初，乃追贈諫議大夫。公居常稱曰：「志士不忘在溝壑，勇士不忘喪其元。今日何時，溝壑乃吾死所也。」故其臨事，奮不顧身每如此。姑掇其大者，以補國史之缺。謹狀。

先君紹興初作此文，携以呈故丞相李公，李公許以達朝廷，未及而薨。紹興癸酉倅辰陽，忽見邸報，宰相秦檜自陳其靖康之功，謂他人無預焉。先君遂以此文繳申尚書省，大激檜怒，送荆南詔獄，令自引虚獄，辭皆出吏手，先君不得預也。奏上，又以情重法輕，特削官貶真陽。未幾檜死，蒙恩東歸，繼復舊物，而病不起矣。嗚呼痛哉！秦檜靖康末爲中丞，於虜人帳前乞立趙氏，其謀議皆出於先生及察院吴給敦仁。敦仁爲草劄子，檜忌人分功，深諱其事，及見逸士狀，恐先君知而揚之，故忿憾至死。辛巳仲冬十日男鎬謹書。

續記

何鎬

先生調官，未嘗擇遠近利害，到部，但視資當入者，即注擬。家東平，乃授成都郫縣丞，尚在選調。至任未幾，會納冬米〔一〕，成都浩穰，守以委先生，先生辭以多弊，不可爲。守問其故，先生曰：「弊之大者，由諸司吏人封抄，拒之則速禍。」守曰：「君既知其弊，尚何辭？」先生至場中，則諸邑人紛然矣，豐飲食玩好、文飾美女，凡可以蠱訹者無所不至。前此主者不能自謹，一墮計中，則束手受制，莫敢誰何。先生盡逐之，嚴察吏卒，不容纖芥，負米至者略無留滯，於是蜀人稱詠，萬口一辭。時提舉常平孫俟按部，至成都境上，早行見負擔者假寐道傍以待曉，怪而問之，俱應曰：「今年好受納官，某等至無邀阻，故爭先。」詰其主名，曰：「馬縣丞也。」孫歎息不已。抵郡，即呼吏書牒薦之，即日改秩。先生常以此語人云：「人之利鈍自有時，但當行直道，無用干人也。」

先生爲奉符丞，攝令事，方歲歉，而朝廷行茶引，先生拒之曰：「民方救死不贍，豈可重困之。」太守怒曰：「朝命安可抗！」先生曰：「伸爲令，誠不忍見民轉溝壑。」守曰：「須先劾爾，事乃可行。」民聞先生被劾，爭赴愬諸司，或徑達臺省，事遂解。又嘗掌市易，倅以百縑令售之，先生辭以直高，倅强之，先生曰：「伸不敢以詐估官直，須伸去乃可。」欲尋醫，倅懼而止。

先生在奉符，孫傅伯野在西掖，慕洛學，遣其子見先生，求二程先生語録。先生曰：「此書今非其時，未敢遽傳。」其子固請，先生曰：「第歸，尊公若果有志，無憚再來。」既還以告，伯野曰：「吾志欲求道，遑恤它乎？」遂令復至，先生乃授之，且謂曰：「尊公既得此書，不得久於朝矣。」未幾，果以繳高麗詞頭罷。

先生出使過州縣，必察民利病，餽遺一無所受。初至清湘，所在民羣聚遮馬首，投狀乞留其宰。問其善政，皆曰：「不知其它，但知知縣到後，未嘗有吏下鄉。」先生即日以舉牒付民，使以遺令，衆歡然乃去。令姓張，失其名。至番禺，問諸司以屬吏之賢者，同薦一節度推官，姓黄。曰：「方陳述生殺自任，官吏無不畏附，惟此人敢與之辨曲直，幾遭虎口。」乃舉之。還至舒州，從人就縣索夫馬，其令不應，直至前曰：「殿院所合得，不敢不供；從人分外需索，實不能應。」先生延之坐且謝之，既而謂人曰：「某以臺官過州縣，一令乃敢拒之，是必有氣局者。」還朝首薦之。令姓周。

先生晨興必整衣冠，端坐讀中庸一過，然後出視事。

先生曰：「吾志在行道。使吾以富貴爲心，則爲富貴所累；使吾以妻子爲念，則爲妻子所累，是道不可行也。」故其在廣陵，隨身行李一擔，而圖書半之。山東已擾而家屬尚留東平。

先生自湖廣還，將入奏，於道中採訪得執政不法事，作彈文。方具藁，而先君追及於建康。先生喜曰：「吾有事，數日不能自決，望子久矣。」因出藁相示，且曰：「吾欲首言之。」先君曰：「先生方以使還，且當奏職事，徐論似未晚。」先生曰：「彼忌我，若未及言而有遷除，奈何？然吾當有以探之。」是時方召孫覿、謝克家，乃言此二人皆小人，不可用。如覿親草降表，極其筆力，以媚虜人，受其二女，乃負國之賊也。果不報，遂除司農卿。先生固辭，乃繳進彈文。時執政怒甚，搜求無以爲罪，乃指彈文中言邵成章上書事，成章，中官也。以爲趨向不正，遂貶公。

遺事三條

崇寧間，言者范致虚攻先生爲元祐邪説，朝廷下河南府盡逐學徒。後數月，馬伸及門求見，先生辭之。伸欲先棄官而來，先生曰：「近日盡逐學徒，恐非公仕進所利。公能棄官，則官不必棄也。」建炎間，伸爲御史論事，公論與之。見程氏遺書。

靖康二年四月八日，監察御史馬伸狀：「伏見逆胡犯順，劫二帝北行，且逼立太宰相公，使主國事。相公所以忍死就位者，自信虜退必能復辟也。忠臣義士不即就死，城中之人不即生變者，亦以相公必立趙孤也。今虜退多日，吾君之子已知所在，訟獄謳歌，又皆歸往，相公尚處禁中，不反初服，未就臣列。道路傳言，以謂相公外挾强虜之威，使人遊説康王，且令南遁，然後據有中原，爲久假不歸之計。伸知相公必無是心，但謂虜人未遠，因循未能盡改。雖然如此，亦大不便，蓋人心未孚，一旦喧鬨，雖有忠義之志，相公必不能自明，滿城生靈反遭塗炭，辜負相公初心矣。伏望相公速行改正，易服歸省，庶事取禀太后命令而後行，仍速迎奉康王歸京。日下開門，撫勞四方勤王之師，以示無間。應内外赦書，施行恩惠，收人心等事，權行拘收，俟立趙氏子日，然後施行。庶幾中外釋疑，轉禍爲福，伊、周再作，無以復加。如以伸言爲不然，即先次就戮，伸有死而已，必不敢輔相公爲宋朝叛臣也。謹具申太宰相公，伏候鈞旨。」申時，奉鈞旨，一切改正。九日，追僞赦不行，邦昌召侍從官議事，晚降手書，請元祐皇后垂簾決政，邦昌行太宰事，中外大悦，追回諸路赦文，並收初四日立宋太后手書不用〔二〕，遣馮澥、李回爲奉迎使副。見汪藻所編實録草本。

胡文定公時政論曰：馬伸言黄潛善、汪伯彦措置乖方，自言官黜爲監當，而其言則有狀矣。不慎命令，則以下還都之詔也；廣布私恩，則以復祠宫教官之闕也；黜陟不公，則以罷衛膚敏，而用孫覿不祥之人也；杜塞言路，則以貶吴給、張闇、邵成章也；妨功害能，則以沮宗澤與許景衡也；私收軍情，則以各置親兵千人，請給獨優厚也；同惡相濟，則以力庇罪人王安中也。凡舉一事，必立一證，皆衆所共知，亦衆所共見，不敢以無爲有，亦不敢以是爲非。而當時不信其言而罷之，反以爲言事不實而重責之，是罰沮忠讜捐軀爲國之人，惡其毁譽之核實而不亂也。邪説何由息，公道何由行乎？伸既遠貶，雖有詔命，不聞來期，君子憫焉。此雖賁以龍閣，未盡褒勸之禮，乞加追獎，及其子孫，以承天意。見胡文定公集。

侯師聖

名仲良，河東人，二先生舅氏華陰先生無可之孫。有論語説及雅言一編，皆出衡山胡氏。其爲人梗概，亦見胡文定公行狀。

遺事三條

人有欲館侯子於其門者，侯子造焉，則壁垂佛像，几積佛書，其家人又常齋素，欲侯子從之，侯子遂行。或問之，侯子曰：「蔬食，士之常分，若食彼之食，則非矣。吾聞用夏變夷，未聞變於夷者也。」人有父在而身爲祖母忌日飯僧者，召侯子，侯子不往。或問之，侯子曰：「主祭祀者其父也，而子當之，則無父矣，吾何往焉！」見侯子雅言。

胡文定公與楊大諫書云：「侯仲良者，去春自荆門潰卒甲馬之中脱身，相就於漳水之濱，今已兩年。其安於羈苦，守節不移，固所未有，至於講論經術，則通貫不窮，商略時事，則纖微皆察，國勢安危，民情休戚，凡務之切於今者，莫不留意而皆曉也。方危艱難之時，而使此輩人老身貧賤，亦可慨矣。伏望吾兄力薦於朝，俾命以官，使得效一職，亦不爲無補。」見胡文定公集。

尹子曰：先生謂：「侯子議論，只好隔壁聽。」見外書。

或曰：「江陵有侯師聖者，初從伊川，未晤，乃策杖訪濂溪。濂溪留之，對榻夜談。越三日，自謂有得，如見天之廣大。伊川亦訝其不凡，曰：『非從濂溪來邪？』師聖後遊荆門，胡文定留與爲鄰終焉。」愚案侯子非荆人，據諸書所載，但知前數條。而胡公行狀亦止云「熟觀二先生之言行」，不言其見濂溪也。濂溪卒於熙寧六年，而侯子靖康、建炎之間尚在。其題上蔡謝公手帖猶云，「顥道雖與予爲同門友，然視予爲後生」，則其年輩不與濂溪相接明矣。且其言自謂「有得如見天之廣大」者，亦與侯子平日之言不相似。凡若此類，學者詳之。

王著作

墓誌略

章　憲

福清王先生，程門高弟，諱蘋，字信伯。世居福之福清，自其考徙平江。先生資禀清粹，充養純固，平居恂恂儒者，及語當世之務、民俗利病，若習於從政者。然不徼名當世，世亦罕知之。知府事孫公祐列先生學行於朝，召見賜進士出身，除祕書省正字。

先生爲上言曰：「人心廣大無垠，萬善皆備，盛德大業，由此而成。故欲傳堯、舜、禹、湯、文、武之道，擴充是心焉爾。帝王之學與儒生異尚，儒生從事章句文義，帝王務得其要，措之事業。蓋聖人經世大法，備在方册，苟得其要，舉而行之無難也。」未幾，兼史館校勘，遷著作郎。丐外補，通判常州，主管台州崇道觀，致仕。官至左朝奉郎，壽七十有二。紹興二十三年五月戊午疾終于里第，葬于湖州長興縣和平鎮茅栗山。

楊文靖公時，程門先進，嘗曰：「同門後來成就，莫踰吾信伯。」中書舍人朱公震、寶文閣直學士胡公安國、徽猷閣待制尹公焞皆舉以自代。胡公論薦尤力，謂其學有師承，識通世務，使司獻納，必有補於聖時。

校勘記

〔一〕會納冬米　「冬米」原作「冬采」，據成化本改。

〔二〕並收初四日立宋太后手書　「收」，建炎以來系年要録卷四作「毁」。按系年要録記此事曰：「中外大悦，追還諸路赦文並毁所立宋太后手書不用。」可參看。

伊洛淵源録卷十三

胡文定公

書行狀略

公諱安國，字康侯，建州崇安人。父淵，故宣義郎致仕，贈中大夫。母吳氏，故永壽縣君，贈令人。

公生於熙寧甲寅九月二十二日巳時，年七歲，爲小詩，有「自任以文章道德」之句。少長，入太學，晝夜刻勵。同舍有潁昌靳裁之，嘗聞西洛程先生之學，獨奇重公，與論經史大義，公以是學問益强，識致日明，文辭迥出流輩。博士欲令諸職長各呈其文課，將考優劣而去留之，皆爭先自送，公獨繳還差帖，願退就諸生之列中。

紹聖四年登進士第。時策問大要欲復熙、豐之政，公推言大學格物致知正心誠意以平天下之道，詞幾萬言，考官得之，定爲第一。將唱名，宰執以策中無詆元祐語，欲降其等。哲宗命再讀，諦聽逾時，稱善者數四，親擢公爲第三。

除荆南教授，正身律物，非休沐者不出，凡所訓説，務明忠孝之大端，不以文藝爲勸。除太學録。學生劉觀、石公揆輕俊有名，試選屢居上游，一旦觀爲人代筆事覺，公揆薄遊成訟，逾告期不歸，爲之游説者甚衆。公正色曰：「録以行規矩爲職，職不能守，奚以録爲？且二人者果佳士，而所爲如此，亦何足恤？」衆不能奪，竟致之法。

遷博士，除提舉湖北路學事。公言曰：「學校所以成就人材，非治之也。今法令具矣，當使學者於規矩之外，有所畏而不爲。謹案聖門設科，成周貢士，皆以德行爲先，文藝爲下，臣當以此仰奉明詔。」改使湖南。是時蔡京方得志，所行事既不善，而官吏奉承過當，愈爲民害，學校其一也。公獨撙節行之，禁其太甚，士子持法自肆者懲之，常曰：「韓魏公最善行新法者也。」所至訪求人材，詢問利病，禮下賢士，刺舉必由公論，風采嚴肅，郡縣敬畏不敢犯。

會有詔旨，委諸道提舉學官論舉遺逸，公以永州布衣王繪、鄧璋應詔。時蔡京已惡公不爲己用，於是屬吏李良輔徑訴於朝，稱二人者范純仁之客，而鄒浩所請託也。京大怒，改良輔合入官，命湖南提刑司置獄推治。人皆爲公膽落。帥曾公孝廣來唁公，退謂僚佐曰：「胡提舉凝然不動，賢於人遠矣。」獄未成，移北路再鞫之，訖不得請託之狀，直除公名勒停。既而良輔以他罪發覺，臺臣乃辯明前事，有旨復公官，改正元斷，然公仕意益薄矣。

公退居荆門漳水之上，定省之外，以經籍自娱，家人皆忘其貧，而親心適焉。

政和元年，張商英相，除公成都府路學事，公以親年寖高，即上章乞侍養得請。滿二年，未能朝參，丁令人憂，服除，政和八年矣。余深入相，薦名士十人，公與其一，有旨召對。公至京師，卧疾不出百餘日，逡巡謁告而歸。

宣和元年，除提舉江東路學事，復召上殿，未受命，而中大捐館舍。中大嘗欲公及時建功立業，而母令人又每以進取爲戒，公處其間，委曲將順，既不失令人之本心，又不拂中大之嚴訓。終喪，謂子弟曰：「吾奮迹寒鄉，爲親而仕，今雖有萬鍾之禄，將何所施？」遂稱疾掛冠，買田塋旁，築室勤耕，將終身焉。宣和末，侍臣李彌大、吴敏、譚世勣合章薦公經學可用，齒髮未衰，特落致仕，除尚書屯田員外郎，公來謝且辭。

靖康元年，除太常少卿，再除起居郎，三辭不允，乃至京師。方以疾在告，一日午枕，淵聖急召，坐後殿以俟，公即入見，奏曰：「臣聞明君以務學爲急，聖學以正心爲要。心者事物之宗，正心者揆事宰物之權也。陛下昔在東宫，潛德韜晦，其於六經所載帝王制世御俗之大略，必有所避而不欲問；官屬之司勸講者，必有所隱而未及陳。今正位宸極，日月向久，而績效未見，則於古訓不可不考。若夫分章析句[二]，牽制文義，無益於心術者，非帝王之學也。願擇名儒明於治國平天下之本者，虛懷訪問，以深發獨智，則天下之幸。」

「臣又聞爲天下國家者，必有一定不可易之計，謀議既定，君臣固守，雖浮言異説沮毀搖動，而初計不移，故有志必成，治功可立。陛下南面而朝天下越半年矣，而紀綱尚紊，風俗益衰，施置乖方，舉動煩擾。大臣爭競而朋黨之患萌，百執窺覦而浸潤之姦作，用人失當而名器愈輕，出令數更而士民不信。若不掃除舊迹，乘勢更張，竊恐姦雄不忌，夷狄肆行，大勢一傾，不可復正。望詔大臣詢以脩政事、攘夷狄之方，令各盡底藴，畫一具進。先宣示臺諫，仍集百官，議於朝堂，衆謀僉同，然後斷自宸衷，按爲國論，頒諸中外，以次施行。庶幾新政有經，可冀中興之效。」

除中書舍人。時門下侍郎耿南仲倚攀附之舊，凡大小之臣，與己不同者，即指爲朋黨。見公論學術之奏，愠懟形於詞色。乃言於淵聖曰：「安國往者不事上皇，今又不事陛下，此可謂不臣矣。」淵聖不納。一日，問中丞許翰識安國否，翰對曰：「臣雖未識其面，然聞其名久矣。自蔡京得政以來，天下士夫無不入其籠絡，超然遠迹，不爲蔡氏所污，惟安國一人耳。」淵聖嗟異焉。南仲知淵聖意不可回，乃諷臺諫掎角，論公稽慢不恭，宜從黜削。淵聖終不許。

中書侍郎何㮚建議分置四道都總管，公上奏曰：「内外之勢，適平則安，偏重則危。今州郡太輕，理宜通變，然一旦遽以數百州之地分爲四道，則權復太重。假令萬一抗衡跋扈，號召不至，又何以待之乎？若但委諸路帥臣專治軍旅，每歲一案察其部内，或有警急，京城戒嚴，即各率所屬守將應援，如此則既有擁衛京師之勢，又無尾大不掉之虞，一舉而兩得矣。」㮚方得淵聖心，密説以京師不可守，則出幸山南，可以入蜀，而其意蓋自欲當南道之任，又以於公嘗有推挽之力，必無駁異。及此奏上，大駭，謂人曰：「康侯人物之表，乃專以異議爲高，古人謂山林之士不可用，今信然。」然猶不得已，於四總管之地，各削其遠外州郡而已。于後京師被圍，西道王襄領所部兵翺翔漢上，不復北顧，大略如公所策云。

吏部侍郎馮澥言劉珏行李綱責詞，實乃爲綱游説，珏坐貶。公言：「侍從之臣，雖當獻納，至於彈擊官邪，必歸風憲，各有分守，不得侵紊。而澥越職妄言，上瀆宸聽，非所以靖朝著也。陛下聖慶寬明，無私好惡，廣開公正之路，而澥無故復稱黨與未殄，議論未一，宜察姦罔，早加懲戒。夫欲殄黨與，一議論，此蔡京行於崇寧，脅制異己而遂其跋扈之謀者，何忍更遵用之，使羣臣益分門户，迭相排毀，置國勢於傾危乎？陛下即位，數降詔旨，追復祖宗善政良法，而澥獨建言祖宗未必全是，熙寧未必全非，推隆王氏之學，再挾紹述之議，國論至今紛紛未定，則瀨之故也。」於是耿南仲大怒，宰相唐恪、何㮚從而擠之，遂除右文殿脩撰，知通州。行至襄陽，而虜騎已薄都城矣。

公在省一月，告假之日居其半，每出必有論列。或謂公曰：「事之小者盍姑置之。」公曰：「大事皆起於細微，今以小事爲不必論，至於大事又不敢論，是無時可言也。」虜圍益急，淵聖命召公及許景衡，旨竟不達。

今上登極，召公爲給事中。公雖辭避未行，而痛憤夷狄侵陵，心在王室，蓋有趨命之意。而黄潛善方得政，專權妄作，斥逐忠賢，於心意益戾。公因於免奏有言曰：「陛下撥亂反正，將建中興，政事人材，弛張升黜，凡關出納，動係安危。聞之道塗，揆以愚見，尚多未合。儻或隱情緘默，即負陛下委任之恩；若一一行其職守，必以戇愚妄發，干犯典刑，徒玷清時，無補國事。」潛善惡之，諷給事中康執權彈擊，遂罷除命。

建炎二年，樞密使張浚薦公可大用，再以給事中召，命州郡以禮敦遣。子寅時脩起居注，上賜之手札曰：「卿父未到，可喻朕旨，催促前來，以副延佇之意。」公以建康東南都會，上既在是，而眷待如此，慨然欲入朝。行次池州，聞幸吳、越，遂具奏，引疾而返。除提舉臨安府洞霄宫。

紹興元年，除中書舍人兼侍講，再辭不允，遂行，以時政論二十一篇先獻於上，復除給事中。上以左氏傳付公點句正音。公奏曰：「春秋乃仲尼親筆，實經世大典，義精理奥，尤難窺測。今方思濟艱難，豈於理戎禦侮之際，虚費光陰，耽味文采而已乎！陛下必欲削平僭暴，恢復寶圖，使亂臣賊子懼而不作，莫若儲心仲尼之經，則南面之術盡在是矣。」

除兼侍講，專以春秋進講。公以學未卒業，乞在外編集，庶幾成書，可備乙覽。未允。會除故相朱勝非同都督江、淮、荆、浙諸軍事，公上奏曰：「勝非當黄潛善、汪伯彦秉鈞之時，同在政府，緘默傅會，循致渡江。南狩之初，又下詔令，尊用張邦昌結好金國，許其子孫皆得録用，淪滅三綱，乃至於此，天下憤鬱，皆不能平。及正位冢司，苗、劉肆逆，勝非不能死生以之，偷合苟容，不顧君父。沿江都督用人，得失係國安危，恐勝非不足倚仗。」詔勝非改除侍讀，召赴行在，命門下檢正黄龜年書行。公上奏曰：「由臣愚陋，致朝廷侵紊，官制既失其職，當去甚明。且公羊氏以祭仲廢君爲行權，先儒力排其説，蓋權宜廢置，非所施於君父，春秋大法，尤謹於此。臣方以春秋進讀，而與勝非爲列，有違經訓，縱臣無耻，公論謂何？」

是時，左相呂頤浩都督江上，還朝欲傾右相秦檜，未得其方。過姑蘇，太守席益知其意，謂之曰：「目爲朋黨可矣，然黨魁在鎖闈，當先去之。」頤浩大喜，力引勝非爲助，而據公奏擬進責命曰：「安國屢召，偃蹇不至，今始造朝，又數有請，豈不以時方艱難，不肯致身盡痒，乃欲求微罪而去。其自爲謀則善矣，百官象之，又如國計何？」遂落職提舉建昌軍仙都觀，實八月二十一日也。

是夕彗出東南，檜三上章乞留公，不報，即解相印去位。侍御史江躋上疏極言勝非不可用，安國不當責。右司諫吴表臣上疏言：「安國扶疾造朝，亦欲行其所學，今無故罪去，恐非所以示天下也。」奏皆寢。頤浩即排黜給事中程瑀、起居舍人張燾及躋、表臣等二十餘人，云以應天變，除舊布新之意，臺省爲之一空，勝非遂相。

公登舟稍泝流，三日而後行次衢梁，訪醫留再旬，至豐城寓居。又半年，乃渡江，而休於衡嶽之下，爲終焉計。買地誅茅，結屋數間，名之曰「書堂」，頽然當世之念矣。

初，王荆公盡屏先儒，以爲淺陋，獨用己意，著三經新説，離析字畫偏旁，謂之道德性命之學。於春秋聖人行事之實，漫不能曉，則詆以爲「斷爛朝報」，直廢棄之，不列於學官。下逮崇寧，防禁益甚，故家遺俗，或存三傳舊本，見者憮歎，或遂指以爲春秋，而仲尼經世之心幾於熄矣。公自壯年即有服膺之志，嘗曰：「六籍惟此書出於先聖之手，乃使人主不得聞講説，學士不得相傳習，亂倫滅理，用夷變夏，殆由此乎。」於是潛心刻意，裒古今諸儒所著述無慮百家，片言之善，采拾靡遺，害義切深，必加辨正，或去或取，無一毫好惡之偏。蓋準則之以語、孟，權衡之以五經，證據之以歷代之史，窮研玩味，游泳沉酣者三十年。及得伊川先生所作傳，其間精義十餘條若合符節，益以自信，探索愈勤。至是年六十有一，而書始就，慨然歎曰：「此傳心之要典也。」蓋於克己修德之方，尊君父，討亂賊，攘夷狄，存天理，正人心之術，未嘗不屢書而致詳焉。

紹興五年二月，除徽猷閣待制、知永州，不拜。差提舉江州太平觀，令纂修所著春秋傳，「俟書成進入，以副朕崇儒重道之意」。仍給吏史筆札，委疾速投進。公嘗謂「宮觀之任，本以養老優賢，非因避職及獲譴，義不欲請也」。及此除，乃上表謝曰：「謹修有用之文，少報無功之禄。」即再加删潤，繕寫奏御。上屢對近臣稱善，謂深得聖人之意，非諸儒所及也。

乃除公提舉萬壽觀兼侍讀，委所在守臣以禮津遣。公以疾未行，御史中丞周秘、侍御史石公揆、司諫陳公輔遂論公學術頗僻，行義不修。復除知永州，提舉江州太平觀。久之，上念公訓經納諫之忠，特除寶文閣直學士。以紹興八年四月十三日没於正寢。贈左朝議大夫。

公負傑出絶異之資，見善必爲，爲必要其成；知惡必去，去必絶其根。自幼少時，已有出塵之趣，登科後，同年宴集，飲酒過量，是後終身不復醉。嘗好奕棋，先令人責之曰：「得一第，德業竟邪？」是後不復奕。爲學官京師，同僚多勸之買妾，事既集，慨然歎曰：「吾親待養千里之外，曾是以爲急！」遽寢其議，亦終身不復買妾也。在長沙日，按行屬部，過衡嶽，愛其雄秀，欲一登覽，已戒行矣，俄而思曰：「非職事所在也。」即止。晚居山下五年，竟亦不出也。

罷官荆南，僚舊餞行於渚宮，呼樂戲以俟，而交代龜山楊公時具朝膳留公。鮭菜蕭然，引觴徐酌，置語、孟案間，請坐講論，不覺日晷云暮也。壬子，赴闕過上饒，有從臣家居者，治饌延公，飾姬妾，請令出奉巵酒爲壽。公蹙然曰：「二帝蒙塵，國步阢隉，豈吾徒爲宴樂之日，敢辭。」其人赧赧而止。

辭受取捨，一介之微，必度於義，雖飢不可得而食，寒不可得而衣也。恬靜簡默，寡於言動，雖在宴間獨處，未嘗有怠容慢色。語、孟、五經、諸史，周而復始，至老未嘗釋手。每晨昏子弟定省，必問何所業，有矜意，則曰：「士當志於聖人，勿臨深以爲高。」見怠慢不虔，必頻蹙曰：「流光可惜，將爲小人之歸矣。」子弟或近出燕集，雖夜已深，猶未寢，必俟其歸，驗其醉否，且問其所集何客，所論何事，有益無益，以是爲常。

士子有自遠來學者，公隨其資性而接之，大抵以立志爲先，忠信爲本，以致知爲窮理之漸，以敬爲持養之要。每誦曾子之言曰：「君子之愛人也以德，小人之愛人也以姑息。」故不以辭色假借子弟及學者，亦未嘗降志遜言，苟爲唯諾，以祈人之悦也。

壯年嘗觀釋氏書，後遂屏絶。嘗答贛川曾幾書曰：「窮理盡性，乃聖門事業。物物而察，知之始也；一以貫之，知之至也。來書以五典四端，每事充擴，亦未免物物致察，非一以貫之之要，是欲不舉足而登泰山也。四端固有非外鑠，五典天叙不可違。充四端，惇五典，則性成而倫盡矣。釋氏雖有了心之説，然知其未了者，爲其不先窮理，反以理爲障，而於用處不復究竟也。故其説流遁，莫可致詰，接物應事，顛倒差繆，不堪點檢。聖門之學則以致知爲始，窮理爲要，知至理得，不迷本心，如日方中，萬象畢見，則不疑所行，而内外合也。故自修身至於天下國家，無所處而不當矣。來書又謂『充良知良能而至於盡，與宗門要妙兩不相妨，何必舍彼而取此』。夫良知良能，愛親敬長之本心也，儒者則擴而充之，達於天下，釋氏則以爲前塵，爲妄想，批根拔本而殄滅之，正相反也。而以爲不相妨，何哉？」

公於出處由道據義，以心之所安爲主。其欲出也，非由勸勉；其欲去也，不可挽留。朱震被召，以出處問公，公曰：「世間惟講學論政，則當切切詢究，至於行己大致、去就語默之幾，如人飲食，其飢飽寒温，必自斟酌，不可決之於人，亦非人所能決也。安國出處，自崇寧以來，皆内斷於心，雖定夫、顯道諸丈人行，皆不以此謀之也。」定夫者，游察院酢也；顯道者，謝學士良佐也。與楊時中立皆二程先生之高弟。公不及二程之門，而三君子皆以斯文之任期公。謝公嘗語朱震曰：「胡康侯正如大冬嚴雪，百草萎死，而松柏挺然獨秀也。使其困厄如此，乃天將降大任焉耳。」

公尚論古人，則以諸葛武侯爲首；於本朝卿相，則以韓忠獻公爲冠，慕用鄉往，言必稱之。性本剛急，及其老也，氣宇粹温，儀貌雍穆，於和樂中有毅然不可犯之象，於嚴正中有薰然可親近之意。年寖高矣，加以疾病，而謹飭於禮，無異平時。每歲釀酒一斛，以備家廟薦饗之用，造麴蘖，治秫米，潔器用，節劑量，無不親之。於其祭也，必沐浴盛服，率子孫諸婦，各執其事，方饗則敬，已祭必哀，濟濟促促，如祖考之臨之也。雖在離亂遷次居處，衣食或有不給，而奉先之禮，未嘗或闕。

由少至老，食不兼味。深居疾病，膳羞不可致，子孫或請稍近城郭，公曰：「死生有命，豈以口體之故，移不貲之軀哉？」家世至貧，轉徙流寓，遂至空乏，然貧之一字，於親故間非唯口所不道，故亦手足所不書。嘗戒子弟曰：「對人言貧者，其意將何求？汝曹志之。」凡財利假貸，劑約必明，期日必信，無少差忒。

自登第逮休致，凡四十年，其在實歷之日，不登六載，雖數以罪去，而愛君之心，遠而愈篤。每被召，即置家事不問，或通夕不寢，思所以告吾君者，然宦情如寄，所好不在焉。二程門人侯仲良久居三川，多識賢公卿士大夫之所爲，而熟觀兩先生之德行，又嘗周流天下，泛求人物，鮮有可其意者。後至漳濱，公館留之逾年。仲良潛察公心意於言笑動止之間，不覺歎服，語人曰：「視不義富貴如浮雲者，當今天下惟公一人耳。」

初娶李氏，繼室王氏，皆贈令人。子三人，寅，左奉議郎、試尚書禮部侍郎兼侍講；寧，將仕郎；宏，右承務郎。女適右迪功郎向沈。孫大原、大正。葬於潭州湘潭縣龍穴山，禮官議以道德博聞，純行不差，謚公爲文定。

校勘記

〔一〕若夫分章析句　「夫」原作「無」，據中央民族大學圖書館藏明刻本、崇禎本改。

伊洛淵源録卷十四

程氏門人無記述文字者

王端明

名巖叟，字彦霖，大名人。元祐中爲臺諫官，登政府，正直不撓，當世稱之。墓碑、本傳記其行事甚詳，然不及其學問源流也。惟遺書前篇有其答問，而其集中亦有記先生語數條，又祭明道文有「聞道於先生」之語。及伊川造朝，亦有兩疏，推挽甚力，蓋知尊先生者。然恐其未必在弟子之列也。

劉承議

名立之，字宗禮，河間人。敍述明道先生事者。其父與二先生有舊，宗禮早孤，數歲即養於先生家，娶先生叔父朝奉之女。郭雍稱其登門最早，精於吏事云。

林大節

不詳其鄉里名字行實，但遺書云：「林大節雖差魯，然所問便能躬行。」然則亦篤實之士也。

張閎中

不詳其名字，有答書見文集。

馮聖先

名理，汝州人。陳恬叔易爲作誌文，尹公再題其後。其子忠恕，從尹公學，涪陵記善録者也，誌、跋皆見録中。外書又載尹公之言：「先生門人馮理，字聖先，自號東皐居士，曰：『二十年聞先生教誨，今有一奇特事。』先生問之，理曰：『夜間燕坐，室中有光。』先生曰：『頤亦有一奇特事。』理請問之，先生曰：『每食必飽。』」

鮑商霖

名若雨，永嘉人。有答問數條，及録伊川語一卷，今見文集、遺書。

周伯忱

名孚先，毗陵人。與其弟恭先伯温同受學，有語録及答問各數章，今見書、集。伯忱嘗爲臨安教官。其家有伊川帖數紙，其一，邢和叔問先生謂：「二周與楊時似同，恕恐二周未可望楊時，如何？」先生答云：「周孚先兄弟氣質純明，可以入道。頤每勸楊時勿好著書，好著書則多言，多言則害道。學者要當察此。」

唐彦思

名棣，宜興人。有語録一卷，見遺書。

謝用休

名天申。

潘子文

名旻。

陳貴一

名經正，與其弟經邦貴叙同受學〔一〕。四君皆永嘉人，名見唐録。

李嘉仲

名處遯，洛人。亦見唐録。後爲中書舍人，溺死維揚。

孟敦夫

名厚，洛人。祁寛記尹和靖語云：孟敦夫來從伊川，又爲王氏學，舉業特精〔二〕。獨處一室，糞穢不治。嘗獻書於伊川，伊川云：「孟厚初時説得也似，其後須没事生事。」一日，語之曰：「子何不見尹焞、張繹？朋友間最好講學。」然三公皆同齒也。敦夫見和靖，曰：「先生令厚來見二公，若彦明所願見，如思叔莫不消見否？」和靖曰：「只不消見思叔之心，便是不消見焞之心也。」伊川嘗謂學者曰：「孟厚不治一室，亦何益？學不在此，假使洒掃得潔淨，莫更快人意否？」然伊川之葬，門人畏黨禍，莫敢至，獨敦夫與尹、張、范棫、邵溥送焉。

范文甫

暢中伯

二人不詳其名，見楊遵道録。

李先之

名朴，贛上人。爲西京學官，因受學焉。吕氏雜誌云：「李先之、周恭叔皆從程先生學問，而學蘇公文詞以文之，世多譏之者。」

暢潛道

名大隱，洛人。遺書第二十五卷即其所記也。遺書云：「暢大隱許多時學，乃方學禪，是於此蓋未有得也。」

郭立之

名忠孝，宣徽使逵之子。事見伊川年譜。祁寬記尹和靖語云：「忠孝每見伊川，問論語，伊川皆不答。一日，語之曰：『子從事於此多少時，所問皆大，且須切問近思。』」外書云：「郭忠孝議易傳序曰：『易即道也〔三〕，又從何道？』或以問伊川，伊川曰：『人隨時變易爲何？爲從道也。』」今觀忠孝所著易書，專論互體卦變，與易傳殊不同。然其子雍辯年譜所記事甚詳，未知孰是。

周恭叔

名行己，永嘉人。遺書第十七卷或云乃其所記也。祁寬記和靖語云：「恭叔自太學蚤年登科，未三十，見伊川。持身嚴苦，塊坐一室，未嘗窺牖。幼議母黨之女，登科後，其女雙瞽，遂娶焉，愛過常人。伊川曰：『頤未三十時，亦做不得此事。』然其進鋭者其退速。每歎惜之。嘗酒席有所屬意，既而密告人曰：『勿令尹彦明知。』又曰：『知又何妨，此不害義理。』伊川歸，和靖偶及之，伊川云：『此禽獸不若也，豈得不害義理。』又曰：『父母遺體，以偶賤倡，可乎！』」上蔡謝公亦言：「恭叔不是擺脱得開，只爲立不住便做了〔四〕。」胡文定公亦云：「人須是於一切世味淡薄方好，不要有富貴相。周恭叔才高識明，初年甚好，後來只緣累太重。若把得定，儘長進在。」

邢尚書

名恕，字和叔。其行事詳具國史及邵伯温辨誣等書，云邢和叔後來亦染禪學，其爲人明辨有才，後更曉練世事，其於學亦日月而至焉者也。又云謝良佐曾問：「涪州之行，知其由來，乃族子與故人耳。」先生曰：「族子至愚不足責，故人至厚不敢疑。族子謂程公孫，故人謂邢恕。孟子既知天，安用尤臧氏。」因問：「邢七雖爲惡，然必不到更傾先生也。」先生曰：「然。邢七亦有書到頤，云『屢於權宰處言之』，不知身爲言官，却説此話。未知傾與不傾，只合救與不救，便在其間。」又問：「邢七久從先生，想都無知識，後來極狼狽。」先生曰：「謂之全無知識則不可，只是義理不能勝利欲之心，便至於此也。」上蔡語録云：「邢七自言：『一日三點檢。』伯淳曰：『可哀也哉，其餘時勾當甚事？蓋仿三省之説錯了，可見不曾用功。』又多逐人面上説一般話，伯淳責之，邢曰：『無可説。』伯淳曰：『無可説，便不得不説？』」

校勘記

〔一〕與其弟經邦貴叙同受學　「叙」，成化本作「叔」，疑是。

〔二〕舉業特精　「舉」原作「學」，據成化本、河南程氏外書卷十二（中華書局標點本二程集）改。

〔三〕易即道也　「即」原作「師」，據成化本、河南程氏外書卷十一改。

〔四〕只爲立不住便做了　「做」，成化本作「放」。

附録　序跋、著録

元鄂刻本序

[元]黄清老

聖人之道，自孟子没，其學不傳。歷漢、晉、隋、唐，溺於異端邪説，一千五百有餘年矣。濂溪周子始倡道於春陵，子程子廓而大之，振綱挈維，發鑰啓鍵，曰致知，曰篤行，曰存養，曰省察，蔽之以一言，則曰敬。體用動静，本末上下，一以貫之。嗚呼，至矣！昔在春秋，堯、舜、禹、湯、文、武之道不行，吾夫子作六經，天地賴以有立。迨及戰國，楊、墨塞塗，孟子闢之，人道由是不墜。子程子之生，去聖人遠矣，乃能因遺經，繼絶學，辯佛、老，斥百家，孔子之道得以復明於萬世，孟子以後，一人而已。當是之時，天下英材雲從風應，立其門，傳其學，祖述推明，左右羽翼，雖資器有大小，聞見有淺深，要其功化，一變歷代習俗之陋，而反之於唐、虞、三代，洙泗以來，未之有也。朱子取其最顯著者四十有六人，彙於一編，題曰伊洛淵源録。竊惟伊洛之傳在諸子，辟之水焉，其行乎地中，支分派别，奚啻萬不同，然窮其所出，則初無二源也。嗚呼，盛哉！

大參趙郡蘇公志在斯文，藏此本唯謹，既而歎曰：「詞章之盛，性命之衰也，盍廣吾傳乎！」時湖北道貳憲仲温公見之，曰：「是録天命在焉，人不可以不聞道，豈獨學者哉！」乃以公帑鋟於鄂宮。嗚呼！學者讀伊洛之書，求伊洛之道，尚論其人，及其世與其所友，而有以興其高山景行之思，則此編者亦可以見大意矣。至正癸未十月朔後學昭武黄清老敬序。

元鄂刻本序

[元]蘇天爵

伊洛淵源録者，新安子朱子之所緝也。朱子既録八朝名臣言行，復輯周、程、張、邵遺事，以爲是書，則汴宋一代人材備矣。天爵家藏是書有年，及來鄂省，謀於憲府諸公，刊置郡學，與多士共傳焉。間嘗誦程子之言曰：「周公没，百世無善治；孟軻死，千載無真儒。蓋治不出於真儒，雖治弗善也。」自聖賢既遠，治教漸微，漢唐數百年間，逢掖之徒，豈無名世者歟？蓋溺於詞章記誦之習者，既不足以知道德性命之原，訹於權謀功利之説者，又不足以求禮樂刑政之本，此教之所以不明，治之所以弗古若也。宋氏之興，儒先挺出，周子得不傳之學於圖、書，闡發幽秘。二程子擴大而推明之，窮理致知，以究其極。張子、邵子則又上下其論議。然後天理之微、人倫之著、事物之衆、鬼神之幽，焕然復明於世。一時及門之士，講明正學，風采言論，各有所傳。朱子悉登載於是書，以爲訓焉，其有望於天下後學可謂至矣。

蓋自古爲政者，必明道術以正人心，育賢材以興治化，然則是書所述，其有關於世教已夫。昔我世祖皇帝既定天下，惇崇文化，首徵覃懷許文正公爲之輔相。文正之學，尊明孔孟之遺經，以及伊洛諸儒之訓傳，使夫道德之言衣被四海。故當時學術之正，人材之多，而文正之有功於聖世，蓋有所不可及焉。逮仁廟臨御，肇興貢舉，網羅俊彦，其程式之法，表章六經，至於論語、大學、中庸、孟子，專以周、程、朱子之説爲主，定爲國是，而曲學異説，悉罷黜之。是則列聖所以明道術以正人心，育賢材以興治化者，其功用顧不重且大歟！

夫伊洛之書，固家傳而人有之，然學之者欲以見諸實用，非徒誦習其文，以爲決科之計而已。嘗即是書而考之，謂人君當防未萌之欲，輔養君德，要使跬步不離正人。謂「一命之士，苟存心於愛物，於人必有所濟」，則正主庇民之道，豈有外此者乎！謂「殺人以媚人，吾不爲也」，謂「薦士當以才之所堪，不當問所欲」，則慎刑官人之法，豈有不本於此者乎！其他一言行之嘉，一政令之善，莫不皆可以爲法焉。讀者能即是而求之，本乎聖賢修己之學，自不溺於詞章記誦之習；明乎聖賢治人之方，必不訹於權謀功利之説。庶幾先儒次輯是書，有望於後學者哉。蓋學問之傳授，不以時世而存亡；師友之淵源，不以風俗而間斷。然而巽懦無志者不足以有望，必得豪傑特立之士，觀感興起，知求聖賢之學而學焉，則真儒善治之效，可得而致矣。至正癸未十月既望後學趙郡蘇天爵書。

元吴刻本序

［元］李世安

昔孔子纘述羣聖之道，至孟子而愈明。孟子之後，至二程夫子，始克紹其緒。程子之學得於周子而益闡之，當時師友之盛，可追洙泗諸子，非漢儒之所敢望。及考亭朱子出，又能集厥大成而折衷之。蓋伊洛淵源一書，凡周、程、張、邵及其門人之言行政事，無不備載，而聖賢相傳之道，炳然見於其中，如五緯之麗天，百川之有源委，其有功於世教大矣！

大參蘇公伯修頃在鄂省，鋟梓武昌郡庠。及蒞浙省，又命刊於吳學。會郡守蕭侯仁甫、幕長獲獨步丁成之克相其成，所以惠後學益廣矣。公之自叙有曰：「能本於聖賢修己之學，而不溺於詞章記誦之習；能明於聖賢治人之方，則不訹於權謀功利之説。」至哉言乎！夫修己者道之立，治人者道之行，堯、舜、禹、湯、文、武之所以爲君者此道也，孔子與後世諸君子之所以爲師者亦此道也。外此而詞章記誦、權謀功利，其於道也遠矣。

公之是書，必欲求聖賢修己治人之實而爲，不爲虚文，其於國家培植基本，敦厚風俗之意又切矣。學者讀是書而進之，其可不知公之用心者哉！世安忝教於兹，故不揆而僭附於序末云。至正九年己丑春三月朔永嘉李世安敬序。

明成化刻本序

［明］張　瓚

伊洛淵源一書，考亭朱先生輯録周、程、張、邵四先生及其門人之言行政事者。前元時，大參蘇天爵嘗鏤板於鄂、吳二庠，鄂板蓋至正癸未，吳板則至正乙丑，去今幾二百年。世異時殊，卒無全板，故其爲書，學者罕見。予近得二程先生遺書，已刊行於世，然以不見此書爲恨。今年秋，四明楊解元守阯偶獲全本，欣然持示，蓋吳板舊物，真希世之拱璧也，然亦間有剥落，無可考證。已而同寅右布政使祁陽寧公元善適得善本於編修南昌張先生元禎，以世罕此書，托以刊行。予因與元善躬自參校，付之梓人，不匝月而訖工。

嗚呼！文者載道之器，道之在天下者未嘗泯，故載道之書亦未嘗亡也。伊洛之書，當時師友淵源之懿在焉，孔孟千載不傳之緒在焉，矧經考亭先生手自編摩，皆其精神心術之所寓者，譬之「龍泉」、「太阿」，雖埋伏豐城，而其祥光異氣上干斗牛，自有不可掩者。然自宋淳熙至今凡三百年，其間薦經兵火，而此書巋然如魯靈光獨存者，謂非有神物護持不可也。乃今復大行於世，雖其理之必然，然亦豈非學者之大幸哉！

伊洛之道，有元諸老序之已詳，後生末學固不敢仲喙其間，姑識得書之由於右，抑亦考歲月云。成化癸巳冬十月既望，賜進士第、通奉大夫、浙江等處承宣布政使司左布政使孝感張瓚謹識。

明弘治刻本序

［明］黄仲昭

聖賢之道，達而推行於民，則爲善治；窮而講明於己，則爲正學。所謂道統之傳，不外是也。粤自書契肇興，斯道自堯而始大著，堯以是傳於舜，舜以是傳於禹，禹以是傳於湯，湯以是傳於文、武、周公。

周公没，而是道不行於世，天下遂不復知有善治矣。孔子以生知大聖而不得位，乃與其徒講明是道，删述六經，遂集群聖之大成，而斯道之統以續，故論語於篇終備載堯、舜、湯、武之事，蓋以明聖學之所傳，實淵源於堯、舜也。孔子之道惟顔子、曾子得之爲最深，其後曾子則傳於子思，子思復傳於孟子，故孟子於七篇之中，亦歷堯、舜、湯、文、孔子相承之次，蓋亦以明其所傳，實淵源於孔子也。孟子没，而其傳遂泯，則千載之下，不復知有正學矣。至宋濂溪周子始，超然獨詣，而發其精微之奥於圖、書，當其時則有河南二程夫子，實得其學而益擴以廣。故子朱子著伊洛淵源録一編，備載其師友之所講明傳授，與其見於言行政事之間，所以著明其上承孔、孟之統，下啓關、閩之傳，其亦論孟終篇所序之意與！南京户科給事中豐城楊君方震，蚤知慕尚正學，其於是録留意有年矣，因其間有朱子所欲删改而未之及者，稍加更定，復採朱子文集、語録有論及篇内諸賢事迹者，各增入本録之後，蓋欲使學者一覽而盡得其爲人之實，法其所可法，而戒其所可戒，其用心亦勤矣哉。既嘗序其顛末而登於梓，復走書謂仲昭曰：「願丐一言以發明伊洛之傳，并示學者門户路徑，明白親切，庶幾有補也。」仲昭雖竊有志於是，而未知其指歸，方切望洋之嘆，其奚敢言？然嘗觀朱子之答吕成公有曰：「舊讀程子之書而未得其要。比因誦其『涵養須用敬，進學則在致知』者，兩言雖約，其實入德之門，無踰於此。」此朱子爲學者抽關啓鑰，要切之言。吾黨之士能從事於此而有得焉，則爲聖爲賢，皆由於此。達則行之，以善其治；窮則守之，以善其身，庶其不負朱子編録之意矣。而楊君所以期望於後學者，意其在此，故特舉之，以復其請，并與吾黨有志之士共勖焉。弘治丙辰閏三月庚申後學莆田黄仲昭序。

明弘治刻本序

［明］楊　廉

晦庵先生所編伊洛淵源録，自孟子以來，道學宗派，具見於此。廉嘗觀先生答呂東萊書，則其爲録去取凡例，悉有深意，而宏綱大旨，初無遺憾焉者。但其間謂呂原明學佛事不必載而卒載之，又謂呂晉伯和叔事不當附而卒附之，正以録成而未及於更定耳。然此豈惟先生之論，廉固有疑於是矣。因謂先生之爲此録既有未盡之意，不若取先生平日之言有及於伊洛者併以附之，庶幾讀者有所折衷，而不昧於從違之間也。用是輒採先生文集、語録中議論，增入各條之下，而於晉伯和叔事亦別出之，舊題「藍田呂氏兄弟」亦僭去之，而於「賓文」、「宣義」、「正字」之上各加「呂」字，仿程張先生兄弟例。既成，因序其所以，至於不爲入耳出口，亦竊欲與吾黨之士勉焉，而不敢負大賢編集之意云。豐城楊廉序。

明嘉靖重刊伊洛淵源二録跋

［明］高賁亨

嘉靖己丑，予董學事於閩，懼弗德，無以率先諸士，乃取伊洛淵源録及續録合而刻之，咸俾觀焉，庶幾有所興起而自得師；若徒獵取以供較藝，是爲閩生一贅事也，是予重得罪於諸先哲也。諸士子念之。臨海高賁亨謹書。

明崇禎伊洛考亭淵源合刻序

[明]楊　墀

易曰：「幾者動之微，吉之先見者也。」又曰：「知幾其神乎？」古聖賢潛見變化，皆本諸此。張子據虎皮講易，見程子則爽然自失，曰：「二程深明易道。」遽命學者師之。考亭從兒時即能畫沙中八卦爲戲，其後登第五十年，立朝纔四十日，韓侂胄用事，攻僞學者無虚日，而考亭率其徒仍講誦不輟，蓋其自晦者微矣。今世易學不明，比匪觸藩者勿論，即如熹皇出震之時，正遂官堅冰之始，士大夫方彈冠相慶，誰能見微遠引，不俟終日？故六七年來，邪正互攻，名士彌耳就戮，而縉紳之禍日以深，則吾黨之過也。所見超然免於評論者，惟芳蓤盧老先生。先生學識淵静，呼起截斷，有謹微慎獨之功，無論東南士子，奉爲先正典型，凡吏兹土者，以有所就正，稍知自戢，不冠蓋辱，皆先生化雨也。一日，出伊洛、考亭二書示余，余然後知先生淵源有自，自度功程圓滿，行世度世無窮矣，亟命鎸之，以公來學。異時天子起先生田間，益闡明光大之，固不至如有宋之晦否。即今者暫爾家食，而登壇握麈，振聾醒聵，以興起斯文爲己任，則先生守待之力，豈直北面程、朱已哉！行且由考亭而溯伊洛，由伊洛而溯洙泗，則是刻也，亦祭海先河之意云耳。墀不敏，蹈道無能，竊嘗侍教有道之側，述其所聞者如此，亦以見讀是書而不能如先生之沉深體認，其於進退存亡之幾，猶未易言也。崇禎己巳歲仲冬之吉，文林郎、知盧江縣事、關西金明後學楊墀謹序。

明崇禎合刻伊洛考亭淵源録序

［明］方大鎮

學士誦讀孔子，澡身揖志，奉以爲宗，雖彌天之才，弗能格也；雕談綺辨，弗能溢也。春秋以下，紛綸決裂，孔子之道不著，學不講，即一二善爲推尊者，亦希音寡和，弗能鼓吹洙泗。迨於有宋，奎聚景運，天固開之，諸儒繼出，聲氣應求，挈孔子如綫之脉，昭回雲漢，斯之謂正道，斯之謂正學。其合道與學而名之者，表其學爲孔子之道，非異端所可望焉。伊川、考亭兩先生會逢紹聖、慶元之際，干戈加遺無虚日，屹然守正俟命，爲聖門九鼎，是宋儒之功偉，兩先生尤偉哉！我聖祖定制科，耑採宋儒爲甲令，淵謨睿斷，匪夷所思。今百年間浸淫厖雜，獵乾竺以下一切無稽之言架鄒、魯上，其於程朱大儒，直厭薄視之，伏戎於莽，幾至如宋之雨禁。夫道學者天下之元氣也，不善自衛而故旁侵，使賢人君子乃與烹小鮮等，抑亦誦讀者之過耶？有識之士慨焉，思以挽回而計無復之，亦莫如敬遵今上明詔，申正道，講正學而已。潛川盧侍御芳菱公向與余有同事之誼，爲令留惠政，居西臺持風采，遭時拂袖，扃户不入市。今復從臾其邑楊侯對龍公，新營講院，嘉興多士，更始合伊洛、考亭淵源二録，併見所宗。夫文翁興學，蜀人化之，遂有詞賦之盛，爲循良稱首。以今兹舉，儼然立雪開洞之意，趨步兩先生，而正人心、閑先聖，其願力當又不在孟子後，救時之藥石，造道之津梁也，詎侈言漢事哉！昔耿天臺先生因友人問天命之學，答曰：「余安敢談此，但願以今六十有奇之年，希夫子十五志學之志，日月積累，不知老之將及。」余嘗佩服斯訓，舉以敝社諸友，今亦請於潛川。多賢風動雲從，計日鵲起，詎惟棫樸薪槱，收譽髦之效，究且沿流溯源，共游伊洛，再振考亭之業。余亦願借嚶鳴之緣，繆附於高山景行之義。幸終誨之矣。桐川後學寧澹居士方大鎮稽首拜撰，時在慕亭。

明崇禎刻本序

［明］盧　謙

淵源不在書也，朱子用以名伊洛者，蓋孟子没後，千四百年疏河洛、導洙泗之語。此人心淵源疏導者機也，可幸也。我明表章正學，崇尚宋儒，乃正、嘉以來學者不習伊洛淵源之書矣。此人心淵源阻閼者機也，可虞也。行不著，習不察，而不習伊洛淵源之書，此以混沌爲阻閼也已，可虞也。若於良知氿出，無善無惡，謂儀、秦輩得良知妙用，謂良知色色現成，以虚見爲超悟，以任情爲率性，以破戒爲不好名，以不事檢束爲孔、顔樂地，以無所用恥爲不動心，以放其心而不求爲，未嘗致纖毫之力，而不屑習伊洛淵源之書，此以旁溢爲阻閼也，更可虞也。噫，伊洛諸子揭出人心淵源原頭，點出人心淵源本體，並指出人心淵源功夫。彼不屑習伊洛淵源之書者，何處是原頭，何物是本體，何事是工夫，出於清淵，迷於濁水，遵何道以上窺伊洛、洙泗哉！聖主在御，堯天舜日，海晏河清。涣講學之令，嘉與天下，闡明道統，此又人心淵源疏導之一大候也，大可幸也。時學溺人甚且久，浸假厭正學，而仍往日之旁溢，伊洛淵源竟歸阻閼已矣，其何以稱聖明至意，又大可虞也。吾邑楊侯家學淵源，撫民鑄士，卓然儒者經濟。頃梓伊洛淵源，使人向往正學，不致旁溢以負聖明至意，又大可幸者也。崇禎己巳歲仲冬之吉，廬江後學盧謙拜手撰。

四庫全書總目卷五七

［清］永瑢

伊洛淵源録十四卷

宋朱子撰。書成於乾道癸巳。記周子以下及程子交遊、門弟子言行。其身列程門而言行無所表見，甚若邢恕之反相擠害者，亦俱録其名氏以備考。其後宋史道學、儒林諸傳，多據此爲之，蓋宋人談道學宗派，自此書始，而宋人分道學門户，亦自此書始。厥後聲氣攀援，轉相依附，其君子各執意見，或釀爲水火之爭；其小人假借因緣，或無所不至。葉紹翁四朝聞見録曰：「程源爲伊川嫡孫，無聊殊甚，嘗鬻米於臨安新門之草橋。後有教之以干當路者，著爲道學正統圖，自考亭以下，剿入當事姓名，遂特授初品，因除二令。又以輪對改合入官，遷寺監丞。」是直以伊洛爲市矣。周密齊東野語、癸辛雜識所記末派諸人之變幻，又何足怪乎？然朱子著書之意，則固以前言往行矜式後人，未嘗逆料及是。儒以詩禮發冢，非詩禮之罪也。或因是併議此書，是又以噎廢食矣。

四庫全書簡明目録卷六

伊洛淵源録十四卷

宋朱子撰。記周子以下及程子交遊、門弟子言行。宋史以道學、儒林分爲兩傳，門户一立，水火交爭，大抵皆據此書也。

鄭堂讀書記卷二三

［清］周中孚

伊洛淵源録十四卷　嘉靖己丑刊本

宋朱子撰。四庫全書著録，宋志及宋志補俱失載。朱子嘗取周、程、張子之書輯爲近思録，以示當世。既又慮夫世之學者徒得其言，而不得其所以言，乃復取其平生出處、履歷之詳，以及其師友之所授受者，萃而録之，凡四十有六人。皆本各家事狀、墓誌、文集、諭録諸書而成，蓋即其精神心術之所寓者。從此道學一派宗旨定於是書，宋史之分道學、儒林二傳，亦據此書爲定論也。前有元至正癸未昭武黄清老、趙郡蘇天爵二序，後有至正九年永嘉李世安序，又有明成化癸巳孝感張瓚重刊序。

郘亭知見傳本書目卷五

［清］莫友芝

伊洛淵源録十四卷

宋朱子撰。吕氏刊朱子遺書本、正誼堂叢書本、明嘉靖乙丑刊本。元至正癸未蘇天爵伯修在鄂刊於武昌郡庠。既蒞浙，又命刻於吴學，郡守蕭仁甫相成之于至正九年己丑三月，詳李世安後序。邵亭有吴本，同治戊辰十一月收於泰州肆中，蓋此書傳本最舊者。續録六卷，明謝鐸撰刊。

補　傅增湘

明初刊本，十行，二十字，白口，四周單闌。似成、弘間刊。劉承幹嘉業堂藏，題爲元本。

善本書室藏書志卷九　〔清〕丁丙

伊洛淵源録十四卷　明刊本

宋朱子撰，記周子以下及程子交遊、門弟子言行。元至正間有刊本。明謝鐸更有續録六卷本。此明末所刊，何義門所手批也。有「須静」、「心要在腔子裏」、「晦齋」、「雲溪」、「儆惰矯輕」、「飛雲閣」、「毅齋何焯之印」、「一瓢顔巷」諸印，皆押於每卷之端。焯字屺瞻，號義門，長洲人，康熙癸未特賜進士，授編修，贈侍講學士，博覽群籍，長於考證，手校各書，藝林寶之。

五十萬卷樓群書跋文史二

[清]莫伯驥

伊洛淵源録十四卷續録六卷　明刊本

伊洛淵源録，宋朱子撰。續録，明謝鐸撰。鐸字鳴治，浙江太平人。天順進士，官至禮部右侍郎、管祭酒事，卒謚文肅。有赤城論諫録、赤城新志、桃溪淨稿及此書。前有成化癸巳浙江等處承宣布政使司左布政孝感張瓚重刊序。次至正癸未黄清老序，略云：「大參趙郡蘇公志在斯文，藏此本唯謹，既而嘆曰：『詞章之盛，性命之衰也，盍廣吾傳乎！』時湖北道貳憲仲温公見之，曰：『是録天命在焉，人不可以不聞道，豈獨學者哉！』乃以公帑鋟於鄂宫。」次至正癸未蘇天爵序，略云：「伊洛淵源録者，新安朱子之所輯也。朱子既輯八朝名臣言行録，復輯周、程、張、邵遺事，以爲是書，則汴宋一代人材備矣。天爵藏是書有年，及來鄂省，謀於憲府諸公，刊置郡學，與多士共傳焉。我世祖皇帝既定天下，惇崇文化，首徵覃懷許文正公爲之輔相。文正之學，遵明孔、孟之遺經，以及伊洛諸儒之訓傳，故當時學術之正，人材之多，而文正之有功於聖世，蓋不可及。夫伊洛之書，固家傳而人有之，然學之者欲以見諸實用，非徒誦習其文，以爲決科之計而已。」續録前有成化庚子黄巖謝鐸序，略云：「晦庵先生既没，其遺言緒論散見六經、四子者，固已家傳而人誦矣，獨其授受源委，與夫出處履歷之詳，窮鄉下邑之士或有所未究。鐸不自量於是，竊取先生之意，具録勉齋所撰行狀，與師友之間凡有預於斯道者，定爲續録六卷，以見先生繼往開來之功於是爲大。」半葉十行，行二十字。伯驥按：遠西諸邦有學史，朱子之書，實爲吾國學史之先道。明馮從吾之元儒考略、劉元卿之諸儒學案，則承其流風而興起者也。周氏汝登之聖學宗傳、孫氏鍾元之理學宗傳，又與黄梨洲明儒學案並有名，然而梨洲宏博矣。梨洲又有二程學案二卷，吾家藏舊寫本，先君子遺書也。

觀古堂藏書目史部雜傳類

葉德輝

伊洛淵源録十四卷

吕留良寶誥堂刻朱子全書本、同治五年左宗棠重刊正誼堂叢書本。